Medard Kehl

Und Gott sah, dass es gut war

Medard Kehl

Und Gott sah, dass es gut war

Eine Theologie der Schöpfung

Unter Mitwirkung von
Hans-Dieter Mutschler und
Michael Sievernich

HERDER
FREIBURG · BASEL · WIEN

Bibliographische Information der Deutschen Bibliothek
Die Deutsche Bibliothek verzeichnet diese Publikation in der Deutschen Nationalbibliographie; detaillierte bibliographische Daten sind im Internet über ⟨http://dnb.ddb.de⟩ abrufbar.

Imprimi potest
P. Stefan Dartmann SJ, Provinzial
München, 21. Dezember 2005

Aus Gründen der leichteren Lesbarkeit sind alle Zitate in neuer Rechtschreibung wiedergegeben, selbst falls sie in alter Rechtschreibung verfasst waren. Nur darüber hinaus gehende Änderungen am Text wurden ausdrücklich gekennzeichnet.

Redaktion: Barbara Honold unter Mitarbeit von
Friederike Schmitz, Edeltraud Schönfeldt und Uta Zirpel

www.herder.de
Umschlaggestaltung: Finken & Bumiller, Stuttgart
Satzherstellung: SatzWeise, Föhren
Gesetzt in der dtl-Paradox und Gill Sans
Gedruckt auf umweltfreundlichem, chlorfrei gebleichtem Papier
Druck und Bindung: fgb · freiburger graphische betriebe
www.fgb.de
ISBN-13: 978-3-451-29273-6
ISBN-10: 3-451-29273-4

Dem theologischen Lehrer
und Freund
Kardinal Walter Kasper

und

den Kindern und Jugendlichen
des Theresienheims in Offenbach/M.
gewidmet

Inhalt

2. Teil | Maßgebender Ursprung: Der biblisch bezeugte Schöpfungsglaube

Vorwort

> »Der Geist, der sich anstrengt, Gott zu ›verstehen‹, ist nicht mit dem Geizhals zu vergleichen, der einen Haufen Gold – eine immer beträchtlichere Summe von Wahrheiten – sammelt. Er gleicht auch nicht dem Künstler, der fortwährend einen Entwurf neu vornimmt und ihn jedes Mal etwas weniger unvollkommen gestaltet, um sich schließlich im ästhetischen Genuss seines Werkes auszuruhen. Er gleicht vielmehr dem Schwimmer, der sich, um sich über Wasser zu halten, im Meer voranbewegt, und mit jedem Zug einer neuen Welle zu begegnen hat. Unaufhörlich stößt er die sich immer neu bildenden Vorstellungen zur Seite, wobei er wohl weiß, dass sie ihn tragen, dass aber bei ihnen zu verweilen, sein Untergang wäre.«[1]

Es braucht nicht verschwiegen zu werden, dass sich bei der langen Arbeit an dieser Schöpfungstheologie zuweilen doch die beiden erstgenannten Tätigkeiten in den Vordergrund gedrängt und auch ihre Spuren hinterlassen haben: sowohl das schier endlose Ansammeln und Sich-Aneignen immer neuer Wissensgebiete als auch das unermüdliche Feilen an Formulierungen und einer stimmigen Gestalt des Ganzen. Am Ende aber überwiegt doch deutlich das Bild des Schwimmens im grenzenlosen Meer. Denn bei dem Versuch, den unbegreiflichen Gott, den Schöpfer des Himmels und der Erde, im Glauben immer tiefer verstehen zu wollen (»fides quaerens intellectum«), kommt die Theologie eben keineswegs so »voran«, dass sie von einem echten »Fortschritt« in der Gotteserkenntnis bzw. einem irgendwann zu erreichenden Ziel sprechen könnte. Das können noch so viele – ob alte oder neue – Bilder und Begriffe, Vorstellungen und Argumente nicht leisten. Ebenso wenig sind sie geeignet, dem nach Gott Fragenden auf Dauer Halt und Sicherheit zu geben; er muss sie wie die Wellen ständig hinter sich lassen. Dennoch sind sie nicht nutzlos: Sie helfen dem reflektierenden Glauben, sich immer von Neuem zu vergewissern, dass er – solange er nur weiter sucht und fragt – wirklich von der unausschöpflichen Liebe des Schöpfers getragen und bewegt wird. *Sie* ist das »Meer«, in dem »wir leben, uns bewegen und sind« (vgl. Apg 17,28); und all unsere gedanklichen Vergewisserungen über ihre Präsenz in unserer Welt zielen letztlich auf nichts anderes, als auch auf den Wegen des Denkens zur Dankbarkeit diesem Geheimnis unseres Daseins gegenüber geführt zu werden. Denn »man kann Gott wortlos dienen, ihn aber nicht sprachlos verherrlichen«[2].

Dazu vor allem möchte die hier vorgelegte Schöpfungstheologie ihren Teil beitragen. Sie ist entstanden aus einer langjährigen Vorlesungstätigkeit an der Philosophisch-Theologischen Hochschule Sankt Georgen in Frankfurt a.M. Von daher versteht sie sich primär als ein Lehrbuch für Studierende der Theologie, aber durchaus auch als anregende und relativ verständliche Lektüre für solche, die beruflich oder ehrenamtlich mit Kirche, Theologie und Verkündigung zu tun haben, oder die sich aus freiem Interesse an der Theologie die Zeit nehmen, einigen ihrer ungeklärten Fragen an den Glauben etwas gründlicher nachzugehen. Darum wird auch der Stil von Vorlesungen im Rahmen des Grundstudiums weithin beibehalten; ihnen ist ja mehr an einem Überblick über die Grundfragen eines Themas als an wissenschaftlichen Spezialfragen gelegen.

Danken möchte ich zuerst den Studierenden in Sankt Georgen, deren waches und über die Jahre auch nicht nachlassendes Interesse an der Schöpfungsthematik mich motiviert hat, meinerseits nicht nachzulassen, nach der Eschatologie und der Ekklesiologie nun auch endlich die Schöpfungstheologie in Buchform zu veröffentlichen. Viel gelernt habe ich zu diesem Thema von zwei philosophisch-theologischen Gesprächskreisen, denen ich seit etwa 30 Jahren angehöre. Zum einen von dem monatlichen Gedankenaustausch einiger Kollegen bei Jörg Splett und zum anderen vom sog. »Aidenriedkreis«, in dem sich seit dem Ende unserer Studienzeit jedes Jahr einige Mitbrüder aus dem Berchmanskolleg in München und aus Sankt Georgen zu einem intensiven Kolloquium über philosophische und theologische Grundfragen zusammenfinden. Sehr dankbar bin ich meinen Kollegen Hans-Dieter Mutschler (Professor für Naturphilosophie in Krakau) und Michael Sievernich SJ (Professor für Pastoraltheologie in Mainz und Honorarprofessor an der Hochschule Sankt Georgen), dass sie jeweils ein Kapitel übernommen haben, für das sie eine ausgewiesene Kompetenz mitbringen, und mir somit viel Mühe erspart haben: im 4. Teil D »Die gute Schöpfung und die Macht der Sünde: Zur Erbsündenlehre« (Michael Sievernich) und im 5. Teil A: »Schöpfungsglaube und Naturwissenschaften« (H. D. Mutschler). Professor Christian Troll SJ, dem bekannten Spezialisten für den christlich-muslimischen Dialog, danke ich dafür, dass er das Kapitel im 5. Teil D »Christlicher und muslimischer Schöpfungsglaube« durchgesehen und gutgeheißen hat.

Mein besonderer Dank gilt meiner wissenschaftlichen Mitarbeiterin, Frau Barbara Honold, die für drei Jahre von einem privaten Sponsor, der ungenannt bleiben möchte, finanziert wurde. Ohne ihr wohlwollend-kritisches Mitdenken, ihr gutes stilistisches Sprachempfinden, ihr aufmerksames Besorgen und Bearbeiten von alter und neuer Literatur und nicht zuletzt ihre Perfektion im Umgang mit Computern und ähnlichen neuen, mir wohl für immer unzugänglich bleibenden »Kreationen der Schöpfung« wäre das »Projekt Schöpfungstheologie im Dialog« sicher nicht in dieser Form und in dieser überschaubaren Zeit zustande gekommen.

Frankfurt a. M., Sankt Georgen, im Advent 2005 *Medard Kehl SJ*

Einleitung

I. Die Aufgabe christlicher Schöpfungstheologie

Die Lehre über die Schöpfung steht gewöhnlich (im Anschluss an die sog. »Prolegomena« der Dogmatik) am Anfang der verschiedenen dogmatischen Traktate. Das hängt natürlich mit dem christlichen Credo zusammen; denn der Schöpfungstheologie ist die methodisch geordnete Auslegung des ersten Glaubensartikels aufgetragen, in welchem die Kirche und mit ihr die einzelnen Glaubenden bekennen: »Ich glaube an Gott, den Vater, den Allmächtigen, den Schöpfer des Himmels und der Erde.«

(1) In diesem ersten Satz des apostolischen Glaubensbekenntnisses (und auch in dem des nicäno-konstantinopolitanischen Credo, s. u.) kommt nicht nur das grundlegende, mit Israel geteilte und für das Gespräch mit den Religionen und Philosophien der Völker offene *Gottes*verständnis des Glaubens zur Sprache, sondern auch sein umfassendes *Wirklichkeits*verständnis: Unsere Welt ist im Ganzen und in allen Einzelheiten aus der Beziehung zum schöpferisch handelnden Gott zu verstehen, der ihr Existenz und Sinn verleiht.[1] Das ist das Fundament, das alle anderen Aussagen des Glaubens über Gott und die Welt trägt.

(2) Insofern die Kirche nun dieses »Basisverständnis« von Gott und Welt als ein Bekenntnis ihres *Glaubens* betrachtet und es an den Anfang ihres Credo stellt, muss die Schöpfungstheologie eindeutig als »ein Stück der Offenbarungstheologie« behandelt werden.[2] Damit ist gesagt: Das Sprechen von Schöpfer und Schöpfung ist nicht nur Gegenstand *mythischer* Weltdeutung in fast allen religiösen Überlieferungen der Völker; auch nicht nur Gegenstand *philosophisch*-kosmologischer Reflexion auf die Frage nach dem letzten verborgenen Grund und Ursprung der Welt (»Warum ist überhaupt etwas und nicht vielmehr nichts?«); es ist vor allem auch ein bedeutsamer Gegenstand des christlichen *Glaubens* an den sich selbst offenbarenden und mitteilenden Gott.[3] Das aber bedeutet, dass die Schöpfung ein integraler Bestandteil und nicht bloß »natürliche«, mit der philosophischen Vernunft bereits erkennbare Voraussetzung der *Geschichte des Heils* ist. Sie gehört wesentlich zu jener Geschichte, die Gott in Abra-

ham mit seinem Volk zum Segen der ganzen Welt begonnen, in Jesus Christus definitiv zum Guten gelenkt hat und einmal im Reich Gottes endgültig vollenden wird. Darum gilt die Schöpfung mit Recht in der heutigen Theologie generell als »Heilseröffnung«[4], als »bleibender Ursprung des Heils«[5], als »Voraus-Setzung des Bundes«[6], eben als »Erstlingsgabe« der Liebe Gottes.

(3) In dieser theologischen Ortsbestimmung zeigt sich bereits eine charakteristische *Spannung*, die die ganze Schöpfungslehre durchzieht: Es gilt nämlich, das Verhältnis von *universaler*, unter bestimmten Bedingungen *allen* zugänglicher religiöser Wirklichkeitsdeutung einerseits (die Welt als Werk einer transzendenten schöpferischen Macht) und *besonderer* Heilserfahrung des partikulären Volkes Gottes andererseits (die Welt als Werk Jahwes, des Gottes Israels und des Vaters Jesu Christi) zu bedenken; und zwar so, dass *beide* Seiten angemessen berücksichtigt und miteinander vermittelt werden.

Über den *erstgenannten Pol* dieses Verhältnisses hat der christliche Schöpfungsglaube von Anfang an versucht, in die Weite der religiösen und philosophischen Weltdeutungen auszugreifen und das ganze Erbe der Religionsgeschichte und der klassischen Philosophie so weit wie möglich in den christlichen Glauben zu integrieren.[7] Der Schöpfungsglaube war und ist darum immer schon der bevorzugte *Anknüpfungspunkt* für die (oft strittige) Auseinandersetzung mit außerchristlichen Gottes- und Weltsichten; z. B. heute mit ökologischen und naturwissenschaftlichen Weltbildern oder auch mit religiös-»naturmystischen« Weltsichten wie New Age, Esoterik u. Ä.

Der *andere Pol* des Spannungsbogens, in dem sich der christliche Schöpfungsglaube bewegt, spricht von der spezifischen Glaubenserfahrung des Heilshandelns Gottes in der Geschichte seines Volkes. Hier kommt also die Einzigartigkeit des christlichen Sprechens von der Schöpfung gegenüber allen anderen Weisen von Weltdeutung zum Ausdruck. Mit seiner Rede von der Schöpfung als der grundlegenden Gabe des sich selbst in der Geschichte mitteilenden dreieinen Gottes stellt der Glaube das entscheidende *Kriterium* dafür auf, was letztlich mit diesem Schöpfungsverständnis vereinbar ist und was nicht; wo also bei allen möglichen analogen bzw. konvergierenden Sichtweisen zugleich doch die größere Unterschiedenheit im Gottes- und Weltverständnis betont werden muss, wenn der Schöpfungsglaube nicht sein christliches Profil verlieren will.

II. Besondere Herausforderungen der Schöpfungstheologie heute

1. Das evolutive Weltbild

Seit dem 19. Jahrhundert wird der christliche Schöpfungsglaube – trotz vieler inzwischen erfolgter Klärungen – noch immer durch das evolutionäre Denken der Naturwissenschaften herausgefordert. Um aber gleich zu Beginn eines unmissverständlich klarzustellen: Diese Herausforderung liegt für eine seriöse christliche Theologie nicht dort, wo sie der sog. »Kreationismus« (vom lateinischen Wort »creatio« = Schöpfung abgeleitet) sucht. Darunter versteht man eine Auffassung, die von vielen protestantisch-fundamentalistischen Religionsgemeinschaften, vornehmlich in den USA, (z. T. sehr aggressiv) vertreten wird. Danach hat Gott den Menschen (etwa im Zeitraum der vergangenen 10 000 Jahre) unmittelbar und weitgehend in seiner heutigen Gestalt geschaffen. Die naturwissenschaftliche, von Darwin ausgehende, inzwischen von der Paläontologie, der physikalischen Kosmologie und der biologischen Anthropologie sehr gut begründete Evolutionslehre wird hingegen von den »Kreationisten« als nicht hinreichend bewiesen abgelehnt oder schlichtweg ignoriert.[8] Sie sei unvereinbar mit der biblischen Darstellung von der Entstehung der Welt und des Menschen.

In der Tat: Wenn man – in typisch fundamentalistischer Manier – beide Erklärungsmuster auf der gleichen empirische Ebene ansiedelt, also die biblischen Schöpfungserzählungen und -psalmen als historische Tatsachenberichte liest, schließen sich naturwissenschaftliche Evolutionslehre und biblischer Schöpfungsglaube gegenseitig scheinbar aus. Aber über dieses Stadium des Disputs ist selbst die katholische Theologie bereits seit gut 50 Jahren hinaus. Sie akzeptiert – im Konsens mit der großkirchlichen Theologie der Orthodoxie und der Reformation – die prinzipielle Verschiedenheit der jeweiligen Perspektiven. Daraus folgt, dass beide Sichtweisen durchaus kompatibel sind: Die empirischen Wissenschaften versuchen, die von ihnen exakt untersuchten Phänomene in ihrem immanenten Zusammenhang zu *erklären*. Der religiöse Glaube sucht demgegenüber, dieselben Phänomene unserer Welt zu *verstehen* im Zusammenhang mit einem transzendenten, sinnstiftenden Ursprung und Ziel aller Dinge, eben mit Gott als Schöpfer und Vollender der Welt. Im Rahmen einer humanen, den ganzen Menschen mit all seinen Erkenntnisfähigkeiten einbeziehenden Weltdeutung, haben beide Perspektiven ihren guten Sinn und können beide einander ergänzen und bereichern.[9]

Wenn wir dennoch hier in der Einleitung bereits das Thema »Evolution« als besondere Herausforderung des Schöpfungsglaubens heute aufgreifen, dann steht vorerst nur *ein* Punkt zur Debatte, nämlich die heute vielfach praktizierte Erhebung der Evolutionslehre zur allumfassenden *Weltanschauung*. Diese Grenzüberschreitung liegt immer dann vor, wenn (implizit oder explizit) der Anspruch erhoben wird, die Evolutionslehre biete die einzige, weil naturwissenschaftlich begründete und damit auch völlig hinreichende, alle philosophischen und religiösen Deutungen überflüssig machende Interpretation unserer gesamten Wirklichkeit. Zwei Richtungen lassen sich bei diesem Vorgang heute unterscheiden: erstens die spirituelle, natur-religiöse Deutung der Evolution; zweitens ihre materialistisch-reduktionische Interpretation.

a) Die Evolution als »Dogma« einer neuen Naturmystik

Von naturwissenschaftlicher Seite werden heute gern (zumal im Kontext von »New Age« oder verwandten neu-gnostischen Bewegungen) Gedanken des neuzeitlichen *Pantheismus* (vgl. z.B. Giordano Bruno, Jakob Böhme, Baruch de Spinoza) aufgegriffen, um sie mit den neuesten Erkenntnissen der jeweiligen Wissenschaftszweige zu vermitteln. Dadurch soll – gleichsam als humanes Gegengewicht gegen das hoch formalisierte Reflexionsniveau innerhalb der Naturwissenschaften – für den neuzeitlichen Menschen (zumal für den Wissenschaftler selbst) eine einheitliche, das Ganze umgreifende spirituelle Weltsicht ermöglicht werden.

Als Beispiele seien zwei Zitate von bekannten Naturwissenschaftlern angeführt; zunächst von Fritjof Capra:

> »Weitet man dieses [sc. das systemtheoretische] Denken auf das Universum als Ganzes aus, dann ist die Annahme nicht so weit hergeholt, dass alle seine Strukturen – von den hochatomaren Teilchen bis zu den Galaxien und von den Bakterien bis zu den Menschen – Manifestationen der Selbstorganisations-Dynamik des Universums sind, die wir vorher mit dem kosmischen Geist identifiziert haben. Das ist jedoch fast schon eine mystische Anschauung. Der einzige Unterschied besteht darin, dass Mystiker größten Wert auf die unmittelbare Erfahrung des kosmischen Bewusstseins legen, die über den rein wissenschaftlichen Ansatz hinausgeht. Dennoch scheinen beide Wege durchaus vereinbar. Die auf der Systemlehre beruhende Naturanschauung scheint endlich einen sinnvollen wissenschaftlichen Rahmen abzugeben, innerhalb dessen man sich auch mit den uralten Fragen nach der Natur des Lebens, des Geistes, des Bewusstseins und der Materie beschäftigen kann.«[10]

Ganz ähnlich auch Erich Jantsch:

> »In der Selbsttranszendenz, der Erschließung neuer Ebenen von Selbstorganisation – neuer geistiger Ebenen –, orchestriert sich Bewusstsein immer reicher. Im Unendlichen fällt es mit dem Göttlichen zusammen. Das Göttliche aber manifestiert sich dann weder in personaler noch sonstwie geprägter Form, sondern in der evolutionären Gesamtdynamik einer vielschichtigen Realität. [...] Da wir aber die Selbstorganisations-Dynamik jedes Systems seinen Geist genannt haben, können wir sagen, Gott sei zwar nicht der Schöpfer, wohl aber der Geist des Universums.«[11]

Nach dieser Weltdeutung sind Gott und die evolutive Welt im Grunde ihres Seins von ein- und derselben Natur; Gott bzw. das Göttliche wirkt in der Welt als die alles beseelende und belebende kosmische »Lebensenergie«, als »Geist« des Universums, als »Weltseele«, als die dem ganzen Kosmos innewohnende, sich in seiner Entwicklung manifestierende und entfaltende Kraft der evolutiven »Selbstorganisation«. Das natürliche Geschehen der Evolution wird somit vergeistigt, spiritualisiert und mystifiziert; das in den Religionen verehrte Göttliche dagegen wird vollkommen kosmisiert, d.h. als universale Lebensdynamik ganz und gar in den Entwicklungsprozess des Kosmos hinein verwoben, ja, mit ihm identifiziert. Um seiner vollkommenen Immanenz in der Welt willen wird das Göttliche seiner wirklichen Transzendenz gegenüber der Welt und damit auch seiner personalen Würde als ihr Schöpfer beraubt. Als Bestandteil dieser Welt, eben als der ihr zu eigene »Geist«, ist Gott nicht mehr so von der Welt verschieden, dass er zugleich ihr Schöpfer und Erlöser im biblischen Sinn des Wortes sein kann.[12]

Hier wird im Grunde eine durch die naturwissenschaftliche Evolutionstheorie angereicherte Variante des genuin neuzeitlichen Pantheismus von B. Spinoza (1632–1677) vorgelegt. Nach ihm kann es nur eine Substanz geben, nämlich die göttliche; diese aber ist identisch mit der Natur (»Deus sive natura«), und zwar im Sinn einer »natura naturans«, einer die Welt notwendig aus sich hervorbringenden Natur. Spinoza spricht zwar der so von ihr hervorgebrachten Welt, die alle erkennbaren Einzeldinge umfasst (»natura naturata«) eine gewisse Eigenständigkeit gegenüber dem weltimmanenten göttlichen Grund aller Dinge zu; aber ontologisch gesehen haben beide die gleiche göttliche Natur. Für einen personalen Schöpfer, der die Welt in Freiheit aus nichts erschafft, kann es in diesem System konsequenterweise keinen Platz geben.[13]

b) Die Evolution als Paradigma einer materialistisch-reduktionistischen Weltanschauung

Neben dieser mystischen Variante der Evolutionslehre gibt es auch die weitaus stärker verbreitete materialistische. Auch hier geht es uns nicht um die naturwissenschaftlich unbestrittenen, auch empirisch immer konsistenter zu begründenden Theorien einer evolutiven Entwicklung von Weltall, Leben und Mensch.[14] Nur der Status einer umfassenden Weltdeutung oder *Weltanschauung*, den diese Theorien in unserem Kulturraum inzwischen erworben haben, steht zur Diskussion. Dieser neue Status ist v. a. zu erkennen an der Tendenz, die ganze Wirklichkeit zu *reduzieren* auf »nichts anderes als« pure Selbstentfaltung der physikalisch, biologisch, biochemisch oder biogenetisch zu erfassenden Materie. Dabei ist also nicht eine naturreligiöse Spiritualisierung der Materie angezielt, sondern die atheistische Materialisierung alles Geistigen. Dieses Programm hat in der Neuzeit in der westlichen Zivilisation eindeutig den Rang einer alles-erklären-wollenden Weltsicht bzw. Ersatzreligion erreicht:

> »Im sich neu etablierenden Spiel der führenden Weltsymbole spielt die Evolutionstheorie eine zentrale Rolle; sie wurde zum Meta-Symbol schlechthin. Sie vereinigt verschiedenste Neuansätze und repräsentiert deshalb einen radikalen Bruch mit dem genannten vor-neuzeitlichen statischen Weltbild. Sie wirkt nicht einfach als ergänzende Theorie, vielmehr bringt sie Physik und Kosmologie, Biologie und Biochemie, Anthropologie und Erkenntnistheorie in einen Gesamtzusammenhang. Deshalb spielt sie in gegenwärtigen Diskussionen eine beinahe mythische Rolle. Früher bildete der Geist den großen Bezugsrahmen der Wirklichkeit. Jetzt ist es dieser Entwicklungsgang von Kosmos und Leben, der das All von seinen Ursprüngen bis zu dessen Ende zusammenhält. […] Es geht um ein irdisch-materielles Leben, das seine Grenzen, wie es scheint, aus sich selber verlegt; Transzendenz erhält eine neue, weltimmanente Bedeutung. Es geht um Selbstorganisationen, die sich aus sich selbst heraus entwickeln, tragen und – vielleicht nach einem unerkannten Plan – immer weiter entfalten. Das ›Leben‹ (jetzt im Singular verwendet) wird zur entscheidenden, immer wirkenden, geradezu wunderbaren und deshalb religiös valenten Grunddynamik unserer Wirklichkeit. Diese Evolutionstheorie im umfassenden Sinn des Wortes trägt quasi mythische, geradezu religiöse Züge; sie hat nicht nur die Funktion einer wissenschaftlichen Welterklärung, sondern die Funktion eines umfassenden Megasymbols […].«[15]

Ihre Plausibilität und ihre hohe gesellschaftliche Akzeptanz beruhen nach H. Häring v. a. darauf, dass sie zum einen immer neue naturwissenschaftliche Theorien (z. B. zu Anfang, Entwicklung und Ende sowohl des Kosmos als auch des Lebens oder neuestens des Verhältnisses von Geist und Gehirn) zwanglos *integrieren* zu können scheint; und zum anderen, dass sie auch über den streng naturwissenschaftlichen Bereich hinaus ganz andere, traditionell als typisch menschlich angesehene, den Humanwissenschaften vorbehaltene Phänomene restlos zu erklären beansprucht (z. B. innerhalb einer evolutionären Erkenntnistheorie, einer evolutionären Ethik, eines Sozialdarwinismus, einer hirnphysiologischen Theorie zur Entstehung der Religion usw.). Dadurch erscheint sie für unsere Zeit als die *eine* Weltanschauung, die Natur, Mensch und Gesellschaft umspannt und sie in eine verstehbare Einheit zusammenbindet. Ihre Faszination wird noch dadurch erheblich verstärkt, dass sie als Natur-, Kultur- und Gesellschafts*geschichte* spannend erzählt und an vielen Beispielen veranschaulicht werden kann.

Die beiden hier vorgestellten Versionen einer weltanschaulich aufgewerteten Evolutionslehre stehen natürlich nicht beziehungslos nebeneinander; sie scheinen sich in all ihrer Widersprüchlichkeit gegenseitig zu bedingen. Denn auf der einen Seite wird aller naturwissenschaftlicher Scharfsinn darauf verwandt, den Menschen in seiner einzigartigen Würde als Person, als geistiges, zu Wahrheitserkenntnis und Freiheitsentscheidung befähigtes Wesen zu destruieren, ihn ganz und gar zu »naturalisieren«, also vollständig in den immer komplexer werdenden Entwicklungsprozess der Materie einzufügen. Auf der anderen Seite wird dabei jedoch die Natur, die Materie und ihre evolutionäre Kraft immer stärker metaphysisch »angereichert«; das heißt, alles »Sinnpotential«, über das der Mensch in seinem Handeln verfügt, also alle bei ihm zu beobachtenden sinnvollen Zweck- und Zielsetzungen werden mehr und mehr rückverlagert und in die Potenz der anorganischen und organischen Natur hineingelegt. Um aber eine solche sinnträchtige Natur und ihre Entwicklung zu »verstehen«, bedient man sich offensichtlich doch einer typisch menschlichen, auf Sinndeutung angelegten »Hermeneutik der Natur«. Diese übersteigt jedoch die streng naturwissenschaftliche Methodik der rein funktionalen Erklärung von Naturzusammenhängen und kann darum in keiner Weise aus deren Erkenntnissen stringent abgeleitet werden. Hier kommen vielmehr philosophische und weltanschauliche Optionen ins Spiel, v. a. die des Naturalismus.[16]

c) Herausforderung und Chance

Diese naturalistische Welterklärung stellt den christlichen Schöpfungsglauben heute vor eine außerordentliche Herausforderung. Der notwendige Disput vollzieht sich meist auf drei verschiedenen, eng mit einander verbundenen Ebenen:

Erstens dort, wo gegen eine *reduktionistische* Welterklärung die prinzipielle *Offenheit* der naturwissenschaftlich erhobenen Phänomene für eine religiöse Perspektive von Welt und Natur aufgezeigt wird; zweitens da, wo das erkenntnisleitende Interesse auf eine methodisch saubere, von einer guten Naturphilosophie zu leistende *Vermittlung* zwischen naturwissenschaftlicher und religiöser Weltsicht zielt; und schließlich drittens bei dem Versuch, kompatible Momente des evolutiven Weltbildes so vom Schöpfungsglauben her zu *rezipieren*, dass dieser dabei selbst auch neue Akzente erhält; Akzente, die nicht seine Identität gefährden, ihn aber wohl für die Menschen unserer Zeit und ihr naturwissenschaftlich dominiertes Weltbild verstehbar machen.[17] Teilhard de Chardin (»Christus Evolutor«), Karl Rahner (»Selbsttranszendenz des Geschaffenen«) und verschiedene Prozesstheologen im Anschluss an den Prozessphilosophen A. N. Whitehead haben dieses dritte Anliegen bewusst aufgegriffen. Implizit hat es auch das Zweite Vatikanische Konzil bestätigt: »So vollzieht die Menschheit einen Übergang von einem mehr statischen Verständnis der Ordnung der Gesamtwirklichkeit zu einem mehr dynamischen und evolutiven Verständnis« (GS 5).[18]

Auf der Linie des Konzils wird christliche Schöpfungstheologie die genannte Herausforderung am besten dadurch aufgreifen, dass sie das Moment der *Freiheit* und der *Befreiung* im schöpferischen Handeln Gottes wie auch – von ihm her – in der geschaffenen Wirklichkeit selbst ins Zentrum ihrer Argumentation stellt. Der Grund ist klar: Nur weil im Ursprung der Welt, ihrem fortdauernden Bestand und ihrer immer komplexer werdenden Evolution zuinnerst eine überbordende Dynamik an Freiheit *kreativ* (im eigentlichen Sinn des Wortes!) am Werk ist – eine Freiheit also, die nicht in naturimmanenten Strukturgesetzen oder Selbstorganisationsprozessen aufgeht, sondern diese ermöglicht und freisetzt –, gibt es diese Welt überhaupt; gibt es die sich selbst organisieren und entwickeln könnende »Energie« im Bereich des Materiellen, des Lebens und des Geistes; gibt es Entwicklung zum unableitbar Neuen; gibt es die menschliche Vernunft und Freiheit und damit die Möglichkeit, den Sinn des Ganzen, sein Woher und Woraufhin zu erkennen und bewusst Verantwortung für unsere Erde zu übernehmen.

Wir werden im Folgenden natürlich nicht ständig explizit das Gespräch mit der evolutiven Weltanschauung unserer Zeit führen; dennoch wird sie als herausfordernder Hintergrund präsent sein. Je mehr es der Philosophie und der Theologie gelingt, mithilfe der eindeutigen, durch keine wissenschaftliche Theorie wegzudiskutierenden *Alltagsintuition* von Freiheit den humanen Sinn des Schöpfungsglaubens zu verdeutlichen, umso eher mag dieser auch unseren Zeitgenossen wieder als glaubwürdige Alternative zum Naturalismus einleuchten. Insofern kann das unbeirrbare

Eintreten des Schöpfungsglaubens für die Freiheit als innerstes »Konstruktionsprinzip« der Wirklichkeit heute dazu beitragen, dass sich die evolutive Weltanschauung nicht auf Dauer zu einer neuen »totalitären« Ideologie entwickelt, die es darauf anlegt, das Ganze zu begreifen und zu beherrschen, und damit unmenschlich würde.

2. Das deistische Gottesbild

Eine *zweite,* im 16. Jahrhundert entstandene und gerade heute als vernünftige, aufgeklärte Religiosität kulturell weithin akzeptierte Weltdeutung bietet der *Deismus.*[19] Hier wird (im Gegensatz zur oben dargestellten naturreligiösen Weltsicht) Gott nicht in den Weltprozess hinein »aufgehoben«, sondern um einer absolut unangetasteten *Transzendenz* willen wird seine *Immanenz* in der Welt aufgelöst. Als uranfänglicher »Weltbaumeister« setzt Gott das Uhrwerk der Welt in Gang und überlässt sie dann weitgehend sich selbst. Höchstens noch im Sinne Kants als Postulat der Sittlichkeit, d.h. als letzter Garant einer Übereinstimmung von Sittlichkeit und Glückseligkeit am Ende der (individuellen wie universalen) Geschichte wird Gott benötigt. Dieses philosophische Gottesbild führt zu einer radikalen Trennung von Gott und Welt; sein schöpferisches Wirken wird auf den Anfang und das Ende der Welt begrenzt. Dagegen wird ein fortwährendes innerweltliches Handeln Gottes, eine schöpferisch-heilende Präsenz Gottes in der Schöpfung, kategorisch ausgeschlossen. Gott wird ins reine Jenseits abgedrängt, womit sich auch das Theodizeeproblem von selbst erledigt.

Aber genau damit wird – gegen die ursprüngliche Intention – auch Gottes wahre, ihm *allein* eigene Transzendenz zerstört. Denn ein Gott, der eine Welt schafft, die ihm (wie das Werk eines menschlichen Handwerkers oder Künstlers) äußerlich als etwas ganz anderes, nämlich bloß als Ergebnis seines Schaffens, gegenüber steht und der er selbst auch ganz äußerlich bleibt, wird durch dieses ihm äußerliche Gegenüberstehen der Welt selbst verendlicht. Wieso? Weil dieser Gott eine Grenze an dem von ihm gewirkten, aber getrennten Gegenstand »Welt« findet: Gott und Welt stehen sich (in diesem Denkmodell) wie Ursache und Wirkung, wie Handwerker und Werk, wie Subjekt und Objekt gegenüber: Hier Gott – dort die Welt. Beide sind füreinander »Sachverhalte«, die sich klar voneinander ab-grenzen und genau dadurch auch gegenseitig be-grenzen – also nicht anders als sich auch alle weltlichen Dinge zueinander verhalten.

Hier liegt der Denkfehler des Deismus: Die einzigartige *Transzendenz* eines Schöpfers *über* der Welt kann konsistent nicht gedacht werden, ohne seine einzigartige *Beziehung* zu ihr und die daraus erwachsene *Präsenz* in ihr mitzubedenken. Denn eine schöpferische Macht, die durch die von ihr geschaffene, ihr gegenüber stehende und von ihr getrennte Welt so begrenzt wird wie – analog – ein Mensch vom anderen, ein Ding vom anderen, ein Stern vom anderen usw., kann nicht mehr Gott im vollen philosophischen Sinn des Wortes genannt werden. Sie ist dann eben nicht mehr die unendliche *Fülle* an Sein, an Gutem, Wahrem und Schönem, sondern im Prinzip ein ähnlich sich von anderem unterscheidendes, ja sogar abgrenzendes und so begrenztes Wesen wie die erschaffenen Dinge in der Welt. Daran ändert sich auch nichts, wenn diese Macht noch so groß, so vollkommen, gleichsam als höchste Aufgipfelung alles menschlich Denkbaren vorgestellt wird; sie bewegt sich grundsätzlich doch auf der gleichen Ebene wie alles Endliche, das seine Identität immer nur durch Unterscheidung und Abgrenzung vom anderen findet.

Im Rückblick auf die beiden vorgestellten großen Herausforderungen können wir festhalten: Sowohl im naturreligiösen als auch im deistischen Modell verliert der Gottesbegriff der großen philosophischen und theologischen Tradition seinen präzisen Sinn: nämlich dass man von Gott nur so angemessen sprechen kann, das dabei der *einzigartige Unterschied* zwischen Gott und Welt zugleich mit der *einzigartigen Beziehung* zwischen beiden gedacht wird. Es wird sich im Verlauf unseres Traktats immer deutlicher zeigen, dass erst das trinitarische Gottesverständnis dieses Paradox so verstehbar macht, dass es nicht nach einer der beiden Seiten hin aufgelöst werden muss.[20]

Wie folgenreich sich ein Gottesbild in der religiösen Praxis auswirkt, das entweder die absolute Transzendenz Gottes gegenüber der Welt oder jede fortdauernde schöpferische Präsenz Gottes in der Welt leugnet, zeigt sich sehr konkret bei der schöpfungstheologischen »Gretchenfrage«: Wie hältst Du es mit dem *Gebet*? In der Tat, ein wirkliches Gebet zu einem Gott, dem der Betende alles verdankt und von dem er das Heil für die Welt im Ganzen und für seine persönliche Welt erhofft, hat in beiden vorgestellten Konzepten keinen Sinn mehr. Vermutlich ist dies auch ein entscheidender Grund, warum heute vielfach vom christlichen Verständnis eines transzendenten und zugleich immanenten Schöpfergottes Abschied genommen wird: die zunehmende Unfähigkeit zu beten. Im Gebet müsste sich der Mensch ja als restlos von Gott verschiedenes, aber dennoch mit ihm in persönlicher Beziehung stehendes, zugleich freies und doch ganz und gar auf Gott angewiesenes Geschöpf anerkennen. Dies aber erscheint dem neuzeitlichen Bewusstsein meist als unvereinbar mit dem Anspruch völliger Autonomie. Wie so oft erweist sich das Gebet als Ernstfall und praktischer Test für einen authentisch christlichen Glauben, gerade auch im Bereich des Schöpfungsglaubens.

III. Wichtige Grundbegriffe und Lehraussagen der Schöpfungstheologie

In diesem dritten Abschnitt der Einleitung geht es darum, die wichtigsten schöpfungstheologischen Begriffe und Lehraussagen zu nennen und kurz zu erklären. In sie hat sich die lange kirchliche Reflexion über den Schöpfungsglauben gleichsam hinein kristallisiert. Auch wenn im weiteren Fortgang unserer Überlegungen diese Begriffe und Aussagen inhaltlich reicher gefüllt und auch modifiziert werden, so kann eine saubere Begriffsklärung gleich zu Beginn doch helfen, das theologisch mögliche und sinnvolle Terrain eines kirchlich verantwortbaren Nachdenkens über den Schöpfungsglauben abzustecken. Wir legen dabei als Gliederungsprinzip die bereits erwähnte fundamentale Unterscheidung zwischen »creatio« und »creatura« zugrunde.[21]

1. Schöpfung als »creatio«: Das Gott allein mögliche Handeln

a) Erschaffen

Das bereits in der ersten Schöpfungserzählung der Genesis (Gen 1,1–2,4a) mit dem Begriff »bara« bezeichnete und *ausschließlich* von Gott ausgesagte »Erschaffen« bedeutet: Gott ruft alles, was ist (Himmel und Erde), ins Dasein; zugleich gibt er allem Gestalt und weist ihm seinen angemessenen Ort im Ganzen zu. Einzig im Willen und im Wort Gottes ist alles Wirkliche begründet. Auf die berühmte, von Schelling und Heidegger ins philosophische Gespräch eingebrachte Frage »Warum ist überhaupt etwas und nicht vielmehr nichts?« antwortet der Schöpfungsglaube: »Weil Gott es ins Dasein ruft.« Ohne dieses Tun Gottes gäbe es nichts von all dem, was unsere Welt ausmacht. Schöpfung (als creatio) besagt also: Der gründende *Ursprung* (gr. ἀρχή, lat. principium) von allem, was ist, liegt allein in Gott und seinem freien, sich im schöpferischen Wort ausdrückenden Willen zur Welt.

In heutiger, an Karl Rahners Transzendentaltheologie anknüpfender Terminologie lässt sich die *Einzigartikeit* dieses schöpferischen Handelns Gottes und seines Verhältnisses zur geschaffenen Wirklichkeit dadurch näher erläutern, dass es als »transzendental« bezeichnet wird.[22] Vier Aspekte dieses vieldeutigen Wortes sind im Rahmen schöpfungstheologischer Begriffsklärung hilfreich:

(1) Es betont den *prinzipiellen Unterschied* zwischen dem transzendenten, unserem begrifflichen Begreifen unzugänglichen Schöpfungshan-

deln Gottes und allen uns bekannten Formen innerweltlich-kategorialen, also in allgemeine Denkkategorien fassbaren Verursachens, sei es im Bereich der Natur oder der menschlichen Freiheit. Das Erschaffen der Welt durch Gott kann niemals als ein besonderer »Einzelfall eines allgemeinen kausalen Verhältnisses zwischen zwei Wirklichkeiten« gedacht werden;[23] es ist ein Verursachen »sui generis«.

(2) Seine Einzigartigkeit zeigt sich – formal – darin, dass es die allem zugrunde liegende *Möglichkeitsbedingung* ist, ohne die nichts sein, handeln oder etwas verursachen könnte.

(3) Inhaltlich besteht diese Einzigartigkeit darin, dass nur durch sie das *Paradox* geschöpflichen Daseins verstehbar wird: dass nämlich die Welt, die dem schöpferischen Wirken Gottes entspringt, zum einen restlos von diesem Wirken abhängig ist und bleibt, dass zum anderen aber gerade diese »Kreatürlichkeit« der Grund ihrer Eigenständigkeit und Verschiedenheit von Gott ist. Im Unterschied zu jedem innerweltlichen Begründungs- und Abhängigkeitsverhältnis gilt vom Verhältnis der Welt zu Gott: »Radikale Abhängigkeit und echte Wirklichkeit des von Gott herkünftig Seienden wachsen im gleichen und nicht im umgekehrten Maße.«[24]

(4) Der ursprüngliche *Erfahrungsort* dieses Verständnisses liegt für K. Rahner in der von ihm so genannten »transzendentalen Erfahrung« des Menschen: durch die – in jedem Erkennen und Handeln unreflex »mit-bewusste« – Verwiesenheit des menschlich-endlichen Geistes auf das Unendliche offenbart sich ihm dieses als das »heilige Geheimnis«, der »unbegreifliche Grund«, von dem er sich getragen weiß; und zwar dergestalt, dass gerade dieses gründende Tragen ihn frei-lässt in die eigenverantwortliche Übernahme seines Daseins.[25] Diese anthropologische »Urerfahrung« kann als Modell für das schöpferische Handeln Gottes bzw. die Geschöpflichkeit der Welt generell dienen. Wir werden im Fortgang unserer Überlegungen sehen, dass die Erfahrung der *Liebe* wohl einen noch geeigneteren Erfahrungsort für den christlichen Schöpfungsbegriff bietet.

b) »Aus nichts« erschaffen (creatio ex nihilo)

Durch die seit Irenäus allgemein rezipierte Formel von der *creatio ex nihilo* wird der Schöpfungsbegriff noch präzisiert: Gott setzt die Wirklichkeit der Welt im Ganzen und in all ihren einzelnen Teilen *voraussetzungslos* und unter *allen denkbaren Aspekten* ins Dasein. Er formt nicht bloß aus irgendeinem ihm vorgegebenen Material (»Urmaterie«) die jetzige Gestalt der Welt, auch nicht aus seiner »göttlichen Substanz«, sondern lässt alle Wirklichkeit in ihrem Sein und in ihrer jeweiligen Form durch sein Wort buchstäblich aus »nichts« entstehen.

Bei *Paulus* klingt diese Radikalität des schöpferischen Handelns Gottes bereits im Kontext der Auferstehungshoffnung an: Glauben (und Hoffen) heißt, sich wie Abraham, der Vater aller Glaubenden, vollständig auf »Gott, der die Toten lebendig macht und das, was nicht ist, ins Dasein ruft« zu verlassen (Röm 4,17). So wie Gott Neues schafft ohne jeden vorausgehenden Anknüpfungspunkt, so ist der Glaube oft genug auch eine »Hoffnung gegen alle Hoffnung« (Röm 4,18), gegen allen Anhalt in der erfahrenen Wirklichkeit.[26]

c) Erschaffen unter dem Aspekt der Zeit

1) Die Schöpfung »am Anfang« (in principio)

Damit ist (von Augustinus her) gemeint: Indem Gott die Welt ins Dasein ruft, schafft er auch die Zeit, schafft er die Dinge in ihrer endlich-zeitlichen Struktur, also mit Anfang, begrenzter Dauer und Ende. Die Welt entsteht nicht »in« einer schon vor der Schöpfung existierenden Zeit (also gleichsam am »Kalendertag X«), sondern »mit« der Zeit; auch die Zeit ist wie der Raum ein Geschöpf Gottes und nicht ein vorausgehender Rahmen für die Schöpfung, auch wenn wir es uns unvermeidlich so vorstellen; ein raum- und zeitloses »Nichts« ist eben unvorstellbar. Daher gilt es, immer neu populäre Missverständnisse des Schöpfungsbegriffs abzuwehren: »Schöpfung« bedeutet nicht bloß eine göttliche Initialzündung am Anfang, gleichsam ein von Gottes Geist in die Welt überspringender Funke, wodurch z. B der Urknall und alles Weitere in Gang gesetzt worden wäre. Durch das schöpferische Wort Gottes gibt es zwar eine zeitlich anfangende und sich in der Zeit entwickelnde Welt; aber dieser (ja auch naturwissenschaftlich annähernd zu berechnende) »Anfang« ist nicht einfach identisch mit der Schöpfungstat Gottes als »Ursprung« der Welt. Das schöpferische Entspringen-Lassen der Welt aus dem Willen und dem Wort Gottes ist ein über-empirisches Geschehen, das deswegen auch nicht auf den zeitlichen Anfang der Existenz unserer Welt beschränkt werden darf. Es umspannt gründend-tragend das ganze raum-zeitliche Dasein unserer Welt von ihrem Anfang bis zu ihrem Ende.[27] Darum beinhaltet der Schöpfungsbegriff notwendig noch weitere Aspekte:

2) Die »fortwährende« Schöpfung und Erhaltung der Welt (creatio continua)

Gott als Ursprung der Welt und all dessen, was in ihr ist oder entsteht, beendet sein schöpferisches Handeln nicht, wenn die Welt einmal ins Dasein getreten ist; das wäre ein sehr anthropomorph-mythologisches Schöpfungsverständnis. Indem sich Gott von Ewigkeit her frei zur Schöpfung entschließt, bleibt er sich auch in Ewigkeit selbst treu; er bleibt mit seinem Wollen und Handeln der die Welt und alles, was in ihr geschieht und sich entwickelt, beständig tragende Grund. Ohne ihn, ohne das ihr ständig zugesprochene Ja Gottes: »Es ist gut, dass es dich, Schöpfung, gibt!«, wären die Welt und alle einzelnen Geschöpfe buchstäblich »grund-los«, könnten sie nicht bestehen (wie kein Leben ohne Licht und Wasser, keine Person ohne Liebe existieren kann). Dass dieses fortdauernde »ontologische« Angewiesensein der Welt auf den ihr bleibend zugewandten Willen Gottes (creatio continua bzw. conservatio mundi) sie dennoch nicht in ihrem eigenständigen Dasein und in ihrer Selbstentfaltung behindert, sondern beides erst ermöglicht, wird uns im Verlauf des Traktats noch klarer werden.

Ein weiterer Gesichtspunkt hängt damit zusammen: Das beständige Ja Gottes zur Welt wird auch durch die *Sünde*, das geschöpfliche Nein zum Schöpfer, nicht aufgehoben. In der biblischen Perspektive des Heilshandelns Gottes entspricht deswegen der creatio continua die unbedingte *Treue* Gottes auch zu seiner sündigen Schöpfung; er hat sie ihr im Noach-Bund (Gen 9,8–17) zugesagt. Von sich her bleibt Gott der seiner Schöpfung unvermindert zugewandte und sie so tragende Grund.

3) Die Vorsehung des Schöpfers (providentia)

Indem Gott die Welt ursprünglich ins Dasein setzt und sie bleibend darin erhält, führt er sie zugleich zu dem *Ziel*, das er für sie im Ganzen und für alle einzelnen Geschöpfen immer schon »vorgesehen« hat: zur vollendeten Gemeinschaft zwischen Schöpfer und Schöpfung im Reich Gottes. Dieses zielgerichtete Schöpfungshandeln Gottes hält die Schöpfung von Anfang an in Bewegung; und zwar auf eine Zukunft hin, die nicht bloß eine Extrapolation ihrer eigenen Entfaltungsmöglichkeiten, sondern ein neues Geschenk Gottes an sie bedeutet: wirklich eine »Neue Schöpfung«; in ihr soll das – durch Jesus Christus bereits vorweg gesprochene– vorbehaltlose Ja der Schöpfung als Antwort auf das Schöpfungswort Gottes in allem verwirklicht sein. Erst dann wird Gott »über alles und in allem herrschen«

(1 Kor 15,28), und alle Beschädigung durch Sünde, Leid und Tod wird überwunden sein.

Allerdings führt Gottes Vorsehung (seine »pro-videntia«) die Welt und alle Einzelgeschehnisse in ihr nur so zu diesem Ziel, dass die Eigenständigkeit der Welt, zumal die menschliche Freiheit, dadurch nicht beeinträchtigt, sondern im Gegenteil zur freien Zustimmung ermächtigt wird. Nur im Maß ihres freien Mitwirkens mit dem Willen Gottes (concursus divinus) kann darum dieses Ziel erreicht werden. Ob und wie das Zusammenspiel von göttlicher und geschöpflicher Freiheit einmal universal gelingen wird (im Sinn einer »Allversöhnung« der Schöpfung, einer »Apokatastasis«), haben wir keine Gewissheit. Es bleibt ein Gegenstand jener starken »Hoffnung gegen alle Hoffnung« (Röm 4,18): Mitten im »Leiden am Wirklichen« (nämlich am Widerspruch zwischen dem realen Zustand der Welt und dem ihr von Gott zugedachten Ziel) ist sie doch zugleich von der »Leidenschaft für das Mögliche« (Kierkegaard) erfüllt, nämlich für die Möglichkeiten Gottes, der die Schöpfung aus nichts ins Dasein rufen und sie auch zur »Neuen Schöpfung« verwandeln kann.[28] Allerdings gilt dabei das Wort von Augustinus: »Der dich ohne dich erschaffen hat, rechtfertigt dich nicht ohne dich«[29].

d) Das Motiv des Erschaffens (creatio ex amore)

Gott erschafft die Welt nicht deswegen, weil er nicht anders könnte; weil er also von seinem Wesen heraus notwendig schöpferisch tätig sein müsste, gemäß dem neuplatonischen Axiom: »Das Gute ist das sich selbst Verströmende« (bonum est diffusivum sui).[30] Die Sonne steht hier als Vorbild. Dieser an sich so einleuchtende Vergleich stößt aber an seine Grenze, wenn die *Freiheit* des schöpferischen Wirkens Gottes gewahrt werden soll.

Ebenso wenig schafft Gott die Welt, weil ihm etwas fehlte und er sie bräuchte; z. B. damit sie seine »Einsamkeit« vertriebe, damit er ein Gegenüber zum Lieben habe oder damit sie seine Herrlichkeit und Freude steigere und er somit erst durch sie sich selbst vollende. Natürlich hat die Schöpfung, zumal die personale, eine hohe Bedeutung für Gott selbst; sie ist kostbar und wertvoll für ihn. Aber nicht deswegen, weil sie einen Mangel in Gott beheben könnte, sondern im Sinn des bekannten Irenäus-Wortes: »Die Ehre Gottes ist der lebendige Mensch«[31]. Das heißt: Rein um der Geschöpfe, v. a. des Menschen willen, um ihres Glückes und Heiles willen, an dem sich Gott absichtslos freut, ruft er alles ins Dasein. Darum zieht sich vom biblischen Schöpfungsglauben an durch die ganze Tradition hindurch die einhellige Überzeugung von der creatio ex amore: Gott schafft die Welt vollkommen frei, aus purer, überschwänglicher Güte, um ihr an der Fülle seines Lebens, an der unerschöpflichen Liebe zwischen Vater und Sohn im Heiligen Geist Anteil zu geben.

Es gehört darum nicht zur Natur oder zum Begriff Gottes, dass er Schöpfer ist; vielmehr bestimmt oder entschließt sich Gott von Ewigkeit her selbst in völliger Freiheit zum Schöpfersein. »Gott ist die Liebe« (1 Joh 4,16); jedoch nicht in der Weise einer unbändigen, sich nach außen ergießen müssenden göttlichen »Liebesglut«, sondern in der Weise selbstbestimmender Freiheit, die sich in Beziehung setzen will zum Anderen ihrer selbst. Nur so und nur darum erschafft Gott die Welt und führt sie zum Heil. Ihrerseits entspricht die Schöpfung dieser Absicht ihres Schöpfers in dem Maße, wie sie ihrem Geschaffensein in dankbarer Gegenliebe zustimmt. Natürlich in ihren sehr gestuften Möglichkeiten: durch ihr schlichtes Dasein und Sosein, durch ihre Schönheit und Ordnung, durch das ausdrückliche Ja bei Engeln und Menschen; dieses Ja kann in Form des Gebetes oder der Annahme seiner selbst als endliches Geschöpf oder auch der Übernahme von Verantwortung für die Mitgeschöpfe usw. geschehen. Indem die Schöpfung so in vielfältiger Weise das Lob ihres guten Schöpfers singt (vgl. Ps 104 u. a.), ist sie selbst »gut«, denn dann spiegelt sie ihm seine Güte zurück.

2. Schöpfung als »creatura«: Die Welt als Frucht göttlichen Erschaffens

Die zweite Bedeutung von »Schöpfung« betrachtet das schöpferische Handeln Gottes unter der Perspektive des Ergebnisses: Die »Frucht« des schöpferischen Handelns Gottes ist die *Welt*.

a) Geschöpflichkeit – die Signatur alles Endlichen

Mit dem Wort »Welt« ist theologisch die gesamte nichtgöttliche Wirklichkeit gemeint. Also nicht nur das, was wir gemeinhin die »Kreaturen« nennen: Himmel und Erde, Pflanzen, Tiere, Menschen und Engel, sondern auch die vom Menschen selbst gestaltete Welt, also Kultur, Kunst, Geschichte, Politik, Wissenschaft, Technik usw. All das trägt ebenso wie das uns in der Natur Vorgegebene die Signatur des Kreatürlichen, des von Gott ins Dasein Gerufenen und darin bleibend Gehaltenen; denn auch der Mensch und seine Welt gründen im Letzten nicht in sich selbst. Ihr fundamentales Woher und Woraufhin, ihr Ursprung und ihr Sinn liegen außerhalb ihrer selbst, eben in Gott.

Damit widerspricht der theologische Begriff von Schöpfung der heute im naturwissenschaftlichen und ökologischen Kontext (aber auch in der Alltagssprache) weithin üblichen Reduzierung des Begriffs auf die dem Menschen vorgegebene, ihn erfreuende und ihm zu Diensten stehende *Natur* oder auf die *natürliche Lebenswelt* des Menschen, die ihm zur verantwortungsvollen »Bewahrung« übergeben sei.

b) Die »relative« Eigenständigkeit der Schöpfung

Trotz ihrer ontologischen Abhängigkeit von Gott ist die Welt von ihm zugleich auch zum eigenständigen Existieren und Wirken frei-gesetzt. Dies sind keineswegs sich ausschließende Gegensätze. Denn die Welt ist nicht nur aus Liebe geschaffen, sondern hat auch ihren bleibenden Existenzraum im »Raum« der unendlich freigebenden und sein lassenden Liebe des Schöpfers gefunden.[32] Darum ist sie eben nicht ein Moment göttlicher Selbstentfaltung, sondern das von ihm verschiedene Gegenüber seiner Liebe. Der Schöpfer liebt in seiner Schöpfung nicht sich selbst, sondern das Andere seiner selbst; nur so bekommt das Wort »Liebe« seinen vollen Sinn. Von daher wird verständlich, dass gerade das fortwährende Entspringen der Welt aus Gottes frei-gebender *Liebe* die Bedingung der Möglichkeit ihrer Verschiedenheit von Gott und damit ihrer Eigenständigkeit ihm gegenüber ist. Weil die Welt sich der *Beziehung* (relatio) zum liebenden Schöpfer verdankt, handelt es sich um eine »relative« Eigenständigkeit. »Relativ« bedeutet hier also nicht eine »eingeschränkte« Eigenständigkeit, sondern eine »relational bedingte« Eigenständigkeit. Als solche kann sich die Schöpfung zwar nicht selbst aufheben; aber auf der Ebene des bewussten, intentionalen Handelns kann diese Eigenständigkeit bis zur extremen Widerständigkeit gegenüber Gott und seinem Schöpfungswillen gehen; so sehr, dass Menschen sich selbst und den ihnen anvertrauten Bereich der Schöpfung, ja heute sogar fast alles Leben auf dieser Erde, zerstören können.

c) Das Gutsein der ganzen Schöpfung

In der Schöpfungserzählung Gen 1 spricht der Schöpfer mehrfach ein positives Urteil über seine Werke: »Er sah, dass es gut war«, ja, am Ende sogar »sehr gut« (Gen 1,31). Das bedeutet zunächst nur: Das Werk ist ihm *gelungen;* das Ergebnis seines Schaffens – also die Kreaturen im Einzelnen und die lebensfreundliche Ordnung von Himmel und Erde im Ganzen – entspricht seiner Absicht oder auch der »Idee«, die er von seinem Werk hatte. Darum kann er es gut nennen und sich daran freuen.

In der *metaphysischen* Reflexion der Scholastik ist das Gutsein der Schöpfung eine grundlegende (»transzendentale«) Eigenschaft aller Seienden, weil und insofern sie am Sein teilhaben. Denn Sein, besser: Wirklich-Sein (im Unterschied zum Nicht-Sein und zum bloßen Möglich-Sein) ist *in sich* (noch vorgängig dazu, *wie* die Dinge sind) etwas Gutes, in irgendeiner Weise Erstrebbares; ist es doch durch seine Teilhabe am Sein, dem grundlegend Gemeinsamen aller existierenden Wesen, zugleich ein Bild oder eine Spur jener unendlichen Fülle an Wirklich-Sein und Gut-Sein, die in der christlichen Philosophie »Gott« genannt wird.[33]

In der heutigen, stärker die *personale* Beziehung zwischen Schöpfer und Schöpfung betonenden Theologie wird das Gutsein der Welt v. a. damit begründet, dass sie (im Ganzen und im Einzelnen) von Gott unbedingt und bleibend bejaht ist, auch in all ihren selbstzerstörerischen Irrwegen. Dieses Ja des Schöpfers spiegelt sich unverlierbar im Gesicht seiner Schöpfung; sie verleiht ihr ein Gutsein, das noch tiefer liegt als alle leidvollen Erfahrungen des Nein, das die Geschöpfe gegeneinander und gegen Gott sprechen.

An dieser Stelle meldet sich unweigerlich das Theodizeeproblem, das die Rede von einer guten Schöpfung und einem gütigen Schöpfer problematisch werden lässt. Wir werden in verschiedenen Kontexten darauf näher eingehen. Hier sei nur schon soviel dazu bemerkt: Ohne das von Gott selbst in Jesus Christus, in seinem Leben, Sterben und Auferstehen, und durch die Gegenwart seines Heiligen Geistes bereits »im Prinzip« erfüllte Versprechen einer »Neuen Schöpfung«, in der das Böse und das Leid auch »im Ganzen« überwunden sein werden, bleibt die Rede vom unzerstörbaren »Gut-Sein« der real vorhandenen Schöpfung – angesichts der vielen ihr massiv widersprechenden Erfahrungen – nur sehr schwer zu verstehen.

Aber nicht nur angesichts des vielfältigen Übels und Bösen in der Welt hält der Glaube am Gutsein der Schöpfung fest. Auch gegenüber ständig neu auftauchenden *gnostisch-spiritualisierenden* Tendenzen betont er, dass die *ganze* Schöpfung von Gott geschaffen, geliebt und darum zutiefst gut ist; also auch die (im Christentum selbst) immer wieder abgewertete materielle Wirklichkeit, zumal der menschliche Leib und der durch ihn eröffnete Erfahrungsbereich von Erotik und Sexualität. Gerade hier bildet der sehr »sinnliche« alttestamentliche Schöpfungsglaube, verbunden mit der Hoffnung auf die Auferstehung des Leibes, einen Damm gegen alle Versuchungen zur Abschwächung des guten Urteils Gottes über seine gesamte Schöpfung.

Vornehmlich um *diese* Glaubenswahrheit immer von neuem einzuschärfen, trat das kirchliche *Lehramt* im Rahmen der schöpfungstheologischen Thematik auf den Plan. So z.B. in der Synode von Braga (561) gegen die manichäisch-gnostische Sekte der *Priszillianer* und ihre Auffassungen, dass der Teufel das ungeschaffene Prinzip des Bösen, der menschliche Leib sein Machwerk sei und es deswegen auch keine Auferstehung des Fleisches gebe und dass die Ehe und die Zeugung von Kindern zu verwerfen seien (DH 455–463). Vergleichbare Auffassungen der Waldenser, der Albigenser, der Katharer und anderer dualistisch-manichäischer, extrem leib- und materiefeindlicher Bewegungen im Mittelalter werden von Innozenz III. (DH 790), dem vierten Laterankonzil 1215 (DH 800) und dem Konzil von Florenz 1442 (DH 1333–1336) entschieden zurückgewiesen. In der Neuzeit hat sich v.a. das Erste Vatikanische Konzil 1870/71 in seiner Konstitution »Dei Filius« mit der Schöpfung befasst; es galt, gegen den Deismus und gegen pantheistisch-hegelianische Theorien vom »Werden« Gottes in der Geschichte seine absolute Transzendenz hervorzuheben, also seine Unveränderlichkeit und seine Verschiedenheit von der Welt, aber auch die Freiheit seines Schöpfungshandelns, die Einheit des göttlichen Schöpfungsprinzips und das Schöpfungsmotiv der reinen Güte Gottes (DH 3001–03; 3021–25). Auf die Akzente, die das Zweite Vatikanische Konzil (v.a. in »Gaudium et Spes«) gesetzt hat, werden wir später näher eingehen.[34]

IV. »Begriffe ohne Anschauung sind leer« (I. Kant) – Symbole der Schöpfung

Da der Ursprung der Welt und aller einzelnen Wesen in Gottes schöpferischem Handeln etwas absolut Einzigartiges darstellt, das innerhalb unserer so entstandenen Welt empirisch nicht erfahrbar oder von uns Menschen in irgendeiner Weise nachahmbar ist, können wir uns dieses Geschehen nur durch Symbole etwas anschaulicher vorstellen.[35] Die Sprache des Schöpfungsglaubens artikuliert sich – wie in allen religiösen Überlieferungen der Völker – erst sekundär in definierenden Begriffen. Primär ist die Sprache gelebten Glaubens, also des Dankens und Lobens, des Bittens und Klagens; und diese Sprache des Gebets zum Schöpfer lebt wesentlich von sehr anschaulichen Analogien. Auch wenn dabei das Unvergleichbare der Weltschöpfung durch Gott niemals aufgehoben werden kann, so gibt es doch genügend Aspekte in elementaren menschlichen Erfahrungen, die dem Glaubenden einen guten Zugang sowohl zum Verstehen von Schöpfung als auch zur existentiellen Antwort auf das Wort des Schöpfers ermöglichen.[36]

1. Aus der Natur: Die verlässliche Ordnung des Kosmos und der natürlichen Lebensquellen

Von den ersten mythischen Schöpfungsüberlieferungen an bis heute bietet gerade die *Natur* genügend Anschauungsmaterial:

(1) Vornehmlich ist hier an das immer neu beeindruckende Bild des »bestirnten Himmels über mir« (I. Kant) zu erinnern. Die seit Jahrtausenden beobachtete Regelmäßigkeit im Stand und Lauf der Gestirne, die der Erde den beständigen Rhythmus von Tag und Nacht, von Monaten, Jahren und Jahreszeiten beschert, vermittelt dem Menschen wohl die tiefste Ahnung von dem, was seit der Antike mit »Kosmos« bezeichnet wird; also von verlässlicher *Ordnung* und Gesetzmäßigkeit, durch die das bedrohliche, immer wieder auch einbrechende Chaos doch zumindest im Prinzip als gebändigt erscheint und die damit auch einen relativ gesicherten Raum zum Leben und zum kulturellen Gestalten gewährleistet. Schöpfungsglaube und Kosmos gehören von ihrem religionsgeschichtlichen Ursprung her bis heute untrennbar zusammen; auch im christlichen Glauben. Denn beide haben es mit dem *Ganzen* der Welt (»Himmel und Erde«) und mit einer dieses Ganze bestimmenden, dem Leben dienenden *Ordnung* zu tun. Darum weckt die Erfahrung einer solchen Ordnung im Ganzen bei den verschiedenen Kulturen auch den religiösen Glauben an eine göttliche *Weisheit,* der diese Ordnung des Kosmos zu verdanken ist.

So greift auch das Buch Genesis mehrfach auf diesen Topos zurück: Durch sein schöpferisches Wort, das ja zugleich Ausdruck seiner Weisheit und Macht ist, überwindet Gott (in Gen 1) das uranfängliche Chaos, indem er die Welt Schritt für Schritt – eben in einer weise geordneten Reihenfolge von Schöpfungstagen und Schöpfungswerken – aus dem Chaos ausgrenzt und ihr selbst durch mehrfaches Scheiden in Raum und Zeit eine lebensfähige Ordnung gibt. Auch die vielen Stammbäume und Völkerlisten (in Gen 4 u. 5; 10 u. 11) sind hier zu nennen; sie wollen auf der Ebene des menschlichen Zusammenlebens die verwirrende Erfahrung geschichtlich-rassischer Vielfalt in einen ordnenden Zusammenhang bringen. Schließlich bezeugt auch die Erzählung von der Sintflut diese Nähe zwischen Schöpfung und Kosmos: Gott, der zunächst »chaotisch«-strafend auf die durch die Sünde verursachte Unordnung in seiner Schöpfung reagiert, schließt am Ende im Noach-Bund das zerstörerische Chaos, soweit es *von ihm* her »los-gelassen« wird, definitiv aus seiner Schöpfung aus.

(2) Die Natur bietet noch einen weiteren guten Anknüpfungspunkt: Sowohl das Licht der *Sonne* als auch das von den Wolken des Himmels herabregnende und aus unzähligen Quellen der Erde hervorströmende *Wasser* vermitteln unaufhörlich eine eingängige Anschauung davon, wie

Leben auf der Erde überhaupt entstehen und auf Dauer gut bestehen kann. Dazu bedarf es offensichtlich einer unerschöpflichen Lebenskraft und Lebensquelle oder – wie man heute sagen würde – eines unbegrenzten Vorrates an »Energie-Ressourcen«. Kein Wunder also, dass zu allen Zeiten bis heute die göttliche Schöpfermacht mit den Kräften der Natur *identifiziert* wird. Darum war religionsgeschichtlich die Macht einer lebens-*erhaltenden* Gottheit (also gleichsam der »creatio continua«) oft wichtiger als das uranfängliche Zum-Dasein-Bringen der Welt. Der biblische Schöpfungsglaube setzt sich allerdings schon in seinen Anfängen bewusst von solchen Natur- und Fruchtbarkeitsgöttern und -göttinnen (»Baal«, »Aschera« usw.) ab.

Er muss es auch heute noch in subtilerer Form tun, wenn er sich treu bleiben will. Allerdings nicht nur gegenüber populären esoterisch-naturmystischen Identifizierungen; viel entschiedener noch gegenüber politisch-wirtschaftlichen Tendenzen, die sämtliche, für ihre Machtinteressen relevanten, natürlichen wie technisch produzierten Lebens- und Energiequellen (z.B. Wasser, Erdöl, Atomkraft, bestimmte Mineralien usw.) so »vergötzen«, dass ihnen *alles* geopfert wird: nicht nur der Friede und die Gerechtigkeit unter den Völkern, sondern schließlich auch die Erde selbst, die in immer mehr Regionen für Menschen, Tiere und Pflanzen zu einem fast unbewohnbaren Lebensraum wird. Ob die natürlichen Lebensquellen nun mystisch oder politisch vergöttlicht werden – für den Glauben sind sie primär eine *Gabe* des Schöpfers für *alle* Lebewesen und *darum* ein mögliches Sinnbild für die unerschöpfliche Quelle an Liebe, die der Schöpfer frei-gebig an seine Geschöpfe verteilt und ihnen so eine gemeinsame, fundamentale Lebensgrundlage bereitstellt.

2. Aus der Kunst: Die Welt als schönes Kunstwerk und der Schöpfer als Künstler

Hier tut sich für den Glauben ein wirkungsgeschichtlich außerordentlich erfolgreiches Symbolfeld für die Schöpfung auf: Der Schöpfer wird – im Anschluss an die zweite Schöpfungserzählung (Gen 2) – als *Künstler* (oder Kunsthandwerker) und die Schöpfung (v.a. der Mensch) als *Kunstwerk* vorgestellt.

(1) Der erste Vergleichspunkt liegt hier in der *ästhetischen* Erfahrung der *Schönheit* eines vom Menschen geschaffenen Werkes, welcher Art auch immer. Denn die aus einem bestimmten Material gut herausgearbeitete, in ihren verschiedenen Relationen und Proportionen auch richtig »stimmende« Form weckt beim Schauen oder Hören spontan ein zustimmendes Wohlgefallen; und auch der Künstler selbst freut sich an seinem Werk,

wenn ihm darin eine annähernd vollkommene Umsetzung seiner »Idee« in die äußere Wirklichkeit gelungen ist; er kann vielleicht noch am besten das Gotteswort über die Welt nachvollziehen: »Und er sah, dass es gut war.«

Diese Erfahrung von Schönheit wird nun in fast allen religiösen und poetischen Traditionen *übertragen* auf das, was sich der Wahrnehmung des Menschen *von Natur aus* als »schön« darbietet: seien es beeindruckende Landschaften oder Naturschauspiele, sei es der kunstvolle Aufbau eines Kristalls oder eines lebendigen Organismus, zumal des Menschen, sei es die überaus bunte Vielfalt an Pflanzen und Tieren oder sei es schließlich die Gestalt eines anmutig-liebenswerten Menschen. All das führt in einer religiösen Weltsicht zu der Überzeugung, hinter diesen natürlichen »Kunstwerken«, ja hinter dem ganzen kunstvollen Werk der Welt verberge sich ein göttlicher »Künstler«, der alles seinen »Ideen« gemäß staunenswert gestaltet. Wiederum wird so die Welt als »Kosmos« wahrgenommen; das griechische Wort »Kosmos« umfasst ja nicht nur die verlässliche Ordnung der Welt, sondern auch ihre wohlgestaltete Schönheit (daher der Begriff »Kosmetik«).

Diese Weise, die Welt und die Dinge in ihr in einer ästhetischen Perspektive zu sehen und sie deswegen als kunstvolle Schöpfung zu deuten, ist uns durchaus auch im jüdisch-christlichen Glauben von den Psalmen, der Mystik und der Liturgie her vertraut. Die Welt in ihrer Schönheit gilt dann als sichtbares Symbol der *Herrlichkeit* ihres Schöpfers: »Die Himmel rühmen die Herrlichkeit Gottes, vom Werk seiner Hände kündet das Firmament« (Ps 19; Sir 43; vgl. auch Ps 8, wo der mit »Herrlichkeit und Ehre gekrönte« Mensch als hervorgehobener Künder der Größe Gottes gilt). Diese Symbolik wird allerdings dann problematisch, wenn mit ihrer Hilfe auch das Übel in der Welt (das naturhafte wie das sittliche) erklärt werden soll, z.B. als sinnvoller (weil den Kontrast zum Guten scharf hervorhebender) Teil einer für uns nicht überschaubaren »Harmonie des Ganzen«. Am Theodizeeproblem stößt diese Analogie eindeutig an ihre Grenzen.

(2) Ein zweiter, in der Tradition ebenso wichtiger, aber auch problematischer Vergleichspunkt zwischen der Schöpfung und einem menschlichen Kunstwerk bezieht sich auf das handwerkliche *Hervorbringen* und *Verursachen* des Werkes. Das bedeutet: Gott schafft die Welt wie ein Künstler oder Handwerker, indem er sie als eine äußere, von ihm verschiedene, objektiv gegebene »Sache« bewirkt (also wie eine Statue, ein Bild, ein Buch, ein Musik- oder ein Theaterstück). Der Schöpfer gilt dementsprechend – in der von Aristoteles übernommenen Terminologie der Scholastik – als die »Wirkursache« (causa efficiens) der Welt (wie auch als ihre Formal- und Zielursache).

Dagegen ist theologisch an sich nichts einzuwenden. Nur hat die populäre Rezeption dieser doch stark am »Machen von Sachen« orientierten Symbolik zu großen Missverständnissen geführt. Denn der Vergleich mit dem wirkursächlichen Hervorbringen eines Werkes nährt zum *einen* die schier unausrottbare Vorstellung, Gott sei so etwas wie die erste Ursache am Anfang einer langen innerweltlichen Kette von natürlichen und menschlichen Ursachen und nicht der von ihnen völlig verschiedene, sie prinzipiell übersteigende, sie als Ganze ermöglichende und tragende Grund. Und zum *anderen* weckt das Bild des hervorbringenden Künstlers die Assoziation, Gott und Welt stünden *nach* der Erschaffung zueinander im gleichen Verhältnis wie Meister und Werk: Zwar ist es ganz von ihm geschaffen und geprägt, es trägt seine Handschrift; aber es bleibt ihm letztlich doch auch äußerlich, eben als das von seinem Handeln verschiedene, sachlich-objektive Ergebnis. So wird zwar die relative Eigenständigkeit der Welt dem Werkmeister »Gott« gegenüber gut veranschaulicht; aber von der zugrunde liegenden Symbolik her ist der Weg zum Deismus nicht weit. Darum bedarf es notwendig auch einer *personalen* Symbolik, die viel differenzierter das Verhältnis von Immanenz und Transzendenz Gottes im Verhältnis zu seiner Schöpfung darstellen kann.

3. Aus dem gesellschaftlichen Bereich: Die Macht des herrscherlichen Willens und der Gehorsam der Dinge

Einen Schritt in diese Richtung gehen jene ebenfalls sehr traditionsgesättigten Symbole, die die Schöpfung mit dem Handeln eines *Herrschers* vergleichen. Hier liegt der Vergleichspunkt in dem starken Willen, der zugleich die Macht hat, diesen Willen durch seine Befehle und durch den Gehorsam seiner Untergebenen in großem Stil durchzusetzen. Auf die Schöpfung übertragen bedeutet dies: Gott wird als der »allmächtige« Herr der Welt gesehen, dessen Macht so gewaltig ist, dass er nicht nur innerhalb der bestehenden Welt und in all ihren Bereichen seinen Willen durchzusetzen vermag, sondern diese Welt durch sein befehlendes Wort überhaupt erst ins Dasein rufen kann. Das Wort des Schöpfers ist darum *das* wirkende Wort schlechthin: Es bewirkt, was es sagt, selbst das Dasein der Dinge. Deren grundlegender Existenzakt ist darum der *Gehorsam:* Indem sie dieses Wort »hören« und ihm »gehorchen«, treten sie ins Dasein; solcher »Seins-Gehorsam«, der viel fundamentaler ansetzt als jeder »Gebots-Gehorsam«, bleibt daher die Grundbestimmung aller Geschöpfe.

Für diese Symbolik steht neben vielen religiösen Mythen der Völker auch das biblische Schöpfungsverständnis Pate; darum dürfte sie wohl am nachhaltigsten das jüdisch-christliche Bild des Schöpfers und der Schöpfung geprägt haben. Auch hier leistet die erste Schöpfungserzählung (Gen 1) eine entscheidende Legitimation mit ihrem (in mehreren Variationen) wiederholten: »Gott sprach: Es werde ... und so geschah es« oder wie es Ps 33,9 noch verdeutlicht: »Denn der Herr sprach, und sogleich geschah es – er gebot, und alles war da.«

Diese Analogie aus dem Erfahrungsbereich von Macht und Gehorsam wird ihre Geltung sicher auch in Zukunft bewahren, selbst dort, wo der gesellschaftliche Kontext einer frühorientalischen Königsherrschaft sich längst überlebt hat. Bestimmend für unser heutiges Schöpfungsverständnis bleibt bei diesem Vergleich v. a. die Erfahrung des menschlichen Willens, der aus sich heraus, allein aus der Freiheit seines Wollens etwas Reales und Neues außerhalb seiner selbst setzen kann. Diese Erfahrung ist jedem Menschen, nicht nur einem Herrscher, zugänglich: Wenn jemand ein Haus bauen will, sein Wille stark genug ist und er sich die Mittel und die Mitarbeiter dazu beschaffen kann, dann entsteht dieses Haus, das es vorher so nicht gab. An diesem simplen Beispiel lässt sich die Macht des freien Willens verdeutlichen: Er ist eine schöpferische Kraft, die von sich her neue Wirklichkeit hervorbringen kann. Dementsprechend wird im Glauben die Macht des schöpferischen Willens Gottes als so umfassend angesehen, dass er das »Haus« der Welt ohne jede äußere Voraussetzung ins Dasein rufen kann; er ist in der Tat »all-mächtig«.

Verhängnisvoll wirkt sich diese Analogie dann aus, wenn von der Allmacht Gottes wieder auf den Menschen zurückgeschlossen wird und Menschen sich selbst eine quasi-göttliche Allmacht zuschreiben. Dies ist heute nicht mehr bloß symbolisch denkbar, sondern durchaus auch realpolitisch. Angesichts der Macht der vom Menschen geschaffenen Systeme in Technik, Politik und Ökonomie scheint der Mensch Dinge »schaffen« zu können, die ihn selbst »überholen«, denen er weder in der Ethik noch in der wirksamen Abwehr ihrer furchtbaren Ambivalenzen nachkommen kann (Stichworte: Bioethik, Kernenergie, Gentechnik u. Ä.).[37] Dann stehen wir Menschen möglicherweise am Ende wie der hilflose »Zauberlehrling« da: Die Werke, die wir in unserem Allmachtswahn hervorgebracht haben, schlagen auf uns selbst zurück und zerstören mit uns auch die uns anvertraute Schöpfung.

4. Aus der Erfahrung personaler Beziehungen: Geburt und Aufwachsen eines Kindes und die Kunst freigebender Liebe

Wenn ich Menschen frage, worin sie ein gutes Symbol für Schöpfung sehen können, dann antworten sie häufig: in der Geburt eines Kindes. Diese

Erfahrung dürfte heute in der Tat der »analogieträchtigste« Vergleich für das sein, was der Glaube mit Schöpfung meint. Dies wohl v. a. deswegen, weil hier sowohl die *naturale* als auch die *personale* Dimension dieses Geschehens das mit Schöpfung Gemeinte symbolisieren können.

(1) Zunächst zur *naturalen* Seite: Das Zeugen, Austragen, Gebären und Großziehen von Kindern gehört ohne Zweifel zum Natürlichsten auf der Welt; es entspringt einem Akt geschlechtlicher Vereinigung, in der sich das natürliche Grundbedürfnis des Menschen nach Einheit, Intimität und Glück am deutlichsten manifestiert. Die rein biologischen Voraussetzungen dafür, dass es dabei zur Entstehung eines neuen menschlichen Lebewesens kommt, also die Verbindung von Ei- und Samenzelle, sind (aus der Perspektive unserer Alltagswahrnehmungen gesehen) so unscheinbar, dass sie uns gegenüber dem, was sich daraus entwickelt, fast wie »nichts« vorkommen können. Darum ruft ja auch das Kontrasterlebnis, wie sich daraus allmählich ein solch feingliedriger, lebendiger menschlicher Organismus bildet, bei den Eltern immer wieder spontan Staunen und Dankbarkeit hervor, unabhängig davon, ob sie gläubig sind oder nicht.

Auch dass sich diese erste Phase der Entwicklung des Kindes im Mutterschoß vollzieht, also in vollkommener Geborgenheit, aufs Engste verbunden mit der Mutter und ganz und gar abhängig von ihr, kann als ein sprechendes Sinnbild für die Schöpfung gedeutet werden; denn auch sie kann ja nur im »Raum« der Liebe Gottes existieren, die ihr Dasein ermöglicht.[38] Erst recht erscheint dann die Geburt des neuen Menschenkindes, wenn es endlich (wie am ersten Schöpfungstag) das »Licht der Welt« erblickt und ab dann für es selbst (und auch für die Eltern) die Welt neu »geschaffen« wird, wie ein unerklärliches *Wunder*. Allem technisierten Weltempfinden zum Trotz kann die Geburt eines Kindes vielen unserer Zeitgenossen noch immer eine Ahnung von dem vermitteln, was der Glaube »Schöpfung aus nichts« nennt.

(2) Die *personale* Seite dieses Geschehens verstärkt und vertieft noch diese natürliche Symbolik der Geburt: Seinem humanen Sinn nach ist der »Ursprung«, aus dem neues menschliches Leben entstehen kann, also die geschlechtliche Vereinigung von Frau und Mann, in der Regel der höchstmögliche Ausdruck ihrer personalen *Liebe* zueinander. Alle biologischen Voraussetzungen dienen zutiefst dieser Liebe; *sie* soll sich als jene schöpferische Macht erweisen können, die das neu entstehende Leben eines Menschen als ihre schönste Frucht ermöglicht.

Aber die Analogie zur Schöpfung kann noch einen Schritt weitergehen: Das Kind ist von der Zeugung an bis weit in seine Jugendzeit hinein in hohem Maß von der Liebe und Sorge der Eltern abhängig. Es ist zu seiner Selbstwerdung ganz und gar darauf angewiesen, dass ihm die Eltern (oder auch andere Menschen mit ihnen oder – im Notfall – in ihrer Vertretung) einen Raum der Geborgenheit bereitstellen, in dem es in enger, von Vertrauen und Zuneigung geprägter Verbundenheit mit ihnen leben kann. Diese notwendige *Einheit* zwischen dem Kind und seinen Eltern hat nun aber gerade nicht den Sinn, die wachsende *Eigenständigkeit* des Kindes zu verhindern, sondern sie im Gegenteil zu ermöglichen und zu fördern. Insofern Liebe wesentlich auf das Wohl des anderen ausgerichtet ist, gehört es zu ihren fast paradoxen (und darum nicht leicht zu realisierenden) Strukturgesetzen, dass sie nur dann gelingt, wenn sie den anderen loslassen kann, zumal den jungen Menschen. Erst wenn dieser in aller liebenden Verbundenheit doch zugleich den Freiraum eröffnet bekommt, bewusst und frei »ich« zu sagen, sein eigenes Leben leben zu können – oft genug auch gegen alle guten Absichten der Eltern, – erst dann kann er erwachsen und beziehungsfähig werden, seine Persönlichkeit entfalten und so auch selbst wieder Ursprung sein für neues menschlich-personales Leben.

Die Analogien zu den »Essentials« des christlichen Schöpfungsbegriffs sind deutlich: Die menschliche Liebe, wenn sie in dieser Weise »schöpferisch« tätig ist, bildet in endlicher Form jenes Paradox göttlicher Liebe ab, das in der nur miteinander und aneinander »wachsenden« *Einheit* und *Verschiedenheit* zwischen Schöpfer und Schöpfung besteht. Dies lässt sich zweifellos an jeder Art personaler, von Freiheit und Liebe bestimmter Beziehung veranschaulichen. Wir haben die Geburt eines Kindes und die Beziehung zwischen ihm und seinen Eltern gewählt, weil hier auf der natürlichen wie auf der personalen Erfahrungsebene das Moment des völlig Neuen, des schöpferischen Entstehens und sich Entfaltens eines personalen Menschenlebens so klar erkennbar ist. Dass zudem dieses Geschehen nicht nur ein Abbild des schöpferischen Handelns Gottes ist, sondern auch die von ihm den Menschen gewährte »realsymbolische« *Teilhabe* an *seiner* Erschaffung jedes einzelnen Menschen, seiner »Seele« und seiner Person deutlich hervortreten lässt, macht es besonders geeignet für die Schöpfungssymbolik. Der Mensch kann zwar in all seiner Kreativität nicht an die Stelle des Schöpfergottes treten (alle derartigen Versuche pervertieren den Menschen und seine Werke), wohl aber kann er darin sein Zeichen und Werkzeug, sein Symbol sein.

Diese Analogie der menschlichen Geburt spielt im *alttestamentlichen Schöpfungsglauben* keine Rolle. Dies dürfte vermutlich daran liegen, dass er sich auch in Abgrenzung von Schöpfungsmythen der umliegenden Völker, v. a. Kanaans profilierte. Dort war der Mythos von der urzeitlichen Entstehung der Welt durch ihre Geburt aus einem göttlichen Welteltternpaar geläufig. Weil aber eine solche Vorstellung mit der Verehrung Jahwes, des einzig wahren (weil wirklich welttranszendenten) Gottes und Schöpfers völlig unvereinbar war, dürfte auch die entsprechende innerweltliche Analogie nicht in den Bilderschatz des alttestamentlichen Schöpfungsglaubens aufgenommen worden sein. Jahwe werden zwar im Verhältnis zu seinem Volk Israel durchaus auch mütterliche Verhaltenweisen zugeschrieben (z. B. Num 11,11–13; Dtn 32,18; Hos 11,1–11; Jes 66,13), aber nicht hinsichtlich der Entstehung der Welt. Da dominieren die anderen oben genannten Symbole.

In der *christlichen* Tradition gibt es jedoch ein Bildmotiv, das in Bezug auf die »neue« Schöpfung, die durch Tod und Auferstehung Jesu und entsprechend durch unsere Wiedergeburt in der Taufe heraufgeführt wird, *Jesus* mit einer gebärenden »Mutter« vergleicht. So entfaltet z. B. die Mystikerin Juliana von Norwich (Ende 14. Jh.) in ihren Visionen ausführlich das Motiv vom »Muttersein Jesu«: »Die ›gebärende Mutter Christus Jesus‹ erlöst die Menschheit von ihrer Dunkelheit und bringt sie ans Licht; die ›nährende Mutter Jesus‹ gibt sich den Dürstenden und Hungernden selbst zur Speise des Lebens; die ›umsorgende Mutter Jesus‹ hilft der fallenden Menschheit wieder auf.«[39]

Im Mainstream der Tradition bleibt dieses Symbol allerdings eher vereinzelt. Es wird – im Zusammenhang mit unserer Erlösung in der »Neuen Schöpfung« – meist nicht auf Jesus, sondern auf die *Kirche* bezogen, auf die mater ecclesia: Sie gebiert in der Taufe ihre neuen Kinder, indem sie sie in Christus und mit ihm aus dem Dunkel seines für uns so heilsamen Todes hervorgehen lässt zum neuen Leben der Auferstehung.[40]

V. Der Aufbau und die Methode dieses Entwurfs

Was den *Aufbau* der hier vorgelegten Schöpfungstheologie angeht, so versuche ich, die in den Lehrbüchern zur Eschatologie und zur Ekklesiologie praktizierte *Methode* auf die Thematik dieses Traktats anzuwenden.[41] Vielleicht etwas vollmundig kann man sie als eine »theologische Phänomenologie des christlichen Schöpfungsglaubens« bezeichnen; »Phänomenologie« ist hier weniger im fachspezifisch philosophischen als im alltagssprachlichen Sinn gemeint. Kurz gesagt geht es darum, zuerst einmal genauer das »Phänomen« des in unserer Gegenwart gelebten Glaubens an Gott den Schöpfer wahrzunehmen, um dann in mehreren Schritten seinen »Logos« noch tiefer zu erschließen, also seinen *Sinn* besser zu verstehen und seinen *Wahrheitsanspruch* in verschiedenen Argumentationsgängen hinreichend zu begründen. Mit der gegenwärtigen Gestalt des christlichen Schöpfungsglaubens zu beginnen bedeutet in dieser Methode mehr als einen bloßen Einstieg oder »Aufhänger«; sie wird hier als ein gewichtiger »locus theologicus« gewertet, als eine unverzichtbare Erkenntnisquelle für die Wahrheit des Glaubens an Gott den Schöpfer. Denn darin spricht sich der gegenwärtige *»Glaubenssinn«* der Gläubigen aus (vgl. LG 12), der sich zu jeder Zeit neu den überlieferten Glauben aneignen muss, um ihn hier und heute überhaupt als uns betreffende frohe Botschaft verstehen und verkünden zu können. Vorangestellt wird dem ganzen Argumentationsgang unserer Phänomenologie diese ausführliche Einleitung mit einigen unverzichtbaren Vorabklärungen. Im Anschluss daran gehen wir methodisch so voran:

(1) Der *erste* Teil nimmt ausdrücklich und detailliert das zu bedenkende »Phänomen« in den Blick, nämlich wie der Glaube an Gott den Schöpfer in universalkirchlich anerkannter Form heute sowohl liturgisch praktiziert als auch sprachlich formuliert wird. Dabei kommt der Liturgie der *Osternachtfeier* als »Portal« bzw. hermeneutischer Schlüssel zum christlichen Schöpfungsglauben eine hervorgehobene Bedeutung zu. Was in ihr symbolisch-sakramental vergegenwärtigt wird, nämlich die Einheit von Schöpfung und Geschichte des Heils, wird im *Credo*, der »Kurzformel« unseres Glaubens, an jedem Sonntag und an Hochfesten vom Volk Gottes feierlich rezitiert. Darüber hinaus hat seit dem 2. Vatikanischen Konzil dieser heilsgeschichtlich integrierte Schöpfungsglaube im *vierten eucharistischen Hochgebet*, das eine in Gebetsform gegossene »Summe« der Theologie des letzten Konzils darstellt, noch einmal eine besonders zentrale Stellung im Gottesdienst der Kirche erhalten.

Im religiösen Alltagsleben der Gläubigen spiegelt sich der Schöpfungsglaube – auch über den engeren kirchlichen Rahmen der regelmäßig Praktizierenden hinaus – heute vor allem in einer neu erwachten Hochschätzung des *Segens* Gottes wider, dessen schützende Präsenz in einer Vielfalt von Segensfeiern und Segensformeln gesucht wird. Ganz ähnlich motiviert dürfte auch die neue Verehrung der *Engel* sein, also jener »guten Mächte«, die uns Gottes behütende Nähe vermitteln und so die große Sehnsucht der Menschen nach Geborgenheit stillen können.

(2) Im *zweiten* Teil vergewissern wir uns bei der Suche nach dem »Logos«, also dem Sinn und der Wahrheit des Schöpfungsglaubens, zunächst seines *Ursprungs* im Alten wie im Neuen Testament. Dabei geht es uns nicht bloß um die historische Rückfrage nach den Anfängen unseres Schöpfungsglaubens (so unverzichtbar sie für das Verstehen ist), sondern mehr noch um die systematische Klärung: Inwieweit *entspricht* unser Glaube heute in seinem sachlichen Gehalt (als »fides quae«) und in seinem existentiellen Vollzug (als »fides qua) dem biblisch bezeugten Glauben an Gott als den Schöpfer des Himmels und der Erde? Die Wahrheit einer jeweiligen Glaubenspraxis und Glaubenssprache wird theologisch eben dadurch grundlegend begründet, dass in allen geschichtlichen Wandlungen

ihre bleibende Übereinstimmung mit der normativen Bezeugung des Glaubens in der Heiligen Schrift aufgewiesen wird. An ihr muss der Glaube jeder Epoche und jeder Kultur immer neu Maß nehmen; denn hier schlägt sich die ursprüngliche Entgegennahme der Selbstoffenbarung Gottes durch das gläubige Volk Gottes auch verbindlich (»kanonisch«) im menschlichen Wort nieder. Wort Gottes in Gestalt der glaubenden Antwort des Volkes Gottes – das bedeutet für uns »Heilige Schrift«. So sehr uns im Heiligen Geist jederzeit auch ein unmittelbarer Zugang zu Gott und seinem Heilswirken gegeben ist, so bleibt dieser Zugang doch – wenn es um den *christlich* verstandenen Schöpfergott geht – an das Wort der Heiligen Schrift, der bleibend gültigen »Urkunde des Glaubens« gebunden.

Beim Thema »Schöpfung« kommt natürlich dem *Alten Testament* eine besondere Bedeutung zu. In seinen Schriften manifestiert sich – sowohl durch Anknüpfung wie durch Abgrenzung – die Auseinandersetzung des jüdischen Jahwe-Glaubens mit den mythischen Schöpfungsüberlieferungen des Vorderen Orients. Darin vollzieht sich deutlich erkennbar die prinzipielle theologische Überschreitung des mythischen Bewusstseins hin zur glaubenden Erfahrung der schöpferischen Präsenz Jahwes in der Geschichte seines Volkes, sowohl in der Vergangenheit wie in der Gegenwart und erst recht in der Zukunft. Daraus folgt für Israel: Er allein, Jahwe, der Retter seines Volkes, und kein anderer ist der Schöpfer des Himmels und der Erde. Im AT werden uns schließlich jene klassischen Texte im Buch Genesis, in den Psalmen, bei Deutero-Jesaja und in den Weisheitsschriften überliefert, die den Grundstock des gemeinsamen Schöpfungsglaubens Israels und der Kirche enthalten und darum auch in unserer Liturgie immer neu verlesen werden.

Aufgrund der neuen, letztgültigen Heilserfahrung mit Jesus Christus bekommt im *Neuen Testament* (zumal in den Paulusbriefen) Jahwe, der Schöpfergott, noch einmal ein konkreteres Gesicht: Er ist der »Vater unseres Herrn Jesus Christus«; in seinem Leben und Sterben, vor allem natürlich in seiner Auferweckung aus dem Tode und in der Sendung des Heiligen Geistes erweist sich definitiv die rettende Macht des Schöpfers. Denn mit Jesus holt er die ganze Schöpfung endgültig aus dem Tod und führt so mitten in der alten bereits die neue Schöpfung herauf; dafür stehen die Getauften als lebendiges Gleichnis. Als Urheber der neuen Schöpfung kann Jesus dann (v. a. im Kolosserbrief und im Prolog des Johannes-Evangeliums) zugleich auch als der Mittler der ersten Schöpfung verehrt werden. In ihm, dem »Bild des unsichtbaren Gottes«, wird endlich offenbar, *wer* tatsächlich die uranfängliche »Weisheit« ist, in der Gott (nach den alttestamentlichen Weisheitsschriften) die Welt erdacht und entworfen hat; auch *wer* das ewige »Wort« Gottes ist, durch das Gott am Anfang die Welt ins Dasein gerufen hat und durch das er sie in der Zeit zu ihrem letzten Ziel führt.

(3) Im *dritten* Teil führt uns die Frage nach dem Sinn und der Wahrheit unseres Schöpfungsglaubens über diesen Ursprung hinaus in die jahrtausendealte, von großen Herausforderungen geprägte *Geschichte* dieses Glaubens und seiner theologischen Reflexion. Dass die Kenntnis der geschichtlichen Kontexte zum besseren Verständnis des Glaubens beiträgt, ist unbezweifelbar. Aber für ein katholisches Glaubensverständnis bildet die von der Kirche rezipierte Glaubenstradition auch ein eigenes *Wahrheitskriterium;* denn als immer neue, auf die jeweiligen Herausforderungen antwortende Auslegung der heiligen Schrift schlägt sie die notwendige Brücke zwischen uns und dem Ursprung unseres Glaubens. Ohne die Hilfe dieser sehr bewegten Auslegungsgeschichte, gleichsam direkt und unmittelbar, den Sinn der heiligen Schrift erschließen zu wollen, deutet weniger auf eine hohe Wertschätzung der Schrift als auf eine ungeschichtliche Hermeneutik hin.

In diesem Teil soll nicht der ganze Bogen der geschichtlichen Ausdeutung des Schöpfungsglaubens abgeschritten werden.[42] Mir geht es mehr darum, vier entscheidende geschichtliche *Weichenstellungen* in der theologischen Reflexion über die Schöpfung etwas gründlicher aufzuarbeiten, als dies normalerweise in einem dogmatischen Handbuch möglich ist. Diese Vorgehensweise will nicht nur Verständnis für bestimmte, uns heute oft fremd gewordene Entwicklungen wecken; sie will auch nicht nur dazu beitragen, dass diese großen Denker unserer Glaubensgeschichte im normalen dogmatischen Studienbetrieb nicht vergessen oder nur noch als Zitaten-Reservoir benutzt werden. Unser primäres systematisches Interesse besteht vielmehr darin, zu erkennen, wie die *Identität* des ursprünglichen Schöpfungsglaubens *im* vielfältigen und oft tief greifenden *Wandel* seiner Denk- und Ausdrucksformen bewahrt und uns übergeben wurde. Dies ist für die theologische Wahrheitsfindung unverzichtbar. Dabei zeigt sich, dass wir nicht alles und jedes aus der Geschichte der theologischen Reflexion über den Schöpfungsglauben als verbindlich übernehmen und weitertradieren müssen; vieles erweist sich denn doch als recht zeitbedingte Interpretation, nicht weniger zeitbedingt als unsere heutige Sicht auf die alten Texte. Es geht darum, die theologische Tradition in umsichtiger Unterscheidung so zu Gehör zu bringen, dass wir *ihren* unverzichtbaren Beitrag zur Wahrung der Identität des Glaubens erkennen, ihn für *unsere* Zeit neu durchdenken und ihn so an *kommende* Generationen weitergeben.

Ich beschränke mich in diesem Lehrbuch auf vier *exemplarische* Traditionsphasen der Schöpfungstheologie:

Irenäus von Lyon repräsentiert den Anfang kirchlicher Theologie; er stellt die entscheidenden Weichen für die Identitätsfindung des christlichen Glaubens im Gegenüber zur *Gnosis*, die zu allen Zeiten, gerade für sehr spirituelle Gläubige, eine starke Versuchung darstellt.

Augustinus steht für die folgenreiche Rezeption des *neuplatonischen* Denkens seiner Zeit im christlichen Glauben. Bei aller Ambivalenz dieser Verknüpfung verdankt die Theologie ihm nicht nur den existentiellen Grundimpuls für ihre theoretische Reflexion, sondern auch das unaufgebbare Programm einer Vermittlung von Vernunft und Glaube.

Thomas von Aquin führt dieses Anliegen entschieden weiter und entwirft eine in der Geschichte des Glaubens einzigartige Synthese von biblischem Schöpfungsglauben und griechischer *Metaphysik*. Dabei setzt er Maßstäbe für die begriffliche Fassung des christlichen Gottes- und Schöpfungsverständnisses, die insofern ihre Geltung behalten, als sie nur um den Preis einer allzu anthropomorphen Verunklarung des Redens von Gott und der Schöpfung unterboten werden können.

Romano Guardini schließlich kann als einer der ersten katholischen Theologen des 20. Jahrhunderts gelten, der entschieden die Herausforderungen des Schöpfungsglaubens durch das *anthropozentrische* Denken der Neuzeit aufgegriffen und diesen Glauben um neue Einsichten und Formulierungen bereichert hat. Glücklicherweise hat die »Schultheologie«, zumindest in der jüngeren Generation, immer weniger Vorbehalte, bei diesem außergewöhnlichen Theologen in die Schule zu gehen.[43]

In diesem dritten Teil kommen bereits viele systematische Fragen zur Sprache. Sie können z. T. besser im Rahmen ihrer geschichtlichen Herkunft behandelt werden, so dass wir in den beiden explizit systematischen Teilen (4. und 5. Teil) nicht mehr ausführlich auf sie eingehen müssen (z. B. auf die Lehre von der »creatio ex nihilo«, von der Freiheit und Liebe des Schöpfers; von der Würde des Menschen als Bild Gottes usw.).

(4) Der *vierte* Teil im Rahmen dieser Methode hat die Aufgabe, die *systematische Kohärenz* des Schöpfungsglaubens in sich und mit dem ganzen christlichen Credo zu verdeutlichen. Dies geschieht methodisch dadurch, dass wir anhand von ausgewählten, auch heute immer wieder diskutierten *innertheologischen* Problemfeldern aufzuzeigen versuchen, welchen Beitrag der Schöpfungsglaube zu theologisch »vernünftigen«, also die Glaubensvernunft (intellectus fidei) überzeugenden Antworten auf diese und andere Fragen leisten kann.

Ein wichtiges Kriterium für interne theologische Vernünftigkeit besteht *zum einen* darin, dass sich eine Antwort zwanglos in Beziehung setzen lässt zum Gesamtgefüge des christlichen Glaubens und seiner Mitte, eben der liebenden Selbstmitteilung des dreieinen Gottes in Jesus Christus und im Heiligen Geist; *zum anderen* dass sie den Anfragen, die von den Glaubenden selbst gestellt werden, dadurch gerecht zu werden versucht, dass sie sich einigermaßen auf der Höhe der jeweiligen theologischen Reflexion einer Zeit bewegt und nicht Fragen von heute mit Antworten von gestern zum Schweigen bringt. Dies dient sowohl der Verständlichkeit als auch der Wahrheitsbegründung des Schöpfungsglaubens; eben im Sinn seiner *Bewährung* angesichts von Fragen und Problemen, die nicht bloß außen von an ihn herangetragen werden, sondern seine innertheologische Stimmigkeit betreffen.

Wir beschränken uns auf folgende vier Problemfelder:

(a) Das Verhältnis zwischen der *Transzendenz* des Schöpfers *über* seiner Schöpfung und seiner *Immanenz in* ihr: Wie sieht der christliche Weg jenseits von modernem Pantheismus und Deismus aus? M.E. liegt hier der Dreh- und Angelpunkt eines authentischen christlichen Schöpfungsglaubens, heute ebenso wie zu Zeiten der großen Kontroversen in der Theologiegeschichte.

(b) Das *Handeln Gottes* in der Welt: Wie lässt sich Gottes Handeln in Natur und Geschichte so verstehen, dass es mit dem glaubenden Bekenntnis zu seiner wirkmächtigen Präsenz in der Welt ebenso zu vereinbaren ist wie mit unserer realen Welterfahrung? Hier werden Vorsehung und Bittgebet zur Sprache kommen.

(c) *Leid* und *Übel* in der Welt: Wie lässt sich der Glaube an einen guten, gerechten und allmächtigen Gott mit der Erfahrung einer oft von übermäßigem Leid zerrissenen Schöpfung vereinbaren? Das Theodizee-Problem bleibt – theoretisch wie existentiell – gerade in der Neuzeit eine nie zur Ruhe kommende Herausforderung an den Glauben.

(d) Die Lehre von der *Erbsünde:* Wieso wird in der christlichen Tradition der Mensch vor jeder freien persönlichen Entscheidung einfach deshalb, weil er zur Menschheit gehört und in deren Geschichte steht, als »sündig« betrachtet, ohne dass dies schon ein Merkmal der Schöpfung als solcher ist?

(5) Der *fünfte* Teil schließlich weitet diese systematische Reflexion aus auf die *externe Vernünftigkeit* des Schöpfungsglaubens.[44] Das heißt: Wir versuchen zu zeigen, wie er sich im Dialog mit außerchristlichen Positionen, die eine vergleichbare Thematik berühren, *bewähren* kann (im Sinn von 1 Petr 3,15). Solche Bewährung kann, je nach Art des Dialogpartners und der Zielrichtung des Diskurses, sehr verschieden aussehen:

(a) So meldet sich z.B. der heute verbreitete Anspruch vieler *Naturwissenschaftler* zu Wort, rein mit den Mitteln ihres Faches eine völlig hinreichende, alle philosophischen oder religiösen Deutungen überflüssig machende Erklärung für das Entstehen und Bestehen unserer Welt bieten zu können. Hier ist der Schöpfungsglaube herausgefordert, mit vernünftigen, also allgemein einsehbaren Argumenten zum einen diesen überzogenen Anspruch zurückzuweisen und zum anderen das Recht einer eigenständigen religiösen Weltdeutung aufzuweisen. Eine solche religiöse, vom Schöpfungsglauben getragene Interpretation der Welt muss keineswegs im Widerspruch zur empirisch-wissenschaftlichen Welterklärung stehen. Vielmehr kann sie diese (zumindest partiell) zwanglos in sich integrieren. Der »Zugewinn« einer solchen Integration besteht in einer größeren »humanen Plausibilität« naturwissenschaftlicher Erkenntnisse; denn in den umgreifenden Horizont der menschlichen Sinn- und Heilsfrage gestellt, lassen sich bestimmte empirisch erfasste Phänomene (z. B. das Entstehen von Neuem in der Evolution, das Leben, das menschliche Bewusstsein) nicht nur kausal *erklären*, sondern auch sinnvoll *verstehen* und in das Ganze des menschlichen Daseins einordnen.

(b) Im Gespräch mit heute sehr beliebten Formen einer naturwissenschaftlich-naturreligiös orientierten *Schöpfungsspiritualität* liegt die Problematik anders. Hier müsste geklärt werden, inwieweit bei solchen Vermittlungen von religiösen Traditionen und modernen Intentionen die Identität des christlichen Schöpfungsglaubens noch gewahrt bleibt. Damit verbunden wird zu fragen sein, ob der Verzicht auf bestimmte, heute weniger plausibel erscheinende »Essentials« dieses Glaubens wirklich dem Anliegen einer größeren Ehrfurcht gegenüber der Natur auf Dauer und im Ganzen dient oder eher kontraproduktiv ist.

(c) Gegenüber der heute geläufigen, ökologisch motivierten Rede von der *»Bewahrung der Schöpfung«* durch den Menschen geht es v. a. darum, in der Perspektive des Schöpfungsglaubens die häufig undifferenziert gebrauchten Begriffe zu klären und zugleich auch den einzigartigen Beitrag dieses Glaubens für eine vor der Vernunft zu verantwortende ökologische Ethik herauszuarbeiten, um ihn in deren Diskurs demütig, aber auch selbstbewusst einzubringen.

(d) In unserer auch religiös pluralen Kultur kommt dem Zusammenleben der verschiedenen *Religionen* eine immer größere Bedeutung für den inneren Zusammenhalt unserer Gesellschaft zu. Von daher wird auch der interreligiöse Dialog auf den verschiedensten Ebenen immer notwendiger. In diesem Rahmen kann das Gespräch zwischen Christen und Muslimen über den gemeinsamen und doch in sich wiederum so unterschiedlichen Glauben an den einen, allmächtigen und gütigen Schöpfergott dazu beitragen, das gegenseitige Verstehen und das wechselseitige Anerkennen des Andersseins zu fördern.

In solchen Diskursen kann nicht nur auf *beiden* Seiten das Verständnis des christlichen Schöpfungsglaubens vertieft werden; auch seine Wahrheit kann deutlicher erkannt werden. Denn zum theologischen Wahrheitsbegriff gehört auch, dass der Glaube in seinen Beziehungen über den Raum der Glaubenden hinaus das in ihm angelegte Potential an humaner Weltdeutung und -gestaltung sichtbar machen kann. Eine Glaubensüberzeugung, die den Anspruch auf intersubjektiv verstehbare Wahrheit erhebt, bedarf solcher glaubensexterner Bewährung, will sie sich nicht in eine religiöse Eigenwelt einschließen.

1. Teil | Gegenwart: Gelebter Schöpfungsglaube heute

A. Die Liturgie der Osternacht: Das Portal zum Verständnis des Schöpfungsglaubens

Die nach dem 2. Vatikanischen Konzil erneuerte und fast überall mit hoher Akzeptanz des Volkes Gottes gefeierte Liturgie der Osternacht setzt uns auf eine Spur, die uns zum Zentrum unseres Glaubens an Gott, den Schöpfer der Welt, hinführen kann. Diese nächtliche Feier bringt nämlich sehr sinnenfällig zum Ausdruck, dass das christliche Osterfest nicht nur im engsten Zusammenhang mit dem jüdischen Osterfest, sondern auch mit dem weltumspannenden Schöpfungsgeschehen gefeiert werden kann. Das bedeutet für den Schöpfungsglauben: Sein hervorgehobener »theologischer Ort«, an dem er von der Gemeinschaft der Glaubenden authentisch gelebt und gedeutet wird, liegt in der liturgischen Feier des höchsten Festes der Christen. So können wir nach dem alten theologischen Erkenntnisgrundsatz »lex orandi, lex credendi« (»Das Gesetz des Betens ist das Gesetz des Glaubens«) durch die Liturgie der Osternacht einen sehr erhellenden Zugang zum wahren Verständnis des Schöpfungsglaubens finden. Es steht uns Theologen gut an, uns der authentischen »Auslegung durch Liturgie« (N. Lohfink) anzuvertrauen.[1]

Die *hermeneutische Grundregel* für eine von der Osternachtfeier geleitete Auslegung unseres Glaubens an Gott den Schöpfer formuliert J. Wohlmuth in seiner sehr anregenden »Kleinen mystagogischen Christologie«, der ich in diesem Auftakt zu unserer Phänomenologie weitgehend folge:

> »Lies den Schöpfungshymnus von Gen 1 als Auferstehungstext; lies die Auferstehungsperikopen als Schöpfungstexte, die Befreiungsgeschichte Israels als Auferstehungstext und umgekehrt den Auferstehungstext als Befreiungsgeschichte; verstehe als ntl. Gemeinde die atl. Prophetien als messianische Texte, die durch Jesu Auferweckung gerade in ihrem Verheißungscharakter erhalten bleiben.«[2]

Das heißt: Die in dieser Feier miteinander verknüpften alttestamentlichen Texte von der Schöpfung, vom Exodus Israels, von der Verheißung einer messianischen Heilszeit auf der einen Seite und die neutestamentlichen Texte von der Auferstehung Jesu aus dem Tod und unserer Teilhabe daran in der Taufe auf der anderen Seite erschließen sich *wechselseitig*. Genau diese Hermeneutik legt uns die ganze Liturgie der Osternacht in der Fülle ihrer Symbole nahe.

I. Die zentrale Symbolik der Zeit: Liturgie im »Durchbruch von der Nacht zum Tag«

Ob der Symbolreichtum der Osternachtliturgie wirklich angemessen zum Sprechen kommt, hängt wesentlich davon ab, ob die *Symbolik der Zeit* »stimmt«. Dies kann nur schwerlich gelingen, wenn die Feier gleichsam nur als feierliche Vorabendmesse für den Ostersonntag begangen wird. Als »Liturgie im Durchbruch von der Nacht zum Tag«[3] gehört sie eindeutig an den frühen Morgen des ersten Wochentags, also des Sonntags. Das legt sich nicht nur von der (bereits zur Zeit des Neuen Testaments symbolisch-liturgisch gedeuteten) Zeitangabe der biblischen Ostererzählungen her nahe; ihnen zufolge ereignen sich die ersten Ostererfahrungen der Frauen am leeren Grab ausdrücklich in der Frühe des ersten Tages der Paschafestwoche (vgl. Mt 28,1; Mk 16,2; Lk 24,1; Joh 20,1). Dies ist für den Zeitpunkt der Liturgie am Ostermorgen sicherlich der nächstliegende, aber nicht der ausschließliche Grund. Denn in dieser Feier wird der Bogen der liturgisch »eingesammelten«, hier und jetzt vergegenwärtigten Zeit viel weiter geschlagen: Im Raum der die Auferweckung Jesu feiernden Gemeinde wird diese Nacht zugleich transparent für den ersten und *grundlegenden* »Durchbruch von der Nacht zum Tag« – nämlich von der Finsternis zum Licht des ersten Schöpfungstages:

> »Finsternis lag über der Urflut und Gottes Geist schwebte über dem Wasser. Gott sprach: Es werde Licht. Und es wurde Licht. Gott sah, dass das Licht gut war. Gott schied das Licht von der Finsternis und Gott nannte das Licht Tag, und die Finsternis nannte er Nacht. Es wurde Abend, und es wurde Morgen: erster Tag« (Gen 1,2–5).

So beginnt Gott sein Schöpfungswerk. Mit diesem Übergang von der Nacht des finsteren Chaos zum hellen Tag jenes Lichtes, in dem Gott die Welt als Kosmos ordnen und einrichten kann, prägt der Schöpfer seiner Schöpfung ihre Grundsignatur ein: Sie soll ein lebensfreundlicher Raum sein für die von ihm noch ins Dasein zu rufenden Lebewesen.

Diese fundamentale, uns bis heute von Gott fortdauernd gewährte, durch menschliche Schuld jedoch stets gefährdete Lebensermöglichung wird in der Osternacht dadurch präsent, dass sie mit dem neuen Leben der Auferweckung aus dem Tod verknüpft wird. Denn im Licht des von den Toten erstandenen Jesus bricht bereits der erste Tag der *neuen Schöp-*

fung an; der aus dem Tod befreite Messias setzt die alte, von den Mächten der Finsternis noch immer angefochtene und beschädigte Schöpfung unaufhaltsam auf den Weg zu ihrer Vollendung. Durch seinen Tod und seine Auferstehung ist die Macht der Sünde und des Todes definitiv ent-machtet, d.h. ihrer heillosen Übermacht beraubt. Deswegen wird dieses österliche Fest der Hoffnung für die ganze Schöpfung bereits seit dem 1. Jahrhundert immer neu an jedem Sonntag gefeiert und damit vergegenwärtigt; und so ist auch zu verstehen, dass in der christlichen Tradition der Sonntag oft als »achter« bzw. als »ewiger Tag«, das heißt als Beginn der Ewigkeit, bezeichnet wird. Der Sonntag gilt eben als der Tag, an dem mit der Auferweckung Jesu zugleich der Übergang der Zeit in die Endgültigkeit der neuen, aus der Nacht des Todes definitiv befreiten Schöpfung im Voraus gefeiert wird – vergleichbar der jüdischen Sabbatruhe am 7. Tag, die ja auch den Shalom der Ewigkeit im Voraus erfahren lässt.[4]

Aber nicht nur Anfang und Ende der Schöpfung, auch die großen Heilstaten Gottes in der *Geschichte* werden allein schon durch die Zeit-Symbolik der Osternacht mit der Schöpfung und Neu-Schöpfung verbunden und so in unsere Gegenwart versetzt. Vor allem natürlich jene dramatische Nacht, seit der die Gemeinde Israel das Schlachten und Verzehren des Osterlammes nicht mehr im Rahmen ihrer nomadischen Kultur als Fest des jährlichen Frühjahrsweidewechsels feiert, sondern es als vergegenwärtigendes Erinnerungszeichen der Befreiung aus dem Sklavenhaus Ägypten neu versteht und feiert. In dieser Nacht des Exodus setzt Jahwe die *Neuschöpfung* Israels als Volk des Bundes in Gang.

> »Dass der Auszug aus Ägypten aber wirklich als Schöpfungsgeschehen zu sehen war, zeigt die Erzählung vom Durchzug durch das Rote Meer. Hier teilt Gott die tödlichen Wasser und lässt das jetzt in Freiheit entstehende Volk hindurchziehen aufs trockene Land, während die Mächte der tödlichen Gewalt verschlungen werden vom nassen Chaos. Das nimmt ein uraltes Schöpfungsbild auf. Der Schöpfergott kämpft mit dem Meer, der Chaosschlange, zerteilt sie und führt das feste Land herauf. Die Auszugserzählungen machen den Auszug aus Ägypten zu einem neuen, nun in der Geschichte selbst geschehenden Schöpfungsakt. Das Osterfest ist seit den Anfängen Israels das neue Fest der Schöpfung und zugleich das Fest von Israels Neuschöpfung.«[5]

So spiegelt sich das Schöpfersein Gottes in seinem geschichtlichen Befreiersein – und umgekehrt: Die Befreiung Israels aus Ägypten ist die (neue) Schöpfung des Gottesvolkes durch Gott, und die Schöpfung der Welt ist ihre uranfängliche Befreiung aus dem Chaos durch denselben Gott. Wenn die Kirche nun in ihrem Osterfest bewusst das jüdische Osterfest aufgreift und daran anknüpft, indem sie im Anschluss an die Schöpfungserzählung auch an die Befreiungsgeschichte Israels erinnert, bleibt für das christliche

Schöpfungsverständnis auch dieser Zusammenhang zwischen Befreiung und Schöpfung bzw. Neuschöpfung unauflösbar.

Folgerichtig feiert die *christliche* Gemeinde, die sich in Kontinuität zu ihrer Wurzel Israel weiß (vgl. Röm 11,16–19), in der Osternacht auch *ihre* »Schöpfungsgeschichte«; versteht sie sich doch als das vom Auferstandenen erneuerte und aus der Übermacht der Sünde und des Todes endgültig befreite Gottesvolk. Dies symbolisiert die *Taufe* der Katechumenen in der Osternacht.

Denn was geschieht in der Taufe? Die an Christus Glaubenden werden in zeichenhaft-sakramentaler Weise zunächst in die Nacht seines Todes getaucht – in jene Nacht, in der Jesus (nach Mt 12,40) in das »Herz der Erde« hinabstieg, um die Finsternis der tödlichen Gottferne, der Sünde, »bis zur Vollendung« (Joh 13,1) auszuleiden und sie von innen her aufzuhellen. Dass dies gelungen ist, dass die Schöpfung im Innersten bereits ganz neu vom Licht des ersten und des »achten« Schöpfungstages erleuchtet ist, dies wird offenbar in der Auferstehung Jesu. Ihr theologischer Kern besteht in der Annahme der Lebenshingabe Jesu durch den Vater. Denn als Gegengabe für seine Hingabe empfängt Jesus vom Vater den lebendig machenden Geist (vgl. Röm 8,11), der seinen geschundenen irdischen Leib verwandelt in den »pneumatischen Leib« der Auferstehung, der unvergänglich und unsterblich ist (vgl. 1 Kor 15,44ff.). An *dieser* fundamentalen Wende zum Leben der neuen Schöpfung erhalten die Getauften ganz real Anteil, mitten im vergänglichen und sterblichen Leben der alten Schöpfung: »Wenn also jemand in Christus ist, dann ist er eine neue Schöpfung: Das Alte ist vergangen, Neues ist geworden« (2 Kor 5,17). In der Taufe weitet sich der pneumatische Leib des Auferstandenen aus zum Leib Christi, der Kirche; dadurch wird auch sie (in der Weise der Teilhabe am neuen Leben des Auferstandenen) zum Sakrament und Ferment der neuen, befreiten Schöpfung.[6]

Bei dieser Feier des Aufgangs der neuen Schöpfung müsste sich der Blick des Glaubens und der Hoffnung eigentlich viel ausdrücklicher auch auf die eschatologische Vollendung der Schöpfung im Ganzen richten: auf jenen *letzten* schöpferischen Durchbruch von der Nacht zum Tag, eben zum »Jüngsten Tag«, zum Tag der *Parusie* des Messias Jesus, an dem sein österlicher Sieg über die Nacht der Sünde und des Todes machtvoll und universal offenbar wird.[7]

Dieser Aspekt kommt in unserer heutigen Osternachtliturgie (ganz im Gegensatz zur urchristlichen Feier) kaum mehr zum Ausdruck.[8] Es wäre zu begrüßen, wenn (etwa im Rahmen einer weiteren Liturgiereform) der Bogen der liturgisch-symbolischen Vergegenwärtigung wieder bis zur Parusie, also zur Vollendung der Schöpfung im Reich Gottes geschlagen würde.

Dann käme den Gläubigen noch anschaulicher zum Bewusstsein, warum die Osternacht mit Recht die »Nacht aller liturgischen Nächte«[9] oder das »Fest der Feste«[10] genannt werden kann: Sie enthält »in nuce« alle Festgeheimnisse des Glaubens an Gott den Schöpfer, den Erlöser und den Vollender.

II. Die Entfaltung in der liturgischen Dramaturgie der Osternacht

Nur kurz sei hier angedeutet, wie diese Schöpfungssymbolik des rettenden Übergangs von der Nacht zum Tag, von der Finsternis zum Licht, von der alten zur neuen Schöpfung auch im Einzelnen durch die liturgische Dramaturgie der Osternacht entfaltet wird.[11] Es beginnt gleich in der Lichtfeier, bei der am Osterfeuer (also aus den Mitteln der »alten Schöpfung«) die Osterkerze, das Symbol des Auferstandenen und der durch ihn inaugurierten neuen Schöpfung, entzündet wird; so wird im Symbol des Feuers und der Kerze die von so viel Unheil verdunkelte Geschichte der Schöpfung und des Volkes Gottes in das erlösende Licht Christi, des Alpha und Omega von allem, erhoben. Beim Einzug der Gemeinde in die Kirche wird die nächtliche Dunkelheit durch die eine Osterkerze (= Christus) und die vielen an ihr entzündeten Kerzen (= sein Leib, die Kirche) vertrieben. Das daran anschließende große Osterlob des »Exsultet« (das wahrscheinlich aus dem theologischen Umfeld des heiligen Bischofs Ambrosius von Mailand im 4. Jahrhundert stammt) fordert die ganze Schöpfung, die Engel im Himmel, den Erdkreis und die Mutter Kirche auf, in das Preislied auf den lichtumstrahlten Sieger, den »neuen Adam« einzustimmen, weil er die Schuld des »alten Adam« beglichen hat.

Der lange Wortgottesdienst mit seinen sieben alttestamentlichen und zwei neutestamentlichen Lesungen lässt nun auch explizit die Geschichte der verheißungsvollen Großtaten Gottes an seinem Volk im Wort gegenwärtig werden. Er gipfelt im Osterevangelium; dieses verkündet die Auferweckung des Gekreuzigten als innergeschichtlich vorweg geschenkte, die Geschichte der Sünde und des Todes definitiv unterbrechende und sie auf den Weg des Lebens bringende »Entelechie« aller Heilswerke Gottes.

Einen vergleichbaren Gang durch die Geschichte Gottes mit seiner Schöpfung und seinem Volk bietet auch die Tauffeier, die in der Symbolik des Wassers, des Untertauchens und Wiederauftauchens, auf zeichenhaft-sakramentale Weise den endgültig gelungenen Übergang vom Tod zum Leben darstellt und den Täuflingen daran auch real Anteil gibt. Schließlich wird in der abschließenden Eucharistiefeier die ganze Gemeinde durch die Communio mit dem verklärten Leib und Blut des Auferstandenen in sein neues Leben aufgehoben und so selbst Sakrament der neuen Schöpfung mitten in der alten.

III. Der Ertrag für ein systematisches Schöpfungsverständnis

Nach dieser mystagogischen Erschließung des Schöpfungsglaubens durch die Liturgie der Osternacht stellt sich die Frage: Was bedeutet diese Hermeneutik für ein systematisches Schöpfungsverständnis? Drei *Akzente* möchte ich hervorheben:

1. Der soteriologische Akzent

Als ein erstes Ergebnis können wir festhalten: Im Horizont der Geschichte Gottes mit seinem Volk und im Hinblick auf die erwartete Vollendung dieser Geschichte in der Parusie des Messias bedeutet Schöpfung (sowohl im Sinn von »creatio« als Handeln Gottes wie auch im Sinn von »creatura« als Ergebnis dieses Handelns): Die Welt, die Gott ins Dasein ruft und den Menschen überantwortet, ist die fundamentale Äußerung seines allumfassenden *Heilswillens.*[12] Und zwar deswegen, weil in diesem schöpferischen Heilshandeln Gottes (am Anfang wie in seiner kontinuierlichen Dauer) bereits eine *grundlegende Überwindung* aller Formen von Todesmächten zugunsten des Lebens geschieht. Die befreiende Geschichte Gottes mit seinem Volk stellt in dieser Perspektive die allen Völkern zum Segen gereichende »Wirkungsgeschichte« jenes heilvollen Ursprungs der Welt dar. Denn in dieser Geschichte kommt das Volk Gottes zum ausdrücklichen Glauben an den sich ihm (im Alten Bund durch Gesetz und Propheten, im Neuen Bund durch Jesus Christus) offenbarenden Gott: dass er und nur er die allen denkbaren lebensfeindlichen und lebensbedrohlichen Mächten unendlich überlegene Macht ist, eben der »Pantokrator«, der Herr über das All, wie das christliche Credo später bekennen wird. Dies gilt vom Beginn der Schöpfung an; es wird aber durch die in diese Geschichte einbrechende menschliche Sünde verdunkelt; erst im vollendeten Reich Gottes wird es durch die Parusie Christi universal erkennbar. Was es mit den zerstörerischen Mächten des »Chaos«, also des Todes, der Sünde und des Leid verursachenden Übels in der Schöpfung auf sich hat, woher sie stammen und was ihre Realität ausmacht, kann vorerst offen bleiben; diese Frage wird uns im Laufe des Traktats noch häufig beschäftigen, vor allem bei der Auslegung der biblischen Schöpfungstexte.

2. Der eschatologische Akzent

a) Der Versprechenscharakter der Schöpfung

Die Liturgie der Osternacht stellt die Schöpfung insgesamt in einen inneren Zusammenhang mit der Auferweckung Jesu aus dem Tod. In ihr bricht die neue Schöpfung an; sie antizipiert die endgültige Erneuerung der ganzen Schöpfung in der Auferweckung der Toten am Jüngsten Tag. In Verbindung mit dieser Zukunftsperspektive erhält die Schöpfung *prinzipiell* den Charakter eines großen *Versprechens* – dass nämlich über die *grundlegende* Entmachtung aller unheilvollen Todesmächte hinaus die Schöpfung einst *im Ganzen* und *definitiv* von diesen sie in vielfältigsten Formen noch immer bedrohenden Mächten befreit sein wird.

Die Schöpfung in dieser Weise wahrzunehmen ist im *vollen* Sinn wohl nur dem möglich, der die Verheißungen Gottes in der Geschichte seines Volkes vernommen und gläubig angenommen hat. Aber wie wir bereits in der Einleitung[13] sahen, gibt es in der natürlichen Erfahrungswelt der Menschen genügend Analogien und Symbole, die nicht nur die glaubende Sicht der Welt als Schöpfung für die Vernunft verstehbar machen, sondern auch von sich her Hinweise auf diesen Versprechenscharakter der Schöpfung enthalten, die allen Menschen zugänglich sind.[14] So kann z. B. in den religiösen Überlieferungen der Völker die Erfahrung der Welt als Kosmos, als einer lebensermöglichenden und relativ konstanten, verlässlichen Ordnung, einen Anhalt bieten, darin implizit ein Hoffnung weckendes Versprechen zu sehen: dass nämlich diese lebensfreundliche Ordnung von beständiger Dauer sein werde, ob diese nun von einer transzendenten, weisen Schöpfungsmacht oder einer immanenten rationalen Gesetzmäßigkeit gewährleistet wird.[15] Nur so konnte und kann immer neu jenes natürliche Urvertrauen entstehen, das die Menschen zur Schaffung von Kulturen als stabilen natürlichen und sozialen Lebensräumen ermutigt.

Allerdings bleibt die Wahrnehmung eines derartigen Versprechens, das in unsere erfahrbare Wirklichkeit eingestiftet zu sein scheint, doch in einer Ungewissheit, die von dieser *Welt* her nicht behoben werden kann – ob nämlich der lebensermöglichende Ursprung und Bestand der Welt wirklich *unbedingt*, also unter allen Bedingungen und Umständen, verlässlich ist, oder ob diese Verlässlichkeit nicht ein bloßer Wunsch oder ein ethisch-praktisches Postulat im Dienst der Lebensbewältigung bleibt. Zur Eindeutigkeit einer vertrauenden Gewissheit bedarf es der *Selbstoffenbarung* des tragenden Ursprungs und Grundes der Welt, worin er sich von sich selbst her als unbedingt verlässlich erweist. Genau dies bezeugt die Geschichte der vielfältigen Befreiungs- und Rettungserfahrungen Israels bis hin zu ihrem Höhepunkt in der Auferweckung des Messias Jesus. In dieser Geschichte bleibt die letzte Einlösung des der Schöpfung inhärenten Versprechens nicht bloß eine offene Möglichkeit, sondern nimmt in der Selbstoffenbarung Jahwes, des »Ich bin da« (Ex 3,14), die Gestalt einer *Zusage* an; für sie steht Gott als eine personal erfahrene Liebe und Macht ein; und zwar dergestalt, dass er die zugesagte Erfüllung des »Schöpfungsversprechens« immer neu durch den Erweis seiner *Treue* in all den vielfältigen geschichtlichen Rettungserfahrungen des Volkes und der einzelnen Glaubenden bekräftigt, so dass sich das Volk Gottes unbedingt darauf verlassen kann. Indem es dies tut, also dem Versprechen Gottes in all den Höhen und Tiefen seiner Geschichte traut, wird es zum Volk Gottes; dessen Geschichte ist genau dadurch charakterisiert, dass die Erfahrung der sich bewährenden »Treue« Gottes und das »Trauen« der Menschen einander wechselseitig bedingen.

Jedoch steht für den einen Teil des Volkes Gottes, für Israel, die endgültige Erfüllung des die ganze Schöpfung umfassenden Heilsversprechens noch aus; sie bleibt gänzlich der eschatologisch-messianischen Zukunft der Welt vorbehalten. Der Glaube der Kirche, des eschatologisch erneuerten Volkes, geht hier einen entscheidenden Schritt weiter: Im Leben, Sterben und Auferstehen Jesu Christi sieht er den stärksten, ja unüberbietbaren Selbsterweis der Treue Gottes. Er erkennt darin die definitive Vorwegnahme der Erfüllung des großen Versprechens in Schöpfung und Geschichte (vgl. 2 Kor 1,19–22): eben den Anbruch des neuen Himmels und der neuen Erde, mitten im alten Äon.

Was bedeutet dies für unsere Sicht der Schöpfung? Als »Erstgeborener der ganzen Schöpfung« und zugleich als »Erstgeborener von den Toten« (Kol 1,15.18) setzt Jesus Christus einen vom Heiligen Geist bewegten kosmischen *Wandlungsprozess* in Gang, der der weitergehenden Geschichte der Schöpfung eine neue Perspektive und eine neue Dynamik verleiht: nämlich jetzt schon, mitten im todgeweihten Leben, immer tiefer hineinzuwachsen in sein Leben, das keinen Tod mehr fürchten muss.

In einer Ostermeditation aus dem Jahre 1947 beschreibt Karl Rahner die der ganzen Schöpfung zugesagte Auswirkung von Tod und Auferstehung Jesu auf unsere Welt:

> »*Er ist auferstanden.* Und die *Welt* mit Ihm. Schon ist sie mit Ihm verwandelt und bald – rasch und immer rascher – wird auch das blöde Fleisch merken, was schon geschehen ist. *Uns* nur dauert der Augenblick zwischen ihrer Wandlung und dem Offenkundigwerden dieser Wandlung lange und bitter. Wir nennen diesen Augenblick die Weltgeschichte seit Christus oder unser Leben. Wir führen uns auf, wie die Jünger zwischen Karfreitag und Ostern: ›… wir aber hatten gehofft …‹ [.] Ach, wir hoffen noch, wo doch schon geschah, was wir

erhoffen. Wir warten noch zitternd den Ausgang des Kampfes ab, wo doch in Wirklichkeit – wenn wir die Augen des Glaubens hätten – schon diesen Augen sichtbar der Triumphzug sich formiert, in dem Natur und Geschichte als Sieg Christi in das ewige Reich des Vaters einziehen sollen. Wir jammern, wenn sein harter Griff uns packt und auch uns durch das dunkle und enge Tor seines Leidens hineinreißt in das Land des Lichtes und der unendlichen Weite seines Vaters. Wir jammern und unser Jammer überführt uns, dass wir in die trübe Dämmerung unserer Erde mehr Vertrauen haben als in das Licht des Auferstandenen. Er aber fragt nicht nach unserem ärmlichen Winseln. Er nimmt uns mit: Wenn es geschehen sein wird, was schon geschah, werdet auch ihr es begreifen!«[16]

b) Die Verwandlung der ganzen Schöpfung zur Neuen Schöpfung

Diese Verwandlung der Schöpfung, bei der sich »Himmel und Erde berühren«, zielt natürlich primär auf den Menschen. Dies aber keineswegs exklusiv und auch nicht nur »inklusiv«, als ob die nichtmenschliche Schöpfung nur *im* Menschen und *durch* ihn mit-vollendet würde, also nur in der Form, wie der Mensch sich die Welt angeeignet, verinnerlicht und menschlich anverwandelt hat. »Reich Gottes«, »neuer Himmel« und »neue Erde«, das »himmlische Jerusalem«, die »Hochzeit des Lammes« – all diese biblischen Vollendungssymbole sind sicher einerseits nur verständlich, wenn dabei auch dem Menschen seine besondere Rolle in der Schöpfung zugedacht wird. Ebenso unbezweifelbar ist auch, dass nach Röm 8,18–27 die menschliche Vollendung als Befreiung von der »Sklaverei und Verlorenheit« in dieser vergänglich-sündigen Welt das *Modell* für die Vollendung und Erlösung der gesamten Schöpfung abgibt. Aber daraus folgt andererseits keineswegs, dass die Schöpfung gleichsam *nur* als stummer Teilhaber der menschlichen Vollendung angesehen werden müsste.[17] *Alle* Geschöpfe sind von Gott in ihr je eigenes Dasein und Sosein frei-gesetzt, also »ontologisch«, d.h. vorgängig zu ihrem Verhalten von Gott als sie selbst gewollt und geliebt; sonst gäbe es sie nicht.

Sind sie damit aber auch schon *in sich* vollendungsfähig? Kann es sie auch im vollendeten Reich Gottes geben? Vom biblischen Schöpfungsglauben und von der großen theologischen Tradition her sind jedenfalls alle Geschöpfe auf analoge Weise mit einer spezifischen »Antwortfähigkeit« auf Gottes Liebe begabt. Denn sie alle verdanken ihr Dasein von Anfang bis Ende dem schöpferisch-liebenden Wort Gottes. Er ruft sie ins Dasein (Gen 1: »Es werde«); und sie entstehen, indem sie »gehorchen« (»… und es geschah so«). Durch ihr einfaches Dasein und Sosein bezeugen sie, dass sie den Willen Gottes bejahend »beantworten«. Insofern sind sie alle, indem sie vor Gott da sind, der »Zustimmung« sowohl zu ihrem Geschaffensein als auch zum Urteil des Schöpfers über seine Geschöpfe fähig: »Und Gott sah, dass es gut war.«

Das Alte Testament nennt diese grundlegende Zustimmung der Geschöpfe zu ihrem Dasein das *Lob Gottes;* zu ihm ist die ganze Schöpfung fähig:

> »Das Gutsein der Schöpfung, das ihr Schönsein einschließt, will den Widerhall der Freude und damit des Lobes wecken. In dem Satz, der die Werke der Schöpfung begleitet, ist dieser Widerhall des Gotteslobes schon angedeutet, der dann überschwänglich zu Wort kommt in den Psalmen, in denen die Kreatur zum Lob gerufen wird:
> ›Lobet den Herrn vom Himmel her,
> lobet ihn in den Höhen …
> lobet ihn, Sonne und Mond,
> lobet ihn, ihr leuchtenden Sterne … !‹ (Psalm 148).
> Alle Geschöpfe haben am Ganzen der Schöpfung teil, und alle haben im Ganzen einen Sinn, das bringen diese Psalmen zum Ausdruck durch das Hingewandtsein der Geschöpfe zu ihrem Schöpfer, dem Lob des Schöpfers. In diesem Hingewandtsein zum Schöpfer ist etwas Gemeinsames zwischen den Geschöpfen, Menschen, Tieren und allem anderen. Loben ist *zu Gott hingewandte Daseinsfreude*, und diese Daseinsfreude eignet der Schöpfung als ganzer.«[18]

Für die Vollendung der Schöpfung heißt dies: Die mit dem Geschöpfsein gegebene Fähigkeit der »Zustimmung« zum Dasein ist der Grund dafür, dass die Schöpfung im Ganzen und alle einzelnen Geschöpfe auf je eigene Weise auch »Reich-Gottes-fähig« sind. Denn das Lob Gottes, dieses große Ja zu Gott und seinen Werken, das die Geschöpfe durch ihr Dasein und ihr Schönsein »sprechen«, überdauert – wie das Schöpfungs-Ja Gottes selbst – Raum und Zeit; es füllt den Raum der Ewigkeit, den Himmel; es ist die Grundmelodie der »kosmischen Liturgie«, die nach der Offenbarung des Johannes im himmlischen Jerusalem gefeiert wird und die das Zentrum des neuen Himmels und der neuen Erde sein wird.

Diese österlich-eschatologische Sicht der Schöpfung bezeugt in einer ganz schlichten Sprache ein *Osterlied* von Friedrich Spee aus dem Jahr 1623:

> »Die ganze Welt, Herr Jesu Christ, Halleluja, Halleluja,
> in deiner Urständ (= Auferstehung) fröhlich ist. Halleluja, Halleluja.
>
> Des Himmels Heer im Himmel singt, –
> die Christenheit auf Erden klingt. –
>
> Jetzt grünet, was nur grünen kann, –
> die Bäum zu blühen fangen an. –

Es singen jetzt die Vögel all, –
jetzt singt und klingt die Nachtigall. –

Der Sonnenschein jetzt kommt herein, –
und gibt der Welt ein' neuen Schein. –

Die ganze Welt, Herr Jesu Christ, –
in deiner Urständ fröhlich ist. –«[19]

Dieses Lied steht in einer langen, bereits in der Alten Kirche einsetzenden Tradition »österlicher Frühlingslyrik« (Hugo Rahner). Friedrich Spee bringt hier die kindlich unbeschwerte Freude einer von der winterlichen Kälte befreiten Welt an der Auferstehung Jesu ins Wort.[20] Die ganze Natur stimmt in ihrer neu erwachten Lebensfreude mit in den österlichen Lobgesang der Engel im Himmel und der Christen auf Erden ein. So wird Ostern geradezu zu einem »kosmischen« Frühlingsfest; es ist eben nicht auf den Kirchenraum oder die Menschenwelt beschränkt. Weil Jesus den Tod überwunden hat, kann die »ganze Welt« wieder grünen und blühen, singen und leuchten. Also nicht bloß deswegen, weil Ostern ohnehin in die Frühlingszeit fällt; nein, für Friedrich Spee liegt der *theologische* Grund für das neue Aufleben der Natur darin, dass auch sie an Ostern immer neu Anteil bekommt an jener göttlich-schöpferischen Lebenskraft, die in der Auferweckung Jesu wirksam geworden ist. Von diesem einzigartigen geschichtlichen Ereignis her erneuert sich im jährlichen Osterfest die ganze Schöpfung; der vom auferstandenen Christus ausgehende Sonnenschein »gibt der Welt ein' neuen Schein« (5. Strophe); er taucht sie in den Vor-Schein der »neuen Schöpfung«, des neuen Himmels und der neuen Erde (vgl. Offb 21,1).

Dies entspricht der Botschaft des Römerbriefs; denn nach Röm 8,18–27 soll einmal alles Geschaffene endgültig von seiner Vergänglichkeit befreit werden, von den Schatten des Todes und der Vernichtung, die jedem Wesen anhaften. In dieser durch Ostern so erfüllungsgewissen Hoffnung auf ein *gutes Ende* wird auch Gottes Urteil über den *Anfang* der Schöpfung verstehbar, nämlich dass sie gut, ja sogar »sehr gut« sei (vgl. Gen 1,13).

3. Der ekklesiologische Akzent

Mit den beiden bisher genannten Akzenten wird – in der liturgischen Hermeneutik der Osternacht – untrennbar ein dritter Bedeutungsgehalt des christlichen Schöpfungsbegriffs verbunden, der auch in der Tradition immer wieder zur Sprache kommt: die *Kirche*. Der auferstandene Christus antizipiert die neue Schöpfung ja nicht in einer »splendid isolation«; nein, er »zieht« von Kreuz und Auferstehung her »alle zu sich« (vgl. Joh 12,32), um so die Schöpfung mit Gott zu versöhnen und sie dadurch in die neue Schöpfung zu verwandeln (vgl. 2 Kor 5,17–21). Zum hervorgehobenen Ort, an dem sich diese im Geist des Auferstandenen gewirkte Erneuerung der Welt bereits jetzt vollzieht, erwählt Gott die Getauften; sie bilden den »Leib Christi« in der Welt; sie sind das »im Ziel auf das Ziel hin wandernde« Volk Gottes (K. Rahner). In ihm soll – dem Heilswillen Gottes gemäß – zeichenhaft und wirklichkeitsgefüllt zugleich die Gestalt der neuen, von Grund auf verwandelten, weil versöhnten Schöpfung bereits für alle Welt sichtbar werden.[21] Denn in der Kirche, dem durch die Versöhnung von Juden und Heiden zum Leib Christi geformten Volk Gottes, gibt die Schöpfung dem Schöpfer ausdrücklich die von ihm ursprünglich erwartete Antwort auf sein heilbringendes Wort: die Antwort des Sohnes, in die sie – trotz aller Schwäche und Sünde – in der Kraft seines Geistes einstimmt. Es ist die Antwort der sich dem Vater ganz und gar verdankenden Liebe.

So kann die Kirche – im Sinn der Kirchenkonstitution des 2. Vatikanums »Lumen Gentium« (LG) – in Christus wirklich »Sakrament« der wahren, erneuerten Schöpfung, also »für die innigste Vereinigung mit Gott wie für die Einheit der ganzen Menschheit« (LG 1) genannt werden.[22] Der Ort, an dem dies innerkirchlich am anschaulichsten erfahrbar werden kann, ist die *Eucharistie*. Sie bildet die Hochform jeder realsymbolisch vermittelten Eingliederung und Umwandlung der ganzen Schöpfung in den Auferstehungsleib Christi. Sinnbildlich dargestellt wird dies in der Darbringung der Gaben Brot und Wein, die eben beides sind: »Frucht der Erde und der menschlichen Arbeit«. »Deshalb sind die Gaben der Eucharistie heilig, schon vor der eucharistischen Wandlung. Und ihre Verwandlung bedeutet nicht, dass sie aufhören zu sein, was sie sind (Brot und Wein), sondern dass sie der neuen Schöpfung zugeführt werden.«[23] In der Eucharistie beginnt – in sakramentaler Symbolik – die Verklärung und Verwandlung des ganzen Kosmos zum neuen Himmel und zur neuen Erde; und zwar so, dass die Gaben der Schöpfung dabei ihren eigenen, vom Schöpfer gegebenen Wert bewahren und ihn zugleich in die vollendete, von der entstellenden Macht der Sünde befreiten Liturgie der neuen Schöpfung mit einbringen.

4. Biblisches und metaphysisches Schöpfungsverständnis

Die starke Hervorhebung des soteriologischen, eschatologischen und ekklesiologischen Sinngehaltes im Schöpfungsbegriff könnte das Missverständnis wecken, als gerate hiermit der große Strang des mittelalterlich-scholastischen Schöpfungsdenkens ganz in Vergessenheit – jenes Denken, welches primär von der Rezeption der platonisch-aristotelischen Metaphysik bestimmt war. So lautet z. B. bei Thomas von Aquin der *philosophische* Grundbegriff der Schöpfung: Gott, das subsistierende unendliche Sein, verleiht dem endlichen Seienden sein Dasein und Sosein, indem es ihm in unterschiedlicher Stufung teilgibt am Sein überhaupt. Dazu mehr im dritten Teil C. Hier sei nur so viel klargestellt: Beim biblisch-soteriologischen und beim metaphysisch-ontologischen Schöpfungsverständnis handelt es sich nicht um zwei einander ausschließende Alternativen, sondern um zwei sehr verschiedene *Perspektiven*, die beide ihren legitimen Ort im christlichen Schöpfungsglauben haben. Der *biblische* Schöpfungsglaube setzt bei einer *geschichtlichen Erfahrung* an: der Befreiung des Volkes durch Jahwe aus extremer Not (im Exodus und im Exil); von daher deutet er auch das (dem Menschen absolut verborgene) Schöpfungsgeschehen, nämlich im Rahmen des erfahrbaren Gegensatzes zwischen Unheil und Heil, zwischen Tod und Leben, zwischen Chaos und Kosmos. Der *metaphysische* Schöpfungsbegriff entspringt dagegen einer *philosophischen Reflexion* über den letzten Grund aller bestehenden, der menschlichen Erkenntnis zugänglichen Wirklichkeit; und so denkt er Schöpfung ganz im Rahmen des (letztlich unvorstellbaren) Gegensatzes von Nichts und Sein (»Schöpfung aus nichts«). Dementsprechend versteht er den Schöpfer als *All-Verursacher*, während die Bibel ihn als *All-Herrscher* (Pantokrator) verehrt.

Der hier vorgelegte Entwurf einer christlichen Schöpfungstheologie wählt (in weitgehendem Konsens mit anderen katholischen und evangelischen Schöpfungstheologien) den biblischen, durch Gottes Geschichte mit den Menschen inhaltlich gefüllten Schöpfungsglauben als umfassenden *Verstehenshorizont* theologischer Reflexion, in den auch der metaphysische Schöpfungsbegriff integriert werden kann – nicht umgekehrt.[24] Damit folge ich der Vorgehensweise des Irenäus von Lyon, aber auch dem von Augustinus und Anselm von Canterbury proklamierten Axiom der »fides quaerens intellectum«; also einer Methode, die beim (biblisch begründeten) Glauben ansetzt und ihn dann – um seiner allgemeinen Verstehbarkeit willen – zu außertheologischen Begriffen und Theorien in Beziehung setzt.

B. Das Credo: Bekenntnis zum »Vater, dem Allmächtigen, dem Schöpfer des Himmels und der Erde«

In jeder Eucharistiefeier am Sonntag, an Hochfesten und natürlich in allen Tauffeiern betet die versammelte Gemeinde das »Credo«; sei es in der (kürzeren) Form des sog. »apostolischen«, sei es in der (längeren) des sog. »nicäno-konstantinopolitanischen« Glaubensbekenntnisses. Beide Texte enthalten in ihrem ersten Glaubensartikel[1] das ausdrückliche Bekenntnis zu Gott dem Vater, der in seiner Allmacht Himmel und Erde geschaffen hat. Das heißt: In der Form eines gemeinsamen *Bekenntnisses* wird im Rahmen kirchlicher Liturgie der Kern der dogmatischen Tradition des christlichen Schöpfungsglaubens von der Gemeinde rezitiert oder gesungen. Was ist der Inhalt dieses Bekenntnisses? Wozu bekennt sich die Gemeinde, wenn sie den Schöpfer des Himmels und der Erde zugleich als »Vater« anruft und ihn »allmächtig« nennt? Wie weit können Christen heute dieses Bekenntnis über den rituellen Vollzug hinaus in ihrem persönlichen Glauben mitvollziehen?[2] Um diese Fragen beantworten zu können, kann ein Blick auf die Ursprünge beider Texte des Credo hilfreich sein.

I. Kurzer Vergleich zwischen den beiden (liturgisch gebräuchlichen) Texten des Credo

Hinsichtlich des ersten Glaubensartikels bestehen keine allzu großen Unterschiede zwischen beiden Überlieferungen des Credo. Die wenigen, voneinander abweichenden Formulierungen sind meist später eingefügte verdeutlichende Zusätze, die bestimmte Häresien abwehren sollten. Aber im Allgemeinen gab es in der frühen Kirche über das Schöpfersein Gottes keine so gewichtigen Kontroversen wie etwa hinsichtlich des christologisch-trinitarischen Bekenntnisses.[3]

In knapper, nüchterner Form lautet der erste Artikel im *apostolischen* Glaubensbekenntnis, das sich aus dem alten (sowohl lateinisch als auch griechisch überlieferten) römischen Taufbekenntnis des 2. Jahrhunderts herleitet (Kürzel: »R«) und seit dem 3. Jahrhundert weithin die westliche Tradition der verschiedenen regionalen Glaubensbekenntnisse bestimmt:

> »Ich glaube an Gott, den Vater, den Allmächtigen, den Schöpfer des Himmels und der Erde« (DH 30).

Das auf dem Konzil von Konstantinopel (381 n.Chr.) in griechischer Sprache verfasste *nizäno-konstantinopolitanische* Credo galt für das Konzil und die ganze spätere Theologie als authentische Auslegung des grundlegenden Glaubensbekenntnisses des ersten »ökumenischen« Konzils der Alten Kirche, nämlich des Konzils von Nizäa (325 n.Chr.). Vom 6. Jahrhundert an wurde es im Osten größtenteils als Taufbekenntnis übernommen; seinen festen Platz in der Liturgie der heiligen Messe erhielt es im Osten bereits Ende des 5. Jahrhunderts, im Westen Ende des 6. Jahrhunderts. In diesem »konziliaren« Credo wird der Schöpfungsglaube so formuliert:

> »Wir glauben an den *einen* Gott, den Vater, den Allmächtigen, der alles geschaffen hat, Himmel und Erde, die *sichtbare* und die *unsichtbare* Welt« (DH 150).

Es fällt auf, dass in beiden Texten weder die biblische Zeitangabe der Schöpfung »im Anfang« noch die frühe dogmatische Präzisierung der Schöpfung »aus dem Nichts« genannt werden. Der Grund dürfte vermutlich darin liegen, dass zum einen der Schöpfungsbegriff auch hier weit mehr umgreift als nur die ursprüngliche Erschaffung der Welt; zum anderen stellte die absolut voraussetzungslose, allein auf Gottes Willen basierende Schöpfung zur Zeit der Fixierung dieses Bekenntnisses bereits eine selbstverständliche, nicht ausdrücklich zu betonende Überzeugung des Glaubens dar.[4]

1. Der eine Schöpfer

Das konziliare Credo betont gleich am Anfang ausdrücklich die *Einheit* Gottes: »Wir glauben an den *einen* Gott ...«. Diese Hervorhebung richtet sich gegen verschiedene Formen eines religiösen Dualismus, wie z.B. gegen die leib- und schöpfungsfeindliche Gnosis, vor allem aber gegen Markion († 160), der zwei verschiedene Gottheiten annahm: einen (angeblich im Alten Testament bezeugten) bösen Schöpfergott (den Demiurgen) und einen (im Neuen Testament verkündeten) guten Erlösergott. Demgegenüber hat der jüdisch-christliche Glaube stets an dem einen Gott festgehalten, der zugleich *Schöpfer und Erlöser* der Welt ist. Die zusätzlich zu »Himmel und Erde« herausgestellte Erschaffung der *»sichtbaren und der unsichtbaren Welt«* durch diesen einen Gott liegt auf derselben Linie: Auch hier spricht sich ein antignostisches und antimanichäisches Interesse aus; man wandte sich gegen diese Lehren, welche die sichtbare, materielle Welt wegen ihrer Unvollkommenheit nicht auf das höchste und eine Schöpfungsprinzip zurückführten, sondern auf einen davon abgefallenen bösen Demiurgen. Dagegen bekennt der christliche Schöpfungsglaube in der Tradition Israels den gleichen Ursprung und damit den gleichen theologischen Wert für die sichtbare, materiell-irdische wie für die unsichtbare, geistig-himmlische Welt. So stellt sich der christliche Glaube ganz bewusst in den Rahmen des *jüdischen* Monotheismus, den er allerdings gerade im Credo trinitarisch neu versteht.

Darüber hinaus schlägt dieser erste Artikel auch eine Brücke zu dem in der klassischen *griechischen* Philosophie betonten letzten geistigen Einheitsprinzip alles Wirklichen, ob es sich nun um den wahren »Urgrund« der Wirklichkeit bei den Vorsokratikern handelt (arché), um die höchste »Idee des Guten« bei Platon, den »unbewegten Beweger« bei Aristoteles oder das absolut »Eine und Gute« bei Plotin. Auch diese philosophisch-kosmologische Welt der Griechen und ihre Suche nach Einheit, nach dem letzten einheitsstiftenden Prinzip der Wirklichkeit, konnte das Bekenntnis zu dem *einen* Gott als Schöpfer aller Wirklichkeit in sich aufnehmen.

Gerade dafür war Paulus mit seiner Areopag-Rede in Athen der beste Kronzeuge; seine Missionspredigt vor dem neugierigen griechischen Publikum beginnt bewusst mit der Verkündigung Gottes als des Schöpfers der Welt:

> »Gott, der die Welt erschaffen hat und alles in ihr, er, der Herr über Himmel und Erde, wohnt nicht in Tempeln, die von Menschenhand gemacht sind. [...] keinem von uns ist er fern. Denn in ihm leben wir, bewegen wir uns und sind wir [...]« (Apg 17,24.27 f.).

Diesem von Lukas so hervorgehobenen Vorbild missionarischer Verkündigung folgte vom 2. Jahrhundert an bis hin zu Augustinus die christliche Apologetik. »Die Schöpfungslehre wurde so zum Einstiegstor, durch das die christliche Missionspredigt in das Herz des hellenistischen Weltbürgers einzog. Es muss von vorneherein ein unangreifbarer überzeugender Einstieg gewesen sein.«[5]

2. Der dreieine Schöpfer

Das konziliare Credo sieht die Schöpfung ausdrücklich als Werk des *dreieinen* Gottes, was im römischen Bekenntnis, das von seinem Ursprung in der Taufliturgie her immer schon trinitarisch strukturiert ist, nicht so explizit betont wird. Im griechischen Bekenntnis wird dagegen neben dem ersten Glaubensartikel, der vom Vater als dem transzendenten Ursprung der Schöpfung spricht, auch von Jesus Christus bekannt: »Durch ihn ist alles geschaffen.« Damit wird die biblische Lehre von der *Schöpfungsmittlerschaft* Jesu Christi ins Credo aufgenommen: Das schöpferische, in Jesus Mensch gewordene Wort Gottes (der Logos bzw. die Sophia Gottes) vermittelt Gott und Welt miteinander von allem Anfang an. Schließlich werden auch dem Heiligen Geist die Attribute »Herr« (Kyrios) und »Lebendigmacher« zugesprochen; das heißt, er steht für die lebensspendende Präsenz Gottes in seiner Schöpfung bzw. für den Leben gewährenden Raum der Welt in Gott: »In ihm leben wir, bewegen wir uns und sind wir« (Apg 17,28). So hat sich im Credo die in der Alten Kirche verbreitete trinitarische Schöpfungsformel bis heute erhalten: Die Welt ist *vom* Vater (ihrem transzendenten Ursprung) *durch* den Sohn (dem Mittler zwischen Gott und Welt) *im* Heiligen Geist (der wechselseitigen Immanenz von Gott und Welt) geschaffen. Diese Schöpfungsformel findet ihr entsprechendes Pendant in der klassischen, von unten her zu Gott aufsteigenden Gebetsbewegung des gläubigen Menschen: Wir beten *im* Heiligen Geist – *durch* den Sohn (und mit ihm) – *zum* Vater.

II. Die Attribute Gottes, des Schöpfers

1. Gott, der Vater

»Vater« ist der erste und von der neutestamentlichen Tradition her zweifellos auch der charakteristische Gottesname des christlichen Glaubens.[6] Seine Bedeutung im Credo ist jedoch vielschichtig. Denn so selbstverständlich im Kontext einer Taufe »im Namen des Vaters und des Sohnes und des Heiligen Geistes« (nach dem Taufbefehl Mt 28,18) in diesem Wort die Bedeutung »Vater Jesu Christi« und »unser (persönlicher) Vater« immer schon mitschwang, so dürfte dennoch der vorherrschende, in der christlichen Literatur des 2. und 3. Jahrhunderts auch sonst gebräuchliche Sinn dieses Wortes innerhalb des Credos ein anderer gewesen sein: der »Vater und Schöpfer des Weltalls« (so Clemens von Rom).[7] Mit dem Symbol »Vater« verband sich offensichtlich zuerst diese schöpferisch hervorbringende Beziehung Gottes zur *Welt*. »Für die Christen des 2. Jahrhunderts war dies ohne jede Frage die primäre, wenn auch keineswegs einzige Bedeutung der Vaterschaft Gottes. Es war ein Glaube, den sie, wie das dritte Makkabäerbuch und die Schriften Philos beweisen, mit dem hellenistischen Judentum und aufgeklärten religiösen Menschen überhaupt teilten.«[8]

Dies ist für den christlichen Schöpfungsglauben bedeutsam: In aller trinitarischen und christologischen Akzentuierung der Vaterschaft Gottes bleibt doch diese grundlegende Gemeinsamkeit unseres christlichen Gottesbildes mit außerchristlichen religiösen und philosophischen Überzeugungen im Credo bewahrt. Nicht durch Unterscheidung und Kontrastierung allein fand der christliche Schöpfungsglaube zu seiner besonderen Identität, sondern auch durch rezipierende Anknüpfung an bereits vorgefundene Überlieferungen.

Ein anschauliches Bild dieses Rezeptionsprozesses bietet ein Text des Irenäus von Lyon aus seinem großen Werk »Adversus Haereses« (um 180–190):

> »Wenn der Schöpfer – was allein wahr ist – aus sich selbst, frei und aus eigener Macht alles eingerichtet und vollendet hat und die Wesenheit aller Geschöpfe auf seinen Willen zurückzuführen ist, dann offenbart sich dieser als der wahre Gott, der alles gemacht hat, als der allein Allmächtige, als der einzige Vater, der alles, das Sichtbare und Unsichtbare, das Sinnliche und Unsinnliche, das Himmlische und Irdische, durch das Wort seiner Kraft macht und schafft, der durch seine Weisheit alles abstimmt und ordnet, alles umfasst und von niemand umfasst wird. Er hat es gebildet, erschaffen, erdacht, gemacht, er, der Herr des Weltalls; weder außer ihm noch über ihm gibt es noch einen andern Gott. Nur einer ist Gott und Schöpfer: er, der über alle Hoheit und Macht und Herrschaft und Kraft erhaben ist. Er ist der Vater, er der Gott, er der Schöpfer, der Urheber, der Bildner, der durch sich selbst, d.h. durch sein Wort und durch seine Weisheit, Himmel und Erde und Meere und alles, was in ihnen ist, gemacht hat. Er ist der Gerechte und Gute, der die Welt erschaffen, der den Menschen gebildet, das Paradies gepflanzt hat, der auch die Sintflut gesandt und den Noe gerettet hat. Er ist der Gott Abrahams, der Gott Isaaks, der Gott Jakobs, der Gott der Lebenden, den das Gesetz verkündet, die Propheten verheißen, Christus geoffenbart hat, den die Apostel predigten, den die Kirche bekennt. Er ist durch sein Wort, das sein Sohn ist, der Vater unseres Herrn Jesus Christus.«[9]

Erst am Ende des Textes kommt das spezifisch Christliche der Vaterschaft Gottes zur Sprache: Er ist der »Vater unseres Herrn Jesus Christus« und damit auch unser Vater, weil er uns in der Taufe in Jesus Christus als seine Söhne und Töchter annimmt. Diese Identifizierung des Schöpfers und Vaters der Welt mit dem Vater Jesu Christi, der uns im Leben, Sterben und in der Auferstehung Jesu offenbar geworden ist, bildet das entscheidende Kriterium für das, was die Kirche an außerchristlichen Schöpfungsvorstellungen rezipieren kann bzw. was damit kompatibel ist. In der Vater-Sohn-Beziehung, welcher der Heilige Geist als »Frucht« und »Raum« ihrer Liebe entspringt, ist das Concretissimum des christlichen Gottesbildes ausgesprochen, der innerste Kreis aller konzentrischen Denkbemühungen, die versuchen, die ganze Weite menschheitlicher Gotteserfahrungen und Gottesbegriffe in unseren Glauben zu integrieren.[10]

Auch heute behält das Wort »Vater« für unser Gottesbild eine unaufgebbare Bedeutung, nicht bloß aus Treue zur Tradition. Zwar ist uns aufgrund mancher zwiespältiger Erfahrung das Fragmentarische und die Ambivalenz dieses (wie überhaupt jedes) menschlichen Symbols bewusst, mit dem wir uns dem unbegreiflichen Gott nähern wollen. Insofern ist es ganz legitim, Gott auch mit »Mutter« oder anderen Symbolen personaler (z.B. »Freund«) oder naturaler Art (z.B. »Quelle des Lebens«) anzusprechen. Das Bild vom Vater hat aber (wie das der Mutter) zweifellos etwas Archetypisches an sich; zum Ausdruck kommen kann darin, dass Gottes universales Schöpfersein auch mich persönlich meint, dass mein (im Ganzen des Kosmos so unbedeutend erscheinendes) Dasein und Geschick von ihm unbedingt bejaht und getragen ist. Denn auch wenn das Universum und die Weltgeschichte sich so gleichgültig gegenüber dem Schicksal des Einzelnen erweisen, der Schöpfungsglaube vermag tiefer zu schauen: Er sieht (oder ahnt) hinter dem Lauf der Dinge das Angesicht eines guten, mir persönlich wohl gesonnenen Vaters. Ihm verdanke ich mich in der Würde meiner Einmaligkeit und Einzigartigkeit, in meinen Grenzen wie in den großen Möglichkeiten meiner Freiheit.

Darum dürfte das Gleichnis vom barmherzigen Vater (Lk 15,11–32) auch heute noch die ansprechendste und von Jesus selbst verbürgte Auslegung Gottes als des Vaters seiner Schöpfung und jedes einzelnen seiner Geschöpfe sein.

2. Gott, der Allmächtige

Schwieriger steht es heute mit dem anderen Attribut, das der erste Glaubensartikel Gott zuspricht: seiner Allmacht. Diese gehört zu den missverständlichsten und umstrittensten Begriffen der Glaubenssprache; manche haben dieses Attribut deswegen ganz aus ihrem Sprachschatz gestrichen, was aber das Problem nicht löst. Zu begrüßen ist sicher die – insbesondere von der feministischen Theologie angestoßene – Sensibilisierung für die androzentrische (d.h. vom Mann her entworfene) Prägung der Vorstellungswelt und Sprache der Bibel und unserer ganzen Glaubensüberlieferung. Gerade das deutsche Wort »all-mächtig« (als wörtliche Übersetzung des lateinischen »omni-potens«) provoziert die Versuchung, menschlich-männliche Allmachtsträume auf Gott zu projizieren und sich ihn als ein überirdisches »Superwesen« mit absolut unbegrenzten Möglichkeiten vorzustellen, das zu schlechthin allem, was uns in den Sinn kommen kann, fähig und mächtig sei.

Wie unsinnig ein solches Verständnis der Allmacht Gottes ist, lässt sich allein schon daraus ersehen, dass dieses Attribut im Credo eine nähere

Bestimmung des Vaterseins Gottes ausdrückt. Hier wird nicht von einer abstrakten Allmacht gesprochen, sondern von der konkreten Allmacht Gottes als des Vaters der Schöpfung, der zugleich der Vater seines Volkes und der Vater Jesu Christi ist. Nur in diesem Rahmen hat der Begriff »Allmacht« christlich seinen guten Sinn. Worin besteht er?

Schauen wir zunächst auf den Sinn, den dieses Wort im ursprünglichen Kontext des Credos hat.[11] In der griechischen Formulierung des ersten Glaubensartikels, die im 3. und 4. Jahrhundert im Westen auch im apostolischen Glaubensbekenntnis noch gebräuchlich war (vgl. DH 11), steht hier der Begriff »Pantokrator« (Allherrscher).[12] Dieses Wort hat ursprünglich einen anderen Sinn als den, der sich in der Regel mit seiner lateinischen Übersetzung »omni-potens« verbindet: Es bezeichnet die grundlegende *Beziehung* des Schöpfers zu seiner Welt – seine aktive Herrschaftsausübung über die Welt, seine »das All beherrschende Macht«.[13] Alles liegt in seiner Hand, alles umfasst er, alles leitet er zu einem guten Ende hin (vgl. Jer 32,17–20). »Pantokrator« ist also (wie »Vater«) ein Relationsbegriff; er soll die einzigartige Macht Gottes, des liebenden Vaters, gegenüber seiner Welt ausdrücken.

Aber schon sehr früh (so z.B. im Werk »Contra Celsum« des Origines bezeugt, in dem er auf die Missdeutung des Begriffs der »Allmacht Gottes« bei seinem heidnischen Gesprächspartner eingeht) wird eine *Bedeutungsverschiebung* erkennbar, die sich gerade in der lateinischen Übersetzung niederschlägt, nämlich in dem Wort »omni-potens«. Dieses entspricht eigentlich dem griechischen Wort »panto-dynamos« – dass also der Träger einer solchen Eigenschaft uneingeschränkt »alles tun könne«, weil sein göttliches Sein mit der Fähigkeit ausgestattet sei, alles Erdenkliche zu vollbringen. Nicht die alle Wirklichkeit tragende und zum Heil lenkende, darum Vertrauen weckende Macht Gottes über seine Schöpfung ist hier im Blick, sondern eher die für uns völlig unbegreifliche (und unberechenbare) Möglichkeit Gottes, »zu allem fähig zu sein«. Dieser Bedeutungsgehalt verbindet sich meist auch mit dem deutschen Wort »allmächtig«. Origines hat bereits damals das mit diesem Verständnis fast unvermeidlich einhergehende Missverständnis zurückgewiesen: »Gott kann nach unserer Lehre sicherlich alles tun, das heißt alles, was ohne Schaden für seine Göttlichkeit, seine Güte oder seine Wünsche getan werden kann«[14]. Das bedeutet: In Gottes Macht steht all das, was nicht im Widerspruch zu seinem Wesen und Wollen als dem gütigen Vater der Schöpfung steht, alles also, was nicht in einen Selbstwiderspruch Gottes und damit zur Selbstaufhebung der Göttlichkeit Gottes führt.[15]

Darin liegt weder eine Begrenzung der Allmacht Gottes von außen noch eine von ihm selbst in seinem Schöpfungshandeln vollzogene »Selbstbegrenzung« – als sei Gott ohne Schöpfung ein Wesen, das in seiner ungebändigten Machtfülle zu allem fähig sei, auch zum Widersprüchlichsten und Sinnlosesten! Hier geht es vielmehr um eine notwendige, aus dem *tatsächlichen* Schöpfersein Gottes sich ergebende Begrenzung unserer Allmachts*vorstellungen*, die oft nichts mit dem sich in der Schöpfung und in der Geschichte seines Volkes selbst offenbarenden Gott und seiner Macht zu tun haben. Doch ist damit das *Problem* der Rede von der Allmacht Gottes nicht einfachhin schon gelöst. Gerade in der Theodizee-Frage bricht es immer von Neuem auf: Wie sind die Güte Gottes und eine durchaus richtig verstandene Allmacht Gottes angesichts des oft so maßlosen Übels in der Welt miteinander zu vereinbaren?

Wir werden im 4. Teil C. näher darauf eingehen. Hier sei nur so viel schon zu bedenken gegeben: Dieses Problem ist christlich nicht dadurch zu lösen, dass man den Glauben an die Allmacht Gottes aufgibt und stattdessen lieber von der *»Ohnmacht«* Gottes in der Welt spricht, wie sie sich im gekreuzigten Jesus Christus zeigt. Selbstverständlich wird der christliche Glaube die Allmacht Gottes nur in Verbindung mit seinem Handeln in Jesus Christus, dem Gekreuzigten und von den Toten Auferweckten, richtig verstehen können. Aber diese Selbstoffenbarung Gottes am Kreuz als »Ohnmacht« Gottes zu bezeichnen (wie es dem äußeren Eindruck nach erscheint) und sie an die Stelle des traditionellen Sprechens von der *Allmacht* Gottes zu setzen, hilft nicht weiter.

Denn damit wird faktisch die eigentliche *spirituelle* Intention aufgegeben, die von Anfang an bis heute mit dem biblischen Begriff »Pantokrator« verbunden ist: dass es sinnvoll ist, zu diesem Gott um Errettung aus *jeder* Art von Not, Unglück und Unheil zu beten. Das *Bittgebet* für andere und für sich selbst hätte keinen Sinn, wenn Gott nicht in *dem* Sinn allmächtig wäre, dass wirklich alles in seiner Hand liegt, dass er also – ohne den geschaffenen Wesen den ihnen eingeräumten Raum ihrer Eigenständigkeit und Eigentätigkeit zu beschneiden – alles zum Guten, zum Heil der neuen Schöpfung führen kann – in welcher Weise auch immer. Der betende Mensch vertraut – wie Jesus am Ölberg – darauf, dass Gott ihn oder die Menschen, für die er betet, aus einer konkreten Not befreien oder vor Unglück bewahren kann. Und auch wenn dies nicht so wie erwartet eintrifft, hofft er doch, Gott könne und wolle verhindern, dass sich das ihm oder anderen widerfahrene und nicht behobene *Unglück* zum *Unheil* auswachse und so zu einer radikalen Trennung von Gott und seiner Liebe führe; erst dies würde das Leben wirklich sinn- und heillos machen. Im Bittgebet spricht sich der Glaube an den universalen Heilswillen Gottes und zugleich das Zutrauen aus, dass Gott auch die Macht hat, diesen Willen zu verwirklichen, gerade in Situationen, in denen so wenig von Heil zu erfahren ist.[16]

Im Deutschen wird »Macht« oft sehr unreflektiert mit »Gewalt« verwechselt und darum von vornherein als willkürliche, illegitime Einschränkung der Freiheit anderer missverstanden. Eben dieses Missverständnis verbindet sich auf potenzierte Weise mit dem Begriff der göttlichen »Allmacht«, bei der für die menschliche Freiheit überhaupt kein Spielraum mehr übrig zu bleiben scheint. Demgegenüber liegt der wahre Sinn der Allmacht Gottes darin, dass der Gläubige auf Gottes wirksame und heilsame Präsenz in allem, was geschieht, vertrauen kann.

Diese Gewissheit einer umfassenden Geborgenheit, die durch keine böse Macht dieser Welt zu zerstören ist und für die Gott sich aller »guten Mächte« dieser Welt bedient, steht hinter dem Bekenntnis zu Gott, dem allmächtigen Vater; sie gibt ihm seine existentielle, auch heute noch tragfähige Glaubwürdigkeit.

C. Das Vierte Eucharistische Hochgebet: Eine Frucht des Zweiten Vatikanischen Konzils und seiner Schöpfungstheologie

Das 2. Vatikanische Konzil hat wie kaum ein anderes kirchliches Ereignis der letzten 50 Jahre das Glaubensbewusstsein der katholischen Christen weltweit beeinflusst. Das gilt auch für den Schöpfungsglauben. Auf den ersten Blick mag diese Behauptung überraschen, denn auf der Tagesordnung des Konzils stand das Thema »Schöpfungstheologie« nicht – zumindest nicht explizit. Dennoch spielt das vielen Konzilstexten als Hintergrundfolie zugrunde liegende Verständnis von Schöpfung, Welt, Mensch und Geschichte eine nicht unbedeutende Rolle für die weltoffene Grundeinstellung und die hoffnungsvolle Sicht der Dinge, wie sie in den Konzilsdokumenten zum Ausdruck kommt – vor allem in der großen Pastoralkonstitution »Die Kirche in der Welt von heute« (GS: Gaudium et Spes). Einige Akzente dieser impliziten Schöpfungstheologie des Konzils sollen kurz umrissen werden, ehe wir auf das vierte Eucharistische Hochgebet näher eingehen; in ihm hat diese Theologie ihren bleibenden Ausdruck für die Liturgie und das Gebet der Kirche gefunden.[1]

I. Grundzüge der konziliaren Schöpfungstheologie

1. Heilsgeschichtlich-christologischer Ansatz

In den zur Zeit des Konzils gängigen neuscholastischen Lehrbüchern war die Schöpfungslehre noch stark von metaphysischen Kategorien bestimmt (z.B. Gott als letztes verursachendes Prinzip der Welt u.Ä.). Darum übernahm dieser Traktat auch oft die Funktion eines »Scharniers« zwischen der philosophischen Gotteslehre und den spezifisch offenbarungstheologischen Traktaten wie Trinitätstheologie, Christologie usw. Im Konzil nun machte sich auch bei diesem Thema die generelle theologische Neuorientierung mithilfe des Rückgriffs auf die biblische und patristische Tradition bemerkbar. Das bedeutet: Auch die Schöpfung gehört unlösbar zur Offenbarungs- und Heilsgeschichte Gottes mit den Menschen. Sie gilt den Konzilsvätern nicht mehr als ein bloßes Präludium, das sich noch weitgehend im Bereich der »Natur« abspielt und der eigentlichen Symphonie der »Gnade« vorausgeht, so dass sie im Wesentlichen nur deren philosophisch erkennbare Voraussetzungen anklingen lässt. Vielmehr wird jetzt die Schöpfung der Welt und vor allem des Menschen voll und ganz in die »Oikonomia« des Heilshandelns Gottes integriert, ohne dass deswegen die philosophischen Hinwege zum Schöpfungsglauben ihre Bedeutung verlieren. Ebenso wenig heißt dies, dass das erlösende Handeln Gottes einfachhin die Verlängerung seines schöpferischen Handelns wäre; von der Schöpfung aus gesehen bleibt die Erlösung das unableitbare Geschenk der »Neuen Schöpfung«.

Zwei Argumente sind bei dieser Neubewertung des Schöpfungsglaubens entscheidend: zum einen der *universale Heilswille* Gottes, der von Anbeginn der Welt bis heute unter allen Menschen wirksam ist (GS 22), der sich auch von der menschlichen Schuldgeschichte nicht beirren lässt und sich schließlich durch Christus in seinem Volk ein geschichtlich greifbares Sakrament dieses allen Menschen zugedachten Heils schafft (vgl. LG 2; 48). Zum anderen (hier atmet das Konzil ganz den Geist des Irenäus) wird in GS die Bedeutung *Jesu Christi* für die Schöpfung, zumal für den Menschen hervorgehoben: Er ist Schöpfungs- und Erlösungswort zugleich (GS 38); in seiner Menschwerdung, in seiner Lebensgeschichte und im Pascha-Mysterium von Tod und Auferstehung nimmt der Sohn Gottes den Menschen als solchen, aber auch jeden Einzelnen definitiv an; er vereinigt sich mit ihm – allerdings durch das reinigend-rettende Gericht über die Sünde des Menschen hindurch (GS 22 und 37 f.). In der Beziehung zu Jesus Christus wird für das Konzil erst der eigentliche Sinn des Menschen und aller Dinge in der Welt, die für seine Selbstentfaltung bedeutsam sind, voll verstehbar.

2. Anthropozentrische Sicht der Welt

Mit dieser Christozentrik verbindet die (implizite) Schöpfungstheologie des Konzils zugleich eine starke *Anthropozentrik*. Wenn GS von der Welt und von der Sendung der Kirche in dieser Welt spricht, meint es damit immer die geschichtlich *gestaltete* Welt der Menschen, also »die ganze Menschheitsfamilie mit der Gesamtheit der Wirklichkeiten, in denen sie lebt; die Welt, der Schauplatz (theatrum) der Geschichte der Menschheit, von ihren Unternehmungen, Niederlagen und Siegen geprägt« (GS 2). Unmissverständlich hebt die Pastoralkonstitution bereits in ihrem Vorwort hervor, worum es ihr letztlich geht:

> »Es geht um die Rettung der menschlichen Person, es geht um den rechten Aufbau der menschlichen Gesellschaft. Der Mensch also, der eine und ganze

Mensch, mit Leib und Seele, Herz und Gewissen, Vernunft und Willen, steht im Mittelpunkt unserer Ausführungen« (GS 3).

Den zentralen *Leitgedanken,* unter den dieses anspruchsvolle Programm gestellt wird, entnimmt das Konzil der Schöpfungserzählung von Gen 1, wo das Höchstmögliche vom Menschen ausgesagt wird: Gott hat ihn als sein »Ebenbild« geschaffen (vgl. GS 12). Darin besteht sein wahres Wesen und seine schöpfungsgemäße Würde. Zugleich eignet sich dieser Begriff gut, um die Brücke zur Christologie zu schlagen: In Jesus, dem Mensch gewordenen »Bild des unsichtbaren Gottes« (Kol 1,15), tritt endlich auch *der* Mensch als solcher wieder ungebrochen als »Bild Gottes« in Erscheinung. Denn Jesus Christus ist der »vollkommene Mensch, der den Söhnen Adams die Gottebenbildlichkeit wiedergab, die von der ersten Sünde her verunstaltet war« (GS 22). Darum kann die Geschichte jedes Menschen und der Menschheit insgesamt nur in Christus ihr Ziel, ihre Vollendung finden.

Heute, im Abstand von über vierzig Jahren, fällt auf, wie sehr sich das Konzil in seinem Weltverständnis auf die vom Menschen zu gestaltende Welt beschränkt. Es hält sich ganz bewusst mit Aussagen zurück, die darüber hinausgehen – etwa hinsichtlich einer theologischen Kosmologie, die auch die außermenschliche Wirklichkeit des Kosmos, der Natur und der natürlichen Umwelt des Menschen schöpfungstheologisch und christologisch einzuholen versucht. Vor allem deutsche Bischöfe und Theologen haben – im Gegensatz zu der in GS dominierenden französischen Theologie jener Zeit – dafür gesorgt, dass in der Endfassung des Textes spezifisch kosmologische Aussagen über die Schöpfung als Ganze und ihren Bezug zu Christus weggefallen sind.[2] Die Mehrheit der Konzilsväter wollte in diesem Punkt offensichtlich weder über das biblisch Gesicherte hinausgehen noch sich zu sehr der spekulativen Gedankenwelt Teilhard de Chardins annähern oder sie gar kirchenoffiziell rezipieren, nachdem der Autor erst einige Jahre zuvor vom Lehramt scharf zensuriert worden war. Diese Enthaltsamkeit des Konzils im Hinblick auf eine theologische Kosmologie erweist sich aus heutiger Sicht als sehr zeitbedingt. Sie bezeugt zwar die Versöhnung der katholischen Kirche mit dem neuzeitlichen, also subjekt- und personzentrierten Denken überhaupt; zugleich aber zahlt sie dafür den Preis einer anthropologischen Engführung im Schöpfungs- und Weltbegriff, die erst einige Jahre später mit der auch innerkirchlich einsetzenden ökologischen Debatte aufgebrochen wird.

3. Eschatologie: Vollendung menschlicher Weltgestaltung

Im Rahmen der heilsgeschichtlichen Einordnung der Schöpfung überrascht die Betonung ihrer eschatologischen Dimension natürlich nicht. Denn die Oikonomia des göttlichen Heilshandelns umgreift zusammen mit dem schöpferischen Ursprung der Geschichte, der ständigen Präsenz Gottes und seinem erlösenden Handeln in Jesus Christus schließlich auch ihre verheißene Vollendung im kommenden Reich Gottes. Das Konzil spricht in GS 38 f. ausdrücklich davon.

Auf einen Punkt kommt es ihm dabei ganz besonders an: Für die von Gott versprochene und von ihm gewährte Vollendung der Welt hat das weltgestaltende Handeln des Menschen, das die ganze Geschichte durchzieht, seine unaufhebbare Bedeutung. Auch hier argumentiert das Konzil vor allem christologisch: Weil die Welt und die menschliche Geschichte in der Inkarnation des Logos von Gott unwiderruflich angenommen, im Leben und Sterben Jesu geheilt und erneuert und in seiner Auferstehung bereits grundlegend in die Vollendung eingegangen ist, darum erhält auch das menschliche Handeln in der Welt generell einen bleibenden Wert für die vollendete Gestalt dieser Welt – vor allem, wenn es in der Kraft des überall wirkenden Heiligen Geistes dem Weg Jesu und seinem neuen Gebot der Liebe zu entsprechen versucht. »Die Liebe wird bleiben wie das, was sie einst getan hat« (GS 39).

Hier zeigt sich die eschatologische Variante jenes Grundgedankens, der das ganze Dokument durchzieht und auf die Versöhnung von christlichem Glauben und neuzeitlicher Vernunft abzielt: Das schöpferische Handeln Gottes und das weltgestaltende Handeln des Menschen stehen prinzipiell nicht in Konkurrenz zueinander. Im Gegenteil: Menschliches Schaffen hat seine eigene, von Gott ermöglichte und voll bejahte Eigengesetzlichkeit und Eigenwertigkeit; ihm eignet – richtig verstanden – Autonomie (GS 36). Dies gilt auch für die Vollendung der Welt: Das *Geschenk* des neuen Himmels und der neuen Erde, das der Mensch von Gott erhofft, macht die *menschliche* »Sorge für die Gestaltung dieser Erde« nicht überflüssig. Denn insofern ein solcher Einsatz bereits innergeschichtlich zum »wachsenden Leib der neuen Menschheitsfamilie« hinführt, kann der Glaubende darin bereits eine »umrisshafte Vorstellung« (adumbratio) der künftigen Welt erkennen (GS 39). Zugleich darf er darauf vertrauen, dass sein Tun von Gott – reinigend, bewahrend und vollendend – in die endgültige Gestalt des Reiches Gottes »aufgehoben« wird.

II. Ins Gebet gebrachter Schöpfungsglaube

1. Zur Geschichte und Struktur des Vierten Eucharistischen Hochgebetes

Das Vierte Hochgebet wurde kurz nach dem Konzil im Auftrag des römischen Liturgierates zur Durchführung der Beschlüsse der Liturgiekonstitution des Zweiten Vatikanischen Konzils verfasst. Maßgeblichen Anteil an seiner Endfassung haben Cyprian Vagaggini und Joseph Gélineau.[3] Zusammen mit dem ebenfalls neu erarbeiteten Dritten Hochgebet wurde es am Fest Christi Himmelfahrt 1968 veröffentlicht und für die ganze katholische Kirche eingeführt. Auch wenn es ein relativ junges Hochgebet ist, greift es doch auf sehr alte ostkirchliche Anaphoren (Hochgebete) zurück, besonders auf die im 4. Jahrhundert entstandenen, im ganzen christlichen Osten verbreiteten und vielfach als Modell geltenden Basileios- und Jakobos-Traditionen.

Diese Rezeption war bewusst *ökumenisch* motiviert; die reiche Hochgebetstradition des Ostens sollte auch in der lateinischen Westkirche, die bis zum Konzil ja nur noch den römischen, also den heutigen Ersten Kanon, kannte, ihren angemessenen Ort erhalten, um so an zentraler Stelle die wiederentdeckte Vielfalt des Katholischen sichtbar zu machen. Der ostkirchliche Charakter des Vierten Hochgebetes kommt in seiner *Struktur* bereits deutlich zum Ausdruck. Nach antiochenischem Brauch bildet nämlich eine feste, nicht auswechselbare *Präfation* mit dem Trishagion des *Sanctus* und dem daran anschließenden *Hochgebet* eine konsistente gedankliche und sprachliche Einheit: In einer einzigen, sich nach klarem Muster entfaltenden Preisung wird dem einen, wahren und lebendigen Gott Lob und Dank dargebracht. Das Sanctus hebt also nicht (wie gewöhnlich) die Präfation und das (mit der Wandlungsepiklese beginnende) Hochgebet voneinander ab, sondern verbindet beide miteinander zu der einen Preisung des Hochgebetes. Darum werden im Vierten Hochgebet alle drei Abschnitte mit dem Wort »preisen« (lat. glorificare bzw. confiteri) eingeleitet: »Es ist recht, dich zu preisen« (Präfation); »Mit ihnen preisen auch wir deinen Namen« (Sanctus) und schließlich: »Wir preisen dich, heiliger Vater ...« (Hochgebet nach dem Sanctus).

Entscheidender noch als diese strukturelle Ähnlichkeit mit ostkirchlichen Hochgebets-Traditionen ist die *inhaltliche* Nähe zu ihnen:

2. Der Lobpreis der einen Oikonomia Gottes

Eine große Bereicherung, die die westliche Liturgie aus der Begegnung mit der Ostkirche empfangen hat, liegt darin, dass sie wieder den Blick auf die ganze Weite der Heilsgeschichte (Oikonomia) gewinnt. Diese umfasst nicht nur die neutestamentlich bezeugten Heilstaten Gottes, sondern auch die Schöpfung, die Geschichte Israels und der Kirche bis hin zur Vollendung der Welt im Reich Gottes. Betont theozentrisch wird dies alles als das *Werk des Vaters* gepriesen (vgl. die an entscheidenden Stellen im Hochgebet immer wieder auftauchende Anrede Gottes als »Heiliger Vater«). Mit Recht spricht Th. Schnitzler, der selbst an der Erstellung dieses Hochgebetes beteiligt war, vom »Kanon der Heilsgeschichte«[4].

Dieser so erweiterten Perspektive ist es auch zu verdanken, dass neben den ostkirchlichen Ursprüngen die noch grundlegendere Verwurzelung jedes eucharistischen Hochgebetes der Kirche in der Tradition des *jüdischen Tischgebetes* am Ende eines Festmahles wieder stärker ins Bewusstsein treten kann. Die Christen haben das Hochgebet »nicht selbst erfunden. Sie haben es in seiner Grundform von denen übernommen, die vor ihnen als ›Kontaktadresse‹ Gottes in der Welt auserwählt waren, dem alttestamentlichen Bundesvolk.«[5] Bei festlichen Anlässen begann dieses Dankgebet nach Tisch mit einer sehr feierlichen Anrede Gottes, die überging in ein ausführliches Aufzählen und Preisen der Großtaten Gottes von der Schöpfung an durch die ganze Geschichte seines Volkes hindurch bis in die Gegenwart. Dieser Aufbau prägt auch unser Viertes Hochgebet:

a) Preis des Schöpfers

Bereits die Präfation beginnt mit einer vergleichbar feierlichen Anrede Gottes:

> »Du allein bist der lebendige und wahre Gott. Du bist vor den Zeiten und lebst in Ewigkeit. Du wohnst in unzugänglichem Lichte.«

Darauf folgt sogleich das dankbare Erinnern der Heilstaten Gottes, wobei die Präfation ausschließlich bei der Schöpfung verweilt:

> »Alles hast du erschaffen, denn du bist die Liebe und der Ursprung des Lebens. Du erfüllst deine Geschöpfe mit Segen und erfreust sie alle mit dem Glanz deines Lichtes. Vor dir stehen die Scharen der Engel und schauen dein Angesicht. Sie dienen dir Tag und Nacht, nie endet ihr Lobgesang.«

In diesen Lobgesang der Engel und aller Geschöpfe gliedert sich nun auch die Kirche ein und leiht den anderen Geschöpfen ihre Stimme:

> »Mit ihnen preisen auch wir deinen Namen, durch unseren Mund rühmen dich alle Geschöpfe, sie künden voll Freude das Lob deiner Herrlichkeit.«

Mit der ganzen Schöpfung zusammen kann die Kirche jetzt das »Dreimal-Heilig« anstimmen. Ihr eucharistisches Danklied stellt in der Tat die Hochform geschöpflicher Zustimmung zum Werk des Schöpfers dar. Die Glaubenden machen sich – oft genug gegen allen Augenschein – *dessen* Urteil über die Welt und das Loblied der Schöpfung auf den Schöpfer zu Eigen: Aller Beschädigung durch Sünde und Leid zum Trotz ist die Schöpfung gut, weil sie von ihrem Schöpfer bleibend gesegnet ist.

Nach dem Sanctus-Gesang setzt das Hochgebet noch einmal mit dem Lobpreis der Größe, der Weisheit und der Liebe des Schöpfers ein. Allerdings liegt jetzt das Hauptgewicht auf dem Menschen, den Gott als sein Ebenbild geschaffen und dem er die Sorge des Hirten und Herrschers über die Erde anvertraut hat – allerdings im Rahmen seines Dienstes gegenüber dem allen gemeinsamen Schöpfer. Hier tritt nun ein weiterer schöpfungstheologischer Akzent des Konzils hervor:

b) Preis des universalen Heilshandelns Gottes

Das Hochgebet formuliert sein dankbares Bekenntnis (confessio) der Heilstaten Gottes innerhalb der weiten, hoffnungsvollen Perspektive des universalen Heilswillens und Heilshandelns Gottes. Es geht Gott immer und immer wieder um das Heil der Menschen, die alle durch die Sünde dem Tod verfallen sind; um ihretwillen hat er den Bund mit Israel geschlossen und sein Volk zum Werkzeug seines Heils berufen:

> »Als er [der Mensch] im Ungehorsam deine Freundschaft verlor und der Macht des Todes verfiel, hast du ihn dennoch nicht verlassen, sondern voll Erbarmen *allen* geholfen, dich zu suchen und zu finden.
> Immer wieder hast du den Menschen deinen Bund angeboten und sie durch die Propheten gelehrt, das Heil zu erwarten.«[6]

Auch im selbst verschuldeten Unheil bleiben die Menschen umgriffen vom ungebrochenen Heilswillen Gottes, der ihre Suche nach Gott ermöglicht und auch dazu verhilft, dass sie ihn finden können. Sein Heilsversprechen ist so tief in die Schöpfung eingeschrieben, dass es zu keiner Zeit und an keinem Ort völlig unerkannt bleibt. Ausdrücklich vernehmbar und im Bekenntnis glaubender Hoffnung angenommen wird dieses Versprechen jedoch erst wieder in Israel, vor allem im Wort der Tora und der Propheten, dessen »Heilspotential« von Gott aber letztlich allen Menschen zugedacht bleibt (vgl. die Verheißung der Völkerwallfahrt zum Zion Jes 2,2–5). In der »Fülle der Zeit«, die Gott mitten in der weitergehenden Geschichte heraufführt, »erfüllt« er – das Ende vorwegnehmend – die prophetischen Verheißungen: durch die Menschwerdung des Logos in Jesus Christus, durch dessen ganz und gar menschliches Leben (»in allem uns gleich außer der Sünde«) und dadurch, dass er »den Armen das Evangelium vom Reich Gottes verkündete«, sich »in den Tod hingab« und »in der Auferstehung den Tod überwand«. In der lebensspendenden Erstlingsgabe »des Heiligen Geistes an alle, die glauben«, also an die Kirche, bleibt das Heilswerk Jesu Christi *in* der Welt und *für* sie präsent; der Geist führt es weiter und »vollendet so alle Heiligung«.

c) Bitte um All-Vollendung

Nach diesem Preislied, das die ganze Heilsgeschichte betend-dankend vor den Vater trägt, übernimmt das Vierte Hochgebet im Folgenden weitgehend den Aufbau der anderen neueren Hochgebete: Wandlungsepiklese, Einsetzungsbericht, Akklamation des Volkes, Anamnesegebet des Priesters, Kommunionepiklese und schließlich die verschiedenen Bitten für die Kirche, für die Verstorbenen (auch für die, deren Glauben für uns Menschen »anonym« war!) und für die Gemeinde selbst.[7] Vor der abschließenden Doxologie schlägt das Hochgebet aber noch einmal sehr kräftig einen *eschatologischen* Akkord an: In einer (von Röm 8,19 ff. inspirierten) erfüllungsgewissen Hoffnung auf die umfassende Einlösung aller Verheißungen Gottes schaut die Kirche voraus auf die *Vollendung* der Oikonomia Gottes. Und dies in einer Sprache, in der sich die Hoffnung auf All-Versöhnung völlig »orthodox« ausdrückt; sie bittet nämlich:

> »Und wenn die *ganze* Schöpfung von der Verderbnis der Sünde und des Todes befreit ist, lass uns *zusammen mit ihr* dich verherrlichen in deinem Reich durch unseren Herrn Jesus Christus.«[8]

Wem an einer geistlichen Aufnahme dieser patristisch-konziliaren Theologie in den Herzen und Köpfen der Gläubigen gelegen ist, sollte nicht zu sparsam in der Verwendung dieses theologisch so reichen Vierten Hochgebetes sein, auch wenn es etwas länger ist als das Zweite und Dritte …

D. Der Schöpfungsglaube in lebensweltlichen Zusammenhängen

Was Christen wirklich glauben, wenn sie Gott als »Schöpfer des Himmels und der Erde« bekennen, lässt sich nur zu einem gewissen Grad aus kirchenoffiziellen Liturgien und Texten ermitteln; es zeigt sich wohl unmittelbarer in volkskirchlichen oder (heutzutage noch stärker) in »kulturchristlich« geprägten Überzeugungen und Bräuchen. Dass dabei nicht immer eine völlige Deckungsgleichheit mit der hohen theologischen und liturgischen Tradition der Kirche herrscht, ist zu erwarten. Es gehört zur Kunst des »Glaubenssinns« des Volkes Gottes (vgl. LG 12), den überlieferten Glauben der universalen Kirche auf unterschiedliche Weise in den konkreten Lebensraum der Glaubenden zu inkulturieren. Dies lässt den christlichen Glauben insgesamt menschen-näher werden, auch wenn die theologische Lehrtradition hier gelegentlich als (diskretes) Korrektiv angefragt ist.

Wir greifen nur zwei (eng miteinander verbundene) Aspekte heraus, die gut erkennen lassen, wie der christliche Schöpfungsglaube innerkirchlich und im kulturellen Umfeld heute präsent ist: nämlich in der Suche nach dem *Segen* Gottes und im wiedererwachten Interesse an den *Engeln*.[1] Angesichts zahlreicher »respiritualisierender« Tendenzen (P. M. Zulehner) mitten in einer weithin säkularisierten Kultur scheinen gerade diese Gehalte des Glaubens an Gott den Schöpfer – bei praktizierenden Gläubigen ebenso wie bei den »treuen Kirchenfernen« – für ihre Religiosität eine neue Bedeutung erlangt zu haben. Wie nachhaltig dies andauern mag, ist kaum zu beurteilen. Dennoch gilt es, aufmerksam dieses Phänomen wahrzunehmen und die damit gegebenen Chancen für die Verkündigung des authentischen Schöpfungsglaubens in den Blick zu bekommen.

I. Die Suche nach dem Segen Gottes

1. Das erstaunliche Phänomen

Etwa zwei Drittel der deutschen Bevölkerung suchen noch immer von sich aus den Kontakt mit den christlichen Kirchen; dies vor allem an den Grenzen des menschlichen Daseins, also bei Geburt und Tod, aber auch bei bestimmten biographisch-familiär wichtigen Wendepunkten und schließlich bei kirchlichen Festen, die zum kulturellen Gemeineigentum geworden und zugleich emotional sehr angereichert sind (wie Weihnachten, Sankt Martin, Nikolaus, Kirchweih und die Osternachtfeier). Was erwarten die Menschen bei solchen Gelegenheiten von der Kirche?

Bei sehr vielen (und wohl nicht nur bei den 85 Prozent kirchlich mehr oder weniger inaktiven Katholiken in Deutschland) steht im Vordergrund wohl die festlich-feierliche Gestaltung dieses für sie in ihrem Leben oder im Verlauf eines Jahres wichtigen Ereignisses; so »schön und erhebend« wie die Kirche können es bislang doch noch nicht allzu viele andere Anbieter auf dem bunten Markt postmoderner »Sinn-Agenturen«. Aber damit ist das Phänomen keineswegs hinreichend erklärt. Neben jener Minderheit von Gläubigen, die – in weitgehender Übereinstimmung mit dem kirchlich-theologischen Selbstverständnis – bei den genannten Anlässen bewusst ein Sakrament empfangen und die Liturgie der Kirche mitfeiern wollen, gibt es die große und stetig wachsende Mehrheit jener Christen, denen die theologische Sinngebung der meisten dieser kultischen Feiern fremd geworden ist oder viel zu hoch angesetzt erscheint. Sie fühlen sich – wenn überhaupt noch – eher in einer »natürlichen Religiosität« zu Hause. Diese wird ihnen nicht primär durch die christliche Offenbarung und ihr heilsgeschichtliches Credo vermittelt; sie ist ihnen bereits durch ihre natürlich-menschlichen Erfahrungen, Bedürfnisse und Sehnsüchte zugänglich.

Nun hat das Christentum vom Beginn seiner Missionierung unter den sog. »Heiden« an immer auch die mannigfaltigen kulturellen Ausdrucksformen einer »natürlichen«, dem Menschen sich gleichsam »naturwüchsig« nahe legenden Frömmigkeit in sich integriert, und dies gerade mithilfe seines Schöpfungsglaubens. Denn diese Religiosität setzt eben primär bei der *Kreatürlichkeit* des Menschen an, also bei seiner religiös gedeuteten Endlichkeit; sie versucht, ihr dadurch einen Sinn zu geben, dass sie sie in Beziehung setzt zu einer (wie auch immer vorgestellten) transzendenten Macht, in deren Händen Anfang, Verlauf und Ende des menschlichen Daseins und seiner Welt liegen.

Mit dieser (in sich recht variablen) Form von Religiosität wird die Kirche gegenwärtig in Mittel- und Westeuropa sehr stark konfrontiert; allerdings nicht wie zu Zeiten einer expandierenden Missionstätigkeit, der diese Religiosität eher als »Sprungbrett« zum eigentlichen Offenbarungsglauben diente, sondern im Kontext einer »nach-christentümlichen Kultur« (L. Bertsch), die sich zunehmend von ihren christlich-kirchlichen Traditionen emanzipieren will.[2] Dieser Prozess ist (jedenfalls bislang) nicht so weit gediehen, dass die Beziehung zu Christentum und Kirche gesamtkulturell einfachhin abgebrochen würde. Im Gegenteil, die »kreatürliche Religiosität« verstärkt ihre innerkirchliche Präsenz dadurch, dass sie ein hohes Interesse am *Segen Gottes* und an den ihn vermittelnden Segenshandlungen der Kirche zeigt. Das ist nicht verwunderlich; denn die Verbindung von Kreatürlichkeit und Gottes Segen gehört unlösbar zum Schöpfungsglauben. Dreimal wird in Gen 1 erzählt, dass Gott seine Geschöpfe segnet: bestimmte Tiere, die Menschen und den siebten Tag, den Sabbat der Schöpfung (Gen 1,22–28; 2,3).[3]

Dieser Schöpfungssegen hat derzeit in der kirchlichen Pastoral (und auf dem Büchermarkt) Hochkonjunktur. Ohne allzu viel mit dem trinitarisch-heilsgeschichtlichen Credo anfangen zu können, ohne es aber auch direkt und dezidiert abzulehnen, möchten viele Menschen bei bestimmten Anlässen für sich und besonders für ihre Kinder den Segen – und das heißt vor allem den Schutz – Gottes erbitten. So diffus der Transzendenzbezug bei vielen auch sein mag (magisch, naturmystisch, gnostisch oder deistisch): Sie spüren – zumal in bestimmten Grenz- und Übergangssituationen – die Ausgesetztheit und Ungesichertheit ihres Lebens, gegen die man sich trotz aller Vorsorgemaßnahmen nicht völlig absichern kann. So wächst das Bedürfnis, sich durch den Segen Gottes einer gewissen transzendenten Stabilisierung zu vergewissern. Das personale Gottesbild des christlichen Glaubens ist vielen zwar fremd geworden; dennoch hoffen sie, dass es Gott als schützende Macht über ihrem Leben und dem ihrer Kinder geben möge. Darum wecken die liturgischen Segensriten der Kirche in vielen das Vertrauen, dass ihnen hier diese umfassende *Geborgenheit* vermittelt werde. Vor allem darauf kommt es an; Geborgenheit scheint heute eine herausragende Chiffre für das christliche Heil im Ganzen geworden zu sein.[4]

2. Die theologische Reflexion

Auf den ersten Blick zeigt sich hier sicher ein reduziertes Heilsverständnis; die Dimensionen von Schuld und Erlösung, von Kreuz und Auferstehung Jesu, von persönlicher Christus-Nachfolge und gelebter Teilhabe am Leib Christi werden weitgehend ausgeblendet. Trotzdem kann die Suche nach dem Segen Gottes heute ein Anknüpfungspunkt unserer Verkündigung sein, um den Faden zum christlichen Glauben und zur kirchlichen Liturgie nicht abreißen zu lassen, sondern ihn behutsam zu verstärken. Das geschieht bereits in jenen pastoralen und liturgischen Versuchen, die die vielfältigen Lebenssituationen, in denen Menschen von sich aus eine kirchliche Segensfeier wünschen, aufgreifen und liturgisch gestalten.[5]

Welche theologischen Verbindungslinien lassen sich konkret zwischen dieser neu erwachten »Sehnsucht nach Segen«[6] und dem authentischen Schöpfungsglauben der Kirche aufzeigen? Was bedeutet im theologischen Sinn »segnen«?[7]

a) Der Sinn des Wortes »segnen«

Das deutsche Wort »segnen« stammt vom lateinischen »signare«, was zunächst einfach »bezeichnen« oder »besiegeln« meint. In diesem Sinn heißt »segnen«: Durch das Bezeichnetwerden mit einem heiligen Zeichen erhält der so »signierte« Mensch Anteil an der beschützenden und heilenden Kraft der in diesem Zeichen gegenwärtigen göttlichen Lebensmacht; sie wird ihm »eingeprägt«. Dass dies im Kontext eines christlichen Rituals nicht magisch-automatisch geschieht, kommt stärker im hebräischen *»berak«* bzw. *»beraka«*, im griechischen *»eulogein«* und im lateinischen *»benedicere«* zum Ausdruck. Diese Wörter verbinden meist zwei Sinngehalte miteinander: Zum einen drücken sie das wohlwollende »Gut-heißen« einer geschöpflichen Wirklichkeit (im AT: Mensch, Tier, Ackerboden) durch den Schöpfer aus. Und zum anderen beziehen sie die angemessene Antwort des so gesegneten Geschöpfes bereits mit ein: den dankbaren Lobpreis des Schöpfers.

Darum bedeutet »segnen« im vollen Sinn stets ein *personales* und *kommunikatives* Geschehen, das die wechselseitige Zuwendung zwischen Gott und dem Menschen (einschließlich seiner konkreten Lebenswelt) auf zeichenhaft-rituelle Weise darstellt (z.B. durch Handausbreiten oder Handauflegen, durch das Kreuzzeichen oder eine Salbung). Im Segnen wird das uranfängliche, sein Werk gut-heißende Urteil des Schöpfers über die Schöpfung wieder zu Gehör gebracht: »Er sah, dass es gut war.« Insofern bleibt in jedem Segensgestus der Schöpfer das eigentliche Subjekt des Segnens. Menschen können zum Mittler seines Segens werden, wie etwa Abraham (Gen 12,2f.), der durch seinen Glauben und die Treue zu seiner Berufung selbst »ein Segen« für andere wird (selbst noch im Neuen Bund für die zum Glauben an Christus gekommenen Völker: Gal 3,8f.; 14); oder wie Aaron und die Priester aus seinem Geschlecht, die im klassisch gewordenen Aaronssegen (Num 6,23–27) im Auftrag Gottes das Volk segnen, indem sie ihm seine schutz- und heilbringende Zuwendung zusprechen. Damit stimmen sie in das gut-heißende Schöpfungswort Gottes ein und machen es für die jeweilige Gegenwart präsent.[8]

b) Ein wirksames Zeichen

Segnen bedeutet also entschieden mehr als nur, einen hoffnungsvollen Wunsch für ein Glücken des Lebens auszusprechen. Es drückt stets auch die vollmächtige *Zusage* der Zuwendung Gottes zum gesegneten Menschen aus; was in Wort und Handlung bezeichnet wird, geschieht auch real am Empfänger des Zeichens. Insofern teilen Segensgesten den Charakter sakramentaler Vollzüge: Sie sind wie diese performative Sprachhandlungen, die durch ihren Vollzug die ausgesprochene Wirklichkeit auch real setzen.[9] Im Unterschied zu den eigentlichen Sakramenten bedarf es zu Segensworten und -gesten, die das Feld der traditionellen Sakramentalien sinnvoll erweitern können, nicht des vollen, auch vom Amt her verantworteten Selbstvollzugs der Kirche, die sich als »Sakrament des Heils« insbesondere in der Feier der Sakramente und des Wortes Gottes verwirklicht. Ausgehend von der Eucharistiefeier und dem darin am Schluss gegebenen »Segen über das Volk« wird Gottes Heil auch durch anderweitiges Segnen anschaulich hineingetragen in die unendlich bunte Vielfalt menschlicher Lebenssituationen; in ihnen soll sich des Schöpfers allumfassender Heilswille erfahrbar auswirken – auch über jene Lebenssituationen hinaus, die den sieben Sakramenten vorbehalten und für die einzelnen Gläubigen wie für den Aufbau der Kirche als Leib Christi zentral sind. Darum können prinzipiell alle Glaubenden einander segnen und dabei die Zusage Gottes vermitteln: Gott heißt es gut, dass es dich gibt; er will, dass dein Leben gelingt; er ist mit dir auf all deinen Lebenswegen, auf den angenehmen wie auf den mühevollen.[10]

In solch einem Segenswort und -gestus kann der Segnende nicht bloß eine ihm äußerlich bleibende, objektiv wirkende Handlung (opus operatum) vollziehen, sondern er engagiert sich damit auch persönlich für den von ihm Gesegneten (in der Weise eines opus operantis). Denn implizit verspricht er ihm, mit seinem eigenen Vertrauen auf Gott und mit seiner tätigen Solidarität dafür einzutreten, dass diese Zusage Gottes auch in Erfüllung geht. Es gibt ja z. B. in der Gemeinschaft des Leibes Christi so etwas wie die Möglichkeit, einen anderen gleichsam »Huckepack im Glauben« (H. Thielicke) zu nehmen; also jemanden, dem es in einer bestimmten Situation schwer fällt zu glauben, in die eigene Zuversicht hineinzunehmen und ihn so durch diese Situation hindurch zu tragen. Diese Bereitschaft wird im Segenszeichen sichtbar zum Ausdruck gebracht:

> »Selbst dort, wo mit Segensworten kaum eine konkrete Hilfe verbunden sein kann, fördert ein solches ›Ja‹ unser Leben. Der Verlust eines lieben Menschen oder eine unheilbare Krankheit sind nur zugespitzte Beispiele für Situationen im Leben von Menschen, die andere durch ihr Handeln kaum verändern können. Und doch hängt viel davon ab, ob wir solche Situationen allein durch-

stehen müssen oder ob andere Menschen mit ihrem Segen uns nahe sind und uns vermitteln, dass wir von guten Mächten begleitet sind.«[11]

c) Segen und Heil

Die gegenwärtige Sehnsucht nach Segen ist sicher nicht frei von einer gewissen *Ambivalenz*, die es zu beachten gilt. Im Vordergrund steht dabei doch häufig die Erwartung, dass sich der Segen im *äußeren Wohlergehen* auch erfahrbar auswirke, dass er sich direkt spürbar als hilfreich für ein gutes und sinnvolles Leben erweise, vor allem in den vielfältigen personalen Beziehungen von Freundschaft, Partnerschaft, Familie und Beruf. Gerade im Gelingen solcher das Leben bestimmender Beziehungen kulminiert heute die Sinnsuche vieler Menschen; und darum gewinnen (und behalten!) christliche Zeichen und Worte für sie oft nur dann einen überzeugenden Sinn, wenn sie *erleben*, wie die zugesprochene Nähe des unbedingt treuen, sie in *allen* Lebenssituationen in seiner Hand haltenden Gottes ihnen bei der Bewältigung ihres Lebens helfen kann.

Wenn dagegen Sakramente und Segensfeiern diese oft sehr handfesten Erwartungen enttäuschen, liegt die Versuchung nahe, sich allmählich ganz von Gott und den kirchlich-liturgischen Feiern abzuwenden. Darum hängt viel davon ab, wie weit wir die Suche nach dem Segen Gottes behutsam von allzu kindlich-magischen Vorstellungen loslösen können. Im christlichen Verständnis lässt sich der *Segen* des Schöpfers und das von ihm erhoffte Wohlergehen im Bereich der natürlichen Schöpfungsgaben (z.B. Gesundheit und langes Leben, Wohlstand, Fruchtbarkeit, Erfolg usw.) zwar nicht gänzlich trennen von dem *Heil*, das uns in seiner Fülle erst durch die Teilgabe an der Menschwerdung des Sohnes, an seinem Lebensweg im Dienst des Reiches Gottes, an seinem Kreuz und an seiner Auferstehung geschenkt und vornehmlich in den Sakramenten vermittelt wird.[12] Derselbe Dietrich Bonhoeffer, der von der »Geborgenheit von guten Mächten« spricht, erwähnt aber auch, dass es »erfülltes Leben trotz vieler unerfüllter Wünsche« gibt.[13] Auch hier ist an die Unterscheidung zwischen *Un-glück* (d.h. Verlust des erfahrbaren Wohlergehens) und *Un-heil* (d.h. Verlust der Gemeinschaft mit Gott) zu erinnern. Dass aus Unglück nicht auch noch Unheil wird, *dafür* vor allem stehen der Glaube, das Gebet und der Segen ein.

Die christliche Verkündigung wird sich darum angesichts der kulturell bedingten religiösen Segens- und Heilserwartungen daran bewähren müssen, ob es ihr gelingt, die Erfahrungen des Scheiterns, die im Widerspruch zur unbändigen Sehnsucht nach glückendem Leben, mit Kreuz und

Auferstehung Jesu in Beziehung zu bringen. So kann manches (zumal unabänderliches) Leid – gegen allen Augenschein – als heilende Teilhabe an den »verklärten« Wunden des auferstandenen Jesus, also an seiner Versöhnung mit dem Leid im vollendeten Leben der Auferstehung gedeutet werden, etwa im Sinn des alten Gebets »Seele Christi«: »Birg in deinen Wunden mich.«

Gegen mögliche Missverständnisse kommt es hier darauf an, zu vermitteln, dass Gottes *Liebe* nicht einfachhin am menschlichen *Wohlergehen* erkannt werden kann; dass aber andererseits auch nicht befürchtet werden muss, Gott wolle das Leid der Kreatur, etwa noch gestützt durch den Bezug auf das Leiden seines Sohnes. Viel eher geht es darum, zu vermitteln, dass sich an Jesu Kreuz und Auferstehung die *Solidarität Gottes* mit allen Leidenden gezeigt hat und dass seine Macht des Lebens und der Liebe mächtiger ist als der Tod – gegen allen Anschein.

II. Das neu erwachte Interesse an den Engeln

1. »Von guten Mächten wunderbar geborgen« (D. Bonhoeffer)

Noch ein weiteres »gutes altes« Traditionsstück des Schöpfungsglaubens erfreut sich gegenwärtig wieder großer Beliebtheit: die Engel. Sie waren in der zweiten Hälfte des 20. Jahrhunderts im Zuge einer sinnvollen theologischen Konzentration auf die zentralen Mysterien des Glaubens eher an den Rand der kirchlichen Verkündigung und der theologischen Reflexion gerückt; in Kunst, Literatur und Film blieb ihre Faszination jedoch weithin ungebrochen. Nun halten sie auch wieder Einzug in die Frömmigkeit vieler Christen.[14]

Bei dieser überraschenden »Wiederkehr der Engel«[15] mögen durchaus viele kulturelle Einflüsse mitspielen: etwa die von Science-Fiction-Filmen propagierte und für viele (zumal unter den Jüngeren) recht fraglose Überzeugung von der Existenz außerirdischer Lebewesen generell; oder der naturmystisch-esoterisch angehauchte Wunsch nach einer ganz neuen Wahrnehmung der Natur, die durchgehend von geheimnisvollen Wesen beseelt und bevölkert sein soll; oder eine neu aufbrechende Sehnsucht nach Transzendenz überhaupt, nach dem »ganz Anderen« im Gegensatz zu unserer geheimnislos gewordenen, völlig entzauberten Welt der Wissenschaft und Technik.[16] Jedoch scheint die im Rahmen der *christlichen* Tradition vollzogene neue Hinwendung zu den Engeln eher ähnlichen Wurzeln zu entspringen wie die Aufgeschlossenheit für Segensgesten und -feiern: dem Wunsch nach höherem, »himmlischem« *Beschütztwerden*.

Als Indiz dafür kann die (sowohl bei Katholiken wie bei Protestanten) weit über den gottesdienstlichen Rahmen hinausreichende Popularität des bereits erwähnten Liedes von Dietrich Bonhoeffer, vor allem seines Refrains, gelten:

> »Von guten Mächten treu und still umgeben,
> behütet und getröstet wunderbar,
> so will ich diese Tage mit euch leben
> und mit euch gehen in ein neues Jahr.
> [Refr.:] Von guten Mächten wunderbar geborgen,
> erwarten wir getrost, was kommen mag.
> Gott ist mit uns am Abend und am Morgen,
> und ganz gewiss an jedem neuen Tag.«[17]

Was meint Bonhoeffer mit diesen »guten«, uns in ihrem Schutz bergenden »Mächten«? Er hat dieses Gedicht zu Weihnachten 1944 im Berliner Gestapo-Gefängnis gedichtet; es steht am Ende eines Weihnachts- und Neujahrsbriefes, den er an seine Verlobte und seine ganze Familie geschrieben hat. Ohnmächtig ausgeliefert der Gewalt und Willkür böser, ja satanischer Mächte bezeugt Bonhoeffer sein Vertrauen auf die »guten Mächte«, die ihn »treu und still umgeben, behütet und getröstet wunderbar«. Da Bonhoeffer während seiner Gefangenschaft sehr intensiv die Psalmen gebetet hat und da sich in dem Gedicht auch wörtliche Anklänge an Psalmworte finden (z.B. Ps 139,5; Ps 91,11: »Er hat seinen Engeln befohlen, dass sie dich *behüten* auf allen deinen Wegen«), legt sich der Schluss nahe, dass Bonhoeffer hier in der Tat von dem spricht, was die biblische und kirchliche Glaubenstradition »Engel« nennt.[18] Zu diesen zählt er natürlich auch seine Verlobte, alle Menschen, die ihm nahe stehen, ihre Gebete und viele gute Erfahrungen mit ihnen. Ob es darüber hinaus eigens von uns Menschen unterschiedene »himmlische« Wesen gibt, die ebenfalls zum »großen unsichtbaren Reich« gehören, bleibt bei Bonhoeffer offen. Er schreibt in dem inzwischen veröffentlichten Brief an seine Verlobte:

> »Es werden sehr stille Tage in unseren Häusern sein. Aber ich habe immer wieder die Erfahrung gemacht, je stiller es um mich herum geworden ist, desto deutlicher habe ich die Verbindung mit euch gespürt. Es ist, als ob die Seele in der Einsamkeit Organe ausbildet, die wir im Alltag kaum kennen. So habe ich mich noch keinen Augenblick allein und verlassen gefühlt. Du, die Eltern, Ihr alle, die Freunde und Schüler im Feld, Ihr seid mir immer ganz gegenwärtig. Eure Gebete und guten Gedanken, Bibelworte, längst vergangene Gespräche, Musikstücke, Bücher bekommen Leben und Wirklichkeit wie nie zuvor. Es ist ein großes unsichtbares Reich, in dem man lebt und an dessen Realität man keinen Zweifel hat. Wenn es im alten Kinderlied von den Engeln heißt: ›Zweie, die mich decken, zweie, die mich wecken‹, so ist diese Bewahrung am Abend

und am Morgen durch gute unsichtbare Mächte etwas, was wir Erwachsenen heute nicht weniger brauchen als die Kinder.«[19]

Mit diesem Lied und seinen Anklängen an die biblische Rede von den Engeln kann Bonhoeffer zweifellos vielen heutigen Menschen einen theologisch verständlichen und existentiell nachvollziehbaren Zugang zu dem öffnen, was wir im großen Credo als die von Gott geschaffene »unsichtbare Welt« bekennen (DH 150); zusammen mit der »sichtbaren Welt«, also unserer menschlichen Lebenswelt, bildet sie die *eine* Schöpfung und kann darum auch prinzipiell vom Menschen erfahren werden. Mit Bezug auf Bonhoeffers Gedicht sagt G. Ebeling: »Man bekommt [...] vermutlich für das rechte Reden vom Engel Gottes erst im äußersten Ernstfall Sinn.«[20]

2. Versuch der Vermittlung mit der traditionellen Theologie der Engel

In der gegenwärtigen Engel-Renaissance werden häufig bestimmte Sinngehalte der traditionellen Lehre von den Engeln weggelassen; sie scheinen für viele nicht mehr nachvollziehbar zu sein. Aber statt sie definitiv für überholt zu erklären, weil sie zu sehr einem vergangenen Welt- und Gottesbild verhaftet seien, sollte man vieles eher offen lassen. Existenz und Eigenart der Engel, wie die Tradition sie verstanden hat, sind ja kein Gegenstand des Glaubens im Sinn des Credo, also des umfassenden Sich-Anvertrauens (»credo in...«); denn kein Geschöpf, sondern nur der dreieine Gott und sein geschichtliches Wirken zum Heil der Welt können Gegenstand solchen Glaubens sein. Doch gehört die *Überzeugung* von der Existenz und Wirksamkeit der Engel aufgrund der biblischen Überlieferung bis heute zum vorstellungshaft ausgestalteten Umfeld des Glaubens an Gott und seine Präsenz in der Schöpfung.[21]

In dieser »mitgeglaubten« Lehrüberlieferung sind Engel nicht nur personifizierter Ausdruck für jene verborgene, von Gottes Geist unserer sichtbaren Welt (zumal den Menschen) eingestiftete Fähigkeit, Gottes schützende Nähe einander vermitteln und so füreinander zu »Engeln« werden zu können. Ebenso ist »Engel« in unserer Glaubenssprache nicht bloß ein anderes Wort für *Gott* selbst und seine dem Menschen zugängliche Präsenz in der Welt (auch wenn der »Engel Jahwes« – Singular! – in einigen Texten des AT durchaus mit Jahwe identisch ist: Gen 16,7–14; 21,17–20; 22,11–18 u. ö.). Schließlich holt es den herkömmlichen Sinngehalt der Rede von den Engeln auch nicht ein, wenn sie als Bilder für die menschliche »Sehnsucht nach einer anderen Welt der Geborgenheit und Leichtigkeit, der Schönheit und Hoffnung«[22] dienen oder wenn sie als sprachliche Synonyme für gute menschliche Haltungen (Tugenden) oder für Idealvorstellungen eines von Gott gewährten, gelingenden Lebens gebraucht werden.

a) Zum »Wesen« der Engel

In der biblisch verwurzelten Lehrtradition der Kirche gelten Engel als von Gott geschaffene und somit von ihm, aber auch von der sichtbaren Welt des Menschen unterschiedene, im Dienst des Heilswillens Gottes für die Menschen stehende geistig-personale *Mächte*. Was aber ist mit »geistig-personalen Mächten« gemeint?[23]

Negativ lässt sich auf jeden Fall so viel sagen, dass sie nicht in demselben Sinn Individuen und Personen sind wie wir Menschen (nur eben reine, unkörperliche oder gar »feinstoffliche« Geister).[24] Die christliche Rede von den Engeln muss sich darum stets deutlich von allen esoterischen oder spiritistischen Vorstellungen abgrenzen, nach denen das ganze Universum von unsichtbaren Geistwesen belebt ist.

Positiv ist für das christliche Glaubensverständnis die Verbindung der Engel zu Gott wesentlich. Das heißt, nach der biblischen Tradition stehen die Engel in einer *unmittelbaren* Nähe und Anschauung Gottes, die uns Menschen in unserem irdischen Dasein so nicht gegeben ist und die darum unser Erkennen übersteigt (vgl. Jes 6,1–4; Mt 18,10 u. a.). So kann Thomas von Aquin zu Recht sagen: »Die Wesenheit der Engel ist höher als unsere Erkenntniskraft. Daher vermag unser erkennender Geist nicht dahin zu gelangen, dass er die Engel erkännte in dem, was sie in sich selber sind.«[25] Diese Einsicht hindert Thomas allerdings nicht, den Engeln in seiner »Summa Theologica« fünfzehn hochspekulative Kapitel (quaestiones) zu widmen.

b) Die Bedeutung der Engel

Der einzig angemessene Zugang, um überhaupt theologisch verantwortbare Aussagen über die Engel zu machen, ist uns von der Heiligen Schrift vorgegeben. Diese erschließt uns die Engel von ihrer *heilsgeschichtlichen Bedeutung* her. *Was* Engel sind, definiert sich für uns nur von daher, *wozu* Gott sie in dem großen, die gesamte Schöpfung einbeziehenden Geschehen seiner Selbstmitteilung in Jesus Christus zum Heil der Menschen bestimmte. Eine Angelologie, die außerhalb dieses Zusammenhangs von Christologie, Anthropologie und Geschichtstheologie verortet ist, verliert sich in sinnlose Spekulationen.

Drei *Aspekte* dieser heilsgeschichtlichen Bestimmung der Engel lassen sich von Schrift und Tradition her besonders hervorheben:[26]

(1) Sie dienen Gott als *Boten* (so der Wortsinn des lateinischen *»angelus«*, des griechischen *»angelos«* und des hebräischen *»malak«*): Gott sendet sie, um Menschen – meist in außergewöhnlichen Situationen – deutlich seinen Heilswillen kundzutun und sie aufzufordern, bereitwillig dabei mitzuwirken (z.B. bei der Ankündigung der Geburt Johannes des Täufers und Jesu, Lk 1,5–38); auch die *Deutung* wunderbarer Heilsereignisse gehört zu ihrem Dienst (z.B. die Engel beim leeren Grab, Mt 28,1–8 u.a.).

(2) In der unmittelbaren Anschauung Gottes obliegt den Engeln die Aufgabe, über den Menschen hinaus den *Lobgesang* und das *Danklied* der ganzen Schöpfung in Form einer freien, *personalen* Zustimmung zum Schöpfungs- und Erlösungshandeln Gottes ohne Unterlass vor sein Angesicht zu tragen (vgl. zahlreiche Texte bei den alttestamentlichen Propheten und in der neutestamentlichen Offenbarung des Johannes). Die Verantwortung für die (vom Schöpfer erhoffte) Antwort der Schöpfung liegt also nicht allein beim Menschen, der zu diesem vorbehaltlosen Lob Gottes oft genug nicht fähig ist. Darum bilden die himmlische Liturgie der Engel und Heiligen und die irdische Liturgie der pilgernden Kirche eine untrennbare Einheit; beide partizipieren aneinander und antizipieren so die kosmische Liturgie der im Reich Gottes vollendeten Schöpfung.

(3) Gott sendet seine Engel, um Menschen in besonderen Gefahren *zu beschützen* und so Gottes rettende Nähe zu vermitteln (vgl. Ps 91; das Buch Tobit; Mt 18,1–6). Dieser Schutzengeldienst spielt in der Volksfrömmigkeit zweifellos seit eh und je eine große Rolle.[27] Wenn heute jedoch die Bedeutung der Engel fast ganz auf das Beschützen reduziert wird, kommt darin eine anthropozentrisch verkürzte, allein auf das menschliche Wohlergehen gerichtete Sicht der Engel zum Vorschein; hier müssen Theologie und Pastoral ihre Bedenken anmelden. Denn sosehr die neue Offenheit für die christliche Rede von den Engeln als Anknüpfungspunkt für den Glauben an Gottes liebende Präsenz in seiner ganzen Schöpfung dienen kann (eben für das »Gott finden in allen Dingen«), so darf unsere Verkündigung doch nicht nur bestimmte kulturell bedingte Plausibilitäten bestätigen. Sie sollte versuchen, den Blick hin auf die *theozentrische Dimension* des christlichen Engel-Bildes zu weiten. Ohne diese Rückkoppelung wird der momentan so wache religiöse Sinn für den Schutzengel den realen Erfahrungen und Enttäuschungen des Lebens auf Dauer nicht gewachsen sein. Wie beim Thema Segen gilt es auch hier, mit Dietrich Bonhoeffer das Vertrauen auf die »guten Mächte« gerade dann zu bewahren und zu bewähren, wenn Gott uns – in der Teilhabe an der Ölbergstunde Jesu – »den schweren Kelch, den bittern, des Leids, gefüllt bis an den höchsten Rand« reichen sollte.[28] Wer auch

dann noch (wie Bonhoeffer) von der »guten und geliebten Hand« Gottes sprechen kann, der hat verstanden, was der christliche Glaube mit dem Behütetsein durch den oder die Engel Gottes wirklich meint.

Dementsprechend sieht auch R. Guardini die Aufgabe der Schutzengel nicht so sehr darin, einen Menschen vor äußeren Gefahren zu behüten, sondern sein innerstes Selbst, eben das persönliche, einmalige Ebenbild Gottes, vor der Zerstörung durch die Sünde zu bewahren:

> »So sagt die Kirche: Du bist nicht allein. Dein Selbst ist in der Hand von einem, der dich sieht und Gott sieht, der Gottes Angesicht sieht, und in Seinem Lichte dich. Das ist es, was wir vom Schutzengel hören, und es wäre wohl gut, manchmal an ihn zu denken und sich seiner mächtigen Liebe anzuempfehlen.«[29]

c) Ein Vergleich

Ich möchte diesen Abschnitt über die Engel schließen mit einem Vergleich, der ein wenig veranschaulichen kann, was wir im christlichen Glauben mit »Engeln« meinen. Wenn wir auf der einen Seite die *Unmittelbarkeit* der Engel zu Gott, auf der anderen Seite ihren von Gott verfügten Dienst der *Vermittlung* seiner Nähe zu den Menschen im Blick behalten, ist vielleicht die Metapher des *Kristalls* hilfreich: Engel sind mit einem großen, reinen Kristall zu vergleichen, in dem sich das für uns unzugängliche Licht der Liebe Gottes in seiner ganzen Schönheit und Macht tausendfältig bricht und durch den es so in die Schöpfung hineinstrahlt, dass wir es (trotz unseres beschränkten und von der Sünde getrübten Erkenntnisvermögens) doch in allen Dingen wiederfinden können. Zumal eine eindeutige, uns überraschend geschenkte und beglückende Evidenz der liebenden Nähe Gottes mag die Rede von seinem »Engel«, der hier mit am Werk ist, verständlich machen und theologisch legitimieren.

Warum Gott sich dieser Vermittlung seiner Liebe bedient, ob sie theologisch »unbedingt notwendig« ist und ob deswegen die Existenz und das Wirken der Engel doch zum Glauben gehört, darauf lässt sich eigentlich nur mit dem Hinweis auf die verschwenderisch-überschwängliche Liebe Gottes antworten: In allem, was sie in Schöpfung und Geschichte tut, geht sie offensichtlich nicht rein zweckrational voran, sondern möchte *ihre* Fülle in der Fülle *geschöpflicher* Wirklichkeiten widerspiegeln. So wird durch die Engel vielleicht am deutlichsten der Sinn der Schöpfung im Ganzen verstehbar: die Freude Gottes an der vielfältigen Schönheit seiner Geschöpfe, zumal der freien, die in der dankbaren Zustimmung zu ihrem Dasein an der göttlichen Freude teilbekommen und so des Sinnes ihrer Existenz gewiss sein können.

2. Teil | Maßgebender Ursprung: Der biblisch bezeugte Schöpfungsglaube

A. Schöpfungsglaube im Alten Testament

I. Im Spannungsfeld von geschichtlichem Jahwe-Glauben und Mythologie

1. Der umgreifende Verstehenshorizont

Der Horizont, in dem Israels Schöpfungsglaube zu verstehen ist, bildet sich aus dem Zueinander und Gegeneinander zweier Komponenten: Auf der *einen* Seite steht die für das Volk Gottes identitätsstiftende Erfahrung des erwählenden, befreienden und sich in einem Bund immer neu bindenden Gottes Jahwe in der *Geschichte Israels.* Diese Glaubenserfahrung gerät im 6. Jahrhundert v. Chr. durch die Not des Babylonischen Exils in eine große Krise, die langfristig jedoch zu einer Vertiefung und Profilierung von Israels Schöpfungsglauben führt. Von nun an kann der in allem rettend anwesende Gott Israels ausdrücklich mit dem einzigen, allmächtigen Schöpfer der Welt identifiziert werden.

Auf der *anderen* Seite teilt der Glaube Israels vor, während und nach dem Exil viele Vorstellungen seines *religions*geschichtlichen Umfelds. Dazu gehörte, wie wohl bei fast allen Kulturen, die Überzeugung von einer göttlichen Erschaffung der Welt und des Menschen. Solche religiösen Weltdeutungen wurden vor allem in Form von *Mythen* und *Hymnen* überliefert. Mit ihnen kam Israel vom Beginn seiner Geschichte an in Berührung; immer schon musste es seinen Glauben an Jahwe in Auseinandersetzung mit den Mythen der benachbarten Völker und seiner eigenen Vorfahren ausbilden, in einem langen Prozess des Rezipierens und Transformierens von Motiven und Vorstellungen, die mit der eigenen Glaubenserfahrung in gewisser Weise zusammenpassen konnten, aber auch in der Abwehr von damit unvereinbaren Auffassungen. Die bleibende *Bedeutung* der kritischen Rezeption dieser religiös-mythischen Traditionen der Völker durch Israel liegt nach Claus Westermann, einem der großen evangelischen Alttestamentler des 20. Jahrhunderts, darin,

> »dass das Reden von der Schöpfung in der Bibel in seinen Wurzeln weit hinauf in die Menschheitsgeschichte reicht. Mit ihm ist der Kirche etwas anvertraut,

was weit über das Alte und Neue Testament hinaus zu den ältesten religiösen Gütern und zugleich Kulturgütern der Menschheit gehört, von der Kirche selber lange vernachlässigt und verkannt, heute aber wieder als etwas für die Zukunft der Menschheit Notwendiges geahnt.«[1]

2. Die eigene Rationalität mythischer Schöpfungsüberlieferungen

Die mythische (bzw. hymnische) Form des Redens von der Welt als Schöpfung erfährt seit etwa zwei Jahrzehnten eine erstaunliche Aufwertung, und dies nicht nur im Zuge der postmodernen Kritik an der Neuzeit und ihrer einseitigen Favorisierung der instrumentellen, rein zweckrational ausgerichteten Vernunft. Auch auf religionsgeschichtlicher und philosophischer Ebene gilt der Mythos heute keineswegs mehr einfachhin als eine naiv-primitive, endlich überwundene vorwissenschaftliche Stufe menschlicher Welterkenntnis. Bedeutend vorurteilsfreier als früher wird der Mythos inzwischen als ein in sich konsistentes Erfahrungs- und Interpretationsmuster von Welt betrachtet, das eine eigene Rationalität besitzt. Denn *formal* gesehen ist der Mythos in seiner Begrifflichkeit, seinen Begründungsweisen, seiner logischen Stringenz, seiner lebenspraktischen Orientierungskraft und seinen normativen Wertsetzungen für eine bestimmte Kulturepoche intersubjektiv genauso verstehbar und allgemein akzeptiert wie etwa in unserer Zeit die Wissenschaft und ihre nicht weniger zeitbedingte Rationalitätsform.[2]

Natürlich ist der *inhaltliche* Unterschied zwischen den jeweiligen Rationalitätsformen gewaltig. Der Mythos sucht in der Form des Geschichtenerzählens (das griechische Wort »μύϑος« bedeutet »Wort« oder »Geschichte«) die letzten Gründe (archai) der Welt, aber auch für jedes gegenwärtige Geschehen oder Verhalten im Bereich der Götter oder des Numinosen (d. h. der innerweltlichen Manifestation des Göttlichen) und nicht in historisch, psychologisch, soziologisch, biologisch oder physikalisch erforschbaren Ursachen wie heute. Dennoch war die mythische Denkform in der Lage, eine umfassende, konsistente, die individuelle und soziale Lebenswelt integrierende und im großen Stil Kultur bildende Weltanschauung zu entwerfen.

Die neue Wertschätzung des Mythos kann nicht den Sinn haben, einer Rückkehr unserer Kultur zum mythischen Weltbild das Wort zu reden. Das wäre nicht nur völlig unrealistisch; eine solche Rückkehr als nostalgische Flucht vor der als überkomplex empfundenen Moderne brächte es zudem in keiner Weise zuwege, deren Ambivalenzen zu überwinden oder auch nur abzuschwächen. Beachtenswert ist in unserem Zusammenhang vielmehr die Intention, dem mythischen Weltverständnis generell besser gerecht zu werden; dies erhöht die Chance, auch den Wahrheitsgehalt der alttestamentlichen Schöpfungserzählungen, deren Verwurzelung in mythologischen Traditionen offenkundig ist, unbefangener anzuerkennen.[3]

3. Die Bedeutung von Schöpfungsmythen

a) Religiös: Ausdruck eines Grundvertrauens in den Sinn der Welt

Der Ausgangspunkt, der in fast allen Kulturen zum Erzählen von Schöpfungsmythen oder zum Rezitieren von Schöpfungshymnen geführt hat, ist wohl in der zwiespältigen Erfahrung zu suchen, in der sich die alltägliche Lebenswelt den Menschen aller Kulturen seit eh und je darbietet – in ihrem ständigen Wechselspiel zwischen Ordnung und Unordnung, Gut und Böse, Glück und Unglück, Heil und Unheil, Leben und Tod. Diese Grundpolarität der Welt durchdringt alle Lebensbereiche: die Natur mit den regelmäßigen, lebensfreundlichen Rhythmen der Gestirne und der Jahreszeiten, aber eben auch mit ihren verheerenden Katastrophen; die gesellschaftlich-kulturelle Lebenswelt, die zwar in festen Bräuchen, Sitten, Normen und Institutionen geordnet ist, aber doch auch immer wieder durch Krisen, Revolutionen und Kriege ins Wanken gerät; den persönlich-familiären Bereich mit den existentiellen Erfahrungen von Geburt und Tod, von Gesundheit und Krankheit, von Wohlstand und Elend, von Tugend und Laster. Auf solche allen Menschen hinreichend bekannten Erfahrungen nehmen Schöpfungsmythen primär Bezug. Sie sprechen also keineswegs von einer bloß fiktiv-irrealen Phantasiewelt, sondern – gleichsam chiffriert – von der real vorfindlichen Welt, in der sich die Zuhörer wiederfinden und begreifen können: »Tua res agitur« – es geht um dich und deine Welt.

Wo diese Alltagsrealität in Form von *Schöpfungs*mythen widergespiegelt, ihr tiefster Grund also im Handeln der Götter oder eines Gottes gesehen wird, soll auf diese poetisch-bildhafte Weise gerade auch die existentielle, in fast allen traditionalen Gesellschaften religiös gefasste Frage nach dem *Sinn* des Ganzen für den Menschen beantwortet werden:

> »Die Frage nach dem Anfang ist meist die Frage nach dem eigentlichen Sinn eines Unternehmens, einer Sache oder eines Geschehens. Die Frage nach dem Anfang von Welt und Mensch ist die Frage nach dem Ursprung und Urgrund. Als solches ist sie nicht die Frage nach dem Zeitpunkt oder dem Modus des Anfangs, sondern nach der Qualität des Anfangs: Die Frage nach dem Ursprung ist die Frage nach dem Zusammenhang und nach dem Ziel des Ganzen« – ob es also ein »guter oder böser Anfang [war], ein Unfall oder ein Zufall«.[4]

Zahlreiche Schöpfungsmythen, deren Motive denen der Bibel verwandt sind, beantworten diese Frage dahingehend, dass sie den Ursprung der Welt und des Menschen auf eine uns wohl gesonnene und lebensfreundliche, das Chaos ordnende oder einen Urstoff formende oder die Welt zeugende bzw. gebärende oder sie herrscherlich ins Dasein rufende göttliche Macht zurückführen. In diesen Vorstellungen scheint sich so etwas wie ein *Grundvertrauen* in die Sinnhaftigkeit des Ganzen auszusprechen. Insofern nämlich Welt und Mensch dem machtvollen Wirken einer guten göttlichen Weltgründung entspringen, stehen sie – inmitten aller ängstigenden Gefährdungen durch real erfahrene Unheilsmächte – auf einem verlässlichen Grund; er vermag dem Ganzen der Welt, vor allem dem so verwundbaren Menschen in ihr, einen festen Stand, eine letzte Geborgenheit zu verleihen.

> »Der Mythos ist geradezu das Einklagen einer Weltordnung im Angesicht der als Schöpfergottheiten verehrten Götter. Er ist das erzählerische Entdecken und beschwörende Festhaltenwollen des guten Anfangs mit dem Ziel, dieser verborgenen, aber sich entbergenden und darin bergenden Ur-Ordnung entsprechend die Welt als Ort des Lebens (und nicht des Todes) zu erhalten und zu gestalten.«[5]

Diese mythische, auf den heilen Anfang der Welt gerichtete Ursprungshoffnung (ein Pendant zur eschatologischen Vollendungshoffnung) kann durchaus eine sehr realistische und vernünftige Weltsicht freisetzen. Solche umfassenden religiösen Sinngebungen haben die Menschen früherer Kulturepochen dazu befähigt, selbst sinnstiftend zu wirken, also kohärente gesellschaftlich-kulturelle Sinnwelten aufzubauen, die ein humanes Miteinander-Leben und -Überleben in dieser gefährdeten Welt ermöglichten. Im jüdisch-christlichen Schöpfungsglauben bleibt darum zu Recht dieses religiöse Urvertrauen auf einen fundamentalen, gleichsam in die Fundamente der Welt eingelassenen Sinn des Ganzen als bleibend gültiges Moment aufgehoben. Dies spiegelt sich z. B. deutlich in dem in Gen 1 immer wiederkehrenden Urteil Gottes über seine Schöpfung, dass sie gut sei; das bedeutet, sie entsteht und entfaltet sich ganz nach seinem Sinn und ist deswegen in sich sinnvoll.

b) Gesellschaftlich: eine ätiologische Erklärung bestehender Lebensverhältnisse

Neben dieser religiösen Sinnstiftung dienen Schöpfungsmythen vor allem dazu, bestimmte wichtige Gegebenheiten der jeweiligen natürlichen, gesellschaftlich-kulturellen und individuellen Lebensverhältnisse innerhalb eines Volkes aus ihren letzten Gründen zu erklären und damit zu legitimieren; dies geschieht dadurch, dass sie die verschiedensten markanten Merkmale der jeweiligen kulturellen Lebenswelt auf ein urzeitliches (»in jener Zeit«) oder vorzeitliches Geschehen zurückführen.[6] Dieses Erklärungsmuster wird in der Religionsgeschichte »Ätiologie« genannt (vom griechischen »αἰτία«: Ursache, Ursprung). Das bedeutet: Die Gegenwart in all ihren Aspekten wird nicht einfach durch historisch nachprüfbare Ursachen erklärt – diese waren in den archaischen, weitgehend auf mündliche Überlieferungen angewiesenen Kulturen nur sehr begrenzt zugänglich –, sondern durch Rückführung auf die letzten göttlichen Ursprünge.[7]

Das gilt grundlegend für die natürliche Lebenswelt, also die Landschaft, das Klima, die Tier- und Pflanzenwelt und was immer für ein Volk oder einen Stamm lebensnotwendig ist (für Ägypten z.B. die Erschaffung des Nils und seine jährlichen Überschwemmungen als Grundlage der Landwirtschaft). Des Weiteren erklärt der Schöpfungsmythos wichtige, nicht von selbst verstehbare Lebensbedingungen des Individuums wie etwa seine Nahrung, welche Tiere und Pflanzen er essen darf und welche nicht, warum er arbeiten muss, warum er krank wird und Schmerzen erleidet, vor allem aber, warum er sterben muss. Der Tod scheint in den Schöpfungsmythen nahezu aller Völker einer ausdrücklichen ätiologischen Begründung zu bedürfen. Schließlich legitimieren eine Vielzahl von Schöpfungsmythen die ein Volk prägenden Sitten und Gebräuche, vor allem aber die dominierenden Gesellschaftsstrukturen, etwa das Königtum oder die Herrschaft einzelner Machthaber, die jeweils herrschende Staatsreligion und die Oberhoheit eines Nationalgottes über alle anderen Götter.

Diese ätiologische Begründung enthält häufig ein *normatives* Element, und dies in zweifacher Hinsicht: In eher *traditionalistischer* Perspektive soll die Rückführung auf ein exemplarisches Modellgeschehen in der Urzeit die gegenwärtigen Lebensbedingungen und Gesellschaftsformen als *unabänderlich* und unantastbar ausweisen. Die am Anfang von den Schöpfungsgottheiten gesetzte Ordnung ist den Strukturen der Lebenswelt des Volkes und jedes Einzelnen unverlierbar eingestiftet als ein urbildliches Maß für alle Zeiten. Darum wird dieses Urgeschehen im kultischen Ritus immer neu vergegenwärtigt: Was die Götter am Anfang verfügt haben, bleibt ewig in Geltung. In *kritisch-utopischer* Perspektive dagegen können Schöpfungsmythen auch eine ideale Lebenswelt und Lebensordnung für die Menschen einfordern; sie zeichnen in scharfem Kontrast zur leidvoll erlebten Gegenwart eine vollkommen heile Gegenwelt in die Urzeit hinein und erheben diese Vision zum Leitbild für ethische Maximen des menschlichen Handelns in Gegenwart und Zukunft; z.B. die Paradiesvorstellung.[8]

4. Das unmittelbare religionsgeschichtliche Umfeld Israels: Kanaan

Eher gering war vermutlich der direkte *literarische* Einfluss der kosmogonischen Mythen aus den vorderorientalischen Hochkulturen (Ägypten, Mesopotamien und dem Iran) auf die Schöpfungsvorstellungen Israels, von denen die meisten in der Zeit des Exils oder danach theologisch voll ausgebildet wurden. Daher gehe ich nur kurz auf die religiöse Tradition *Kanaans* ein. Sie bildete zweifellos das nächstliegende und einflussreichste religiöse Umfeld für Israels Schöpfungsglauben in seiner Frühform. Das zeigt sich z.B. deutlich an einigen Psalmen, die zu den frühesten Zeugnissen alttestamentlichen Schöpfungsglaubens zählen (s.u. S. 110).[9]

Vergleichbar mit dem ägyptischen Mythos vom Sonnengott Re[10] steht auch für die kanaanäische Schöpfungsmythologie nicht so sehr die ursprüngliche Schöpfung der Welt im Anfang im Vordergrund; die Existenz von Himmel, Erde und Unterwelt wird schlicht vorausgesetzt. Vornehmlich geht es um die *Erhaltung* dieser Erde, die ständige Regeneration ihrer lebensermöglichenden Fruchtbarkeit. Der oberste Gott El wird zwar als »Schöpfer« der Götter (und seine Frau Athiratu als »Schöpferin der Götter«), als »Schöpfer der Geschöpfe«, als »Vater der Menschen« bezeichnet, worin eine Ersterschaffung der Welt natürlich auch impliziert ist. Aber die eigentliche, schöpfungstheologisch relevante Bedeutung wird weniger El als vielmehr dem Regen- und Vegetationsgott Baal und Anat, seiner Schwester und Gattin, zugeschrieben. Im Kampf mit anderen Göttern (»Theomachie« als Voraussetzung der Schöpfung) setzt Baal sich mit Anats Hilfe durch und garantiert so die Bewahrung der Erde durch den von ihm geschaffenen, in Mythos und Kult immer neu vergegenwärtigten beständigen Vegetationskreislauf. »Baals kreatives Handeln in Gemeinschaft mit Anat«, so R. G. Kratz und H. Spieckermann, »gilt dem Kampf für Bestand und Fruchtbarkeit der Erde gegen göttliche Rivalen. Es ist nicht von Interesse, wer die Welt geschaffen hat, sondern wessen Herrschaft sie zu Wohl und Wehe unterliegt.«[11] Dieser Akzent im Schöpfungsverständnis ist auch für Israel bedeutsam geworden.

Bevor wir uns den alttestamentlichen Zeugnissen im Einzelnen zuwenden, soll zuvor die systematische Frage erörtert werden, inwieweit sich Israels Schöpfungsglaube von den Schöpfungsmythen der benachbarten Völker unterscheidet – nicht nur inhaltlich, sondern auch prinzipiell theologisch.

5. Die »Aufhebung« der mythischen Denkform in Israels Glauben und Theologie

a) Entmythologisierende Einzelzüge

Bei allen deutlichen Parallelen zu den verschiedensten Schöpfungsmotiven der vorderorientalischen Religionsgeschichte gibt es doch bemerkenswerte *Unterschiede* im Schöpfungsglauben Israels, an denen sich eine gewisse Entmythologisierung festmachen lässt:

1) Der Schöpfungsglaube Israels bezeugt in seiner theologisch entfalteten und im AT festgehaltenen Endgestalt eindeutig einen *theoretischen Monotheismus*, der über eine praktische Monolatrie (Verehrung nur eines Gottes) hinausgeht. Danach gibt es überhaupt nur einen Gott, eben Jahwe, und er allein ist der Schöpfer von Himmel und Erde. Alle anderen von den übrigen Völkern verehrten Götter sind letztlich »Nichtse«, von Menschen produzierte, machtlose Götzen. Deshalb scheiden im AT mythische Vorstellungen einer Schöpfung als Produkt von Theogonie oder Theomachie prinzipiell aus.[12] Dem einen und einzigen Gott Israels wird zudem eine radikale Transzendenz zugeschrieben. Er kann nicht – wie im Mythos üblich – mit innerweltlichen Phänomenen welcher Art auch immer identifiziert werden bzw. eine einzige »mythische Substanz« (K. Hübner) mit ihnen bilden. Es herrscht eine prinzipielle Differenz zwischen der geschaffenen Welt und Jahwe, dem Schöpfer; und sie kann nur von der Liebe des Schöpfers zu seiner Schöpfung und vom antwortenden Lob der Schöpfung überbrückt werden.

2) Die Schöpfung verdankt sich allein dem absichtslosen *Wohlwollen* des Schöpfers; er braucht weder den Kosmos noch die Menschen, um sich seine Bedürfnisse zu erfüllen. Die Transzendenz Gottes gegenüber seinem Werk ist zugleich der Garant für die hohe Würde des Geschöpfes, vor allem der Menschen. Nicht als Ersatz für entmachtete Götter und deren Frondienst (wie im babylonischen Mythos »Atramchasis« aus der ersten Hälfte des zweiten Jahrtausends v. Chr.), auch nicht aus göttlichem Fleisch und Blut (wie z. B. aus Tiamats getötetem Leib) sind die Menschen geschaffen, sondern als Bild Gottes, als seine Statthalter in der Schöpfung, die in voller Eigenständigkeit vor ihm Verantwortung für das Schöpfungswerk übernehmen.

3) Alttestamentliche Schöpfungstheologie dient nicht dazu, bestimmte Herrschaftsstrukturen oder einzelne Könige als göttliche Setzung zu *legitimieren*, etwa so, wie in Persien der König als von Gott eingesetzter Hüter der kosmischen Ordnung galt. Indem der Mensch als solcher (und nicht bloß der König) zum Ebenbild Gottes erhoben wird, erhält die Schöpfungstheologie einen durchaus herrschaftskritischen Akzent.

4) Die *Gestirne*, in Babylon und vielen anderen vorderorientalischen Mythen als Götter verehrt, weil man ihnen zuschrieb, die Geschicke der Menschen beherrschen zu können, sind im AT Geschöpfe wie alles andere auch; sie werden »degradiert« zu bloßen Leuchten am Himmel. Als solche übernehmen sie eine wichtige Orientierungsfunktion für den Menschen, z. B. bei der Ausarbeitung eines Kalenders. Diese Entzauberung der Welt hat nicht den Sinn, sie im schlechten Sinn zu profanieren, sie zum reinen Objekt menschlichen Beherrschens zu machen. Es geht vielmehr darum, die Menschen von der Angst vor den Astralmächten und einer sie unmündig haltenden Schicksalsgläubigkeit zu befreien.

b) Die prinzipielle theologische Überschreitung des mythischen Bewusstseins im Alten Testament

Eine entscheidende Funktion des Schöpfungsmythos besteht, wie wir sahen, darin, die gegenwärtig vorfindliche Ordnung der Welt in Natur, Gesellschaft und Kultur auf ein ur- oder vorzeitliches Götterhandeln zu gründen oder sie von dorther zu kritisieren. In jedem Fall besitzt diese urzeitlich gesetzte Ordnung ein exemplarisches und normatives Gewicht. Das ganze Leben einer Kultur und jedes Einzelnen hängt an dieser Ursprungsorientierung; sie vermittelt Sicherheit und Bestand. Darum wird das Ursprungsgeschehen immer wieder neu rezitiert und im Kult dramatisch vergegenwärtigt, so dass es seine orientierende Kraft für Gegenwart und Zukunft behält.

An diesem zentralen Punkt durchbricht Israel das mythische Weltverständnis und Weltverhältnis. Israel tut dies aufgrund seiner im prophetischen Wort gedeuteten Erfahrung mit dem in der *Geschichte* aktuell handelnden Gott. So gelangt Israel zu einem neuen Weltverhältnis, das sich nicht mehr primär an der kosmischen Ursprungsordnung der Welt orientiert; und zwar durch die glaubende Erfahrung seines Erwähltseins zum Eigentumsvolk Gottes, seiner Befreiung aus dem Sklavenhaus Ägypten, seiner Konstituierung zum Volk durch den Bund; durch die Übergabe der Recht setzenden Tora; schließlich durch seine neuerliche Errettung aus dem Exil und seine erneute Sammlung zum Volk Gottes. In seiner Geschichte erkennt Israel, dass die göttliche Ursprungsmacht *weiterhin* und in großer *Freiheit* schöpferisch tätig ist, dass sie in der Geschichte des Volkes wirklich *Neues* schafft, ja dass diese Geschichte und die Welt im Ganzen auf eine Vollendung hinzielt, auf eine neue Schöpfung, die den heilen Ursprung der Welt einholt und zugleich überbietet.[13] Dadurch gilt nicht mehr die unvordenkliche Urzeit der Schöpfung als privilegierter, immer nur neu zu vergegenwärtigender Ort der Gotteserfahrung, sondern die Geschichte von Gottes Volk selbst, in der Gott immer neu sich selbst und seinen aus keiner kosmischen Ordnung abzuleitenden Willen offenbart. Um sich an diesem geschichtlich manifesten Willen Gottes zu orientieren, muss auch die jeweilige Gegenwart sehr wachsam auf die Zeichen der Zeit, das heißt auf die Spuren und Gleichnisse des Heilshandelns Gottes hin, gelesen werden. Erst recht kann die Zukunft als offener Möglichkeitsraum für neue Erfahrungen von Gottes Handeln in seiner Welt gewichtet werden.

Einfachhin außer Kraft gesetzt ist die mythische Denkform mit dieser grundlegend veränderten Sicht des Verhältnisses von Gott, Welt und Geschichte in Israel und auch im Christentum allerdings nicht. Sie bleibt insofern (bewahrend) »aufgehoben«, als Israel und auch die Kirche ihre *geschichtlichen Ursprungsereignisse* – den Exodus, den Bundesschluss am Sinai, die Menschwerdung des Logos, die Auferstehung Jesu, Pfingsten als Ursprung der Kirche usw. – in einer dem Mythos analogen Weise immer neu kultisch feiern und vergegenwärtigen. Die geschichtliche Ursprungszeit wird auch hier als »qualitativ von der nachfolgenden ›Jetzt-Zeit‹ abgehoben«[14] betrachtet; es geht eben darum, dass der Glaubende auf sakramentale Weise an diesem heilenden Ursprungsgeschehen Anteil erhält. Dagegen ist theologisch solange nichts einzuwenden, als diese Orientierung am Ursprung nicht die Offenheit des *Glaubens* für das gegenwärtige bzw. die *Hoffnung* auf das zukünftige Handeln Gottes in der Geschichte verstellt und damit die geschichtsgestaltende Phantasie der *Liebe* lähmt.

II. Gottes Königtum über die ganze Erde (Psalmen)

Wir beginnen die detaillierte inhaltliche Darstellung des alttestamentlichen Schöpfungsglaubens mit den Psalmen; denn in einigen Psalmen finden sich die wohl *ältesten*, noch aus der vorexilischen Zeit stammenden Texte, aus denen deutlich zu ersehen ist, wie Israel bestimmte religiöse Vorstellungen seiner Umwelt (v. a. aus Kanaan) aufgreift, in seinen Glauben an Jahwe integriert und dabei zugleich transfomiert.[15]

Von diesem unmittelbaren religionsgeschichtlichen Kontext her ist zu verstehen, warum im Schöpfungsglauben Israels anfänglich der die Welt hervorbringende Schöpfungsakt Gottes »am Anfang« (in principio) eher im Hintergrund des religiösen Interesses steht und viel ausdrücklicher von der permanenten Erhaltung der Schöpfung durch Jahwe (»creatio continua«) die Rede ist – welche die Schöpfung »am Anfang« selbstverständlich voraussetzt. In den älteren Texten wird das Schöpfersein Jahwes primär darin gesehen, dass ihm die Erde *gehört*, dass sie sein *Eigentum* ist und dass er sie deswegen mit besonderer Zuwendung vor der bleibenden Gefährdung durch die urzeitlichen Chaosmächte behütet. So heißt es in Ps 24,1 f.: »Jahwe gehört die Erde und was sie erfüllt, der Erdkreis und seine Bewohner. Denn er hat ihn auf Meere gegründet und ihn über Ströme befestigt.« Oder in Ps 95,3 ff.:

> »Denn Jahwe ist ein großer Gott, ein großer König über allen Göttern. In seiner Hand sind die Tiefen der Erde, *sein* sind die Gipfel der Berge. *Sein* ist das Meer, das er gemacht hat, das trockene Land, das seine Hände gebildet.«

Hier klingen bereits die *Gründe* an, warum Jahwe »Eigentümer« des Erdkreises ist:[16] Jahwe erwarb sich die Erde dadurch als Eigentum, dass er vor Urzeiten das *Königtum* über die Erde errang, und zwar durch den Sieg über das Chaos, das immer wieder in der Gestalt des lebensbedrohlichen Meeres geschildert wird. Bei diesem Sieg hat Jahwe den Erdkreis absolut fest und beständig auf Säulen über dem Urmeer gegründet; und Gott wacht über den Bestand der Erde dadurch, dass er von Ewigkeit an seinen Thron auf der Erde errichtet hat, der durch nichts ins Wanken zu bringen ist. So erweist er sich als unbezwingbarer König der Erde. Die anschaulichen »Sakramente« dieses erdumspannenden Königtums Jahwes sind der auf Zion fest gegründete Tempel von Jerusalem, der Tempelkult und das verlässliche Gesetz; darin wird sein Königtum ausdrücklich anerkannt und insofern manifest.

Als ein typisches Zeugnis dieser ältesten Schöpfungstheologie kann Psalm 93 gelten:

> »Jahwe ist König [geworden], bekleidet mit Hoheit; der Herr hat sich bekleidet und mit Macht umgürtet. Der Erdkreis ist fest gegründet, nie wird er wanken. Dein Thron steht fest von Anbeginn, du bist seit Ewigkeit. Fluten erheben sich, Herr, Fluten erheben ihr Brausen, Fluten erheben ihr Tosen. Gewaltiger als das Tosen vieler Wasser, gewaltiger als die Brandung des Meeres ist der Herr in der Höhe. Deine Gesetze sind fest und verlässlich; Herr, deinem Haus gebührt Heiligkeit für alle Zeiten.«[17]

Noch in zahlreichen anderen Psalmen kommt diese alte schöpfungstheologische Vorstellung zur Sprache (so in Ps 74,12–17; 98,9–15; 78; 69; 148 u. a.). Sie ist im Rahmen der vorexilischen Auseinandersetzung mit der kanaanäischen Baals-Mythologie zu verstehen. Denn, wie Werner H. Schmidt es ausdrückt,

> wichtiger »als die Frage: Wer schuf die Welt? ist die andere: Wer gibt immer wieder Fruchtbarkeit und Leben? Gegenüber der Erhaltung des Bestehenden scheint in Kanaan die Schöpfung [im Sinn der Ersterschaffung] eine untergeordnete Rolle gespielt zu haben. So fiel es Israel auch nicht zu schwer, den

> kanaanäischen Schöpfungsglauben zu akzeptieren. Der eigentliche Gegensatz bestand nicht zwischen Israels Gott der Geschichte und Kanaans Gott der Schöpfung, sondern zwischen Jahwe und Baal als Spender des Lebens. Es ging um die Frage: Wem verdankt Israel, was es jährlich erntet und wovon es lebt?«[18]

Darauf antwortete Israel eindeutig: Jahwe – denn ihm gehört aufgrund seines unwiderruflichen Sieges über das Chaos die ganze Erde; ihm sind darum alle (zu jener Zeit noch als real vorgestellten) Götter der anderen Völker unterlegen. Und wie er von seinem Wohnsitz, dem Tempel in Jerusalem, aus die weiterhin bedrohlich andrängenden Chaosmächte immer wieder zugunsten der Erde und des Lebens in ihre Grenzen weist, so alle anderen Götter. In dieser Überlegenheit manifestiert sich seine Macht als Schöpfer des Himmels und der Erde.

Eine besondere schöpfungstheologische Bedeutung kommt den Psalmen auch aufgrund der hoch entwickelten literarischen Form zu: des *Lobliedes* auf Gott, den Schöpfer und Retter. Die lebensgewährende Zuwendung des Schöpfers zur Welt und zum Menschen beantwortet der gläubige Beter vor allem dadurch, dass er sich seinerseits diesem Schöpfer lobend und dankend zuwendet und ihn – zusammen mit der Schöpfung – für seine Großtaten in Schöpfung und Geschichte preist.[19]

Diese Dominanz des Lobliedes schließt keineswegs aus, dass auch in den *Klageliedern* der Psalmen ein wichtiger schöpfungstheologischer Gehalt steckt: In der Klage erinnert der Beter Jahwe an seine Schöpfermacht, auf dass er sie auch jetzt in der konkreten Notsituation zur Geltung bringe und den Klagenden befreie (so z. B. in Ps 90,1–6 und sehr häufig bei Deutero-Jesaja).

III. Jahwe – der Schöpfer der Welt und der Retter Israels (Deutero-Jesaja)

Gegen Ende des Babylonischen Exils kommt es im Schöpfungsglauben Israels zu einer deutlichen Akzentverlagerung: Von nun an wächst dem Schöpfungshandeln Gottes *am Anfang* eine entscheidende Bedeutung zu; dies zeigt sich unter anderem an der markanten Stellung der zu dieser Zeit verfassten priesterlichen Schöpfungserzählung in Gen 1 am Anfang der Heiligen Schrift. Auch ältere Psalmen ergänzte und erweiterte man in diesem Sinn. Die Neuakzentuierung hängt mit der Bewältigung der durch das Exil ausgelösten Glaubenskrise zusammen; davon zeugt besonders Deutero-Jesaja als *der* große Prophet des zu Ende gehenden Exils und der Zeit danach.[20]

1. Die Krise

Mit der Zerstörung des Tempels, der Vernichtung des Königtums und dem Verlust des verheißenen Landes gingen im Exil all jene sichtbaren (sakramentalen) Garanten verloren, auf die sich der Glaube an die einzigartige Erwählung Israels durch Jahwe, an seine universale Königsherrschaft über die Erde, über die anderen Völker und ihre Götter stützte. Verständlich, dass ohne solche sichtbaren Erweise seiner Macht der Jahwe-Glaube in eine große Krise geriet: Wo zeigt sich nun Jahwes Königtum? Ist er doch schwächer als die anderen Götter der Völker? Ist er doch nicht der universale Herr des Erdkreises?

Es ist das einzigartige Verdienst des Deutero- (Jes 40–55), aber auch des Trito-Jesaja (Jes 56–66), im Volk ein neues, tieferes theologisches Fundament für seinen Glauben an Jahwe und seine Treue zu Israel gelegt zu haben, und zwar mithilfe eines vertieften und erweiterten Schöpfungsglaubens. Diese Propheten rückten jetzt viel stärker als gewohnt die *ursprüngliche* und urzeitliche Konstitution von Himmel und Erde in den Blick des Volkes. Warum? Weil dadurch am deutlichsten begründet werden kann, dass Gottes Heilshandeln *alle* Zeiten und Ereignisse umgreift: Vergangenheit, Gegenwart und Zukunft – also die *Ewigkeit*. Das heißt: Auch wenn in dieser schrecklichen Epoche der staatlichen und religiös-kulturellen Zerstörung Israels aller Augenschein gegen Jahwes universales Königtum spricht, so kann sich Israel dennoch entgegen diesem Augenschein auf Jahwes rettende Macht und Treue unbedingt verlassen. Denn vom ersten Anfang an bis zum letzten Ende liegt *alles*, die ganze Schöpfung, Natur und Geschichte, in der Hand Gottes; alles hat in ihm seinen Ursprung, seinen Bestand und letztendlich seine Vollendung.

Programmatisch für dieses schöpfungstheologische Argument steht gleich das erste Kapitel Jes 40,12–31. Die Schrift des Deutero-Jesaja beginnt mit der außerordentlich bildreichen und ermutigenden Ankündigung der baldigen Befreiung aus dem Exil durch Gott: »Tröstet, tröstet mein Volk, spricht euer Gott ...«. Ab Vers 12 begründet der Prophet diese wunderbare Verheißung ausführlich, indem er das zweifelnde und fragende Volk Schritt für Schritt zur Einsicht in die unbegrenzte Schöpfermacht Jahwes führt:

> »Wer misst das Meer mit der hohlen Hand? Wer kann mit der ausgespannten Hand den Himmel vermessen? Wer misst den Staub der Erde mit einem Scheffel? Wer wiegt die Berge mit einer Waage und mit Gewichten die Hügel?
> Wer bestimmt den Geist des Herrn? Wer kann sein Berater sein und ihn unterrichten? [...]

Hebt eure Augen in die Höhe, und seht: Wer hat die Sterne dort oben erschaffen?
Er ist es, der ihr Heer täglich zählt und heraufführt, der sie alle beim Namen ruft.
Vor dem Allgewaltigen und Mächtigen wagt keiner zu fehlen.
Jakob, warum sagst du, Israel, warum sprichst du:
Mein Weg ist dem Herrn verborgen, meinem Gott entgeht mein Recht?
Weißt du es nicht, hörst du es nicht? Der Herr ist ein ewiger Gott, der die weite Erde erschuf.
Er wird nicht müde und matt, unergründlich ist seine Einsicht.« (Jes 40,12 f. 26–28).

Diese ganze wortgewaltige Rhetorik zielt – ähnlich wie der Schluss des Buches Ijob – darauf ab, das ermüdete, resignierte Volk zu ermutigen. Lange schien Gottes Wille verborgen; sein Volk wurde in ein politisches, kulturelles und religiöses Chaos hineingerissen. Im ursprünglichen Erschaffen und ordnenden Erhalten der Welt aber zeigt sich die evidente Schöpfungsmacht Gottes, aus der Israel auf Gottes *Fähigkeit* und seinen *Willen* schließen kann, das Gottesvolk endlich aus seiner Not zu erretten. »Gottes welterhaltendes und anfängliches Schöpferwirken geht von Ewigkeit zu Ewigkeit, d. h. es hält auch unabhängig von Israels gescheiterter Geschichte an.«[21]

2. Die Ohnmacht der Völker und die Nichtigkeit ihrer Götter

Die Argumentation des Propheten geht in den folgenden Kapiteln noch einen entscheidenden Schritt weiter; sie antwortet auf die bohrende Frage nach der Macht der anderen Götter, deren Verehrer (z. B. Babylonier und Perser) im Vergleich zum armseligen Israel politisch offensichtlich so erfolgreich sind. Auch hier wird auf Jahwes Schöpfermacht rekurriert: Gegenüber einem solchen Gott, der Anfang, Bestand und Ende der Welt in seiner Hand hält, sind nicht nur alle Völker, mögen sie noch so übermächtig erscheinen, »wie ein Nichts« (V. 17). »Ein Nichts« sind auch ihre Götter. In Jes 41,21–29 hält Jahwe Gericht über sie und entlarvt ihre Unfähigkeit. Diese Götter verkennen die heilvolle Zukunft Israels, ihr Handeln bleibt in der Geschichte wirkungslos: »Seht, ihr seid nichts, euer Tun ist ein Nichts« (V. 24 u. 28). Wohl zum ersten Mal in Israels Theologie verlautet hier ein theoretischer (nicht nur praktischer) Monotheismus: Es gibt schlechterdings nur einen Gott, eben Jahwe; alle anderen so genannten Götter sind rein menschliche und darum unwirksame und unwirkliche Produkte (Jes 44,6–20).

Einen geschichtlichen Erweis für diese Einzigkeit Jahwes und seine unbeschränkte Macht, Israel zu erretten, sieht der Prophet in der Berufung und Salbung des Perserkönigs Kyros durch Jahwe, der Kyros zum Werkzeug der Befreiung des Gottesvolkes macht (Jes 41,1–5; 44,28; 45,1–7). Selbst dieser mächtige König, der die Babylonier besiegen und Israel befreien wird, muss Jahwe dienen, um dessen Heilswillen an Israel zu vollziehen – ein eindrucksvolles Zeichen, dass sich diesem Willen nichts und niemand, kein Volk, kein König und kein so genannter Gott widersetzen kann. Zwar erfüllten sich die auf Kyros und die Perser gesetzten Hoffnungen so später nicht; ein weltumspannendes messianisches Friedensreich, das alle aus der Knechtschaft befreiten Völker in der Verehrung Jahwes vereinte, kam nicht zustande (vgl. Jes 45,22 f.). Dennoch kann Israel auch ohne sichtbare Stützen fest auf Jahwes unbedingten Heilswillen bauen. Denn seine Schöpfermacht umfängt alles, auch das von Israel so schmerzlich erfahrene Dunkel und Unheil seiner Geschichte:

> »Ich bin der Herr, und sonst niemand. Ich erschaffe das Licht und mache das Dunkel, ich bewirke das Heil und erschaffe das Unheil. Ich bin der Herr, der das alles vollbringt« (Jes 45,6 f.).

Also ist auch die gegenwärtige (und jede künftige) geschichtliche Katastrophe Israels ein Werk Jahwes, dessen Heilswille für sein Volk unbegreifliche Wege gehen kann. Der Prophet zweifelt nicht daran, dass Jahwe dabei ganz Neues, bisher Ungeahntes erschafft (vgl. Jes 48,6–8), um sein Volk, das er »geschaffen« hat (Jes 43,1–4.7; 44,2–4 u. a.), stets von Neuem zu reinigen und zu retten. Am Ende lässt der Prophet Gott gar eine großartige, die ganze Schöpfung umspannende Verheißung an Israel aussprechen, dass er einen »neuen Himmel und eine neue Erde« schaffen werde (Jes 65,17; 66,22). Dabei geht es nicht »um die Erwartung kosmischer Umwälzungen, sondern um die Hoffnung einer erneuerten Schöpfung, die in Jerusalem zugunsten der Knechte [Gottes] Wirklichkeit wird«[22]. Jahwe, die Macht des guten Anfangs, steht für die immer neue Errettung seines Volkes aus aller Not. Er besitzt die Macht, Israel und die ganze Schöpfung endgültig zu erlösen – er allein.

IV. Gott, der das Chaos zum Lebenshaus verwandelt (Gen 1,1–2,4a)

Die Schöpfungserzählung von Gen 1 wird der sog. Priesterschrift (P) zugerechnet, die wohl Ende des 6. Jahrhunderts in Priesterkreisen entstanden sein dürfte. Sie beginnt mit der Erschaffung der Welt und endet – grosso modo – mit dem Tod des Mose in Dtn 34.[23]

Die Priesterschrift ist stilistisch gut erkennbar. Folgende Merkmale kennzeichnen sie: lehrhafter Sprachstil, viele Wiederholungen, schematischer Aufbau, Interesse an Wissensvermittlung, Vorliebe für genaue Zahlenangaben und das Aufzählen von Gesetzen, Musterungslisten, langen Stammbäumen, Völkerlisten (vgl. z.B. Gen 5 und 10).[24] So werden auch die Schöpfungswerke Gottes in sieben Tage gegliedert, die jeder für sich einem gleichbleibenden, an ein liturgisches Rezitativ erinnernden Schema folgen: das Schöpfungswort Gottes (»da sprach Gott«) – das ausführende Tun Gottes (scheiden, machen, hervorbringen lassen) – die Feststellung des Geschehenseins (»so geschah es«) – die Anerkennung Gottes und seine Freude über das Gelingen (»er sah, dass es gut war«) – der abschließende Refrain (»es wurde Abend, und es wurde Morgen, der erste Tag« usw.).

So wird bereits vom Stil her deutlich, dass es sich in Gen 1 um ein didaktisch einprägsames *Lehrgedicht* handelt, das in seiner Form bereits den Inhalt widerspiegelt: das *Ordnung* schaffende Wirken des Schöpfers. Dieses Gedicht redet mithin

> »[...] nicht über eine historische Ereignis-Zeit, sondern über die mythische Ur-Zeit, d.h. über die die historische Zeit ›von Anfang an‹ bestimmenden Grundgegebenheiten und Grundstrukturen. Die besondere Art von Zeit der Ur-Zeit-Erzählungen lässt sich mit der liturgischen Formel verdeutlichen: ›... wie es war im Anfang so auch jetzt und alle Zeit und in Ewigkeit: Amen‹. Die biblischen Urgeschichten erzählen von dem, was immer gilt, weil und insofern es sich schon ›am/im Anfang‹ zeigte.«[25]

Im Unterschied zum eschatologischen Enthusiasmus des Deutero-Jesaja setzt P ganz auf die *ewigen Ordnungen*. Die Schöpfung, der Noach-Bund, der Abrahams-Bund und der Sinai-Bund sind ewig gültige Setzungen Gottes, die den stabilen Bestand des Kosmos, der Erde, des Menschen und vor allem *Israels* sichern.[26] Denn in Israel kommt der von Gott seiner Schöpfung am Anfang eingestiftete Segen erst zu seiner vollen Auswirkung. Nach den Katastrophen der Sintflut und des Turmbaus zu Babel, durch die das Chaos nach Gottes Willen wieder in die Schöpfung einbrechen konnte, setzt Gott in Abraham einen schöpferischen Neuanfang: In ihm, dem Stammvater, wird Israel zum Segensträger für alle Völker erwählt (Gen 12,1–3). Darin offenbart sich für P der eigentliche Sinn der Schöpfung.

Gehen wir nun etwas näher auf die große Schöpfungserzählung in Genesis 1 ein.

1. Das Ordnen des Chaos

Die Übersetzung des *ersten* Verses der Genesis ist auf verschiedenerlei Weise möglich. Eine Möglichkeit – die der Einheitsübersetzung – liest sich folgendermaßen: »Im (oder: am) Anfang schuf Gott Himmel und Erde.« Hier wird dieser kurze Satz als zusammenfassende *Überschrift* über die folgende Schöpfungserzählung verstanden. Er lässt sich aber auch – ähnlich wie der Beginn der zweiten Schöpfungserzählung (Gen 2,4b–7) – übersetzen, indem er mit dem folgenden Vers 2 verschränkt wird: »Am Anfang davon, dass Gott Himmel und Erde erschuf – die Erde aber war wüst und wirr … – da sprach Gott: Es werde Licht.«[27] Und noch eine andere Variante wird ins Spiel gebracht: »Als Anfang schuf Gott Himmel und Erde«[28] – das heißt als Beginn einer von ihrem Ursprung her guten, heilvollen Geschichte Gottes mit dieser Welt. Bei dieser Übersetzung wird vielleicht am deutlichsten, dass mit »Anfang« nicht bloß der zeitliche Beginn der Welt gemeint ist, sondern der alles Folgende *qualifizierende* Anfang, gleichsam das von Gott der ganzen Weltgeschichte vorangestellte und durchgehend bestimmende positive *Vorzeichen.*

Der *zweite* Vers schildert allerdings erst einmal das pure *Gegenteil* einer heilvollen Welt. Er beschreibt einen chaotischen Zustand, in dem die Welt *vor* dem ersten Schöpfungswerk und -tag verharrte (V. 3). Dieses Chaos wird als Inbegriff des Lebensfeindlichen vorgestellt: als (hebr.) »tohuwabohu«, das heißt als eine öde, wüste Erde, die nicht zum Leben geeignet war; als völlige Finsternis; als das Urmeer und »die Wasser« (die – wohl ähnlich wie im babylonischen Mythos »Enuma elisch« – das chaotisch-ungeschiedene Gemisch von Salz- und Süßwasser bezeichnen sollen). In diesen archaischen Symbolen wird dem Hörer oder Leser ein unheilträchtiges Chaos vor Augen gestellt, das uranfänglich herrschte und – allerdings nur gemäß dem Willen des Schöpfers – auch nach dem Siebentagewerk durchaus noch die Welt bedrohen kann (z. B. in der Sintflut).[29]

a) Ein ungeschaffenes Chaos?

Was ist dieses Chaos? Ist es auch von Gott geschaffen?

Die Exegeten beantworten diese Frage einhellig und gut begründet mit Nein. Denn das Schaffen Gottes, das ausdrücklich und ausschließlich durch das Wort geschieht, beginnt erst mit der Erschaffung des Lichts – gegen die Finsternis (V. 3). Dieses und alle weiteren Schöpfungswerke Gottes bedeuten aber jedes Mal »Umwandlung von Chaos in Kosmos« (E. Zenger). Das heißt, in den sieben Schöpfungstagen überwindet Gott Schritt für Schritt das »vor-geschöpfliche« Tohuwabohu durch sein machtvolles Wort. Über die Herkunft und den seinsmäßigen Status des Chaos, also seinen Wirklichkeitsgehalt, wird in diesem Zusammenhang (und auch sonst in der Bibel) nicht reflektiert; es ist rätselhafterweise einfach da (wie in sehr vielen Schöpfungsmythen der Umwelt Israels auch). Entscheidend ist für den Schöpfungsglauben der Genesis nur: Gott allein hat die *Macht* über Himmel und Erde und damit auch über das gott- und lebensfeindliche Chaos; seinem Wort muss es weichen. Damit wird »jede Eigenmächtigkeit und schöpferische Selbstentfaltung des Chaos von vorneherein« ausgeschlossen.[30] Gott ist das einzige Schöpfungsprinzip, dem sowohl das Chaos als auch der von ihm daraus ausgegrenzte, wohlgeordnete Kosmos unterstehen. Nicht Gott und Chaos stehen sich hier gegenüber, sondern Kosmos und Chaos; und über *beide* herrscht Gott der Schöpfer.[31]

Und dennoch: Dass es vor der Schöpfung ein ungeschaffenes Chaos geben soll, klingt für einen exegetisch ungeschulten, ganz selbstverständlich von der Lehre der »creatio ex nihilo« ausgehenden katholischen Bibelleser gewöhnungsbedürftig. Ist er doch gewohnt, die ersten Verse der Genesis so zu deuten und zu harmonisieren: Gott schafft am Anfang Himmel und Erde – aber zunächst nur als eine unbelebte, wüste und wirre Erde mit tiefer Finsternis über dem Ganzen; erst dann beginnt er damit, die Welt zu ordnen und auszugestalten. Also stammt auch das anfängliche Chaos »irgendwie« von Gott.

Diese Deutung ist bei genauerem Hinsehen nicht nur von der *Sache* her unwahrscheinlich; denn warum sollte Gott erst eine chaotische Welt erschaffen haben? Absurd wäre zu denken, sie sei ihm beim ersten Anlauf noch nicht recht gelungen. Aber auch vom *Text* selbst her ist die herkömmliche Deutung schlicht falsch. Denn die Schöpfung wird als Siebentagewerk beschrieben; und was am ersten Tag geschieht, wird erst ab Vers 3 geschildert. Was möglicherweise davor lag, zählt demnach nicht zur Schöpfung; sie beginnt unbezweifelbar mit der Scheidung des Lichts von der Finsternis. Dieses *Licht*, das nicht identisch ist mit dem Licht der Sonne, steht als Symbol für die lebensspendende Macht und Güte des Schöpfers, der auf diese Weise grundlegend die vorausliegende Finsternis (das Symbol für das lebensfeindliche Chaos) eingrenzt. Er tut dies, indem er sie domestiziert, nämlich als Nacht einbindet in den lebensnotwendigen Rhythmus des Wechsels zwischen Tag und Nacht; so wird sie zu etwas dem Menschen Dienlichen umgeformt. Der *Himmel*, von dem Vers 1 bereits spricht (»Himmel und Erde«), wird ausdrücklich erst am zweiten Tag (V. 6–8) geschaffen – also nicht schon »irgendwie vor« dem ersten Schöpfungstag. Als Himmelsgewölbe dient er Gott dazu, die vorzeitlichen Wassermassen zu teilen (oben als Regen, unten als Wasser in Form von Meeren,

Flüssen, Seen usw.) und sie so in ein lebensdienliches Ganzes einzuordnen. Auch das trockene Land der *Erde* taucht erst am dritten Schöpfungstag auf, und Gott lässt es sogleich fruchtbare Pflanzen (als Lebensmittel für Menschen und Tiere) hervorbringen. Das alles zeigt eindeutig, dass die ersten beiden Verse von Gen 1 nicht von einer dem Siebentagewerk vorausgehenden, gleichsam vorläufigen Schöpfung sprechen. Man muss darum Vers 1 in der Tat entweder als zusammenfassende Überschrift bzw. Einleitung über dem ganzen Text verstehen oder – in Verschränkung mit Vers 2 – als bildhafte Beschreibung der Ausgangssituation von Gottes Schöpfungshandeln.[32]

b) Vereinbarkeit mit der Vorstellung einer »Schöpfung aus Nichts«

So einsichtig diese Auslegung auch ist, bleibt doch die Frage virulent: Was wird aus der traditionellen Lehre von der creatio ex nihilo? Steht sie in unvereinbarem Widerspruch zu Gen 1, dem klassischen Dokument unseres Schöpfungsglaubens? Können oder müssen wir gar – aus Treue zur Bibel – auf sie verzichten?[33]

Keineswegs. Die zweifellos mythische Vorstellung eines vor-geschöpflichen, ungeschaffenen Chaos, wie sie in Gen 1 vorliegt, genügt heutigem, von der philosophisch-theologischen Tradition mitgeformtem Schöpfungsglauben nicht mehr. Dass der Schöpfergott das unerklärliche Chaos schlicht vorfindet und es dann seiner Macht unterwirft, reicht für unser heutiges Verständnis von Schöpfung nicht mehr aus. Denn es führt – entgegen der Auffassung von Klaus Berger – eben doch zu einem ontologischen oder ethischen Dualismus zwischen einem nur für das Gute verantwortlichen Schöpfergott und den für das Übel in der Welt verantwortlichen rätselhaften Chaosmächten (auch wenn sie Gott dienen müssen).[34]

Zudem schließen sich für meine Begriffe beide Vorstellungsweisen (»Ordnung des Chaos« oder aber »Erschaffung aus nichts«) keineswegs aus. Denn zum *einen* verkündet Gen 1,1 geradezu programmatisch, dass Gott die *Gesamtheit* all dessen, was jetzt existiert, also Himmel und Erde, ins Dasein gerufen hat. Unsere Welt, wie wir sie vorfinden, gab es vor diesem schöpferischen Wort nicht. Insofern liegt der *sachlich* intendierte Sinn dieses Verses nicht allzu weit entfernt von der späteren philosophischen Formel der creatio ex nihilo (die biblisch zum ersten Mal am Ende des zweiten vorchristlichen Jahrhunderts in 2 Makk 7,28 anklingt).

Zum *anderen* muss man zwei *Perspektiven* grundsätzlich unterscheiden: die bildliche der Bibel und die philosophisch-begriffliche der späteren Theologie. Die von der Theologie vollzogene theoretische Klärung der biblischen Aussagen scheint mir auch heute noch unausweichlich zu sein, sobald – auch beim gläubig-religiösen Menschen – das philosophische Fragen einsetzt nach den letzten begründenden Ursachen von allem, was ist. Dann wird aus dem biblischen »All-Herrscher« (Pantokrator) der »alles Gründende«. Zweifellos ein gewichtiger Unterschied, aber kein unvereinbarer Widerspruch. Denn in jedem Fall ist Gott der in allem und über allem mächtige Schöpfer von Himmel und Erde.

c) Der Geist Gottes über dem Chaos

Kehren wir noch einmal zu Gen 1,2 zurück. Auch hier wird gesagt, dass Gott schon in diesem Chaos präsent ist: »Gottes Geist schwebte über dem Wasser.« Was genau ist mit diesem »ruach elohim« gemeint? »Ruach« (im Hebräischen meist ein Femininum) kann Wind, Atem, Hauch, Geist, Leben bedeuten. Einige sehen darin einen Gottessturm, also einen starken Wind, der mit zur chaotischen Vorschöpfungswelt gehört.[35] Eher aber scheint hier (von der Verbindung mit dem Verb *»rahap«* her, das ein Schweben, Vibrieren, Zittern ausdrückt) die Bedeutung von »Atem« oder »Hauch« vorzuliegen. Das heißt: Der Atem Gottes liegt bereits über dem Chaos, und er formt sich im Schöpfungsakt zur Stimme, zum Sprechen Gottes, welches das Chaos bannt.[36] Für diese Deutung spricht unter anderem die gleiche Vorstellung in Ps 29,3, der zufolge »Gottes Stimme über den Wassern erschallt«, um seine Macht und Herrlichkeit über die chaotischen Wasser zu erweisen.

Wie dem auch sei: Im christlichen Credo ist zweifellos der Kerngehalt dessen festgehalten, was der Geist Gottes am Anfang und für die ganze Geschichte der Schöpfung bedeutet: Er ist der »spiritus vivificans«, der Lebensspender. Ihn haucht Gott als seinen Lebensatem der Welt ein, so dass sie leben kann – nicht nur am Anfang, sondern fortdauernd, wie es in Ps 104,29 f. heißt:

> »Verbirgst du dein Gesicht, sind sie [die Geschöpfe] verstört; nimmst du ihnen den Atem, so schwinden sie hin und kehren zurück zum Staub der Erde.
> Sendest du deinen Geist [ruach] aus, so werden sie alle erschaffen, und du erneuerst das Antlitz der Erde.«

So kann sich die christliche Rede vom Schöpfergeist, vom »spiritus creator«, mit vollem Recht auf die biblische Schöpfungstheologie berufen: In der Kraft des Lebensatems Gottes, in dem das schöpferische Wort Gottes über der Welt ertönt und den Gott seiner Welt einhaucht, entsteht aus dem Chaos der wohlgeordnete Kosmos der Schöpfung.

2. Die Welt als »Lebenshaus« für Mensch und Tier

Das priesterschriftliche Lehrgedicht Gen 1 verbindet das – im AT Gott exklusiv zugeschriebene – *Schaffen (»bara«)* untrennbar mit seinem *Sprechen:*[37] »Gott sprach: Es werde Licht. Und es wurde Licht« (V. 3). Das herrscherlich gebietende Wort ruft die Dinge ins Dasein; sie gehorchen, und so entstehen sie. Darum ist das Schöpfungswort *das* wirkende Wort schlechthin: Es bewirkt, was es sagt. Durch sein Aussprechen setzt es den Sachverhalt – die Wirklichkeit überhaupt. Von diesem Grundgedanken ist die ganze Priesterschrift erfüllt: Alles bedeutsame Geschehen hat seinen Grund im gebietenden Wort Gottes – nicht nur die Schöpfung der Welt, sondern auch die Sendung des Mose zu Pharao als Anfang der Befreiung, das Überschreiten des Jordan und die Landnahme, der Bau des Offenbarungszeltes usw.; dies alles gilt als geschichtliche Entfaltung und Vollendung des Schöpfungswortes, gleichsam als creatio continua.

Wie nun sieht die Welt als Ergebnis dieses schöpferischen Wortes Gottes aus? Bereits der Aufbau des sehr klar strukturierten Lehrgedichtes ist für diese Frage aufschlussreich.[38] Denn die sieben Schöpfungstage enthalten nicht nur eine sich steigernde Aufzählung der verschiedenen Schöpfungswerke Gottes (in denen sich auch das damalige in priesterlichen Kreisen bekannte naturkundliche Wissen spiegelt), sondern sie sind in sich aufgeteilt nach Anfang (erster Tag), Mitte (vierter Tag) und Ende (siebter Tag). An diesen drei »Eck-Tagen« wird all das geschaffen, was für die *Zeit* als eine grundlegende Ordnungskategorie des Lebens bedeutsam ist: zuerst das Licht, das Tag und Nacht voneinander unterscheidet und so auch ein Zeitmaß für Gottes Schöpfungshandeln selbst setzt. Am vierten Tag erschafft Gott die Gestirne, nach denen die Zeit in Form eines Kalenders mit einer bestimmten Zahl von Tagen und Monaten gegliedert werden kann; durch sie lässt sich der Rhythmus der Jahreszeiten, des Wechsels von Aussaat und Ernte, schließlich die Ordnung der Festzeiten näher bestimmen; erst so können auch Jahre, also längere Zeitabläufe, gezählt werden. Der siebte Tag schließlich beendet das Schöpfungswerk; er teilt die Zeit in den so wichtigen humanen Wochenrhythmus mit dem Wechsel von Arbeits- und Ruhezeiten ein.

Dieser Ruhe- und Feiertag Gottes gilt darum zum einen als Urbild des *Sabbats*, der nach P nicht erst durch die Tora eingeführt, sondern bereits in der Schöpfungsordnung grundgelegt wird; zum anderen ist er eine Vorwegnahme des *letzten Zieles* der ganzen Schöpfung, auf das sie ausgerichtet ist. Nicht der unaufhörlich gleiche Rhythmus der Natur soll das Gesicht der Schöpfung prägen, sondern die aus der Beziehung zu Gott erwachsene Unterscheidung zwischen Arbeit und Ruhe bzw. Feier. Der

Mensch als Bild und Sachwalter Gottes soll seinem Gott sowohl in der Arbeit an der Schöpfung wie auch in der genießenden Freude an ihr nachfolgen, wobei Letzteres den eigentlichen Sinn, das von Gott gewollte Woraufhin von Schöpfung und Arbeit angibt.[39]

An den Tagen zwischen diesen drei Eckpfeilern richtet Gott die Erde als *Raum* oder *Haus* zum Leben ein. Auch dies wird klar gegliedert: Am zweiten und dritten Tag schafft er die *Erde* als aus dem Meer ausgegrenztes, trockengelegtes, vom Regen befruchtetes und sogleich viele Pflanzen hervorbringendes Land. Die Pflanzen selbst gelten in biblischer Sicht nicht als Lebewesen, sondern als Teil der fruchtbaren und lebensermöglichenden Erde. Wenn durch sie der »Tisch zum Leben« dauerhaft gedeckt ist, können am fünften und sechsten Tag die *Lebewesen* selbst, also Tiere und Menschen, geschaffen werden, die diesen Lebensraum bevölkern sollen. Unter sie teilt der Schöpfer den Lebensraum auf der Erde, im Meer und in der Luft auf; sie sollen darin ihr Leben einrichten, nur von den Pflanzen leben und in der Kraft des Schöpfungssegens sich fortpflanzen und ausbreiten – aber so, dass die Erde für alle Lebewesen genügend Raum und Nahrung bietet.

> »Der Erzähler wird nicht müde, das Thema ›Leben‹ zu betonen: Viermal sagt er ausdrücklich, dass der Schöpfergott ›lebendige Wesen‹ auf der Erde will, also lebenshungrige und lebensfähige Wesen, die sich danach ausstrecken, Leben zu empfangen als eine Gabe, die sie sich selbst nicht geben können, die sie aber in der Schöpfung vorfinden.«[40]

So baut Gott die Welt kunstvoll wie ein *Haus*, in dem Menschen und Tiere gut versorgt leben können. Dem als Mann und Frau geschaffenen Menschen spricht er eine besondere Stellung und Verantwortung in diesem »oikos« (Haus) der Schöpfung zu: Als lebendige »Gottesstatue«, eben als *»Bild Gottes«* (Gen 1,26 f.), repräsentieren Männer und Frauen den Schöpfer im Haus der Schöpfung; *sie* (und nicht bloß der König!) vergegenwärtigen ihn, und darum bekommen sie vom Schöpfer dieses Haus anvertraut. Sie sollen als gute Hausverwalter, als »Ökonomen« Gottes die Erde so gestalten und die auf ihr lebenden Mitgeschöpfe so beherrschen, dass die ursprüngliche Schöpfungsabsicht Gottes auch auf Dauer gewährleistet bleibt: die Erde als einen reichlich gefüllten Lebensraum für alle Lebewesen zu bewahren.

Eine Anmerkung zu der heute sehr umstrittenen Stelle Gen 1,28: »Macht euch die Erde untertan« (in der Einheitsübersetzung: »Unterwerft sie euch!«).[41] Mit diesem Wort wird die Erde dem Menschen keineswegs zur Ausbeutung überlassen; ein solcher Gedanke lag gänzlich außerhalb der Möglichkeiten und Perspektiven der damaligen Zeit. Vielmehr enthält dieses Wort Gottes den ermutigenden Zuspruch an den Menschen, dass er den unberechenbaren Naturkatastrophen und den wilden Tieren keineswegs hilflos ausgeliefert ist, dass er ohne Angst den Lebenskampf bewältigen kann. Zudem soll der Mensch seine Herrschaft über die Erde nur in Relation zu Gott selbst, dem eigentlichen Herrn und Hirten der Schöpfung, ausüben – eben als der von ihm eingesetzte und ihm verantwortliche Hausverwalter.

Reißt man diesen Text aus seinem ursprünglichen schöpfungstheologischen Kontext heraus, dann lässt er sich innerhalb eines neuzeitlich-anthropozentrischen Weltbildes leicht zur Begründung einer restlosen Objektivierung und Funktionalisierung aller anderen Geschöpfe missbrauchen. Dem biblischen Schöpfungsbericht oder dem christlichen Schöpfungsglauben kann dieser Missbrauch nicht kurzschlüssig angelastet werden; er ist vielmehr die Frucht einer sich von ihren schöpfungstheologischen Wurzeln emanzipierenden Kultur der europäischen Neuzeit. Dass an dieser Entwicklung auch die christliche Theologie ihren Anteil trägt, ist jedoch nicht zu leugnen.

3. Das Ziel der Schöpfung: Gottes Wohnen bei den Menschen

Mit der Einrichtung des Lebensraumes Erde für Menschen und Tiere ist nach P das letzte Ziel der Schöpfung allerdings noch nicht erreicht. Denn darüber hinaus soll die Schöpfung auch zum Lebensraum Gottes selbst, zum *Haus Gottes* mitten unter seinen Geschöpfen werden. Gott will bei seinen Geschöpfen wohnen. Darum verbindet P die Erzählung von der Schöpfung bewusst mit der *Sinai-Geschichte* (Ex 19,1–40,38; davon gelten als priesterschriftliche Texte: Ex 19,1+2a; 24,15b–31,18a; 34,29–40,38). Am Sinai, konkret im Bau des Heiligtums, tritt der Sinn der Schöpfung voll und ganz zu Tage; erst jetzt ist der immer schon angezielte Sabbat der Schöpfung erreicht. Woran lässt sich das zeigen?

Wie in Gen 2,2 Gott nach sechs Tagen Arbeit am siebten Tag ruht, so ruft Gott am Sinai, nachdem seine Herrlichkeit sechs Tage den Berg bedeckt hatte, den Mose erst am siebten Tag ins Feuer zur Begegnung mit ihm (Ex 24,16). In dieser Begegnung erhält Mose den Auftrag, mit allen Israeliten zusammen ein Heiligtum zu bauen, das Begegnungs- oder Offenbarungszelt, in dem Gott ganz Israel begegnen will (Ex 29,43–46). »Im gemeinsamen Bau des Heiligtums wird nach der Sicht der P das Schöpfungshandeln Gottes weitergeführt und zu seinem Ziel gebracht: Gott schafft die Erde, um in ihr gegenwärtig werden zu können – als der befreiende Gott Israels, ja der ganzen Schöpfung.«[42]

Diese theologische Sinngebung der Schöpfung greift im NT das letzte Buch der Bibel, die Offenbarung des Johannes, in den beiden Schlusskapiteln auf und überbietet sie in einer eschatologischen Vision. Hier schließt sich der Bogen zwischen Anfang und Ende: Die Schöpfung wird endgültig vollendet im »neuen Himmel und der neuen Erde«, also dann, wenn die Erde als Ganze zur »Wohnung Gottes unter den Menschen« geworden ist, wenn die kultischen Vermittlungen der Präsenz Gottes aufgehoben sind und sich die Verheißung endgültig erfüllt:

> »Er wird in ihrer Mitte *wohnen,* und sie werden sein Volk sein; und er, Gott, wird bei ihnen sein. Er wird alle Tränen von ihren Augen abwischen. Der Tod wird nicht mehr sein, keine Trauer, keine Klage, keine Mühsal. Denn was früher war, ist vergangen« (Offb 21,3 f.).

Erst im Licht dieser Verheißung einer vollkommen erneuerten und versöhnten Schöpfung am Ende wird der Sinn der Schöpfung am Anfang, zumal ihr Gutsein in den Augen Gottes, für den Glaubenden verstehbar.

4. Schöpfung und Sintflut (Gen 6–9)

Nach E. Zenger wird über Gen 1,1–2,4a und Gen 2,4b–4,26 hinaus noch eine weitere Variante der Schöpfungsgeschichte in Gen 6–9 erzählt: in der Geschichte von der Sintflut und der Errettung Noachs und seiner Sippe. Hier finden sich ganz ähnliche Motive wie in Gen 1, z. B. der Segen für den Menschen, die Arche (analog zur Erde) als vor dem Chaos schützendes Lebenshaus, vor allem aber die Bestimmung des Menschen zum Bild Gottes (Gen 9,6), das heißt zum Hirten und Hüter der Schöpfung, wofür Noach als Musterbeispiel dient.[43] Durch die Noach- und die Sintflutgeschichte wird der theologische Schöpfungsbegriff noch einmal entscheidend vertieft und bereichert, indem Gott seiner durch die *Sünde* zutiefst gebrochenen und beschädigten Schöpfung dennoch unverbrüchliche Treue zusagt:

> »Absicht der Erzählung ist es, die Angst zu bewältigen, dass es jemals eine kosmische Katastrophe als ein vom Schöpfergott geschicktes Strafgericht geben werde. Um diese Hoffnungsbotschaft zu vermitteln, wird erzählt, dass es einmal ›am Anfang‹, in der mythischen Zeit, eine solche Flut gab und dass der Schöpfergott dabei selbst ›gelernt‹ habe, was ›Schöpfer-Sein‹ heißt: Er sagt zu, dass er seine Schöpfung nie gewaltsam vernichten werde, auch nicht wegen der Bosheit der Menschen, wie groß diese immer sein möge und wie berechtigt darüber sein Zorn entbrennen werde (vgl. Gen 8,21 f.), und er bekräftigt seine Selbstbindung durch den ›ewigen‹ Bund mit der ganzen Schöpfung, den er im Zeichen des Regenbogens in den Wolken gibt (vgl. Gen 9,8–17). So kommt gerade in der Sintflut-Geschichte zum Ausdruck, was Schöpfung als theologi-

sche Kategorie meint: dass der Schöpfergott eine Beziehung der Liebe und Treue zur Erde hat und dass er grundsätzlich und unwiderruflich Ja zu dieser Erde und zu diesen Menschen sagt.«[44]

V. Die von Sünde und Tod beschädigte Schöpfung (Gen 2,4b–3,24)

1. Anliegen, Aufbau und Inhalt der jahwistischen Schöpfungserzählung

Die Erzählung von Schöpfung und Sündenfall bildet den Anfang des sog. »jahwistischen Geschichtswerkes« (J); dessen genaue Entstehungszeit ist unter den Exegeten umstritten; sie dürfte zwischen David und der Zeit der großen Propheten liegen, also etwa im 9. bis 8. Jahrhundert v. Chr.[45] Zum Verständnis der Aussageabsicht dieser ältesten biblischen Schöpfungserzählung ist es wichtig, den engen Zusammenhang des Kapitels 2, der Schöpfungserzählung im engeren Sinn, mit den anderen jahwistischen Texten der ersten neun oder elf Kapitel des Buches Genesis zu beachten; also v. a. mit Kap. 3 und 4 (der Ungehorsam Adams und Evas bzw. die Ermordung Abels durch Kain), dann mit bestimmten Abschnitten aus Kap. 6–8 (Flutgeschichte) und schließlich mit Gen 11,1–9 (Turmbau zu Babel). Von diesem Kontext her wird erkennbar, dass für die jahwistische Schöpfungserzählung gerade die unlösliche Verbindung von Schöpfung und menschlicher Schuld (in ihren verschiedensten Varianten) konstitutiv ist. Ihr zentrales Anliegen ist es, »die ursprüngliche gottgewollte Bestimmung des Verhältnisses von ›Mensch‹ (adam) und ›Ackerboden, Erde, Welt‹ (adamah) und ihre faktische Störung durch die menschliche Sünde aufzuzeigen«[46]. Hier steht nicht wie in Gen 1 ausschließlich die Perspektive der von Gott wohlgeordneten, dem Menschen anvertrauten Schöpfung im Vordergrund, sondern die real erfahrene, von Leid und Tod gezeichnete Schöpfung. Deswegen will die Erzählung vor allem darauf Antwort geben, *warum* die von Gott gut geschaffene und geliebte Welt so ist, wie sie nun einmal ist, *warum* sie zum Ort der Mühsal, der Zwietracht und des Todes geworden ist.

Der Jahwist kombiniert in Gen 2 vermutlich zwei verschiedene ältere Überlieferungen miteinander.[47] Die erste dieser Überlieferungen ist eine *Menschenschöpfungserzählung:* Gott, der Herr, belebt die Erde, die noch eine trockene, leere Wüste war, durch Wasser und bereitet so dem *Menschen* den Ackerboden, den dieser bestellen und bearbeiten soll. Deswegen wird als erstes Werk Gottes auf dieser Erde (noch vor Pflanzen und Tieren) stufenweise der Mensch erschaffen: zunächst Adam, von Gott wie von einem Töpfer aus diesem feuchten Ackerboden (»adamah«) geformt; aus diesem stammt der Mensch, und der Ackerboden bleibt der ihm anvertraute Lebensraum (2,7). Die Erschaffung des Menschen aus und auf dem Ackerboden vollendet sich – nach Erschaffung der verschiedenen Tiere – in der Erschaffung Evas; erst als ein wechselseitig zugeordnetes und zueinander passendes *Paar* ist der Mensch wahrhaft Mensch (2,18–25). Anfangs wird der Mensch unabhängig vom Geschlecht »Adam« (Erdling, Mensch) genannt. Zur differenzierenden Sprechweise »Mann und Frau« *(isch* bzw. *ischah)* kommt es erst nach der Erschaffung der Frau; erst jetzt wird »Adam« zum Eigennamen des Mannes (Gen 2,25) und »Eva« (»Mutter aller Lebendigen« – Gen 3,20) zum Eigennamen der Frau. Eindeutig steht hier die Zusammengehörigkeit und das Aufeinander-Angewiesensein von Mann und Frau im Vordergrund und nicht die Abhängigkeit der Frau vom Mann.[48]

Mit dieser Schilderung der Erschaffung des Menschen verbindet J eine *zweite*, nicht minder alte Erzählung: In der Mitte der Welt – hier entspringen die vier Weltströme und markieren die vier Himmelsrichtungen – legt Gott, der Herr, den *Paradiesgarten* an. Er stattet ihn reichlich mit Pflanzen und Flüssen aus und setzt schließlich dort hinein den Menschen, damit er den Garten bebaue und hüte (Gen 2,8–15). Indem der jetzt vorliegende biblische Text Menschenschöpfung und Ansiedlung des Menschen im Paradiesgarten verbindet, stellt er dar, dass der Mensch als Geschöpf nur in einem umfassenden Beziehungsgefüge existieren kann: »Zum Menschen gehören der Lebensraum (der Garten), die Lebensmittel (die Früchte des Gartens), die Beschäftigung oder Arbeit (Bebauen und Bewahren), die Gemeinschaft (Mann und Frau) und als Medium der Gemeinschaft die Sprache«[49], was mit der Benennung der Tiere angedeutet ist.

Zugleich weist Gott den Menschen in seine schöpfungsgemäßen *Grenzen* ein (2,16 f.). An diese Grenzen hat sich der Mensch bereits in der Urgeschichte nicht gehalten (Gen 3) und sich von Anfang an in die Sünde und ihren Fluch verstrickt. Die Kapitel Gen 3–11 können darum als Variationen typischer *Grenzüberschreitungen* des Menschen gelesen werden.

Die Geschichte der Sünde und ihres Fluches wendet sich entscheidend erst in Abraham (Gen 12). Von nun an beginnt mitten in der Unheilsgeschichte eine neue Geschichte des Heils und des Segens, sowohl für Abraham und seine Nachkommen als auch für alle anderen Völker: Letztere abhängig davon, wie sie sich zu Abraham und seinem Stamm verhalten. Von dieser Heilsgeschichte erzählen die sog. Patriarchengeschichten der Genesis (Gen 12–50).

2. Die geschöpfliche Begrenztheit des Menschen und der Einbruch von Sünde und Tod in die Schöpfung

Um die biblische Antwort auf die Frage nach dem Ursprung des Leid verursachenden Übels und des Bösen in der Welt herauszuarbeiten, ist es (nach C. Westermann) sehr erhellend, wenn wir den Ansatz des Jahwisten bei der geschöpflichen Begrenztheit des Menschen aufgreifen.[50] Dass Gott dem Menschen Grenzen setzt, ist an sich nichts Ungewöhnliches, gehört doch das Grenzensetzen (nach Gen 1) generell zum Schöpfungshandeln Gottes. Indem er das Licht von der Finsternis, die Wasser oberhalb von denen unterhalb des Himmelsgewölbes, das Meer vom Land scheidet und schließlich den Lebewesen ihren je eigenen Lebensraum zuteilt, weist er alle Geschöpfe immer schon in ihre Grenzen. Nur wenn jedes Geschöpf den ihm zugewiesenen Ort einnimmt, kann Kosmos, kann Ordnung im Unterschied zum Chaos entstehen. Das gilt im besonderen Maß für den Menschen als das einzige mit Freiheit ausgestattete Geschöpf auf dieser Erde. Bei ihm zeigt sich die gottgewollte Begrenzung auf zweifache Weise: a) in seiner *Sterblichkeit* und b) in dem *Gebot*, von der Möglichkeit, sich gegenüber Gott auch verfehlen zu können, keinen Gebrauch zu machen. In der biblischen Sicht des Menschen ist beides unlösbar miteinander verknüpft; beides gehört aber auch wesentlich zu den Voraussetzungen der Unheilserfahrungen, welche Menschen in und mit der Schöpfung machen.

a) Die Sterblichkeit des Menschen – natürliche Bestimmung und Folge der Sünde

Worin ist die Sterblichkeit des Menschen begründet? Nur in der Sündigkeit des Menschen, wie es die traditionelle Auslegung von Gen 2,17b (»Sobald du davon isst, wirst du sterben«) nahe legt? Soll damit *jede* Erfahrung von Leid und Schmerz (als Hineinreichen des Sterbens in das Leben) auf die menschliche Sünde zurückgeführt werden?

Schon lange wird der Zusammenhang zwischen Sünde und Tod bzw. Leid exegetisch und dogmatisch differenzierter gesehen. Grundlegend gilt die Schöpfungsaussage in Gen 2,7: Der Mensch ist aus Erde gemacht; er teilt mit allem Leben dieser Erde darum auch dessen Vergänglichkeit und Sterblichkeit.

> »Im Segen erhält der Mensch von seinem Schöpfer die Kraft der Fortpflanzung; sie schließt aber ein, dass der Mensch in einen kurzen Daseinsbogen gebunden ist. Er existiert als Mensch nur in dem Bogen, der von der Geburt

zum Tod führt. Die Kraft der Fortpflanzung, also der Segen, setzt den Tod voraus. Menschen müssen sterben, damit Menschen leben können.«[51]

Geborenwerden, Heranwachsen und Altern implizieren unvermeidlich, dass des Menschen Lebenskräfte zu- und abnehmen, dass sein Leben nicht in einer endlos geraden Linie verläuft, sondern in einem von der Zeit bestimmten Bogen, der aufsteigt und absteigt und sich dem Ende, dem Tod, zuneigt. Dass der Tod eine dem irdischen Leben immanente Grenze ist, wird in Gen 3,19 angedeutet: »Denn Staub bist du, zum Staub musst du zurück.« Und dies gilt durchaus auch unabhängig von der Sünde.

Wenn in Gen 2,17b der Tod als Folge der Sünde angedroht, wenn dies von Paulus in Röm 5,12–21 in seiner Rechtfertigungslehre aufgegriffen und auch von der Kirche mehrfach lehramtlich bestätigt wurde,[52] so werden heute diese Aussagen nicht auf das rein biologische Sterben des Menschen bezogen; denn auch ohne den Sündenfall Adams würden die Menschen nicht endlos auf dieser Erde weiterleben. Der biblisch-kirchliche Schöpfungsglaube behauptet eben nicht irgendwelche außergewöhnlichen prähistorischen Phänomene (wie biologische Unsterblichkeit), die durch die Sünde verändert worden wären: »Nicht die natürliche Welt war [im Paradies] eine andere, sondern das Weltverhältnis des Menschen war ein anderes, nämlich ein von der Gnade erleuchtetes.«[53]

Daher kann man theologisch berechtigt der Überzeugung sein, dass nicht der biologische Tod generell als Ende des irdischen Lebensbogens eine Folge der Sünde sei, wohl aber eine bestimmte *Gestalt* des Todes; diese droht Gott dem Menschen, der – unversöhnt mit seiner Endlichkeit und Begrenztheit – das für ihn gute Gebot des Schöpfers übertritt, im Sinn einer *Todesstrafe* an (Gen 2,17).[54] Diese Strafe wird von Gott nicht sogleich vollzogen, sondern als Ende eines mühseligen Lebens angekündigt (Gen 3,17–19).

Wenn nun aber der Tod von Gott als Strafe verhängt und auch vom Menschen so erfahren wird, dann nimmt das naturgegebene Sterben in der Tat einen anderen anthropologischen und theologischen Charakter an. Statt das gefüllteste Zeichen zu sein für die Möglichkeit einer letzten, umfassenden Rück-Gabe des Lebens an den Schöpfer, sich also selbst dankbar loslassen und *so* sein Leben bei Gott endgültig gewinnen zu können (vgl. Mk 8,35), verkehrt sich das Sterben aufgrund der Sünde, des Sich-selbst-behaupten-und-behalten-Wollens ins Gegenteil: Im Sterben drückt sich für den sündigen Menschen ein von außen ihm widerfahrender *Abbruch* des Lebens aus, also völlige Entmächtigung und Entfremdung des Menschen von sich selbst, von den anderen, von Gott. Der Mensch, der unter der Macht der Sünde steht, erfährt den Tod, der ursprünglich wohl eher als ein vollendender »transitus« aus diesem irdischen Leben in das ewige Leben Gottes gedacht war, nur noch als den sein Leben abbrechenden »exitus«.

Im Leben und Sterben Jesu Christi ist uns jedoch die Möglichkeit, den Tod wieder in seinem schöpfungsgemäßen Sinn an uns geschehen zu lassen, neu eröffnet worden: Indem Jesus in stellvertretend-solidarischer Liebe den gottfernen Tod des Sünders auf sich nimmt, hat er mit der Sünde auch diese Gestalt des Todes ihrer beherrschenden Monopolstellung beraubt, hat ihn entmachtet. Damit erhält auch das menschliche Sterben in Gestalt einer vertrauenden Selbsthingabe an Gott Anteil an der neuen Schöpfung. Diejenigen, die in Christus und damit bereits eine »neue Schöpfung« sind (2 Kor 5,17), werden durch seinen Tod ja nicht vom biologischen Sterben als solchem erlöst (nicht einmal die vor der Erbsünde bewahrte Gottesmutter), wohl aber vom Fluch des *sündigen* Todes, der bedeutet, in ewige Gottferne hinein zu »verenden«.[55] Als theologische Grundregel für den Zusammenhang zwischen Sünde und Tod kann darum gelten: Folge der Sünde ist nur jener Tod, von dem Jesus uns erlöst hat – eben der geistliche Tod in der Trennung von Gott; im Sinn von Lk 15,24, wo der Vater von seinem wiedergefundenen Sohn sagt: »Denn mein Sohn war tot und lebt wieder …«.

b) Das Gebot, sich Gott gegenüber nicht zu verfehlen (Gen 2,17)

1) Sünde als Grenzüberschreitung

Die zweite Weise des menschlichen Begrenztseins durch den Schöpfer besteht in dessen Gebot, sich an die von ihm gesetzten Grenzen menschlicher Freiheit zu halten; wenn der Mensch sie im Ungehorsam eigenmächtig überschreitet, macht er sich seinem Schöpfer gegenüber schuldig. Was aber ist in Gen 2 und 3 mit Gehorsam und Ungehorsam gemeint?

Der gute Sinn des Gebotes in Gen 2,17 liegt darin, den Menschen in der Übereinstimmung mit dem Willen Gottes und der Schöpfungsordnung zu bewahren, die dem Menschen angemessen ist und ihm wohl tut. Gottes Wille tritt aber nicht von oben und von außen an den Menschen heran, sondern zeigt sich grundlegend bereits in den Strukturen und damit in den Grenzen der geschöpflichen Wirklichkeit. Wo diese Grenzen missachtet werden, schädigt der Mensch sich selbst und die ganze Schöpfung (was uns heute angesichts der globalen Gefährdung von menschlicher Lebenswelt und Umwelt wieder bewusster wird). Wir selbst in unserer geschöpflichen Wirklichkeit sind das erste »Wort Gottes« an uns, auf das es zu hören gilt. Wir existieren ja nur, weil und insofern wir Gottes schöpferischem Wort grundlegend *entsprechen;* das ist der erste Sinn von »gehorchen«. Geschöpflicher Gehorsam gegen Gott ist darum theologisch primär innere Seinsgemäßheit, nicht äußere Gebotserfüllung. Unser ganzes Dasein beruht darauf, dass wir der Liebe Gottes, die uns ins Dasein gerufen hat, entsprechen, ihr gemäß leben und handeln. Dieser fundamentale Gehorsam legt sich in einem zweiten Schritt dann auch im Beachten einzelner, den Schöpfungswillen Gottes konkretisierender Gebote aus.

Nun aber zeigt die geschichtliche Erfahrung dem Jahwisten, dass *alle* Menschen ständig von der Möglichkeit des Ungehorsams gegen den Willen Gottes Gebrauch machen. Es ist wie ein Verhängnis, eine unheilvolle Macht, die auf der menschlichen Geschichte lastet. Wie kommt es dazu? J. Scharbert erklärt die jahwistische Sicht folgendermaßen:

> »Entsprechend seiner ätiologischen, typologischen und genealogischen Denkweise musste der Jahwist jene unheimliche, die Umwelt, die Gesellschaft und letztlich die Menschheit zerstörende Neigung des Menschen, seine Grenzen zu überschreiten, in die Geschichte des ersten Menschenpaares zurückverlegen, was er in Gen 3 tut.«[56]

Deswegen spricht der Jahwist von dieser Urform der Sünde auch nicht in der Sprache eines theologischen Traktats, sondern in Erzählungen, die typologisch (modellartig) die Grundmöglichkeiten der Sünde aufzeigen und sie – wegen ihres universalen, alle Menschen und Völker kennzeichnenden Charakters – in die Urgeschichte der Menschheit verlegen. In ihnen kommen die allgemeinen Grundzüge sündigen Verhaltens zum Vorschein. Das Gemeinsame all der verschiedenen Sündenfall-Erzählungen des Jahwisten[57] liegt darin, dass sie das Böse im freien Nein des Menschen gegenüber seinen geschöpflichen Maßen und Grenzen begründet sehen; das Böse stellt sich hier als eine fundamentale Grenzüberschreitung dar, die in jeder Hinsicht das gute Beziehungsgefüge der Schöpfung zutiefst verletzt.

2) Der Grund solcher Grenzüberschreitung: Die Aufkündigung des Vertrauens in Gott (Gen 3)

Auf der Bildebene betrachtet besteht die Schuld des Menschen nach Gen 3 darin, dass er das unter Todesstrafe gestellte Verbot Jahwes übertritt, vom Baum der Erkenntnis von Gut und Böse zu essen (Gen 2,17). Bis heute ist nicht eindeutig geklärt, was damit gemeint ist. Mit großer Sicherheit sind jedoch folgende Erklärungen auszuschließen:

aa) Unplausible Deutungen des Verbots

(1) Eine weit verbreitete Interpretation behauptet, Gott wolle dem Menschen durch dieses Verbot den Zugang zur sittlichen Unterscheidungsfähigkeit zwischen Gut und Böse verwehren; der Mensch solle immer im Zustand eines Kindes verharren, das im eigentlichen Sinn noch nicht sittlich-verantwortlich handeln und darum auch nicht im vollen Sinn schuldig werden könne.

Diese Deutung widerspricht nicht nur dem biblischen Menschenbild im Ganzen, sondern auch dem in den Schöpfungstexten selbst vorgelegten Verständnis vom Menschen und seiner Beziehung zu Gott. Gott könnte den Menschen weder zu seinem Statthalter auf Erden machen und ihm die Verantwortung des Hirten und Königs für die Erde anvertrauen (vgl. Gen 1,28; 2,15; 3,23) noch ihm ein solches Verbot erteilen, das mit der stärkstmöglichen Sanktion, der Todesstrafe, droht, wenn nicht der Mensch als Geschöpf prinzipiell bereits ethisch-verantwortlich handeln und damit eo ipso Gut und Böse unterscheiden könnte. Etwas unter Androhung der Todesstrafe zu verbieten macht nur Sinn, wenn der Betreffende das volle Gewicht des verbotenen Tuns und seiner Folgen erkennen kann.

(2) Ebenso wenig überzeugt die Deutung, dass es bei diesem Verbot bloß um die Verweigerung der praktischen Unterscheidung von *nützlich* und *schädlich gehe.*[58] Das werde in Gen 3 am Beispiel der Nacktheit erläutert: Was die Menschen nach dem Genuss der verbotenen Frucht tatsächlich erkennen, ist, dass sie nackt sind, und daraus ziehen sie den vernünftigen Schluss, sich Kleider zu verfertigen. Damit sei ein »Schritt aus der kindlichen Naivität in das Selbstbewusstsein des Erwachsenen« getan.[59] Zugleich werde damit die kulturelle Entwicklung der Menschheit in Gang gesetzt, die sich mit Abel (dem Schafhirten) und Kain (dem Ackerbauer und Städtebauer; vgl. Gen 4,1.17), mit dessen Nachkommen, den Zeltbewohnern und den Viehzüchtern (4,20), den Zither- und Flötenspielern (4,21), den Erz- und Eisenhandwerkern (4,22) fortsetze und im urgeschichtlichen Turmbau zu Babel (11,1–9) gipfele. Der kulturelle Fortschritt der Menschheit verdanke sich also der Übertretung des göttlichen Gebotes, er sei eine Frucht des Fluches. »Wie das Menschengeschlecht in der Kultur vorwärts schreitet, schreitet es in der Gottesfurcht rückwärts.«[60]

Auch diese von Hegel angestoßene und den Geist der Aufklärung des 19. Jahrhunderts atmende Deutung widerspricht dem Menschen- und Gottesbild der Schöpfungserzählungen. Wie kann Gott dem Menschen die Erde, den Ackerboden, den Garten (also eine bereits kultivierte Landschaft) anvertrauen, ohne ihm die dazu nötige Weisheit und Fertigkeit zu verleihen? Wie sollte der Mensch als ein naives Kind dem Auftrag Gottes gerecht werden können? Zwar erweckt Gen 3,22, worin bestimmte Vorstellungen babylonischer Schöpfungsmythen ungebrochen übernommen werden, den Eindruck eines ängstlich auf seine göttliche Überlegenheit bedachten Gottes, der den Menschen als Konkurrenten fürchtet und darum die menschlichen Erkenntnisfähigkeiten eingrenzen und ihm die Unsterblichkeit verwehren will. Aber es wäre heillos überzogen, diesen singulären Vers (und ähnlich auch Gen 11,5–8) zur hermeneutischen Leitperspektive für die ganze biblische Urgeschichte zu machen. Denn dem steht eindeutig die Gesamtaussage beider Schöpfungserzählungen bezüglich des Verhältnisses zwischen Gott und Mensch entgegen: dass Gott ein Freund des Lebens und insbesondere des Menschen ist; dass beide grundsätzlich nicht in Konkurrenz zueinander stehen, sondern dass Gott den Menschen zu seinem Stellvertreter in der Schöpfung erwählt; dass er ihm großzügig alle Gaben des Gartens zum Genuss freigibt, außer dieser einen vom Baum der Erkenntnis von Gut und Böse; ja, dass er ihm auch nach dem Sündenfall nachgeht und ihn mit seiner Liebe umsorgt (Gen 3,21; 4,15); und dass er schließlich trotz der tiefen Enttäuschung über die Sündhaftigkeit des Menschen im Noach-Bund die Zusage macht, seiner Schöpfung treu zu bleiben und sie in ihren lebensfördernden Rhythmen zu bewahren (Gen 8,21 f.). Diese durchgehende Perspektive des Gott-Mensch-Verhältnisses in den Schöpfungserzählungen muss auch für das Verbot, vom Baum der Erkenntnis und (erst in Gen 3,22 hinzugefügt) vom Baum des Lebens zu essen, gelten, wenn nicht der ganze Text in sich widersprüchlich und damit unverständlich werden soll.

bb) Der mögliche Sinn des Verbots in Gen 2,17

Statt dieser beiden fragwürdigen Erklärungsversuche scheint mir die folgende Deutung des Verbots in Gen 2,17 die überzeugendste zu sein:[61] Mit dem Ausdruck »Gut und Böse« haben wir die Stilform des Merismus vor uns, in dem Gegensatzpaare zusammengestellt werden, um das Ganze zu bezeichnen (vgl. alt und jung, Himmel und Erde, Frau und Mann usw.). So könnte es hier primär darum gehen, dass der Mensch in seinem legitimen Erkenntnisstreben nach »Allwissenheit«, die jedoch allein Gott möglich ist, sich der von Gott gegebenen Grenzen seiner Erkenntnisfähigkeit bewusst bleiben soll.

Warum aber nennt diese Stelle gerade die Erkenntnis von Gut und Böse? Die Frage lässt sich vielleicht am ehesten beantworten, wenn wir von der angedrohten Sanktion ausgehen: Das Verbot, vom Baum der Erkenntnis von Gut und Böse zu essen, wird mit der Strafe des vorzeitig verhängten Todes verbunden; es geht bei dieser Sache offensichtlich um *Leben* und *Tod*. Nichts Geringeres als diese Alternative steht hier für den Menschen zur Entscheidung. Für die biblische Schöpfungserzählung bedeutet Leben in seiner gefülltesten Form das Geschenk eines langen, in der vertrauten Nähe zu Gott geborgenen Daseins. Und wie Gott dem Menschen *zutraut*, sein Verwalter und Statthalter unter den anderen Geschöpfen zu sein, so kann der Mensch umgekehrt Gott *vertrauen*, dass er bei ihm bleibt, bei ihm seine Wohnung nimmt (s. o. S. 123), dass er seine Segensverheißung erfüllt (z. B. im langen Leben der Patriarchen vor der Sintflut) und schließlich die ganze Schöpfung zum guten Ziel, zum ewigen Sabbat führen wird. Solange der Mensch im Raum dieses Vertrauens auf die Treue Gottes verweilt, *lebt* er, bleibt er verwurzelt im Raum des von Gott geschenkten und erfüllten Lebens.

Wenn nun aber dieses Vertrauen in *Misstrauen* umschlägt, wenn der Mensch auch Gott gegenüber die (unter Menschen in gewissem Maße sinnvolle) »Hermeneutik des Verdachts« anwendet (vgl. Gen 3,4 ff.!), hat der Mensch die Schwelle zum *Herrschaftsbereich des Todes* bereits überschritten. Die Aufkündigung des Vertrauens, dass Gott es mit seiner Schöpfungsordnung und ihren Begrenzungen gut meint, dass es dem Menschen zum Segen gereicht, die ihm gesetzten Grenzen zu akzeptieren – das dürfte der eigentliche Kern der Ursünde des Menschen sein. Anders gesagt: In der Sünde akzeptiert der Mensch seine Endlichkeit und seine Kontingenz nicht mehr als etwas Gutes, das zu seiner Geschöpflichkeit und ihrem Heilsein gehört. Dieses Misstrauen, dieses Nein zur guten Endlichkeit zieht nach J den Tod der Gottferne, des Verlustes der Freundschaft mit Gott, nach sich.

Dieser Verlust prägt das gesamte menschliche Leben einschließlich des natürlichen Todes; alles wird jetzt vom Grundton des Misstrauens, des Verdachtes und damit der angstbesetzten Selbstbehauptung bestimmt, die Beziehung zwischen Mann und Frau (Gen 3,16) ebenso wie die Beziehung zwischen den Geschwistern (Gen 4,1–16) und zwischen dem Menschen und der Natur (Gen 3,17 ff.). Genau dadurch wird dem Menschen nun auch die eigentliche Erkenntnis des Bösen zuteil, die in letzter Konsequenz tödlich ist und vor der Gott den Menschen bewahren wollte.

Daher dürfte klar sein: Mit »Erkenntnis von Gut und Böse« ist im biblischen Text mehr gemeint als nur eine theoretische, moralische oder praktische Erkenntnisfähigkeit des Menschen hinsichtlich von Gut und Böse; diese gehört zur natürlichen Grundausstattung des Menschen. Nein, hier geht es eher um ein Sich-Auskennen-mit, um den *vertrauten Umgang* nicht nur mit dem Guten (wie Gott es dem Menschen ursprünglich zugedacht hatte), sondern auch mit dem Bösen, dem misstrauischen Nein zu Gott und zur eigenen Geschöpflichkeit, das – als Grundhaltung – den Menschen von innen her zerstört.[62] Nach dem biblischen Text sollte darum diese vertraute Kenntnis auch des Bösen einzig Gott vorbehalten bleiben

(Gen 3,5.22). Denn nur für ihn ist diese innerste Erkenntnis des Bösen zu ertragen, ohne tödlich zu sein. Dies nicht etwa deswegen, weil Gott in sich selbst Gut und Böse, Leben und Tod vereinte; das alttestamentliche Gottesbild ist von keiner derartigen monistischen Zweideutigkeit getrübt. Vielmehr kennt Gott allein als *Schöpfer* der Welt auch die dunklen Abgründe geschöpflicher Freiheit und ihrer Möglichkeit zum Bösen, auch und gerade in ihrer tödlichen Konsequenz. Und zugleich hat er (und nur er!) als der unendlich Gute die *Macht* über das Böse und den Tod. Und dies in zweifacher Weise: Zum einen kann er allein beides in seine Grenzen weisen, wie er es bei der Schöpfung gegenüber den tödlichen Mächten des Chaos gezeigt, für die Vollendung der Schöpfung im endgültigen Überwinden des Todes verheißen und in der Auferweckung Jesu bereits antizipiert hat. Zum anderen kann aber auch nur er mit dem Ja zur *Eigen*ständigkeit der Schöpfung sogar dem Bösen als einer Möglichkeit geschöpflicher *Wider*ständigkeit Raum geben – gerade jenem Geschöpf, das er als sein Bild nicht anders als mit Freiheit und damit auch der Möglichkeit zum Nein ausstatten wollte. Alles andere würde den biblischen Begriff »endlicher Freiheit« in sich widersprüchlich machen.[63]

c) Die Verführung des Menschen zum Bösen (Gen 3,1–7)

An diese Erklärung der biblischen Texte lässt sich zu Recht die Frage stellen: Wird hier nicht der Mensch in seiner Freiheit viel zu hoch eingestuft? Sollte wirklich der schwache, labile, so leicht verführbare Mensch durch seine von Anfang an praktizierte Grenzüberschreitung zum Verhängnis für die ganze Schöpfung werden, die (nach Gen 3,14ff.) mit in seine tödliche Entfremdung von Gott hineingezogen wird? Ist er wirklich nur Täter des Bösen, nicht auch dessen Opfer? Denn ist nicht die Sünde des Menschen immer schon tief in den »Naturbedingungen« des menschlichen Lebens und seiner Herkunft aus einer von Gewalt und Blutvergießen geprägten Naturgeschichte verwurzelt,[64] so dass er dadurch von der vollen Verantwortung für das Böse entlastet würde? Oder steht nicht gar hinter dem Bösen in der Welt eine übermenschlich-kosmische Macht, Satan, der diabolos, der Teufel, der in Gen 3 mit der Schlange angedeutet zu werden scheint, durch den der Mensch zum Bösen verführt und so erst Teilhaber am bösen Tun des Teufels wird? Auch das würde den Menschen eines guten Stücks der Verantwortung für das Böse in der Welt entheben.

Nun, die biblischen Aussagen im Buch Genesis machen eines deutlich: Auch wenn dem Menschen und seiner freien Entscheidung gegen das Gebot Gottes die volle sittliche Verantwortung für das Tun des Bösen und für die tödlichen Konsequenzen zu Lasten der ganzen Schöpfung zugeschrieben wird, so wird ihm dennoch nicht die *ausschließliche* Verantwortung dafür angelastet. Der Mensch trifft beim Tun des Bösen auf eine ihm vorgegebene, ihn verführen wollende und schließlich Macht über ihn gewinnende Realität, in Gen 3 dargestellt im Symbol der Schlange. Was hat es mit diesem rätselhaften Symbol auf sich?

Eines ist sicher: In Gen 3 wird die Schlange noch nicht mit dem Teufel identifiziert; das geschieht erst ganz am Ende der alttestamentlichen Zeit, wenn es im Buch der Weisheit heißt: »Durch den Neid des Teufels kam der Tod in die Welt, und ihn erfahren alle, die ihm angehören« (Weish 2,24; so auch im NT: Offb 12,9 u. 20,2 f.). Diese Verbindung von Teufel und Verführer wird im NT vor allem bei den Synoptikern aufgegriffen: Der Teufel (»diabolos«) ist es, der Jesus von seiner Sendung abbringen will. Bezeichnend dafür ist die Versuchungsszene in der Wüste; sie kann als Parallele zur Versuchung im Paradies verstanden werden. Jesus widersteht der Versuchung und stellt damit die Weichen, dass er in seinem Leben, Sterben und Auferstehen zum »neuen Adam« wird.[65] Auch bei der Versuchung Jesu geht es im Tiefsten um Vertrauen oder Misstrauen gegenüber Gott. Insofern kann der christliche Glaube in der Schlange von Gen 3 durchaus ein Symbol der Verführungsmacht des Bösen sehen.[66]

Was den *ursprünglichen* Wortsinn von Gen 3,1–7 angeht, so wird hier die Schlange als eines der Tiere des Feldes eingeführt, die Gott gemacht hatte (nach Gen 2,18 f. zur Hilfe des Menschen!), und zwar als das schlaueste. Die Schlange ist in Israel wie in den Ursprungsmythen vieler Völker mit mannigfaltigen Deutungen besetzt. Warum steht sie hier als Symbol für die Verführung des Menschen zum Bösen? Über mehr oder weniger plausible Vermutungen kommen wir in dieser Frage nicht hinaus.

Zum einen gilt die Schlange – wohl wegen ihrer dem Menschen unheimlichen Wendigkeit und der damit verbundenen Unmöglichkeit, sie zu fassen – als ein besonders kluges und listiges Tier (vgl. Mt 10,16). Vielleicht wird sie allein schon deswegen als Symbol der verführerischen Stimme eingeführt, als eine Stimme, die mit List und Tücke die Wahrheit des göttlichen Verbots verdreht: »Hat Gott wirklich gesagt, ihr dürft von *keinem* Baum des Gartens essen?« (Gen 3,1). Mit der Verdrehung der Wahrheit senkt sich der Keim des Verdachts gegenüber der ausdrücklichen Erlaubnis Gottes, von *allen* Früchten des Gartens zu essen, nur von der einen nicht, ins menschliche Herz.

Zum anderen gilt die Schlange in Israel (nach Num 21,4–9) als ein Symbol für *Tod und Leben:* Durch ihren Biss werden die Israeliten in der Wüste getötet, durch das Anschauen ihres eisernen Abbildes werden sie gerettet (»lebensrettende Apotropie«, d. h. Unheilsabwehr). Sollte diese

Vorstellung im Hintergrund von Gen 3 stehen,[67] verstärkt dies die Stichhaltigkeit der oben vorgetragenen Deutung, dass es bei dem Verbot, vom Baum der Erkenntnis zu essen, wirklich um eine Sache auf Leben und Tod geht. Vielleicht wird deswegen die Versuchung mit einer verführerischen Stimme der Schlange (welche Israel von der Wüstenwanderung her bekannt ist) symbolisiert. Dem Menschen steht es frei, der ihn bedrängenden Versuchung nachzugeben oder zu widerstehen; das eine führt zum Tod, das andere zum Leben.

Wie dem auch sei, entscheidender ist, mit welchem *Versprechen* und mit welchem *Ergebnis* diese Stimme den Menschen zum Misstrauen gegenüber dem Schöpfer verführt. Die Schlange verheißt ihm, er werde durch das Sich-Auskennen mit Gut und Böse »wie Gott sein« (Gen 3,5). Das heißt implizit: Mit der Erkenntnis Gottes von Gut und Böse werde er zugleich auch dessen Macht über das Böse und den Tod gewinnen, also unsterblich werden (V. 4). Von daher versteht sich auch die innere, sachliche Einheit der *beiden* Bäume in der Mitte des Gartens, die Zusammengehörigkeit des Lebensbaumes mit dem Baum der Erkenntnis (Gen 2,9). Die Menschen geben der Verführung nach – und was geschieht? Etwas im wahren Sinn des Wortes Beschämendes: Die Augen gehen ihnen auf, und sie erkennen, dass sie nackt sind. Es geht dabei wohl nicht nur um die körperlich-sexuelle Nacktheit und die damit verbundene Scham voreinander, sondern vor allem um die beschämende Erkenntnis ihrer vollkommenen Blöße, ihres *Bloßgestelltseins* als armselige, ausgelieferte und schutzbedürftige Wesen (V. 7). Mit dieser Erfahrung des Preisgegebenseins beginnt das Sich-Auskennen des Menschen mit Gut *und* Böse, und dieses wird sich fortsetzen in den Leiden des beschädigten Verhältnisses von Mann und Frau zueinander, der mühseligen Arbeit an der Erde, der schmerzlichen Geburt der Kinder und schließlich des als Strafe empfundenen Sterbens (Gen 3,14–19).

d) Der Sinn der sog. Strafsprüche (Gen 3,14–19)

Die das menschliche Leben so einschneidend verändernden Folgen der Ursünde des Menschen werden in Gen 3,14ff. als »Strafsprüche« des zu Gericht sitzenden Schöpfers dargestellt; er deckt die Schuld des Menschen (und des Verführers) auf und spricht sein Urteil.

Hier müssen wir uns vor einem gängigen Missverständnis hüten: Die theologische Aussageabsicht dieser Verse liegt nicht darin, dass Gott seinen ursprünglichen Schöpfungswillen nun aufheben und ersetzen wolle durch einen neuen, gleichermaßen ewigen und unverrückbaren Willen. Im Gegenteil: In diesen Versen wird der faktische, allgemein als leidvoll erfahrbare Zustand des menschlichen Zusammenlebens erklärt als negative, sich zerstörend auswirkende *Konsequenz* der Sünde, die bereits am Ursprung menschlicher Geschichte geschehen ist und immer von Neuem geschieht. Diese Sünde steht jedoch samt ihrer Konsequenz, dem universal wirksamen Fluch, im *Widerspruch* zum ursprünglichen Schöpfungswillen Gottes, wie er sich etwa in Gen 2,18.20.23 f. manifestiert. Der jetzige Zustand z.B. des Zusammenlebens von Frau und Mann wird als Verhängnis, als unheilvoll sich auswirkende Macht der Sünde erfahren, der aus eigener Kraft keiner mehr entrinnen kann.

Zwar wird dieses Verhängnis als Strafe Gottes, als seinem Willen gemäß gedeutet. Aber hier gilt es genau zu unterscheiden: *Einerseits* liegt es im Schöpfungswillen und -wirken Gottes, dass die freie, aus Misstrauen geborene Überschreitung der geschöpflichen Grenzen den Menschen selbst, seine Beziehungen zueinander und zur Natur zutiefst beschädigt und entstellt. Die Sünde des Misstrauens trägt ihre Strafe in Form der Verwundbarkeit des sündigen Geschöpfes und der ganzen Schöpfung als *immanente Konsequenz* in sich selbst; *das* ist der mit der Schöpfung immer schon gegebene Wille des Schöpfers. In der bildhaft-ätiologischen Sprache der Genesis wird dieser Wille in Gen 3 als ein neuer, strafender, für die Zeit nach dem Sündenfall geltender Wille Gottes dargestellt.

Und doch ist *andererseits* dieser Wille Gottes nicht *gegen* den ursprünglichen, von Gott keineswegs außer Kraft gesetzten Schöpfungswillen auszuspielen, um damit z.B. die Herrschaft des Mannes über die Frau (V. 16) ideologisch zu legitimieren. Diese so genannten Strafworte der Genesis sind nur im Kontext der gesamten glaubenden Grunderfahrung Israels richtig zu verstehen, nämlich der Errettung der Unterdrückten im Exodus und im Exil. In diesem Horizont wird die theologische Grundaussage von Gen 3,14 ff. deutlich: Gott, der den Menschen zur liebenden Begegnung und Partnerschaft geschaffen hat, lässt den Menschen und die Schöpfung zwar die Konsequenz der Sünde erleiden (als Preis der Freiheit), dies aber nicht in der Pose des über allen Wolken thronenden Richters, sondern in der Weise der auch in diesen negativen Konsequenzen dabei seienden Liebe, als Jahwe, als »Ich bin da« (Ex 3,14). In dieser seinen Geschöpfen treu bleibenden Liebe geht Gott dem Menschen nach, sucht ihn (Gen 3,9: »Adam, wo bist du?«), nimmt das Gespräch mit ihm auf und rüstet ihn für die Härten des Lebens aus (3,21; 4,15). Deswegen dürfen seine Strafworte über Frau und Mann nicht als fromme Legitimation eines sündigen, die Frau für alle Zeiten demütigenden Zustandes missbraucht werden.

Gottes in allem dabei seiende Liebe nimmt in diesen Versen die Gestalt des »Zornes« an, des entschiedenen Widerspruchs Gottes gegen die

Sünde und die durch sie verursachte Situation. Doch überhört Gott dabei keineswegs den Schrei seiner Geschöpfe nach Erlösung (vgl. Ex 3,7 ff.), nach der neuen Schöpfung (vgl. Röm 8,19 ff.), in der Frau und Mann wieder eins sind in Christus, dem neuen Adam (vgl. Gal 3,28), und in ihm sich *einander* unterordnen (vgl. Eph 5,21). Nur wenn man die biblischen Texte der Urgeschichte in dieser befreienden Perspektive betrachtet, erliegt man nicht der Gefahr von Missverständnis oder – schlimmer noch – Interessenmissbrauch durch Ideologien und Machtstrukturen.

e) Weitere Konkretisierungen der Ursünde (Gen 4–11)

Kurz seien die anderen Beispiele menschlichen Sich-Verfehlens gegen Gott in der biblischen Urgeschichte erwähnt.[68] Wie (im buchstäblichen Sinn) *tödlich* der Verlust des Grundvertrauens in Gott und in die eigene Geschöpflichkeit sich auswirkt, zeigt besonders markant die Geschichte von Kain und Abel.

Der Brudermord in Gen 4 gehört untrennbar zur ersten Sündenerzählung in Gen 3 dazu; denn beide zusammen spiegeln (gleichsam im Negativ) das *eine* Gebot der Gottes- und Nächstenliebe, dessen Übertretung *beide* Beziehungen des Menschen zugleich beschädigt. In Gen 4 stehen der Aspekt des Zerbrechens der schöpfungsgegebenen Geschwisterlichkeit und die sündige Abkehr von der Gewaltlosigkeit im Vordergrund. Die Gewalt erwächst aus einem Konkurrenzdenken, das seinen natürlichen Grund zunächst in verschiedenen Lebens- und Arbeitsbereichen hat (Ackerbau und Viehzucht). Die Rivalität steigert sich durch das unterschiedliche Wohlergehen, welches religiös als göttliche Bevorzugung gedeutet wird (obwohl doch alle Menschen geliebte Kinder des einen Schöpfers sind), zum tödlichen Neid und zur Zerstörung der menschlichen Lebensgemeinschaft durch Gewalt und Gegengewalt (Blutrache). Aber auch jetzt noch bleibt Gott dem schuldig gewordenen Menschen treu; er gibt ihm ein »Schutzzeichen« (Gen 4,15 – also gerade kein diskriminierendes »Kainsmal«), damit der Teufelskreis von Gewalt und Gegengewalt das menschliche Zusammenleben nicht völlig zerstört.[69]

Ein weiteres Beispiel der sündigen Grenzüberschreitung des Menschen erzählt Gen 9,20–27 (Noach und seine Söhne); hier wird die Maßlosigkeit im Genießen der Schöpfungsgaben angeprangert, z. B. in der Trunkenheit, die zugleich das von Pietät geprägte Verhältnis zwischen den Generationen verletzt und zur Verfluchung der eigenen Kinder führt.

Schließlich wird in Gen 11,1–9 (Turmbau zu Babel) der Wille zum *Titanischen* im Bereich des technisch Machbaren und zum *Totalitären*, sich in maßlosem gesellschaftlichem Einheits- und Uniformitätsstreben äußernden Handeln als eine weitere Form der Ursünde des Menschen dargestellt. Allen (scheinbar guten) Absichten der Menschen zum Trotz führt dieser Wille letztendlich zur Trennung und völligen Sprachverwirrung unter den Menschen. Der Sinn der (mit vielen mythologisch-anthropomorphen Bildern erzählten) Strafe Gottes für die menschliche »Gigantomanie« dürfte darin liegen, dass Gott auch über das dem Menschen in seinem gesellschaftlichen Zusammenleben wohltuende Maß wacht; und dazu gehört vornehmlich die Vielheit und Unterschiedenheit von Rassen, Völkern, Sprachen, Kulturen und Gesellschaftsordnungen. Humanes Zusammenleben kann sich nur als Einheit in der Vielfalt entfalten, nicht aber als undifferenzierte Totalität und Uniformität.

VI. Die in der Schöpfung wahrnehmbare Weisheit des Schöpfers (Weisheitsbücher)

Dass auch in der alttestamentlichen Weisheitsliteratur, die ein besonders beredtes Zeugnis von der interkulturellen Begegnung des Glaubens Israels mit der vorderorientalischen bzw. hellenistischen Kultur der letzten fünf Jahrhunderte v. Chr. ablegt, das Thema Schöpfung eine nicht unwesentliche Rolle spielt, legt sich allein schon von der sachlichen Verbindung zwischen Weisheit und Schöpfung her nahe.[70] Ist doch die Weisheit das erste und kostbarste Werk des Schöpfers »vor seinen Werken in der Urzeit« (Spr 8,22–26); mit dieser Weisheit (ob sie nun als Eigenschaft Gottes oder als personifizierte Begleiterin oder Mittlerin des Schöpfers verstanden wird) hat Gott Himmel und Erde geschaffen und alles wohl geordnet (Spr 3,19; 8,27–31); und *der Mensch*, der – wie Salomon – von Gott als Allererstes die Gabe der Weisheit erbittet und erhält, erfährt sie nachgerade als einen »Lebensbaum«, von dem er sich nähren kann und der ihm zum wahren Shalom (zu Frieden, Wohlergehen und Glück) verhilft (Spr 3,18). Denn die Weisheit befähigt den Menschen dazu, wirklich schöpfungsgemäß, das heißt ganz im Sinn der von Gott seiner Schöpfung gegebenen Ordnung, zu leben und zu handeln.

> »Insofern es in dieser [in der Weisheitstheologie] darum geht, die der kosmischen und sozialen Welt zugrunde liegenden Gesetzmäßigkeiten zu erkennen, um so ein Grundwissen von Gut und Böse zu erhalten und sich von diesem Wissen bei der Gestaltung des Lebens leiten zu lassen, setzt sie voraus, dass die Grundordnung der Welt verlässlich und lebensförderlich ist, weil sie vom einen und einzigen Schöpfergott eingestiftet, geschützt und durchgesetzt wird.«[71]

Von diesem lebenspraktischen Interesse vieler Schriften der Weisheitsliteratur her versteht es sich, dass gerade in *sozialethischen* Zusammenhängen (sei es implizit, sei es explizit) auf den Schöpfer verwiesen wird. Denn der gemeinsame Schöpfer garantiert zum einen die grundlegende *Gleichheit* aller Menschen: »Reiche und Arme begegnen einander, doch der Herr hat sie alle erschaffen« (Spr 22,2; vgl. auch 29,13). Zum anderen liegt dem Schöpfer besonders das *Wohl* und die Würde des *Armen* am Herzen: »Wer den Geringsten bedrückt, schmäht dessen Schöpfer, ihn ehrt, wer Erbarmen hat mit dem Bedürftigen« (Spr 14,31; vgl. auch 17,5; ähnliche Stellen auch im Buch Ijob).

Auf sehr *existentielle* Weise wird das Schöpfungsthema relevant, wenn das *Theodizeeproblem* aufbricht; z.B. wenn Ijob in der Situation unerklärlichen, ungerechtfertigten Leids vor Gott dessen gerechte, plötzlich jedoch so verdunkelte Ordnung in der Welt einklagt. Der Blick auf die Schöpfung gibt Ijob zunächst keine eindeutige Antwort; er ruft bei ihm eine eher zwiespältige Reaktion hervor. Denn auf der einen Seite wird er dabei der unbegreiflichen Größe und Majestät Gottes ebenso inne wie – im Kontrast dazu – der Ohnmacht und Begrenztheit des Menschen, der sich nicht anmaßen kann, mit Gott zu streiten (z.B. Ijob 9,1–14). Auf der anderen Seite aber zweifelt er dabei zutiefst an der Gerechtigkeit Gottes in seiner Schöpfung (9,15–10,22); die Erde scheint ihm »in Frevlerhand gegeben« (9,24) und Gott selbst in seinem Handeln widersprüchlich (10,8). Erst am Schluss, als Gott ihm in den so genannten Jahwereden (38,1–41,26) auf seine Klage antwortet, setzt sich bei Ijob die erste Perspektive durch. Jahwe selbst antwortet auf die Fragen und Klagen Ijobs, indem er zunächst die Rollen vertauscht und vierzig rhetorische Fragen an Ijob richtet: »Wo warst du, als ich die Erde gegründet? [...] Wer setzte ihre Maße? [...]« usw. (38,4–38). Mit diesen Fragen ruft Gott dem zweifelnden Ijob die Allmacht seines Schöpferseins in Erinnerung; und er illustriert diese Macht sehr anschaulich in weiteren Redeabschnitten, wenn er sich Ijob gegenüber als »Herr der Tiere« (38,39–39,30) und gar als Schöpfer von Nilpferd (»Behemot«) und Krokodil (»Leviathan« – vgl. Ps 104,26) vorstellt, jener schaurig-schönen Ungeheuer, die hier die schrecklichen, allein von Gott zu bändigenden Chaosmächte repräsentieren.[72]

Auf diesen überwältigenden Erweis der für den Menschen schlechthin unfassbaren Größe des Schöpfers hin erklärt Ijob seinen Rechtsstreit für beendet (40,3–5); er sieht seinen Unverstand ein und widerruft seine Vorwürfe an Gott. Dies wohl nicht nur deswegen, weil er sich gegenüber den Argumenten des Schöpfers schlicht geschlagen geben muss, sondern weil er – wie es in 42,1–6 heißt – Gott jetzt nicht mehr nur »vom Hörensagen« kennt: Er hat in diesem von Gott geleiteten Blick auf die Schöpfung den Schöpfer selbst »geschaut«. Nicht noch so viele Worte und Reden können Ijobs Fragen beantworten, sondern allein die persönliche Erfahrung Gottes; sie lässt ihn wieder »aufatmen« (V. 6), das heißt mit Gott und seinem Los versöhnt sein.

Was Ijob am Ende eines langen, schmerzlichen Ringens mit Gott und seiner Gerechtigkeit empfängt, nämlich Gott selbst in seiner Schöpfung wahrzunehmen, wird in der jüngsten, im ersten Jahrhundert v. Chr. in griechischer Sprache verfassten Schrift des AT, dem »Buch der Weisheit«, als philosophisch-theologische Lehre dargelegt. Den Schöpfer als den »wahrhaft Seienden« (so die Septuaginta-Übersetzung des Jahwe-Namens Ex 3,14) aus den von ihm geschaffenen Dingen, aus ihrer staunenswerten »Größe und Schönheit« zu erkennen, gilt dem (von der Stoa beeinflussten) Verfasser unbezweifelbar als eine *allen* Menschen gegebene Fähigkeit ihrer Vernunft (Weish 13,1–9). Diese Überzeugung dient ihm als Argument, um all jene scharf zu verurteilen, die anstelle des Schöpfers bloße Elemente der Schöpfung (Feuer, Wind, Gestirne usw.) als Götter verehren oder – noch schlimmer – sich mit selbst gemachten Götterbildern begnügen. Über den Römerbrief des heiligen Paulus, der diese Argumentation in Röm 1,18–25 übernimmt, wird sie in der späteren philosophischen Theologie der Kirche eine bedeutende Wirkungsgeschichte entfalten – weniger um verhängnisvolle Irrlehren zu brandmarken, sondern vielmehr um einen universalen Anknüpfungspunkt für das christliche Glaubensbekenntnis an den einen Gott, den Schöpfer Himmels und der Erde, zu gewinnen.[73]

B. Schöpfungsglaube im Neuen Testament

Der im NT bezeugte Glaube der jungen Kirche lebt fraglos in der Tradition von Israels Schöpfungsglauben. Doch werden mit dem Glauben an den Messias Jesus auch in dieser Hinsicht bedeutsame neue Akzente gesetzt. Entscheidend ist dabei der Schritt, das Subjekt der Schöpfung aufgrund der mit Jesus gemachten neuen, eschatologischen Heilserfahrung letztgültig zu präzisieren. Der Schöpfer des Himmels und der Erde, den Israel mit Jahwe, dem befreienden Gott seiner Geschichte, identifiziert hat, ist für die Christen zugleich der »Vater unseres Herrn Jesus Christus« (vgl. Röm 15,6; Kor 1,3; 11,31; Eph 1,3; Kol 1,3) und darum auch »unser Vater« (vgl. Röm 1,7; 1 Kor 1,3; 2 Kor 1,2 u. a.). Folglich wird seine schöpferische Macht über Himmel und Erde im christlichen Glauben besonders von seinem spezifischen Heilshandeln an und in Jesus Christus her profiliert – wie also der Schöpfer sich in der Sendung des ewigen Wortes, in Leben und Sterben Jesu Christi und vor allem in seiner Auferweckung von den Toten (vgl. Gal 1,1; Röm 1,4; 6,4 u. a.) manifestiert hat. Paulus verbindet den letztgenannten Aspekt ausdrücklich mit der Schöpfung: In der Nachkommenschaft Abrahams und seines rechtfertigenden Glaubens können wir – wie er – »dem Gott, der die Toten lebendig macht und das, was nicht ist, ins Dasein ruft«, vertrauen (Röm 4,17). Die definitive Errettung des gekreuzigten Jesus aus dem Reich des Todes und die Ermöglichung unserer Teilhabe daran werden für den christlichen Glauben zur Spitzenaussage dafür, was die schöpferisch-befreiende Macht Gottes vermag. Im Rahmen dieses einzigartigen, von der Glaubenserfahrung mit dem auferstandenen Jesus Christus her geprägten Schöpfungsverständnisses lassen sich im NT einige Akzente besonders hervorheben.[1]

I. Die Schöpfung und die in Jesus nahe gekommene Gottesherrschaft

In seiner Botschaft vom unmittelbar bevorstehenden, sich in seinem Wirken bereits ankündigenden Kommen der Gottesherrschaft knüpft Jesus ausdrücklich an die Verheißungen des Deutero- und Trito-Jesaja an (vgl.

Lk 4,18 ff.): Gottes Lebens-, Friedens- und Gerechtigkeitswille setzt sich – ausgehend von Israel, zumal von seinen Armen und zu ihren Gunsten – jetzt endlich durch (wie bereits »im Himmel«, so nun auch »auf Erden«). In besonderer Weise belebt Jesus den im Jesaja-Buch so nachdrücklich betonten Glauben an die Macht des Schöpfergottes. Dazu zwei Beispiele:

1. Grenzenloses Vertrauen in die Präsenz des vorsorgenden Vaters

Jesu zentrale Botschaft der Bergpredigt, sich nicht »wie die Heiden« um Essen, Trinken, Kleidung und jede Art von »Schätze-Sammeln« auf Erden zu sorgen, sondern zuerst um das Reich Gottes (Mt 6,19–34), begründet Jesus mit der an den Vögeln des Himmels und an den Blumen des Feldes so einleuchtend ablesbaren *Vorsorge* des himmlischen Vaters für all seine Geschöpfe, gerade die Menschen. Die Ermutigung zu solch uneingeschränktem Vertrauen auf die in allem wirksame Präsenz des Schöpfers soll die »kleingläubige« Sorge der Jünger um die alltäglichen Lebensbedürfnisse (V. 30) vertreiben und ihnen den Zugang zu Gottes Herrschaft und Reich erschließen.

Um das Gleiche geht es bei der Stillung des Seesturmes (Mt 8,23–27 par.). Sie weckt bei den ängstlichen Jüngern eine Staunen und Schrecken erregende Ahnung davon, dass in diesem Jesus die Schöpfermacht Gottes selbst am Werk ist – jene Macht also, die bereits am Ursprung der Welt das Chaos der Urflut allein durch ihr gebietendes Wort in seine Grenzen wies: »Was ist das für ein Mensch, dass ihm sogar die Winde und der See gehorchen?« (V. 27). Wenn dieser Mensch das Kommen des Reiches Gottes ansagt und deswegen Menschen in die alles andere zurücklassende Nachfolge ruft, dann ist seinem Wort wirklich zu trauen; durch ihn spricht offensichtlich Gott selbst sein rettendes Wort.

Ähnliche Erfahrungen machen die Menschen mit den Heilungswundern Jesu, zumal wenn es um die Austreibung der Dämonen (»Schadensgeister«) geht; auch diese müssen seinem machtvollen Wort gehorchen (vgl. Mk 1,23–28). Dadurch kann in vielfältiger Weise die von ihnen beschädigte Schöpfung wieder geheilt werden und in ihrem ursprünglichen Gutsein aufscheinen. In Jesu Wort und Tun kommt Gottes Herrschaft über die Angst machenden, lebenszerstörenden Mächte des Todes so machtvoll zur Geltung, wie es dem Willen Gottes vom Anfang der Schöpfung an entspricht. Jesus bringt sicher keine heile Welt; wohl aber setzt er Zeichen einer geheilten Schöpfung.

2. Die Schöpfungsordnung als Maßstab für das Handeln in der Gottesherrschaft

Häufig begründet Jesus seine für viele Zeitgenossen sehr anstößigen Weisungen mit dem Schöpfungswillen Gottes, der inzwischen von einer Unzahl von Einzelvorschriften verdeckt wird und darum in Vergessenheit geraten ist. So argumentiert er z.B. bei dem schwer begreiflichen Gebot der Feindesliebe mit der universalen Güte des Schöpfers, der »seine Sonne aufgehen lässt über Bösen und Guten und es regnen lässt über Gerechte und Ungerechte« (Mt 5,45; ähnlich auch das Gleichnis vom Unkraut im Weizen Mt 13,24–30). Damit setzt Jesus das gemeinhin geltende Axiom »Wie du mir, so ich dir« außer Kraft und ersetzt es durch das neue Gebot der Gottesherrschaft: Wie Gott (der gute Schöpfer) mir (dem Sünder), so ich dir! (vgl. Mt 5,48).

So weist Jesus auch in konkreten Streitfragen immer wieder auf den *ursprünglichen* Sinn einer Institution hin. Nach dem Vorbild und dem Willen des Schöpfers ist der »Sabbat für den Menschen da, nicht der Mensch für den Sabbat« (Mk 2,27). Und als es um die Unauflöslichkeit der Ehe und um die Gleichbehandlung der Frau in den Fragen von Scheidung und Ehebruch geht (vgl. Mk 10,2–12), greift Jesus auf den Ursprung der Ehe »am Anfang der Schöpfung« (V. 8) zurück. Die Macht der Gottesherrschaft zeigt sich eben auch darin, dass alle menschlichen Gebote und Gebräuche auf ihren gottgegebenen Sinn hin relativiert werden und so ungehindert dem Heil des konkreten Menschen dienen können.

Mit dieser Begründung seiner kritischen Einstellung gegenüber bestimmten menschenfeindlichen Auslegungen der Tradition steht Jesus ganz in der Tradition des Schöpfungsglaubens Israels. Denn die Rede von der ursprünglichen Erschaffung des Menschen zum Bild und damit zum Statthalter Gottes auf Erden trägt von Anfang an den Keim prophetischer Kritik an allen sich selbstzweckhaft und menschenfeindlich gebärdenden Traditionen in sich.

II. Die Erneuerung der Schöpfung durch Jesus Christus

Die nachösterliche Reflexion der Urkirche ist zweifellos nicht primär von der Schöpfungsthematik bewegt, sondern von den durch die Ereignisse um Tod und Auferstehung Jesu angestoßenen Fragen: Wer ist dieser Jesus Christus eigentlich, den Gott den Sündern ausgeliefert und von den Toten erweckt hat? In welcher Beziehung steht er zu Gott? Welche Bedeutung hat er für unser Heil? In diesem Zusammenhang wird aber auch das Schöpfungsthema aufgegriffen und in Beziehung zu Jesus Christus gesetzt; das heißt, die Schöpfung wird ausdrücklich in die soteriologische und eschatologische Perspektive von Tod und Auferstehung Jesu gerückt.[2] Darum kann im NT von der Schöpfung gesagt werden: Sie ist durch Jesus Christus definitiv (»eschatologisch«) erneuert und unwiderruflich auf den Weg zu ihrer verheißenen Vollendung gebracht.

Diese Überzeugung äußert sich in einigen markanten Formulierungen vor allem bei Paulus.

1. Jesus – die Vollendung Adams

Um die Bedeutung von Tod und Auferstehung Jesu für die von Sünde und Tod geknechtete Schöpfung zu erklären, kontrastiert Paulus sehr scharf Adam und Christus (Röm 5,12–21; 1 Kor 15,21 f. 45–47). Beiden spricht er die Rolle eines Stammvaters für ein bestimmtes heilsgeschichtliches Geschlecht, eines Urbildes für einen heilsgeschichtlichen Typos von Mensch zu: Adam steht für den Menschen, der sich selbst der Macht der Sünde, also des Ungehorsams, der Ungerechtigkeit und damit des Todes, unterworfen hat; Christus dagegen steht für den Menschen in der Gnade des Gehorsams, der Gerechtigkeit und des Lebens. Im Rahmen seines apokalyptischen Weltbildes, das von dem unversöhnten Gegensatz zwischen Böse und Gut, Finsternis und Licht, Unheil und Heil lebt, kennt Paulus nur diese beiden heilsrelevanten Arten von Menschen. So wird seine Terminologie in 1 Kor 15,45 ff. verständlich:

Adam, der »erste Mensch« (πρῶτος ἄνθρωπος), und seine gesamte Nachkommenschaft haben zwar (nach Gen 2,7) den Lebensatem Gottes bekommen, aber nur für das irdische Leben; sie sind und bleiben Menschen aus Erde und von der Erde und damit unentrinnbar dem Tod ausgeliefert. Christus, der »zweite Mensch« (δεύτερος ἄνθρωπος), der »vollendete«, das heißt zu seiner Vollendung gelangte »Adam« (ἔσχατος Ἀδάμ) dagegen ist für seine geistliche Nachkommenschaft zum todüberwindenden, lebendig machenden Pneuma geworden, weil er vom Himmel ist und den Seinen Anteil an seiner pneumatisch-himmlischen Existenzform geben wird in der endzeitlichen Auferweckung der Toten. So kann Paulus siegesbewusst am Schluss dieses großen Textes über die Auferstehung ausrufen: »Verschlungen ist der Tod vom Sieg. Tod, wo ist dein Sieg? Tod, wo ist dein Stachel? Der Stachel des Todes aber ist die Sünde, die Kraft der Sünde ist das Gesetz. Gott aber sei Dank, der uns den Sieg geschenkt hat durch Jesus Christus, unseren Herrn« (1 Kor 15,55 ff.).

Die unheilvolle Geschichte des »ersten Adam« ist an ihr Ende gelangt, weil der »zweite Adam« bis zum Äußersten, ohne jeden Schatten eines Misstrauens auf Gott, seinen Vater und Schöpfer, vertraut und sich ihm im Dunkel des Todes ganz überlassen hat, auch hinsichtlich dessen, was aus seiner Botschaft vom angebrochenen Reich Gottes werden soll. So nimmt Jesus, das Mensch gewordene Wort Gottes, bis in den Tod hinein sein Mensch-und-Geschöpf-Sein an. Dies kommt der ganzen Schöpfung zugute: Sie empfängt in Jesus von Neuem den Schöpfergeist, den Lebensatem Gottes, der sie endgültig aus der Macht des Todes befreien wird.

2. Die Getauften – eine neue Schöpfung und neue Menschen

Nach Paulus erhalten die geistlichen Nachfahren Jesu Anteil an seinem neuen Leben, aber nicht erst dann, wenn sie bei der Vollendung der Welt von den Toten auferweckt werden, sondern bereits *jetzt*, mitten im todgeweihten Leben des »alten Äons«, und dies durch Glaube und Taufe. Wer »in Christus« hineingetauft und in ihn »inkorporiert« ist, ist jetzt schon »neue Schöpfung« (2 Kor 5,17; Gal 6,15). Der deuteropaulinische Kolosserbrief versteht diesen Vorgang der radikalen Erneuerung als »Anziehen des neuen Menschen« (Kol 3,9 f.). Das heißt: Die Taufe wird in Anlehnung an Gen 1,26 f. als Erschaffung eines neuen Menschen durch Gott gedeutet.[3] Noch ein anderes Bild für das umstürzend Neue, das den Glaubenden in der Taufe widerfährt, wird in verschiedenen neutestamentlichen Traditionen herangezogen: das der Geburt, der Neugeburt oder Wiedergeburt (Jak 1,18; Tit 3,4 f.; 1 Petr 1,3; Joh 3,3 ff.; 1 Joh 4,7).

Diese Symbolik der neuen Schöpfung bedeutet im NT mehr als nur ein spirituelles, im Inneren der Getauften sich abspielendes Geschehen; sie hat eine klare *ekklesiologische* Sinnspitze. Denn erst im konkreten Zusammenleben der in Christus zur neuen Schöpfung Verwandelten erweist sich die erneuernde Kraft des Glaubens und der Taufe in ihrer wirklichkeitsbestimmenden und so schöpfungsanalogen Macht. Diese zeigt sich z. B. in der tief greifenden Relativierung aller Rang- und Wertunterschiede, die aus der alten, vom Fluch der Sünde gezeichneten Schöpfung bekannt sind und immer noch weiter wirken: »Denn ihr alle, die auf Christus getauft sind, habt Christus (als Gewand) angelegt. Es gibt nicht mehr Juden und Griechen, Sklaven und Freie, nicht Mann und Frau, denn ihr alle seid ›einer‹ [*ein* Mensch, *eine* Menschheit] in Christus Jesus« (Gal 3,27 f.; vgl. 1 Kor 12,13; Kol 3,11). Das *einheitsstiftende* In-Christus-Sein ist *das* heilsrelevante Datum der neuen Schöpfung; alles andere ist demgegenüber irrelevant.

Damit hat Paulus seinen Gemeinden ein sehr brauchbares, auch heute gültiges *Kriterium* zur Unterscheidung zwischen alter und neuer Schöpfung in der Kirche gegeben. Solange das Volk Gottes noch zur vollendeten Gestalt der neuen Schöpfung unterwegs ist, bleibt es den Anfechtungen der alten Schöpfung unterworfen, die sich eben von Rang- und Wertunterschieden her definiert (leider auch in der Kirche, trotz der Mahnung Jesu: »Bei euch soll es nicht so sein« – Lk 22,26). Darum müssen die Gläubigen sich stets bewusst bleiben, dass sie »Kinder der Freien« (des »himmlischen Jerusalem«) sind (Gal 4,31), um so das Geschenk der neuen Schöpfung immer neu vor den ständig drohenden Rückfällen in unfrei machende Denkweisen der alten Schöpfung zu schützen.

III. Jesus Christus, der Schöpfungsmittler

Die urkirchliche Glaubensreflexion über die Bedeutung Jesu Christi für die Schöpfung geht noch einen Schritt weiter: Nicht nur die endgültige Erneuerung der Schöpfung (sakramental vorweggenommen im Raum der Kirche) ist ihm zu verdanken, sondern auch die Mittlerschaft bei der ursprünglichen Erschaffung der Welt. So erlangt er im Glauben der Gemeinde eine wahrhaft *kosmische* (das Universum einbeziehende) Bedeutung für das Schöpfungswerk Gottes.

1. Quellen und Sinn der Vorstellung von der Schöpfungsmittlerschaft

Die Idee der Schöpfungsmittlerschaft und die dahinter stehende Fragestellung konnte das NT aus der frühjüdischen, hellenistisch beeinflussten Weisheitstheologie des AT, aus der Logos-Theologie des jüdischen Philosophen Philo von Alexandrien (13 v. Chr.–45/50 n. Chr.) und aus der rabbinischen Tora-Theologie übernehmen. In diesen frühen philosophisch-theologischen Überlegungen ging es um jene Frage, die schließlich auch in der christlichen Schöpfungstheologie ausgiebig diskutiert wurde: Wie kann Gott eine schöpferische Beziehung zur Welt, dem ganz Anderen seiner selbst, eingehen, ohne dass dadurch seine unteilbare Einheit gegenüber der Vielfalt der geschaffenen Dinge, seine Ewigkeit gegenüber ihrer Zeitlichkeit, seine Unveränderlichkeit gegenüber ihrer Vergänglichkeit, seine Unendlichkeit gegenüber ihrer Endlichkeit aufgehoben würde? Wie kann der »Übergang« von dem einen Gott zu der in sich vielfältigen Welt im Schöpfungsakt geschehen, ohne dass dabei Gottes Transzendenz angetastet wird und ohne dass umgekehrt die Welt ihre relative Eigenständigkeit verliert und einfach als eine Manifestation Gottes in ihm aufgehoben wird? Um diese Frage zu beantworten, griff man im Frühjudentum und dann auch im Christentum auf die mittelplatonische und stoische Idee des Schöpfungsmittlers zurück. In der jüdischen Weisheitsliteratur wurde die Rolle der Vermittlung zwischen dem Schöpfer und seiner Schöpfung der *Weisheit*, der Sophia Gottes, zugesprochen (so etwa in Spr 3,19; 8,22–31; Sir 1,4; 24,9; Weish 7,12.21; 8,4; 9,9–11). Einesteils ist sie eine Eigenschaft des Schöpfers selbst, sie gehört zu ihm; anderenteils aber ist sie sein erstes, kostbarstes, vor allen anderen Werken geschaffenes und damit im Vergleich zur Welt präexistentes Schöpfungswerk.[4] In personifizierter Gestalt ist sie dann bei der Schöpfung der Welt zugegen als vor Gott »spielende« Weisheit, an der Gott sich freut und die ihn bei seinem Schöpfungswerk inspiriert. Sie lässt sich auch verstehen als das in und bei Gott existierende *Urbild* der vielfältigen Schöpfung, auf das der Schöpfer schaut, um dann durch sein schöpferisches Wort die in seiner Weisheit vorab gebildete und wohlgeordnete Welt zu erschaffen, gleichsam aus sich »herauszusetzen«. Die Weisheit und das Wort Gottes (der Logos) sind demnach die göttlichen Weisen, in denen der Schöpfer mit der Welt in Beziehung tritt; sie vermitteln Gott und Welt dadurch miteinander, dass der Schöpfer sie als *seine Gaben* der Welt mitteilt und so in ihnen mitten in seiner Schöpfung präsent ist, ohne jedoch seine Transzendenz ihr gegenüber aufzugeben. Dabei verkörpert die Weisheit eher die alles gut ordnende Menschenfreundlichkeit des Schöpfers, das Wort eher seinen herrscherlich gebietenden Willen.

2. Die Übertragung auf Jesus Christus

a) Bei Paulus

Diese Rolle sowohl der Weisheit wie des Wortes Gottes wird nun in der Urkirche auf *Jesus Christus* übertragen, und zwar in jenen Schriften des NT, in denen der Glaube an seine *Präexistenz* besonders ausgeprägt ist, also bei Paulus und Johannes, im Kolosser-, Epheser- und Hebräerbrief. So verkündet Paulus Jesus Christus ausdrücklich als die in einem Menschen offenbar gewordene und verkörperte Weisheit Gottes (vgl. 1 Kor 1,24–39). In demselben Brief verbindet Paulus (im Kontext des Streits um das Verzehren von Götzenopferfleisch) sein eindeutig monotheistisches Bekenntnis zu dem einen Schöpfergott mit dem Bekenntnis zur Schöpfungsmittlerschaft Jesu: »Und selbst wenn es im Himmel oder auf der Erde so genannte Götter gibt – und solche Götter und Herren gibt es viele –, so haben doch wir nur einen Gott, den Vater. Von ihm stammt alles, und wir leben auf ihn hin.

Und einer ist der Herr: Jesus Christus. *Durch* ihn ist alles, und wir sind *durch* ihn« (1 Kor 8,5 f.; ähnlich Hebr 1,2 f.).[5]

Dies ist bei Paulus keine müßige theologische Spekulation über ferne Urzeiten, sondern hat einen klaren, praktischen Sinn: Ein solcher Schöpfungsglaube befreit von der Angst vor etwaigen Götzen und Herren und vor damit zusammenhängenden traditionellen Kultvorschriften. Weil Christus als Schöpfungsmittler und Erlöser der universale Herr über alle nur denkbaren Mächte und Gewalten ist, darum ist der Gläubige, der allein ihm gehört und gehorcht, frei von jeder ihn knechtenden Dienstbarkeit gegenüber allen anderen Mächten und Gewalten. Dann zählt, wenn es um das richtige Verhalten in der Frage geht, ob Christen das (auf dem Markt feilgebotene) Götzenopferfleisch essen dürfen oder nicht, nur noch die liebevolle Rücksicht auf die Schwächeren in der Gemeinde, nicht aber die (grundlose) Furcht vor einer möglichen Verunreinigung durch solche Speisen.[6]

b) Im Johannesprolog (Joh 1,1–18)

Traditionsgeschichtlich dürfte als Vorlage für den großen Christus-Hymnus Joh 1,1–18 ein vorchristlicher, von der Logos-Lehre des jüdisch-hellenistischen Theologen Philo von Alexandrien geprägter Hymnus auf den göttlichen Logos gedient haben.[7] Ein christlicher Hymnendichter könnte den Text aufgegriffen, auf Christus bezogen und dementsprechend ergänzt haben (wohl um die Verse 14 und 16). Der Evangelist übernahm schließlich diesen christlichen Hymnus und stellte ihn als Prolog seinem Evangelium voran; dabei erweiterte er ihn nochmals, und zwar um solche theologischen Aussagen, mit denen sich der Hymnus nahtlos in das Evangelium einfügen ließ.[8]

Der *Leitgedanke* dieses hochtheologischen Christus-Liedes lässt sich folgendermaßen zusammenfassen: Die in Gen 1 bildlich geschilderte Schöpfung der Welt durch das *Wort* wird mit der philosophisch-theologischen Idee der Schöpfungsmittlerschaft des *Logos* verknüpft. Wer oder was aber ist dieser geheimnisvolle Logos? In der griechischen Philosophie jener Zeit wurde damals mit diesem Begriff vor allem die das All durchwaltende und ordnende göttliche Vernunft bezeichnet, die die Welt für den Menschen intelligibel, also logisch verstehbar und sprachlich formulierbar macht. Im Hymnus des Johannesevangeliums wird dieser Logos als eine eigene personale Wirklichkeit vorgestellt, annähernd vergleichbar der »Weisheit« im jüdischen Denken. Er lebt »im Anfang« (ἐν ἀρχῇ), das heißt noch vor aller Schöpfungszeit, in Gemeinschaft mit Gott und gehört zu

Gott, ohne schlechthin mit ihm identisch zu sein. Er hat am göttlichen Wesen und am schöpferischen Wirken Gottes Anteil (Joh 1,1 f.), ist also selbst kein Geschöpf. In Vers 3 wird nun dieser innergöttliche Logos mit dem Wort, durch das Gott (nach Gen 1) die Welt erschafft, identifiziert; im Logos und durch ihn spricht Gott sein Schöpfungswort »nach außen«, so dass »alles durch das Wort« (= den Logos) geworden ist.

Dieses Entspringen der Welt aus dem (innergöttlichen) Wort verleiht ihr in christlicher Sicht ein ganz besonderes Gepräge: Von Anfang an wird sie zum Ort der *Offenbarung* Gottes. Eben weil sie zutiefst »logoshaltig«, »worthaft« ist, kann der Mensch sie als Aussage und Gabe Gottes verstehen. Davon sprechen die Verse 4 f. und 9–11: Der Logos wirkt in der Welt als das von Gott den Menschen geschenkte Leben und Licht. Das bedeutet: Im offenbarenden Licht seines Wortes kann Gott in der Welt prinzipiell als Ursprung und Heil allen Lebens erkannt und verehrt werden. Aber die Welt bzw. die Finsternis (als »durch den Menschen verantwortete Geschichtswelt«[9]) verschließt sich diesem offenbarenden Licht (V. 9–11); sie schließt sich – ausgenommen das Volk der »Kinder Gottes« (V. 12 f.), welches in Abraham und seinen Nachkommen das Wort der Verheißung »aufgenommen« hat, – in der »Finsternis« des Nicht-Anerkennens Gottes und seiner Offenbarung ein (vgl. Weis 13,1–9; Röm 1,18–23).

Dies führt schließlich zu einem neuen und letztgültigen Schritt in der Geschichte des Logos, des Wortes, der Selbstoffenbarung Gottes: Der Logos ist »Fleisch geworden« (V. 14) und hat als Mensch unter uns »gezeltet« (ἐσκήνωσεν von σκηνόω, V. 14). In dieser Spitzenaussage des Hymnus wird jetzt der die Welt erschaffende, sie belebende und erleuchtende Logos Gottes, sein ewiges Wort, mit Jesus Christus identifiziert. Alles, was der Prolog bisher über den Logos ausgesagt hat, wird jetzt und im weiteren Evangelium ausdrücklich auf Jesus bezogen; in ihm gipfelt das ganze schöpferische und offenbarende Wirken des Logos. Denn *er* ist der einzige, in Ewigkeit beim Vater weilende Sohn (V. 14 und 18), der ihn offenbaren kann; *er* ist das präexistente Schöpfungswort, durch das die Welt am Anfang geschaffen wurde (V. 1b); *er* ist das »Leben« (Joh 14,6) und schenkt das verheißene »Leben in Fülle« (Joh 10,10); *er* ist der neue Tempel, in dem Gottes Herrlichkeit unter uns ihr Zelt aufgeschlagen hat, so dass wir sie buchstäblich sehen können (V. 14; vgl. Joh 2,21); *er* ist das wahre »Licht der Welt«, das die Finsternis besiegt und für diejenigen, die ihm folgen, zum »Licht des Lebens« wird (Joh 8,12).

Aber auch er, der in »sein Eigentum« kam (Israel als »Gottes Eigentum«), wird »von den Seinen« abgelehnt (V. 11); jedoch nicht von allen. Die Glaubenden, die ihn als den an- und aufnehmen, der er wirklich ist, bekommen dadurch die Würde der *Gotteskindschaft* verliehen; das heißt, sie werden in der Taufe »aus Gott geboren« (V. 13) und empfangen in Jesus die »Gnade und Wahrheit« der letztgültigen Offenbarung Gottes (V. 17). So wird in Jesus die »Geschichte« des ewigen Logos von der Schöpfung an, durch die Menschheitsgeschichte und die Geschichte des Volkes Gottes hindurch noch einmal neu »aufgerollt« und endlich zu ihrer von Anfang an vorgesehenen Erfüllung gebracht.[10]

c) Im Kolosserhymnus (Kol 1,15–20)

Auch im Kolosserhymnus liegt ein urchristlicher Hymnus vor. In zwei Strophen besingt er Jesus Christus in seiner doppelten Funktion – als *Schöpfungsmittler* (»Erstgeborener der ganzen Schöpfung«) und als Mittler der eschatologischen *Versöhnung* (»Erstgeborener der Toten«).[11] Bei diesen beiden Titeln geht es nicht um abstrakte theologische Theorien, sondern um die *universale Heilsbedeutung* Jesu; achtmal wird das Wort »πᾶς« bzw. »πάντα« (alles bzw. das All) verwendet. Der letzte Vers des Hymnus (»um durch ihn alles zu versöhnen«, V. 20) bringt die theologische Botschaft dieses Christusliedes auf den Punkt: Gott hat Jesus in der Auferweckung von den Toten zum Mittler der universalen Versöhnung, zum großen Friedensstifter »im Himmel und auf Erden« (ebd.) eingesetzt. Diese Rolle wächst Jesus aber nicht erst nach seinem Tod durch einen geheimnisvollen Ratschluss Gottes, seines Vaters, zu; nein, sie ist in ihm bereits vor Erschaffung der Welt angelegt und grundgelegt. Weil Jesus Christus als »Erstgeborener der ganzen Schöpfung« (und damit als ihr designierter Herrscher) aller Schöpfung vorausgeht (V. 17), weil er – vergleichbar der Weisheit – die nun offenbar gewordene »Ikone« des unsichtbaren Gottes ist (V. 15), weil die ganze Schöpfung in ihm, durch ihn und auf ihn hin geschaffen ist, und zwar zu ihrem Heil, darum kann er in der Erweckung von den Toten auch der Ursprung der endgültigen, erneuerten und versöhnten Schöpfung sein.

Die Aussagen über die einzigartige Rolle Jesu bei der Schöpfung im Anfang dienen also der Begründung und Plausibilisierung seiner ebenso einzigartigen Rolle bei der von Gott jetzt in Gang gesetzten eschatologischen Vollendung der Schöpfung.[12] In der Sprache der Offenbarung des Johannes wird diese allumfassende Heilsbedeutung Jesu in die Formel gefasst, dass er wie Gott »Alpha und Omega« (Offb 22,13), »der Erste und der Letzte« ist (Offb 1,17; 2,8). Auch hier geht es um dasselbe: Jesu rettender Tod und seine Auferstehung *in* der Geschichte umgreifen zugleich *Anfang* und *Ende* der Geschichte.

Mit den drei Präpositionen »in«, »durch« und »auf ihn hin« (ἐν αὐτῷ, δι' αὐτοῦ und εἰς αὐτὸν), entfaltet der Kolosserhymnus im Einzelnen, *wie* die Bedeutung Jesu bei der Schöpfung zu verstehen ist.

1) »In Christus geschaffen«

Vergleichbar der Weisheit wird Jesus Christus als »Vorentwurf« der Schöpfung in Gott gesehen, in dem alles urbildlich vorgebildet ist, ehe es von Gott im Schöpfungswort ausgesprochen und geschaffen, als eigenständige Wirklichkeit gesetzt wird.[13] In scholastischer Terminologie wäre Jesus demnach die »Exemplarursache« der Schöpfung, ihr Modell und ihre ideale Grundform, nach der bzw. in die hinein Gott alle Geschöpfe geschaffen hat. Inhaltlich nimmt das Modell die »Form« des Sohnes an, also der sich restlos dem Vater als dem Ursprung allen Lebens und aller Liebe verdankenden Liebe. Darum sind Dankbarkeit und Formbarkeit (im Sinn des »mir geschehe …«, vgl. Lk 1,38) Gott gegenüber die ursprünglichen Weisen, in denen die freien Geschöpfe – ihrem Urbild Jesus Christus gemäß – vor Gott leben sollen.

2) »Durch Christus geschaffen«

Mit der Präposition »durch«, die die Schöpfungsmittlerschaft Jesu im engeren Sinn benennt, wird – ganz ähnlich wie im Prolog des Johannesevangeliums – die Rolle des präexistenten *Logos* bei der Schöpfung angedeutet, die hier wie dort Jesus Christus zugesprochen wird: Er ist das schöpferische *Wort*, das Gott »am Anfang spricht«, um die Welt ins Dasein zu rufen, um sie in ihre eigene Wirklichkeit zu entlassen.

Das Schöpfungswort »nach außen« hat demnach seinen ermöglichenden Grund in dem Wort, das Gott immer schon in seinem innersten Wesen aus Liebe spricht, eben in dem Du des Sohnes, in das hinein sich der Vater ganz ausspricht und das ihm zugleich als sich verdankende Ant-wort gegenübersteht. Mit Recht wird darum Thomas von Aquin die Schöpfung das »verbum verbi« nennen, die Ausweitung des innergöttlichen Wortes in das Endliche der nicht-göttlichen Schöpfung hinein.

3) »Auf Christus hin geschaffen«

Mit den Worten »auf Christus hin« wird Jesus Christus als das von Anfang an intendierte *Ziel* der Schöpfung bezeichnet. Er ist das »*Worumwillen*« der

Schöpfung, scholastisch gesprochen: ihre Zielursache. Das heißt: Obwohl Jesus Christus erst zu einem viel späteren Zeitpunkt der Geschichte Gottes mit seiner Schöpfung sichtbar als das Mensch gewordene Wort Gottes in seiner Schöpfung auftritt, ist er doch von allem Anfang an als die vom Schöpfer angestrebte Ziel- und Sinngestalt in der Schöpfung präsent. Der Heilswille Gottes ist für seine Schöpfung zwar niemals *ohne* dieses konkrete Ziel und seine Verwirklichung in der Menschwerdung des Logos wirksam, aber eben doch bereits *vor* dem geschichtlichen Erscheinen Jesu Christi und auch außerhalb seiner geschichtlich ausdrücklichen Anerkennung im Glauben der Kirche (»ecclesia ab Adam«: LG 2).

Inhaltlich besteht dieses Ziel der Schöpfung in der von Jesus Christus in seiner Person vorweggenommenen und am Ende die ganze Welt mit umfassenden Versöhnung zwischen Schöpfer und Schöpfung (V. 19f.). Im Unterschied zum Anfang der Menschheitsgeschichte, wo der Mensch »wie Gott« sein wollte und sich dadurch die Freundschaft mit Gott verscherzte, erkennt sich in Christus einstens die ganze Schöpfung vor Gott dankbar als sein Geschöpf an, begreift ihre Endlichkeit als positiven Wert, als Gabe Gottes (wie der Sohn gegenüber dem Vater) und findet *darin* ihre höchstmögliche Einheit mit Gott. In Jesus Christus, dem »Erstgeborenen der Toten«, sehen wir das jetzt schon präsente Ursakrament, das Ur-Bild, die Ikone dieser letzten Versöhnung von Schöpfer und Schöpfung. Die Sendung der Kirche als des »Leibes Christi« (V. 18) besteht darin, diesem Ferment der Versöhnung mehr und mehr Raum in der Schöpfung zu geben, auf dass die in ihm »wohnende« Fülle Gottes (V. 19) einmal die ganze Schöpfung erfülle.

IV. Hoffnung auf Vollendung der Schöpfung

Die universale Hoffnung des Kolosserhymnus steht im NT keineswegs singulär da. So bezieht z. B. auch Paulus in Röm 8,19–22 die ganze Schöpfung in die Verheißung einer allumfassenden Versöhnung mit ein; wie sie jetzt am gegenwärtigen Leiden der Kinder Gottes teilhat, so soll auch an ihr deren künftige Freiheit und Herrlichkeit offenbar werden. Das wegen der Ursünde des Menschen auf der Erde lastende Verhängnis, das Paulus »ματαιότης« (Vergeblichkeit, Nichtigkeit, Vergänglichkeit u. Ä.), ja sogar die »Sklaverei« und »Verlorenheit« der Schöpfung nennt (Röm 8,20f.), ist eben nicht ohne Hoffnung. Das Leiden an dieser Nichtigkeit nimmt durch die Auferstehung Jesu und durch den in uns betenden und seufzenden Geist Gottes die Form von hoffnungsträchtigen Geburtswehen an (V. 22): Die Schöpfung als Ganze ist dabei, unter Schmerzen neu »geboren« zu werden, also von ihrer Nichtigkeit zur Teilhabe an der »Freiheit und Herrlichkeit der Kinder Gottes« befreit zu werden.[14]

Dieser Hoffnungsvision scheinen die *apokalyptischen* Passagen in den synoptischen Evangelien (vgl. Mk 13,24 ff. par), im zweiten Petrusbrief (2 Petr 3,10 ff.) und schließlich in der Offenbarung des Johannes (Offb 6,12–17; 8, 6–9,21; 16,1–21 u. a.) entgegenzustehen. Sie alle greifen die frühjüdische Vorstellung vom Untergang der Welt auf, bei dem Sonne, Mond, Sterne, Himmel und Erde in einem kosmischen Weltbrand oder dergleichen vernichtet werden. Offen bleibt bei solchen Weltuntergangsszenarien allerdings, wie sie sich zu den Verheißungen des Noach-Bundes in Gen 8,21 f. und 9,8–17 verhalten, nach welchen Gott sich in einem Bund mit der ganzen Schöpfung feierlich selbst verpflichtet, in Zukunft nicht mehr »alles Lebendige zu vernichten«. Offensichtlich rechnen die apokalyptischen Schriften des frühen Judentums und des NT mit einer gewissen Revision des Willens Gottes angesichts der sich ins Unmessbare steigernden Gewalt des Bösen auf der Erde.[15] Und doch gilt auch für sie, dass das kosmische Gericht Gottes nicht das Ende der Schöpfung schlechthin bedeutet. Den Untergang des ersten Himmels und der ersten Erde wird Gott überbieten in der Schöpfung eines »neuen Himmels und einer neuen Erde« (Offb 21,1), in der »die Gerechtigkeit wohnt« (2 Petr 3,13) und in deren Zentrum das »neue Jerusalem«, die »Wohnung Gottes unter den Menschen«, stehen wird (Offb 1,1–5).

Diese kosmische Neuschöpfung Gottes brauchen wir uns nicht in den apokalyptischen Bildern des Untergangs der ersten und der Schaffung einer völlig neuen Schöpfung vorzustellen, die mit der ersten nichts mehr gemein hat. In Analogie zur Neuschöpfung des alten Menschen durch den Empfang des Geistes in Glaube und Taufe kann auch die Neuschöpfung der ganzen Welt als eine grundlegende *Erneuerung* und Umwandlung gedacht werden. In ihr wird die bestehende Schöpfung durch die Macht des totenerweckenden Geistes Gottes befreit von all dem, was dem ursprünglichen Schöpfungswillen Gottes widerspricht. Ja, sie wird im dreifachen Sinn von Gott »aufgehoben«: Sünde, Leid und Tod werden außer Kraft gesetzt; alles dem Schöpfungswillen Gottes (und damit der »Urform« Jesus Christus) Entsprechende im Dasein und Wirken der Geschöpfe wird mit dem »Erstgeborenen der Toten« endgültig bei Gott bewahrt und darüber hinaus wird es von Gott auf ein neues »Existenzniveau« gehoben, insofern in der ummittelbaren Präsenz der Liebe Gottes alle »Frucht der Erde und der menschlichen Arbeit« zum vollen »Ausreifen« gebracht wird:

> »Es wird keine Nacht mehr geben, und sie brauchen weder das Licht einer Lampe noch das Licht der Sonne. Denn der Herr, ihr Gott, wird über ihnen leuchten« (Offb 22,5).

3. Teil | Identität im Wandel: Der Schöpfungsglaube angesichts seiner großen geschichtlichen Herausforderungen

A. Am Beginn christlicher Theologie: Irenäus von Lyon

Demjenigen, der sich ein wenig in die noch erhaltenen Schriften des aus Kleinasien stammenden Bischofs von Lyon einliest (Epideixis: Darlegung der apostolischen Verkündigung, und Adversus Haereses: Gegen die Häresien), bietet sich ein zweifaches, kontrastreiches Bild seines *theologischen Stils.*[1] Auf der einen Seite wendet sich Irenäus († 202) in seinem Hauptwerk Adversus Haereses außerordentlich *polemisch* gegen die *Gnostiker,* die sich in die christlichen Gemeinden eingeschlichen haben und durch ihre Umdeutung des christlichen Glaubens in eine (bloß äußerlich noch christlich gefärbte) philosophisch-religiöse Heilslehre zu einer großen Gefahr für die durchschnittlichen Gemeindemitglieder wurden. Irenäus, der als Presbyter bzw. Bischof *und* als Theologe diese Verwirrung sehr wachsam wahrnimmt, setzt alle rhetorischen Mittel ein, um diese neuen Häresien mit Spott und Hohn zu übergießen, sie als nicht ernst zu nehmende Phantasiegebilde zu entlarven, sie ihrer irrationalen Widersprüchlichkeit zu überführen und dadurch ihre Unglaubwürdigkeit aufzuzeigen.[2] Das ist die *eine* Seite.

Auf der *anderen* Seite stellt er sehr eindrucksvoll die innere Kohärenz, die untrügliche Wahrheit und die faszinierende Schönheit des christlichen Glaubens dar. Diese Seite seines Werkes, von ungebrochener Glaubensüberzeugung getragen und ungetrübter *Freude* am christlichen Glauben geprägt, wirkt, weil über die zeitbedingte Polemik hinausweisend, viel nachhaltiger auf den heutigen Leser. Die Schriften vermitteln – wie schon Erasmus von Rotterdam bemerkte, als er Irenäus nach langen Zeiten des Vergessens im 16. Jahrhundert wiederentdeckte – eine Ahnung von der jugendlichen Frische christlicher Theologie im zweiten Jahrhundert, die noch vom Neuheitserlebnis der christlichen Botschaft lebt und diese selbstbewusst den überfeinerten Spekulationen der spätantiken Gnosis entgegenstellt. Irenäus

> »sucht nicht syllogistisch zu überreden, er lässt die Wahrheit wie eine Sonne leuchten und wärmen. Er hat die Geduld der Reife, und beide Worte: Geduld und Reife, kehren an den entscheidenden Stellen immer wieder. Er ist im edelsten Sinn naiv, so wie das Wort Gottes in Menschengestalt naiv war: In diesem Zeichen hat er ›die Welt überwunden‹.«[3]

Darüber hinaus behält Irenäus seine Bedeutung für die gesamte christliche Theologie vor allem durch die Art und Weise, wie er die seriöse griechische *Philosophie* seiner Zeit, den sog. »Mittelplatonismus«, aufgreift und ihn für die universale Verstehbarkeit des christlichen Glaubens in Dienst nimmt. Weil Irenäus kein allzu spekulativ veranlagter Theologe ist, sondern sich eher als Lehrer und theologischer Anwalt der einfachen Gläubigen versteht, macht er gar nicht erst den Versuch, eine umfassende Synthese zwischen griechischer Philosophie und christlichem Glauben zu konstruieren. Stattdessen bedient er sich ganz unbefangen einiger hilfreicher Anknüpfungspunkte aus der Philosophie (besonders was den Gottesbegriff angeht), ohne dabei die Einzigartigkeit des christlichen Glaubens zu relativieren. Der Glaube wird bei ihm nicht etwa in ein philosophisches Rahmensystem integriert; Irenäus nimmt umgekehrt bestimmte philosophische Einsichten – soweit es verantwortbar ist – in das Ganze des biblisch fundierten Glaubens hinein und deutet sie neu. Auf diese Weise macht er den Glauben über den biblisch-kirchlichen Rahmen hinaus verständlich. »Irenäus repräsentiert den Versuch, aus der griechischen Welterfahrung heraus auf die Gnosis eine biblische Antwort zu finden.«[4]

I. Die geschichtliche Herausforderung: Widerlegung der Gnosis

Jede brauchbare Theologie wird entscheidend von ihrem jeweiligen geistig-kulturellen Kontext und dessen Herausforderungen mitgeprägt. Im 2. Jahrhundert stand eindeutig die Auseinandersetzung mit der Gnosis im Vordergrund, und zwar nicht nur auf der Ebene intellektueller Dispute, sondern auch und viel folgenreicher im religiös-spirituellen Milieu der Gläubigen. Irenäus profiliert sich in dieser Zeit als ein hervorragender Kenner der gnostischen Lehren und Schriften; zugleich ist er theologisch so versiert, dass er den Gnostikern entschieden Kontra bieten kann und seine Gegenposition überdies in einer für die Gläubigen verständlichen, sie zum Widerstand ermutigenden Weise auszudrücken vermag. Worum geht es bei dieser Auseinandersetzung?

Die in vielen Variationen und Gruppierungen auftretende Gnosis kann, leicht vereinfacht, als eine außerchristliche spätantike Religion umschrieben werden, die sich – fast zeitgleich mit dem Christentum – im gesamten Gebiet des Römischen Reiches ausbreitete und ihre Anhänger in allen Gesellschaftsschichten fand, vorrangig in den großstädtischen Zentren.[5] Sie ist von einem weitreichenden Synkretismus gekennzeichnet, insofern sie mythische, spirituelle und philosophische Elemente aus den unterschiedlichsten Traditionen ihrer Umwelt (auch des Christentums) aufgreift, sie im eigenen Erkenntnisinteresse stark uminterpretiert und zu einer in sich außerordentlich komplexen und (für Außenstehende) unübersichtlichen religiösen Weltanschauung zusammenfügt. Ihr zentrales Anliegen ist die Einweisung ihrer Anhänger in einen Weg der *Erlösung* aus dieser abgrundtief bösen Welt. Dieser Weg führt einzig und allein über die Gnosis, das heißt über die *Erkenntnis* des geistig-göttlichen Selbst des Menschen und dessen ursprünglicher Anteilhabe an der höchsten Gottheit. Es geht um eine intellektuell-mystische Erkenntnis, die im vollen Sinn nur den »Vollkommenen«, den auserwählten »Pneumatikern«, zuteil wird; diesen steht die Masse der »Psychiker« bzw. »Hyliker« gegenüber, von den Pneumatikern als unwissend, unerleuchtet und unerlöst verachtet, da sie auf dem Erkenntnisstand der irdischen Seele (psyché) oder gar nur der materiellen Sinne (hylé) stehen geblieben sei. Zu dieser Masse rechnen die Gnostiker auch die einfachen christlichen Gläubigen.

Das entscheidende Merkmal dieser Erlösungslehre ist ihre durchgehend *dualistische* Sicht der Wirklichkeit, deren metaphysischer Grund vor allem im *Gottesverständnis* der Gnosis liegt. Gott selbst existiert nach dieser Lehre in zwei einander widersprechenden und einander ausschließenden Gestalten: einmal in der eigentlichen Weise des absolut überweltlich-transzendenten, unbegreiflichen geistig-guten »Allvaters« und »Ur-Grundes«, der die von »Äonen« (himmlisch-geistigen Mächten) bewohnte Lichtwelt des »Pleroma« erfüllt. Zum anderen gibt es für die Gnosis »Gott« aber auch im sehr defizienten Modus des unwissenden, schwachen und bösen Demiurgen, der die materielle Welt des Kosmos mitsamt dem Menschen geschaffen hat und diese Schöpfung mit seinem bösen Anhang, den Archonten, Planetengeistern und Ähnlichem, beherrscht.

Mit diesem dualistischen Gottesbild verbindet sich unmittelbar ein dualistisches *Schöpfungs- und Weltbild:* Als übles Machwerk des Demiurgen, durch den ein in schuldhafter Unwissenheit und Leidenschaft aus dem oberen Lichtreich herausgestürztes göttliches Wesen die Weltschöpfung in Gang gesetzt hat (quasi als Folge des Ur-Bösen), kann diese Welt nur zutiefst schlecht sein, ein »Produkt von Missgeschick und Schwäche«[6]. Mit dieser Welt und ihrem Schöpfer will der Gnostiker nichts gemein haben. Sein ganzes Verlangen zielt darauf, in seinem geistig-göttlichen Selbst, das bei der Schöpfung in die Materie gefallen ist, diese Welt mit all ihrer materiellen Bestimmtheit (also die Leiblichkeit und Zeitlichkeit des Menschen) zu übersteigen, den göttlichen Geistfunken in sich selbst zu befreien und so zu seinem vorgeschöpflichen Ursprung im wahrhaft göttlichen »Pleroma« zurückzukehren. Darin findet der Pneumatiker seine Erlösung, die in der jetzt schon möglichen »Gnosis« dieses göttlichen Ursprungs und Ziels vorweg erfahren werden kann.

Auf die innerste Mitte des christlichen Glaubens zielt die heilsgeschichtliche Konsequenz, die sog. christliche Gnostiker (z. B. der »Häresiarch« Markion, ca. 85–166) aus diesem metaphysischen Dualismus ziehen: Der Demiurg wird mit dem angeblich zornig-strafenden Schöpfergott des Alten Testamentes identifiziert, zu dem der gütig-liebende Erlösergott des Neuen Testaments in unversöhnbarem Widerspruch stehe. Dieser Dualismus zerreißt nicht nur die Einheit der geschaffenen Wirklichkeit unserer Welt und beraubt sie damit ihres verstehbaren Sinnes; er zerstört darüber hinaus die genuin christliche Glaubenserfahrung der *Einheit der Heilsgeschichte*, die als Werk ein und desselben Gottes die Schöpfung, die Geschichte der Menschheit und des Volkes Gottes in ihrer Mitte und schließlich die Vollendung der Welt im Reich Gottes umschließt. Nur in dieser Einheit, als Werk des einen, alles zum Guten lenkenden Gottes, kann sie überhaupt verständlich werden. Denn was vermag ein noch so gütiger Erlösergott, wenn er nicht von vornherein, eben als Schöpfer, alle Macht über das Ganze der Welt hätte, auch über das Böse in ihr? Daher steht im Zentrum der Erwiderung des Irenäus eindeutig die theologische Begründung der *Einheit* der Wirklichkeit im Ganzen und der Geschichte des Heils im Besonderen.[7]

II. Das griechische Erbe: Die Welt als Kosmos

1. Der Schritt der Aneignung

Irenäus steht (mit Justin, Tatian, Tertullian u. a.) am Anfang jener großen Epoche der christlichen Theologie, in der sich die Inkulturation des biblisch-christlichen Glaubens in die Welt der griechischen Kultur und ihrer Philosophie vollzog. Der Mittelplatonismus als die in der Spätantike vorherrschende Philosophie (Philon, Plutarch, Albinos, Attikos u. a.) bildete die Hauptbrücke zwischen den beiden unterschiedlichen Deutesystemen von Gott, Welt und Mensch.[8] Die Synthese daraus, in mehreren Jahrhunderten bis zur Scholastik des Mittelalters gewachsen, stellt – bei allen Unvereinbarkeiten im Einzelnen – im Ganzen keineswegs eine den christlichen Glauben von seinen biblischen Ursprüngen entfremdende Hellenisierung dar (schließlich entstand bereits das Neue Testament innerhalb der hellenistischen Kultur und wurde in ihrer Umgangssprache, der Koiné, verfasst). Die tief greifende Rezeption der griechisch-platonischen Tradition war eine geschichtlich notwendige Überlebensbedingung für den christlichen Glauben. Nur so konnte er damals seinen Anspruch auf universale Anerkennung des einen und einzig wahren Gottes und seines die ganze Schöpfung betreffenden Erlösungshandelns in Israel und in Jesus Christus *universell nachvollziehbar* verkündigen; andernfalls wäre er für das Denken der Griechen nicht mehr gewesen als *eine* bloße religiöse Behauptung unter vielen.[9]

Für dieses Anliegen bot die platonische Philosophie, die von Anfang an auch eine philosophische *Theologie* war, eine Menge hilfreicher *Anknüpfungspunkte.* Einer davon war der Gedanke vom letzten göttlich-geistigen *Ursprung* (ἀρχή) der erfahrbaren Wirklichkeit, den man durch Rückschluss (aus der Wirklichkeit) in gewisser Weise erkennen kann, auch wenn er, weil prinzipiell anders, letztlich dem menschlichen Begreifenwollen unzugänglich bleibt. Ein weiterer, damit verbundener Anknüpfungspunkt war die Überzeugung von einer grundlegenden *Einheit* der Wirklichkeit als Bedingung ihrer vernunftgemäßen Verstehbarkeit. In Verbindung mit dem Ursprungsdenken erwächst daraus der Gedanke der Einheit und *Einfachheit* des letzten göttlichen Ursprungsprinzips der Welt, von dem es nicht mehrere gleichwertige geben kann, ohne dass sie sich gegenseitig unterschieden, begrenzten und sich so ihrer Bedeutung als Letztbegründung der Wirklichkeit beraubten. Ein dritter Anknüpfungspunkt war das Schöpfungs*motiv* in Platons Timaios (29 e), dem zufolge der gute Weltschöpfer (Demiurg) die Welt aus reiner, neidloser *Güte* nach dem Urbild der Ideen hervorgebracht hat, indem er sie »aus dem Zustand der ungeordneten in den der geordneten Bewegung«[10] führte; das bedeutet, aufgrund ihres geistig-göttlichen Ursprungs ist die Welt ein *»Kosmos«*, eine wohlgestaltete, nach Maß und Zahl schön und sinnvoll geordnete Harmonie. Aufgreifbar war ferner die von Philon entwickelte Lehre vom *Logos* als dem vernünftigen göttlichen Formprinzip der Welt. Und schließlich bot sich die stoische Vorstellung einer den Kosmos durchwaltenden göttlichen Vernunft als Anknüpfungspunkt an, die als gütige *Vorsehung* (pronoia) alles zweckmäßig zum Besten der Menschen lenkt (im Ganzen und individuell).

An all diese Motive einer philosophisch-theologisch geprägten *Kosmologie* konnten die Kirchenväter bei der allmählichen Erarbeitung einer Schöpfungstheologie anknüpfen und sie – wo nötig – im biblischen Sinn korrigieren. Für Irenäus steht dabei der Gedanke einer von Gottes Güte und Weisheit gut geschaffenen und bleibend beseelten Welt im Vordergrund – einer Welt, die darum im Ganzen harmonisch geordnet und bewundernswert schön ist. Weil der *eine* und *einzige* Gott zugleich *Schöpfer* und *Erlöser* seiner Welt ist, darum ist diese fundamental gut; sie ist – aller noch so tiefgehenden, durch die Sünde des Menschen bedingten Beschädigung zum Trotz – bleibend sinnvoll, verstehbar, bejahenswert.

Diesen unerschütterlichen Schöpfungsoptimismus verdankt die christliche Theologie von Anfang an Irenäus, den H. U. v. Balthasar zu Recht als den »Vater des Realismus christlicher Theologie«[11] bezeichnet hat. Der Theologe Irenäus kann im Glauben die realen Dinge dieser Welt so sehen und zusammensehen, dass sie in all ihrer Zwiespältigkeit doch evident gut sind, transparent für Gottes Güte und Weisheit, die den Ursprung, die Gegenwart und die Vollendung der Welt bestimmen. Gegen die hochspekulativen Gedankengebilde der Gnosis stellt Irenäus die einfach-einfältigen Augen des Glaubens, die dessen Wahrheit an der inneren »Konsonanz« der erfahrbaren Wirklichkeit wahrzunehmen vermögen:

> »In tiefer Weisheit und gründlicher Sorgfalt, zweckmäßig und schön ist alles vom Herrn geschaffen, sowohl das Alte als auch alles, was sein Wort in jüngster Zeit getan hat. [...]
>
> Die erschaffenen Dinge sind vielfältig und zahlreich. Im Verhältnis zur ganzen Schöpfung sind sie gut proportioniert und voller Übereinstimmung [bene consonantia]; im Hinblick auf jedes Einzelne von ihnen gibt es Gegensätze und Unharmonisches, wie der Klang der Zither durch die Verschiedenheit der einzelnen Töne eine einzige stimmige Melodie ergibt, obwohl sie aus vielen gegensätzlichen Tönen besteht. Wer die Wahrheit liebt, darf sich durch die Unterschiedlichkeit der einzelnen Töne nicht verleiten lassen und mehrere Künstler und Schöpfer annehmen, wobei der eine die hohen Töne, ein anderer die tiefen und noch ein anderer die mittleren beigetragen hätte, sondern es war ein und derselbe, zur Demonstration des ganzen Werks und der Weisheit, der Gerechtigkeit, Güte und Gnade. Wer die Melodie hört, der muss den Künstler loben und rühmen und bei manchen Tönen die Länge bewundern, bei anderen auf den milden Klang achten, bei wieder anderen die Mischung von beidem heraushören, bei noch einmal anderen den Typos erwägen, worauf sich das Einzelne bezieht, und ihre Ursache aufspüren, ohne jemals die Lehre [...] zu verfälschen oder vom Künstler abzuirren und ohne den Glauben an den einen Gott zu verwerfen, der alles geschaffen hat, und ohne den Schöpfer zu lästern.«[12]

Ein und derselbe Künstler ist in allem schöpferisch am Werk; und darum erscheint die Schöpfung dem gläubigen Betrachter als ein in sich vielstimmiges und doch im Ganzen zusammenstimmendes, Staunen und Zustimmung weckendes Kunstwerk. In dieser Weise lebt bei Irenäus die Kosmologie der Griechen weiter und wird im christlichen Glauben bis heute gültig aufgehoben.

2. Der Schritt der Umgestaltung

Dieses »Aufheben« schließt jedoch auch das Moment der Negation mit ein, also der tief greifenden *Korrektur* und *Umgestaltung* bestimmter philosophischer Vorstellungen. Zwei solcher Neuinterpretationen des griechischen Erbes aus der Perspektive des biblischen Glaubens sind für die Schöpfungstheologie wirkungsgeschichtlich besonders bedeutsam geworden:

a) Creatio ex nihilo

Bei allem Bestreben der griechisch-platonischen Philosophie, im Tiefsten nur *ein* fundierendes Prinzip der Wirklichkeit anzunehmen, wurde doch nie in Frage gestellt, dass dieses Prinzip immer nur im Gegenüber zur ewigen, gestaltlosen Materie als dem zu gestaltenden Material des schöpferischen Geistes zu denken sei. Für das christliche Denken war ein solches Zusammenwirken verschiedener Letztprinzipien jedoch mit der absoluten Einzigkeit Gottes und seiner schöpferischen Allmacht nicht zu vereinbaren. Zwar lässt der priesterliche Schöpfungstext in Gen 1 dem schöpferischen Geist und Wort Gottes ein lebensfeindliches Chaos vorausgehen; aber dieses wird eingegrenzt, um einem von Gott völlig neu geschaffenen, lebensfreundlichen Kosmos Raum zu geben.[13] Insofern stellt dieses Chaos in der biblischen Vorstellungswelt niemals ein eigenständiges, dem Schöpfer als formbares Material vorgegebenes und so seine Allmacht begrenzendes Prinzip der realen Wirklichkeit dar; es ist wie die geordnete Welt restlos der alles bestimmenden Macht Gottes unterworfen. Darum war der Schritt zum philosophischen Begriff einer »Schöpfung aus nichts« auch kein besonderes Problem für den Glauben.

Zum ersten Mal taucht dieser Begriff in der Bibel in 2 Makk 7,28 auf, einer deuterokanonischen Schrift aus dem zweiten (schon ganz hellenistisch geprägten) vorchristlichen Jahrhundert, und zwar – ähnlich wie bei Paulus Röm 4,17 – im Kontext der Hoffnung auf die Macht des Tote erweckenden Gottes. Das bedeutet: Die Schöpfung »aus nichts« wird hier noch nicht im abstrakt-ontologischen Raster (Nichts – Sein) gedacht, sondern im traditionell biblischen Gegensatz zwischen Tod/Chaos und Leben/Kosmos (so wohl noch Anfang des zweiten Jahrhunderts bei Past. Herm. 1,1,2). Erst bei einigen christlichen Apologeten des zweiten Jahrhunderts (wie Tatian und Theophilus von Antiochien) beginnt die ausdrückliche Abgrenzung des christlichen Schöpfungsglaubens von der griechischen Kosmologie, allerdings noch immer im Kontext der allgemein anerkannten platonischen Ontologie. Ab dieser Zeit bürgert sich die Rede von der *creatio ex nihilo* als markante Unterscheidungsformel der christlichen Schöpfungstheologie von der griechischen Kosmologie ein.[14]

Ihr Sinn besteht darin, unmissverständlich zu betonen, dass es nur ein einziges, absolut transzendentes, von der geschaffenen Welt restlos verschiedenes Ursprungsprinzip gibt – den Schöpfergott des christlichen Credos. Er ist (im Unterschied zum platonischen Demiurgen) auf keinen vorgegebenen, ihm gleich ewigen Stoff (die Materie) oder auf von ihm verschiedene ewige Ideen als Voraussetzung seines schöpferischen Handelns angewiesen; das würde seine Allmacht und damit seine Göttlichkeit in Abrede stellen. *Alles* von ihm Verschiedene ruft er ins Dasein und erhält es darin. Irenäus wird nicht müde, diese Glaubenswahrheit immer von Neuem den gnostischen Schöpfungsmythen entgegenzustellen:

> »Man muss die Materie der geschaffenen Dinge der Kraft und dem Willen des Gottes aller Dinge zuschreiben; das ist glaubhaft, annehmbar und feststehend. Da passt gut das Wort, wonach ›was beim Menschen unmöglich ist, möglich ist bei Gott‹ (Lk 18,27). Denn Menschen können nicht aus Nichts etwas machen, sondern nur aus vorhandener Materie; Gott dagegen ist dem Menschen gerade darin überlegen, dass er die Materie für seine Schöpfung, die vorher nicht da war, selbst kreierte.«[15]

Das besondere Verdienst des Irenäus besteht hinsichtlich dieses Axioms christlicher Schöpfungstheologie zum einen darin, dass er diesem in seiner Argumentation gegen die Gnosis auf breiter Front zum Durchbruch verhilft; zum anderen darin, dass er die mit dieser Formel in Kauf genommene ontologische Denkform der griechischen Philosophie nicht einfach als unhinterfragten Horizont des biblischen Glaubens stehen lässt, sondern sie umgekehrt in das heilsgeschichtlich bestimmte Gottes- und Weltbild der Bibel integriert und dadurch umgestaltet. Das bedeutet: Die *Freiheit* Gottes in Schöpfung und Geschichte wird zum alles umgreifenden Grund für das Entstehen wie für das Verstehen unserer Wirklichkeit. Gerade die Kontingenz der Welt, ihre Nicht-Notwendigkeit, kann Irenäus von diesem unableitbaren Willen Gottes her sinnvoll begründen.[16]

b) Creatio ex amore

Indem der freie Wille des Schöpfers bei Irenäus und anderen frühkirchlichen Theologen zur entscheidenden Kategorie der Weltbegründung und Welterklärung avanciert, wird das philosophische Erbe in einem weiteren wichtigen Punkt neu interpretiert, hier im Hinblick auf das *Schöpfungsmotiv.* Aus dem Timaios (29e) und den Nomoi (Lg. 715e–716a) Platons war den Vätern das Motiv der neidlosen Güte des Demiurgen durchaus bekannt. Auch die Apologeten (z. B. Justin, Apol. I,10) greifen es bereitwillig auf und beziehen es auf den jüdisch-christlichen Schöpfergott. Allerdings wird anfangs noch nicht deutlich, ob hier das Unterscheidend-Christliche des Schöpfungshandelns bereits hinreichend genau getroffen wird. Denn bei Platon, im Mittelplatonismus und erst recht im Neuplatonismus (Plotin, 3. Jh.) besteht die Güte des göttlichen Schöpfungsprinzips (sei es der Idee des Guten, sei es des Demiurgen) in der *natürlichen Gutheit*, die diesem Prinzip wesensgemäß zu Eigen ist. Wie es zur Natur der Sonne gehört, dass sie sich verstrahlt und sich so allem lebensspendend mitteilt, so gehört es zum *Wesen* des Guten, dass es sich verströmt und verteilt: »Bonum est diffusivum sui«.[17] So erhalten alle geschaffenen Seienden in verschiedenem Maß Anteil an seinem Gutsein. Das gute Schöpfungsprinzip wirkt diesen Autoren zufolge mit einer gewissen *Notwendigkeit* das Gute; es kann gar nicht anders, denn das Wollen und Tun des Guten (z. B. das Schaffen der Welt) ist der notwendige Ausdruck seines Wesens.

Hier setzt die entscheidende Korrektur der frühchristlichen Theologie an, insbesondere die des Irenäus.[18] Denn bei aller Ähnlichkeit des christlichen Schöpfungsglaubens mit dieser platonischen Vorstellung[19] kommt es Irenäus doch vor allem darauf an, den entscheidenden Unterschied zu markieren: dass diese Güte des Schöpfers als leitendes Motiv der Schöpfung nicht einfach naturnotwendig wirkt, sondern als freie Entscheidung des Willens Gottes zur Schöpfung zu verstehen ist. Die Schöpfung entspringt nach christlichem Glauben keiner inneren göttlichen Wesensnotwendigkeit; sie ist das unableitbare und unbegreifliche Geschenk des in völliger Freiheit schaffenden Schöpfers:

> »Das Beste ist es also, ich beginne beim ersten und wichtigsten Hauptstück, nämlich bei Gott dem Weltschöpfer (Demiurg), der Himmel und Erde und alles darin gemacht hat. [...] Ich zeige, dass weder über noch nach ihm etwas ist und dass er nicht von jemand anderem motiviert, sondern auf eigenen Entschluss und völlig frei alles gemacht hat. Er allein ist ja Gott, er allein Herr, er allein Schöpfer (conditor, κτίστης), er allein Vater, er allein, der alles umfasst und allem das Dasein gewährt.«[20]

Hier liegt die unübersteigbare Grenze zwischen griechischer Kosmologie und christlicher Theologie, die für die ganze kommende Theologiegeschichte maßgeblich blieb. Das eine und einzige Ursprungsprinzip von allem ist nicht *das* Göttliche bzw. *das* schlechthin *Gute*, das sich wesensnotwendig ins schöpferische Hervorbringen des Anderen seiner selbst verströmt, sondern Gott als *Güte*, als ein handelndes Subjekt, als eine personale Wirklichkeit, die sich in der Freiheit ihrer Güte und Allmacht zur Schöpfung entscheidet und sie *so* als eine gute Welt ins Dasein ruft.

III. Die christliche Integration: Schöpfung als Teil der Oikonomia Gottes

1. Die Einheit Gottes und seiner Werke

Gegen den die Wirklichkeit auseinander reißenden und so ihren Glanz verdunkelnden Dualismus der Gnosis stellt Irenäus entschieden das alles bestimmende Prinzip der Einheit; und wie bei den Gnostikern das dualistische Gottesbild den Kern ihrer Weltsicht bildet, so steht bei Irenäus umgekehrt die Einheit Gottes als des Schöpfers, Erlösers und Vollenders im Zentrum: Ein und derselbe gute Gott schafft die sichtbare und unsichtbare, die materielle und geistige Welt, die darum im Ganzen gut und bejahenswert ist; er ist es auch, der die Geschichte aus dem vom Menschen verschuldeten Unheil erlöst und sie schließlich zu dem ihr am Ende zugedachten Heil führt.

Der wirkungsgeschichtlich bedeutsame Fortschritt, den Irenäus hiermit in der christlichen Theologie initiierte, besteht darin, vom biblischen Gottesbild her das griechische Einheitsideal über den Kosmos hinaus in den Bereich der menschlichen *Geschichte* hineingetragen zu haben und in ihr dieselbe ordnende Macht am Werk zu sehen wie im Kosmos. Im Unterschied zur Stoa und zum Mittelplatonismus besteht diese Macht aber nicht aus einem der Geschichte wie dem Kosmos gleichermaßen eingestifteten göttlich-ewigen Weltplan, der beides wie ein inneres rationales Werdegesetz zweckmäßig bestimmt.[21] Nein, Irenäus formt diese philosophische Vorsehungslehre (pronoia) in eine christliche *Geschichtstheologie* um. Denn die Sinn und Ordnung stiftende Einheit sowohl im Kosmos wie in der Geschichte verdankt sich in der Sicht des Glaubens allein dem allumfassenden Heils*willen* Gottes und seinem freien Handeln in der Welt, dem schöpferischen, erlösenden und schließlich vollendenden Handeln des einen Gottes. Darum besteht für Irenäus zwischen Schöpfung, Geschichte und Vollendung der Welt ein so starker innerer Zusammenhang, dass sich bei allen Unterschieden doch grundlegende Analogien und Kontinuitäten aufzeigen lassen, die das Ganze erst stimmig und verstehbar machen. Diesen Gesamtzusammenhang der im Glauben zugänglichen Wirklichkeit unserer Welt nennt Irenäus die *»Oikonomia«* Gottes, seinen alles umgreifenden Heilsplan. Für den Glauben liegt in dieser Perspektive der hermeneutische Schlüssel, der ihm den Zugang zum *gemeinsamen* Sinn von Kosmos und Geschichte erschließt. Und in genau dieser einfachen und einheitlichen Deutung der ganzen Wirklichkeit sieht Irenäus *das* entscheidende Kriterium für die Wahrheit des christlichen Glaubens gegenüber den gnostischen Spekulationen; denn deren Kohärenz wird nur durch eine Unzahl von immer neuen Zusatzhypothesen erreicht, die das Ganze immer undurchschaubarer werden lassen.

2. Jesus Christus, das alles einende Wort Gottes

Die in der Einheit des transzendenten Gottes und seines Handelns in der Welt gründende Einheit der Wirklichkeit hat Gott zugleich in einem innergeschichtlich manifesten Zentrum verankert – in Jesus Christus. In seiner Person kon-zentriert sich für Irenäus die ganze Oikonomia Gottes; er ist die verbindende Mitte, der die verschiedenen Bereiche des großen Heilsplans Gottes zusammenhält: Schöpfung und Erlösung, Kosmos und Geschichte, Alten und Neuen Bund, menschliche Unheils- und göttliche Heilsgeschichte. Wie kann der Mensch Jesus Christus diese zentrale Rolle spielen?

Zuerst ist hier jener Begriff zu nennen, der bei Irenäus (im Anschluss an den Johannes-Prolog und die philosophische Logos-Theologie des Philon, vor allem ihre Rezeption durch die christlichen Apologeten im 2. Jh.) so bedeutungsreich ist und den er mit besonderer Vorliebe und in vielfacher Bedeutung auf den geschichtlichen Jesus Christus bezieht – das »Wort Gottes«.

Damit ist zuallererst der präexistente Logos gemeint, der identisch ist mit dem in Ewigkeit gezeugten Sohn und der zusammen mit dem Vater und seiner Weisheit, dem Heiligen Geist, das »triadisch strukturierte Gottesbild«[22] des Irenäus bildet. Zusammen mit dem Geist bzw. der Weisheit tritt das ewige Wort als Schöpfungsmittler in Erscheinung; Wort und Weisheit sind die beiden »Hände Gottes«, mit denen der Vater die Welt erschaffen hat.[23] Dieses Wort wird nicht bloß am Anfang der Welt zugesprochen; es bleibt in ihr präsent, gleichsam als das Webmuster der Schöpfung. Denn Gott nimmt »die Substanz für seine Kreaturen und das Muster der geschaffenen Dinge und die Gestalt der Ausstattung der Welt aus sich selbst« und »formt« damit die Welt der geschaffenen Dinge;[24] im Wort und in der Weisheit legt der dreifaltige Gott sein Maß, sein Urbild, sein Muster, seine Form in die Schöpfung und verleiht ihr so ihre abbildliche Wohlgestalt.[25] Das trifft vor allem auf den Menschen zu, der *das* geschöpfliche Bild Gottes und seines Wortes schlechthin darstellt.

Weil das ewige Wort der Welt bleibend eingeformt ist, ist es von Anfang an offenbarend in ihr tätig. So bezieht Irenäus das Wort Jesu bei Mt 11,27 (»Niemand kennt den Vater, nur der Sohn und der, dem es der Sohn offenbaren wird«) bereits auf das in die Schöpfung hinein gesprochene und so den Schöpfer offenbarende Wort Gottes:

»Die Aussage ›offenbaren wird‹ ist nämlich nicht nur von der Zukunft gemacht, als ob der Logos erst damit begonnen hätte, den Vater zu offenbaren, als er von Maria geboren war, sondern hat ihre Bedeutung für die ganze Zeit insgesamt. Denn seit Beginn steht der Sohn seinem Geschöpf bei und offenbart allen den Vater, denen er will und wann er will und wie der Vater will. Und darum ist in allem und durch alles ein einziger Gott Vater und ein Wort und ein Geist und ein Heil für alle, die an ihn glauben.«[26]

Diese Schöpfungsoffenbarung hebt für Irenäus jedoch nicht die Unerkennbarkeit Gottes für den endlichen Menschen auf. Er hilft sich hier mit der Unterscheidung, dass Gott zwar wegen seiner alles übersteigenden *Größe* wesenhaft unbegreiflich ist, aber weil er darin zugleich *Liebe* ist, lässt er sich auch von den Geschöpfen *als* solche Liebe erkennen.[27] Die offenbar gewordene Liebe hebt die Unbegreiflichkeit Gottes nicht auf, sondern lässt sie erst in ihrem wahren Sinngehalt erkennen – *als* absolut unbegreifliche, in ihrer Freiheit und Maßlosigkeit unerklärliche Liebe.[28] Dass Gott als diese Liebe von Anfang an erkennbar ist, verdanken wir seinem Wort, das ihn auf ebendiese Weise in Schöpfung und Geschichte offenbart.[29]

Diese offenbarende Präsenz des ewigen Wortes tritt für Irenäus ganz besonders im Alten Bund, in den Worten des Gesetzes und der Propheten, hervor; denn überall ist

»in den Schriften des Mose der Sohn Gottes eingestreut, einmal im Gespräch mit Abraham, einmal mit Noach, wo er ihm die Maße gibt [...], einmal auf der Suche nach Adam; einmal bringt er den Sodomitern das Gericht, ein anderes Mal erscheint er dem Jakob und weist ihm den Weg und aus dem Dornbusch redet er mit Mose. Und zahllos sind die Stellen, an denen Mose auf den Sohn Gottes hinweist.«[30]

In dieser vom Ziel der einen Oikonomia Gottes her bestimmten Perspektive wird der Alte Bund im Ganzen und im Detail als Verheißung des Kommenden gedeutet, als langsam vorbereitende »Eingewöhnung« in das, was sich erst in der Menschwerdung des Wortes Gottes vollendet ereignen wird.

Deswegen instruierte Gott »vorweg die Propheten, indem er den Menschen auf der Erde daran gewöhnte, seinen Geist zu tragen und mit Gott Gemeinschaft zu haben. [...] Und denen, die ihm gefielen, skizzierte er wie ein Architekt das Gebäude des Heils [fabricationem salutis].«[31]

Der Höhepunkt der offenbarenden Präsenz von Gottes Wort in Schöpfung und Heilsgeschichte wird in der *Menschwerdung* dieses Wortes in Jesus Christus erreicht. Hier wird das von Anfang an von Gott intendierte Ziel seiner Oikonomia offenbar, weil das ewige Wort in Jesus Christus jetzt für alle unverborgen sichtbar und betastbar wird; weil in ihm Gott als maßlos-unbegreifliche Liebe für jeden, der sich der Realität nicht völlig verschließt, unleugbar erkennbar wird; weil erst jetzt vom Ende her auch der Anfang der Schöpfung, ihr Webmuster, und die weise Pädagogik Gottes voll verstehbar wird. Nur durch die Menschwerdung des Wortes ist für Irenäus das den Menschen bestimmende Paradox auszuhalten, das die Gnosis in ihren spiritualisierenden Hypothesen aufgelöst und damit zerstört hat: »dass Gott wesenhaft unsichtbar ist, der Mensch jedoch wesenhaft nach der Anschauung Gottes verlangt«[32].

Darüber hinaus wird dem Menschen erst in der Menschwerdung des Wortes wirklich *Erlösung* geschenkt – nicht die von den Gnostikern ersehnte Erlösung des »göttlichen Funkens« *aus* dem Fleisch und Blut, sondern die Erlösung des ganzen Menschen *in* und *mit* Fleisch und Blut. Irenäus bereits vertritt mit großer Leidenschaft, was später Gregor von Nazianz prägnant auf die für die ganze Patristik kennzeichnende Formel brachte: »Quod non assumptum – non sanatum« (Was nicht – durch Christus in der Menschwerdung – angenommen ist, ist auch nicht geheilt bzw. erlöst).[33]

Für dieses das gesamte Heilswirken Gottes erhellende, heilende und vollendende Geschehen der Menschwerdung des Wortes benutzt Irenäus mit Vorliebe den für seine Geschichtstheologie typischen Begriff der »*Rekapitulation*«. Was meint er damit?[34]

3. Jesus Christus, die erlösende Rekapitulation von Schöpfung und Geschichte

Das Wort »Re-kapitulation« ist zunächst nichts anderes als die lateinische Substantiv-Form für das griechische Verb ἀνακεφαλαιόω; in beiden steckt das Wort »Haupt«. Irenäus übernimmt dieses Wort aus Eph 1,9 f.; dort bedeutet es – in Verbindung mit der Oikonomia, dem jetzt in der »Fülle der Zeit« verwirklichten und offenkundig gewordenen »Mysterium« des ewigen Heilswillens Gottes – die alles einende *Zusammenfassung* (»Aufgipfelung«) in Jesus Christus als dem Haupt von allem, was im Himmel und auf Erden ist. Bei Irenäus bekommt dieser Begriff zugleich auch den Sinn, den wir mit dem im Deutschen geläufigen Fremdwort »rekapitulieren« meinen: etwas *wiederholen*, es noch einmal von vorn beginnen und es von Neuem, womöglich besser und konzentrierter, durchgehen. H. U. v. Balthasar fasst die verschiedenen Bedeutungsnuancen des Wortes zusammen, indem er es mit »Wiedereinholung« übersetzt.[35]

Was Irenäus mit diesem Wort ausdrücken will, ist klar: Gott beginnt in Jesus Christus das Werk seiner Schöpfung und seiner Geschichte mit Israel und der ganzen Menschheit noch einmal von vorn. In der Person und in der Geschichte des Mensch gewordenen Wortes »spielt« er – um alles doch noch zu einem guten Ende zu führen – noch einmal in »konzentrierter« Form alles vom Ende her durch, was er in seiner Oikonomia bisher ins Werk gesetzt hat, was ihm vom Menschen aber immer wieder gründlich durchkreuzt worden ist. Nur so findet das Werk Gottes seine gute, glückende, erlösende Einheit; denn Christus verbindet den Anfang mit dem Ende, die Schöpfung mit der Erlösung, den Alten mit dem Neuen Bund.[36]

a) Adam – Christus

In vielen Beispielen erläutert Irenäus diesen zentralen theologischen Gedanken ausführlich. Am häufigsten zieht er dazu die paulinische *Adam-Christus-Theologie* (vgl. 1 Kor 15) heran, wobei es ihm – im Unterschied zu Paulus – nicht so sehr auf den Kontrast zwischen beiden ankommt, sondern eher auf die Kontinuität zwischen diesen beiden Modellen des einen Menschen, die – von Gott in der Menschwerdung des Wortes gewirkt – den Kontrast überwindet. Jesus befreit uns von der Schuld Adams ja nicht dadurch, dass er Adam schlicht hinter sich lässt, sondern indem er ihn und seine Geschichte in sich aufnimmt, sich leibhaft mit ihm verbindet und so alles neu »rekapituliert«.[37] Dies zeigt sich für Irenäus z. B. darin, dass beide, Adam wie Jesus, »jungfräulich« geboren wurden:

> »Und wie der ersterschaffene Mensch, eben Adam, aus der unkultivierten und noch jungfräulichen Erde – ›Gott hatte es nämlich noch nicht regnen lassen, und der Mensch hatte die Erde noch nicht bearbeitet‹ (Gen 2,5) – sein Wesen hatte und von der Hand Gottes […], das heißt vom […] [Wort] Gottes, gebildet wurde – denn ›alles ist durch ihn gemacht worden‹ (Joh 1,3), und der Herr nahm Lehm von der Erde und bildete den Menschen (vgl. Gen 2,7) –, so rekapitulierte das Wort selbst […] den Adam in sich und wurde aus Maria, die noch Jungfrau war, richtigerweise in einer Art geboren, in der Adam rekapituliert wurde.«[38]

In dieser Symbolik wird sehr deutlich, worin der *Sinn* der Rekapitulation für Irenäus besteht: Der Faden der Schöpfung von Adam an wird in Christus wieder aufgenommen; denn auch er ist »Adam«, Mensch aus Fleisch und Blut, wie alle Nachkommen Adams; nur so kann die Kontinuität zur Schöpfung Adams und seiner Nachfahren aufrechterhalten bleiben; nur so kann diese Menschenschöpfung »wieder-einholend« gerettet werden.[39] Aber dieser neue Anfang steht von vornherein unter einem ganz anderen Vorzeichen als der alte – unter dem des *Gehorsams*. Die Jungfräulichkeit Mariens bedeutet nicht einfach eine (der Erde analoge) natürliche Unberührtheit, sondern sie ist die reale, leibliche Form ihres »fiat«, ihres »Mir geschehe nach deinem Wort«. Unter diesem Vorzeichen, das das ganze Inkarnationsgeschehen des Wortes und seiner irdischen Geschichte bis zum Ende prägt, kann die alte Unheils-Geschichte von Adams Ungehorsam ganz neu beginnen und verlaufen, nämlich zum Heil dieses Adam, das heißt des ganzen Menschengeschlechts und mit ihm der ganzen Schöpfung. Während Adam sich im Ungehorsam von Gott entfernt hat und so die Schöpfung ins Unheil der Sünde geführt hat, führt Jesus Christus durch seinen vertrauenden Gehorsam, den er durch alle menschlichen Altersstufen hindurch »rekapitulierte«[40], die Menschen und ihre Welt zu Gott und damit zum Heil zurück.

b) Gottes Pädagogik in Leid und Schuld

Aber nicht nur die Macht der Sünde wurde durch diese »Wiedereinholung« endgültig gebrochen, auch das *menschliche Leid* in seiner vielfältigen Form. Vor allem das Leid der Gerechten von Abel an über das unschuldig vergossene Blut der Propheten nimmt Jesus dem Willen des Vaters gemäß in sich auf, trägt es an seinem Leib bis zum Letzten aus, so dass er »am Ende in sich selbst das rettete, was am Ursprung in Adam verloren gegangen war«[41].

Mithilfe dieses Denkmodells der Rekapitulation glaubt Irenäus auch den Sinn des *Bösen*, der zum Tod führenden Schuld des Unglaubens und Ungehorsams, verständlich machen zu können:

> »Da Gott also Großmut zeigte, lernte der Mensch das Gute am Gehorsam und das Böse am Ungehorsam kennen, damit das Auge des Verstandes die *Erfahrung* mit beidem gewann und die Wahl des Besseren auf ein begründetes Urteil hin treffen konnte und niemals träge und nachlässig gegenüber der Vorschrift Gottes würde, und das, was ihm das Leben kostet, nämlich Ungehorsam gegen Gott, […] niemals auch nur versucht; was ihm aber sein Leben erhält, nämlich den Gehorsam gegen Gott, […] soll er mit aller Spannung und Sorgfalt bewahren.«[42]

In seinem Realismus sieht Irenäus klar, dass der Mensch auch in der Nachkommenschaft bzw. Nachfolge des »neuen Adam« der Versuchung zur Sünde ausgesetzt bleibt. Denn Gott geht es auch nach Christus nie um ein quasi naturwüchsig ererbtes Gutsein des Menschen, sondern immer um die *freie,* aus Dankbarkeit erwachsene Zustimmung des Menschen zu seinem Willen. Damit diese Zustimmung aber wahrhaft nachhaltig gelingt, hat Gott es weise so eingerichtet, dass der Mensch an sich selbst die *Erfahrung* des Gegenteils, des Nein mit seiner tödlichen Konsequenz gemacht hat. Denn erst daraus gewinnt er die tiefe, in Fleisch und Blut einschneidende

Einsicht, dass nur die im Glauben und ebenso im Leben der Kirche leibhaft erfahrene Teilhabe am Ja Jesu Christi wirklich das Leben bedeutet. Aus dieser erfahrungsgesättigten Einsicht in die Folgen des Nein und des Ja kann der Glaubende fortan der Versuchung zum Ungehorsam wirksam standhalten. Ob allerdings mit dieser pädagogischen Erklärung das »mysterium iniquitatis« auch für uns heute noch hinreichend gedeutet werden kann, darf mit Fug und Recht bezweifelt werden. Irenäus ging es zu seiner Zeit primär nur darum, gegenüber der Gnosis das fundamentale Gutsein der ganzen Schöpfung klarzustellen; keine Macht der Welt, auch nicht die Sünde Adams und der daraus folgende Tod, kann diesen Grundcharakter der Schöpfung und des Menschen zerstören. Darin behält er auch heute zweifellos Recht.

c) Christus – die erneuerte Schöpfung in Person

Sehr prägnant bringt Irenäus das *Neue* auf den Punkt, das der alles in sich rekapitulierende Christus in die Welt und in die Geschichte Gottes mit den Menschen gebracht hat: Er brachte alles Neue, indem er sich selbst brachte.[43] Was zuvor in Schöpfung und Altem Bund nur ankündigend offenbart worden war, damit die Menschen sich darauf vorbereiten und einstellen können, erscheint nun in Person mitten unter den Menschen: der neue Mensch, der Neue Bund, die neue Schöpfung. Und dies nicht um den Preis der Vernichtung des Alten, sondern als rettend einwohnendes Erneuern. Auf diese Weise hat Christus der Schöpfung sein *Prägemal*, das *Kreuz,* eingestiftet als Zeichen des Sieges und des Heils. Anknüpfend an Platons naturphilosophischen Gedanken (Timaios 36b), dass der Demiurg der Welt die alles ordnende und einende Weltseele in Form eines griechischen Chi *(X)* eingepflanzt habe und sie auf diese Weise den Kosmos von innen durchseele und von außen umspanne,[44] erkennt Irenäus eine Analogie zwischen dem kosmischen Chi *(X)* und dem geschichtlichen Kreuz Jesu:

> »Durch den Gehorsam nun, den er (sc. der Menschensohn [...]) bis in den Tod festhielt, an das Holz gehängt, löste er den alten mit dem Holz verbundenen Ungehorsam auf. Denn er ist selbst das Wort des allmächtigen Gottes, welches in unsichtbarer Gestalt in uns über die ganze Welt verbreitet ist und ihre Länge und die Breite und die Höhe und die Tiefe durchzieht, denn durch das Wort Gottes hat das Universum seinen Bestand; und in ihm ist der Sohn Gottes gekreuzigt, indem er dem Universum (sc. allen Dingen) das Kreuzzeichen eingezeichnet hat. Denn es gebührte ihm, dass er, sichtbar gekommen, die Kreuzesgemeinschaft von uns allen mit ihm in Erscheinung bringt, damit er seine Wirkung im Sichtbaren durch sichtbare Form zeige. Denn er ist es, der die

> Höhe ins Licht stellt und die Tiefe, die weit unter der Erde liegt, fortsetzt und die Länge von Ost und West hinstreckt und die Nordseite und die Mittagsbreite durchschifft und die Zerstreuten von allen Seiten zur Erkenntnis des Vaters zusammenruft.«[45]

Im Kreuz, genauer im gekreuzigten Jesus, hat Gott der Welt eine neue Mitte geschenkt, in der alles Auseinanderstrebende im Kosmos und in der Geschichte der Menschen neu zusammengefügt und zusammengehalten wird; denn hier ist der Versöhnungswille Gottes für seine Schöpfung ans Ziel gekommen: »Gott wollte mit seiner ganzen Fülle in ihm wohnen, um durch ihn alles zu versöhnen, und alles im Himmel und auf Erden wollte er zu Christus führen, der Frieden gestiftet hat am Kreuz durch sein Blut« (Kol 1,19 f.).

d) Die Einheit der Kirche und die Einheit der Oikonomia

Wie für Paulus bleibt auch für Irenäus dies alles nicht bloße Theorie; seine tiefe Einsicht in die Einheit der allumfassenden Oikonomia Gottes hat einen starken Plausibilitätsgrund im tagtäglich erlebten Erfahrungsraum der *Kirche*. Sie, die er in ihrer damaligen Ausbreitung in weiten Teilen, von Kleinasien bis Gallien, durchreist hat, bot ihm den fundierenden Raum der Evidenz für seine Wahrnehmung der alles einenden Gegenwart von Gottes Wort in Kosmos und Geschichte. Die räumliche Universalität der Kirche, die inhaltliche Einheit ihrer Glaubensüberlieferung unter allen Völkern und schließlich die Möglichkeit der eindeutigen Wahrheitserkenntnis ihrer Botschaft, welche durch ihre Bindung an die apostolische Sukzession ihrer Verkünder garantiert ist – in all dem unterscheidet sich für Irenäus die Kirche wohltuend von den esoterischen Zirkeln der Gnostiker und ihren subjektiven Intuitionen und Spekulationen. Denn:

> »Wie die Sonne, Gottes Geschöpf, in der ganzen Welt ein und dieselbe ist, so scheint (vgl. Joh 1,5) das Licht der Kunde von der Wahrheit überall und erleuchtet alle Menschen (vgl. Joh 1,9), die zur Erkenntnis der Wahrheit kommen wollen.«[46]

Mir scheint, dass die leitenden theologischen Denkmuster des Irenäus sich vor allem dieser gleichsam ästhetischen oder besser »sakramentalen« Konvergenz mit der erfahrenen Kirchenrealität verdanken. Die Kirche in der weltumspannenden Communio der vielen Ortskirchen, die überall den gemeinsamen Glauben an Jesus Christus teilen, diese Kirche, die durch die geschichtlich-ungebrochene Kontinuität der Apostel, Presbyter und Episkopen die Gegenwart mit dem Ursprungsgeschehen der Wahrheit, mit

Jesus Christus und seinem Geist verbindet – diese Kirche selbst stellt sich für Irenäus als ein von Gott wohlgeordneter Kosmos dar. Darum kann sie für ihn aus sich heraus – wie ein Sakrament – transparent sein für das große Mysterium der Oikonomia Gottes, der in seinem Mensch gewordenen Wort und in der Weisheit seines Geistes von Anfang an den Kosmos der Natur und den Kosmos der Geschichte miteinander vereint, beide durchseelt, beide zum Ort seiner heilenden Gegenwart werden lässt und beide rekapitulierend erlöst. Dieser sakramentale Zusammenhang zwischen dem Mikrokosmos der Kirche und dem Makrokosmos der Oikonomia Gottes ermöglicht eigentlich erst, dass die Gläubigen in den kirchlichen Sakramenten, besonders der Taufe und der Eucharistie, an dieser alles rettenden Rekapitulation Jesu Christi real Anteil erhalten und ihrerseits zur neuen Schöpfung, zum neuen Adam werden können.

> »Denn wo die Kirche ist, da ist auch der Geist Gottes; wo der Geist Gottes ist, da ist auch die Kirche und alle Gnade. Der Geist aber ist die Wahrheit.«[47]

B. Die Rezeption des spätantiken Neuplatonismus: Augustinus

Die Schöpfungstheologie gilt gemeinhin nicht als das hervorstechende Thema, durch das der nordafrikanische Kirchenlehrer und Bischof Augustinus (354–430) seine einzigartige Bedeutung für Theologie und Spiritualität des lateinischen Westens erlangt hat. Diese verdankt er viel stärker den Antworten, die er z.B. im Bereich der seinerzeit besonders strittigen Fragen um Glauben und Erkennen, Autorität (der Kirche) und Vernunft, Gnade und Freiheit, Sünde/Erbsünde und Erlösung, Bürgerschaft Gottes und irdische Bürgerschaft gefunden hat. Die Grundpositionen, die er in diesen Fragen jeweils vertritt, kommen auch in seiner Schöpfungstheologie zum Tragen und prägen – wie sein gesamtes Denken – entscheidend die weitere Geschichte der theologischen Reflexion über die Schöpfung. Bevor wir die wichtigsten Aussagen des Augustinus zur Schöpfungstheologie darstellen, bedarf es einiger Klärungen zum *Stil* seines *theologischen Denkens* über die Schöpfung.[1]

I. Der Stil augustinischer Schöpfungstheologie

1. Theologie aus existentiellen Grunderfahrungen

Augustinus entfaltet seine philosophischen und theologischen Gedanken nicht im Rahmen einer systematisch und didaktisch übersichtlich geordneten Schultheologie, wie dies seit dem frühen Mittelalter zunehmend geschieht. Daher lässt sich bei ihm weder eine Gesamtsystematik seiner Theologie noch ein vollständiger, konsistenter Traktat »Schöpfungstheologie« rekonstruieren. Seine Werke sind großenteils aufgrund eindrücklicher biographischer Erfahrungen entstanden, die er theologisch verarbeiten will, oder aber als Reaktion auf theologische und kirchliche Herausforderungen seiner Zeit, für die seine klärende theologische Kompetenz benötigt wurde (z.B. in der Auseinandersetzung mit der manichäischen Gnosis, mit Pelagius, mit den Donatisten, mit dem Problem der Eroberung Roms durch die Barbaren usw.).

Dennoch stellt sich sein literarisches Gesamtwerk nicht als ein buntes, unzusammenhängendes Konglomerat verschiedenster theologischer Erörterungen dar. Prägende existentielle *Grunderfahrungen* lassen Augustinus immer wieder auf bestimmte zentrale, kontinuierlich weiterverfolgte Themen zu sprechen kommen, die auch für seine Schöpfungstheologie bedeutsam sind. Nach W. Geerlings wird Augustins Lebensgefühl von einer grundlegenden »Erfahrung der Zerrissenheit und des Dualismus« durchstimmt: »Seine Biographie kann zu Recht als ein Fortschreiten von einem zum anderen Dualismus beschrieben werden: vom materialistischen Dualismus der Zwei-Prinzipien-Lehre der Manichäer über den Leib-Seele-Dualismus der Platoniker hin zum biblischen Dualismus johanneisch-paulinischer Prägung.«[2] Damit verbindet sich schon früh die intensive Erfahrung des Todes (eines Jugendfreundes und seiner Mutter), die ihn zutiefst von der Vergänglichkeit des irdischen Lebens überzeugt und eine unstillbare Sehnsucht nach Gott, nach seiner unvergänglichen Ewigkeit als der einzigen Erfüllung menschlicher Suche nach Seligkeit (beatitudo) in ihm erweckt. Beide Erfahrungen führen Augustinus schließlich zu einer bewussten Wendung nach innen, in den Erfahrungsraum seiner Seele, in dem er bereits in diesem zeitlichen Leben den beseligenden Überstieg des Geistes zu Gott hin vollziehen kann.

Aus solchen mit tiefem Leid verbundenen Grunderfahrungen speist sich das theologische Nachdenken Augustins über die Schöpfung. Das erklärt, weshalb sich die wichtigsten (in den verschiedensten Werken wiederkehrenden) Aussagen Augustins zu diesem Thema in seinem persönlichsten Werk finden, den »Confessiones« (verfasst zwischen 397 und 401, als er bereits Bischof von Hippo war).[3] Schon das literarische Genus dieser Schrift ist bezeichnend für Stil und Inhalt augustinischer Schöpfungstheologie. Wie bereits der Titel zeigt, wollen sie nicht bloß eine fromme autobiographische Rückschau auf sein bewegtes Leben sein. Von den ersten Kapiteln an bis zum Schluss bringen sie dieses Leben *ins Gebet zu Gott;* dessen Macht und Weisheit will der sterbliche Mensch, der ja »nur ein Teilchen (portio) Deiner Schöpfung ist«[4], dankbar »loben und preisen«, und dies im klaren Bewusstsein seiner Irr- und Umwege, die im Rückblick vor dem erbarmenden Gott offen als Sünde bekannt werden. Die Confessiones sind in der Tat

> »ein langes Gebet, das Lobpreis (confessio) Gottes sein will, anlässlich einer Lebensbeichte (confessio) des vergangenen, abgeirrten und von Gott zurückgeführten Daseins, seines jetzigen Zustandes und seiner Wurzeln in den Urgründen der Schöpfung und im Schoß der Kirche, worauf die Schöpfung hinzielt. Wenn hier Denken letztlich als ein betender Dialog mit der Urwahrheit erscheint und die ganze eigene Existenz bis in ihre letzten Voraussetzungen in diesem Gebet vor Gott bloßgelegt wird, ist es richtig, das Werk unter beiden

> Gesichtspunkten christlich ›existentiell‹ zu nennen: Augustins Weg zu Gott wie seine Reflexion darüber sind es, beides untrennbar.«[5]

Lässt man diese literarische Form der Confessiones als *hermeneutischen* Schlüssel zu Augustins Schöpfungstheologie gelten, bedeutet dies für die Interpretation seiner Aussagen: Allen noch so starken neuplatonisch-weltpessimistischen Tönen zum Trotz bildet der Lobpreis der Macht, Weisheit und Güte des Schöpfers, die sich in seiner unzerstörbar guten Schöpfung (insbesondere im Menschen) spiegeln, doch den cantus firmus. Diese biblische, aus den Psalmen erlernte Grundmelodie weiß sich im ganzen Werk immer wieder Gehör zu verschaffen und vermag die auseinander strebenden Extreme in Augustins Geist und Seele zusammenzuhalten.[6]

2. Erkenntnis der Schöpfung durch Glaube und Vernunft

a) Einheit und Verschiedenheit von Glaube und Vernunft

So wenig Augustinus eine umfassende Systematik seiner theologischen Gedanken entworfen hat, so wenig findet sich bei ihm die erst im Mittelalter einsetzende und in der Neuzeit zum erkenntnistheoretischen Prinzip erhobene Trennung zwischen Vernunft und Glaube, zwischen Philosophie und Theologie.[7] Das gilt im Übrigen für alle antiken Denker. »Von daher erweist sich die Alternative Christentum oder Platonismus als Scheinproblem. Augustinus hat sich – und nur dieses gab es – zu einem Christentum platonischer Gestalt bekehrt«[8] (nachdem er zehn Jahre lang dem häretisch-gnostischen Christentum der Manichäer angehangen hatte). Infolgedessen argumentiert Augustinus bei allen ihn umtreibenden Fragen, auch in der Schöpfungstheologie, immer auf philosophische (d. h. neuplatonische) und christlich-biblische Weise zugleich. Denn auf *beiden Wegen*, dem des religiösen Glaubens wie dem des rationalen Erkennens, sucht der Mensch mit seiner Vernunft nach der Wahrheit, und das heißt für Augustinus: nach Gott. Allerdings gehen für ihn Platon und die Neuplatoniker Plotin und Porphyrius, die er alle als dem Christentum sehr nahe stehend betrachtet, den Weg zur Wahrheit nicht konsequent bis zum Ziel; sie können es nur von ferne sehen. Dieses Ziel – so hat es Augustinus in seiner eigenen Wahrheitssuche erfahren – ist auch für das vernünftige Denken Jesus Christus, das Mensch gewordene Wort, in dem sich die Wahrheit Gottes unverborgen offenbart. Darum gilt Augustinus der christliche Glaube als universaler Heilsweg für alle, ob sie nun ausdrücklich philosophieren und somit ihren Glauben vernünftig rechtfertigen können oder ob sie der Verkündigung der Kirche einfach glaubend zustimmen. Kurz: Der Glaube ist die wahre, allen zugängliche »Philosophie«.[9]

Dennoch sind für Augustinus Glauben und Wissen nicht ununterschieden dasselbe, wenn sie auch in ihrer Verschiedenheit untrennbar aufeinander bezogen sind und einander wechselseitig bedingen. Wie der Glaube an den von der Kirche verkündeten Gott für ihn biographisch am Anfang seines Lebens- und Erkenntnisweges steht, so geht er auch in seiner Erkenntnistheorie von ihm aus. Denn dieser Glaube bedeutet für ihn »cum assensione cogitare« – mit Zustimmung denken.[10] Wer glaubt, stimmt mit seinem freien Willen der Autorität (auctoritas) Gottes zu, vermittelt durch die Autorität des Evangeliums und der es verkündigenden Kirche. Doch tut er dies keineswegs unvernünftig: Er versichert sich (soweit er dazu fähig ist) mit seiner Vernunft (ratio) der Glaubwürdigkeit dieser Verkündigung (etwa aufgrund der allgemein erkennbaren Tugend der Verfasser der Heiligen Schriften und der kirchlichen Verkündiger oder aufgrund der Wunder, der eingetretenen Prophezeiungen, der weltweiten Ausbreitung der Kirche u.Ä.). Insofern tritt die Kirche nicht als zwingende, sondern als einladende Autorität auf, die durch jedem zugängliche und überzeugende Zeichen (signa) zum Glauben der göttlichen Dinge (res) bewegen möchte.[11] Die Vernunft trägt also ihrerseits entscheidend zum Glauben bei. »Intellege, ut credas« – erkenne, um zu glauben.[12]

Allerdings spielt die umgekehrte Richtung für Augustinus eine weitaus größere Rolle: »Crede, ut intellegas« – glaube, um zu erkennen.[13] Denn nur durch die Zustimmung des Glaubens erlangt die erkennen und verstehen wollende Vernunft die volle Einsicht in die Wahrheit unserer ganzen Wirklichkeit. In dieser sich gegenseitig fördernden Bewegung vom Erkennen zum begründeten Glauben und von diesem wiederum zum tieferen Erkennen und Verstehen der Wahrheit (»fides quaerens intellectum«) findet der suchende Mensch – so hat Augustinus es an sich selbst erfahren – eine befriedigende Antwort auf seine tiefsten existentiellen *und* theoretischen Fragen, die ihn umtreiben und sein Herz nicht zur Ruhe kommen lassen – vor allem auf die Fragen nach der Existenz und dem Wesen Gottes, nach der ewigen Seligkeit und wie sie erlangt werden kann, nach der Erklärung des Bösen in der Welt und einem vernünftigen Verstehen des trinitarischen Gottesbildes.

b) Verstehender Glaube an den Schöpfer

Gemäß dieser engen Verknüpfung von Glauben und Erkennen setzt die Schöpfungstheologie Augustins beim biblischen Schöpfungsglauben an, wie er im Buch Genesis dargestellt wird. Dort findet Augustinus die alles weitere Nachdenken tragende und für ihn unbezweifelbare Aussage, dass Gott »Himmel und Erde im Ursprung [in principio] gemacht hat«[14]. Zugleich aber wendet er sich mit der Bitte an Gott: »Lass mich hören und *verstehen* [audiam et intellegam], wie Du Himmel und Erde im Ursprung gemacht hast«[15]. Der erste Schritt dieses Verstehens besteht in der unverstellten Wahrnehmung all dessen, was unsere Welt ausmacht und was die Bibel mit »Himmel und Erde« zusammenfasst. Von all dem sagt Augustinus:

> »Sie rufen laut, dass sie geschaffen sind, denn sie wandeln und verändern sich. In einem Ungeschaffenen, das doch da ist, kann nichts sein, was vorher nicht war, worin eben Wandel und Veränderung besteht. Sie rufen ebenso, dass sie sich nicht selber geschaffen haben: ›Wir sind da, weil wir geschaffen wurden; wir waren demnach nicht, ehe wir wurden, und konnten uns deshalb nicht selber schaffen.‹ Und was sie da sagen, ist die Evidenz selbst [ipsa evidentia].«[16]

Das heißt: Aufgrund der Veränderlichkeit aller Dinge lässt sich für Augustinus ihr Geschaffensein in unmittelbarer Evidenz an ihnen selbst erkennen.[17] Weil alles, was wir in unserer Welt wahrnehmen können, offenkundig veränderlich und wandelbar ist, ist es endlich; darum kann es sich auch nicht selbst verursacht haben; »denn dann müsste es gewesen sein, ehe es geworden ist, und wäre also gerade nicht endlich«[18]. Die Endlichkeit alles erfahrbaren Seienden bezeugt nach Augustinus evidentermaßen ihre Geschöpflichkeit, die somit auch für die Vernunft ein problemlos erkennbarer Sachverhalt ist.

Diese Erkenntnis verbindet Augustinus nun in einem weiteren Schritt mit dem christlichen Glauben an den Schöpfer – nicht in der Weise eines schlussfolgernden Gottesbeweises, wie er später in der Scholastik mithilfe des metaphysischen Kausalitätsprinzips geführt wird. Augustinus folgert vielmehr unmittelbar aus dem erkennbaren Faktum des Geschaffenseins:

> »Somit hast Du, Herr, sie gemacht. Du, der Du schön bist, denn sie sind schön; Du, der Du gut bist, denn sie sind gut; Du, der Du bist, denn sie sind. Nicht als wären sie so schön und so gut und so seiend wie Du, ihr Schöpfer, neben Dich gehalten sind sie weder schön noch gut, noch seiend.«[19]

Auch dies gilt ihm als einsichtig: »Das wissen wir«[20]. Aber dieses Wissen unterscheidet Augustinus deutlich von dem um die Geschöpflichkeit aller Dinge; er nennt es im Vergleich zum Wissen Gottes »Unwissenheit« (ignorantia). Das vom Glauben inspirierte evidente Wissen um die Geschöpflichkeit der Welt schreitet weiter zur »wissenden Unwissenheit« um den Schöpfer (docta ignorantia)[21]. Denn dieser bleibt unseren Sinnen grundsätzlich verborgen und unserem Verstand unbegreiflich: »Si comprehendis, non est deus« – wenn Du begreifst, ist es nicht Gott.[22] Um dennoch zur glaubenden Erkenntnis Gottes als des Schöpfers aller Dinge zu gelangen, bedarf es einer besonderen, von Gott bewirkten Selbstüberschreitung des menschlichen Geistes über sich und alle Kreaturen hinaus:

> »Etwas Großes und ganz Seltenes ist es, die ganze körperliche und unkörperliche Kreatur, nachdem man sie betrachtet und als veränderlich begriffen hat, in einer Hinwendung des Geistes zu überschreiten, zu dem unveränderlichen Wesen Gottes zu gelangen und dort von ihm selber zu lernen, dass niemand anderes als er selbst die ganze Natur [...] geschaffen hat.«[23]

Dieser nur selten gelingende Überstieg auf Gottes unfassbare Transzendenz hin ist zwar dank der illuminatio (Erleuchtung) durch die göttliche Wahrheit dem menschlichen Geist grundsätzlich (als eine natürliche Begabung bzw. als Schöpfungsgnade) möglich.[24] Doch auch er findet seine letzte Gewissheit erst in der gläubigen Zustimmung zum Credo der Kirche, zu ihrem gut begründeten Glauben an Gott, den Schöpfer des Himmels und der Erde. Der Weg der Wahrheitserkenntnis, der im Glauben beginnt, führt also auch mit der Vernunft nicht über den Glauben hinaus, wohl aber tiefer in ihn hinein; die Vernunft verleiht ihm mehr und mehr die Form eines verstehenden, an der Weisheit Gottes selbst teilhabenden Glaubens.

II. Biblischer Glaube in neuplatonischer Denkform

Die neuplatonische Philosophie hat Augustinus (im Zusammenhang mit seiner Hinwendung zum christlichen Glauben) durch die Predigten des Mailänder Bischofs Ambrosius und die Begegnung mit dem dortigen Kreis christlicher Neuplatoniker kennen und schätzen gelernt.[25] In den Schriften Plotins, Porphyrius' und des zum Christentum konvertierten Marius Victorinus findet er endlich einen ihn überzeugenden Interpretationsrahmen für bestimmte Lehren des christlichen Glaubens, die ihm bis dahin unverständlich geblieben waren und ihn – trotz aller inzwischen eingetretenen Distanzierung – noch nicht ganz von den Manichäern loskommen ließen. »Augustin liest die neuplatonischen Schriften von vornherein im Blick auf das Christentum«[26], und zwar im Interesse einer Versöhnung seines Glaubens mit einem Denken, das auf der Höhe der Zeit war.

Unter dieser Rücksicht spricht ihn besonders das neuplatonische *Gottesbild* an: Gott ist ein von aller materiellen Wirklichkeit vollkommen verschiedenes, rein geistiges Wesen, das über aller Vielfalt stehende Eine und Gute; er ist jenes ewige, unveränderliche Licht, das die ihr zugewandte geistige Seele des Menschen erleuchtet und so in einer Art mystisch-liebender Ekstase von ihr wahrgenommen werden kann. Um diesem Gott zu begegnen, muss der Mensch sich von allem Äußeren zurückziehen und in sein Innerstes, in seine Seele, einkehren:

> »Von dorther aufgefordert, zu mir selbst zurückzukehren, trat ich unter Deiner Führung in mein Innerstes ein und konnte es, weil Du Dich zu ›meinem Helfer gemacht‹ hast. Ich trat ein, erblickte mit meinem Seelenauge, wie schwach es auch war, oberhalb dieses Auges meiner Seele, oberhalb meiner Vernunft ein unveränderliches Licht, nicht dieses gewöhnliche, das allem Fleisch sichtbar ist, keines, das gleichen Wesens, nur stärker war, wie wenn es zum Beispiel viel, viel heller schiene und alles mit seinem Glanz erfüllte. Nein, so war es nicht, sondern anders, völlig anders als all unsere Lichter.
> Und es war auch nicht über meinem Verstand wie das Öl über dem Wasser oder der Himmel über der Erde, sondern weit erhabener, weil es mich geschaffen hat, und ich war geringer, weil von ihm geschaffen. Wer die Wahrheit kennt, weiß darum, und wer darum weiß, kennt die Ewigkeit. Die Liebe kennt sie.«[27]

Mit dieser tiefen Einsicht in die wahre Wirklichkeit Gottes verbinden sich verschiedene neuplatonische Überzeugungen, die Augustinus tief beeindrucken und von nun an sein Denken und Handeln bestimmen. Zu diesen Überzeugungen gehört zuerst die Hochschätzung der geistigen Welt (des mundus intelligibilis) bei gleichzeitiger Geringschätzung der körperlich-sinnlichen Welt; dann die (von Marius Victorinus übernommene) Übertragung der Vorstellung von der göttlichen Transzendenz als Trias, eben des Einen (hen), des Geistes (nous) und der Seele (psyché) auf die Trinität und ihr Bild in der menschlichen Seele; ferner das Drama dieser Seele, die – obwohl von Gott herkommend – sich immer weiter von ihm entfernt und erst in der äußersten Ferne von Gott sich wieder zur erlösenden Rückkehr und Heimkehr bewegen lässt; auch der von Gott gewährte stufenweise Aufstieg des nach Wahrheit suchenden menschlichen Geistes bis hin zur absoluten Transzendenz Gottes; und schließlich die ontologische Qualifizierung des Bösen als einer privatio boni (Beraubung des Guten), dem kein eigenes substantielles Sein zukommen kann.[28]

In diese philosophisch-theologischen Denkschemata gießt Augustinus nun zentrale christliche Inhalte, die dabei wesentlich stärker trans-formiert werden als etwa bei Irenäus. Und doch zeigt sich gerade in seiner Schöpfungstheologie, wie wachsam Augustinus gegenüber den Gefahren einer solchen Inkulturation bleibt. Der Wahrheitsanspruch des biblisch begründeten, in der Kirche bezeugten Glaubens gilt unbedingt (z. B. was die Erschaffung aus nichts und in liebender Freiheit angeht); darum nimmt Augustinus auch entscheidende Korrekturen am neuplatonischen

Denkrahmen vor – allerdings ohne diesen wirklich zu sprengen. Deshalb entgehen viele seiner schöpfungstheologischen Aussagen nicht einer gewissen Ambivalenz. Aber das ist wohl der unvermeidliche Preis jeder Theologie, die sich um ihrer zeitgemäßen Verstehbarkeit willen tief in das Denken einer Kultur hineinbegibt, sich ihr in gewissem Maß assimiliert und damit das theologische Denken späterer Generationen und/oder anderer Kulturräume ungewollt vorbestimmt – erst recht, wenn diese Theologie von einem so genialen Denker wie Augustinus entworfen wird, dessen Wirkungsgeschichte im westlichen Christentum wohl nur mit der des Thomas von Aquin verglichen werden kann.

1. Genesis 1 – mit den Augen Plotins gelesen

Augustinus hat die Schöpfungserzählung der Genesis häufig und jeweils sehr ähnlich ausgelegt, sei es in den verschiedenen Genesiskommentaren, sei es in den »Confessiones« oder in der »Civitas Dei«. Seine neuplatonische Sichtweise macht sich schon beim Auslegen des ersten Verses von Gen 1 deutlich bemerkbar. Was kann dort mit »Himmel und Erde« gemeint sein?

Im wörtlichen Sinn natürlich zunächst der Himmel, »den ich sehe, diese Erde, auf der ich gehe, aus der auch die Erde stammt, die ich bin«[29]. Aber das genügt Augustinus nicht;[30] den symbolischen, also heilsbedeutsamen Sinn von »Himmel und Erde« findet Augustinus in Psalm 115,16 (alte Zählung: Ps 114,16), wo es in der ihm vorliegenden lateinischen Fassung heißt: »der Himmel des Himmels (caelum caeli) gehört dem Herrn, die Erde aber gab er den Menschen.« Darin sieht Augustinus eine für ihn maßgebliche innerbiblische Interpretation von Gen 1,1; er versteht sie so, dass der sichtbare Himmel im Grunde zur vergänglichen Erde gehört, der »Himmel des Himmels« dagegen zum ewigen Bereich des unsichtbaren Gottes.[31] So findet Augustinus bereits in der Überschrift zu Gen 1 einen Beleg für die Idee einer in sich *gestuften Schöpfung*, die vom obersten geistigen Geschöpf bis zum untersten Materiellen absteigt. Das Oberste wird nach Augustinus biblisch »Himmel des Himmels« genannt; er umfasst die rein geistige Kreatur, also die Engel, die Wohnstatt Gottes, den Raum der überzeitlichen Anschauung Gottes, die geschaffene Weisheit, das »himmlische Jerusalem, meine Mutter« – alles Umschreibungen für jenen höchsten Bereich der Schöpfung, der an Gottes Ewigkeit gnadenhaft teilhat.[32] Dieser Schöpfungsbereich entspricht in etwa der ersten Emanation bei Plotin, dem reinen ewigen Geist (nous). Das unterste Geschöpf, der Gegenpol zum Geist, wird nach Augustinus biblisch »Erde« genannt; sie ist zunächst nichts anderes als die ungeformte Materie der Neuplatoniker. Sie steht dem

Nichts am nächsten, aus dem Gott alles (auch die Materie selbst!) hervorgerufen hat; denn ohne jede Form, als pures Prinzip und Substrat der Formbarkeit und Veränderlichkeit der Dinge, kann sie eigentlich gar nicht real existieren. Sie ist »ein formloses Beinahe-Nichts« (informe prope nihil), ein »Nichts-Etwas« (nihil-aliquid), also schwebend zwischen Nichts und Sein;[33] aus ihr hat Gott durch sein Wort alle körperlich Seienden geformt und so zur realen Existenz gebracht.[34]

Im Gegensatz zu Plotin sind für Augustinus diese »beiden Urgründe der Schöpfung« (Himmel und Erde, Geist und Materie) von Gott in Freiheit geschaffen.[35] Indem aber Augustinus nun die ganze weitere Schöpfung im Rahmen dieser beiden ontologisch völlig ungleichwertigen »Urgeschöpfe« ansiedelt, kommt ein »Gefälle in das Verständnis der Welt, in dem Seinshöhe und Seinswertigkeit eng verbunden sind. Das wenn auch christlichen Mindestanforderungen angepasste neuplatonische Denkmodell liegt offen zutage. Schöpfung erstreckt sich von einem Maximum an Gottesnähe bis hin zur Materie als dem ontologisch größtmöglichen Abstand von Gott.«[36]

> »Du warst, und außer Dir war nichts, woraus Du Himmel und Erde erschaffen konntest: Diese beiden, das eine nah bei Dir, das andere nah dem Nichts, das eine, das nur Dich über sich hat, das andere, das unter sich nur das Nichts hat.«[37]

Innerhalb dieser beiden »Seinspole«, des ursprünglich vollkommen Geformten und des gänzlich Ungeformten[38], teilt Gott nun jedem Geschöpf auf gestufte Weise das Sein zu, je nach dem Maß seiner Nähe zum geistigen »Himmel des Himmels« bzw. zum materiellen Ursubstrat, der »Erde«. Dies geschieht nach Augustinus dadurch, dass Gott die rationes aeternae, die ewigen Gedanken oder Formen der Dinge, die immer schon in ihm – in seinem ewigen Ratschluss, seinem ewigen Wort und seiner ewigen Weisheit – gegeben sind, durch das schöpferische Wort ins eigene Dasein treten lässt. Die Formen, die in etwa den Ideen Platons entsprechen, aber – christlich – von Augustinus in Gott selbst hineinverlegt werden, sind die Urbilder, an denen alle Seienden durch Gottes Willen auf ihre Weise partizipieren und dadurch existieren. Solche Urbilder gibt es nicht nur für die allgemeinen Arten, Gattungen (z.B. den Menschen als solchen) und natürlichen Gesetzmäßigkeiten, sondern auch für jedes individuelle Wesen, insbesondere für den Menschen. Damit bringt Augustinus wiederum einen unterscheidend christlichen Topos (»*Du* bist seit Ewigkeit von Gott gewollt!«) in das platonische System ein.

Dennoch – das erwähnte ontologische Gefälle in der Schöpfung wirkt sich gerade in der *Anthropologie* Augustins aus. Sosehr er immer wieder die Einheit des Menschen betont, so eindeutig tritt doch der höhere Rang der Seele vor dem Leib hervor. Eine seiner Definitionen für den Menschen lautet: Er ist »eine vernünftige Seele (anima rationalis), die sich eines sterblichen und irdischen Leibes bedient«[39]. Die Gründe für diesen seinsmäßigen Vorrang sind klar: Die Seele ist aufgrund ihrer Fähigkeit, geistige Sachverhalte, zuhöchst Gott selbst als die ewige, rein geistige Wahrheit, zu erkennen, selbst geistiger und damit auch unsterblicher Natur. Sie ist das aktive, belebende, leitende, der Leib dagegen das passive, belebte und geleitete Element im Menschen. In der Selbsterfahrung menschlichen Bewusstseins zeigt sich die Seele als der substantielle Identitätsträger des Menschen; nur auf sie trifft die Aussage in Gen 1,26 f. von der Gottebenbildlichkeit des Menschen zu, weil sie allein ein Abbild des dreifaltigen Gottes darstellt.

Wie weit sich diese Anthropologie samt der sie tragenden Schöpfungstheologie vom biblischen Ausgangspunkt entfernt hat, ist unverkennbar, steht dort doch der *ganze* Mensch im Blick, mit Leib und Seele, als Mann und Frau, in der Rolle des Stellvertreters und Hausverwalters Gottes im Lebensraum der ihm anvertrauten Erde, selbst aus Erde geschaffen und von Gottes Lebenshauch belebt. Bei Augustinus hingegen ist es vor allem die unsichtbare, geistige, unwandelbare himmlische Welt, auf die sich das ganze Sehnen des Menschen (v. a. seiner Seele) richten soll, freilich ohne dabei seine Aufgaben während der irdischen Pilgerschaft zu vernachlässigen. Diese Anthropologie hat im Raum der westlichen Kirche bis heute (im Positiven wie im Negativen) eine gewaltige Wirkungsgeschichte entfaltet, deren Einseitigkeiten erst durch Thomas von Aquin – zumindest auf der prinzipiell-systematischen Ebene – weitgehend ausbalanciert werden konnten.

2. Die Zeit – von der Ewigkeit her gedacht

a) Das Prinzip der Veränderlichkeit

Obwohl Augustinus die christliche Lehre von der Schöpfung durch das Wort, den ewigen gottgleichen Logos, voll übernimmt, empfindet er diese Lehre als philosophisches Problem: Wie kann die Welt einen zeitlichen Anfang und ein zeitliches Ende haben, wenn sie doch ihren Ursprung im ewigen, zeitüberlegenen Willen und Wort Gottes hat? Sie existiert ja auf keinen Fall gleichewig wie Gott.[40] Augustinus löst diese Frage dadurch, dass er den zeitlichen Anfang der Welt, den Beginn ihrer endlichen Existenz, auf die *Bestimmung* des ewigen Willens Gottes zurückführt:

»Alles, was anfängt und aufhört zu sein, beginnt und endet dann, wann Dein ewiger Gedanke [ratio aeterna], in dem weder Anfang noch Ende ist, bestimmt, dass es anfangen und enden soll. Dieser Gedanke aber ist Dein Wort, das auch ›Ursprung‹ ist, was er uns selber [im Evangelium] sagt.«[41]

Im Kern bereits beantwortet sind für Augustinus damit die Fragen, die sich dem Denken damals wie heute unwillkürlich aufdrängen: Was war bzw. was machte Gott *vor* der Schöpfung? Wie kann es in Gottes Ewigkeit etwas Neues (eben den Akt der Schöpfung) geben? Wird Gott dadurch nicht selbst veränderlich, zeitlich? Oder umgekehrt: Warum gibt es die Welt nicht gleichewig wie Gott, wenn sie doch ihren Ursprung im ewigen Willen Gottes hat?[42]

Die Antwort Augustins ist eindeutig: Es gibt kein »vor« der Schöpfung und damit keine Veränderung in Gott durch die Schöpfung, weil es »vor« der Schöpfung noch keine Zeit gab. Die Zeit ist nicht etwas, das mit Gottes Ewigkeit koextensiv immer schon existierte, gleichsam wie ein vorgegebener Rahmen, in den Gott die Welt hineinschuf.[43] Sie ist, wie das gesamte, Himmel und Erde umfassende Universum, selbst ein Geschöpf Gottes. Himmel und Erde sind daher nicht *in* der Zeit, sondern *mit* der Zeit geschaffen; und die Zeit ihrerseits entsteht zugleich mit dem Entstehen der Dinge dieser Welt; sie wird mit ihnen als das ihnen innewohnende Merkmal der *Veränderlichkeit* vom Schöpferwort ins Dasein gerufen. Durch sein schöpferisches Sprechen und Handeln unterwirft sich Gott nicht der Veränderlichkeit der Welt, er selbst wird nicht »anders« (was bei einer Emanation von Welt und Zeit aus Gott der Fall wäre). Denn seine Ewigkeit hat nichts zu tun mit der von unserem zeitlich geprägten Bewusstsein insinuierten Vorstellung einer endlos ausgedehnten Dauer der Zeit, in der »irgendwann« das Schöpfungswort gesprochen wurde. Als schöpferischer Ursprung der Zeit und damit der veränderlichen Welt ist und bleibt Gottes Ewigkeit ihr unvergleichlich überlegen:

»Du gehst nicht zeitlich der Zeit voraus, sonst gingst du den Zeiten überhaupt nicht voraus. Du bist vielmehr aller Vergangenheit überlegen und übersteigst alle Zukunft durch die Hoheit der immer gegenwärtigen Ewigkeit; die künftigen Zeiten übersteigst Du, sofern sie jetzt künftig sind, aber durch ihre Ankunft vergangen sein werden, ›Du aber bist der Immergleiche, und Deine Jahre werden nicht vergehen‹. Deine Jahre kommen nicht und gehen nicht, nur die unsern sind kommend und gehend, damit alle drankommen können. Deine Jahre stehen alle zumal, denn sie haben Stand und nicht Vorübergang, sie werden von keinen kommenden verdrängt. Die unsern werden dann ›alle sein‹, wenn sie alle nicht mehr sein werden. ›Deine Jahre sind ein einziger Tag‹, und Dein Tag hat kein Täglich, sondern nur ein Heute, da Dein Heute keinem Morgen weicht und auf kein Gestern folgt. Dein Heute ist Ewigkeit. Darum ist der von Dir Gezeugte gleichewig wie Du. Du konntest ihm sagen: ›Heute habe ich Dich gezeugt.‹ Alle Zeiten stammen von Dir, und vor allen Zeiten bist Du; es gibt keinerlei Zeit, in der es noch keine Zeit gab.«[44]

So beeindruckend dieser Text ist, so klar bezeugt er das neuplatonische Weltbild, in dem Augustinus das alltäglich-selbstverständliche und doch so geheimnisvolle Phänomen Zeit zu entschlüsseln versucht.[45] Die Zeit als das Prinzip der Veränderlichkeit steht für ihn ontologisch ganz und gar im *Gegensatz* zur Ewigkeit. Aus ihr stammt sie, und nur in Abgrenzung von ihr kann sie überhaupt erkannt werden. Darum setzt ein angemessenes Verständnis der Zeit immer schon ein geistiges Wissen oder Ahnen der Ewigkeit voraus, des »unveränderlichen, mit sich selbst identischen Seins«, das »als das absolute präsens – semper präsens – über der Zeit, über Anfang und Ende«[46] steht.

Mit dieser scharfen Entgegensetzung von Zeit und Ewigkeit verbindet sich bei Augustinus die gewohnte *ontologische Wertung:* Die Zeit hat keinen mit Gottes ewigem Sein vergleichbaren Seinswert in sich. Im Gegenteil, von seinen philosophischen Prämissen und von der eigenen Erfahrung der Vergänglichkeit her schließt Augustinus: »So können wir rechtens vom Sein der Zeit nur reden, weil sie zum Nichtsein strebt [tendit non esse].«[47] Denn jede Gegenwart verrinnt sogleich in das Nicht(-mehr)-Sein der Vergangenheit, und das Zukünftige ist noch nicht. So bleibt für das Sein der Zeit nur die Gegenwart, die aber ihrerseits ständig im Vergehen begriffen ist.

Diese neuplatonische Ansiedlung der Zeit in der Nähe des Nichtseins ist jedoch nur die *eine* Seite; indem Augustinus zugleich christlich daran festhält, dass die Zeit dennoch ein von Gott gewolltes Geschöpf ist, das auf seine Weise am Gutsein der Schöpfung teilhat (sie ist nicht erst nach oder durch den Sündenfall entstanden!), kommt ihr durchaus ein relativer Wert zu, der aus ihrer *Beziehung* zum ewigen Schöpfungswort herrührt. Als »signum et vestigium aeternitatis« (Zeichen und Spur der Ewigkeit)[48] eröffnet sie dem Menschen, der sich in der Sünde von Gott abgewandt hat, den Zeit-Raum seiner Umkehr und Rückkehr zu Gott. Dazu gleich mehr unter c).

b) Eine innersubjektive Erfahrungswirklichkeit

Mit der seinerzeit gängigen, aus der griechischen Kosmologie (v. a. von Aristoteles) herkommenden Definition der Zeit gibt Augustinus sich nicht zufrieden. Dort wird die Zeit gedeutet als die objektiv zu messende (Dauer der) Bewegung der Körper im Raum, wesentlich der Himmelskörper und ihrer zyklischen Bewegung, die in Sekunden, Minuten, Stunden, Tagen, Monaten und Jahren gemessen werden kann. Augustinus genügt diese für die lebenspraktische Orientierung sicher nützliche Deutung der Zeit *philosophisch* und *existentiell* nicht. Denn ihm zufolge setzt die zu messende Bewegung der Körper die Zeit als Maß bereits voraus, weil in ihr und mit ihr ja nicht nur die Bewegung gemessen werden könne, sondern genauso die Dauer eines möglichen Stillstands von Körpern.[49] Darum gibt die kosmologische Deutung der Zeit für Augustinus nicht mehr her, als dass er in ihr eine »Art der Zerdehnung« (distentio) erkennen kann.[50]

Die daran anschließende Frage bringt Augustinus seiner eigenen Lösung näher: *Wessen* »Zerdehnung« ist die Zeit? »Ich weiß es nicht, doch wäre es verwunderlich, wenn sie nicht die des Geistes selbst wäre«.[51] Noch direkter:

> »In dir, du mein Geist, messe ich die Zeiten. [...] Den Eindruck, den die Dinge im Vorübergehen in dir hinterlassen und der bleibt, den messe ich als einen gegenwärtigen, und nicht die vergehenden Dinge, die ihn erzeugten. Ihn messe ich, wenn ich die Zeiten messe. Entweder sind die Zeiten hier, oder ich messe sie gar nicht.«[52]

So beginnt für Augustinus das Geheimnis der Zeit sich erst durch die Analyse der *subjektiven* Zeiterfahrung ein wenig zu lüften. In dieser Erfahrung kommen die drei Zeitphasen Vergangenheit, Gegenwart und Zukunft dadurch zusammen, dass das menschliche Bewusstsein, der Geist, sie sich vergegenwärtigt. Nur in dieser bewussten Vergegenwärtigung sind sie überhaupt (und unabhängig davon nicht). So ist die Vergangenheit in uns präsent in der Weise der Erinnerung, die Gegenwart in der Weise der unmittelbaren Wahrnehmung und die Zukunft in der Weise der Erwartung.[53] In dieser distentio animi (Ausspannung der Seele), in der sie Vergangenheit, Gegenwart und Zukunft vergegenwärtigend und damit Zusammenhang stiftend umspannt, besteht für Augustinus das Wesen der Zeit. Zu messen sind darum nicht primär objektive Zeiträume, sondern die Erstreckung der Eindrücke, die bestimmte vergangene oder erwartete Ereignisse unserer Seele einprägen.

Konsequent setzt Augustinus also dem kosmologisch-objektiven das anthropologisch-subjektive Zeitverständnis entgegen. Eine rein kosmologische Betrachtung der Schöpfung interessiert ihn nicht; ihm geht es fast ausschließlich darum, was die Welt und die Zeit für das ewige Heil des Menschen bedeuten. Dass dabei auch die materielle Welt und die reale Weltgeschichte eine bedeutsame Rolle spielen, wird von ihm nur unter einer bestimmten Perspektive akzeptiert (s. Abschnitt c)). Eine heutige Schöpfungstheologie kann jedoch diese Trennung von anthropologischer und kosmologischer Zeiterfahrung nicht mehr einfach übernehmen; beide sind nach unserem gegenwärtigen Verständnis legitime, einander ergänzende und bereichernde, auch für das biblische Geschichtsverständnis unerlässliche Perspektiven auf die Schöpfung.

c) Der theologische Wert der Zeit

1) Zeit der Umkehr

Was die theologische Sinngebung der Zeit angeht, sind bei Augustinus zwei Linien zu unterscheiden und zusammenzuhalten: Zum *einen* steht die Zeit als »Zerdehnung der Seele« (distentio) für die schmerzliche Erfahrung der Nicht-Identität des Menschen. Aufgrund der zeitlichen Struktur seines Daseins erfährt sich der Mensch unausweichlich in ständigem Wandel begriffen, bis hin zur inneren »Zerrissenheit«, die aus der Sünde stammt, in der die Übereinstimmung des Selbst mit seiner gottgewollten Bestimmung zerbricht. Darin besteht das von Augustinus wortreich beklagte Elend, die Misere des Menschen.

Zum *anderen* offenbart sich aber in ebendieser Zerdehnung die unendliche Barmherzigkeit, die misericordia des Schöpfers für sein Geschöpf. Dadurch erhält die Zeit theologisch auch einen positiven Wert.[54] Er besteht erstens darin, dass dem Menschen durch die Zeit trotz aller Brüche auch die Erfahrung einer von Gott geschenkten Einheit seiner Lebensgeschichte ermöglicht wird. Der Mensch kann sich (nach Phil 3,12 f.) von der erfahrenen Vergebung her voller Hoffnung in der Zeit, die ihm zur Bewährung gewährt wird, »ausstrecken« auf das verheißene künftige Heil hin, das jede (naturbedingte) Zerdehnung und jede (sündige) Zerrissenheit endgültig zu einem heilen Ganzen zusammenfügt. Diese dynamische, zielgerichtete Bewegung der Seele in der Zeit nennt Augustinus die in-tentio, die »gesammelte Hindehnung«.[55]

2) Zeit der Kirche

Über die individuelle Geschichte des Einzelnen mit Gott hinaus hat die Zeit einen weiteren theologischen Wert: Sie eröffnet den Raum einer Geschichte des Heils für *alle* Menschen, und dies in Gestalt der *Kirche*. Als heilsvermittelnde Gemeinschaft ist die Kirche »vor aller Zeit« im ewigen Wort, ihrem Haupt, »prädestiniert«;[56] vom Anfang der Schöpfung an ist sie (als »ecclesia ab Abel«) verborgen gegenwärtig.[57]

In der »Fülle der Zeit«, als »Du begannst, das Vorbestimmte in der Zeit auszuführen«,[58] ist die Kirche mit all ihren Heilsmitteln eingerichtet worden; und für die Vollendung der Zeiten schließlich ist sie uns verheißen als die »Heilige Stadt«, das himmlische Jerusalem, die bergende »Wohnstatt im Himmel«.[59] In Gestalt dieser (kirchlich) ausgedehnten Geschichte führt Gott seine der Sünde verfallene Schöpfung zum Heil, zur Neuen Schöpfung. So wird die Zeit der Kirche zum heilbringenden Raum, in dem der Schöpfer mit seinem Geschöpf in Dialog tritt, in dem die heilsbedeutsame Entscheidung der Rückwendung zu Gott möglich wird und der alte, fleischliche Mensch sich vom Geist Gottes schließlich zum neuen, geistlichen Menschen wandeln lässt.

> »Für Augustinus [...] kann sich das Heil des Menschen nicht einfach in der vertikalen Bewegung eines gnoseologischen Aufstiegs ereignen, in dem plötzlichen Erwachen geistiger Schau, das die Defizite des menschlichen Lebens mit einem Mal hinfällig werden ließe. Vielmehr vollzieht es sich, da doch der Mensch von Gott durch eine Geschichte der Schuld getrennt ist, in einer in die Zeit eingeschriebenen Konversion des menschlichen Herzens. Und deshalb fordert und ermöglicht die dispensatio temporalis [zeitliche Aufteilung, M. K.] nicht nur eine geistige Umkehr, sondern ebenso und vor allem eine Konversion des Lebens, eine Umkehr von der Selbstüberhebung zur Liebe, eine seinsmäßige Umwandlung des Menschen.«[60]

Dennoch ist dies eine recht eingeschränkte Perspektive auf die Zeit der Welt und der Geschichte. Denn für Augustinus hat diese Zeit doch primär nur den Wert eines Interims, als Zeit der Pilgerschaft des gläubigen Menschen zwischen zwei geschichts*transzendenten* Polen: dem ewigen Plan Gottes mit dem Menschen im Ursprung der Schöpfung und seiner endgültigen Erfüllung in der eschatologischen Vollendung der Welt. Die Geschichte erhält ihren theologischen Sinn demnach nur dadurch, dass sie das Entscheidungsfeld für oder gegen Gott darstellt, dass sie den Raum eröffnet für das heilsgeschichtliche Gegenüber der civitas Dei (die zwar nicht mit der Kirche identisch ist, aber gleichsam in ihr »subsistiert«, in ihr das realgeschichtliche Subjekt findet) zur civitas terrena (die in den politischen Gebilden der Staaten »subsistiert«). Dass darüber hinaus die säkulare Geschichte *als solche*, gerade in ihrer humanen, also Kultur, Gesellschaft und Recht menschenwürdig gestaltenden Funktion eine heilsbedeutsame Rolle für die vollendete Gestalt des Reiches Gottes spielen könnte (etwa im Sinn von »Gaudium et Spes«), nimmt Augustins Weltsicht kaum in den Blick. Verständlich; seine starke Aversion gegen die politische Theologie des heidnischen Rom und der sie aufgreifenden christlich-konstantinischen Reichs-Ideologie (z. B. eines Eusebius), die das Reich Gottes mit dem christlich gewordenen römischen Reich identifiziert, lässt keinen Raum für eine vermittelnde Position zwischen Bürgerschaft Gottes und irdischer Bürgerschaft, zwischen Glaubensgeschichte und Weltgeschichte.[61]

3. Das Böse – vom Guten her gedacht

a) Das Wesen des Bösen – »nichts weiter als der Ausfall des Guten«

Die Frage nach Wesen (a), Sinn (b) und Ursprung (c) des Bösen bzw. des Übels (malum) hat Augustinus lange und qualvoll umgetrieben; davon legen die ersten sieben Bücher der Confessiones ein beredtes Zeugnis ab. Das ihm aus der bitteren Erfahrung mit sich selbst vertraute, allgemein verbreitete Phänomen der tiefen Verderbtheit des menschlichen Willens, der um das Gute und Wahre weiß (die Liebe zu Gott) und dennoch genau das Gegenteil tut (sich selbst an die Stelle Gottes setzt und sich damit selbst verdirbt), ließ sich für ihn nicht mit dem christlichen Glauben an den guten Schöpfer und seine gute Schöpfung in Einklang bringen. »Unde malum?« – woher kommt das Böse?[62]

Dieses für ihn lange unlösbare Problem war sicher ein wesentlicher Grund dafür, dass Augustinus sich fast zehn Jahre lang (zwischen seinem zwanzigsten und dreißigsten Lebensjahr) trotz aller partiellen Zweifel nicht aus dem Bann der manichäischen Anschauung lösen konnte. Denn hier fand er eine Erklärung für das Böse, die Gottes Güte scheinbar unangetastet ließ: Das Böse entspringe einem widergöttlichen kosmischen Urprinzip. Demnach waren weder Gott noch der freie Wille des Menschen letztlich verantwortlich für das Böse, das die Menschen tun.

Es bedurfte der ihn tief beeindruckenden Begegnung mit dem Mailänder Bischof Ambrosius und dessen neuplatonisch geprägter Theologie (v.a. der symbolischen Auslegung des AT), damit Augustinus sich endlich der Faszination der manichäischen Weltdeutung entziehen konnte. Im christlichen Neuplatonismus findet er Grundlagen für eine Antwort auf die Frage nach dem Bösen – eine Antwort, die einerseits die absolute Gutheit Gottes und seines Schöpfungshandelns gewährleistet, andererseits aber Gott als einziges, vollkommen freies und allmächtiges, durch kein anderes Gegenprinzip (etwa die ewige Materie oder das Reich der Finsternis) beeinträchtigtes Schöpfungsprinzip gelten lässt. Wieder hilft ihm hierbei jenes dualistische Schema, das auch seine Deutung der Zeit und der Materie bestimmt: Alles, was es gibt, hat seinen ontologischen Sinngehalt durch seine Position zwischen Gott (der Fülle an Sein) und dem Nichts.[63] Augustinus gelangt zu der Einsicht, dass »das Böse (malum) nichts weiter ist als der Ausfall (privatio) des Guten bis hin zum völligen Nichtsein«[64]. Da Gott, das höchste Gut, in seiner Güte alle Dinge gut, das heißt seinem Willen und seiner Weisheit entsprechend geschaffen hat, kann es in der Welt keine böse Substanz, kein in sich schlechtes Sein geben.

Ein »Defekt« am guten Sein aber ist deswegen möglich, weil alles Geschaffene nur in abgestufter Teilhabe am höchsten Gut existiert.

> »Und dann überschaute ich alles Übrige, was unter Dir liegt, und sah, dass es weder völlig Sein noch völlig Nichtsein war. Es ist zwar, weil es aus Dir stammt, ist aber nicht, weil es nicht ist, was Du bist. Denn vollwirklich ist [vere est], was unveränderlich verharrt.«[65]

Besonders die irdischen, aus der zum Nicht-Sein tendierenden Materie geschaffenen Wesen sind konstitutionell von dieser Tendenz durchsetzt und können darum im Ganzen der Schöpfung als weniger gut erfahren werden; sie erscheinen uns als in ihrem prinzipiellen Gutsein faktisch mehr oder weniger stark gemindert und damit als schlecht.

Im Rahmen einer wenn auch christlich umgeformten, so doch neuplatonischen Weltsicht mag diese Erklärung des Bösen zufrieden stellen; außerhalb einer solchen Ontologie dürfte sie nicht hinreichen. Unsere neuzeitliche Kultur, die sich schon lange von diesem antiken philosophischen Weltmodell verabschiedet hat, erfährt das Böse (sowohl als naturbedingtes Übel wie auch als sittlich Böses) viel stärker als eine gewaltige, in ihrer ontologischen Wirklichkeit unerklärbare Eigenmacht. Das Böse gewinnt in der Welterfahrung der Moderne einen solch starken Wirklichkeitsgehalt, dass für sie Sein und Gut-Sein nicht mehr identisch sind. Darum klingt für die meisten unserer Zeitgenossen die »schöpfungsoptimistische« Deutung des Bösen als bloßer Mangel an Gutem[66] wenig überzeugend.

b) Der Sinn des Bösen – nur im Ganzen der Schöpfungsordnung zu erkennen

Aus seiner Erklärung des Wesens (besser: Nicht-Wesens) des Bösen folgert Augustinus, dass es durchaus einen Sinn hat, der uns Menschen und unserer begrenzten Wahrnehmung der Welt allerdings oft nicht einsichtig ist. Neben seiner möglichen pädagogischen Bedeutung (als Anlass zur Besinnung auf die Wahrheit oder als heilsame Strafe)[67] liegt Augustinus zufolge sein Sinn vor allem darin, dass sowohl das naturbedingte Übel als auch das sittlich Böse, das wir gegen den Willen Gottes tun, dennoch seinen von Gott vorgesehenen und damit sinnvollen Ort im gesamten Ordnungsgefüge der Schöpfung einnimmt.

> »Für Dich gibt es keinerlei Böses. Und nicht nur für Dich, auch für die Gesamtheit Deiner Schöpfung nicht, denn es gibt nichts, was von außen her eindringen und die Ordnung [ordo], die Du ihr auferlegt hast, stören könnte. In ihren Teilen aber wird einiges, weil es mit anderen nicht übereinstimmt, für schlecht

gehalten. Mit anderen stimmt es wieder überein und ist dann gut: Auch in sich selbst sind diese Teile gut. Und alle diese Elemente, die miteinander nicht übereinstimmen, gehören zum unteren Teil des Alls, den wir Erde nennen, sie hat ihren wolkigen und windigen Himmel, der zu ihr passt.«[68]

Das bedeutet: Das Böse gibt es immer nur als etwas *Relatives*, bezogen auf den, der etwas *als* für ihn schädlich erfährt und es nur im Hinblick darauf beurteilt. *Für Gott,* der in seiner weisen Vorsehung das Gesamt der Schöpfung und der Menschheitsgeschichte überschaut und es als Ganzes zum Guten fügt, erhält alles Einzelne seinen sinnvollen Platz in dieser Harmonie des Ganzen; nicht etwa dadurch, dass Gott das Schlechte, zumal das sittlich Böse, will und von sich aus bewirkt, sondern indem er bei allem, was geschieht, nicht dem Zufall das letzte Wort überlässt, sondern es zu einer immer schon vernünftigen, in sich stimmigen Ordnung zusammenfügt. Darum gefährdet das Schlechte nicht die Schönheit der Schöpfung; im Gegenteil, es muss ihr dienen, indem es durch den Kontrast dazu beiträgt, dass die Schönheit des Guten noch glänzender hervortritt.[69]

So wahr es ist, dass sich Schmerz- und Leiderfahrungen häufig erst im Nachhinein, wenn einem der größere Zusammenhang aufgeht, als hilfreich oder heilsam erweisen, so wenig kann diese lebenspraktische Erfahrung verhindern, dass viele (auch tief gläubige) Menschen heute einer solchen theologisch-ästhetischen Einordnung des Übels eher verständnislos gegenüberstehen. Sie scheint für unsere gegenwärtige Welterfahrung die abgründige Macht menschlicher Bosheit ebenso ungebührlich zu verharmlosen wie die unermessliche Fülle an Leid, besonders dann, wenn Menschen in einem unverhältnismäßigen, alle erkennbaren Sinnzusammenhänge sprengenden Übermaß davon betroffen sind. Die individuelle menschliche Perspektive lässt sich neuzeitlich nicht mehr so leicht in eine universale Schau des Ganzen einordnen, dass allein dadurch die Frage nach dem Sinn schon hinreichend beantwortet wäre.[70]

c) Der Ursprung des (sittlich) Bösen – die geschöpfliche Freiheit

Nachdem für Augustinus die manichäische Entlastung durch ein böses Urprinzip als eigentliche Ursache auch des sittlich Bösen in der Welt hinfällig geworden war, konnte es für ihn keine andere Antwort mehr geben als die des christlichen Glaubens: Dieses Böse entspringt der Freiheit des menschlichen Willens, der sich in der Sünde von Gott abwendet.

»Und ich suchte, was die Sünde wäre, und fand nicht eine Substanz, sondern das Abgekehrtsein eines Willens von Dir, Gott, eines, der ›seine innersten Güter‹ ins Niedrige wegwirft und sich im Außensein aufbläht.«[71]

Aber bereits im zweiten und dritten Buch des frühen Werkes »De libero arbitrio«, erst recht in seinen späteren antipelagianischen Schriften und schließlich in den Retractationes gibt sich Augustinus mit dieser einfachen Antwort nicht zufrieden. Er fragt sich, *warum* die Menschen sich so oft gegen Gott entscheiden, der doch für sie das höchste Gut ist, und *warum* sie die beglückende Liebe zu ihm immer wieder gegen eine sie selbst verderbende, weil absolut gesetzte Selbstliebe eintauschen. Ist es nur menschliche Schwäche, die die Kluft zwischen Erkennen und Tun nicht überspringen kann? Augustinus entdeckt einen tieferen Grund: In jedem Menschen steckt vom Ursprung des Menschengeschlechts, also von Adam an, ein tiefe *Neigung zum Bösen*. Sie ist ihm keineswegs vom Schöpfer eingepflanzt worden; vielmehr entspringt sie der »Urschuld« Adams, die als Ursprungssünde (peccatum originale) durch den Geschlechterzusammenhang aller Menschen weiterwirkt (»Erbsünde«) und darum alle Menschen – noch vor jeder persönlichen Sünde – wie eine böse, verhängnisvolle Macht vor Gott schuldig sein lässt. Sie stehen vor ihm als »massa peccatorum«[72]. Darum kann der menschliche Wille aus sich heraus das Gute überhaupt nicht mehr tun; Gott allein kann in seinem Erbarmen die Menschen zum Guten befähigen. Warum dies bei den einen geschieht und sie das Heil erlangen und bei den anderen nicht, so dass sie verworfen werden, »bleibt mit dem Hinweis auf die Unerforschlichkeit der Wege Gottes ohne Antwort«[73].

Diese zutiefst pessimistische Anthropologie (insbesondere des älteren, antipelagianisch argumentierenden Augustinus), verbunden mit der Idee einer unergründbaren »selektiven Prädestination«[74] des Menschen zum Heil, wirft zweifellos einen dunklen Schatten auch auf Augustins Schöpfungstheologie. Dass diese negative Sicht der menschlichen Freiheit und des Schicksals der Menschheit im Ganzen die grundlegend positive, sich in Dank und Lobpreis äußernde Einschätzung des Schöpfers und seiner Schöpfung dennoch nicht gänzlich verdüsterte, dürfte auch an der oben erwähnten Verknüpfung von Schöpfungstheologie und Ekklesiologie liegen. Die Kirche mit ihren das drohende Unheil bannenden und das Heil sicher – also unabhängig vom sittlich guten oder bösen Handeln der Amtsträger – bewirkenden Heilsmitteln (der Verkündigung des Evangeliums und der Spendung der Sakramente)[75] bildet für Augustinus das stärkste von Gott dem Menschen gewährte und tagtäglich neu zu erfahrende Gegengewicht gegen die durch Adam in die Schöpfung eingebrochene Trift zum Untergang. Mitten in der alten Schöpfung eröffnet Gott – vor allem durch die von der Erbsünde befreiende Taufe – den Raum, in dem die Neue Schöpfung anbricht; in ihr kann sich der alte Mensch (Adam) von Gottes Barmherzigkeit umwandeln lassen zum neuen Menschen (Christus), das heißt zum Glied an Christi Leib.

Und doch existiert auch diese Kirche selbst nur als ecclesia permixta, als die stets aus Gerechten und Ungerechten gemischte Gemeinschaft der Glaubenden (die Amtsträger nicht ausgenommen). Die Kirche als heilendes Ferment der alten Schöpfung stellt sich bei Augustinus, ganz im Gegensatz zu fast allen ekklesiologischen Häresien der Geschichte, nicht als eine elitäre Gruppe der Reinen und Vollkommenen dar. In gläubigem Realismus hält Augustinus an der Kirche aus Heiligen und Sündern als dem einzig realen Subjekt der in der Geschichte anbrechenden, im himmlischen Jerusalem sich vollendenden Neuen Schöpfung fest.

III. Die christliche Differenzformel: Schöpfung, das Werk des dreieinen Gottes

Wie ist es Augustinus gelungen, den neuplatonischen Einfluss auf sein Denken doch so weit einzudämmen, dass der christliche Grundcharakter der vorgestellten Neuinterpretation erhalten blieb?[76] Dies ist sicherlich – neben der starken praktisch-kirchlichen Verwurzelung seiner Theologie – auch der für ihn selbstverständlichen systematischen Verknüpfung von Schöpfung und trinitarischem Gottesbild zu verdanken. Die Schöpfung ist das Werk des dreieinen Gottes: »Vom Vater durch den Sohn im Heiligen Geist ist die Welt geschaffen worden.«[77] Dieser Kernsatz christlicher Schöpfungstheologie, der ja bereits im Neuen Testament anklingt (vgl. Joh 1,1–18 u. Kol 1,15–20) und auch im Credo fest verankert ist, fungiert seit Irenäus (in dieser oder ähnlicher Formulierung) bis heute als eine entscheidende »Differenzformel«, um den christlichen Schöpfungsglauben von anderen religiösen und philosophischen Schöpfungskonzepten klar unterscheiden zu können. Dies lässt sich auch gut bei Augustinus verifizieren.

Für ihn spricht bereits Gen 1,1 f. vom trinitarischen Ursprung der Welt. Wenn es in der lateinischen Übersetzung heißt: »In *principio* fecit Deus caelum et terram«, ist damit nach seiner Deutung nicht primär der zeitliche Anfang der Schöpfung (initium) gemeint, sondern ihr »Prinzip«, ihr Ursprung, also das ewige, innergöttliche, sich ins Außergöttliche aussprechende und so die Schöpfung hervorbringende Wort, der Logos, der in der Fülle der Zeit selbst in die Schöpfung eintreten und in Jesus Christus Mensch werden wird.

> »Und nun erscheint mir im ›Rätsel‹ [in aenigmate – vgl. 1 Kor 13,12] die Dreieinigkeit, die Du bist, mein Gott. Denn im Ursprung unserer Weisheit, in der aus Dir geborenen, Dir gleichen und gleichewigen Weisheit, in Deinem Sohn hast Du, Vater, Himmel und Erde geschaffen. […]

Mit dem Namen ›Gott‹ reichte ich schon an den Vater als den Schöpfer dieser Dinge heran, an den Sohn mit der Bezeichnung des Ursprungs [principium], in dem er sie schuf, und da ich meinen Gott als den Dreieinigen glaubte, so suchte ich glaubend in seinen Heiligen Schriften, und siehe, da schwebte Dein ›Geist über den Wassern‹. Nun hielt ich die Dreieinigkeit, Du mein Gott, als Vater, Sohn und Heiliger Geist, Schöpfer aller Dinge.«[78]

Der Sohn, das ewige und im Schöpfungsakt ausgesprochene Wort, dient dem Vater als Mittel oder besser: als Mittler seines schöpferischen Willens. Das Schweben des Geistes über dem Abgrund deutet Augustinus (in seiner theologischen Anthropozentrik) von jenem Wirken des Heiligen Geistes her, das in den Paulusbriefen zur Sprache kommt: als die in unsere Herzen ausgegossene *Liebe*, die uns aus den nach unten, in den Abgrund der Sünde ziehenden Begierden des Fleisches befreit und wieder emporhebt

»zur Geborgenheit, damit wir das Herz Dir droben hinhalten, dort wo Dein Geist über den Wassern schwebt und wir zur überschwänglichen Ruhe gelangen, wenn ›unsere Seele einmal die wesenlosen Wasser‹ [vgl. Ps. 124,5] überstiegen haben wird«[79].

Demnach ist der Heilige Geist bereits vom Anfang der Schöpfung an als Prinzip ihrer *Neuschöpfung* tätig. Denn er verlagert unser Schwergewicht von der Begehrlichkeit weg hin zur Liebe, die uns »nach oben« treibt, zum ewigen Frieden des himmlischen Jerusalem.[80] Bei den seligen Geschöpfen hat der Geist dies bereits in ihrem Ursprung im »Himmel des Himmels« gewirkt; ohne ihn wären auch sie – wie das Beispiel der gefallenen Engel zeigt – in den »Abgrund aller Geistkreatur im abgründigen Dunkel«[81] gestürzt. Uns hingegen, die von Gott abgefallenen irdischen Menschen, hat der Heilige Geist aus der selbstverschuldeten Finsternis ins Licht gehoben, auf dass wir auch – wie die Engel – »dem unvergänglichen Licht zugekehrt selber Licht« würden.[82]

Weil sich also die Welt immer schon dem Wirken des dreieinen Schöpfers verdankt, kann Augustinus in der ganzen Schöpfung eine trinitarische Struktur – die vestigia trinitatis, die Spuren des dreifaltigen Gottes – entdecken.[83] *Alle* geschaffenen Dinge bezeugen diesen ihren Ursprung; denn sie sind in sich dreifach strukturiert:

Durch »die Einheit ihres Seins, ihre geprägte Gestalt, ihre Dynamik sind sie die Spuren der Trinität, ihres ewigen Seins, ihrer vollkommenen Weisheit und seligen Freude und Liebe. Weil der *Mensch* die Wahrheit und das Gutsein der Dinge erkennend und liebend vollzieht, besitzt er den Vorzug, Bild [imago] des dreieinen Gottes zu sein.«[84]

Letzteres erläutert Augustinus, eher andeutungsweise, im letzten Buch der Confessiones und ausführlich vor allem im zweiten Teil von »De trinitate«.

Den Grund der Gottebenbildlichkeit des Menschen sieht er – wieder gut neuplatonisch – in der Analogie der drei bewussten Grundvollzüge der *Seele* bzw. des Geistes zu den drei göttlichen Personen. Diese triadische Bewusstseinsstruktur der Seele variiert er in verschiedenen Begriffen: Einmal sind es »das Sein, das Wissen und das Wollen«, die auf das »unwandelbar Seiende, unwandelbar Wissende, unwandelbar Wollende« in Gott hinweisen.[85] An anderen Stellen spricht er von »Geist, Erkenntnis und Liebe« (mens, notitia, amor)[86] oder auch von »Gedächtnis, Verstand und Wille« (memoria, intelligentia, voluntas) u. ä.[87]

Im Grunde geht es jedes Mal um das Gleiche: Die Seele (bzw. der Geist) vollzieht ihr Sein, also ihre Identität mit sich selbst nicht in einer undifferenzierten Einheit, sondern bewusst im Erkennen und Wollen bzw. Lieben. Wo Augustinus das Sein der Seele mit dem Gedächtnis gleichsetzt, geht es ihm mehr um die Identität der Seele in den verschiedenen Zeitphasen Vergangenheit, Gegenwart und Zukunft, die – analog zur zeitumspannenden Ewigkeit Gottes – vom Gedächtnis alle zugleich umfasst werden. Wie auch immer: Als untrennbare, aber doch zu unterscheidende, wechselseitig aufeinander bezogene Grundvollzüge der einen Seele stellen sie für Augustinus *das* herausragende geschöpfliche Bild der Trinität in ihrer urbildlichen Perichorese (Durchdringung) von Vater, Sohn und Geist bzw. von göttlichem Sein, göttlichem Wort und göttlicher Liebe dar. In der westlichen Theologie ist diese sog. »psychologische« (von der Seele ausgehende) Analogie für das Verständnis des dreieinigen Gottes weithin bestimmend geworden. Neuerdings wird jedoch häufiger auch kritisch darauf hingewiesen (z.B. von H. U. v. Balthasar, G. Greshake, J. Moltmann, E. Jüngel u. a.), dass diese Analogie sich einseitig am Modell innerseelischer Vollzüge orientiert und nicht auch am Modell intersubjektiver Beziehungen; letzteres legt sich vom biblisch bezeugten Verhältnis Jesu, des Mensch gewordenen Sohnes zu seinem Vater und zum Heiligen Geist, nahe.

An den Schluss dieser Ausführungen sei ein Text gestellt, der zeigt, wie geschickt Augustinus immer wieder versucht, das biblische Schöpfungsverständnis mit dem neuplatonischen Weltbild zu versöhnen. Es geht um die Auslegung von Psalm 145,10 (nach der hebräischen, von der Einheitsübersetzung übernommenen Zählung). Bekanntlich ist es für die Psalmen kein Problem, dass *alle* Werke (und nicht nur der Mensch) den Schöpfer preisen können; für den neuplatonischen Theologen allerdings schon, wenn es etwa um so stumme Dinge wie Holz und Stein geht, die ja in der Hierarchie des Seins ziemlich weit unten stehen. Augustinus löst diesen Zwiespalt auf seine Weise, indem er zum einen das Lob der einzelnen Geschöpfe immer schon im Lob der ganzen, hierarchisch wohlgeordneten Schöpfung aufgehoben sieht; zum anderen dadurch, dass diese Schönheit den staunenden Menschen auf Gott, den Schöpfer dieser Ordnung verweist und den Menschen so zur ausdrücklichen Erkenntnis und Anerkenntnis des Schöpfers führt. Indem die Dinge dies beim Menschen bewirken, ertönt ihre »Stimme«, mit der auch sie den gemeinsamen Schöpfer loben können:

»›Preisen sollen dich, Herr, alle deine Werke, und benedeien sollen dich deine Heiligen!‹ Wie denn? Ist die Erde nicht sein Werk? Sind seine Werke nicht die Bäume, das Vieh, die wilden Tiere, die Fische, die Vögel – sind sie nicht seine Werke? Aber wie sollen diese ihn preisen? Ich begreife wohl, wie in den Engeln ihn seine Werke preisen: Denn auch die Engel sind ja seine Werke. Und auch die Menschen sind seine Werke, und wenn die Menschen ihn preisen, dann preisen ihn seine Werke. Aber haben Holz und Stein eine Stimme des Lobes? Dieses kunstvolle Geflecht der Kreatur, diese bis ins Letzte geordnete Schönheit, aufsteigend vom Tiefsten zum Höchsten, absteigend vom Höchsten zum Tiefsten, nirgends unterbrochen, aber in Gegensätzlichkeiten gemäßigt: Sie lobt Gott als Ganzes. Warum lobt sie Gott als Ganzes? Weil, wenn du sie anschaust und schön findest, du in ihr Gott lobst.
Es gibt eine Stimme der stummen Erde: Das ist das schöne Antlitz der Erde. Du blickst umher und erschaust ihr Antlitz, du siehst ihre Fruchtbarkeit, siehst ihre Kräfte, wie sie den Samen empfängt, wie sie in Fülle auch Ungesätes hervorbringt. Du siehst es, und in deinem Schauen richtest du gleichsam eine Frage an sie: Dein forschender Blick selber ist die Frage. Während du sie aber bewundernd durchforschest und durchmusterst und große Gewalt, große Schönheit, herrliche Kraft entdeckst, indes sie doch bei sich und von sich solche Kraft nicht haben können – da kommt es dir plötzlich zum Bewusstsein, dass sie nicht von sich sein kann, sondern nur von jenem Schöpfer. Und was du in ihr gefunden hast, das ist die Stimme ihres Lobpreises, mit der sie den Schöpfer rühmt.«[88]

C. Schöpfungsglaube und Metaphysik im Hochmittelalter: Thomas von Aquin

Stellten wir einleitend zu Augustinus fest, dass die Schöpfungstheologie – jedenfalls wirkungsgeschichtlich gesehen – nicht das zentrale Thema seines theologischen Denkens darstellt, so gilt von Thomas (1225–1274), dem bedeutendsten christlichen Theologen und Philosophen des Hochmittelalters, genau das Gegenteil: Die Lehre von der Schöpfung nimmt schon quantitativ den größten Teil des ersten Buches seiner Summa Theologiae (abgekürzt: STh) ein: die quaestiones (Fragen) 44–119. Nach Josef Pieper, dem Altmeister der nach-neuscholastischen Thomas-Rezeption im deutschsprachigen Raum, liegt im Schöpfungsbegriff der »verborgene Notenschlüssel« für das gesamte philosophische und theologische Werk des Thomas.[1] Ohne den von ihm stets mit- und konsequent zu Ende gedachten Gedanken, dass außer dem Schöpfer selbst alles Existierende geschaffen ist (creatura), dass also die Geschöpflichkeit die innere Bauform aller endlichen Seienden bestimmt, ist Thomas letztlich nicht zu verstehen. Dieser Gedanke erklärt – nach J. Pieper – sowohl seine Hinwendung zu Aristoteles und dessen (im Unterschied zu Platon) ausgesprochen positiver Bewertung der sichtbaren, materiellen Dinge unserer Welt als auch seine Metaphysik, nach der alles Seiende gut (= für den Willen erstrebbar) und wahr (= für den Verstand erkennbar) ist. Unverständlich blieben ohne diesen Schöpfungsgedanken auch die Grundlagen seiner Erkenntnis- und Wahrheitstheorie: Die Wahrheit besteht letztlich im vernünftigen Erdacht- und Erkanntsein der Dinge von Gott, das der Mensch in seinem Erkennen nur nachzuvollziehen braucht. Im Rahmen unserer Schöpfungstheologie können wir die zentrale Stellung des Schöpfungsthemas als Konstruktionspunkt der Synthese von *Philosophie* und *Theologie* im Werk des heiligen Thomas nur in gebotener Kürze herausarbeiten.[2]

I. Vorbemerkung zur scholastischen Methode

Im Unterschied zu den Schriften des Augustinus entstanden die großen Werke des heiligen Thomas im Kontext universitärer Schulbetriebe (Paris, Rom, Neapel). Dort entwickelte sich von der Frühscholastik im 11. Jahrhundert an eine eigene theologische Methode, die Thomas (als Schüler des Albertus Magnus) in der Hochscholastik des 13. Jahrhunderts zur vollen Entfaltung brachte und die seitdem in Spätscholastik (14./15. Jh.), Barockscholastik (16./17. Jh.) und Neuscholastik (19./20. Jh.) in jeweils neuen Varianten zur bestimmenden Methode der katholischen Theologie wurde. Erst durch den Neuaufbruch vor, im und nach dem Zweiten Vatikanischen Konzil verlor sie ihre dominierende Stellung, ohne dass inhaltliche Grundeinsichten der Scholastik aufgegeben worden wären.

Die charakteristischen *Merkmale* dieser Methode lassen sich, was ihre Blütezeit bei Thomas angeht, etwa so umschreiben:[3] Sie will (1) das große Erbe der *kirchlichen Tradition* (v. a. der bedeutendsten Kirchenväter Ambrosius, Hieronymus, Gregors des Großen und natürlich des alle überragenden Augustinus) als maßgebliche Autorität für den Glauben einer jeweiligen Zeit lebendig halten.[4] Dies aber nicht bloß (wie vor der Hochscholastik) durch Sammeln und Rezipieren von Lehrmeinungen (Sentenzen) vergangener Größen, sondern (2) durch *argumentative Auseinandersetzung* mit dieser Vorgabe. Es muss vernünftig zugehen beim Erlernen und Verstehen des Glaubens (fides quaerens intellectum). Das heißt konkret: Man bedient sich ausgiebig der Philosophie der Griechen, seit Thomas besonders der Logik des Aristoteles, um die Wahrheit der Glaubensaussagen einsichtig zu begründen, ja sie soweit wie möglich schlüssig zu beweisen (demonstrare). Auf diese Weise konnte das »Glaubenswissen« (3) *didaktisch* einprägsam für die Schule aufgearbeitet und zugleich für die intellektuelle Verantwortung des Glaubens *nach außen*, für die Disputation mit Bezweiflern und Bestreitern des Glaubens (z. B. Juden, Muslimen, aber auch Häretikern), eingesetzt werden.

Ihre klassische Form fand diese Methode in der quaestio disputata, also im streng formalisierten mündlichen oder schriftlich fixierten Streitgespräch der verschiedenen Auffassungen von einem bestimmten Lehrstoff. Eine solche quaestio (z. B. die erste quaestio der Schöpfungstheologie STh I 44: Vom Ausgang der Geschöpfe aus Gott und von der Erstursache aller Dinge) ist stets in mehrere Artikel (articuli) eingeteilt, je nach Anzahl der Aspekte der gestellten Frage. In dieser kleinsten literarischen Einheit wird jedes Mal knapp und bündig nach derselben Methode vorgegangen: Nach vorangestellter Frage (z. B. Art. 1 der eben erwähnten quaestio: Muss notwendig jedes Seiende von Gott erschaffen sein?) beginnt man mit einer Verneinung des erfragten Sachverhaltes (»videtur quod non« – es scheint nicht so zu sein); dazu werden verschiedene Sentenzen anderer Autoritäten in Gegenwart und Vergangenheit angeführt. Darauf wird die eigene, bejahende Auffassung kurz genannt (»sed contra …«), und zwar in Form eines oder mehrerer Zitate aus der Bibel oder eines hochrangigen Theologen

(v. a. Augustinus) bzw. eines allgemein angesehenen Philosophen (meistens Aristoteles oder Platon). Diese Position wird im entscheidenden Mittelstück des Artikels mit rational einsichtigen Argumenten zu begründen versucht (»respondeo dicendum«). Den Abschluss bilden mehr oder weniger ausführliche Auseinandersetzungen mit den anfangs genannten Einwänden (»ad primum«, »ad secundum« usw.).

Die Schöpfungslehre des Thomas findet sich gebündelt in den 76 quaestiones innerhalb des ersten Buches seiner Summa Theologiae; sie folgt dort der Gotteslehre (qq. 2–43). Diese behandelt – nach einer wissenschaftstheoretischen Grundlegung der Theologie als Wissenschaft von Gott (q. 1) und aufbauend auf den fünf philosophischen Beweisen für das Dasein Gottes (q. 2), den berühmten Fünf Wegen (quinque viae) – die christliche Lehre von Gott, zunächst unter dem Aspekt der Einheit seines Wesens (qq. 3–26), dann der Dreiheit der Personen (qq. 27–43). Die deutsche Thomasausgabe gliedert die 76 quaestiones der Schöpfungslehre in folgende Hauptthemen: Schöpfung und Engelwelt (qq. 44–64); das Sechstagewerk (qq. 65–74); Wesen und Ausstattung des Menschen (qq. 75–89); Erschaffung und Urzustand des Menschen (qq. 90–102); Erhaltung und Regierung der Welt (qq. 103–119). Wir können hier nicht auf die Vielfalt der von Thomas behandelten schöpfungstheologischen Themen eingehen; das meiste übernimmt er aus der Tradition, und viele Reflexionen sind denn doch sehr zeitbedingt. Wir beschränken uns auf seine Grundintention, Vernunft und Glaube, Metaphysik und Theologie gerade im Bereich des Schöpfungsglaubens zu vermitteln, um so dem theologischen Schöpfungsbegriff einen philosophischen zugrunde legen zu können. Dieser Versuch des Thomas bedeutet für die katholische Schöpfungstheologie auch heute noch eine große Herausforderung: Wie kann sie über den Schöpfungsglauben auf vernünftig verstehbare Weise mit dem heutigen Denken in Beziehung treten?

II. Das Programm einer Synthese von Glaube und Vernunft

Zu Beginn seiner Summa Theologiae, in der quaestio über das Dasein Gottes, stellt Thomas einen Grundsatz auf, der für sein ganzes System – inhaltlich wie methodisch – kennzeichnend ist:

> »Der Glaube setzt die natürliche Erkenntnis in der gleichen Weise voraus, wie die Gnade die Natur und die Vollkommenheit ein Wesen voraussetzt, das vollkommen werden kann. Indessen steht nichts im Wege, dass das, was an sich bewiesen werden [demonstrabile] und Gegenstand des Wissens [scibile] sein

kann, von denen, die den wissenschaftlichen Beweis nicht fassen können, als Glaubenslehre [credibile] festgehalten werde.«[5]

Was bedeutet dieses »Voraussetzen« der natürlichen Erkenntnis durch den Glauben im Einzelnen? Folgende Gesichtspunkte seien zur Verdeutlichung dieser erkenntnistheoretischen Leitformel hervorgehoben:

1. Der unverzichtbare Dienst der Philosophie an der Theologie

Thomas versteht sich in all seinen Werken, auch den stark philosophisch geprägten, als *Theologe*, der die erfahrbare Wirklichkeit im Glauben fraglos als gute Schöpfung Gottes ansieht, bestimmt zur Gemeinschaft mit Gott als ihrem letzten Ziel. Diese Glaubensvorgabe möchte er, soweit es geht, in wissenschaftlich verantwortbarer Weise rechtfertigen. Darum treibt er innerhalb der Theologie auch Philosophie: Er rezipiert Platon, den Neuplatonismus, Aristoteles und andere; er transformiert diese Ansätze tief greifend dort, wo sie dem Glauben widersprechen, um sie in sein eigenes Denken integrieren zu können; er konzipiert aber auch eigene philosophische Argumente, in denen sein gesunder Menschenverstand häufig nur auf ein abstrakteres philosophisches Reflexionsniveau gehoben wird. Dies alles geschieht aus der Perspektive des Glaubens, der die philosophische Vernunft als »Magd« der Theologie in »Dienst« nimmt.[6]

Wozu aber soll sie dienen? Die Theologie als jene Wissenschaft, deren Gegenstand Gott und die geschaffenen Dinge in ihrer Beziehung zu ihm als ihrem Ursprung und Ziel sind, hat ja durchaus ihre eigenen Erkenntnisprinzipien (Grundaxiome), nämlich die geoffenbarten Glaubensartikel. Dadurch erhält sie (auf irdische Weise) Anteil am Erkennen Gottes und der Seligen. Insofern ist sie eine »scientia subalternata«, eine dem Wissen Gottes unter- und zugeordnete Wissenschaft. Als solche bedarf sie der Philosophie natürlich nicht deswegen, weil ihre Argumente zu schwach wären, sondern wegen der »Defizienz« des menschlichen Verstandes; denn

> »dieser lässt sich durch die Erkenntnisse der anderen Wissenschaften, die sich auf die natürliche Vernunft stützen, leichter hinführen zum Verständnis jener Dinge, die über unsere Vernunft hinausgehen und mit denen es unsere Wissenschaft [sc. die Theologie als ›sacra doctrina‹] zu tun hat.«[7]

Diese zur Glaubenserkenntnis hinführende Funktion übt die Philosophie zum einen dadurch aus, dass sie die vom Glauben vorauszusetzenden Wahrheiten aufweist – den »Vorhof« der so genannten »praeambula fidei«, zu denen vor allem das Dasein Gottes als des Ursprungs aller Seienden gehört. Zum anderen hilft sie, den Glauben plausibel gegen die Ungläubigen zu verteidigen und natürliche Paradigmen zur Erklärung der Glaubensinhalte beizutragen.[8] Damit steht Thomas im Strom der großen theologischen Tradition: Die klassische Philosophie dient dem Glauben, weil dieser (für sich selbst und für andere) das vernünftige Verstehen sucht.

2. Dennoch Wahrung der Eigenständigkeit der Philosophie

Diese sehr zweckgebundene Indienstnahme der Philosophie impliziert keineswegs, dass sich für Thomas Theologie und Philosophie methodisch vermischen, so dass die Philosophie dabei ihre Verschiedenheit und Eigenständigkeit verlöre. Dann wäre sie ein untaugliches Werkzeug; denn nur in ihrer genuinen Kompetenz als Wissenschaft, die auf der vernünftigen Erkenntnis der Wirklichkeit basiert und von den allen Menschen zugänglichen, unbestrittenen Phänomenen unserer Welt aus nach deren letztem ermöglichenden Grund fragt, kann sie der Theologie ihren Dienst erfüllen, zum Glauben hinzuführen und seine Kommunikationsmöglichkeiten zu stärken. Die Theologie, die sich auf die Offenbarung Gottes stützt, die darum in ihrem Erkennen »von oben« ausgeht und so die Wirklichkeit im Ganzen von Gott her gesehen darstellt, bedarf dieser »Erdung« durch die Philosophie. Denn die leibgebundene menschliche Erkenntnis setzt immer bei den Sinnen an; darum kann sie bei der Frage nach Gott nur von seinen sichtbaren Wirkungen aus zu ihm als deren letzter Ursache aufsteigen. Konsequent kann Thomas sagen: »Irrtümer über die geschaffenen Dinge führen von der Wahrheit des Glaubens weg, insofern sie der wahren Gotteserkenntnis widersprechen.«[9] Das gilt nicht nur für die philosophische Welterkenntnis, sondern auch für die sich zur Zeit des Thomas mehr und mehr herausbildenden Einzelwissenschaften; auch sie erhalten für die gläubige Erkenntnis der Welt und Gottes als ihrem Schöpfer einen unabdingbaren Wert.

Mit dieser methodischen Zuordnung der verschiedenen Wissenschaften zur Theologie bei dennoch bleibender Unterschiedenheit ist Thomas eine in der Geschichte des Christentums wohl *einzigartige* Synthese von Glaube und Vernunft gelungen.[10] Sie liegt ganz in der Logik seines theologischen Ansatzes, die Welt prinzipiell als *Schöpfung Gottes* zu denken. Damit erkennt er a priori an, dass die gesamte Wirklichkeit im Prinzip (also von ihrem bleibend wirksamen Ursprung und von ihrem Ziel her) gut und wahr, das heißt als von Gott verschiedene, eigenständige und eigenwertige Realität gewollt und konzipiert ist und somit vom menschlichen Willen als etwas Gutes angestrebt und von seinem Verstand als wahr erkannt werden kann. Darin liegt die der Schöpfung eigene Würde; und sie tritt besonders im Menschen, in seinem vernünftigen, das heißt der Wirklichkeit im Ganzen gerecht werdenden Erkennen, Wollen und Handeln, hervor.

3. Grenzen der menschlichen Vernunft in der Gotteserkenntnis

Es widerspricht dieser Einsicht des Thomas nicht, wenn er zugleich unmissverständlich die *Grenzen* der menschlichen Vernunft hinsichtlich ihres Dienstes am Glauben und an der theologischen Vernunft betont. Zwar ist er *einerseits* fest davon überzeugt, dass die Vernunft aus eigener Kraft unabhängig von der geschichtlichen Offenbarung die *Existenz* Gottes als Erstursache und letztes Ziel aller Wirklichkeit erkennen kann, und dies aus der Welt, aus der Wirkung seines verursachenden Handelns.[11] Der Aufweis der Existenz Gottes gilt ihm als der notwendige rationale Anknüpfungspunkt der Theologie an die menschliche Welterkenntnis, ohne die sie kein Fundament hätte (weil dann ihr »Gegenstand« Gott nicht gesichert wäre).

Andererseits hebt er immer wieder klar hervor, dass der Vernunft über den Aufweis des Daseins Gottes *als* des Ursprungs und Ziels der Welt und seiner damit notwendig verbundenen Eigenschaften (wie Einfachheit, Vollkommenheit, Gutsein, Unendlichkeit, Präsenz in allen Dingen, Unveränderlichkeit, Ewigkeit und Einheit) hinaus *keine* adäquate Erkenntnis des *göttlichen Wesens in sich* möglich ist. So heißt es gleich in der Einleitung zur Gotteslehre der Summa Theologiae (I 3, prologus): »Wir vermögen nicht zu wissen, was Gott ist, höchstens, was er *nicht* ist.« Dieses der Tradition der sog. »theologia negativa« entliehene und von Thomas konsequent durchgehaltene Vorzeichen vor allen folgenden philosophisch-theologischen Erörterungen zum Sein Gottes und zur göttlichen Wesenheit (in ihrer Einheit wie in ihrer Dreipersönlichkeit) darf nicht aus dem Auge verloren werden. Denn es bildet bei Thomas die unüberschreitbare Grenze zu jedem unangemessenen Rationalismus im Sprechen von Gott.

Eine *weitere Begrenzung* der menschlichen Vernunft bezüglich der Gottesfrage sieht Thomas darin, dass die Vernunft zwar *an sich* zur Erkenntnis des Daseins Gottes fähig ist; *faktisch* aber übersteigt der dazu erforderliche mühevolle und zeitraubende wissenschaftliche Aufweis das Fassungsvermögen der meisten Menschen.[12] Da nun aber bei der Gotteserkenntnis immer auch das letzte Heil, die beglückende Gemeinschaft des Menschen mit Gott, auf dem Spiel steht und da genau dies der natürlichen Fassungskraft des Menschen unzugänglich bleibt, kann er sich in der Gottesfrage, selbst hinsichtlich der bloßen Existenz Gottes, nicht allein auf seine Vernunft verlassen:

»Sollten die Menschen daher in größerer Zahl und mit größerer Sicherheit das Heil erlangen, so musste Gott ihnen diese Wahrheit offenbaren.«[13] So »können dieselben Dinge, soweit sie der Vernunft zugänglich sind, Gegenstand der philosophischen Wissenschaften und zugleich, soweit sie durch Offenbarung erkannt werden, auch noch Gegenstand einer anderen Wissenschaft sein«[14], nämlich der Theologie.

Das gemeinsame Feld beider Erkenntnisweisen nennt Thomas das »revelabile« – das, was offenbarungs-möglich ist.[15] Auf diese Weise kann er den von ihm strikt philosophisch verstandenen Aufweis der Existenz Gottes in den fünf Gottesbeweisen integrieren in eine theologische, von der Offenbarung her denkende Gotteslehre, wie er sie im gesamten ersten Teil der STh vorlegt.

»Unter dem Aspekt des Offenbarungs-Möglichen (der ›Offenbar-barkeit‹) und des tatsächlichen Geoffenbartseins gehört demnach auch das Dasein Gottes und alles, was von Gottes Wesen und Wesensattributen grundsätzlich für die Vernunft erkennbar ist, zum Gegenstand der Theologie im eigentlichen Sinn.«[16]

Aus dieser partiellen Überlappung von philosophischer und theologischer Gotteserkenntnis wird ersichtlich, dass Thomas – bei aller methodischen *Unterscheidung* – die seit der neuzeitlichen Aufklärung immer stärker werdende Tendenz zur völligen *Trennung* beider Erkenntnisweisen fremd ist. In der Tat ist es dem damals gesamtkulturell noch selbstverständlich vorausgesetzten Schöpfungsbegriff zu verdanken, dass beide Wege der Gotteserkenntnis voneinander unterschieden und doch miteinander verknüpft werden konnten. Ohne diese Voraussetzung, also außerhalb eines allgemein geteilten religiösen Schöpfungsglaubens, verliert die von Thomas entwickelte Einheit von Glaube und Vernunft viel von ihrer Überzeugungskraft. Genau dies aber ist unsere heutige Situation: Die das mittelalterliche Denken noch weitgehend bestimmende, wenn auch in sich sehr differenzierte Deckungsgleichheit von Kultur und Religion und damit von Vernunft und Glaube ist in der Neuzeit verloren gegangen.

Diese unleugbare Differenz zum Mittelalter betrifft unmittelbar auch jenes Thema, das in der Wirkungsgeschichte der philosophisch-theologischen Kosmologie des Thomas eine besondere Rolle spielt: die sog. *Gottesbeweise*. Welche Bedeutung haben sie in der von Thomas entworfenen Synthese von Glaube und Vernunft? Wie sind sie heute zu bewerten?

4. Gottesbeweise und Schöpfungsglaube

Die »Fünf Wege, das Dasein Gottes zu beweisen«, nehmen in der theologischen Summe des Thomas einen prominenten Platz ganz am Anfang der theologischen Gotteslehre ein.[17] Das bedeutet: Sie sind der theologischen Reflexion über Gott nicht als eine von ihr getrennte, rein philosophische Argumentation *vor*geordnet, sondern werden als erste, grundlegende Stufe des gläubigen Nachdenkens über Gott *in* den theologischen Gesamtrahmen integriert. Dies zu beachten ist für das richtige Verständnis des eigentlichen Sinns der Gottesbeweise unerlässlich.

Worin sieht Thomas selbst den Sinn der Fünf Wege, die er weitgehend von Avicenna und Maimonides übernimmt? Er kannte weder den heutigen naturwissenschaftlichen Begriff von »Beweis« noch die neuzeitliche Hermeneutik, die von der geschichtlichen Bedingtheit aller menschlichen Wahrheitserkenntnis ausgeht, ebenso wenig die anthropologisch-praktische Erkenntnistheorie eines John Henry Newman (und seiner Nachfolger v. a. im angelsächsischen und amerikanischen Raum).[18] Wenn wir Thomas heute gerecht werden wollen, müssen wir unterscheiden zwischen seiner (wohl inzwischen überholten) *expliziten* und seiner (weiterhin gültigen) *impliziten* Sinngebung für das Verfahren der Gottesbeweise: *Explizit* ist Thomas wie die gesamte – sich den großen griechischen Denkern verdankende – christliche, jüdische und islamische Philosophie seiner Zeit überzeugt, dass die menschliche Vernunft aus eigener Kraft von bestimmten, allen zugänglichen Phänomenen dieser Welt (z. B. Bewegung und Veränderung, auf einander aufbauende Reihen von Wirkursachen, das kontingente, nicht notwendige Dasein von Dingen, verschiedene Seinsstufen in den Dingen, die unbewusste Hinordnung aller Naturdinge auf ein Ziel u. Ä.) auf ein welttranszendentes verursachendes »Prinzip«, die »causa prima« (Erstursache), schließen kann. Diese lässt sich eben aus ihren innerweltlichen Wirkungen erschließen.[19] Aufgrund dieser allen Menschen möglichen, weil der Vernunft zugänglichen Erkenntnis kann sich der Glaubende der notwendigen Voraussetzungen seines Glaubens rational vergewissern und mit Ungläubigen oder Andersgläubigen in einen sinnvollen Disput über den christlichen Glauben eintreten. So versteht Thomas selbst den Sinn seiner Fünf Wege.

Doch lässt sich zeigen, dass bei diesen Gottesbeweisen die rationale Erkenntnis des Daseins Gottes *implizit* viel enger mit der gläubigen Erkenntnis verknüpft ist, als es Thomas bewusst gewesen sein mag. Einmal weist bereits die Stellung der Gottesbeweise innerhalb einer *theologischen* Gotteslehre auf diesen engen Zusammenhang hin. Zum andern überschreitet Thomas am Ende jedes seiner Fünf Wege die rein philosophische Argumentation, indem er die philosophisch aufgewiesene Erstursache, das letzte Prinzip alles Wirklichen, ohne Weiteres mit »Gott« identifiziert, und zwar mit dem Gott, den die Christen und die Gläubigen der anderen monotheistischen Religionen *als* Gott und damit als Schöpfer der Welt *anerkennen*.

Dieser Schritt der Identifizierung wird am Ende jedes der fünf Beweisgänge kurz und bündig vollzogen, wenn Thomas refrainartig schließt: »Und das verstehen alle als Gott« bzw. »und das nennen wir Gott«. Dieser Schluss-Satz enthält keineswegs die philosophisch stringente Schlussfolgerung der vorausgehenden Argumentation; diese endet eindeutig mit dem Aufweis eines letzten verursachenden Prinzips. Die hinzugefügte Behauptung, dass alle dieses Prinzip »Gott« nennen, ist weder eine philosophische Aussage noch die bloße Feststellung eines religionsgeschichtlich bekannten Faktums. Sie bringt vielmehr eine religiöse *Glaubensüberzeugung* zum Ausdruck: Der glaubende Philosoph identifiziert den von ihm im Glauben immer schon anerkannten und verehrten Schöpfergott mit dem philosophisch erschlossenen letzten Prinzip der Wirklichkeit.[20]

Darum ist neueren Interpretationen der Gottesbeweise des Thomas durchaus Recht zu geben, wenn sie deren implizite theologische Voraussetzungen aufdecken. Damit entkräften sie zwar den Anspruch einer rein philosophischen oder gar überzeitlich gültigen Beweiskraft der Fünf Wege – einen Anspruch, der heute außerhalb eines religiösen Kontextes ohnehin nicht mehr akzeptiert wird und die christliche Religionsphilosophie einem unnötigen Missverständnis aussetzt: Sie sei in der Lage, auch nach heutigen Rationalitätskriterien einen solch evidenten Beweis für die Existenz Gottes als einer transzendenten Erstursache zu liefern, dass die Behauptung des Gegenteils (»es gibt diese Erstursache nicht«) eindeutig als in sich widersprüchlich und damit unhaltbar entlarvt werden könne.

Auch abgesehen von der gegenwärtigen Diskussion um die rationale Geltung der Gottesbeweise behalten die Fünf Wege des Thomas für den Glauben einen guten Sinn: Sie stehen als gelungenes Modell dafür, wie mithilfe philosophischen Denkens – unter den Bedingungen einer vergangenen Zeit und Kultur – die Vernunftgemäßheit des (vorausgesetzten) Glaubens an Gott als den Schöpfer der Welt aufgewiesen werden kann. So gesehen sind die Fünf Wege des Thomas nicht zu verstehen als »rationaler Aufstieg zu einem vorher *unbekannten* Gott, sondern als weitestmögliche, sich keine Anstrengung des Begriffs schenkende rationale Annäherung an den schon *bekannten* Gott«[21].

Exkurs: Zur gegenwärtigen Diskussion um den kosmologischen Gottesbeweis

Der gewichtigste innerphilosophische Einwand gegen den Anspruch, mithilfe des (von Thomas in den ersten drei seiner »Fünf Wege« vorgelegten) sog. »Kontingenzargumentes« bzw. »kosmologischen Gottesbeweises« auf rein philosophisch-rationale Weise die Existenz einer transzendenten Erstursache »beweisen« zu können, lautet: Dieser »Beweis« stützt sich auf eine unbewiesene Prämisse, nämlich das so genannte »metaphysische Kausalitätsprinzip« bzw. den (von G. W. Leibniz formulierten) »Satz vom zureichenden Grund«. Danach *müsse* alles Kontingente auf eine letzte, nichtkontingente Ursache zurückgeführt werden, weil ansonsten seine Existenz unerklärbar sei.

Dies aber – so der Einwand – ist keineswegs aus sich heraus evident, sondern bedarf vielmehr einer eigenen Begründung. Denn die Existenz unserer Welt kann durchaus als rein faktisch gegebene logisch widerspruchsfrei gedacht werden, ob sie nun aus einem singulären, nicht weiter rückführbaren und damit unerklärbaren Ereignis (z. B. dem »Urknall«) entstanden ist, oder ob ihre Existenz auf einer (ebenfalls unbegründeten und unbegründbaren) anfangs- und endlosen Reihe von sich ständig überlappenden Ursachenketten beruht. Insofern kann die faktisch existierende Welt als »Letztursache« aller einzelnen, empirisch erkennbaren Phänomene angesehen werden.

Wenn dennoch – wegen der Kontingenz aller erfahrbaren Dinge – im kosmologischen Gottesbeweis auf Gott als nichtkontingente Letztursache von allem rekurriert wird, beruht dies – so der Einwand – auf einem Zirkelschluss; denn die Behauptung, dass nicht nur die einzelnen Dinge innerhalb unserer Welt kontingent seien (was unbestritten ist), sondern auch die Welt als Ganze, impliziert bereits das zu Beweisende: nämlich die Annahme, dass die Welt als Ganze auch nicht existieren könne. Wenn das aber im Begriff der Kontingenz der Welt bereits enthalten sein soll, setzt man damit stillschweigend voraus, es müsse doch etwas außerhalb der Welt geben, das gleichsam die Entscheidung zwischen Existieren und Nicht-Existieren-Können der Welt treffen kann und schließlich zugunsten ihrer Existenz getroffen habe – eben Gott als Schöpfer der Welt. Aber genau dessen Existenz sollte doch im Gottesbeweis »bewiesen« werden; sie kann also nicht bereits im Begriff der Kontingenz der Welt vorausgesetzt werden, wenn das ganze Beweisverfahren nicht hinfällig werden soll.

Ohne in diese ganze religionsphilosophische Diskussion einzusteigen, möchte ich an dieser Stelle nur anmerken, dass mir diese Argumentation nicht unplausibel klingt. Sie verstärkt jedenfalls die oben vorgetragene

These, dass die mittelalterlichen Gottesbeweise auf impliziten theologischen Voraussetzungen, eben dem damals kulturell allgemein akzeptierten Schöpfungsglauben, beruhen.[22]

III. Der metaphysische Gottes- und Schöpfungsbegriff

Mithilfe der Fünf Wege zur Gotteserkenntnis gelangt Thomas, wie wir sahen, zur »Erstursache« aller Dinge und Geschehnisse unserer Welt. Dieses letzte Ursprungsprinzip darf nicht verwechselt werden mit dem bloßen Anfang einer unübersehbar langen Reihe grundsätzlich gleichrangiger Ursachen in unserer Welt. Als ihr ermöglichender und umfassender Grund gehört es einer völlig anderen, sie unendlich transzendierenden Kategorie von Ursache an. Mithilfe dieses Begriffs der Erstursache gewinnt Thomas schließlich auch seinen metaphysischen Gottesbegriff, der in den Gottesbeweisen angezielt und für sein gesamtes Denken bestimmend ist.

1. Gott, das am Sein teilgebende Sein selbst

Dass Thomas die rational erschlossene Erstursache aller Wirklichkeit ohne Weiteres mit dem biblisch-christlichen Schöpfergott identifizieren kann, liegt an jener ontologischen Eigenart dieser Erstursache, die sie zum philosophischen Gottesbegriff geradezu prädestiniert und in der Thomas die Brücke zum biblischen Gott entdeckt. Das entscheidende Kennzeichen der prima causa definiert Thomas so, dass sie – um kontingentes Sein begründen zu können – das *ganz Andere* zum Kontingenten und zu dessen innerer Möglichkeit, auch nicht sein zu können, ist, nämlich *das pure Sein selbst:* reine Wirklichkeit, Realitätsdichte in einzigartiger und unüberbietbarer Form, ohne jeden Schatten der Negativität möglichen Nicht- oder Weniger- oder Anders-sein-Könnens. Es ist ihr Wesen, die unendliche Fülle aller göttlichen Eigenschaften (»Vollkommenheiten«), die dem Wirklichsein zu Eigen sind, in sich zu realisieren; in ihr »subsistiert« das Sein in seinem ganzen Reichtum an Wirklichkeitsgehalt. Darum nennt Thomas diese prima causa das »ipsum esse subsistens« und den »actus purus«.[23] Mit diesem metaphysischen Gottesbegriff kann Thomas ohne Schwierigkeiten all jene *Wesenseigenschaften* verbinden, die die christliche Tradition seit ihrer Begegnung mit der griechischen Philosophie dem biblischen Gott zugeschrieben hat:[24] z. B. die reine, immaterielle und darum einfache (nicht aus vielen Teilen zusammengesetzte) Geistigkeit, die absolute Vollkommenheit, das unbedingte Gutsein, die Unendlichkeit usw.

Darüber hinaus lässt sich dieser Gottesbegriff für Thomas auch gut mit dem biblisch-christlichen *Schöpfungsverständnis* in Einklang bringen, und zwar mithilfe des in der christlichen Tradition schon früh aufgegriffenen platonisch-neuplatonischen *Partizipationsgedankens:* Wenn es unbegreiflicherweise neben der göttlichen Fülle an Sein offensichtlich auch Sein in anderer, kontingenter Form gibt (also unsere Welt), dann ist dies philosophisch nur verstehbar als von Gott gewährte, existenzbegründende *Teilhabe* am Sein. »Schaffen [creare] aber bedeutet, dem Geschöpf Sein zu geben [dare esse].«[25]

Geschaffensein ist also von Gott gewährte Teilgabe und Teilhabe am Sein. Aber an welchem Sein? Am Sein, wie es in Gott subsistiert, also an Gott selbst? Das ist im christlichen Verständnis nicht möglich; denn dann wären die Geschöpfe ein Teil Gottes, eine Emanation, eine abgeminderte Seinsform Gottes selbst. Sie besäßen keine wirkliche, von Gott verschiedene Eigenständigkeit und Eigenwirksamkeit, zu der die Teilhabe am Sein sie doch befähigt. Dieser pantheistischen Rezeption des platonischen Teilhabe-Gedankens haben bereits die Kirchenväter eine eindeutige Absage erteilt.

Thomas löst das Problem dadurch, dass er das Dasein und Sosein aller konkret existierenden Dinge in der von Gott geschenkten Teilhabe am *Wirklichsein generell* gründen lässt, am Sein im Allgemeinen (»ens commune«), also insofern Sein die »alles umgreifende Wirkung Gottes« ist.[26] *Als* solches existiert das allgemeine Sein natürlich nicht (»esse non subsistens«); es existiert nur *in* den konkreten Seienden als deren grundlegendste und allgemeinste Bestimmung – dass sie *sind* und in ihrer unendlichen Vielfalt Sein verwirklichen.

Dieses Sein als »Woran der Teilhabe« aller endlichen Seienden ist nach Thomas das Ursprünglichste, das menschlichem Erkennen Bekannteste und Vertrauteste; es ist die Urerfahrung von Wirklichkeit überhaupt. Denn alles, was wir erkennen können, »ist« in irgendeiner Weise.[27] Dieses Sein, das uns in allen Dingen begegnet, umfasst zwar alle geschaffenen Wesen, nicht aber Gott als den Schöpfer des Seins aller Seienden; es ist darum keineswegs der Oberbegriff, »unter« den Gott und Welt (wenn auch je verschieden) fallen würden. Das wäre ein grobes Missverständnis der thomanischen Metaphysik.

Denn die »theologische Differenz«[28] zwischen dem Sein im Allgemeinen und Gott als dem subsistierenden Sein, dem Inbegriff von Sein in seiner unendlichen Wirklichkeitsfülle, ist für den philosophischen Gottes- und Schöpfungsbegriff des Thomas unverzichtbar. Gott als ermöglichender Grund allen Seins »steht außerhalb der Gattungen, außerhalb jeder Weise des Seins […]; er ist vielmehr das Prinzip aller Weisen zu sein«[29]. Nur so bleibt seine absolute Transzendenz als Schöpfer gegenüber seiner Schöpfung voll gewahrt. Ebenso seine Unbegreiflichkeit; denn was Gott in sich »ist«, was »subsistierendes Sein« bedeutet, übersteigt vollständig unser menschliches Begreifen. Dieses kommt für Thomas grundsätzlich nicht über die sehr abstrakte Einsicht hinaus, dass Gott *als* subsistierendes Sein das *Prinzip*, die Erstursache alles kontingenten Seienden ist. Nur das lässt sich Thomas zufolge rational von Gott erkennen, mehr nicht. *Was* aber dieses Prinzip in seinem Wesen sein mag, bleibt dem Menschen ein unzugängliches Geheimnis. »Dieses ist das Äußerste menschlichen Gotterkennens: zu wissen, dass wir Gott nicht wissen.«[30]

2. Die bleibende Bedeutung dieser Metaphysik für den Schöpfungsglauben

Nicht wenige (inzwischen auch katholische) Theologen nehmen von diesem metaphysischen Denken innerhalb der Theologie Abschied. Sie folgen der berühmten Alternative, mit der Blaise Pascal in seinem Mémorial (1654) versucht hat, die ihn zutiefst ergreifende nächtliche Gotteserfahrung zu umschreiben:

> »Feuer.
> Gott Abrahams, Gott Isaaks, Gott Jacobs, nicht der Philosophen und Gelehrten.
> Gewissheit. Gewissheit. Empfindung. Freude. Friede.
> Gott Jesu Christi [...]«[31].

Für den Bereich unmittelbarer existentieller und mystischer Erfahrungen Gottes wird diese Gegenüberstellung durchaus akzeptabel sein können, aber m.E. nicht für die theologische Reflexion, für das begriffliche Ins-Wort-Bringen all jener Erfahrungen, die in der jüdisch-christlichen Tradition mit Gott und seinem Handeln in der Geschichte gemacht und aufgezeichnet wurden. Dafür hat es stets der Hilfe philosophischer Gedanken und Begriffe bedurft, ohne dass deswegen der Glaube mit einem bestimmten philosophischen System identifiziert werden darf. Die Offenbarung des je größeren Gottes übersteigt alle menschlichen Denksysteme, ohne sie überflüssig zu machen.

Aber hier geht es noch um ein konkreteres Problem: Manchen heutigen Tendenzen zum Trotz bin ich der Überzeugung, dass gerade die klassische metaphysische Interpretation des Gottes- und Schöpfungsglaubens, wie sie bei Thomas von Aquin in Reinkultur vorliegt, keineswegs überholt ist und durch andere, »nach-metaphysische« Entwürfe der Neuzeit oder der

Gegenwart völlig ersetzt werden könnte.[32] Mit W. Pannenberg, W. Kasper und anderen sehe ich ihre bleibende Bedeutung vor allem darin, dass sie immer noch ein angemessenes philosophisches Reflexionsniveau und damit ein *begriffliches Grundgerüst* bereitstellt, um einen dem religiösen Glauben (als dem Akt des unbedingten, Leben und Sterben umfassenden Sich-Gott-Anvertrauens) angemessenen Gottes- und Schöpfungsbegriff zu sichern. Die klassische metaphysische Interpretation kann den Schöpfungsglauben heute nicht mehr in der Weise absichern, dass sie *vorgängig* zum Glauben die Existenz eines göttlichen Schöpfungsprinzips (in welcher Weise auch immer) argumentativ hinreichend beweisen könnte. Wohl aber hat sie Kriterien kategorial-begrifflicher Art erarbeitet, mit deren Hilfe die religiöse Glaubenserfahrung auch heute so ausgedrückt werden kann, dass in ihr wirklich von *Gott* gesprochen wird, dass – wie die Griechen sagten – die »wahre Natur« des Göttlichen zur Sprache kommt und nicht irgendein zurechtphantasierter Abgott.[33]

Für den christlichen Glauben ist diese *Wahrheitsfrage* im Bereich des Religiösen der Ort, an dem die Ureinsicht der griechischen Metaphysik und ihrer Rede von Gott, die von Patristik und Scholastik bewusst rezipiert worden und in die Sprache des nicäno-konstantinopolitanischen Credo eingegangen ist, ihre Geltung bis heute behält. Demnach lässt sich von Gott und vom Göttlichen »wahr« – das heißt: in unterscheidendem Überstieg über die Vielfalt und Vergänglichkeit des in der Welt Gegebenen – nur in der Einzahl und nur im Zusammenhang mit dem Ganzen der Wirklichkeit sprechen, und zwar in dem Sinn, dass Gott oder das Göttliche der eine, alles gründende und tragende, die Vielfalt der Dinge zur Einheit der einen Welt vereinende Ursprung (ἀρχή) aller Dinge ist; dass er darum Macht hat über das Ganze; dass er in seiner Dasein und Leben gewährenden Präsenz in der Welt doch zugleich absolut transzendent ihr gegenüber sein muss, ohne Anfang und Ende, unvergänglich, unbedürftig, unbegreiflich, der Inbegriff aller Vollkommenheit. Erst wenn begrifflich eindeutig klar ist, dass mit »Gott« kein Teil dieser Welt gemeint ist (auch nicht ihr »Geist« oder ihre »Seele« oder das Ensemble all ihrer kosmischen Energien und Kräfte), erst dann ist der höchste religiöse Akt ihm gegenüber verantwortbar: die Anbetung. Andernfalls bleibt sie weltlicher Dienst – Götzendienst.[34]

Um nicht missverstanden zu werden: Der christliche Glaube brauchte und braucht sich dem klassischen philosophischen Begriffsrahmen nicht konfliktlos einzupassen; er hat ihn – aus der Erfahrung des geschichtlich und personal handelnden Gottes – tief greifend korrigiert und modifiziert; er hat ihn dabei erheblich überschritten und transformiert (z. B. mithilfe der neuzeitlichen Transzendentalphilosophie, des personalistischen Denkens, der Hermeneutik u. a.). Dieser Prozess des Überschreitens und Transformierens des ursprünglichen philosophischen Begriffsrahmens wird auch in Zukunft in der Begegnung mit anderen Kulturen und Denkmodellen weitergehen müssen. Aber dabei ist m.E. zu beachten, dass die in der klassischen Metaphysik erreichte begriffliche Unterscheidungskraft und -präzision nicht *unterboten* wird; sonst könnte der Glaube leicht auf das Niveau eines allzu anthropomorphen, in der bloßen Funktion für menschliche Sinn- und Heilsbedürfnisse aufgehenden Gottesbegriffs zurückfallen.[35]

Heute besonders in Mode stehende »Unterbietungen« sind z.B. da gegeben, wo die schwierige, uns von der großen Tradition her aufgegebene Balance zwischen der *universalen* Verstehbarkeit des christlichen Gottesbegriffs, die gerade durch seine Verbindung mit dem (auch philosophisch reflektierten) Schöpfungsgedanken gewährleistet wird, und dem nur im Glauben des Volkes Gottes zu erkennenden *geschichtlich* handelnden Gott nicht mehr gewahrt oder zumindest gesucht wird; wenn also Theologie im eigentlichen Sinn erst mit der Reflexion auf das Christusereignis beginnen soll oder wenn sie sich – umgekehrt – in eine allgemeine Religionsphänomenologie oder -philosophie auflöst. Ein anderes Beispiel: Die absolute *Transzendenz* Gottes gegenüber der Welt wird zugunsten seiner erfahrbaren *Immanenz* so abgeschwächt, dass man den Schöpfer kaum mehr von einer geschöpflich-naturhaften Kraft (z.B. der Selbstorganisation des Lebens) unterscheiden kann. Oder: Seine *Unbegreiflichkeit* gerät zugunsten seiner unmittelbaren *Ansprechbarkeit* und Nähe so aus dem Blick, dass er mehr und mehr verharmlost wird zum »lieben (= gutmütigen) Gott«, das heißt zum Erfüllungsgaranten unseres unersättlichen Wunsches nach Glück und Harmonie. Oder: *Unveränderlichkeit* und *Allmacht* Gottes werden zugunsten seines *mitleidenden Dabeiseins* in der Leidensgeschichte seiner Geschöpfe so depotenziert oder als apathische Unbetroffenheit vom Leid der Schöpfung karikiert, so dass am Ende nicht mehr klar wird, worin denn nun seine die Zeit rettend in sich aufhebende Ewigkeit und die alles Leid der Welt überwindende *Macht* seiner Liebe besteht.[36] Die christliche Metaphysik kann mit ihrer strengen formalen Begrifflichkeit entscheidend dazu beitragen, solche und ähnliche Schieflagen im Gottesbegriff einigermaßen zu vermeiden und ihn nicht der frommen Beliebigkeit auszuliefern.

IV. Die »Ordnung des Alls«: eine theologische »Weltformel« des Thomas

Aus der Vielfalt spezifisch theologischer Aussagen des Thomas von Aquin zum Thema Schöpfung möchte ich hier nur die eine herausgreifen, die sich refrainartig durch sein ganzes Werk zieht und im Kontext seiner Schöpfungstheologie immer wieder auftaucht: den Begriff der von Gott gewirkten »Ordnung des Alls« (ordo universi bzw. ordo rerum).[37] Diese Formulierung wirkt bei Thomas fast schon wie eine theologische »Weltformel«. Bei den verschiedensten Fragen, mit denen er konfrontiert wird, greift er mit Vorliebe auf das darin enthaltene Argumentationsschema zurück, mit dessen Hilfe er die Vielfalt der Probleme relativ einheitlich und (innerhalb seines Gesamtkonzepts) konsistent lösen kann. So heißt es bei ihm ausdrücklich:

> »Was in der Schöpfung auf die höchste Weise gut ist, das ist das Gut der Ordnung des Alls [bonum ordinis universi], das, wie der Philosoph [Aristoteles] sagt, auf die höchste Weise vollkommen ist; dazu stimmt die göttliche Schrift, wenn sie sagt: ›Es sah Gott alles, was er gemacht; und es war sehr gut‹, während sie von den einzelnen Werken einfachhin gesagt hatte: ›Sie waren gut‹ (Gen 1).«[38]

Daraus folgt für Thomas: Alles, was im Einzelnen erklärungsbedürftig erscheint, findet seine hinreichende Erklärung durch seine Einordnung in das Gesamt der Schöpfungsordnung. Ist der Schöpfungsgedanke bei Thomas der »verborgene Notenschlüssel« für sein gesamtes Denken, so bildet das Axiom, die Ordnung des Alls sei das höchste geschöpfliche Gut, gleichsam den cantus firmus seines Argumentierens. Was versteht Thomas darunter?

> »Ordo: Damit ist ausgesagt das klar und einleuchtend Gestufte der Wirklichkeit wie der sie spiegelnden Lehre; die unserem Geiste Genüge tuende Überschaubarkeit und Durchsichtigkeit des Seinsgefüges; die unserem Denken gangbaren und gebahnten Wege der Welt. Und in der Tat wird niemand, der nur ein Weniges der ›Theologischen Summe‹ in sich aufgenommen hat, sich völlig dem kühlen Zauber verschließen können, mit dem solche baumeisterliche Kraft der Weltaufhellung die nach Klarheit verlangende Vernunft berührt.«[39]

1. Der Sinn dieser Argumentationsfigur

In der lateinischen Bibelübersetzung von Röm 13,1, die Thomas vorlag, liest dieser den folgenden Satz, in dem Paulus von den staatlichen Gewalten spricht, die von Gott eingesetzt sind und denen deshalb Gehorsam gebührt: Was von Gott stammt, ist geordnet (»quae a deo sunt, ordinata sunt«). Diese Aussage nimmt er aus dem ursprünglichen Zusammenhang heraus und verallgemeinert sie; er bezieht sie auf die ganze Schöpfung und kann dadurch sagen: »Was immer aber von Gott ist, ist unter sich aufeinander und auf Gott hingeordnet«[40]. Das bedeutet: Weil bei der Erschaffung und Erhaltung der Welt Gott nicht nur als ihr Ursprungsprinzip, sondern auch als ihr Ziel agiert (eben als Wirk- und Zielursache zugleich), stiftet er ihr insgesamt und allen einzelnen Geschöpfen konstitutiv eine Hinordnung auf sich als ihr höchstes Gut ein. Dies ist das Fundament der Ordnung des Alls.

Aber diese Hin-Ordnung besteht nicht nur unmittelbar zwischen jedem einzelnen Geschöpf und seinem Schöpfer, sie wird auch vermittelt durch die Geschöpfe untereinander. Gott gibt ihnen – im »Überschwang Seiner Güte«[41] – die Fähigkeit und die Würde, füreinander (Zweit-)Ursache und (Zwischen-)Ziel zu sein, und zwar durch die Kraft der in ihnen wirkenden Erstursache und des alles anziehenden letzten Ziels. Diese Hinordnung der Geschöpfe aufeinander, durch die die einen von den anderen zu Gott geführt werden, bildet ein weiteres Strukturprinzip der Ordnung des Alls.

Bei dieser Vermittlung herrscht die uns bereits von Augustinus bekannte hierarchische Ordnung unter den Geschöpfen. Für die Hin-Ordnung auf das letzte Ziel ist entscheidend, dass die innerweltlichen Ursachen und Ziele von oben nach unten wirken, dass also die Geschöpfe eines niedrigeren Seinsgrades (z. B. Steine) auf die des nächsthöheren (z. B. Pflanzen) hingeordnet sind und sich von ihnen zum höchsten Gut hinführen lassen.[42] Diese Stufung innerhalb der Ordnung des Alls hängt ab vom unterschiedlichen Maß an Sein, genauer: an real ausgeschöpften (aktuierten) Möglichkeiten (Potenzen) des geschaffenen Seins, das der Schöpfer seinen Geschöpfen jeweils mitteilt und das sich letztlich an der Nähe zu ihm, dem reinen, subsistierenden Sein, und zu seinen Eigenschaften misst. In dieser Rangordnung der letztlich zum Menschen hin aufsteigenden Ordnung der irdischen Geschöpfe, die nach Thomas den verschiedenen Schöpfungstagen von Gen 1 entspricht,[43] sieht er ein drittes Strukturmerkmal der Ordnung des Alls. Doch führt dieses bei ihm nicht zu einer (gnostisch-dualistisch gefärbten) Abwertung etwa der körperlich-sinnlichen Welt. Denn in dem Maße, in dem jedes einzelne Seiende seinen ihm von Gott zugedachten Ort in der gestuften Ordnung des Alls einnimmt und sich dementsprechend (naturgemäß) verhält, dient es dieser Ordnung, ist es gut und sinnvoll, auf welcher Seinsstufe auch immer. Es erfüllt seinen gottgegebenen Daseinssinn dadurch, dass es auf seine ihm eigene Weise zur Schönheit der Ordnung des Ganzen beiträgt.

2. Beispiele ihrer Anwendung

In den verschiedensten Argumentationszusammenhängen beruft sich Thomas auf diese Grundeinsicht von der »sehr guten Ordnung des Alls«. Dafür ein paar Beispiele.

a) Die Vielfalt und Ungleichheit der Geschöpfe

Der *eine* Gott ruft eine unübersehbare *Vielfalt* von sehr verschiedenen, *ungleichen* Geschöpfen ins Dasein und nicht nur vernunftbegabte Wesen wie Menschen und Engel. Der Grund dafür liegt für Thomas darin, dass diese vielfältige Gesamtheit der Dinge an der Güte des Schöpfers viel vollkommener teilhaben und sie bezeugen kann als irgendein einzelnes Geschöpf, mag es in der Rangordnung der Seienden noch so hoch stehen.[44] Thomas führt dieses Argument sogar noch weiter:

> »Wiewohl ein vergängliches Wesen höheren Ranges wäre, wenn es Unvergänglichkeit besäße, so ist doch die Welt [universum], die aus Vergänglichem und Unvergänglichem besteht, besser als eine, die nur aus unvergänglichen Wesen bestünde.«[45]

Ähnlich in der Frage der körperlichen und geistigen Geschöpfe:

> »Wenn auch die geistige Wesenheit höheren Ranges ist als die körperliche, so wäre dennoch eine Welt, in der es einzig geistige Wesen gäbe, nicht besser, sondern unvollkommener.«[46]

Das heißt: Das Ganze der Schöpfung wiegt in seiner vielfach geordneten Mannigfaltigkeit den jeweiligen Mangel an Sein und Gutsein bei den *einzelnen* Geschöpfen derart auf, dass die Fülle des Gutseins Gottes erst durch diese von ihm gesetzte Ordnung des Alls vollkommen in Erscheinung treten kann.

b) Nur eine Welt

Diese universale Ordnung ist auch der Grund dafür, dass es nur *eine Welt* geben kann und nicht mehrere (wie Demokrit u. a. behaupteten). Denn da es nur ein einziges Ursprungsprinzip und nur ein einziges Ziel für alles Existierende gibt, eben Gott, und da dieser alles Geschaffene insofern zur Einheit einer alles umgreifenden Ordnung zusammenfügt, dass er es auf sich hin-ordnet, kann es neben der uns bekannten Welt keine anderen Welten geben, die völlig unabhängig von dieser Welt wären und so aus der Schöpfungsordnung herausfielen.[47]

c) Der Sinn des Übels

In der Frage nach dem Sinn des *Übels* (malum), sowohl des naturbedingten Übels als auch des sittlich Bösen, liegt Thomas ganz auf der Linie Augustins (s. o. S. 189–193). Weil Sein und Gutsein prinzipiell identisch sind und weil somit jedes Seiende naturgemäß nach dem strebt, was für es gut ist, kann das Schlechte *als* solches, als Gegenteil des Guten, nicht angestrebt werden. Insofern kommt ihm keine eigene Form von Sein zu; es kann ontologisch nur als Abwesenheit von Gutem und darum als Nicht-Sein, als Mangel, Beraubung oder Aufhebung des Seins und ähnlich bezeichnet werden.[48]

Dennoch wird es von Gott in seiner Schöpfung zugelassen, und zwar wiederum um der Vollkommenheit des Alls willen; diese erfordert auch das minder Gute, damit alle Grade des Gutseins realisiert werden, auch die, in denen das allem zugrunde liegende ontologische Gutsein nur in defizienter Weise vorhanden ist und die darum von uns als schlecht erfahren werden.[49] Natürlich wird die Vollkommenheit des Alls nicht durch das Schlechte *als* Abwesenheit oder Minderung des Guten gefördert, sondern nur deswegen, weil es von Gott durch seine Integration in die Ordnung der gesamten Schöpfung wiederum zu etwas Gutem tauglich wird, das es ohne das Schlechte nicht gäbe:

> »Gott ist so mächtig, dass er selbst das Schlechte noch zum Guten wenden kann (Augustinus). Darum würde viel Gutes in Wegfall kommen, wenn Gott nichts Schlechtes [malum] zuließe. Denn es würde kein Feuer entstehen, wenn nicht Luft zersetzt würde; das Leben des Löwen würde nicht erhalten bleiben, wenn nicht der Esel getötet würde. Auch würde die rächende Gerechtigkeit und die ertragende Geduld nicht gepriesen werden können, wenn es keine Schlechtigkeit [iniquitas] gäbe.«[50]

Zur Ästhetik der Schöpfungsordnung gehört für Thomas also auch das »geordnete Beieinander von Gutem und Bösem«, insofern aus Letzterem durch die Vorsehung des Weltenlenkers (gubernans) doch wieder Gutes entspringt – »wie auch der Liedgesang seine Süße empfängt aus den Zwischenzeiten des Schweigens«[51].

Wir haben zu dieser Antwort auf die Frage nach Sinn und Ort des Bösen in der Schöpfung bereits bei Augustinus Stellung genommen. So konsistent diese Argumentation innerhalb der Ontologie des Thomas auch sein mag, für uns heute hat sie einen eher bitteren Beigeschmack. Die neuzeitliche Geschichte mit ihren unmenschlichen totalitären Systemen hat den Begriff des Ganzen als Maßstab für den Sinn jedes einzelnen (guten oder bösen) Geschehens erheblich desavouiert. Wollten wir heute versuchen, das sittlich Böse und das naturbedingte Übel in der Schöpfung primär auf diese Weise sinnvoll zu begründen, würde dies in den Ohren moderner Zeitgenossen wohl allzu leicht mit Hegels geschichtsphilosophischen Ideen verwechselt werden können, wenn dieser beispielsweise sagt:

»Es kann auch sein, dass dem Individuum Unrecht geschieht; aber das geht die Weltgeschichte nichts an, der die Individuen als Mittel in ihrem Fortschritt dienen.«[52] Solch ein Gedanke liegt Thomas zwar völlig fern, hat er doch in seiner Anthropologie den hohen Wert der menschlichen Individualität und Personalität hervorgehoben: »Die Person ist das Vollkommenste in der Natur.«[53] Aber wenn es um das in der Neuzeit so sensible Theodizeeproblem geht, hat der Gedanke von der Ordnung des Ganzen als Erklärungsgrund für das Böse seine Unschuld verloren. Im Unterschied zu Hegels Weltgeist oder seiner »Vernunft in der Geschichte« impliziert der christliche Glaube an die Vorsehung Gottes ja wesentlich, dass ihr am zeitlichen wie ewigen Wohlergehen auch des einzelnen Geschöpfes gelegen ist, das in der Wohlordnung des Ganzen nicht einfach »aufgehoben« ist.

d) Die Engel

Dem Thema »Engel« widmet Thomas sage und schreibe 15 quaestiones;[54] nicht umsonst nennt man ihn seit dem 15. Jahrhundert »doctor angelicus« (engelgleicher Lehrer) und »doctor angelorum« (Lehrer über die Engel).[55] Dass es Engel überhaupt gibt, wie die ganze jüdisch-christliche Glaubenstradition von der Bibel her bezeugt, dass sie unkörperliche Wesen sind (und nicht aus Materie und Form zusammengesetzt wie alle irdischen Wesen) und dass Gott sie in großer Zahl geschaffen hat, begründet Thomas wiederum »vernunftgemäß« mit der vollkommenen Ordnung des Alls. Zu ihr gehört, dass es neben den rein körperlichen Wesen und den Menschen als Einheit von Körper und Geist auch völlig unkörperliche, rein geistige Wesen gibt; sie sind Gott in dem am ähnlichsten, wodurch er die Schöpfung hervorbringt: seinem Verstand und seinem Willen. In den Engeln kommt diese geistige Wirkursächlichkeit Gottes am höchsten zur Darstellung. In ihnen ist sein Schöpfungshandeln gleichsam am besten gelungen. Sie stehen darum in der hierarchischen Ordnung des Alls am höchsten.[56] Den Gegenpol zu ihnen bilden die rein körperlichen Wesen, denen Thomas immerhin acht quaestiones einräumt.[57]

In der Mitte zwischen diesen beiden Exponenten einer rein geistigen und einer rein körperlichen Welt steht der Mensch, der beide Dimensionen in sich vereint. Über den Menschen hat Thomas das schöne Wort geprägt, in uns lebe nicht allein die Lust, die wir mit den Tieren, sondern auch die Lust, die wir mit den Engeln gemeinsam haben.[58] Dass Gott die Engel in größter Menge (maxima multitudo) erschaffen hat, weit über die Menge der körperlichen Dinge hinaus, begründet Thomas ebenfalls mit seiner »Weltformel«:

> »Da die Vollkommenheit des Weltalls das ist, was Gott hauptsächlich in der Schöpfung der Dinge beabsichtigt, darum sind die Dinge, je vollkommener sie sind, in umso größerer Überzahl [in maiori excessu] von Gott geschaffen.«[59]

Ähnlich argumentiert Thomas bei der Frage, *wann* die Engel geschaffen wurden; die Schöpfungserzählung der Genesis gibt darüber ja keine Auskunft. Thomas wendet sich gegen manche Kirchenväter, die annahmen, die Engel seien wegen ihrer Seinshöhe bereits vor der Erschaffung der wahrnehmbaren Welt erschaffen worden. Nach Thomas steht diese Auffassung im Widerspruch zu Gen 1,1. Seine einfache Lösung lautet:

> Es scheint »wahrscheinlicher, dass die Engel zugleich mit der körperlichen Schöpfung erschaffen wurden. Die Engel nämlich sind ein gewisser Teil des Alls, denn sie bilden nicht für sich eine eigene Welt, sondern sowohl sie wie auch die körperlichen Geschöpfe gehören zusammen zur Ordnung des einen Alls.«[60]

Wenn wir zum *Abschluss* dieses Kapitels ein Wort von Thomas suchen, das seine Schöpfungstheologie gut auf den Punkt bringen kann, dann dürfte es die im ersten Kapitel der »Summa contra Gentiles« (Summe gegen die Heiden) von Aristoteles übernommene Definition des Weisen sein: »sapientis est ordinare« (es ist Sache des Weisen zu ordnen).[61] So hat Thomas selbst seine gedankliche Arbeit als Philosoph und Theologe verstanden: Die »Ordnung der Dinge« (ordo rerum), die der Welt von der Weisheit ihres Schöpfers eingestiftet ist, ist mit dem menschlichen Verstand wirklichkeitsgetreu wahrzunehmen, so dass sie sich in der »Ordnung der Erkenntnis« (ordo cognoscendi) widerspiegelt. Und in dem Maße, wie sich beides entspricht, göttlich-schaffendes und menschlich-erkennendes Ordnen, wird die Wahrheit des Ganzen offenbar: dass alles von Gott ausgeht und alles wieder zu ihm hinstrebt.

D. Herausgefordert vom neuzeitlichen Denken: Romano Guardini

Es mag auf den ersten Blick überraschen, dass wir in diesem theologiegeschichtlichen Teil den neuzeitlichen Part Romano Guardini (1885–1968) übergeben und ihn damit in eine Reihe mit Irenäus, Augustinus und Thomas stellen. Während diese drei unbestritten als prägende Gestalten ihrer Epoche gelten, lässt sich dies von Romano Guardini so einhellig (noch?) nicht sagen. Vor allem die akademische Schultheologie, zu der er selbst sich nicht zählte, überwindet nur zögerlich die von Anfang an bestehende Distanz. Sie verkennt keineswegs seine inspirierenden Anstöße und Anregungen im Bereich der Liturgie, des kirchlichen Lebens, der christlichen Pädagogik, der christlichen Religionsphilosophie und der Theologie generell. Der Grund für die Zurückhaltung dürfte wohl eher darin liegen, dass Guardini keine im strengen Sinn der »Schule« wissenschaftlich-systematische Theologie betrieb und sich weder inhaltlich noch methodisch im Rahmen einer üblichen Dogmatik mit ihren Traktaten bewegte.

Guardinis eigentliches Fachgebiet war die sog. katholische (bzw. christliche) Weltanschauung – also die aus katholischem Glauben vollzogene und hohen geistigen Ansprüchen genügende Deutung jener Aspekte der Erfahrung von Welt, Mensch, Natur und Kultur, die in der ersten Hälfte des 20. Jahrhunderts (besonders in der Zeit zwischen dem Ersten Weltkrieg und dem Zweiten Vatikanischen Konzil) im Vordergrund des allgemeinen geistigen Interesses standen.[1] Seine hohe Kompetenz auf diesem Feld zeigt sich schon darin, dass seinetwegen Lehrstühle für »Religionsphilosophie und katholische (bzw. christliche) Weltanschauung« eingerichtet wurden: zuerst in Berlin, wo er von 1923 bis 1939 lehrte, bis die Nationalsozialisten ihn absetzten, nach dem Zweiten Weltkrieg in Tübingen (von 1945 bis 1948) und schließlich in München, wo er den Lehrstuhl von 1948 bis 1962 innehatte; seine Nachfolger dort waren Karl Rahner, Hans Maier und Eugen Biser. Auf diesen Lehrstühlen und, damit verbunden, auf der Kanzel der Ludwigskirche in München, fühlte Guardini sich in seinem Element. Hier konnte er sein Charisma als einer der großen Lehrer der gebildeten katholischen Welt quer durch alle Generationen entfalten.

Erfreulicherweise werden die theologischen Ansätze Guardinis inzwischen von mehreren Theologinnen und Theologen aufgegriffen und bearbeitet. Seit 1985, als des hundertsten Geburtstages von Romano Guardini öffentlich gedacht wurde, erscheinen regelmäßig gründliche Dissertationen, Sammelbände und Aufsätze zu Guardinis Werk. Die Katholische Akademie in Bayern gibt seither die Werke Guardinis ganz neu heraus, mit hoher Resonanz in der Öffentlichkeit.[2]

Im Zusammenhang unserer theologiegeschichtlichen Untersuchungen zum Thema Schöpfung werde ich zunächst die Stellung Guardinis zum neuzeitlichen Denken generell und anschließend einige spezifisch neuzeitliche Akzente seiner Schöpfungstheologie darstellen.[3]

I. Ein neuzeitliches Profil des Katholischen

1. Unterscheidung der Geister

Es besteht kein Zweifel daran, dass Romano Guardini ein durch und durch katholischer Denker war, dem es namentlich um das unterscheidende Profil des Katholischen ging. Umso erstaunlicher ist, welch breiten Raum die Neuzeit mit ihrer starken Hervorhebung des *Subjekts* als des letztverantwortlichen Grundes von wahrem Erkennen und freiem Handeln in seinem Denken einnimmt. Sein »Welt anschauender« Blick auf die Wirklichkeit schließt eben immer den Blick auf die *Zeit* mit ein, in der und für die er seine christliche Weltdeutung formuliert.[4] Dieser Blick musste stets ein *unterscheidender* sein, bejahend *und* kritisch zugleich gegenüber der jeweiligen Herausforderung der Zeit. Darum war Romano Guardini von Anfang an darauf bedacht, seinen geistig wachen (häufig noch sehr jungen) Hörern und Lesern den Horizont des katholischen Glaubens so zu weiten, dass er sich öffnet für die tiefgehenden Anfragen aus den gesellschaftlichen und geistigen Umbrüchen der Zeit nach dem Ersten Weltkrieg.[5] Darin erkennt Guardini, was er mit der Chiffre »Neuzeit« charakterisiert. Er versteht darunter nicht primär eine bestimmte, mehr oder weniger genau einzugrenzende historische Epoche, sondern eher einen Typos von Weltanschauung, eine typische Mentalität oder Denkform, die in der Geschichte der europäischen Neuzeit in großem Stil aufgetreten ist und sich gesamtkulturell durchgesetzt hat. Wenn Guardini bereits 1950 vom »Ende der Neuzeit« spricht, geht es ihm nicht um den geschichtlichen Aufweis, dass die Epoche der so genannten Neuzeit tatsächlich zu Ende sei, sondern darum, dass es an der Zeit sei, diesen Typos des Denkens und Handelns wegen seiner Gefahren für die Humanität menschlicher Lebens- und Weltgestaltung zu überschreiten.[6]

Guardini war sich der hohen *Ambivalenz* neuzeitlicher Geisteshaltung durchaus bewusst; unmissverständlich trat er all jenen Tendenzen entgegen, in denen er eine fundamentale Infragestellung des Glaubens zu erkennen meinte. Doch das hinderte ihn nicht daran, genauso entschieden jene Anliegen und Anstöße des neuzeitlichen Denkens positiv aufzugreifen und in die Weltsicht des Glaubens aufzunehmen, die nach seiner Einschätzung genuin christliche, bislang aber weithin verdeckte Einsichten neu zur Geltung brachten. Dadurch sprengte er als einer der ersten Theologen die starren, dualistisch geprägten Denkschemata der Neuscholastik (Vernunft/Glaube, Geschichte/Offenbarung, Natur/Gnade, Welt/Kirche usw.) und gab damit zugleich die durch sie gestützte Abwehrhaltung der katholischen Kirche gegenüber der Moderne auf.[7] Das ermutigte viele katholische Gläubige zu ersten Schritten der Versöhnung mit der Kultur ihrer Zeit; in der Pastoralkonstitution des Zweiten Vatikanischen Konzils »Die Kirche in der Welt von heute« fanden Guardinis Ansätze schließlich ihre kirchenamtliche Bestätigung.

2. Die Bedeutung der Neuzeit für den Glauben

Worin besteht für Romano Guardini das in christlicher Sicht Integrationswürdige der Neuzeit? Er verdeutlicht es im *Gegenüber zum Mittelalter,* das er ebenfalls mehr als einen Typos denn als geschichtliche Epoche versteht.[8] Das mittelalterliche Weltbild ist nach Guardini *positiv* dadurch gekennzeichnet, dass es in einzigartiger Weise die gesamte Wirklichkeit (Natur, Mensch und Kultur) aus dem Glauben heraus, und das heißt in ihrer geschöpflichen Beziehung zu Gott, wahrnahm und begriff. Diese eine leitende Perspektive auf das Ganze der Wirklichkeit führte dementsprechend zu einer einheitlichen, in sich kohärenten und alles integrierenden Weltsicht, die sich in beeindruckenden kulturellen Werken bleibenden Ausdruck verschaffte (z. B. in den großen Kathedralen und in den philosophisch-theologischen Summen).[9] Insofern stellt das Mittelalter für Guardini so etwas wie das Ideal einer christlichen Weltanschauung dar. Doch ist er sich klar bewusst, dass es geschichtlich und im Bewusstsein der Menschen unwiederbringlich vergangen ist; auch Gläubige sollten nicht mehr davon träumen, dieses Ideal zu restaurieren, um sich subkulturell in eine geschützte weltanschauliche Nische zurückziehen zu können. Warum lehnt Guardini diese Haltung ab?

Bei aller Hochschätzung des Mittelalters erkennt er sehr deutlich die *Grenzen* des mittelalterlichen Weltbildes. Sie liegen in dem, was er den *»religiösen Kurzschluss«* nennt, der (nach seiner Sicht) das gesamte Denken und Handeln eines mittelalterlichen Menschen bestimmt: Alles Weltliche wird zu schnell und zu direkt religiös gedeutet; die vorgegebene Welt der Natur, die personale Lebenswelt des Menschen und die von ihm geschaffene Kultur erhalten ihren eigentlichen Wert fast ausschließlich dadurch, dass sie Symbol und Transparent für das Göttliche sind. Ihr *Eigenwert* als Endliches und Weltliches kommt nach Guardini viel zu kurz.

> »Die Fragen nach dem Wesen der Welt kamen nur zum Teil richtig heraus; die Antworten wurden nur zum Teil wirklich gegeben. Die kühne und fromme Gestalt des mittelalterlichen Daseins hatte nur erstehen und bestehen können, indem der Blick für die Realität der Dinge vielfach abgeblendet, das Herz vor den Möglichkeiten der Welt geschützt wurde, die Entscheidungen in den Bereich des sittlich-religiösen Lebens selbst verlegt wurden. Der mittelalterliche Mensch betete Gott an und gehorchte der Autorität, welche der Herr der Welt in diese hineingestellt hatte. Damit genügte er der letzten Wahrheit, übersah aber oft die vorletzte; doch auch die ist Wahrheit und darf nicht durch die Wucht jener anderen erdrückt werden. So waren seine Antworten auf die Frage nach dem Wesen der Welt vielfach noch vorkritischer Art und brachten diese in eine mythische, legendäre, künstlerische Stilisierung. Da sich aber die Welt in seinem Blick noch nicht als das darstellen konnte, was sie ist, gelangte auch sein Glaube selbst noch nicht zur eigentlichen Bewährung.«[10]

Auf dieser Negativfolie mittelalterlicher Weltsicht kann Guardini das *Positive* des *neuzeitlichen* Wirklichkeitsverständnisses gut zum Leuchten bringen: »Das Endliche als solches drang ins Bewusstsein, und mit ihm der Ernst des Geschaffenen.«[11] In immer neuen Wendungen versucht er das Gemeinte zu verdeutlichen: Es ist die Erfahrung der »Härte« und »Dringlichkeit«, der »Sinnfülle« und »Kostbarkeit«, der »Wirklichkeits- und Sinndichte« des endlichen Seins.[12]

Diese Erfahrung tritt mit dem Verblassen des durch und durch religiös geprägten mittelalterlichen Weltbildes in neuer, bisher unbekannter Weise ins kulturelle Bewusstsein; und es enthält auch für den christlichen Glauben einen unverzichtbaren Wahrheitsanspruch. Denn die reale Wirklichkeit dieser Welt, in die Gott den Menschen gestellt und die er ihm anvertraut hat, ist eben nicht bloß das Transparent für die jenseitige Wirklichkeit; ebenso wenig ist sie die schnell vergehende Bühne, auf der der Mensch sein »end-liches« Lebensspiel so gut wie möglich zu spielen hat, ehe im Tod »endlich« sein eigentliches Leben beginnt. Vielmehr bildet die weltliche Wirklichkeit nach Romano Guardini den *Ernstfall* mündigen Glaubens, in dem dieser sich erst wirklich bewähren kann und muss.

> »In den Begriffen der Natur, des Subjekts und der Kultur drückt sich jene Verpflichtung aus, welche die Neuzeit entdeckt und auf sich genommen hat: zur Redlichkeit und Sachgerechtigkeit. Sie entschloss sich, die Welt als Wirk-

lichkeit zu nehmen und sie nicht durch den unmittelbaren Übergang ins Absolute zu verdünnen. Sie wurde inne, dass diese Welt dem Menschen in einer zugleich großen und erschreckenden Weise in die Hand gegeben ist, und machte sich bereit, den Sinn dieser Verantwortung nicht durch den Rückgriff auf das Religiöse abzuschwächen, sondern sie selbst als religiöse Aufgabe zu verstehen. Die neuzeitliche Wissenschaft mit ihrer Unerbittlichkeit; die Technik mit ihrer Genauigkeit und Kühnheit; der spezifisch neuzeitliche Geist der Welteroberung, Planung und Gestaltung sind echte Fortschritte. Nicht in dem oberflächlichen Sinn, dass die durch sie charakterisierte Geschichtsepoche ohne Weiteres besser wäre als die voraufgehende. Hier von ›Besser‹ oder ›Schlechter‹ zu reden, ist ein zweifelhaftes Ding – ganz abgesehen davon, dass jeder Gewinn an einer Stelle mit Verlust an einer anderen bezahlt wird und wir heute, da die Neuzeit zu Ende geht, immer schärfer sehen, wie viel der Übergang zu ihr gekostet hat. Was eine Epoche der Geschichte gegenüber der anderen rechtfertigt, ist nicht, dass sie besser, sondern dass sie an der Zeit ist. Insofern ist sie auch gut und ein Fortschritt. Die in Rede stehenden Begriffe drücken dieses an der Zeit gewesene Neue aus.«[13]

So ist es konsequent, dass Guardini in diesem Zusammenhang (bereits 1938) die Bedeutung des christlichen *Laien* für die heutige, neuzeitliche Gestalt des Glaubens besonders hervorhebt. Der Laie stellt für ihn »die erste und grundlegende Form des gläubigen Menschen« dar, weil er in besonderer Weise auf die Welt als Gottes Schöpfung bezogen ist und die christliche Verantwortung für sie exemplarisch vorlebt.

> »Als Christ hat er sich nicht nur vor den Gefahren der Welt zu schützen und so ›seine Seele zu retten‹, sondern das Retten der Seele geschieht, indem er dafür sorgt, dass die Welt vor Gott richtig wird. Dazu muss er sie aber sehen, wie sie ist, und ihren Möglichkeiten standhalten. Der Wille Gottes hängt nicht über der Welt, sondern liegt in ihr – darin, dass sie ist, wie sie ist.«[14]

3. Die Ambivalenz des neuzeitlichen Bewusstseins

Schärfer noch als beim mittelalterlichen Weltbild betont Romano Guardini die *Gefahren* dieses in der Neuzeit zu Tage getretenen Bewusstseins – Gefahren, die zu einer grundlegenden Gefährdung des christlichen Glaubens geführt haben. Denn in allen drei hermeneutischen Leitbegriffen (Natur, Subjekt, Kultur), mit deren Hilfe Guardini das neuzeitliche Denken zu verstehen sucht, setzt sich mit der Zeit eine »Daseinsgesinnung«[15] durch, die sowohl der Natur als auch dem Subjekt und der von ihm geschaffenen Kultur einen quasi-religiösen Charakter verleiht, indem sie diese zu ontologisch und ethisch unhintergehbaren, letztbegründenden und letztnormierenden Größen hochstilisiert. Mehr und mehr geht dabei die im Mittelalter zu einseitig vertretene, aber im Tiefsten doch wahre Erkenntnis verloren, dass all diese innerweltlichen Grundlagen menschlichen Erkennens und Handelns noch einmal umgriffen und ermöglicht sind durch ihre Beziehung zu Gott. So kommt es schließlich dazu, dass als geheimnisvoller schöpferischer Urgrund von allem die *Natur* verehrt wird; dass das *Subjekt* sich selbst zum letzten Ursprung und Maßstab im theoretischen Erkennen, im sittlichen Handeln, im ästhetischen und religiösen Erleben erhebt; und dass schließlich die *Kultur* als die vom Menschen allein, aus eigener Kraft und eigenem Willen, hervorgebrachte »Schöpfung« bewundert wird.

In all dem spricht sich für Romano Guardini der Wille des neuzeitlichen Menschen zur *unbedingten Autonomie* aus. Da er dementsprechend Gott meist nur noch als bedrohlichen Konkurrenten seiner eigenen Existenz, vor allem seiner Freiheit, missverstehen kann, muss er ihn – wenn er nicht einer ihn entwürdigenden Heteronomie zum Opfer fallen will – entweder (pantheistisch) durch die Vergöttlichung innerweltlicher Gegebenheiten ersetzen oder (atheistisch) alles Göttliche prinzipiell negieren. Dadurch fällt die Neuzeit in das entgegengesetzte Extrem zum mittelalterlichen Denken: Sie nimmt die endliche Welt zu ernst, zu wichtig. Indem sie die ihr ganzes Dasein begründende Relation zum Schöpfer nicht beachtet, verliert die endliche Welt ihren relativen Charakter; sie wird absolut gesetzt und vergötzt, was zur Folge hat, dass der Mensch ihr nicht mehr mit der angemessenen Gelassenheit, mit dem »Humor des Erlösten« begegnen kann.[16]

Und doch: Diese dem Glauben zutiefst widersprechenden und ihn in eine radikale Existenzkrise stürzenden neuzeitlichen Fehlentwicklungen diskreditieren für Guardini nicht die oben genannten positiven Wahrheitsgehalte der Neuzeit; denn »Wahrheit bleibt immer Wahrheit, Leistung immer Leistung, mit welchem Preis sie auch bezahlt sein mögen«[17]. Die Frage ist nur: Lässt sich die Wahrheit des neuzeitlichen Denkens ohne dessen inhumane Übersteigerungen so in ein christliches Weltbild integrieren, dass sich der moderne Christ als gläubiger Mensch *und* als Kind seiner Zeit, das heißt als ein der realen Welt positiv zugewandter und sich für sie verantwortlich wissender Mensch, darin wiederfinden kann?

Diesen Weg konkret auszuloten und zu ihm einzuladen, kann man wohl als Grundintention von Guardinis ganzem theologischen Schaffen bezeichnen. Seine *Schöpfungstheologie* spielt dabei eine zentrale Rolle. Auf sie wollen wir im Folgenden unter der leitenden Perspektive der Versöhnung von christlichem Glauben und neuzeitlichem Bewusstsein näher eingehen.

II. Neuzeitliche Akzente in Guardinis Schöpfungstheologie

1. Das Geschaffensein als Grund der Würde des Endlichen

Romano Guardini diagnostiziert im neuzeitlichen Christentum eine (vom naturwissenschaftlich-technischen Denken herrührende) Neigung, das Hervorgehen der Welt aus dem schöpferischen Handeln Gottes nach dem Modell des empirisch wahrnehmbaren Zusammenhangs von Ursache und Wirkung vorzustellen, gleichsam als das »Wirksamwerden einer ungeheuren Ursache«, als »eine Verlängerung der Naturvorgänge ins Absolute«.[18] Das heißt: Der neuzeitliche Christ steht in Gefahr, die Schöpfung (als Akt der Erschaffung durch Gott) analog zu der in der Natur beobachteten *Kontinuität* der Abfolge von Ursache und Wirkung zu denken, als einen Prozess also, der notwendig einer letzten obersten Ursache entspringen muss. Bei dieser Vorstellung geht jedoch der spezifisch christliche Charakter des Schöpfungsglaubens verloren: die Schöpfung als etwas einzigartig und unableitbar *Neues* zu verstehen, das eben nicht kontinuierlich aus Gott als einer überquellenden Urenergie herausfließt, sondern angemessen nur als Werk eines absolut *freien Willens* begriffen werden kann: »Die Welt ist keine Notwendigkeit, sondern eine Tat-sache«, eben weil sie ihr Dasein der Tat »einer ihrer selbst vollkommen mächtigen Freiheit« verdankt.[19]

Das analoge, unserer Erfahrung entstammende Modell für Schöpfung kann darum nicht die Natur mit ihrem Mechanismus der Verursachung bieten, sondern nur das freie Handeln des Menschen, der einfach deswegen, weil er es will, etwas Neues setzen kann. Gott schafft die Welt, weil er sich frei dazu entschließt, und dies einzig und allein aus Liebe; nicht aber im neuplatonischen Sinn des wesensgemäßen Sich-Verströmens, sondern im Sinn einer vom Menschen völlig unbegreifbaren *Gnade*. Darum bleibt für uns die so verständliche Frage nach dem Warum der Schöpfung, gerade mit ihren oft überaus leidvollen Erfahrungen, schlechterdings unbeantwortbar – zumindest solange wir Gott nicht von Angesicht zu Angesicht schauen.[20]

An genau diesem systematischen Topos des freien Setzens der Welt durch Gott kann nun nach Guardini der Schöpfungsglaube seine erschließende Kraft für die neuzeitliche Hochschätzung des *Endlichen* entfalten. Denn nur wenn der Ursprung der Welt im liebenden Handeln Gottes gesehen wird, können der hohe Wert endlicher Wirklichkeit, ihr Ernst und ihre Sinndichte begriffen werden: »Was Gott schafft, schafft er durchaus, rundherum. Er entlässt das Geschaffene in eigenes Wesen, Stehen und Handeln.«[21] Als so ins Eigene gesetzte Welt ist sie darum absolut kein

Schein (wie im Indischen die Maja), auch kein Spiel göttlicher Phantasie (wie bei einem menschlichen Kunstwerk) und ebenso wenig eine Emanation oder Manifestation des Göttlichen (wie im Neuplatonismus); sie ist so wirklich, wie etwas nur wirklich sein kann: dem eigenständigen Sein-Können und Wirken-Können übereignet. Dies zu erkennen und anzuerkennen bewahrt den gläubigen Menschen davor, das Endliche zum bloßen Transparent des unendlichen Gottes zu ent-werten oder es als Letztbegründungsinstanz hoffnungslos zu überschätzen.[22]

In diesem von Gott gewährten Eigenwert des Endlichen sieht Guardini den Grund dafür, dass die Neuzeit den Gedanken einer vollkommenen Autonomie der Welt und des Menschen überhaupt ernsthaft fassen konnte. Denn die von Gott ins Eigene frei-gesetzte Wirklichkeit, vornehmlich der Mensch in seiner selbstbestimmenden und Kultur schaffenden Freiheit, wirkt im Ganzen so »natürlich«, so selbst-verständlich und selbst-wirkend, dass der ermöglichende Grund dieser Tat-Sache, eben der frei-gebende Wille Gottes, völlig aus dem Blick geraten kann. Die Welt spricht gleichsam nur noch für sich selbst. Ihr heute so stark erlebter Realitätsgehalt, ihre »meisterliche« Ordnung und Gesetzlichkeit, ihre »Wucht und Unausweichlichkeit« – all das wird der neuzeitlichen Denkform zum »Beweis« für das völlig autonome In-sich-selbst-Gründen und Sich-selbst-Genügen von Welt und Mensch. Umgekehrt sieht der Glaubende gerade in dieser Selbständigkeit und Selbstverständlichkeit allen innerweltlichen Wirkens den entscheidenden Grund dafür, dass der Ursprung dieser Welt in einem freien Willen liegen muss, der das Endliche in seiner ganzen Kontingenz und Vergänglichkeit aus Liebe doch in sein reales, von seinem Schöpfer verschiedenes und eigenständiges Wirklich-Sein entlässt.[23] So kommt am deutlichsten zum Ausdruck, wie hoch der unendliche Gott seine endliche Welt schätzt: »Dass Er in ihr eine Fülle des Wertes sieht; dass Er sich ihrer freut. Gott achtet die Welt. Er gibt ihr, dass sie würdig sei zu sein.«[24]

Diese schöpfungstheologische Deutung neuzeitlicher Weltwahrnehmung verstärkt Guardini noch dadurch, dass er sehr pointiert die *Verantwortung Gottes* für die von ihm grund-los, aus reiner Gnade geschaffene Welt betont: Weil nichts anderes als Gottes freier Wille als Grund für das Dasein der Welt genannt werden kann, ist Gott auch allein dafür verantwortlich, »dass sie ist, was sie ist und was in ihr geschieht«[25]. Damit macht Guardini Gott natürlich nicht unmittelbar moralisch verantwortlich für alle Naturkatastrophen und Unglücksfälle oder für die schuldhaften Irrwege, welche die Menschen in der Schöpfung gehen. Er versteht die Verantwortung Gottes für seine Welt vielmehr so, dass Gott für sie *einsteht:* nicht vor einer übergeordneten Instanz, sondern vor sich selbst – und vor dem fragenden Menschen.

In diesem Sinn deutet er die biblische Schöpfungserzählung Gen 1: Indem Gott sechsmal über die von ihm geschaffene Welt urteilt, dass sie gut und (abschließend) sogar sehr gut sei, übernimmt der Schöpfer ausdrücklich die Verantwortung für die Schöpfung, und zwar in all ihren Möglichkeiten, auch des naturbedingten Übels und des sittlich Bösen. Doch zeigt sich erst auf dem Höhepunkt der Heilsgeschichte, wie ernst Gott es wirklich mit diesem uranfänglichen und nie zurückgenommenen »Einstehen« für die Welt meint: Sein schöpferisches Wort wird in Jesus selbst ein endlicher Mensch. In ihm geht der Schöpfer die Wege seiner Geschöpfe mit, in ihm erleidet er die Leiden seiner Schöpfung, und in ihm versöhnt er den schuldig gewordenen Menschen wie auch die dadurch zutiefst verwundete Schöpfung mit sich.[26]

Darum darf der Gläubige von Gott erwarten, dass er ihm beim letzten Gericht das Recht gibt, an Gott seinerseits Fragen zu stellen, vor allem die in der irdischen Zeit unbeantwortbar bleibende Frage nach der Schöpfung mit all dem Leid und dem Bösen, zu dem es in der Welt gekommen ist: »Auch das Gericht muss wohl nicht nur als Sich-Verantworten des Menschen vor Gott, sondern auch als eine Antwort Gottes auf die Frage des Menschen nach dem ›Warum‹ des Daseins verstanden werden.«[27]

2. Die besondere Stellung des Menschen in der Schöpfung

a) Seine Erschaffung durch den Anruf Gottes

Zu den zentralen religionsphilosophischen und schöpfungstheologischen Einsichten Romano Guardinis gehört, dass Gott den Menschen nicht in gleicher Weise wie die anderen Geschöpfe des Sechstagewerkes erschaffen hat. Das Personsein des Menschen, das ihn zu einem einzigartigen Geschöpf unter allen anderen Geschöpfen dieser Erde macht, lässt auf eine qualitativ andere Weise des Erschaffenwerdens durch Gott schließen: auf ein spezifisch personales Handeln Gottes. Dem liegt die Einsicht zugrunde: »Die Person hat eine Sinnbedeutung, die ihr Seinsgewicht übersteigt.«[28] Obwohl das Sein des Menschen genauso endlich und kontingent ist wie das aller anderen Geschöpfe, kommt dem menschlichen Individuum doch eine einmalige, unersetzbare und unbedingte Würde zu, die ihn Person sein lässt. Deren »Sinnbedeutung« kann darum ihren hinreichenden Grund nicht im endlichen und bedingten Sein des jeweiligen Menschen selbst haben; sie kann ihm auch nicht von anderen Menschen (z.B. seinen Eltern oder der Gesellschaft) verliehen werden, weil diese seinsmäßig nicht höher stehen als er. Ebenso wenig reicht ein abstrakter göttlicher Seinsgrund aus, um die je persönliche, unbedingte Würde des konkreten einzelnen Menschen zu begründen. Diese kann ihren adäquaten Grund nur in einem konkret Absoluten haben, dem ebenfalls eine unbedingte personale Dignität eignet und das zugleich die Macht hat, die Existenz anderer, endlicher Personalität zu ermöglichen.

So wird für Guardini, der – von Kierkegaard angeregt – schon sehr früh die personalistische Philosophie seiner Epoche (F. Ebner, M. Buber, F. Rosenzweig) in das katholische Denken einbrachte, das Personsein des Menschen zu einem religionsphilosophisch aufweisbaren Weg zu Gott. In dessen besonderem Schöpfungshandeln am Menschen erkennt er die einzig hinreichende *Möglichkeitsbedingung* für das Dasein des Menschen als Person.

> »Mit dem Satz, Gott habe die Person geschaffen, ist anderes gesagt als mit dem, er habe ein unpersönliches Wesen ins Sein gestellt. Das Unpersönliche, Lebloses wie Lebendiges, schafft Gott einfachhin, als unmittelbares Objekt seines Wollens. Die Person kann und will er nicht so schaffen, weil es sinnlos wäre. Er schafft sie durch einen Akt, der ihre Würde vorwegnimmt und ebendamit begründet, nämlich durch Anruf. Die Dinge entstehen aus Gottes Befehl; die Person aus seinem Anruf. Dieser aber bedeutet, dass Gott sie zu seinem Du beruft – richtiger, dass er sich selbst dem Menschen zum Du bestimmt.«[29]

In diesem Text ist Guardini eine außerordentlich prägnante Formulierung geglückt. Obwohl der (je einzelne) Mensch noch nicht existiert, wird er von Gott vorausgreifend so behandelt (eben gerufen), dass er von diesem Ursprung her mit der vollen Würde der Person ins Dasein tritt und als solche agieren kann. Darin liegt der tiefste Grund seiner unverlierbaren Gottebenbildlichkeit. Zwar vermag der so ins Dasein gerufene Mensch in seinem Leben dem Anruf Gottes, den er – vermittelt durch seine jeweilige Lebenssituation – innerweltlich erfahren kann, *intentional* sehr unterschiedlich entsprechen, ja sich ihm sogar gänzlich verweigern und den Gehorsam versagen. Aber er kann ihn nicht *ontologisch* zurückweisen; denn sein Gerufenwerden durch Gott ist schlechterdings identisch mit seinem Dasein als diese konkrete Person.

Den *biblischen* Anhaltspunkt für diese Argumentation findet Guardini vor allem in der zweiten Schöpfungserzählung der Genesis. Vom Menschen heißt es dort im Unterschied zu den anderen Geschöpfen, dass Gott ihm die Seele (den Lebensatem) einhauchte (Gen 2,7); dass er ihn mit dem Namen »Mensch« (adam) benannte (vgl. Gen 5,2);[30] dass er mit ihm sprach und ihm die Welt zum Bebauen und Bewahren anvertraute (Gen 2,15 f.); dass er ihm die Macht gab, den Tieren ihren Namen zu geben (Gen 2,19); dass die Erschaffung des Menschen erst mit der Erschaffung der Frau (als »Hilfe, die ihm entspricht«, Gen 2,20) und damit der personalen

Gemeinschaft von Mann und Frau vollendet wird. Dies alles erläutert, was in Gen 1,27 ausdrücklich gesagt wird: dass der Mensch personales Ebenbild Gottes ist, also an Gottes Stelle die Verantwortung für die rechte Verwaltung seiner Welt übernehmen kann.[31]

Guardini hebt die besondere Stellung des Menschen im Gesamt der Schöpfung hervor, ohne ihn jedoch daraus zu lösen; seine Anthropozentrik ist keineswegs »anti-ökologisch«. Dieser enge Zusammenhang wird auch darin deutlich, wie Guardini die beiden Schöpfungserzählungen der Genesis in ihrer inneren Dynamik auf zwei *menschliche Ordnungen* hin auslegt, die Gott um der Humanität des Menschen willen setzt und auf die hin das Schöpfungswerk finalisiert ist.[32] In Gen 1 ist es der *Sabbat*, der Tag, an dem Gott ruhte und den er darum für den Menschen als Modell für einen Lebensrhythmus, der sich im Wechsel von Arbeit und Ruhe vollzieht, in die Schöpfung selbst einschreibt. Es ist der Tag, der »dem Menschen die Freiheit des werklosen Daseins geben« soll; an ihm soll durch das menschliche Zurücktreten vom Werk auch strukturell deutlich werden, *wer* der eigentliche Herr der Schöpfung ist – Gott allein; und dass der Mensch dies stellvertretend nur aus Gnade und in Ehrfurcht vor ihm ist.[33]

Die Erzählung von der Erschaffung des Paradieses in Gen 2 hingegen gipfelt in der »Begründung der *Ehe*, der Ordnung geheiligter Menschengemeinschaft«[34]. In Mt 19,3–12 greift Jesus bewusst auf diesen ursprünglichen Schöpfungswillen Gottes zurück, um den menschenfreundlichen Sinn der Unauflöslichkeit der ehelichen Gemeinschaft von Frau und Mann gegen alle Gesetzeskasuistik zu verdeutlichen. Beide Schöpfungsordnungen sind dem Menschen zu seinem *Heil* gegeben:

> »Beide Ordnungen schützen die Würde des Menschen und rufen seine Verantwortung an: die gegenüber dem Werk und die gegenüber dem Menschen des anderen Geschlechts. Ebendamit bilden sie aber auch eine Schranke. Der siebente Tag fordert, der Mensch solle während seiner Dauer die Herrschaft niederlegen, auf dass im Raum seiner Stille die Hoheit Gottes sich erhebe. Die Unauflöslichkeit der Ehe fordert, der Vitalwille des Menschen solle sich am Bund der Treue bescheiden [...]. Die Dinge werden richtig gestellt. Der Sinn öffnet sich. Das Leben wird fordernd und groß.«[35]

b) Ein existentielles Schöpfungsverständnis

Um das einzigartige Schöpfungshandeln Gottes am Menschen tiefer zu verstehen, muss nach Guardini die objektive theologische Aussage, dass Gott den Menschen – jeden Menschen – durch einen personalen Anruf schafft, sogleich in eine *Sprachform* überführt werden, die schon als solche unmittelbar zum Ausdruck bringt, dass dieses Geschehen eigentlich immer nur *existentiell* verstanden werden kann; ein Anliegen, das seit Martin Luther in der evangelischen Schöpfungstheologie selbstverständlich geworden ist. Das heißt: Theologisch angemessen sprechen wir über die Erschaffung des Menschen nur dann, wenn wir sagen: »Gott hat *mich* geschaffen; mich in der Welt; die Welt, in der ich bin.«[36] Mehr noch: Erst die Sprachform des *Dialogs* mit Gott vermag den Sinn der Rede von der Erschaffung des Menschen voll zu erfassen:

> »Du, Gott, hast mich erschaffen. Ich gehe hervor aus Deinem Willen, der mich als freie Person will [...].«
> »Du, Herr, hast mich beim Namen gerufen. Hier bin ich, existierend durch Dich; vor Dir und auf Dich hin.«[37]

Oder mit den Worten eines seiner »Theologischen Gebete«:

> »Immerfort empfange ich mich aus Deiner Hand. Das ist meine Wahrheit und meine Freude. Immerfort blickt mich Dein Auge an, und ich lebe aus Deinem Blick. Du bist mein Schöpfer und mein Heil. Lehre mich in der Stille Deiner Gegenwart das Geheimnis verstehen, dass ich bin. Und dass ich bin durch Dich und vor Dir und für Dich.«[38]

Alles Sprechen von der Erschaffung des Menschen läuft somit auf die Sprachform der *Anbetung* hinaus; sie ist die zutreffendste menschliche Antwort gegenüber dem Wort Gottes, wenn es seinerseits schaffend spricht:

> »Du, Mensch, werde [...]. Ich, der Herr, rufe dich personalen Menschen ins Dasein.«[39]

Auf diese Weise tritt der Mensch – jeder Mensch! – ins Dasein; und darum verkörpert er allein schon durch sein Person-Sein ontologisch die grundlegende Antwort auf Gottes Schöpferwort. Das von Gott darüber hinaus intendierte Ziel seines schöpferischen Wortes wird da erreicht, wo ein Mensch diesen Seins-Gehorsam bewusst und frei vollzieht, wo er in Demut, Vertrauen und Dank sein Dasein als Ganzes und in seiner jeweiligen konkreten Gestalt annimmt.[40] Die täglich zu vollziehende »Annahme seiner selbst« ist darum so etwas wie das erfahrbare »sakramentale« Zeichen für den göttlichen Anruf, der dem Menschen ja nicht nur den Anfang seiner Existenz, sondern in jedem Augenblick neu seine Würde als diese einzigartige Person schenkt.[41]

Dieses existentielle Verständnis von Schöpfung weitet Guardini auch auf die Erschaffung der *Welt* aus. Für ihn sprechen die biblischen Schöpfungserzählungen nicht von einer »allgemeinen Dingwelt«, also vom »objektiven Bestand an Energien, Stoffen und Gestaltungen, um den sich die Wissenschaft bemüht«. Dem religiösen Schöpfungsglauben geht es (ohne die wissenschaftlich-kosmologische Welterklärung zu missachten) vielmehr um »die Welt, wie der Mensch ihr begegnet; wie er sie sieht und zu seiner Umwelt macht«, wie sie also »von der Weisheit des Schöpfers auf den Menschen als Sinnzentrum hingeordnet ist«[42].

Die so als Daseinswelt des Menschen gedeutete Welt ist offensichtlich etwas ganz anderes als nur der objektiv vorgegebene Raum, den Gott zunächst schafft, um dann irgendwann und irgendwie auch den Menschen (als Menschengeschlecht und als einzelne Person) dort hineinzusetzen. Die von Gott erschaffene Welt existiert für den Menschen nur als Lebensraum, der jedem Menschen ganz persönlich überantwortet ist.[43] Indem Gott einen Menschen als das von ihm persönlich gemeinte Du ins Dasein ruft, lässt er mit ihm und für ihn zugleich seine je eigene Welt entstehen.[44] Daraus folgt, dass auch der so auf den Menschen bezogenen Welt in analoger Weise ein Wortcharakter zukommt: Gott spricht durch diese Welt (konkret: durch die jeweilige Situation) sein Welt-Wort zu diesem Menschen, der es aufmerksam wahrnehmen und darin den Willen Gottes für sich und seine Welt erkennen soll, um so die Welt mit in seine Antwort auf Gottes Schöpfungswort hineinnehmen zu können: »Durch ihn [den Menschen] sollen alle Dinge in der Form der Antwort zu Gott zurückkehren.«[45]

c) Die Verantwortung des Menschen für die Welt

Dieses Schöpfungsverständnis, das die neuzeitliche Anthropozentrik mit dem christlichen Schöpfungsglauben zu versöhnen sucht, führt bei Guardini keineswegs zu einer theologischen Vernachlässigung der objektiven Welt der Dinge. Für ihn stellt die Welt wesentlich eine in kritischer Sympathie anzunehmende Herausforderung und Aufgabe für den Menschen dar, durchaus auch im Bereich von Naturwissenschaft und Technik. Dieser Gedanke spielt in Guardinis Schöpfungsverständnis in zweifacher Hinsicht eine wichtige Rolle.

(1) Fast wie einen Refrain wiederholt Guardini seine Einsicht, dass Gott dem Menschen die Schöpfung *anvertraut,* dass er sie mit Großmut und Wagemut in die Hand des freien, aber eben auch fehlbaren Menschen legt.[46] Dieser soll die *Verantwortung* für Gottes Schöpfung übernehmen; genau darin zeigt sich die *Gottebenbildlichkeit* des Menschen: dass er »in abbildlicher Weise das sein soll, was in souveräner Weise Gott ist, nämlich ›Herr der Welt‹.«[47]

Lange bevor die ökologische Problematik ins allgemeine kulturelle Bewusstsein trat und der biblische Herrschaftsauftrag (Gen 1,26 und 28) in den Verdacht geriet, mitschuldig zu sein an der neuzeitlichen Objektivierung und Zerstörung der menschlichen Umwelt, hat Guardini die Berufung des Menschen zum »Herrschen« in unlösbarem Zusammenhang mit dem konkreten Auftrag, die Erde »zu bebauen und zu bewahren« (Gen 2,15), und mit der Gottebenbildlichkeit des Menschen gesehen.[48] Darum weist er ausdrücklich jede allzu flache anthropomorphe und utilitaristische Deutung des Herrschaftsauftrages zurück; in hellsichtigem Weitblick sagt er 1961 über die Verantwortung des Menschen für die ihm anvertraute Welt:

> »Große Bedeutung des Gedankens; das heutige Bewusstsein realisiert sie nicht. Es sieht die Welt als Raum und Material für das eigene Leben. Nicht als etwas in sich Sinnvolles, vor Gott Wichtiges, das der Mensch in seine Hut nehmen soll. Allenfalls werden Teilverantwortungen gefunden: für die Ästhetiker der Landschaft, die Erhaltung der Tierarten usw. Die Verantwortung wird aber weder auf die Sinnmitte der Welt noch ihr Ganzes bezogen.«[49]

Eine solche umfassende Verantwortung für den der Welt innewohnenden *Sinn* kann Gott dem Menschen deswegen übertragen, weil er ihn in seiner Gottebenbildlichkeit zugleich dazu befähigt, die *Wahrheit* des Seienden zu erkennen und sie in verstehbarer, Gemeinschaft stiftender *Sprache* auszudrücken; weil der Mensch dadurch in *Freiheit* zu den Dingen der Welt Stellung beziehen und verantwortbare Entscheidungen treffen kann; und weil er in der ihm eigenen schöpferischen Kraft *Geschichte* und *Kultur* als sein eigenes Werk hervorzubringen vermag.[50] Und doch: Diese Befähigung allein reicht nicht aus, dass der Mensch die Welt wirklich im Sinne Gottes verwalte und so dem immanenten Sinn der Dinge gerecht werde. Dazu bedarf es darüber hinaus der menschlichen *Weisheit*, die den Herrschaftsauftrag Gottes nicht als Befehl und Verpflichtung von oben und von außen missversteht, sondern ihn als ein inneres Moment des personalen Anrufs entgegennimmt: als Wort des *liebenden Zutrauens* Gottes, das er nicht enttäuschen darf, mit dem er sich vielmehr zuinnerst ins Einvernehmen setzen muss:

> »Aus der Souveränität des Gotteswillens wird das Einvernehmen. Wirkliches Einvernehmen zwischen Gott und dem Menschen in einer, wenn das Wort erlaubt ist, gemeinsamen Sorge – der Sorge um das Werk Gottes, welches gerade durch die Kraft gefährdet wird, die es allein erfüllen kann, nämlich die Freiheit.«[51]

(2) Die dem Menschen übertragene Verantwortung hat von Gott her ein klares *Ziel:* Gott vertraut ihm die Welt vor allem deswegen an, damit er sie – als seine jeweilige konkrete Daseinswelt – zum *Reich Gottes* verwandle und sie so ihrer *Vollendung* zuführe. Das bedeutet: Gott legt dem Menschen seine Existenzwelt nicht als einen fix und fertig geschaffenen Lebensraum

in die Hand, damit er sich darin einrichte und ihn einfach so bewahre, wie er ist. Der Schöpfer will, dass diese Welt für jeden Menschen zum Reich *Gottes* werde, in dem *sein* Wille geschehe – »wie im Himmel so auf Erden«. *Dazu* nimmt er den Menschen und seine Freiheit in Dienst:

> »Er, der Schöpfer und Herr, will ja doch die Welt aus der Erlösungstat seines Sohnes heraus neu schaffen: einen ›neuen Menschen‹ auf einer ›neuen Erde‹ und unter einem ›neuen Himmel‹. Das kann Er aber nicht so tun, wie Er es einst bei der ersten Schöpfung getan hat, nämlich durch die bloße Macht seines Befehls. Dieses Schaffen muss durch die Freiheit des Menschen gehen. Der Mensch muss bereit sein, sich öffnen und mitwirken. Darauf wartet Gott. Tut der Angerufene nach Gottes Willen, dann wird Gottes Gnadenmacht frei und schafft in ihm und um ihn her ›das Neue‹, das ›Reich‹.
>
> Das braucht gar nichts Auffälliges zu sein. Nichts Ungewöhnliches braucht zu geschehen. Das Leben geht weiter wie jedes Menschenleben sonst, besteht aus den gleichen Dingen und Vorgängen, aus Leid und Freude, Plage und Glück – und dennoch ist alles anders. Ein anderer Sinn ist darin, ein anderer Zusammenhang, eine neue Sicherheit und eine neue Verheißung. Das Leben dieses Menschen wird zur Einlassstelle für Gottes Schaffen. Gott – nicht sofern Er alles im Sein hält und zum Ausdruck seines Schöpferwillens macht, sondern sofern Er das Neue, das Reich heraufführen will – steht gleichsam vor der Tür der Welt und verlangt Einlass. Jedes Menschenherz – jedes einzig, unentbehrlich und unersetzlich – ist Tür der Welt. Tritt es in das Einvernehmen des Glaubens und Vertrauens, beginnt es, zu ›trachten nach dem Reich und seiner Gerechtigkeit‹, dann geht die Tür auf, und Gott beginnt die neue Schöpfung.«[52]

In diesem pointiert existentiellen Verständnis von Welt und Reich Gottes kommt die *politische Dimension* der Weltverantwortung, wenn sie auch davon nicht ausgenommen wird, *explizit* nur selten zur Sprache. Das mag zum einen daran liegen, dass Guardini im Laufe seines Lebens zunehmend skeptischer gegenüber der Möglichkeit einer großräumigen Veränderung der gesellschaftlich-kulturellen Welt im Geist des christlichen Glaubens wird; der Widerstand der Welt wird in seiner Sicht immer massiver.[53]

Zum anderen wird man der kritischen Anfrage H. U. v. Balthasars beipflichten können, ob Guardini je »aus der bürgerlichen Welt, deren Unterhöhlung und Existenz er miterlebte, als Christ entschlossen genug herausgetreten« sei: »Hat er je der schreienden materiellen Not der menschlichen Massen scharf ins Antlitz geschaut? Das Entsetzen des jungen Marx vor der Welt, wie sie *wirklich* ist, verspürt? Es war wohl nicht sein Auftrag und Erbtum.«[54] Diese Fragen kann man jedoch an die meisten Theologen unseres Kulturkreises stellen.

3. Die Vorsehung

a) Abgrenzung von unzulänglichen Deutungen

Häufig kommt Guardini auf dieses klassische schöpfungstheologische Thema zu sprechen; denn »die Lehre von der Vorsehung steht im Herzpunkt der christlichen Botschaft«[55]. Darum grenzt er die christliche Rede von der Vorsehung entschieden von verbreiteten, aber als unzulänglich angesehenen Deutungen ab; so z. B. von der mythologischen Vorstellung jenseitiger numinoser Schutzmächte, die den Einzelnen, einen Stamm oder ein Volk vor allem Unheil beschützen;[56] oder vom Aberglauben an einen »guten Stern«, an ein glückliches Schicksal oder an ein durch die Geburt fest vorherbestimmtes, astrologisch erkennbares Los. Selbst noch in einer stark wissenschaftlich geprägten Weltsicht kann sich nach Guardini so etwas wie ein säkularer Vorsehungsglaube entwickeln; denn die in der physikalischen, biologischen, psychologischen, geistes- und geschichtswissenschaftlichen Forschung jeweils zu Tage tretenden Ordnungszusammenhänge können in ihrer Gesetzmäßigkeit und Verlässlichkeit den Eindruck erwecken, es gebe doch eine Art »numinoses Ordnungsgefüge des Daseins selbst«, »einen Sinn und eine Macht, die aus dem Göttlichen kommen, auf die der Mensch sich mit religiösem Vertrauen verlässt und die ihrerseits dem Glauben des Menschen anbefohlen sind«[57]. In dem Maße jedoch, wie die Welt mehr und mehr des Numinosen entkleidet wird, tritt schließlich der mündig gewordene Mensch durch sein waches »Sich-Vorsehen« und sein aktives Voraussehen und Vorsorgen selbst an die Stelle einer überflüssig gewordenen göttlichen oder kosmischen »Vorsehung«.

All diese Deutungen des Begriffs »Vorsehung« sind für Guardini vor allem deswegen unzulänglich, weil sie der Wirklichkeit nicht gerecht werden, sobald es um den *einzelnen* Menschen geht. Denn weder die Natur (mag sie noch so vergöttlicht oder als kosmische Ordnung verehrt werden) noch geschichtliche oder gesellschaftliche Ordnungen »sorgen« sich letztlich um den Einzelnen, um sein persönliches Geschick und seine Sinnerfüllung. Aber genau dies kann aus dem Begriff »Vorsehung« nicht ausgeklammert werden, der

> »ohne Zweifel den Einzelnen ebenso viel meint wie das Ganze – ja, da der Einzelne den Gesamtzusammenhängen gegenüber der Schwächere ist, ihn sogar mit besonderem Nachdruck. Es geht um den persönlichen Pol dessen, was ›Welt‹ und ›Dasein‹ bedeuten, und um die Frage, wie die göttliche ›Sorge‹ für diesen, die immer als der beglückendste Inhalt des Vorsehungsgedankens empfunden worden ist, zustande kommen könne.«[58]

Das aber geschieht offensichtlich nicht in jener märchenhaften Weise, nach welcher der Lauf der Welt und der Lebenssinn des Einzelnen zuletzt doch immer wieder glücklich übereinstimmen. Vorsehung kann daher angemessen nur in einer Weise gedacht werden, die auch der Wirklichkeit des Menschen als einer *Person* gerecht wird, die sich vor Gott sowohl für ihren eigenen Lebenssinn wie für den der Welt in Verantwortung genommen weiß. Beides kann dem Menschen von keiner Vorsehung, welcher Art auch immer, abgenommen werden.

b) Der christliche Begriff: Vorsehung um des Reiches Gottes willen

Um zum spezifisch christlichen Gehalt von »Vorsehung« zu gelangen, bringt Guardini die existentielle Bedeutung von Welt ins Spiel: als konkrete Daseinswelt des Menschen, als die auf den einzelnen Menschen hin zentrierte, von ihm verantwortungsvoll zu gestaltende und auf das Reich Gottes hin zu verwandelnde Lebenswelt. Dementsprechend bedeutet für ihn »Vorsehung« das von Gott gefügte Zusammenstimmen zwischen dem einzelnen Menschen, seiner je persönlichen Daseinswelt und dem darin bereits erscheinenden Reich Gottes. Solches Zusammenstimmen ereignet sich nach Guardini jeweils in einer ganz konkreten Situation, in welcher der Mensch seiner Welt – im Sinne Gottes – verantwortungsbewusst begegnet. Diese Situation nennt Guardini die »fortwährend sich vollziehende Vorsehung. In ihr [= in der Situation] wird das Ganze, hier, jetzt, so, Ausdruck des Gotteswillens für mich, der alles meinem Heil unterordnet; eben damit aber wird mir die Weise gewiesen, wie ich, der Einzelne, Glied sein soll im Gotteswillen für das Ganze.«[59]

Was Guardini damit meint, wird deutlicher, wenn wir seinen *biblischen Ansatzpunkt* für dieses Vorsehungsverständnis betrachten, der in der berühmten Perikope aus der Bergpredigt Jesu liegt: »Sorgt euch nicht um euer Leben ...« (Mt 6,25–33). Der wahre Sinn dieses Textes erschließt sich für ihn erst im letzten Satz: »Trachtet aber zuerst nach seinem Reich und dessen Gerechtigkeit, so wird euch dieses alles zugelegt werden« (Mt 6,33).[60] In dieser Aufforderung Jesu liegt für Guardini die entscheidende *Bedingung*, unter der die Vorsehung Gottes erst wirksam werden kann: nämlich nur dann, wenn ein Mensch die Grundeinstellung bzw. die alles tragende Gesinnung seines Lebens, Denkens und Handelns ganz auf das Ankommen des Reiches Gottes und seiner Gerechtigkeit in der konkreten menschlichen Daseinswelt ausrichtet. »*Dann* wird sich dieses Reich um dich verwirklichen, und du selbst wirst empfangen, was du zum Leben brauchst« – auch wenn der äußere Anschein dem keineswegs immer entspricht.[61] Mit dieser Deutung möchte Guardini einen *statischen* Vorsehungsbegriff – wie er ihn bei den abgelehnten Auffassungen fand – ausschließen. Das heißt: Vorsehung meint christlich – trotz Gottes Walten vom Anfang der Schöpfung an bis zu ihrer Vollendung – keine ewig feststehende, vom Menschen (zwar schwer, aber doch grundsätzlich) zu erfassende »Ordnung des Weltlaufs [...], in die er sich dann hineinstellen könnte. Sie ist vielmehr etwas, das wird; auf den Menschen hin, der zur Reinheit des Glaubens und der Reich-Gottes-Liebe durchdringt.«[62]

c) Die Wirkung der Vorsehung

Dieses an das Vertrauen und die Liebe gebundene Wirken der Vorsehung Gottes kommt nach Guardini auf *zwei Ebenen* zur Geltung. Schon auf der natürlichen, *innerweltlichen* Ebene zeigt sich sehr häufig, dass die Gelassenheit des Vertrauenden eine ganz andere Beziehung zu den Dingen und Geschehnissen der Welt stiftet als etwa die Haltung einer grundlegenden Verschlossenheit und Selbstsorge. Die vertrauensvolle, gelassene Haltung empfängt von Seiten der Dinge und Ereignisse ein ganz anderes, beglückendes Echo:

> »Die Weisheit sagt, das Dasein diene dem, der seiner nicht bedürfe; die Welt ergebe sich dem Menschen, der von ihr unabhängig sei; und das Glück werde nur von dem gefunden, der es nicht suche.«[63]

Der ermöglichende Grund solcher Erfahrung liegt für Guardini allerdings auf der Ebene der Gnade und des *Glaubens*. Denn die Grundoption eines Menschen für das Reich Gottes bildet »gleichsam die Eintrittsstelle für die sich auf die Welt richtende schöpferische Kraft Gottes«[64]. So kann Gott durch die glaubende Freiheit des einzelnen Menschen die besten Möglichkeiten der Schöpfung, ihre »potentia oboedientialis« (Gehorsamsfähigkeit) ihm gegenüber freisetzen und sie zur neuen Schöpfung wandeln: zum Reich Gottes, das er ihr von Anfang an als Ziel gegeben hat.

In den Heiligen und ihrer Lebenswelt wird das Wunder dieser neuen Schöpfung besonders anschaulich; darum auch die vielen Wundererzählungen in ihren Biographien. Aber ein solches Wunder geschieht durchaus auch im normalen Leben eines jeden Menschen, der sich dem Reich Gottes verschrieben hat. Zwar mag er in vielen Fällen nicht »handfest« das erhalten, was er – vordergründig – zum Leben zu brauchen meint. Doch wird dadurch das Wirken der Vorsehung in seinem Leben keineswegs falsifiziert. Es ist eben nicht empirisch nachprüfbar; es steht – wie alles im Glauben – unter dem eschatologischen Vorbehalt: Gott enthüllt uns nicht bereits im Pilgerstand den Sinn der Geschichte, weder im Großen noch im Kleinen, sondern erst im letzten Gericht über die Welt.

> »Nicht dass es dem Menschen in der Zeit wohl ergehe, bildet den eigentlichen Sinn der Vorsehung, sondern dass ›das Reich Gottes‹ komme und ›seine Gerechtigkeit‹ sich erfülle; die neue Schöpfung und der Mensch der Ewigkeit sich vollenden.«[65]

4. Teil | Systematische Kohärenz: Reflexion auf Grundfragen des Schöpfungsglaubens

A. Der »springende Punkt« des christlichen Schöpfungsglaubens: Gott zugleich über und in seiner Schöpfung

Mit dem Problem, das Paradox des Schöpfungsglaubens von Gottes Transzendenz *über* seiner Schöpfung und seiner Immanenz *in* ihr nach der einen oder anderen Seite hin aufzulösen, wurden wir in fast allen bisherigen Kapiteln bereits konfrontiert:

– bei der aktuellen Herausforderung durch das evolutive Weltbild und das deistische Gottesbild,
– bei der Darstellung der biblischen Vorstellung vom Schöpfungsmittler in der Weisheitsliteratur und der christologischen Schöpfungstheologie des NT,
– bei der entschiedenen Zurückweisung des neuplatonischen Emanationsgedankens durch die Patristik,
– bei der Diskussion um die bleibende Bedeutung des metaphysischen Gottesbegriffs angesichts mancher heutiger Tendenzen eines allzu anthropomorphen Sprechens von Gott.

In der Tat scheint dies die Gretchenfrage an alles inner- und außerchristliche Reden von Schöpfung zu sein: Wie hältst du es mit der Beziehung zwischen Gott und Welt, wenn du von Schöpfung sprichst? Behalten Gott und Welt dabei wirklich ihre Eigenart als etwas radikal voneinander Verschiedenes und doch untrennbar miteinander Verwobenes? Die ganze Kunst schöpfungstheologischen Denkens und Sprechens ist gefordert, wenn Schöpfer und Schöpfung so zueinander in Beziehung gesetzt werden sollen, dass sie einander nicht (deistisch) im Verhältnis sich gegenseitig abgrenzender Andersheit oder gar Konkurrenz gegenüberstehen, sondern in einer Weise der Verschiedenheit, die zugleich intensivste Einheit ermöglicht, ohne sie jedoch pantheistisch oder »pankosmistisch« (»alles ist Welt oder Natur«) in Identität aufzuheben. In drei Schritten wollen wir uns einer möglichen Antwort nähern.

I. Gott, das ganz Andere, weil das Nicht-Andere

Die theologische und mystische Tradition hat sich in vielfacher Weise um dieses zentrale schöpfungstheologische Paradox bemüht. So erklären z.B.

Meister Eckhart (um 1260 bis ca. 1328), Nikolaus Cusanus (1401–1464)[1] und nach ihnen viele moderne Theologen in ähnlicher Form (u. a. Hans Urs von Balthasar, Romano Guardini, Gisbert Greshake, Hans Kessler), dass Gott vor allem deswegen das *ganz* Andere (totaliter aliud) im Unterschied zur Welt und zu allem in ihr sei, *weil* er das *Nicht-Andere* (non aliud) zu ihr sei. Das bedeutet: Gott ist die alle Unterschiede in sich enthaltende, sie umspannende, wie eine Quelle aus sich entlassende und darum *in* allen Dingen zu findende einfachste Einheit; er ist das sich frei-gebig verströmende In-eins-Fallen aller Unterschiede (coincidentia oppositorum). Darum wohnt allein Gott allem Geschaffenen so *intim* inne, dass er sich von ihm »ganz anders« unterscheidet als die geschaffenen Dinge voneinander. Von ihnen gilt ja: Das *eine* ist nicht einfachhin das *andere;* die Seele (oder das Selbstbewusstsein) z. B. ist in aller noch so untrennbaren Einheit mit dem Leib doch nicht der Leib.

In dieser Weise kann man aber von dem seinen Geschöpfen innewohnenden Schöpfer nicht sprechen. Im Vergleich dazu, wie sich die geschöpflichen Dinge voneinander unterscheiden und miteinander vereinen, ist Gott nicht das »andere« zur Welt, ist er nicht einfach »anders«, sondern ganz anders »anders«. Nach Augustinus ist Gott jedem Geschöpf als Quelle seines Seins »innerlicher, als es sich selbst ist« – und doch kein Teil von ihm oder gar mit ihm identisch! Im Gegenteil: Er ist ihm (wieder mit den Worten Augustins) »höher als sein Höchstes«[2]. Das heißt: Eben wegen seiner einzigartigen schöpferischen Immanenz in allen Dingen, wodurch die Welt im Ganzen und im Einzelnen ja zum »Symbol«, zum »Schöpfungssakrament« Gottes werden kann, ist Gott auch ganz anders als diese Welt; er ist ihr so transzendent (ohne ihr fern zu sein), dass sie ganz von sich selbst weg auf ihn, den Geber alles Guten, verweisen kann. »Das Geschöpf ist nicht Gott, sondern seine Gabe, aber indem Gott diese Gabe wirklich gibt, gibt er darin sein Geben, im Geben sein Gebendsein, sich als Gebenden und so sich selbst.«[3]

Darin liegt das Paradox von Gottes *In*-der-Welt-Sein (Immanenz) und *Über*-der-Welt-Sein (Transzendenz): Beides bedingt und stärkt einander wechselseitig. Die Einzigartigkeit seiner Immanenz und die Einzigartigkeit seiner Transzendenz konkurrieren also nicht miteinander, sondern dienen einander. Das bedeutet für das Dasein der Welt: Ihre *Abhängigkeit* von Gottes schöpferisch-überquellendem Sich-Geben und seiner immerwährenden Präsenz in ihr mindert nicht im Geringsten ihre *Eigenständigkeit* als endliche Wirklichkeit, als von Gott verschiedene Gabe; sie ermöglicht und stärkt sie vielmehr. Wer also dieses Paradox von Gottes In- und Überseiner-Schöpfung-Sein einseitig auflöst, löst damit den christlichen Gottes- und Schöpfungsbegriff auf.[4]

II. Christlicher Pan-en-theismus

Lässt sich dies etwas anschaulicher vorstellen? Mir scheint ein christlich verstandenes pan-*en*-theistisches Schöpfungsmodell (alles *in* Gott) eine gute Hilfe zu bieten.[5] Es klingt bereits bei Paulus in seiner berühmten Areopagrede an: »*In ihm* leben wir, bewegen wir uns und sind wir« (Apg 17,28) und auch im großen Christushymnus des Kolosserbriefes: »In ihm [sc. dem präexistenten Logos] ist alles geschaffen« (Kol 1,16). Schon bei dem alttestamentlichen Weisen Jesus Sirach heißt es im überschwänglichen Schluss seines Lobliedes auf Gottes Herrlichkeit in der Natur: »Sagten wir noch mal so viel, wir kämen an kein Ende; darum sei der Rede Schluss: Er ist alles!« (Sir 43,27). Wenn es nun aber auch *uns* als von Gott verschiedene, uns ihm verdankende und sein Lob singende Geschöpfe gibt, dann doch nur deswegen, weil Gott als unendliche Fülle allen Lebens, alles Guten, Wahren und Schönen der endlichen Welt einen »Raum« zum eigenständigen Existieren gewährt. Keinen Raum »neben« sich; so etwas kann es beim unendlichen Gott nicht geben. Wohl aber einen Raum *in sich selbst*, der Gott und Welt eindeutig voneinander unterscheidet (*als* Schöpfer und *als* Geschöpf) und doch zugleich so miteinander vereint, wie es inniger nicht gedacht werden kann.

Dies ist nicht etwa so vorzustellen, als ob Gott sich deswegen in seiner Fülle zurücknehmen und selbst beschränken müsste; das wäre allzu anthropomorph, die Größe Gottes mindernd gedacht.[6] Nein, der Gedanke einer Schöpfung in Gott hat nur Sinn, weil und insofern Gott immer schon nichts anderes ist als Raum gewährende und frei-gebende *Liebe*. Um das zu sein, muss er sich nicht erst einmal selbst begrenzen, als ob er ohne Schöpfung noch nicht solche Liebe wäre, sondern (im Sinn der nominalistischen potestas absoluta) eine Art »ontologisches Monstrum«, das »erst einmal« allen »Raum« des Seins nur für sich beanspruchte. Als reine Liebe und nichts als Liebe vermag Gott ohne jede Beschränkung seiner Größe und Macht dem anderen seiner selbst, der endlichen Welt, immer schon *den* Raum einzuräumen, den sie braucht, um existieren zu können; und zwar ohne dass sie dabei im Göttlichen aufginge, von ihm »aufgesogen« würde oder in eine entfremdende, ihre Eigenständigkeit einengende Heteronomie von Gott geriete; solcherlei Vorstellungen würden das christliche Schöpfungsverständnis weit unterbieten.

Von dieser Einsicht her öffnet sich der »glaubenden Suche nach dem Verstehen« der Weg zu einem *trinitarischen* Gottes- und Schöpfungsverständnis. Von ihm muss jede unverkürzte christliche Schöpfungstheologie ausgehen und zu ihm muss sie hinführen. Warum? Weil eine göttliche Freiheit, die *in sich* dem Gegensätzlichsten (also Gott und Welt) Raum gibt, nur jener Liebe möglich ist, die in sich selbst, von ihrem Wesen her, immer schon der Andersheit zwischen Gott als »Vater« und Gott als »Sohn« Raum gibt – eben im sie unterscheidenden und einenden »Geist« Gottes. Nur eine solche göttliche Liebe kann auch die unendliche und die endliche Eigenständigkeit bis hin zur möglichen widerständigen Freiheit des Geschöpfes in sich aushalten und so miteinander vereinen, dass keine der beiden Seiten in der anderen aufgeht. In diesen von Ewigkeit her bereiteten Raum der Liebe Gottes wird die Welt hineingeschaffen. In ihm findet sie ihren eigenen Raum, um darin *als* Welt leben, sich bewegen und sein zu können.

In dieser Verbindung von Schöpfungs- und Trinitätstheologie kann das Paradox von Gottes Über- *und* In-der-Schöpfung wohl am besten in seiner Schwebe ausgehalten werden. Thomas von Aquin bringt es kurz und bündig auf den Punkt: »Die Kenntnis der göttlichen Personen ist notwendig [...], um über die Schöpfung richtig zu denken.«[7]

III. Der dreieine Gott als Schöpfer der Welt

1. »Gott ist die Liebe« (1 Joh 4,8) – trinitarisch ausgelegt

Wie ist es nun zu verstehen, dass wir als Geschöpfe *in Gott* leben und dennoch *nicht* Gott oder ein göttlicher Funke, eine Manifestation oder Emanation Gottes sind, sondern von ihm verschiedene, in Eigenständigkeit entlassene Wesen?

Das entscheidende Stichwort ist bereits gefallen: Dieses Paradox ist nur denkbar, wenn Gott *in sich selbst* anderem Raum gewährende *Liebe* ist. So wird auch der Sinn der johanneischen Spitzenaussage über Gott voll verständlich: »Gott ist die Liebe« (1 Joh 4,8). Dies ist er nicht primär deswegen, weil er die *Welt* als Gegenüber seiner liebenden Beziehung geschaffen hat; dann bräuchte er ja notwendig die Welt und vor allem uns endliche Menschen, um wirklich lieben und so erst richtig Gott sein zu können – ein unsinniger und in sich widersprüchlicher Gottesbegriff! Nein, Gott als Liebe zu bekennen heißt, dass Liebe sein innerstes Wesen ist, unabhängig von jeder Beziehung zur endlichen Schöpfung. Gott schafft die Welt nicht, *um* sie lieben zu können, sondern *weil* er immer schon Liebe ist und weil er die Welt an der überschwänglichen Freude dieser Liebe teilhaben lassen will.[8]

Was bedeutet hier: »immer schon Liebe«? Auf wen oder was bezieht sich diese Liebe Gottes? Als bloße Selbstliebe kann sie nicht gedacht werden; das würde die Rede von Gott als *Liebe* wiederum ad absurdum führen und niemals auch nur die Möglichkeit der Schöpfung, geschweige denn ihre Wirklichkeit erklären.

All diesen Aporien entgehen wir am ehesten, wenn wir den Sinn der Aussage »Gott ist die Liebe« so verstehen, wie er in der Geschichte des Lebens Jesu, allem voran in der *wechselseitigen* Beziehung zwischen ihm und dem Gott Israels, den er seinen Vater (Abba) nennt, offenbar geworden ist.[9] Der christliche Glaube sieht in Jesus aufgrund dieser einzigartigen Beziehung das »Bild«, das »Wort«, den »Sohn«, also die Selbstoffenbarung des verborgenen Gottes. In ihm, in seiner Person und in seinem Werk, erschließt sich uns Gott so, wie er in sich selbst, in seinem eigentlichen Wesen, ist. Das ist die entscheidende Prämisse des christlichen Gottesbildes.

Was aber erschließt sich uns konkret von Gott durch die Beziehung zwischen Jesus und seinem Vater?

Einerseits weiß Jesus sich ganz und gar *eins* mit dem Vater und dessen Willen; von ihm her und auf sein Reich hin lebt Jesus sein Leben; auf ihn vertraut er restlos und lässt sich – erfüllt und geführt vom heilbringenden Pneuma Gottes – zum Heil der Welt senden und bis zum Äußersten verbrauchen; am Kreuz übergibt er dieses Pneuma den Seinen (vgl. Joh 19,30) und bleibt als »Erstgeborener von den Toten« in diesem Geist sammelnd und sendend bei ihnen – bis er zur Vollendung der Welt »wiederkommt« in der Herrlichkeit des Vaters. Darum kann das Johannesevangelium von Jesus sagen: »Wer mich gesehen hat, hat den Vater gesehen«, den verborgenen und in Jesus offenbaren Gott (Joh 14,9).

Andererseits verweist Jesus die Menschen immer wieder *von sich weg* auf den Vater: Dieser allein ist die Quelle des Heils; ihm allein gebühren die Ehre und der Dank. Im Unterschied zu Adam, dem Typos des sündigen Menschen, erliegt Jesus nicht der Versuchung, wie Gott sein zu wollen. In allem noch so tiefen *Einssein* mit dem Vater verwischt Jesus nie den *Unterschied* zwischen sich, dem Vater und dem von ihm geschenkten Geist: Der Sohn bleibt – im selben Heiligen Geist – zugleich immer auch der Knecht Gottes; als solcher kann er nur das tun und verkünden, was ihm der Vater aufgetragen hat (vgl. Joh 7,16–18 u. a.).

Wenn nun in dieser wechselseitigen, vom Heiligen Geist erfüllten Beziehung zwischen Jesus und seinem Vater *Gott* selbst offenbar wird, sein innerstes Geheimnis als Liebe sich uns erschließt, dann gehört dieses von Jesus so gelebte Verhältnis zwischen Vater, Sohn und Heiligem Geist zum inneren Wesen Gottes selbst, zur »Selbstdefinition« Gottes als Liebe.[10] Der eine, als reine Liebe verstandene Gott existiert dann nur in der Weise sich wechselseitig aufeinander beziehender Liebe zwischen Vater, Sohn und Geist.

Die *eine* Liebe, die Gott ist, kennt also in sich selbst bereits *Anderes;* sie zeigt sich als ein sehr differenziertes Beziehungsgeschehen, das weder (polytheistisch) zu drei verschiedenen Göttern führt noch (neuplatonisch) auf eine letzte, unterschiedslose göttliche Einheit zurückführbar wäre. Gott als Liebe zu bekennen bedeutet, Gott konsequent als *Leben in Beziehung*, als Freundschaft und Gespräch, als Kommunikation und communio verstehen.[11]

Dieses Leben in Beziehung lässt sich – in Anlehnung an Hans Urs von Balthasar und Gisbert Greshake[12] – so umschreiben: Es umfasst einmal die Beziehung der sich restlos *verschenkenden* Liebe des Vaters zum Sohn; dazu die Beziehung der restlos *empfangenden* und *antwortend* sich *verdankenden* Liebe des Sohnes zum Vater; und schließlich die Beziehung der *einenden* Liebe des Heiligen Geistes, die das wechselseitige Zueinander von Vater und Sohn erst voll übereinklingen lässt und doch die Unterschiede wahrt.

Diese bereits im Leben Jesu sichtbare, dem Heiligen Geist zu verdankende unauflösliche Spannung zwischen Eins-Sein *und* Unterschieden-Sein bedingt, dass das Gespräch zwischen Vater und Sohn – sehr menschlich gesprochen – nie an ein Ende kommt, sich nie in einer ewigen Wiederkehr des Gleichen erschöpft, sondern immer neu als unableitbare und beglückende Gabe ihrer Liebe erfahren wird.[13] Von daher lässt sich gut verstehen, warum der besondere personale Charakter des Heiligen Geistes in der christlichen Tradition vornehmlich als *Gabe* bezeichnet wird: In ihm kulminiert das gegenseitige Sich-Geben von Vater und Sohn; in ihm objektiviert es sich und nimmt die Gestalt eines Geschenkes an – des einander geschenkten Wir, der Gemeinschaft (communio) in Gott. Wenn Gott sich darüber hinaus an seine *Geschöpfe* verschenken will, wohnt er ihnen inne als diese Gabe, als die Kraft, innigste Gemeinschaft mit Gott und unter den Geschöpfen zu stiften, ohne die Unterschiede aufzuheben.[14]

2. Schöpfung im Raum der dreieinen Liebe

Was bedeuten diese Überlegungen für unsere Frage, wie Gott in sich selbst und unabhängig von der Schöpfung wirklich Liebe (zum Anderen) sein und deswegen der Schöpfung in sich Raum gewähren kann, ohne dazu sich selbst beschränken zu müssen?

Wenn Gott in sich selbst immer schon Leben in Beziehung ist, wenn er sein Wesen nur in Einheit und Verschiedenheit dreier gleich wesentlicher Beziehungen verwirklicht, dann gibt es in Gott immer schon Raum für Anderes und Unterschiedenes. Dann kann die endliche Welt in diesen unendlichen Raum der Liebe zwischen Vater, Sohn und Heiligem Geist hineingeschaffen werden. *Warum* dies geschieht, bleibt das uns verborgene Geheimnis der Freiheit Gottes, dem das Endliche, umso mehr, wenn es zur

Gegenliebe fähig ist, offensichtlich sehr viel bedeutet.[15] Jedoch können wir im Glauben an die dreieine Liebe Gottes zumindest das Folgende erkennen:

1) Die Welt *entspringt* im Anfang wie in ihrer fortwährenden Dauer der sich verschenkenden Liebe des *Vaters;* sie ist gleichsam die »Verlängerung« (G. Greshake) der ewigen innergöttlichen Selbsthingabe des Vaters, der sich der Sohn verdankt, ins Endliche hinein. Doch verendlicht sich Gott nicht etwa selbst in der Schöpfung und hebt sich damit auf, sondern die von Liebe geprägte Beziehung des Vaters zum Sohn bildet das ermöglichende Prinzip seiner schöpferischen Liebe zur Welt. Anders gesagt: Das ewige Wort, in dem der Vater sich selbst aussagt, ist die *Möglichkeitsbedingung* (traditionell gesprochen: der »Schöpfungsmittler«) für das Wort, in dem Gott die Welt ins Dasein ruft.[16] Daraus, dass es in Gott selbst das göttlich Andere des Wortes gibt, versteht sich auch die *Möglichkeit* des endlich Anderen, eben der Welt.

2) Die in Gott geschaffene Welt kann deswegen von Gott *radikal verschieden* und eigenständig sein, weil sie in dieses *Gegenüber des Sohnes* zum Vater, in seine Beziehung der empfangenden, sich dem Vater verdankenden Liebe konkret hineingenommen ist: »In ihm wurde alles erschaffen« (Kol 1,16). Aus dieser Beziehung des Sohnes zum Vater empfängt die Schöpfung die Signatur ihrer wahren Verschiedenheit von Gott und ihrer Eigenständigkeit in und gegenüber Gott: Indem sie (in welcher Form auch immer; vgl. Ps 104!) am *Dank* des Sohnes partizipiert und ihn ins Endlich-Geschöpfliche ausweitet, bekennt sie, dass sie nicht Gott ist und nicht wie Gott sein will. So wird sie dem Sohn in seiner irdischen Gestalt ähnlich und erfüllt den theologischen Sinn ihres Daseins: christusförmig zu werden (vgl. Gal 4,19). Zum Dienst an dieser Bestimmung der Schöpfung hat Gott die Kirche berufen, das »Zeichen und Werkzeug für die innigste Vereinigung mit Gott und für die Einheit der ganzen Menschheit« (LG 1).

3) Restlos *verschieden* von Gott *und* in einzigartiger Einheit mit ihm *verbunden* kann die Welt deswegen sein, weil sie im Raum der dreieinen Liebe Gottes teilbekommt an der Gabe des *Heiligen Geistes.* »In Gott geschaffen« heißt darum auch: in die Beziehung der Vater und Sohn zutiefst *einenden* Liebe hineingenommen sein. Dass die Heilige Schrift bezeugt: »Der Geist des Herrn erfüllt das All« (Weish 1,7), lässt sich trinitarisch so verstehen: »Durch den Geist [...] in seiner Schöpfung gegenwärtig, vereint der Vater das sohnhaft ›Andere‹ der Schöpfung ständig mit sich und zieht es an sich.«[17] Im Geist nimmt die Schöpfung am Leben und Lieben Gottes teil; im Geist nimmt aber auch (in umgekehrter Perspektive) Gott am Leben und Leiden der Schöpfung teil. Er tut dies v.a. dadurch, dass er der Schöpfung dort, wo sie ihre Eigenständigkeit im Menschen zur sündigen Widerständigkeit gegen Gott pervertiert hat, im Geist Vergebung und Ver-

söhnung schenkt (vgl. Joh. 20,23). So steht der in uns »seufzende« Heilige Geist (vgl. Röm 8,22f. 26) für das große, in die Schöpfung eingestiftete Versprechen Gottes ein, dass sie einmal (insoweit sie dazu bereit ist) endgültig aufgehoben wird in die vollendete, alle Schuld verzeihende, alle Wunden heilende und alle Tränen trocknende Gemeinschaft mit ihrem Schöpfer.

Ein Text von Hans Urs von Balthasar, dem ich gerade in dieser Thematik sehr viel verdanke, soll diesen (vielleicht ein wenig komplizierten, aber grundlegenden) Gedankengang noch einmal zusammenfassen:

> Das »paradoxe Gegenüberstehen der Kreatur einem gegensatzlosen Gott weicht einem Gegenüberstehen der Kreatur innerhalb des ewigen Gegenüberstehens von Vater und Sohn, das die ewige Voraussetzung ihrer Begegnung, Liebe, Einheit im Heiligen Geist ist. Man kann nicht sagen, dass damit das Mysterium der Schöpfung – wie es möglich sei, dass wenn Gott ›Alles‹ ist, die Kreatur dennoch ›Etwas‹, das nicht Gott ist, sein kann – aufgehoben und gelöst sei, aber man darf sagen, dass die Härte des Paradoxes sich dadurch mildert, dass Gott, um für uns Liebe zu sein, es vorerst in sich selber sein muss, die Welt somit ihren Ort im Sohn erhält, wie alle große Theologie es stets gewusst hat.«[18]

B. Das Handeln Gottes in der Welt

I. Einführung in die Problematik

Das Thema dieses Kapitels wird traditionell im Rahmen von Vorsehung, Herrschaft Gottes oder »concursus divinus« (göttliches und menschliches Zusammenspiel) behandelt. Immer geht es um das *Zusammenwirken* Gottes mit seiner Schöpfung in Natur und Geschichte; und zwar dergestalt, dass es – im Einzelnen und im Ganzen – zu dem verheißenen Ziel der Schöpfung führt, zu ihrer Vollendung im Reich Gottes.

Wir glauben, dass Gott auch hier *in allem* schöpferisch wirksam ist, aber – im Unterschied zur Schöpfung »im Anfang« – eben nicht er *allein;* hier muss er sich mit seinen in Eigenständigkeit und Freiheit gesetzten und damit zur Widerständigkeit fähigen Geschöpfen irgendwie »arrangieren«, damit das Ganze nicht doch in einem großen Fiasko endet.

Beides – die Allwirksamkeit Gottes und die Eigentätigkeit der Geschöpfe – müssen in der Theologie konsistent zusammengedacht werden. Für den christlichen Glauben ist dies nicht auf die Weise vorstellbar, dass Gott (deistisch) erst wieder am Ende der Schöpfung recht zum Zuge kommt oder er die Welt (pantheistisch) untrüglich auf die Vollendung hin determiniert.

Wie aber dann? Was lässt sich positiv darüber sagen? Wohl gemerkt: Es geht uns hier nicht darum, das heilswirksame Handeln Gottes *in* der Welt und *mit* seinen Geschöpfen gleichsam »in sich« ergründen und erklären zu wollen; das ist unmöglich.[1] Wohl aber kann der »Glaube, der das vernünftige Verstehen sucht«, mit Recht fragen, wie er die beiden unverzichtbaren Glaubensaussagen über Gottes innerweltliches Handeln und über die Eigenwirksamkeit der Geschöpfe sowohl miteinander als auch mit seiner realen Welterfahrung stimmig vereinbaren kann.

Diese Frage entspringt keineswegs einer bloß theoretischen Neugier, sondern einem sehr praktischen, geistlichen Interesse. Was können wir z. B. im *Bittgebet* theologisch legitim von Gott erwarten – angesichts der Erfahrung, dass viele unserer Bitten und Fürbitten nicht erhört werden, jedenfalls nicht im Hinblick auf das unmittelbar Erbetene? Oder: Wie können wir auf Gottes *Vorsehung* bauen, wenn unsere Erfahrung doch so häufig dem alten Sprichwort Recht zu geben scheint: »Hilf dir selbst, so hilft dir Gott«? *Wie* hilft Gott, *wie* lässt sich das schöne Kirchenlied verstehen, dass Gott »alles so herrlich regieret«, wenn sich doch ein Großteil der Menschen offensichtlich nicht im Geringsten um seinen Willen schert, wenn selbst den gleichmäßigen Gang der Natur immer wieder verheerende Katastrophen durchbrechen?[2]

In solchen existentiellen Fragen wird das im vorigen Kapitel erläuterte Zugleich von Gottes Über- und In-der-Welt-Sein sehr konkret. Wir versuchen in diesem Kapitel aufzuzeigen, wie viel Lösungspotential in diesem Paradox und seiner Integration in ein trinitarisches Gottesverständnis steckt. Es wird – wie bei allen theologischen Fragen – vor allem darum gehen, angemessene *Analogien* aus unserem innerweltlichen Erfahrungsbereich zu finden, also Vergleiche, Bilder, Metaphern und Ähnliches, die es bis zu einem gewissen Grad ermöglichen, die Rede vom heilswirksamen Handeln Gottes in der Welt zu verstehen.[3]

II. Drei Verstehensmodelle

Reinhold Bernhardt, der Ordinarius für Systematische Theologie an der Universität Basel, unterscheidet – angeregt durch die Systematisierung von O. C. Thomas – in seiner vorzüglichen Habilitationsschrift idealtypisch drei Modelle. Von der Bibel an haben sie die Glaubensvorstellungen und die Reflexion über Gottes Handeln maßgeblich bestimmt und bestimmen sie bis heute.[4] Seine Hinweise auf die Stärken und Schwächen des jeweiligen Modells zeigen, dass diese Modelle einander keineswegs ausschließen, sondern sich eher komplementär (allerdings mit deutlich verschiedener Akzentsetzung) zueinander verhalten. Durch vergleichende und abwägende Zusammenschau dieser verschiedenen Vorstellungskomplexe können wir zu dem Verständnis vom Handeln Gottes gelangen, das unserem heutigen Gottes- und Weltbild am ehesten gerecht wird.

1. Gottes Handeln durch sein persönliches Agieren und Intervenieren in der Welt

In diesem Vorstellungskomplex orientiert sich die Rede vom Handeln Gottes in der Welt primär am Beispiel der im Alten wie im Neuen Testament erzählten *Großtaten Gottes*, sei es in der Geschichte Israels (Exodus und Gesetzgebung, Berufung der Propheten, Richter und Könige, Exil und Befreiung, Tempelbau etc.), sei es im Leben Jesu (Menschwerdung des Wortes

Gottes, Wunderzeichen Jesu, seine Auferweckung von den Toten etc.) oder sei es auch in der weitergehenden Geschichte der Kirche (im Leben der Heiligen, in den vom Geist Gottes spürbar inspirierten Reformbewegungen, in den an Wallfahrtsorten erlebten Heilungswundern usw.). Im Vordergrund des Gottesbildes stehen hier Gottes absolute *Transzendenz* und seine *Allmacht*. Vergleichbar einem guten, mächtigen Souverän lenkt er die Geschicke der Welt, seines Volkes und jedes Einzelnen nach seinem Willen. Dazu greift er – wenn er es für nötig hält – aktiv in den Lauf der Natur und der Geschichte ein und führt ihn mithilfe solcher außerordentlicher Interventionen im Universalen wie im Individuellen zu den von ihm beabsichtigten Zielen hin.

Dieses Modell vergleicht Gottes Handeln mit dem Handeln eines menschlichen Handlungssubjekts, das durch sein Wort und sein Tun bestimmte (innere) Intentionen seines Willens (nach außen) tatsächlich realisiert, wie etwa ein König, ein Richter es täte, ein Retter und Befreier, ein Hirte, Vater oder Mutter, ein Hausherr. Darin besteht der Kern der Analogie. Das Modell universalisiert den Handlungsbereich Gottes, dehnt ihn also auf die ganze Welt aus. Dieses göttliche Handeln lässt sich zum einen *instrumentell* deuten, wenn z. B. das weltliche Gegenüber Gottes – Natur oder Mensch – eher als äußeres Werkzeug des göttlichen Willens in Dienst genommen wird, zum anderen aber auch *interpersonal-kommunikativ,* wenn Gott den Menschen gleichsam als Dialogpartner anspricht, ihn zum Handeln gemäß seinem Willen befähigt, ihm seine persönliche Fürsorge zuteil werden lässt, ihm die Schuld vergibt und das Heil verheißt. Gott kann in diesem Modell *unmittelbar* in die Welt hineinwirken, z. B. in Wundern, oder aber *vermittelt* durch geschöpfliche Wirkkräfte (welcher Art auch immer).[5]

Die *Stärken* dieses Modells liegen auf der Hand: Es betont das personale Verhältnis des Menschen zu Gott, das sich im Hören auf sein Wort, im Tun seines Willens und im dankenden, bittenden, lobenden oder klagenden Gebet ausdrückt. Insofern behält dieses Modell seine unaufgebbare Bedeutung für den Glauben auch dann, wenn ein Glaubender nicht alle diese Metaphern und Bilder für Gott und sein Handeln gleichermaßen übernehmen kann.

Dieses Modell hat aber auch seine Grenzen und *Schwächen:*

1) Gottes Handeln wird hier als von oben und von außen kommend gedacht; es betont seine Transzendenz *über* und *gegenüber* der Welt, weniger seine stetig wirkende Präsenz in der Welt. Dies kann tendenziell zu einem Gottesbild führen, das Gott eine »potestas absoluta« zuschreibt, wie dies z. B. im Nominalismus geschehen ist – also eine unbegrenzte Willkürmacht, die alle in der Offenbarung des Alten und Neuen Bundes klar bezeugten Selbst*bindungen* Gottes in Schöpfung und Geschichte außer Acht lässt.

2) Zudem ist die Rede vom Eingreifen oder Intervenieren Gottes höchst missverständlich, ja gefährlich, legt sie doch die allzu anthropomorphe Vorstellung nahe, dass Gott von sich aus mehr oder weniger intensiv, stärker oder schwächer im Weltgeschehen am Werk ist (fast schon im Sinn der mythischen Rede vom »deus otiosus«, einem gelegentlich untätig ruhenden Gott). Das schwächt, zumindest implizit, die den Glauben tragende Gewissheit von der Kontinuität, Konsistenz und Verlässlichkeit des Handelns Gottes: Warum greift er hier ein und dort nicht? Sehr leicht drängt sich dann der Gedanke auf, Gott handle undurchschaubar rätselhaft, wenn nicht gar willkürlich.[6] Gegenüber solchen bedenklichen Vorstellungen halten wir aufgrund der Selbstoffenbarung Gottes daran fest: Gott hält die Schöpfung, als Ganze und im Einzelnen, vom Anfang bis zum Ende unvermindert in seiner Hand; sie ist stets in seiner allmächtigen Liebe geborgen, ohne dass er an singulären Punkten von außen »eingreifen« und die Dinge wieder ins Lot bringen müsste. Die wunderbaren Heilstaten Gottes in der Geschichte seines Volkes können dem glaubenden Verstehen auch anders als mit dieser Metapher erschlossen werden.[7]

3) Dieses Modell des (zumindest gelegentlich) in der Welt direkt intervenierenden Handelns Gottes verschärft das *Theodizee-Problem:* Wie ist es mit Gottes Gerechtigkeit und Güte vereinbar, wenn er in bestimmten (persönlichen oder politisch-gesellschaftlichen) Situationen eines himmelschreienden Unrechts oder einer ungeheuren Naturkatastrophe nicht rettend eingreift, obwohl er es doch dieser Vorstellung nach jederzeit könnte? Wenn diese Metaphorik von Gott und seinem Handeln einseitig dominiert – und dies ist in unserer gegenwärtigen, stark kulturchristlich geprägten Religiosität leider noch der Fall –, dann braucht man sich nicht zu wundern, dass unsere Zeitgenossen sich von einem so vorgestellten dunklen »Willkürgott« abwenden. Darum bedarf es gerade bei der Frage nach Gottes innerweltlichem Handeln einer sehr differenzierten, auch die anderen Modelle zur Korrektur und Ergänzung heranziehenden kirchlichen Verkündigung.[8]

2. Gottes Handeln durch die der Welt von ihm eingestiftete Ordnung

a) Traditionelle Form

Dieses Modell – Reinhold Bernhardt nennt es »sapiential-ordinativ«[9] – vermeidet weitgehend die Schwächen des vorigen, indem es dessen unaufgebbare personale Analogien in eine andere Leitvorstellung vom Handeln Gottes integriert: in die der *zielgerichteten Weltordnung*, die Gott von allem Anfang an seiner Schöpfung eingestiftet hat.

Diese – vor allem von Thomas von Aquin vertretene – Deutung von Gottes Handeln knüpft an jenes biblische Paradigma an, das die Welt und alles Geschehen in ihr in irgendeiner Weise auf einen ewigen Plan und Ratschluss Gottes zurückführt.[10] Von den biblischen und den griechisch-stoischen Quellen her steht im Vordergrund dieses Denkmodells die *Weisheit* Gottes, in der er wie ein Künstler oder Architekt die Grundordnung der Schöpfung – ihren Logos, ihre Logizität – schon vor aller Zeit entworfen hat, um sie in der Kraft dieser Weisheit am Anfang der Zeit der Schöpfung als ihr innerstes Strukturprinzip einzustiften.

Diesem ordo universi (vgl. Thomas v. Aquin) eignet immer schon eine Teleologie, welche die Welt am Ende wieder zu Gott, ihrem Ursprung, zurückkehren lässt. Gottes Weisheit verbindet Anfang und Ende der Welt, ihren »egressus« aus Gott und ihren »regressus« zu Gott, zu einem einzigen großen Schöpfungsbogen. Gott wirkt also in der Welt, im Ganzen wie im Einzelnen, vor allem in der Weise dieser von ihm stammenden, aber zugleich ganz und gar schöpfungsimmanenten Ordnung.[11] Dies jedoch keineswegs determinierend, in einer die Eigenständigkeit und Freiheit der Geschöpfe ausschaltenden Weise. Im Gegenteil: Gott als subsistierendes Sein und als Erstursache allen weltlichen Seins und Tätigseins ermöglicht gerade die Eigentätigkeit aller geschöpflichen Zweitursachen (causae secundae); durch sie, durch ihre natürlichen Anlagen und Möglichkeiten, wirkt Gott in vermittelter Unmittelbarkeit in der Welt.

Auch wenn sich die Eigenständigkeit der Dinge oft genug in Widerständigkeit gegen Gottes Ordnung verkehrt, vermag er in seiner uns unbegreiflichen Weisheit auch das (im Einzelnen) Schlechte wieder in das (im Ganzen) Gute der angezielten Ordnung zu verwandeln. Dazu muss Gott die Zweitursachen nicht überspringen und unmittelbar in das Weltgeschehen intervenieren (wobei Thomas diese Möglichkeit keineswegs prinzipiell ausschließt; vgl. z. B. STh I 105, 6 f.).[12] Vielmehr tragen die geschöpflichen Ursachen auf je ihre Weise zur guten Ordnung der Welt bei – allerdings nur kraft des in ihnen und durch sie wirkenden, die Ordnung des Ganzen erhaltenden und ihr gutes Ende anzielenden Gottes.[13] Insofern ist Gott *in allem* wirkend, aber nicht er *allein*. Dies bedeutet nicht, dass Schöpfer und Geschöpf gleichsam synergistisch zusammenwirken und sich »die Arbeit teilen« (der eine wirkt dies, der andere das). Nein, das Zusammenwirken von Erst- und Zweitursache ist angemessen nur so zu denken, dass beide Seiten auf je ihrer Ebene und in ihrer Perspektive jeweils das ganze Ergebnis bewirken: Gott in und durch die Geschöpfe, diese nur kraft seiner Erstursächlichkeit.[14]

b) Neuzeitliche Fassung bei Karl Rahner

Karl Rahner hat die thomanische Lehre vom erstursächlichen Wirken Gottes in der Welt transzendentaltheologisch ausformuliert und weitergeführt, und dies in zweifacher Weise:

Indem er das Wirken Gottes als *transzendentale* Ursächlichkeit bezeichnet und es scharf von der *kategorialen* (also zeitlichen, räumlichen, gegenständlichen) Ursächlichkeit der Geschöpfe unterscheidet, hebt er *zum einen* noch deutlicher, als die Begriffe Erst- und Zweitursache es tun (die stets die Assoziation einer Reihenfolge hervorrufen), die völlige Andersartigkeit von Gottes Wirken hervor: Als der alle innerweltlichen Ursachen *ermöglichende Grund* kann Gott nicht in ihrem Rahmen und auf ihrer Ebene wirken;[15] denn das hieße, ihn als »Lückenbüßer« an offenen Stellen innerweltlicher Kausalität bzw. für (noch) unbekannte Zweitursachen einzuführen. Dann wäre es allerdings um seine Transzendenz geschehen.[16]

Zum anderen kann Karl Rahner mit seinem Denkmodell die geschöpfliche Eigentätigkeit noch über Thomas hinaus aufwerten, indem er das Ineinander von transzendentaler Ursächlichkeit und geschöpflicher Eigentätigkeit in das geschichtlich-evolutive Weltbild der Neuzeit integriert. Dieses Weltbild greift Rahner als unabweisbare Herausforderung auf und versucht, es mit dem Schöpfungsglauben zu vermitteln. Auf diese Weise kommt er zu der Einsicht, dass das transzendentale Wirken Gottes in der Schöpfung diese dazu befähigt, sich selbst im Rahmen des geschöpflich Möglichen zu übersteigen, so dass es in dieser *aktiven Selbsttranszendenz* wirklich Neues hervorzubringen vermag, das nicht bloße Entfaltung des immer schon in Früherem keimhaft Angelegten ist.[17] So erklärt Rahner theologisch plausibel, wie aus dem Anorganischen irgendwann organisches Leben entstehen, wie aus dem Tierreich der Mensch mit Seele und Geist hervorwachsen konnte, wie der geschlechtlichen Vereinigung von Frau und Mann ein neuer Mensch, ein einzigartiges personales Wesen, entspringen kann, ohne auf ein externes Eingreifen Gottes rekurrieren zu müssen (dem der Beigeschmack des mythologischen »deus ex machina« anhaften würde). Zur Erklärung genügt diesem Modell die *in* den Zweitursachen und *durch* sie wirkende Macht der absoluten Seinsfülle Gottes, der gerade so seine Geschöpfe zu wahrhaft schöpferischer Eigentätigkeit ermächtigt.[18]

c) Stärken und Schwächen

Die *Stärke* dieser Denkform besteht vor allem darin, die Stärken des ersten Modells integrieren und seine Schwächen vermeiden zu können. Transzendenz und Immanenz von Gottes Handeln in der Welt werden konsistent miteinander vermittelt. Die Transzendenz muss nicht mehr dadurch gewahrt werden, dass ein intervenierendes Eingreifen Gottes zu bestimmten Zeiten und an bestimmten Orten (von oben und von außen) postuliert wird, damit er sein Ziel mit der Welt erreichen kann. Insofern bleibt dieses Modell (in welcher Variation auch immer) unverzichtbar für die glaubende Vernunft, die das Handeln Gottes in der Welt stimmig verstehen möchte.

Aber auch dieses Modell hat gewisse *Schwächen:*

1) Der Gedanke einer der Welt von Gott eingestifteten zielgerichteten Ordnung, durch die Gott auch das *im Einzelnen* Schlechte zum Guten im *Ganzen* umwandeln kann, wird weder dem Phänomen des moralisch Bösen noch dem des naturbedingten Übels gerecht, wenn es in extremer Weise auftritt. Das übermäßige Leid der einzelnen Geschöpfe kann heute durch den Hinweis auf seine von Gott gewirkte Integration in die gesamte Ordnung des Weltenlaufs nicht mehr befriedigend erklärt werden, wenn nicht zugleich das erlösende Wirken Gottes in Jesus Christus und das darin gegebene, die ganze Geschichte durchwaltende *Versprechen* einer eschatologischen Überwindung (nicht Integration!) des Leids durch Gott mitbedacht wird (s. das nächste Kapitel).

2) Die in sich konsistente und hilfreiche Bestimmung des göttlichen Handelns als »transzendentale« Ermöglichung allen geschöpflichen Handelns bleibt eher formal und darum inhaltlich eher unterbestimmt. Auch wenn ich, anders als R. Bernhardt, keine Tendenz zu einem »sapiential-ordinativen Deismus« sehe, der das transzendente Schöpfungswirken Gottes am Anfang einfach auf den gesamten Weltprozess extrapolieren und so Gottes Immanenz im »Schleier des Numinosen und der Transzendenz« auflösen würde,[19] so bleibt doch die Frage weitgehend offen, *wie* denn Gott in und durch die Geschöpfe in der Welt wirkt. Worin besteht konkret seine Macht, mit der er die innerweltlichen (kategorialen) Ursachen ermächtigt, eigenständig tätig zu werden und die Welt in seinem Sinn auf das verheißene Reich Gottes hin zu gestalten? Von der glaubenden *Erfahrung* mit der geschichtlichen Selbstoffenbarung in Jesus Christus her können wir denn doch etwas anschaulicher vom Wirken Gottes in der Welt sprechen, ohne dabei seine Transzendenz zu vernachlässigen.

3. Gottes Handeln durch seine wirkende Gegenwart

Das dritte Modell zeichnet sich wiederum gegenüber den vorherigen vor allem dadurch aus, dass es ihre gültigen Wahrheitsgehalte zu integrieren und ihre Schwächen zu mindern vermag.[20] Seine Leitvorstellung gewinnt es aus dem pan-en-theistischen Schöpfungsgedanken: Die Schöpfung ist in Gott hineingeschaffen und lebt in ihm. Darum steht in diesem Paradigma vom Handeln Gottes nicht so sehr (wie im ersten) seine *Allmacht* oder (wie im zweiten) seine *Weisheit* im Vordergrund, sondern seine *Liebe:* Sie bildet den der Schöpfung eingeräumten Raum. Sie umgibt die Schöpfung von allen Seiten, sie durchdringt sie, sie ist ihr zutiefst gegenwärtig und lässt sie am Leben Gottes teilhaben.[21]

Fragen wir, *wie* Gott nach diesem Denkmuster durch seine Liebe in der Welt wirkt, müssen wir zunächst hervorheben, dass es hier zwar auch, aber eben nicht nur – analog zum personalen Ich-Du-Verhältnis – um die persönliche Liebe Gottes zu jedem einzelnen Menschen oder Geschöpf geht, sondern mehr noch um das innerweltliche Wirken der *dreieinen* Liebe Gottes, in die wir mit hineingenommen sind. Diese Liebe haben wir im vorigen Kapitel als das »Wir« Gottes, als das einend-unterscheidende Beziehungsgefüge zwischen Vater und Sohn im Heiligen Geist, als die göttliche communio bezeichnet. In *dieser* Weise der einbeziehenden, raum- und teilgebenden Gemeinschaft ist Gottes Liebe in seiner ganzen Schöpfung und in jedem einzelnen Geschöpf *gegenwärtig*. Was aber bedeutet und bewirkt dieses Gegenwärtigsein der Liebe Gottes in der Welt?[22]

a) Gottes Gegenwart

Mit dem Wort »Gegenwart« wird – besonders im Bereich personaler Erfahrungen – häufig viel mehr bezeichnet als nur die flüchtige Schwebe zwischen Vergangenheit und Zukunft oder die Tatsache, dass etwas bzw. jemand hier und jetzt räumlich anwesend ist.[23] In einem gefüllteren, *anthropologischen* Sinn sagt dieses Wort immer auch eine *Beziehung* des jeweils als gegenwärtig Bezeichneten zum sprechenden Subjekt aus, nämlich dass es den Sprechenden in irgendeiner Weise »angeht«, ob es diesem nun ausdrücklich bewusst ist oder unausdrücklich bleibt.

Wird der Begriff »Gegenwart« – wie etwa im Werk Martin Bubers – *religionsphilosophisch* im Hinblick auf Gott und die Beziehung des Menschen zu Gott gebraucht, kann er dazu dienen, die Erfahrung des Heiligen im Profanen, des Transzendenten in Raum und Zeit zu umschreiben. Dann besagt »Gegenwart« – in Analogie zur existentiellen Erfahrung des anderen Menschen als Du – das Innewerden der unverfügbaren, nicht festzuhaltenden, weil frei gewährten Nähe Gottes: »Sie ist einem zwar gegeben, gehört einem [aber] nicht; sie ist kein verfügbarer Teil des eigenen Seinsbestandes. Sie kann nur empfangen werden, und immer dann, wenn sie sich ergibt, ist reine Empfänglichkeit gefordert.«[24] Simone Weil (1909–1943) spricht in vergleichbarem Sinn von »Aufmerksamkeit« als dem »vom Menschen gehorsam (hinhorchend) zu vollziehende[n] Medium seiner [= Gottes] Präsenz«[25]. In der Gegenwart Gottes erfährt sich der Mensch von Gott auf einzigartige Weise als er selbst (eben als Du Gottes) »gemeint«, »angesprochen« und zur Antwort herausgefordert. Denn als das »ganz Gegenwärtige« ist Gott für M. Buber zugleich das »ewige Du«, das alle sonstigen Du- und Gegenwarts-Erfahrungen durchstimmt und ermöglicht. Dies gilt auch dann, wenn diese »Quelle von Gegenwart« nicht aktuell wahrgenommen wird: »Wohl kennt, wer Gott kennt, die Gottferne auch und die Pein der Dürre über dem geängstigten Herzen; aber die Präsenzlosigkeit nicht. Nur *wir* sind nicht immer da.«[26]

Im Zusammenhang der *theologischen* Rede von der Präsenz des dreieinen Gottes in der Welt bzw. der Welt in ihm kann solche Gegenwart gut durch jene analoge Erfahrung erschlossen werden, die uns immer dann zuteil wird, wenn wir in das tragende Beziehungsnetz einer Freundschaft oder Gemeinschaft aufgenommen werden. Dies schenkt uns das Bewusstsein einer ganz selbstverständlichen Zugehörigkeit und Geborgenheit, ohne dass dadurch unsere Eigenständigkeit *von außen* eingeengt würde (was die freie und frei machende *Selbstbindung* an eine solche Freundschaft oder Gemeinschaft jedoch nicht aus-, sondern gerade einschließt). Aber auch, wenn solche Gemeinschaft nicht erlebt werden kann, darf man sich der Liebe Gottes gewiss sein. Denn bei all diesen Vergleichen müssen wir uns bewusst bleiben, dass Gottes Liebe – ebenso wie seine Macht und seine Weisheit – nicht auf derselben Ebene wirkt wie etwa die zwischenmenschliche Liebe oder sonstige Formen von Sympathie, die unter den Geschöpfen denkbar sind. In seiner absoluten Transzendenz mischt Gott sich auch hier nicht in den Handlungszusammenhang geschöpflicher Akteure ein. Im Sinn der erstursächlichen oder transzendentalen Begründung alles innerweltlichen Seins und Tuns können wir sagen: Gottes unfassbare Nähe *vermittelt* sich uns in den Erfahrungen solcher Gegenwart und Geborgenheit, wie wir sie eben angedeutet haben; sie sind seine wirksamen Zeichen, gleichsam die Sakramente seiner Schöpfung, *in* denen und *durch* die uns seine (wirklich *seine!*) Liebe nahe kommt: »Wo die Güte und die Liebe, da ist Gott« – und dort handelt er.[27] Auf untrügliche Weise kommt uns diese Liebe in jenen sakramentalen Zeichen der Kirche nahe, die Gottes einzigartiges Handeln in Jesus Christus vergegenwärtigen, dem Ursakrament seiner menschgewordenen und die ganze Schöpfung aus dem Tod errettenden Liebe.[28]

b) Die »Anziehungskraft« seiner Liebe

Noch auf eine andere Weise können wir das Wirken der Liebe des dreieinen Gottes in der Welt symbolisch umschreiben: Sie wirkt, indem sie *anzieht*. Nach Thomas von Aquin liegt genau darin ein Spezifikum des göttlichen Handelns: »So nötigt also Gott den Willen nicht, wenn er ihn bewegt, weil er ihm seine eigene Neigung verleiht.«[29]. Das bedeutet: Die Macht der Liebe Gottes äußert sich nicht darin, dass er die Dinge (in Natur oder in Geschichte) in irgendeiner Weise mit Gewalt zurechtrückt, also gegen ihre geschöpfliche Eigentätigkeit bzw. gegen ihren Willen; vielmehr wirkt er durch die Anziehungskraft, die »Attraktivität« des Guten, die das Geschöpf »geneigt« macht, von sich aus der Intention Gottes zu folgen. In der Lebensgeschichte und Verkündigung Jesu wird dies unmissverständlich offenbar: So und nicht anders bringt Gottes Liebe Menschen und Dinge in Bewegung, nur so bricht sie Verhärtungen auf, nur so lockt sie, lädt ein und bringt die Geschöpfe auf den von ihr vorgesehenen Weg des Heils.[30]

Wieweit dies gelingt, hängt wesentlich davon ab, wie beweglich, wie empfänglich und ansprechbar ein Geschöpf für solches werbendes Wirken ist. Schon die individuellen Unterschiede zwischen den Menschen hinsichtlich der bewussten Ansprechbarkeit durch Gottes Güte sind sehr groß; wie gewaltig müssen wir uns diese Unterschiede erst innerhalb der gesamten Schöpfung, zwischen anorganischer Materie, pflanzlichen Organismen, Tieren und Menschen vorstellen! Was die Anziehungskraft der Liebe Gottes z.B. in der anorganischen Natur bewirken mag, bleibt für uns weitgehend im Dunkeln; mithilfe des sog. anthropischen Prinzips lässt sich höchstens im Nachhinein, also vom Entwicklungsstand des Menschen aus gesehen, konstatieren, dass sich die Entwicklung schon auf der Ebene der rein materiellen Natur aufs Ganze gesehen faktisch als lebensförderlich und menschenfreundlich erweist.[31] Über die nichtmenschliche Schöpfung und ihren Bezug zu Gott können wir eben prinzipiell nicht anders als von unserer menschlichen Erfahrung aus sprechen und sind darum weithin auf Extrapolationen unserer Gottesbeziehung angewiesen.[32]

c) Die gemeinschaftsstiftende Kraft des Geistes

Eine dritte Konkretion der wirksamen Gegenwart Gottes in seiner Schöpfung zeigt sich in der Eigenheit des Heiligen Geistes, Unterschiedliches zu vereinen, ohne diese Unterschiede zu nivellieren, sondern sie im Gegenteil zu profilieren. Das ist zunächst sein Werk im Leben des dreieinen Gottes selbst; er bringt die sich verschenkende Liebe des Vaters und die sich verdankende Liebe des Sohnes so zum Einklang, dass sie in ihm eins sind und doch nicht in eins fallen – die ideale Gestalt des Wir. Im Heiligen Geist erhält die Schöpfung an diesem Wir Gottes Anteil. Je nach dem Maß der Offenheit für den Geist wirkt sich dies auf den verschiedensten Ebenen unserer Wirklichkeit aus, indem vielfältigste Formen geistgewirkter Einheit und Gemeinschaft in der Welt entstehen – vergegenwärtigende Zeichen der communio Gottes selbst.[33] Sie können wohl am ehesten eine Ahnung davon vermitteln, was der Sinn der Schöpfung ist: »teilhabendes Mit-Sein und Mit-Leben mit Gott«[34].

Mit dem Zweiten Vatikanischen Konzil versteht sich gerade die Kirche als Bild (»Ikone«) der Einheit des dreieinen Gottes (LG 4; UR 2); sie weiß sich in einzigartiger Weise dazu berufen, dem Heiligen Geist als »Zeichen und Werkzeug« (LG 1) seines einend-unterscheidenden Wirkens in der Welt zu dienen.[35] Ob der christliche Schöpfungsglaube (zumal in seiner anspruchsvollen trinitarischen Fundierung) überhaupt noch vermittelbar und verstehbar ist, hängt nicht zuletzt auch davon ab, wieweit die verschiedenen christlichen Kirchen bei sich selbst und in ihren ökumenischen Beziehungen *diese* geisterfüllte Einheit der Welt anschaulich vorleben. Ihre Glaubwürdigkeit hängt davon ab, ob sie ernsthaft gewillt sind, Formen des Miteinander zu entwickeln, in denen weder die Unterschiede so profiliert werden, dass eine handlungsfähige Gemeinschaft sich als unmöglich erweist, noch die Einheit so überbetont wird, dass sie jede echte Vielfalt (in Liturgie, Theologie, Kirchenrecht, Pastoral, Kirchen- und Amtsstrukturen) auf Dauer erdrückt.

III. Testfall Bittgebet

Zu Beginn dieses Kapitels über das Handeln Gottes in der Welt stellten wir die Frage, was wir im Bittgebet theologisch legitim von Gott erwarten können.[36] Eines dürfte klar geworden sein: Die Erwartung, dass Gott immer dann, wenn wir ihn um etwas (unserem Eindruck nach) Wichtiges und Gutes bitten, direkt in den Lauf der Dinge eingreift und diesen in unserem Sinne umpolt, gehört mit Sicherheit nicht dazu. Ein solch märchenhafter Wunscherfüllungs-Gott kann weder der realen Erfahrung des Betenden standhalten, noch hat er irgendetwas mit dem christlichen Gottesbild zu tun.[37] Entscheidend für das rechte Verständnis des Bittgebetes ist die glaubende Gewissheit, dass Gott sich uns als die *in allem* dabei seiende Liebe geoffenbart hat und dass er als solcher zu *jeder* Zeit und in *jeder* Situation am Werk ist – auf welche Weise auch immer. Inhalt und Ziel dieses Wirkens Gottes in der Welt ist das *Heil* der Schöpfung, für sie als Ganze und für die einzelnen Geschöpfe.

1. Unser Gebet – bedeutsam für Gottes Handeln in der Welt

Dieses Heil hat Gott uns in Jesus Christus »im Prinzip« bereits zuteil werden lassen: »Gott hat seinen eigenen Sohn nicht verschont, sondern ihn für uns alle hingegeben – wie sollte er uns mit ihm nicht *alles* schenken?« (Röm 8,32).

Deswegen ist unser Gebet keineswegs das erste Wort, das wir von uns aus an einen schweigenden und wartenden Gott richten, sondern immer Ant-Wort auf das Wort seiner Liebe, das er uns grund-legend in seiner ganzen Schöpfung und – sie endgültig erneuernd (»rekapitulierend«) – in Jesus Christus zugesprochen hat und ständig zuspricht. In dieser Gabe hat Gott uns sich selbst mit der Fülle seines Lebens und seines Gutseins geschenkt und so unser tiefstes Verlangen nach Heil eigentlich bereits erhört. Darüber hinaus gibt es keine Steigerung seiner Zuwendung. So wird auch das seltsame Wort Jesu verständlich: »Alles, worum ihr betet und bittet – glaubt nur, dass ihr es schon erhalten *habt*, dann *wird* es euch zuteil« (Mk 11,24).

Warum aber sollen wir dann überhaupt noch bitten? Wenn wir Gott doch nicht umstimmen oder zu einem (aus unserer Sicht) spürbareren Einsatz seiner Liebe bewegen können, welchen Sinn hat dann das Bittgebet?

Nun, auch wenn es dabei nicht um eine Steigerung der in allem wirksamen Liebe Gottes gehen kann, so ist unser Beten doch *bedeutsam* für Gott. Denn in *sein* liebendes Handeln in der Welt bezieht er *unser* Mit-Handeln (im Gebet und im Tun der Liebe) immer schon mit ein. Auch wenn Gott in allem wirksam ist, so doch nicht allein; er will uns als Mit-Liebende in der Welt.

Das bedeutet: Seine liebende Nähe befähigt uns dazu, uns ihr in Freiheit zu öffnen und so selbst zu liebenden Menschen zu werden, die das Gute tun wollen. Das Gebet ist der vorzügliche Ort, an dem wir uns von der Liebe Gottes aufschließen lassen, damit sie Zugang zu uns finden kann; es ist die zentrale »Einlassstelle«, in die Gottes Liebe gestaltend und verändernd in unser Leben einströmen kann. Nicht Gott in seiner immer schon unendlich bewegten dreieinen Liebe lässt sich durch unser Gebet erst in Bewegung bringen. Was sich im Gebet verändert, ist vielmehr die Durchlässigkeit, die Empfänglichkeit des Menschen für Gottes Liebe. Genau darum ist unser Beten und Handeln für Gott selbst bedeutsam: Es ist ihm eben nicht gleichgültig, ob wir uns von ihm lieben lassen oder nicht, ob und wieweit unsere Wirklichkeit von seiner Liebe und Gerechtigkeit durchstimmt und somit zum Gleichnis des Reiches Gottes wird. Die Heilige Schrift spricht auf sehr bildhaft-gleichnishafte Weise von dieser Bedeutsamkeit unseres Betens und Handelns für Gott: »So wird auch im Himmel mehr Freude herrschen über einen einzigen Sünder, der umkehrt, als über neunundneunzig Gerechte, die es nicht nötig haben, umzukehren« (Lk 15,7).

2. Die Hoffnung des Bittgebetes

Und doch, das Fragen geht weiter: Dürfen wir auch über unsere persönliche Veränderung hinaus im Bittgebet etwas von Gott erhoffen?

Die auf Jesus Christus gründende Hoffnung des Bittgebetes (und intensiver noch der Klage) kann sich immer auf *zweierlei* richten:

1) Zum einen darauf, dass uns keine noch so schreckliche und tödliche Situation von der dabei seienden Liebe Gottes trennen mag. Das heißt, dass kein noch so großer Schmerz im Leiden oder in der Schuld uns überwältigt und gegenüber Gott und dem Nächsten verschließt; dass unser Vertrauen auf ihn und sein kommendes Reich niemals in ein unaufhebbares Misstrauen umschlägt. Jede christliche Bitte im Un*glück* zielt deswegen zuallererst darauf, dass dies mich oder den, für den ich bete, nicht zugleich ins Un-*Heil* stürzt: in ein endgültiges Sich-selbst-Verschließen vor Gott, vor seiner Liebe und den geschöpflichen Vermittlungsweisen dieser Liebe. Die Heilige Schrift nennt dies den »ewigen Tod«, das ewige Getrenntsein von Gottes Liebe (= »Hölle«). Wer bittet, vertraut darauf, dass sich auch in dieser Situation – oft gegen allen Anschein – die Macht der totenerweckenden Liebe Gottes erweist. Mag sich auch die unglückliche Situation (z. B. einer ausweglosen Krankheit, einer grenzenlosen Not oder eines schrecklichen Krieges) nicht wenden, so hofft er oder sie doch zuversichtlich, dass auch dieses Unglück im Heil jener Liebe Gottes eingeborgen bleibt, die einmal jeden Hass, jede Ungerechtigkeit und jeden Tod überwindet: in der Auferstehung von den Toten.

2) Damit verbindet sich beim Bittenden noch eine andere Hoffnung: dass dieses Heil der Auferstehung bereits jetzt in erfahrbaren *Vorzeichen* durchscheint. In genau dieser Hoffnung hat Jesus am Ölberg gebetet: »Abba, Vater, alles ist dir möglich, nimm diesen Kelch von mir! Aber nicht, was ich will, sondern was du willst, soll geschehen« (Mk 14,36). Seine erste Bitte richtet sich auf das ganz konkrete und spürbare Abwenden der tödlichen Situation; in der zweiten Bitte relativiert er sie, indem er sie in die größere

Bitte um das Geschehen von Gottes Willen einschließt, also um das letztendliche Zum-Heil-Gelangen dieser Geschehnisse (auch wenn sie ihn in den Tod stürzen). Wenn ein Mensch sein Bittgebet so in diesen umgreifenden Horizont hineinstellt, dann kann er mit vollem Recht darauf hoffen, dass die reale, von Unglück geprägte Situation »durchlässig« wird für die heilende Macht der Liebe Gottes und somit sich erfahrbar wandelt in eine Situation des Glücks (z.B. der Gesundheit, des Friedens, der Befreiung). Menschliches Glück ist zwar innerhalb der Geschichte keineswegs ein *notwendiges* Zeichen für Gottes Heil; auch der im Unglück zuversichtlich vertrauende und liebende Mensch steht im Heil. Dennoch ist das menschlich glückende, gelingende Leben ein *wesensmäßiges*, gleichsam konnaturales Zeichen des Heils, das Gott uns in seiner Liebe schenkt.[38]

Diesen heilenden Willen Gottes hat Jesus anschaulich vorgelebt. Seine Krankenheilungen sind zutiefst entsprechende Zeichen der endgültig heilenden, von aller Schuld, aller Blindheit, Taubheit und Lahmheit befreienden Liebe Gottes. Deswegen steht am Schluss solcher Heilungen häufig die Pointe: »Dein Glaube (an die Macht der Liebe Gottes) hat dich geheilt« (z.B. Mk 5,34; 10,52; Lk 7,50).

Durch ein solches vorbehaltloses Vertrauen kann selbst die materielle Wirklichkeit (z.B. eines kranken Körpers) oder die soziale Situation (z.B. eines Konfliktes oder eines Krieges) zugänglich für die heilende Liebe Gottes werden. Dann tritt das ein, was die Bibel *»Wunder«* nennt: das ungewöhnliche, zum Staunen und zum Lob Gottes anregende Durchscheinen der Liebe Gottes in unsere Erfahrungswelt hinein. Hier müssen keine Naturgesetze außer Kraft gesetzt werden; hier muss Gott nicht plötzlich direkt in seine aus den Fugen geratene Schöpfung eingreifen. Nein, hier wird unsere konkrete Lebenswelt durch das Vertrauen auf ihn so für seine in *allem* dabei seiende Liebe geöffnet, so empfänglich für sie, dass diese Liebe die verschiedensten Ebenen unserer Wirklichkeit, auch die materiell-körperliche und gesellschaftlich-kulturelle, durchdringen und heilen kann – ein Vorzeichen der versöhnten Schöpfung in Gottes Reich.

3. Das fürbittende Gebet

Gilt dies alles auch, wenn jemand *für* andere bittet – wenn Menschen um die Gesundheit eines kranken Kindes, um das Ende einer Hungersnot, um die Verhütung eines Krieges zu Gott beten?

Für Jesus macht das offenbar keinen Unterschied. Er erweist die heilende Macht der Liebe Gottes auch an Angehörigen solcher, deren Vertrauen ihn zum Heilen bewegt; über ein entsprechendes Vertrauen bei den

Kranken selbst wird dabei nichts ausgesagt (vgl. Mk 5,36; Mk 7,29; Mk 9,24; Lk 7,9). Auch das *stellvertretende* Vertrauen vermag also Situationen, die vom Unglück geprägt sind, für die verwandelnde Kraft der Liebe Gottes aufzuschließen. Dies ist deswegen möglich, weil im bittenden Gebet niemand ausschließlich als Privatperson vor Gott hintritt, sondern immer als Bruder oder Schwester Jesu Christi und damit in der Geschwisterlichkeit mit allen Menschen, die durch Jesus zu Söhnen und Töchtern des gemeinsamen Vaters geworden sind. Wer *für* andere bittet, lässt sich hineinnehmen in das Dasein Jesu »für euch und für alle«; er nimmt teil an dessen heilender Solidarität mit allen Leidenden und Verlorenen. Deswegen ist *mein* fürbittendes Vertrauen immer auch *für* die *anderen* und ihr Heil bedeutsam; und deswegen werde ich selbst immer schon mitgetragen vom Vertrauen der anderen (ob ich darum weiß oder nicht). Die von Jesus gestiftete Solidarität aller Menschen hinsichtlich ihrer Beziehung zu Gott und ihres letzten Heil-Werdens macht dieses Füreinander-Einstehen vor Gott möglich.

Wie das stellvertretende Vertrauen und das fürbittende Beten anderen Menschen oder bestimmten Ereignissen zugute kommen kann, zumal wenn es nicht den Weg über das gegenseitige Wissen darum und eine dadurch bewirkte Bewusstseinsveränderung nimmt, können wir nicht sagen. Wieder stoßen wir hier an die Grenze unseres Begreifens dessen, was (jenseits aller Analogien) die Liebe Gottes wirklich bedeutet. In der Sprache der Bibel wird der Sachverhalt mit *»Leib Christi«* beschrieben: Es ist jene Gemeinschaft der Glaubenden, die vom Geist des gekreuzigten und auferstandenen Christus zusammengefügt wird und in der deswegen alle Glieder mit-leiden, wenn eines leidet, und alle Glieder sich mit-freuen, wenn eines sich freut (vgl. 1 Kor 12,26), und – so können wir vielleicht ergänzen – von der alle Glieder im Vertrauen mitgetragen werden, wenn eines wirklich Gott vertraut.

Schließen möchte ich dieses Kapitel mit einem geistlichen Gedicht von Andreas Knapp (Mitglied der Gemeinschaft der »Kleinen Brüder vom Evangelium«), das diese theoretischen Überlegungen in wenigen Versen gut zusammenfassen kann:[39]

Bittgebet

Beten ist das Dach der Welt
das bis in den Himmel reicht
denn Gott lässt mit sich reden

in der Erstickungsgefahr deines Innern
kannst du hörbar aufatmen
bis zu Gott hinauf

das Unerhörte deines Lebens
findet ein offenes Ohr
und dein Bittgebet ist schon Erhörung

denn bittend bist du doch bereits
mit deinem Gott
auf du und du
und ist nicht
ER
dein alles

C. Der gute Schöpfer und das Leid der Geschöpfe: Zum Theodizee-Problem

Die Frage nach dem Handeln Gottes in der Welt stellt sich im – seit Leibniz (1646–1716) so genannten – Theodizee-Problem auf zugespitzte Weise.[1] Angesichts der Konfrontation mit den vielfältigen Erfahrungen von Leid, insbesondere dem übermäßigen, als grausam und sinnlos erlebten, kann sich zeigen, wie tragfähig ein theologisches Verstehensmodell wirklich ist – ob es weiter trägt als manche herkömmlichen religiösen Erklärungsmuster, die das Leid als Strafe oder Prüfung, als erzieherisches oder therapeutisches Mittel Gottes deuten oder auch als bloßen Mangel an Gutem oder als sinnvollen Bestandteil einer guten Gesamtordnung der Welt. So hilfreich solche Erklärungen in Einzelfällen (wohl eher für einen selbst als für andere) sein mögen, so wenig halten sie der Realität des *maßlosen* Übels stand, das alle menschlichen Vorstellungen und Sinnzusammenhänge sprengt. Das vergangene 20. Jahrhundert war voll von solchen Erfahrungen, was zur Verschärfung des Theodizee-Problems beigetragen hat.[2]

Zunächst eine kurze *begriffliche* Klärung: Zum »Leid« zählen wir sowohl die »leidvollen Auswirkungen (verkehrter) willentlicher Entscheidungen freier Wesen« (das sog. *malum morale*, das Sittlich-Böse, z.B. Unrecht und Gewalt) als auch die »leidvollen Auswirkungen natürlich verursachter Prozesse« (das sogenannte *malum physicum*, das naturbedingte Übel, z.B. Krankheiten, Naturkatastrophen und Unglücksfälle).[3] Den Akzent auf die »leidvollen Auswirkungen« des jeweiligen Übels zu legen ist – im Zusammenhang des Theodizee-Problems – deswegen sinnvoll, weil man von »Übel« nur dann zu Recht sprechen kann, wenn es einem empfindungsfähigen Lebewesen Schaden zufügt, ganz im Sinn des Augustinus-Wortes: »Ein Übel ist das, was schadet« (malum est id, quod nocet).[4]

I. Einführung in die Problematik

1. Widerspruch zwischen Glaube und Erfahrung?

Zwischen der Glaubensaussage, dass Gott der gute, gerechte und allmächtige Schöpfer der Welt ist, und der Erfahrung einer von Leid und Übel erfüllten Welt scheint ein Widerspruch zu bestehen; darin liegt der Kern des Theodizee-Problems.[5] Alle drei genannten Eigenschaften gehören – sowohl von der religiösen Glaubenstradition wie auch von der Religionsphilosophie her – definitionsgemäß zum Wesen Gottes; wenn es also Gott tatsächlich gibt und er die Welt geschaffen hat, müsste er (in seiner Güte und Gerechtigkeit) und könnte er auch (in seiner Allmacht) verhindern, dass es so viel Leben beschädigendes und Leben zerstörendes Leid in der Welt gibt.[6] Dies tut er offensichtlich nicht. Daraus lassen sich prinzipiell zwei gegensätzliche *Folgerungen* ziehen:

1) Der Widerspruch zwischen den Glaubensaussagen und unserer realen Welterfahrung ist schlechterdings *unüberwindbar.* Da sich aber die Existenz dieser leidvollen Welt nicht bezweifeln lässt, scheint es berechtigt zu sein, die andere Seite in Frage zu stellen – die Existenz eines guten und allmächtigen Gottes. Diese Folgerung führt letztlich zum Atheismus, zumindest zur Ablehnung des jüdisch-christlichen Gottesbildes.

2) Zwischen dem Glauben an einen guten und allmächtigen Gott und der Erfahrung von übermäßigem Leid in der Welt herrscht kein unüberwindbarer Widerspruch; beide Seiten schließen einander nicht notwendig aus, sondern sind miteinander vereinbar. Dies ist die Position eines glaubenden Menschen, wie auch immer er diese Vereinbarkeit im Einzelnen erklären mag. Beim Theodizee-Problem geht es theologisch nicht etwa um eine Rechtfertigung *Gottes* vor der menschlichen Vernunft (was in der Tat unmöglich ist), sondern um eine vernünftige Rechtfertigung des *Glaubens* an Gott den Schöpfer angesichts des Leids.[7]

In der Regel setzen solche Rechtfertigungsversuche heute beim Verständnis der *Allmacht* Gottes ein; denn mit diesem Begriff haben sich – wie wir schon öfter sahen – in der Glaubens- und Geistesgeschichte viele Vorstellungen verknüpft, die keineswegs notwendig zu ihm gehören, weder von der Selbstoffenbarung Gottes in der Geschichte seines Volkes her noch aus religionsphilosophischen Gründen. Dazu gehört m. E. die Vorstellung vom je aktuellen, direkten »Eingreifen« Gottes in den Weltenlauf. Wäre diese Vorstellung unverzichtbar für das christliche Gottesbild, würde das Theodizee-Problem den Glaubenden in der Tat restlos überfordern. Denn er müsste bei jedem einzelnen leidvollen Ereignis (dessen innerweltliche Ursachen häufig durchaus erklärlich sind) noch zusätzlich erklären, warum Gott genau dies jetzt zugelassen bzw. nicht verhindert hat. Dafür kann es aber – vor allem in extremen Leidsituationen – aus menschlicher Sicht keine wirklich überzeugende Erklärung geben; versucht man es dennoch, erweckt man unweigerlich den Eindruck, Gott übe seine Macht – in unseren Augen – in rätselhafter Willkür aus. Einen solchen Gott zu lieben, zu verstehen und zu verehren mag in Epochen willkürlicher Machtausübung der jeweiligen menschlichen Herrscher möglich gewesen sein, aber kaum mehr in der Neuzeit. Denn auch für einen Glaubenden kann Gottes Allmacht heute nicht unter dem anerkannten Niveau guter und gerechter menschlicher Machtausübung gedacht werden.

2. Unterscheidung zwischen theoretischer und existentiell-praktischer Ebene

Ehe wir den Versuch unternehmen, eine verantwortbare theologische Antwort auf das hier zu verhandelnde Problem zu geben, ist es sehr hilfreich, eine wichtige *Unterscheidung* vorzunehmen, die manche Missverständnisse von vornherein zu vermeiden hilft. Hans Kessler unterscheidet sehr treffend zwischen dem theoretischen Theodizee-*Problem* und der existentiellen Theodizee-*Frage*.[8]

a) Der theoretische Diskurs

Beim Theodizee-*Problem* geht es darum, in gewisser Distanz von der unmittelbaren Leiderfahrung (soweit dies möglich ist) auf argumentative Weise das oben dargelegte Widerspruchsproblem anzugehen und nach guten Gründen zu suchen, warum Gott und das Leid in der Welt sich nicht schlechterdings ausschließen, warum es also sinnvoll ist, trotz der so erfahrenen Welt im Glauben daran festzuhalten, dass ein guter, gerechter und allmächtiger Gott existiert und die Welt in seiner Hand hält. Dies kann sowohl auf philosophische als auch auf theologische Weise geschehen. Immanuel Kant war zwar der Überzeugung, dass alle *philosophischen* Versuche dieser Art zum Scheitern verurteilt seien, weil sich die theoretische Vernunft bei diesem Unterfangen notwendig überhebe; sie sei eben »schlechterdings unvermögend«, eine wirkliche Einsicht in das Verhältnis unserer Welt zur »höchsten Weisheit« zu erlangen. Darum falle dieses Problem in den Bereich der »praktischen Vernunft«, die um der menschlichen Sittlichkeit willen notwendig das Postulat Gottes als eines höchsten »moralischen und weisen Wesens« aufstellen müsse.[9] Mehr könne die Philosophie dazu nicht sagen. Dieses klare Verdikt Kants scheinen nicht alle heutigen Philosophen als Dogma anzuerkennen; insbesondere innerhalb der englischsprachigen analytischen Religionsphilosophie grenzt man sich von Kants Argumentation ab.[10]

In unserem Zusammenhang wichtiger ist das *theologische* Bemühen, im Sinne der fides quaerens intellectum begründet aufzuweisen, inwiefern der Schöpfungsglaube an Gott, den Vater, den Allmächtigen, mit der Erfahrung einer von Leid und Übel zutiefst geprägten Schöpfung vereinbar ist. Damit beansprucht die Theologie keineswegs, dieses Problem in jeder Hinsicht befriedigend und erschöpfend *lösen* zu können, schon gar nicht, was das jeweils einzelne Geschehen angeht.[11] Denn auch der Glaube besitzt keine begreifende Einsicht in das Wesen der Liebe, der Gerechtigkeit, der Weisheit und der Allmacht Gottes. Dennoch hat die Theologie die Möglichkeit und die Pflicht, dem Glaubenden Wege zum *Verstehen* seines Glaubens aufzuzeigen, gerade in solch extremer Herausforderung, wie das Theodizee-Problem sie heute an den Glauben stellt. Der bloße Verweis auf die Unmöglichkeit einer voll befriedigenden Lösung dieses Problems macht es sich zu einfach, sowohl im Hinblick auf das persönliche Glaubensverständnis des Einzelnen, der ja Erfahrung und Glauben für sich selbst einigermaßen in Einklang bringen möchte, als auch hinsichtlich der Gesprächsfähigkeit und -bereitschaft gegenüber den Fragenden innerhalb und außerhalb der Glaubensgemeinschaft. Dass unser glaubendes Verstehen in dieser Frage ständig an *Grenzen* stößt und alle Antworten immer wieder neue Fragen hervorrufen, werden wir gleich selbst erfahren. Das sollte uns aber nicht dazu verleiten, die theoretische Reflexion voreilig zu suspendieren.

b) Die existentielle Betroffenheit

Von dieser theoretischen Ebene müssen wir die existentielle Theodizee-*Frage* genau unterscheiden; die existentielle Frage stellten und stellen Menschen zu allen Zeiten und in allen Religionen *an Gott*, wenn sie mittelbar oder unmittelbar von unbegreiflichem Leid betroffen waren und sind (z. B. Hiob). Von ihm erhoffen sie eine Antwort auf die uralte Menschheitsfrage nach dem Warum. »Die Theodizee*frage* ist eine Frage vor Gott und an Gott: Sie schiebt die ganze ungelöste Not ihm hin. Sie rechtfertigt Gott nicht, sondern rechtet mit ihm, so dass die Beziehung zu Gott selbst auf dem Spiel steht und verhandelt wird. Sie spricht Gott nicht frei, sondern behaftet ihn beim Leid seiner Schöpfung.«[12] Darum äußert sich die so verstandene Theodizee-Frage auch in einer ganz anderen *Sprache* als das theoretische Problem: Es ist die Sprache des angefochtenen Vertrauens, des Zweifels, der Klage, der Anklage und des Protestes bis hin zur Verfluchung Gottes.[13]

Wichtig ist, die verschiedenen Sprachebenen weder zu verwechseln noch zu vermischen. Einem Leidenden in der Situation seines Leidens und seines Suchens nach Sinn darf ich nicht mit theoretischen Argumenten begegnen; das wäre nicht nur sinnlos (weil es für das übermäßige Leid im je konkreten Einzelfall keine überzeugende theologische Begründung gibt), sondern auch gefühllos, ja zynisch (vgl. etwa die Reden der Freunde Hiobs). Menschen in solchen Situationen erwarten zu Recht vor allem Anteilnahme, Sympathie und praktische Solidarität; nur so können wir ihnen eine Ahnung von dem vermitteln, was unser Glaube an die in *allem* dabei seiende Liebe Gottes bedeutet.

Umgekehrt dürfen wir uns jemandem gegenüber, der auch auf der theoretischen Ebene von uns Rechenschaft über unseren Glauben an diese Sympathie Gottes mit dem Leiden fordert, nicht mit bloßen Bekundungen unserer eigenen Betroffenheit vom Leid der Welt begnügen, mit Beteuerungen unseres Vertrauens auf Gott *trotz* all dieses Leids oder mit Appellen an solidarisches Handeln für die Leidenden; er erwartet von uns zu Recht auch in Glaubensfragen die intellektuelle Anstrengung des Begriffs. Damit erst kann sich der Glaube an Gott, den Schöpfer der Welt, als eine gut begründete *Option* erweisen, die mit der atheistischen Option ernsthaft streiten, auf deren kritische Fragen Antworten geben und umgekehrt auch an sie Fragen richten kann.[14]

Dennoch dürfen wir – bei aller notwendigen Unterscheidung zwischen theoretischer und existentieller Ebene – das eine nicht vergessen: Unsere theologischen Argumente wirken auf andere (und wohl auch für uns selbst, wenn die Zweifel in uns aufsteigen) nur dann überzeugend, wenn sie integriert sind in eine real gelebte Solidarität mit den Leidenden. Darum dürfen beide Seiten niemals alternativ gegeneinander ausgespielt werden.

II. Die neuzeitliche Verschärfung des Theodizee-Problems

Die Frage, wie der Glaube an Gott sich ohne inneren Widerspruch mit der Erfahrung übergroßen Leids vereinbaren ließe, ist sicher kein ausschließlich neuzeitliches Problem; diese Frage hat religiöse Menschen zu allen Zeiten bewegt – existentiell wie theoretisch. In der Neuzeit hat sich diese Problematik allerdings eindeutig verschärft. Dies zeigt sich signifikant bereits zu Beginn des 19. Jahrhunderts, als der junge Georg Büchner (1813–1837) sein klassisches Dictum prägte, dass die unerklärbare Erfahrung des Leids der »Fels des Atheismus« sei, an dem der Glaube an Gott zerspringen muss.[15] Damit hat Büchner für die kommende Epoche der Neuzeit weithin Recht behalten. In einer über viele Jahrhunderte christlich geprägten Kultur wird der (praktische oder theoretische) Atheismus mehr und mehr zu einem Massenphänomen. Die Theodizee-Frage spielt dabei zweifellos eine wichtige Rolle, ob sie nun ausdrücklich gestellt und diskutiert wird oder – wegen ihrer scheinbaren Unlösbarkeit – in eins mit dem Glauben resignierend ad acta gelegt wird.

Angesichts dieser Sachlage stellt sich die *Frage*, warum es gerade in unserer Kultur vielen Menschen so schwer fällt, den Glauben an Gott mit der Erfahrung von Leid (ob übermäßig oder nicht) noch vereinbaren zu können; hat es doch unsere Kultur – verglichen mit anderen Epochen und Gesellschaften – zu einem hohen Maß an allgemeinem Wohlstand, an politischer und gesellschaftlicher Entfaltungsmöglichkeit des Einzelnen, an sozialer Gerechtigkeit und Sicherheit, an medizinischer und psychotherapeutischer Leidverminderung gebracht. Zwei Gründe möchte ich besonders hervorheben; der erste ist eher religionsphilosophischer, der zweite eher kulturgeschichtlicher Art.

1. Die Unbeweisbarkeit Gottes durch die Vernunft

Das Theodizee-Problem gewinnt wohl deswegen in der europäischen Neuzeit eine so große Bedeutung, weil seit der Aufklärung auch die religionsphilosophische Begründung der Existenz Gottes ins Wanken geriet. Allein mithilfe der theoretischen Vernunft kann nicht zwingend bewiesen werden, dass es Gott überhaupt gibt. Zu dieser inzwischen selbst innerhalb des Christentums weithin rezipierten Erkenntnis haben David Humes und Immanuel Kants fundamentale Kritik der klassischen Gottesbeweise und ihre allgemeine philosophische Rezeption geführt. Das bedeutet: Demjenigen, der davon überzeugt ist, dass Gott nicht existiert, lässt sich kein logischer Widerspruch zu einer rational eindeutig gesicherten Erkenntnis nachweisen. Ob es Gott gibt oder nicht, ist – zumindest nach den in westlich-neuzeitlich geprägten Kulturen weithin geltenden Rationalitätskriterien – rational unentscheidbar. Insofern legt sich vielen Zeitgenossen als logisch plausibelste Antwort auf die Gottesfrage der Agnostizismus nahe: Er lässt die Gottesfrage wegen ihrer wissenschaftlichen Unentscheidbarkeit in der Schwebe.

Dies wirkt sich stark auf das Theodizee-Problem aus: »Solange man nämlich davon ausgehen konnte, dass die Existenz Gottes durch die menschliche Vernunft beweisbar ist, konnte aus der Leiderfahrung kein radikaler Einwand gegen den Glauben an Gott abgeleitet werden. Leid und Übel stellten zwar ein Problem für das theistische Bekenntnis dar, aber eben keinen stichhaltigen Einwand.«[16] Sobald diese rationale Voraussetzung des Glaubens nicht mehr zwingend gilt, gewinnt der den Glauben seit eh und je belastende Einspruch des Theodizee-Problems erheblich an Gewicht. Denn warum soll man an einen Gott glauben, von dem weder seine Existenz noch die Vereinbarkeit seiner Haupteigenschaften Güte, Gerechtigkeit und Allmacht mit dem Übermaß an Leid in der Welt rational eindeutig bewiesen werden können? Ein solcher Glaube scheint schlechterdings irrational zu sein, und so ist der Schritt vom Agnostizismus zum Atheismus nicht sehr groß.

Noch ein zweiter Grund trägt dazu bei, die hohe, sich schon bei G. Büchner abzeichnende Sensibilität der Neuzeit für das Leid verständlicher zu machen:

2. Die utopische Grundmentalität der Neuzeit

Eine gewisse »utopische Grundmentalität« prägt die Neuzeit. Darunter verstehe ich die seit der Aufklärung tief ins individuelle und kulturelle Bewusstsein der europäischen Moderne eingedrungene geschichtsphilosophische Leitidee, dass der Mensch moralisch »perfektibel« und seine (natürliche wie gesellschaftliche) Welt vernünftig »konstruktibel« sei.[17] Durch die industrielle und politische Revolution des 18. Jahrhunderts erfuhr diese bereits im Humanismus und in der Renaissance des Spätmittelalters anhebende utopische Weltsicht (vgl. Thomas Morus' Roman »Utopia« von 1516) einen gewaltigen Schub; denn jetzt schienen diese Ideen endlich realisierbar zu werden – die Visionen einer vollkommenen technisch-industriellen Naturbeherrschung, einer universalen politischen Emanzipation der Individuen und einer vollendeten gesellschaftlichen Konfliktbewältigung im Dienst des Weltfriedens.

Diese Utopien und die ihnen zugrunde liegende Leitidee der »Vervollkommnung des Menschengeschlechts« (G. E. Lessing) und seiner gesamten Lebenswelt haben zwar im 20. Jahrhundert durch ihre pervertierte Umsetzung in die politische Praxis totalitärer Systeme ihre Faszination weitgehend eingebüßt und sind darum von verschiedenen Philosophen der sog. »Postmoderne« als vergangene »Geschichtsmythen« bzw. »Metaerzählungen« (J. F. Lyotard) längst verabschiedet worden. Doch gerade da, wo man sich bewusst gegen die massenmediale Gewöhnung an das Schreckliche und die damit verbundene Abstumpfung zur Wehr setzt, bleibt die *Auswirkung* der neuzeitlich-utopischen Weltsicht für unsere Kultur und auch für den Glauben noch immer virulent: als eine erhöhte Sensibilität gegen alles, was diese Utopie *stört*.

Dies ist durchaus verständlich: Über zweihundert Jahre lang bildete die Idee eines zu perfektionierenden Menschen und seiner Welt den (offenen oder latenten) zentralen Mythos unserer Kultur; so wächst umgekehrt die allgemeine Fassungslosigkeit über das schier unausrottbare »Dunkel« im Menschen, über seine unfassbaren Möglichkeiten zum Bösen; zugleich wächst die Betroffenheit über die destruktiven Kräfte der Natur, die anscheinend doch nicht in den Griff zu bekommen sind. Solche Erfahrungen passen weder zu den großen Utopien der Neuzeit noch zu dem, was gesamtkulturell von ihnen übrig blieb: zur Sehnsucht nach möglichst leid- und störungsfreier Harmonie. So kommt es, dass auch in einer weithin säkularisierten Kultur die Erfahrungen des Gestört- und Durchkreuztwerdens (meist) unrealistischer Erwartungen das alte Theodizee-Problem in neuer Form in den Blickpunkt des (persönlichen oder öffentlichen) Interesses rücken: Warum hat Gott eine Welt mit solch gravierenden »Konstruktionsfehlern« geschaffen? Ist sie überhaupt sein »Werk«? Ist es nicht viel wahrscheinlicher, dass diese Welt überhaupt nicht von einem »allmächtigen Gott« geschaffen ist, sondern aus einem unerklärlichen physikalischen Zufall entstand (ob man ihn nun »Urknall« oder wie auch immer nennt), und dass es ausschließlich an uns Menschen liegt, die evolutionär bedingten Konstruktionsfehler abzumildern und auszubessern?

Diese Situation macht es uns nicht leicht, einer differenzierten Antwort des Glaubens auf solche Fragen und Einwände Gehör zu verschaffen. Doch dürfen wir der Herausforderung intellektuell nicht ausweichen; es geht darum, so verständlich wie möglich die Gründe darzulegen, die für die Überzeugung von der Wahrheit unseres Glaubens wichtig sind.

III. Schritte zu einer Antwort

Die Überschrift zeigt noch einmal die Spannung an, in der die theologische Auseinandersetzung um das Theodizee-Problem notwendig steht. Auf der einen Seite kann sie nicht einfach schweigen und die Fragen in diesem Problembereich als theoretisch unbeantwortbar stehen lassen; auf der anderen Seite weiß sie sehr gut, dass alle Antwortversuche nur *Schritte* auf dem Weg zu einer Antwort sind, die endgültig und umfassend nur Gott allein in seiner Selbstoffenbarung bei der Vollendung der Geschichte geben kann. Auf diesem Weg müssen die verschiedenen Felder der Theologie zusammenwirken, vor allem die Schöpfungstheologie, die Eschatologie und die Christologie. Erst so kann eine einigermaßen kohärente theologische Antwort auf das Theodizee-*Problem* im Ganzen (nicht jedoch auf die *Fragen* in jedem einzelnen Fall!) zustande kommen.

1. Der Beitrag der Schöpfungstheologie

a) Gottes Lebens- und Heilswille

Das Erste, was vom Schöpfungsglauben her zu diesem Problem zu sagen ist, muss eindeutig den Willen Gottes zum *Leben* seiner Geschöpfe hervorheben, zu ihrem irdischen Wohlergehen wie zu ihrem auch den Tod umfassenden Heil. Einhellig bezeugen die alt- und neutestamentlichen Schöpfungsaussagen: Gottes schöpferisches Wirken zielt auf Segen und Heil für die Geschöpfe. »Er ist ein Freund des Lebens« (vgl. Weish 11,26), selbst dann, wenn sie (wie die Menschen) sich seinen lebensfördernden Weisungen von Anfang an widersetzen; denn Gott hat »keinen Gefallen am Tod des Schuldigen, sondern daran, dass er auf seinem Weg umkehrt und am Leben bleibt« (Ez 33,11). Diesen seinen unbedingten Lebenswillen für die Schöpfung hat Gott definitiv in Jesus Christus, dem »Brot des Lebens« (Joh 6,35.48), bestätigt, der von Gott her das »Leben in Fülle« (Joh 10,10) deswegen geben kann, weil er selbst »Weg, Wahrheit und Leben« (Joh 14,6) ist, nicht nur im Hinblick auf das Leben nach dem Tod, sondern bereits hier auf der Erde.

Gerade in der Perspektive dieses grundlegenden Lebens- und Heilswillens Gottes müssen wir uns erst recht im jeweils konkreten Fall sehr zurückhalten, schweres, unverständliches, Leben zerstörendes Leid schlicht als »Willen Gottes« auszugeben. In Situationen solchen Leids rückt die doch sehr verkürzende Redensart »wie Gott will« den Glauben leicht in die Nähe fatalistischer Schicksalsergebenheit. Dennoch: Wie lässt sich mit der lebensfreundlichen Grundintention Gottes das lebensfeindliche Leid so vieler Geschöpfe vereinbaren? Wie kann es geschehen, ohne dass Gott es will?

b) Des Schöpfers Verantwortung für das Leid

Diese Fragen deuten an, dass die Betonung von Gottes Lebens- und Heilswillen ihn keineswegs vollständig von der Verantwortung für das Leid in der Schöpfung entlasten kann.[18] Diese Verantwortung kann nicht als eine *unmittelbare* verstanden werden, als ob Gott in jedem Einzelfall dieses Leid direkt beabsichtige oder gar selbst zufüge, etwa im Sinn einer Strafe oder einer erzieherisch-therapeutischen Maßnahme. Dies zu behaupten würde gerade im Fall übermäßigen, unproportionalen Leids (vgl. Hiob oder gar die Shoa!) den Glauben in der Tat in einen unlösbaren Widerspruch zur Rede von Gottes Lebens- und Heilswillen führen.

Die Verantwortung Gottes liegt auf einer anderen Ebene: Aus freiem Willen, ohne jede Notwendigkeit hat er eine Welt geschaffen, in der auch extremes Leid samt den es verursachenden Übeln *möglich* und faktisch ständig gegeben ist. Die entscheidende Bedingung für die Möglichkeit solchen Leids und solchen Übels liegt nun gerade in der relativen *Eigenständigkeit*, in die Gott die ganze Schöpfung, vor allem die zum Bewusstsein von *Freiheit* gelangten Geschöpfe, frei-gesetzt hat. Dieses Charakteristikum der Schöpfung ist unverzichtbar für den theologischen Schöpfungsbegriff; denn genau hierin liegt ja *das* entscheidende, *Allmacht* und *Liebe* unlösbar verbindende Merkmal des schöpferischen Wirkens Gottes: Er erschafft die Welt dadurch, dass er sie zu eigenständigem Dasein und Tätigsein frei-gibt und ermächtigt.[19]

Wenn nun aber die Begriffe »Eigenständigkeit« und »Freiheit« im Hinblick auf *endliche* (also nicht – wie Gott – mit der Fülle des Guten und der Güte identische) Wesen einen Sinn haben sollen, dann ist damit von vornherein die *Möglichkeit* gegeben, dass die Schöpfung wirklich ihre eigenen Wege geht – Wege, die sich im Bereich der Natur als eine Vielfalt von undeterminierten evolutionären Prozessen zeigen. In diesen Abläufen spielen sowohl Naturgesetze als auch zufällige Ereignisse eine Rolle; an deren (bisherigem) Ende steht das Leben auf unserer Erde – Pflanzen, Tiere und der Mensch mit seiner freien Verantwortung für diese Erde. Zu solcher *Freiheit* wäre es wohl nie gekommen, wenn alle Naturprozesse von Anfang an in völlig determinierter Form, also ohne jeden eigenen »Spielraum« verlaufen wären.

Der *Preis* für dieses Ergebnis ist allerdings sehr hoch. Er besteht darin, dass die natürliche Entwicklung Wege gehen kann und auch geht, die im Einzelnen nicht dem Heils- und Lebenswillen Gottes, des Schöpfers, entsprechen müssen und insofern von empfindungsfähigen Wesen (wie Menschen und Tieren) als Leid verursachend erfahren werden (z.B. Naturkatastrophen, Fehlbildungen, Unglücke). Mehr noch als die Natur vermag aber die von ihr mitbedingte menschliche Freiheit selbst zur Ursache unermesslichen Leids zu werden, ist sie doch in der Lage, ihre Eigenständigkeit bis zur selbst- und Leben zerstörenden Widerständigkeit gegen Gottes Heilswillen auszuspielen, ja sogar bis dahin, dass Menschen sich definitiv von Gottes Lebensmacht lossagen und sich selbst die »Hölle« schaffen können (zumal, wenn sie vorher schon anderen das Leben hier auf Erden zur Hölle gemacht haben).

Angesichts dieser schrecklichen Möglichkeiten erhebt sich sofort der Einwand: Ist die Eigenständigkeit der Schöpfung, insbesondere die Freiheit des Menschen, diesen hohen Preis wert?[20] Wäre nicht eine Welt ohne solche verhängnisvollen Folgen oder überhaupt keine Welt viel besser? Warum hat

Gott eine solche Welt geschaffen, die dem Übel und dem Leid so viel Raum gewährt? Oder, mit R. Guardinis Worten: »Warum, Gott, zum Heil diese fürchterlichen Umwege, das Leid der Unschuldigen, die Schuld?«[21]

c) Um der Liebe willen

Um auf diese Fragen einigermaßen angemessen antworten zu können, müssen wir zunächst deutlich festhalten: *Dass* Gott, die unendliche Fülle alles Guten und allen Lebens, überhaupt eine endliche Welt geschaffen hat, bleibt das unergründliche Geheimnis seiner Freiheit. Er hat sich – wie der Glaube bekennt – aus reiner Liebe dazu entschieden. Warum aber zu einer solch leidvollen Welt? Hätte sie nicht auch ganz anders aussehen können?

Nun, wenn für Gott das einzig sinnvolle *Motiv* des Erschaffens einer endlichen Welt die Liebe ist, dann kann m. E. im Prinzip keine von der jetzt existierenden Welt völlig verschiedene Welt entstehen, etwa eine Welt *ohne* unsere Form von Eigenständigkeit; eine Welt, die stattdessen von vornherein von allen denkbaren Übeln freigehalten wäre, ein Paradies also, jedoch ohne wirkliche Freiheit zum Nein! Dies allerdings würde unserem Verständnis von der Liebe Gottes zutiefst widersprechen. Denn unsere eigene menschliche Erfahrung von Liebe sagt uns, dass es gerade nicht ihre Art ist, anderes »zwingend« auf sich hinzulenken und es auf den eigenen Willen festzulegen, auch wenn er oder sie es noch so »gut meint«. Sollte »Liebe« bei Gott etwas völlig anderes bedeuten?

Dies ist kaum denkbar. Wenn unser Reden von Gottes Liebe überhaupt einen verständlichen Inhalt bewahren soll, dann muss auch ihr in analoger Weise dieses wesentliche Merkmal der Liebe eignen: anderes frei zu lassen. Das aber bedeutet: Wenn Gott aus Liebe überhaupt eine Welt ins Dasein ruft, wird sie wohl in *jedem* realistisch denkbaren Fall mit der ganzen Ambivalenz endlicher Eigenständigkeit und Freiheit behaftet sein – sowohl mit der Möglichkeit von Übeln und Leid als auch mit der Wahrscheinlichkeit, dass diese Möglichkeit realisiert wird.

Zu derselben Einsicht kommen wir, wenn wir auf das *Ziel* der Schöpfung schauen, also darauf, *wozu* Gott die Welt geschaffen hat. Wir sind im Glauben gewiss, dass er seine Schöpfung in die unerschöpfliche Fülle seines Lebens hineinnehmen möchte, um ihr Anteil an seiner dreieinen Liebe zu geben.[22] Dies wiederum hat nur Sinn, wenn es in dieser Welt freie Geschöpfe gibt, die mit vollem Bewusstsein die absichtslose Liebe des Schöpfers erfahren und sie mit freier, der Dankbarkeit entspringender Gegenliebe beantworten können: Geschöpfe also, die zugleich ihre gesamte Lebenswelt mit in diese zu Gott zurückgewendete Liebe hineinnehmen und sie dementsprechend gestalten können. Um zu einer solchen, aus freien Stücken gegebenen Antwort geschöpflicher Liebe zu gelangen, scheint der lange, mühe- und leidvolle »Hinweg« der Evolution zum Menschen notwendig zu sein, welche ihrerseits schon mit großen »Frei- und Spielräumen« ausgestattet ist. Das Ergebnis – die menschliche Freiheit als Grund einer eigenem Antrieb entspringenden Liebe zu Gott und zu den anderen Geschöpfen – scheint dem Schöpfer so viel wert zu sein, dass er dafür die Welt mit all ihren positiven, aber auch negativen Möglichkeiten ins Werk setzt und im Dasein erhält.[23]

Diese Überlegungen können in etwa verständlich machen, dass der Glaube an Gottes Allmacht und Liebe in keinem unüberwindlichen Widerspruch zu den Erfahrungen von Leid und Übel in der Welt steht. Doch knüpfen sich sogleich wieder neue *Fragen* daran: Kann es wirklich wahr sein, dass Gott um dieser menschlichen Liebe willen das unbeschreibliche Übermaß an Leid in der Welt gleichsam in Kauf nimmt? Ist der Preis nicht (trotz aller Erklärungen) entschieden zu hoch, zumal wenn man vom Leid nicht nur allgemein spricht, sondern die vielen konkreten leidenden Menschen (und Tiere) in den Blick nimmt? Gerade unter den Opfern der naturbedingten Übel und des menschlich bösen Handelns gibt es so viele, die an sich selbst nie den guten Sinn einer eigenständig-freien Schöpfung erfahren können, denen z.B. das Geschenk einer personalen Liebe und die Möglichkeit, in Freiheit darauf antworten zu können, verwehrt bleibt.

Auf diese Einwände lässt sich – über das bisher Gesagte hinaus – rein religionsphilosophisch oder schöpfungstheologisch kaum etwas sagen. Sie verweisen uns auf die *eschatologischen* Verheißungen, die der Schöpfer seiner Schöpfung gegeben hat – Verheißungen, die in uns die Hoffnung wach halten, dass uns in der Vollendung der (individuellen wie universalen) Geschichte die Augen geöffnet werden und wir die jetzt oft so schwer begreiflichen Gewichtungen und Wege der Liebe Gottes erkennen können – einer Liebe, die ja gerade den Opfern der Geschichte, den »Geringsten der Schwestern und Brüder Jesu«, gilt.

2. Der Beitrag der Eschatologie

Unsere Hoffnung richtet sich jedoch nicht nur auf das uns in der Vollendung der Geschichte zuteil werdende volle *Verstehen* all dessen, was uns hier verborgen bleibt. Viel entscheidender noch zielt diese Hoffnung auf die endgültige *Überwindung* allen Leben zerstörenden Leids, die uns mit der Auferstehung der Toten und der vollendeten Aufrichtung des neuen Himmels und der neuen Erde von Gott verheißen ist.

W. Pannenberg erläutert das folgendermaßen:

> »Leiden, Schuld und Tränen schreien nach realer Überwindung des Übels. Daher ermöglicht erst die Einheit von Schöpfung und Erlösung im Horizont der Eschatologie eine haltbare Antwort auf die Frage der Theodizee, die Frage nach der Gerechtigkeit Gottes in seinen Werken. Genauer gesagt, es ist *allein Gott* selbst, der eine wirklich befreiende Antwort auf diese Frage zu geben vermag, und er gibt sie durch die Geschichte seines Handelns in der Welt und insbesondere durch dessen Vollendung mit der Aufrichtung seines Reiches in der Schöpfung. Solange die Welt isoliert im Blick auf ihre unvollendete und unerlöste Gegenwart einerseits, unter dem Gesichtspunkt ihres anfänglichen Hervorgangs aus den Händen des Schöpfers andererseits betrachtet wird, bleibt die Tatsache des Bösen und des Übels in der Schöpfung ein ausweglose Rätsel und Ärgernis.«[24]

Gerade am Theodizee-Problem erweist sich die Richtigkeit eines Ansatzes, der die Theologie der Schöpfung von vornherein in den weiten Rahmen des geschichtlichen und eschatologischen Handelns Gottes stellt und darum die *Schöpfung* theologisch immer zusammen mit ihrer *Neuschöpfung* zu verstehen sucht.

Aber auch gegenüber dieser eschatologischen Perspektive wird stets von Neuem der alte religionskritische *Einwand* laut: Wird damit nicht das Theodizee-Problem einfach auf das Ende der Welt verschoben? Vertröstet dies nicht alle Fragenden und Leidenden auf eine jenseitige Welt, in der dieses Problem weder existentiell noch intellektuell vorhanden sein wird? Hier hängt alles vom richtigen Verständnis der christlichen Hoffnung ab. J. Moltmann hat sie einmal (im Anschluss an S. Kierkegaard) treffend als eine Hoffnung umschrieben, in der sich das »Leiden am Wirklichen« untrennbar mit der »Leidenschaft für das Mögliche« (nämlich für die kreativen Möglichkeiten Gottes) verbindet.[25]

Das aber bedeutet: Die christliche Hoffnung ist alles andere als eine billige Jenseitsvertröstung, die gegen das Leid im Diesseits gleichgültig und apathisch macht. Im Gegenteil, sie verstärkt beim Glaubenden jene Wahrnehmungsfähigkeit, die ihn sensibel macht für das, was den Verheißungen Gottes eklatant widerspricht; sie lässt ihn leiden an diesem Widerspruch, und dies nicht nur passiv, sondern aktiv: Sie verleiht ihm gegen die Versuchung zur Resignation und zur Verzweiflung den langen, widerständigen Atem, der nötig ist, um hartnäckig und oft gegen alle Hoffnung an der Überwindung oder zumindest Eindämmung jeder Form von Leben zerstörendem Leid mitzuarbeiten. Insofern lässt gerade diese authentische Gestalt der christlichen Hoffnung auf die versöhnte Schöpfung im Reich Gottes das Wort »Gott« zu einem »Wort des Protestes und der aktiven Hoffnung gegen das Leid« werden;[26] sie widersetzt sich entschieden jeder verharmlosenden Aussöhnung mit dem Leid und dem Übel in der Welt.

Worauf *gründet* diese Hoffnung? Wo wird sie des Versprechens Gottes auf endgültige Überwindung des Leids so ansichtig, dass sie sich der Einlösung dieses Versprechens unbedingt gewiss sein kann? Darauf antwortet ein weiteres theologisches Teilgebiet mit dem entscheidenden Beitrag:

3. Der Beitrag der Christologie

a) Gott – mitten in den Leiden seiner Geschöpfe

Wir sprachen davon, dass Gott insofern verantwortlich für das Leid und das Übel in seiner Schöpfung ist, als er mit der Eigenständigkeit und Freiheit der Geschöpfe prinzipiell die Möglichkeit dazu eröffnet hat. Erst in seinem geschichtlichen Handeln an und mit seinem Volk, insbesondere im Leben und Sterben Jesu, wird offenkundig, wie *real* Gott »die Verantwortung für die von ihm geschaffene Welt übernommen und getragen hat«[27]. Denn in der Solidarität mit seinem geschundenen Volk Israel, dem leidenden »Gottesknecht«, und schließlich in der Menschwerdung seines Wortes in Jesus Christus steht Gott bis zum Äußersten für seine Welt ein. Hier begegnet uns Gott nicht als eine Macht, die ihre Schöpfung, nachdem sie sie in ihre Eigenständigkeit entlassen hat, weitgehend sich selbst überlässt und sich aus dem Drama der Natur- und Menschengeschichte unberührt heraushält. Gerade im gekreuzigten Messias Jesus offenbart sich uns die Gestalt eines Gottes, der auf menschlich-leibliche Weise an den Leiden seiner Schöpfung teilnimmt und so die Folgen der von ihm frei-gegebenen Schöpfung auf grausamste Weise an sich selbst erfährt.[28] Wenn es stimmt, dass Gott das Leid in der Welt um der Freiheit und der nicht erzwungenen Liebe des Menschen willen »zulässt«, dann doch nur so, dass er es leiblich spürbar an sich selbst »heranlässt«.

Doch auch hier stellt sich – wie stets beim Theodizee-Problem – eine *Frage:* Was hilft den leidenden Geschöpfen ein mit-leidender Schöpfer? Wird dadurch, dass Gott selbst in das Leiden hineingezogen wird, dieses nicht bloß verdoppelt? Auf diese Weise scheint die Vater-unser-Bitte, Gottes Reich möge zu uns kommen und sein Wille solle genauso wie im Himmel auch auf Erden geschehen, in ihr Gegenteil verkehrt zu werden: Das Leid der Erde soll genauso auch im Himmel erlitten werden! Was also trägt die Rede vom »mit-leidenden Gott« für das Theodizee-Problem aus?

b) Die Macht der mit-leidenden Liebe Gottes

Um solche Fragen zu beantworten, muss man zuallererst das Missverständnis beseitigen, dass ein mitten in der Geschichte menschlich mit-leidender Gott ein »ohnmächtiger« Gott sein müsse. Mit-leidende Menschen erleben sich selbst zwar sehr wohl oft als ohnmächtig, wenn sie erfahren, dass sie – außer indem sie solidarisch den Leidenden beistehen – gegen das Leid an sich nicht viel ausrichten können und dem anderen den Schmerz kaum lindern können. Doch bedeutet deswegen die Rede von Gott, der (in Christus) als »mitleidend« bezeichnet werden kann, eben gerade nicht, dass dieser dem Leid ebenso hilflos ausgeliefert wäre wie ein mitleidender Mensch.

Im gekreuzigten und auferstandenen Jesus offenbart sich am eindrücklichsten, wozu die schöpferische Allmacht Gottes fähig ist, wenn sie in ihrer Freiheit schenkenden Liebe »bis zum Äußersten« geht (Joh 13,1) und in der Situation des Erleidens schlimmster Gewalt von sich aus nichts mit Zwang und Gewalt erreichen will. Wer hier von »Ohnmacht« spricht, verkennt das Spezifikum göttlicher Allmacht und übersieht, dass in der Passion Jesu Christi *dieselbe* Macht der Liebe Gottes am Werk ist, die die Welt ins Dasein gerufen hat, die sie darin permanent erhält und sie einmal in das Leben der versöhnten Schöpfung aufheben wird.

An drei Punkten möchte ich kurz zeigen, wie sich im leidenden Jesus auf menschlich vermittelte (realsymbolische) Weise die Leid überwindende Macht Gottes erweist:

1) Diese Macht ist in der Kraft Jesu zu erkennen, die unabwendbare und unverständliche Situation des Leids so *anzunehmen*, dass sich darin seine wahre Menschlichkeit zeigt. Jesus erleidet seine Passion, ohne in Verbitterung gegenüber Gott oder in Hass gegen seine Peiniger zu verfallen; stattdessen betet er für sie und setzt sein Vertrauen weiterhin auf den Vater. Dadurch verändert er die von außen unabänderlich erscheinende Situation zutiefst *von innen her;* in der menschlich nicht zerbrechenden Annahme des Leids beweist sich die eigentliche *personale* Dimension von Leidüberwindung. Die äußeren Leidensursachen aufzuheben ist die eine Bedingung, um Leid zu überwinden; die andere ist nicht weniger wichtig: Erst dann, wenn auch das Annehmen gelingt, öffnet sich der Weg zur Erlösung und Versöhnung.[29] Genau diesen Weg hat Gottes mit-leidende Liebe in Jesus Christus allen Leidenden erschlossen.

2) Darüber hinaus offenbart sich im *Verzicht* Jesu auf jede Art von *Gegengewalt* die Macht Gottes über das Böse. Er lässt sich die Mittel des Bösen nicht aufzwingen, um sein Ziel zu erreichen. Erst so bringt er die Macht des Bösen zum Erliegen, lässt sie ins Leere laufen und sich erschöpfen, ohne dass sie letztendlich ihr Ziel erreicht. Indem Jesus in der Kraft der

Liebe Gottes den ewigen Teufelskreis von Gewalt und Gegengewalt zerbricht, zeigt er, *wie* Gott durch sein Leiden die scheinbare Übermacht des Bösen entmachtet: nicht indem er es einfach aus der Welt schafft, sondern indem er es in seiner Leben zerstörenden Mächtigkeit von innen her aushöhlt.

3) Am deutlichsten tritt diese Macht des mit-leidenden Gottes in der *Auferweckung des Gekreuzigten* hervor. Auch sie ereignet sich ja nicht in der Weise eines endlich »von oben und von außen« eingreifenden Gottes, der damit Jesu standhaftes Durchhalten aller erlittenen Qualen »belohnen« würde. Der theologische Sinn der Auferweckung Jesu vom Tod besteht vor allem darin, dass Jesu ungebrochene Hingabe an den Willen des Vaters und damit an seine Sendung zum Heil der Welt ans *Ziel* gekommen ist: Die Leid verursachende Macht des Bösen ist definitiv gebrochen. Das heißt: Wer sich mit Jesus auf seinen Weg der selbtlosen Gottes-, Nächsten- und Feindesliebe einlässt (in welcher expliziten oder verborgenen Weise auch immer), über den hat das Böse keine Macht mehr; ihn braucht auch das Leid im Tiefsten nicht zu schrecken und nicht die Gefahr, dass er darin seine Menschlichkeit und Menschenwürde verliere; die Neue Schöpfung ist angebrochen.

Das hat Jesus in seinem Leben und Sterben ermöglicht; seinen auch für uns erfahrbaren Ausdruck findet dies darin, dass der Vater im Tod Jesu dessen Hingabe bis zum Äußersten entgegennimmt und *vollendet*, indem er sie mit der Gegengabe des lebendig machenden Geistes erfüllt; so belässt er Jesus nicht im Tod;[30] so setzt Gott den »Erstgeborenen der ganzen Schöpfung« (Kol 1,15) durch den Weg des Leidens auch zum »Erstgeborenen der Toten« (Kol 1,18) ein und zum »Urheber des ewigen Heils« (Hebr 5,9). Dass die *ganze* Schöpfung an seinem »Leben aus dem Tod« Anteil erlangt, ist die Gabe und der Sinn der Neuen Schöpfung, die uns Gottes mit-leidende und Leid überwindende Liebe in Jesus bereitet hat.

Schließen möchte ich dieses schwierige Kapitel mit Dietrich Bonhoeffers bekanntem Gedicht »Christen und Heiden«, das er 1944 in nationalsozialistischer Haft verfasst hat:[31]

> Menschen gehen zu Gott in ihrer Not,
> flehen um Hilfe, bitten um Glück und Brot,
> um Errettung aus Krankheit, Schuld und Tod.
> So tun sie alle, alle, Christen und Heiden.
>
> Menschen gehen zu Gott in Seiner Not,
> finden ihn arm, geschmäht, ohne Obdach und Brot,
> sehn ihn verschlungen von Sünde, Schwachheit und Tod.
> Christen stehen bei Gott in Seinem Leiden.

Gott geht zu allen Menschen in ihrer Not,
sättigt den Leib und die Seele mit Seinem Brot,
stirbt für Christen und Heiden den Kreuzestod,
und vergibt ihnen beiden.

D. Die gute Schöpfung und die Macht der Sünde: Zur Erbsündenlehre

von Michael Sievernich

I. Einführung

Wer theologisch über die gute Schöpfung nachdenkt, stößt unweigerlich auch auf die Erschöpfung des Guten, den Einbruch des Bösen. Damit steht er vor der Frage, welche Rolle die Sünde nicht nur im Leben des Einzelnen, sondern auch in der Geschichte der Menschheit spielt. Dabei begegnet er der doppelten Ausdrucksgestalt der Sünde als *persönliche Tat* eines freien und verantwortlichen Subjekts und als *herrschende Macht*, der sich der Einzelne nicht entziehen kann, weil sie seine Existenz prägt.

In der biblischen Tradition begegnet diese Doppelgestalt auf vielfältige Weise, wenn etwa im Alten Testament der Einzelne seine Sünde vor Gott bekennt (Ps 51,5 f.) oder wenn das erste Buch der Bibel in den Erzählungen vom Sündenfall der ersten Menschen Adam und Eva (Gen 3), vom Brudermord des Kain an Abel (Gen 4), von der Sintflut (Gen 6–8) und vom Turmbau zu Babel (Gen 11) den vierfachen Einbruch der Sünde in die Schöpfung schildert und damit zugleich narrative Symbole auch der modernen Versuchungen schafft: wie Gott sein zu wollen, den anderen aus dem Weg zu räumen, Gewalt zu üben und die Technik zu überschätzen.[1]

Auf ähnliche Zusammenhänge stößt man im Neuen Testament, das sich einerseits einer reichhaltigen Metaphorik aus zahlreichen Lebensbereichen bedient, um die Sünde des Einzelnen und ihre Überwindung zu umschreiben, wie etwa das medizinische Paradigma (Arzt und Heilung), das soziale (Befreiung aus Sklaverei), das finanzielle (Nachlass von Geldschulden) oder das rituelle (Befleckung und Reinigung).[2] Andererseits kennt das Neue Testament die Herrschaft der Sünde, wenn Paulus im Römerbrief nachweist, dass »die ganze Welt vor Gott schuldig (ὑπόδικος) ist« (Röm 3,19). Angesichts dieser Wirklichkeit der Sünde lässt die biblische Tradition jedoch keinen Zweifel daran, dass es ihr um die Überwindung der Sünde von Gott her geht, um Befreiung und Erlösung. So findet der Einbruch der Sünde am Anfang eine Geste der Gnade, wenn durch Abraham »alle Geschlechter der Erde Segen erlangen« sollen (Gen 12,3). Im NT spricht das Johannesevangelium bildhaft vom »Lamm Gottes«, das die »Sünde der Welt« hinwegnimmt (Joh 1,29). Und Paulus kontrastiert die Universalität der Sünde (Röm 1,18–3,20) mit der Universalität der Rechtfertigung aus Gnade (Röm 3,21–5,21), die in der Gegenüberstellung von Adam und Christus zum Tragen kommen. »Wo die Sünde mächtig wurde, da ist die Gnade übergroß geworden« (Röm 5,20). Die Macht der Sünde ist also mit Christus gebrochen. Wo die Sünde (ἁμαρτία) herrschte, da wird nun die Gnade (χάρις) herrschen.[3]

Wohlgemerkt kennt die biblische Überlieferung vielfältige Ausdrucksweisen für die Sünde und ihre Macht, spricht jedoch niemals von »Erbsünde«. Dies ist eine typisch deutsche Wortprägung, die in anderen Sprachen präziser und weniger missverständlich »Ursprungssünde« heißt (lat. peccatum originale). Diesen Ausdruck hat erst der große Kirchenvater Augustinus (345–430) in seinen Auseinandersetzungen mit den geistigen Strömungen seiner Zeit geprägt, um die vorpersonale Macht der Sünde und die Notwendigkeit universaler Erlösung darzutun, aber auch um die Praxis der Kindertaufe zu begründen. Seit mehr als 1500 Jahren arbeiten sich theologische und andere Wissenschaften an der kirchlichen Lehre von der Erbsünde ab, die bis heute zu denken gibt.[4] Zwar sehen einige Autoren die Lehre von der Erbsünde als eine Zumutung für die Vernunft an und würden sie am liebsten abschaffen, doch andere entdecken in zunehmendem Maß ihr hermeneutisches und kritisches Potential und versuchen, sie unter den Bedingungen der späten Moderne zu reformulieren oder wenigstens säkular zu beerben.

II. Erbsünde, das »ruhelose Tier« in der Geschichte

In einer Disputation über die Rechtfertigung (1536) bemerkte Martin Luther einmal, die Erbsünde (peccatum originale) sei keine ruhige Angelegenheit, sondern wie ein ruheloses Tier (inquietum animal), das Tag und Nacht aktiv sei und sich selbst in den Träumen wild gebärde (WA 39/I, 112).

In der Tat finden sich im Lauf der Jahrhunderte zahlreiche Spuren der Auseinandersetzung mit diesem sperrigen theologischen Thema, das bis heute zu immer neuen Anläufen nötigt. Verfolgen wir zunächst exemplarisch einige Spuren des »ruhelosen Tieres«, d.h. die »Erfindung« der Erbsündenlehre durch Augustinus und die naturrechtliche Begrenzung ihrer Reichweite bei Thomas von Aquin.

1. »Erfindung« durch Augustinus

Als »Erfinder« der Lehre von der Ursünde und Erbsünde gilt der heilige Kirchenvater Aurelius Augustinus, der sich mit zwei religiösen Strömungen seiner Zeit auseinanderzusetzen hatte: dem Manichäismus, der auf den Perser Mani († 275), und den Pelagianismus, der auf den strengen und gebildeten britannischen Mönch Pelagius († 435) zurückging. Vor seiner Bekehrung war Augustinus Anhänger des Manichäismus, einer gnostischen Erlösungsbewegung der Spätantike, die viele Gebildete faszinierte. Sie vertrat einen rigorosen Dualismus, wonach sich eine Gottheit des Lichts und eine Gottheit der Finsternis gegenüberstehen, die gleichursprünglichen Prinzipien des Guten (Geist) und des Bösen (Materie). Die Welt ist demnach Schöpfung eines bösen Demiurgen (Weltbildners), auf den das Böse zurückzuführen ist. Durch den kosmischen Kampf beider Gottheiten kommt es zur Vermischung, aus der nur die erlösende Erkenntnis (Gnosis) über den guten Ursprung der Seele, über ihre Knechtschaft in der Finsternis der materiellen Welt und ihren rettenden Aufstieg in das Reich des Lichts herausführen kann.

Mit der Hinwendung zum Christentum distanzierte sich Augustinus von der dualistischen Gnosis und entdeckte, dass der christliche Schöpfungsglaube von einem guten Schöpfer spricht, der eine gute Schöpfung hervorgebracht hat, in der der Mensch in Freiheit auf seinen Schöpfer und die Welt bezogen ist (s. o. S. 189–193). Damit befasst sich Augustinus in seiner frühen (um 387/388 verfassten) *antimanichäichen* Freiheitsschrift »De libero arbitrio«.[5] In ihr hält er fest, dass es keine dualistischen Weltprinzipien gibt, sondern nur den guten Schöpfer einer guten Welt, so dass das Böse nicht auf ein böses Prinzip oder einen bösen Demiurgen zurückgeführt werden kann. Der Ursprung des Bösen, so die Augustinische Lösung, liegt beim Menschen, entstammt der Freiheit. Diese Entscheidung für das Böse, Sünde genannt, definiert er klassisch als »Abwendung von Gott« (aversio a Deo) als dem unveränderlichen Gut und als »Hinwendung zum Geschöpflichen« als den veränderlichen Gütern (conversio ad creaturam).[6]

Wenn die Fähigkeit zu sündigen (facultas peccandi) also dem freien Willen entspringt, dieser aber von Gott geschaffen ist, geht dann die Sünde nicht doch auf Gott zurück? Wie kann der freie Wille mit dieser Fähigkeit des Missbrauchs eine gute Gabe Gottes sein? Wäre es nicht besser gewesen, den Menschen ohne Freiheitsvermögen, also unfähig zur Sünde, zu erschaffen? Augustins Antwort zielt auf die Rangordnung der Wesen in einem wohlgeordneten Kosmos ab: Besser ein höheres Wesen, das zum Missbrauch fähig ist, als nur ein niederes Wesen. »So wie ein durchgehendes Pferd immer noch besser ist als ein Stein, der nicht durchgeht, weil ihm eigener Antrieb und Sinn mangeln: so ist auch ein Geschöpf, das mit freiem Willen sündigt, vorzüglicher als eines, das nicht sündigt, weil es den freien Willen nicht besitzt.«[7]

Woher aber stammt die Bewegung zur Sünde, die nicht von Gott kommen kann, weil er gut ist, aber auch nicht aus der Natur, weil auch sie gute Schöpfung ist? Sie kommt aus dem Nichts, weil sie die geschuldete Hinordnung zu Gott als dem höchsten Gut verweigert. Diese »aversio« aus freiem Willen aber geschah schon im ersten Menschen, Adam, so Augustinus. Dadurch habe sich die ursprüngliche Natur (natura propria) des Menschen verändert und wurde zur Strafe zu einer »fremden Natur« (natura aliena)[8], unter der alle Nachkommen zu leiden haben (durch Sterblichkeit, Ignoranz und Begierlichkeit). Zwar bleibt die Natur gut, weil der Schöpfung zugehörig, doch wird sie zugleich eine verderbte, eine »sündige Natur« (natura peccatrix).[9] Damit wird die Sünde, wenn auch im uneigentlichen Sinn, zu einer Bestimmung der Natur, in der nach Adam alle Menschen geboren werden.

In seinen späteren *antipelagianischen* Schriften will Augustinus vor allem die Verflechtung des Einzelnen in die Macht der Sünde nachweisen sowie die Unmöglichkeit, sich daraus selbst zu befreien. Nach pelagianischer Auffassung hat der freie Wille auch nach der Sünde Adams die Möglichkeit behalten, nicht zu sündigen (posse non peccare). Die menschliche Natur ist also intakt geblieben und nicht verdorben worden. Die Adamssünde stellt nur ein negatives Vorbild (exemplum) dar, ist nur eine Gelegenheit zur Sünde, wie umgekehrt das Beispiel Christi eine Gelegenheit zum Glauben darstellt. Die Sündenvergebung der Taufe bezieht sich nur auf die eigenen Sünden; da nun Kinder dazu noch nicht fähig sind, gelten sie als gesund und des Seelenarztes nicht bedürftig, können also auch ohne Taufe das ewige Leben erlangen.

Mit solchen pelagianischen Lehren setzt sich Augustinus nun in verschiedenen Schriften auseinander und entwickelt im Kontext dieser Kontroversen seine spezifische Gnaden- und Erbsündenlehre. In seiner ersten antipelagianischen Schrift über die »Strafe und Nachlassung der Sünden« (De peccatorum meritis et remissione) aus dem Jahr 411 führt er die Kontroverse mit praktischem Bezug auf die Frage der Kindertaufe durch.[10] Hier taucht erstmals der Begriff *»peccatum originale«* (Ursprungssünde) auf. Als Argument für die Existenz einer solchen Ursprungssünde, die durch Fortpflanzung auf alle Menschen übergeht, führt Augustin vor allem die kirchliche Praxis der Kindertaufe an. Warum bedürfen die Kinder der Taufe, da die Taufe doch zur Vergebung der Sünden gespendet wird (vgl. Apg 2,38), unmündige Kinder aber noch keine eigenen Sünden begangen haben können? Als entscheidender Grund für die Kindertaufe bleibt nur die Ursprungssünde. Das ist der Grund, »warum sie aus frommer Furcht ihrer Ernährer zu Christus, dem Arzt, getragen werden, d.h. zum Empfang des Sakramentes des ewigen Heils«[11]. Positiv geht es dabei um die *Universalität der Erlösung*. Damit Christus der Erlöser aller sein kann, muss er auch Erlöser der Kinder sein. Daher die rhetorische Frage: »Denn wer wagte wohl zu behaupten, Christus sei nicht der Unmündigen Heiland und Erlöser?«[12] Durch die Gnade der Taufe werden die Kinder ohne eigenes Verdienst der Kirche eingegliedert, und ohne diese Inkorporation können sie kein ewiges Leben erlangen.[13]

Augustinus weist also einerseits den aszetisch-ethischen Optimismus des Pelagianismus zurück, demzufolge der Mensch aufgrund seiner intakten Natur sündelos leben (impeccantia) und das Heil mit Hilfe der Gnade durch sittliche Anstrengung erlangen kann. Neben der persönlichen Sünde, die dem freien Willen entspringt, postuliert er eine *Ursprungssünde* (peccatum originale), die auf Adam zurückgeht, naturhaft (propagatione) auf alle übertragen wird und die menschliche Natur verdirbt (natura vitiata). Dabei zielt er auf die unverdienbare Gnade, die als universales Heil allen Menschen zugedacht ist, aber nur durch die Taufe als Vergebung aller Sünden und die damit gegebene Inkorporation in die Kirche Christi erlangt werden kann.[14]

Damit hat Augustinus die Grundlagen für das spätere kirchliche Erbsündendogma gelegt, das auf der nordafrikanischen Synode von Karthago 418 (DH 223f.) und der gallischen Synode von Orange 530 (DH 371f.) formuliert wurde und im Erbsündedekret des frühneuzeitlichen Konzils von Trient (V. Session 1546) seine definitive Ausformung fand (DH 1510–1516).

2. Eindämmung durch Thomas von Aquin

Im Zeitraum etwa eines Jahrtausends diente die in der Erbsündenlehre auf den Begriff gebrachte Geschichte vom Sündenfall Adams und Evas als umfassende »Großtheorie« dazu, die Grundbefindlichkeit des Menschen zu erklären und zu deuten. Ob es um die Begründung von Herrschaft oder von Arbeit ging, um die soziale Ungleichheit oder die Stellung der Frau, um den Schmerz der Geburtswehen oder das Schamgefühl – stets wurden Sündenfall und Erbsünde als universales Interpretations- und Erklärungsmuster herangezogen.[15]

Was z.B. die Frage nach der Entstehung der Herrschaft angeht, bildet sich in der Patristik eine Auffassung heraus, welche die Sphäre des Politischen der erbsündigen Verfasstheit zuordnet, »peccatum« und »potestas«

also in einem Zusammenhang bringt. Danach ist Herrschaft von Menschen über Menschen Folge des sündhaften Abfalls von Gott und zugleich Strafe, die Gott für die Erbsünde auferlegt. So führt Augustinus in seinem geschichtstheologischen Werk »De Civitate Dei«, das die Eroberung Roms 410 durch den Westgotenkönig Alarich reflektiert, die Herrschaft auf die Erbsünde zurück, auch wenn er die Ordnungsfunktion des Staates anerkennt. Auf sozialer Ebene hat die Erbsünde die »Begierlichkeit zur Herrschaft« (libido dominandi) zur Folge und ebenso die Ausbildung der »irdischen Bürgerschaft« (civitas terrena). An deren Anfang steht für Augustinus archetypisch Kain, der (aus Neid) den Bruder ermordete und zum Städtebauer wurde, wie auch die römischen Stadtgründer Romulus und Remus.[16] In diesem Schatten stehen alle nachfolgenden Gemeinwesen, die nun zugleich die unentbehrliche Aufgabe haben, die Folgelasten der Erbsünde einzudämmen. Politische Herrschaft ist Folge der Erbsünde und hat damit wie alle Macht pekkaminöse Züge.

Dieser Zusammenhang zwischen Erbsünde und politischer Herrschaft wird im Hochmittelalter aufgelöst. Nicht die Erbsündenlehre steht dabei in Frage, sondern ihre praktischen Folgen für die politische Theorie. Dafür steht Thomas von Aquin, der die Erbsünde im Verlust der ursprünglichen Gerechtigkeit sieht,[17] ihre Reichweite als Erklärungsmuster aber einschränkt. Die Aristotelesrezeption seiner Zeit und die Wertschätzung der Vernunft ermöglichen es, politische Herrschaft aus der Sozialnatur des Menschen zu begreifen. Im Bruch mit der überkommenen Theorie sieht Thomas in seiner politischen Theorie[18] den Menschen von Natur aus auf ein politisches Gemeinwesen hin angelegt, das auch der Herrschaftsformen bedarf. »Es ist die natürliche Bestimmung des Menschen, das für gemeinschaftliches und staatliches Leben erschaffene Geschöpf zu sein, das gesellig lebt« (animal sociale et politicum).[19] Denn als Mängelwesen ist er aus Naturnotwendigkeit auf andere angewiesen und muss sich mit Hilfe seiner Vernunft das Nötige verschaffen. Hauptzweck des Staates ist demnach die Sicherung des Lebens, d. h. die Daseinsvorsorge zur Befriedigung der materiellen Bedürfnisse, sowie die Sicherung des sittlich »guten Lebens« (bene vivere), damit das transzendente Ziel menschlichen Strebens erreicht werden kann.[20]

Der Staat hat nach Thomas also einen sozialen und ethischen Zweck, dem auch die Regenten zu dienen haben. Dementsprechend begreift Thomas auch die Herrschaft in einem Gemeinwesen nicht mehr als Folge und Strafe für die Erbsünde, sondern als die Notwendigkeit einer Leitung, die auch »in statu innocentiae« (im Stand der Unschuld) bestanden hätte. Nicht Herrschaft oder Macht an sich entstammen der Sünde, sondern nur ihr gemeinschaftswidriger Gebrauch. Thomas entzieht also den politischen

Bereich einer erbsündenorientierten Interpretation und bewirkt damit einen Paradigmenwechsel. Mit anderen mittelalterlichen Denkern wie Ägidius Romanus oder Marsilius von Padua eröffnet er damit den Weg zu einer autonomen Staatskonzeption auf vernunftrechtlicher Grundlage, insofern Macht nicht schon als solche als pekkaminös verdächtigt wird, sondern nur ihr Missbrauch sündhafte Züge trägt.[21]

III. Dialektische Freiheitssituation: Erbsünde und Erbgnade

Die zahlreichen Entwürfe, die in der zweiten Hälfte des 20. Jahrhunderts zur Erbsündenlehre vorgelegt wurden, zeichnen sich durch ihre Pluralität aus. Offensichtlich ist die Thematik so komplex und vielschichtig, dass sie verschiedener Perspektiven bedarf. Wenn wir hier auf den systematischen Entwurf einer Erbsündenlehre zurückgreifen, den *Karl Rahner* vor allem in seinem Spätwerk »Grundkurs des Glaubens« vorgelegt hat, dann muss man sich bewusst sein, dass er zwar einem (auch von anderen Theologen, z. B. P. Schoonenberg, vertretenen) »geschichtlich-situativen« Typ nahe steht, doch seinem Entwurf eine eigenständige Gestalt gibt, die den Gehalt mit modernen Kategorien auf den Begriff bringt, nicht ohne aktuelle Fragestellungen wie die Evolutionstheorie aufzugreifen.[22]

1. Kreatürliche Freiheit

Rahner entwickelt sein Sünden- und Erbsündenverständnis im Rahmen einer transzendentaltheologischen Freiheitslehre. Danach ist der Mensch ein Geistwesen, das sich selbst aufgegeben ist und als Subjekt über das Vermögen der Selbstbestimmung verfügt. Diese Freiheit aber ist von Gott her getragen und auf Gott hin ausgerichtet. Sie ist mithin kreatürliche Freiheit. Dies zeigt sich zum *einen* im Bezug auf einen absoluten Horizont. Die endliche Freiheit ist auf den frei verfügenden und unverfügbaren Gott verwiesen, der in jedem Akt der Freiheit als ihr tragender Grund und letztes Woraufhin implizit mitgegeben ist. Kreatürliche Freiheit ist getragen und ermächtigt von ihrem absoluten Horizont her, vom göttlichen Geheimnis. Diese transzendentale Verwiesenheit auf einen Horizont ist für Rahner der Ansatzpunkt für ein Verständnis der Sünde, und zwar insofern, als die Freiheit zugleich eine Freiheit gegenüber diesem Horizont ist, sie also die Möglichkeit hat, ihre eigene Möglichkeitsbedingung zu verneinen.

Zum *anderen* zeigt sich die Kreatürlichkeit der Freiheit daran, dass sie immer durch die sie umgebende Um- und Mitwelt vermittelt ist. Das heißt, dass »transzendentale Freiheit« sich immer in »kategorialer Freiheit« auszeitigt. Der Mensch vollzieht also seine ursprüngliche Freiheit immer nur im Durchgang durch eine ihm auferlegte Geschichte, so dass von einer »Situationsbedingtheit der kreatürlichen Freiheit« die Rede sein kann. Diese Situation, in der sich kreatürliche Freiheit notwendig vollzieht, ist immer schon von Objektivationen der Schuld mitgeprägt, so dass sich für Rahner hier der Ansatz für ein Verständnis der Erbsünde ergibt.

Weil nämlich die Selbstverfügung des Subjekts konstitutiv mitgeprägt ist durch die Freiheitsgeschichte aller übrigen Menschen und damit auch durch die darin enthaltenen Objektivationen fremder Schuld, ist davon auszugehen, dass jede Freiheitstat bleibend und unentrinnbar auch von fremder Schuld mitbestimmt ist. Darum kann keiner noch so guten Freiheitstat die Umprägung dieser schuldbestimmten Freiheitssituation gelingen. Ja, bis zum Ende der Geschichte wird es nicht möglich sein, diese Hypothek objektivierter Schuld jemals zu eliminieren.

Rahner erläutert diese von Schuld mitbestimmte Freiheitssituation an einem anschaulich und berühmt gewordenen Beispiel der zeitgenössischen Lebenswelt, das zwar vortheoretisch ist, aber das Problem illustriert:

> »Wenn man eine Banane kauft, reflektiert man nicht darauf, dass deren Preis an viele Voraussetzungen gebunden ist. Dazu gehört unter Umständen das erbärmliche Los von Bananenpflückern, das seinerseits mitbestimmt ist durch soziale Ungerechtigkeit, Ausbeutung oder eine jahrhundertealte Handelspolitik. An dieser Schuldsituation partizipiert man nun selbst zum eigenen Vorteil. Wo hört die personale Verantwortung für die Ausnützung einer solchen schuldmitbestimmten Situation auf, wo fängt sie an? Das sind schwierige und dunkle Fragen.«[23]

2. Von Schuld mitbestimmte Freiheitssituation

Diese mehr anthropologische Einsicht in die soziale Verflochtenheit des Individuums, die dessen sittliches Tun mitbestimmt, erhält nun durch die christliche Tradition der Erbsündenlehre eine *Radikalisierung*. »Die Universalität und Unüberholbarkeit der Schuldbestimmtheit der Freiheitssituation in der einen Menschheitsgeschichte impliziert eine ursprüngliche, schon am Anfang mitgegebene Schuldbestimmtheit der Menschheitssituation, impliziert eine ›Erbsünde‹«[24]. Diese ursprüngliche Situation ist für Rahner die ursprunggebende Menschheit am Anfang ihrer Geschichte, »Adam«, verstanden nicht als einzelner Mensch, sondern als diese ursprunggebende Menschheit. Die »Ursprungssünde« Adams besteht nun formell in der Verweigerung des Menschen gegenüber der Gnade der Selbstmitteilung Gottes, also der Berufung zur innigsten Gemeinschaft mit Gott, die das menschliche Dasein (über sein Geschöpfsein hinaus) von Anfang an bestimmen sollte. Diese »heiligmachende« Gnade war dem Menschen von Gott her gleichsam als grundlegendes, seinem ganzen sittlichen Handeln vorausliegendes und es tragendes *»übernatürliches Existential«* zugedacht. Dies schlug die ursprunggebende Menschheit im Vollzug ihrer transzendentalen Freiheit aus. Das aber hat eine verhängnisvolle Konsequenz für die ganze nachfolgende Menschheit: Ihr wird dieses »Existential« der heiligenden und rechtfertigenden Gemeinschaft mit Gott nicht mehr (wie ursprünglich von Gott gewollt) durch ihre Herkünftigkeit von »Adam«, also von der einen ursprunggebenden Menschheit und ihrem gottgesetzten Anfang her, vermittelt; die Schöpfung auf Gnade hin ist durch die Ursprungssünde unterbrochen worden.

Von dieser Bestimmung der Ursünde her wird erhellt, wie nun »Erbsünde« nach Rahner zu bestimmen ist: Ihr Wesen besteht im *Fehlen* der dem Menschen ursprünglich zugedachten heiligmachenden Gnade, im Fehlen der Selbstmitteilung Gottes als eine den Menschen im Voraus heiligende Qualität, die ihm durch seine Herkünftigkeit vermittelt sein sollte. Das Fehlen dieser existentialen Heiligkeit ist daher nicht bloß eine Minderung der Möglichkeiten (»Erbschaden«), sondern ein Fehlen, das *nicht sein soll*, sich gegen den Willen des Schöpfers richtet und daher ein Zustand der Sündigkeit oder kurz »Erbsünde« genannt werden kann.

Da dieses nicht sein sollende Fehlen weder mit der adamitischen Herkunft an sich noch mit der Summe aller persönlichen Sünden gegeben ist, kann es nur durch die Schuld der herkunftgebenden Menschheit gegeben sein. Dabei ist zu berücksichtigen, dass nicht eine personale Tat »Adams« den Nachkommen forensisch als ihre eigene Schuld angerechnet oder gleichsam biologisch auf sie übertragen wird; personale Schuld ist wie jede sittliche Qualität einer Handlung so einmalig und unübertragbar wie das Subjekt selbst. Daher ist »Erbsünde« nach Rahner in einem *analogen* Sinn zu verstehen. Das heißt, bei der zweifachen Anwendung des Wortes Sünde – sowohl auf eine personale böse Tat eines Subjekts als auch auf eine generelle Unheilssituation – wird »Sünde« nicht univok verwendet, sondern analog. Der Begriff »Sünde« enthält also bei bleibender Ähnlichkeit ein Moment der Unähnlichkeit: »Erbsünde« ist Sünde als Verweigerung Gott gegenüber, aber nicht aufgrund einer persönlich zu verantwortenden Tat, sondern aufgrund der Herkünftigkeit von »Adam« her. Von dort her ist der Mensch der Herrschaft der Sünde unterworfen, und zwar vorgängig zu seinem eigenen Tun, ohne dass es sich um so etwas wie eine »Kollektivschuld« handelte.

3. Dialektische Freiheitssituation

Diesen erbsündigen Zustand nun nennt Rahner eine existentiale Situation der Gnadenlosigkeit. Dadurch, dass sich die ursprunggebende Menschheit der Selbstmitteilung Gottes verweigert, begründet sie eine Unheilssituation. Das Existential der Erbsünde bestimmt mithin die Freiheitssituation eines jeden Menschen. In der konkreten Heilsordnung ist jedoch zugleich mitzusagen, dass in Christus, in dem und auf den hin die Welt geschaffen ist, auch die Gnade als ein die Freiheitssituation bestimmendes Existential zu verstehen ist. Daher steht der Mensch immer schon in einer dialektisch bestimmten Situation, insofern er sowohl vom »Anfang«, der herkunftgebenden Menschheit, als auch von Christus, dem »Ende« und Ziel der Schöpfung, her bestimmt ist. Er steht somit in einer Entscheidungssituation, in der der Mensch zu wählen hat, ob er sich frei auf seine Herkünftigkeit von »Adam« her oder seine Zukünftigkeit auf Christus hin orientiert. In einer Kurzformel hält Rahner fest: »Der Mensch ist Erbsünder von Adam her *und* Erlöster auf Christus hin.«[25]

Diese dialektische Freiheitssituation zwingt nun zur Entscheidung, das Existential der Erbsünde oder das der Gnade zu wählen, eines von beiden durch die eigene Freiheitsentscheidung zu ratifizieren, sei es als »Erbsünder« durch persönlich zu verantwortende Sünden oder sei als »Erlöster« durch Glaube, Hoffnung und Liebe. Der Mensch steht also vor der Alternative, die eine oder die andere »vorgegebene Situationswirklicheit« zu übernehmen, um darin »entweder schlechthin (undialektisch) vor Gott gut *oder* böse« zu sein.[26]

Zusammenfassend lässt sich festhalten, dass nach Rahner Erbsünde

> »gar nichts anderes [besagt] als den geschichtlichen Ursprung unserer heutigen, durch die Schuld mitbestimmten, universalen und nach vorn nicht überholbaren Freiheitssituation, insofern, als diese Situation eine Geschichte hat, in der die göttliche Selbstmitteilung als Gnade den Menschen wegen dieser universellen Schuldbestimmtheit seiner Geschichte nicht von ›Adam‹, dem Anfang der Menschheit, her zukommt, sondern vom Ziel der Geschichte, von dem Gottmenschen Jesus Christus.«[27]

IV. Hermeneutisches Potential

Die Lehre von der Erbsünde gab und gibt immer wieder zu denken. Über die theologischen Bemühungen hinaus ist etwa auf die Philosophie der Aufklärung zu verweisen, in der ein Jean Jacques Rousseau den Sündenfall substituiert und in die gesellschaftlichen Verhältnisse verlegt (Einführung des Eigentums) oder ein Immanuel Kant den Sündenfall positiviert und als Emanzipation der Vernunft begreift.[28]

1. »Erbsünde« und Shoa

Wenn wir auf das 20. Jahrhundert schauen, greifen Philosophen zum Erbsündenparadigma, wenn sie die Katastrophe der Vernichtung der Juden (Shoa) reflektieren. Als erster hat wohl der Mitbegründer der Frankfurter Schule, Theodor W. Adorno, diesen Zusammenhang hergestellt, als er formulierte: »Was immer der Einzelne oder die Gruppe gegen die Totalität unternimmt, deren Teil sie bildet, wird von deren Bösem angesteckt, und nicht minder, wer gar nichts tut. Dazu hat die Erbsünde sich säkularisiert.«[29] Nur diese theologische Kategorie scheint, wenn auch in säkularisierter Gestalt, geeignet, das Katastrophische der Geschichte zu benennen. Hinter dieser Aussage steht Adornos gewiss pessimistische Geschichtsphilosophie, derzufolge die Geschichte einen »Verblendungszusammenhang« darstellt, der sich in der Barbarei von Auschwitz enthüllte. Denn hier trete das Misslingen der Kultur und die zum Selbstzweck gewordene totalitäre Herrschaft hervor. Adorno ist kein Theologe, aber mit seinem Verständnis eines Unheilszusammenhangs und seinem Rückgriff auf den Begriff der Erbsünde formuliert er ein Pensum für die Theologie. Dieses Pensum hat sie freilich zu reflektieren im Licht einer Offenbarung, die angesichts der Sündenmacht in der Geschichte die überfließende Gnade Christi zur Sprache bringt.

Wie Adorno greift auch der amerikanische Philosoph Robert Nozick auf die Erbsündenthematik zurück, wenn er philosophisch über die Dinge des Lebens wie Sexualität und Glück, Emotionen und Konzentration nachdenkt, aber auch über den Judenmord des 20. Jahrhunderts, dem er einen heilsgeschichtlichen Stellenwert verleiht:

> »Ich glaube, dass der Holocaust ein Ereignis wie der Sündenfall ist, wie ihn das traditionelle Christentum auffasste, etwas, das die Situation und den Status der Menschheit radikal und drastisch ändert. Ich selbst glaube nicht, dass es tatsächlich jenes Ereignis gegeben hat, seit dem der Mensch in Erbsünde geboren ist, aber etwas Ähnliches ist jetzt geschehen. Die Menschheit ist gefallen.«

Nicht nur die Deutschen hätten den anderen Menschen »Schande gemacht«, so Nozick, sondern die Menschheit habe sich »befleckt« und »entweiht«. Er geht sogar noch einen Schritt weiter und sagt, ausdrücklich als Nichtchrist, dass die christliche Theologie von *zwei* entscheidenden *Verwandlungen* rede, vom Sündenfall und von Kreuz und Auferstehung Jesu, wodurch die Menschheit aus ihrem gefallen Stand erlöst wurde.

> »Ganz gleich, welche verwandelte Situation oder Möglichkeit die Kreuzigung und Auferstehung herbeiführen sollte, sie sind zu Ende; der Holocaust hat die Türen geschlossen, die Christus geöffnet hatte. [...] Der Holocaust ist eine dritte entscheidende Verwandlung. Es bleiben immer noch die ethischen Lehren und das Beispiel des Lebens Jesu vor seinem Ende, aber es ist nicht mehr die erlösende Botschaft Christi wirksam. In diesem Sinn hat die christliche Ära aufgehört.«

Nozick nimmt also eine Umkehrung der Heilsgeschichte vor und setzt als eigentlichen Sündenfall den Holocaust, für den Christus nicht gestorben sei, so dass wir in einem »unerlösten Zustand« leben. Was aber bleibt dann? »Was Jesus vor dem Holocaust angeblich für uns getan hatte, muss die Menschheit jetzt für sich selber tun.« Das heißt, Erlösung geschieht nur mehr dadurch, dass jeder die Leiden anderer auf sich nimmt.[30]

Bei dieser gewagten Applikation der Erbsündenlehre auf den Holocaust wird gewiss deutlich, dass die Shoa eine überaus erschreckende Manifestation der Sünde als herrschender Macht darstellt. Aber auch dieser Einbruch des Bösen in die Geschichte bedarf der Erlösung durch Jesus Christus; denn eine zur Selbsterlösung verdammte Menschheit kann sich nicht wie der Lügenbaron Münchhausen selbst aus dem Sumpf ziehen.

2. Theologische Interpretationswege

Die gegenwärtigen theologischen Interpretationsansätze der Erbsündenlehre sind so vielgestaltig, dass nicht einmal Konsens über eine einheitliche Typologie dieser Ansätze erreicht werden kann. So unterscheidet Urs Baumann vier Modelle, einen historischen, einen evolutionistischen, einen »soziologischen« und einen personalen Interpretationsweg, welch letzterem er selbst zuneigt.[31] Helmut Hoping unterscheidet drei Interpretationsrichtungen, eine naturalistisch-essentialistische, eine existential-personalistische und eine situative,[32] während Siegfried Wiedenhofer fünf Haupttypen sieht: ein theologisches Paradigma (Erbsünde als Solidarität in der Sünde), ein soziologisches Paradigma (Erbsünde als Zwang strukturellen gesellschaftlichen Unrechts), ein feministisches Paradigma (Erbsünde als Sünde des Patriarchats und des Sexismus), ein psychologisches Paradigma (Erbsünde als Angst) und ein kosmologisch-metaphysisches Paradigma (Erbsünde als Gespaltenheit und Trägheit).[33] Christoph Böttigheimer schließlich spricht von sechs Typen der Deutung, einer historisch-empirischen, einer evolutionistisch-empirischen, einer existential-transempirischen, einer soziologisch-empirischen, einer tiefenpsychologischen und einer transzendental-geschichtlichen Deutung.[34] Einige der wichtigsten hier genannten Typen seien kurz charakterisiert, ohne indes in diesem Rahmen diskutiert werden zu können.

Ein schulbildender Typ ist die *historisch-naturalistische* Interpretation, die das naturhaft-objektive Moment der Erbsünde betont und von einem historischen Verständnis Adams, von Urstand und Sündenfall am Anfang der Menschheitsgeschichte ausgeht. Die Erbsünde wird naturalistisch, die Übertragung als biologischer Zeugungszusammenhang gedacht. Damit wird das schultheologische Frageraster ohne weiteres als heuristischer Rahmen betrachtet.

Der *symbolisch-hermeneutische* Typ der Interpretation dagegen, wie ihn Paul Ricoeur entwickelt hat, will »den Begriff destruieren«, um seinen Inhalt (juridische Schuldkategorie und biologische Vererbungskategorie) als falsch aufzudecken und die Erbsünde als »das rationale Symbol« dessen neu zu entdecken, was im Sündenbekenntnis ausgesprochen wird: die Entlarvung des (eigenen) Bösen mit der Aussicht auf Vergebung. Eine solche Hermeneutik unterscheidet drei Bedeutungsebenen von Erbsünde: die religiöse Erfahrung des Bösen als Befleckung, Sünde, Schuld; der exemplarisch erzählende Adamsmythos als Hermeneutik der religiösen Erfahrung und die spekulative Chiffre der Erbsünde als Hermeneutik des Adamsmythos.[35]

Der *geschichtlich-situative* Interpretationstyp, den vor allem Piet Schoonenberg entwickelt hat und der eine breite Wirkungsgeschichte entfaltete, versucht Erbsünde als eine dem Handeln vorgängige Solidarität in der Sünde zu verstehen und bedient sich dabei der Kategorie des »sündigen Situiertseins«; dieses ist einerseits Ergebnis der vorangegangenen Geschichte der sündigen Taten und wird andererseits zur inneren Bestimmtheit der Person, die in dieser Situation lebt. Der Mensch befindet sich somit in situativer Freiheit und steht in einer doppelten geschichtlichen Situation des Unheils, aber auch des Heils.[36]

Die *tiefenpsychologische* Interpretation versteht Sünde vor dem Hintergrund der Kierkegaardschen Angstanalyse als neurotische Fehlentwicklung eines Daseins ohne Gott, d.h. als Abwendung von Gott unter dem Bann der Angst. In dieser Perspektive wird die jahwistische Urgeschichte als die Entwicklungsgeschichte gedeutet, die psychogenetisch von jedem Individuum zwischen Geburt und Reife durchlaufen wird, d.h. sie ist die ontogenetische Rekapitulation der humanen Phylogenese.[37]

Eine *sprachtheologische* Rekonstruktion der Erbsünde betrachtet in der sprachlichen Kommunikation die allgemeine Verkehrtheit im Prozess der Selbstvermittlung menschlicher Identität, die nur von der Wahrheit der Identität im Glauben an Christus her zu bestimmen und zu überwinden ist.[38]

Ein *transzendental-geschichtliches* Verständnis versucht die bekannten Aporien dadurch zu beheben, dass es die Erbsünde metahistorisch als transzendental-geschichtliches Freiheitsgeschehen und damit nicht mehr als Natur-, sondern als Freiheitsbestimmung zu denken versucht.[39]

3. Bleibende hermeneutische Bedeutung der Rede von der Erbsünde

Über die verschiedenen Interpretationswege hinaus, die sehr unterschiedliche Perspektiven aufweisen und sich zum Teil ergänzen, ohne indes in eine einheitliche Theorie der Sünde überführt werden zu können, soll exemplarisch die bleibende hermeneutische Bedeutung der Erbsündenlehre benannt werden, die bei einer künftigen Gestalt der Erbsündenlehre zu entfalten ist. Dabei ist auch die konfessionelle Differenz der Erbsündenlehre zu beachten. Sie besteht vor allem darin, dass die protestantische Theologie in den persönlichen Sünden einen Ausdruck des Sünderseins sieht, welches als allgemeine Sündhaftigkeit auch die Taufe überdauert und zu einer verderbten Natur führt.[40] Nach katholischer Auffassung dagegen sind die Getauften von der Erbsünde befreit, auch wenn die Begierlichkeit (Konkupiszenz) als »Zündstoff der Sünde« bleibt und immer neu zum Kampf gegen die Versuchung zum Bösen herausfordert (DH 1515).

Vier konstitutive Elemente für ein theologisch angemessenes Verstehen der traditionellen Rede von der »Erbsünde« seien hier zusammenfassend genannt:

a) Das Subjekt

Die Erbsündenlehre dient einer realistischen Wahrnehmung des Bösen als Sünde und dechiffriert deren doppelte Gestalt: Zum einen als Tun des Bösen, das einem freien und daher verantwortlichen Subjekt als persönliche Schuld zuzuschreiben und von diesem als Sünde erkannt und in einem Bekenntnis vor Gott (coram Deo) ausgesprochen wird; zum anderen als beherrschende Macht, die dem Einzelnen in menschheitsgeschichtlicher Vermittlung existential vorgegeben ist und ihn innerlich prägt.

Als Symbol dieser Grunderfahrung, dass das Subjekt nicht nur souverän das Böse tut, sondern zugleich auch sein Gefangener ist, kann die paulinische »Psychologie der Sünde« (Röm 7,7–25) gelten, nach der nicht nur das Ich, sondern auch die im Ich wohnende Sünde »handelt«. Wie die Widersprüche und Konflikte in der Person, im zwischenmenschlichen Leben und im Verhältnis der Gruppen und Völker zeigen, ist der Einzelne zugleich Ursache und Opfer des Bösen, »simul causa et victima« (GS 8).

In diesem Sinn ist die subjektive und objektive Verstrickung ins Böse so etwas wie eine kollektive Verflechtung, die Teil der Existenz ist; dies besagt, »dass kein Mensch mehr am Punkt Null, in einem ›status integritatis‹ (= von der Geschichte unversehrt), anfangen kann. Keiner steht in jenem unversehrten Anfangszustand, in dem er nur frei sich auszuwirken und sein Gutes zu entwerfen brauchte; jeder lebt in einer Verstrickung, die ein Teil seiner Existenz selbst ist.«[41] Diese Verstrickung wird jedoch durch die in Jesus Christus eröffnete Heilssituation überholt, die im Glauben dazu befähigt und einlädt, zum Erben der Gnade Gottes und zum »Miterben Christi« (Röm 8,17) zu werden.

b) Das Soziale

Die aus dem lateinamerikanischen Raum inspirierte theologische Reflexion kommt mit Blick auf den Sündenbegriff und die soziale Wirklichkeit zum Schluss, dass es eine »Objektivierung der Sünde im wirtschaftlichen, sozialen, politischen und ideologisch-kulturellen Bereich« gibt.[42] Die Rede von der »sozialen Sünde« betont also den systemischen Charakter und bezieht sich auf die sozialen Ordnungen und Strukturen, d. h. auf die sozialen Institutionen, Regeln und Normen, welche die Grundrechte sichern (Recht), die Befriedigung der Grundbedürfnisse regeln (Wirtschaft) und die zwischenmenschlichen Beziehungen gestalten (Kultur). Dabei handelt es sich ja weder um einfach naturwüchsige Gegebenheiten noch um das Ergebnis anonymer Entwicklungen, sondern um institutionelle Gegebenheiten, die weitgehend von Menschen selbst geschaffen sind. Gutes und böses (sündhaftes) Handeln kann sich in solchen sozialen Ordnungen ablagern, die dann ihrerseits wieder auf die einzelnen Menschen prägend zurückwirken. Damit soll nicht das Ethos von der Person auf die Struktur verlagert werden, was zur Abdankung von Freiheit und Verantwortung führen würde. Wohl aber können Strukturen »pekkaminös« sein und zur objektiven Erscheinungsform der Sünde, zur »konkreten Unfreiheit« werden. Subjektiv schuldig werden diejenigen, die solche »Ordnungen« erzeugen oder bewahren, ihre Nutznießer sind oder komplizenhaft dazu schweigen. Es gibt also »Strukturen der Sünde«, die soziale Institutionen prägen,[43] wobei eine Wechselwirkung zwischen persönlicher und sozialer Sünde anzunehmen ist, denn »hinter jeder Situation von Sünde stehen immer sündige Menschen.«[44] Die neuen Kategorien, welche die soziale Dimension der Sünde betonen und ansatzweise schon konziliare Dokumente prägen (GS

25 und 39) tragen wesentlich dazu bei, dass die Erbsündenlehre als theologische Hermeneutik gerade auch der sozialen Wirklichkeit verstanden werden kann, was ihr eine größere Realitätsnähe verleiht.[45]

c) Die Geschichte

Oswald von Nell-Breuning, ein großer Meister der katholischen Soziallehre im 20. Jahrhundert, bemerkte einmal zur Frage der Sozialisierung und des Gemeineigentums, bei deren Klärung im Nachkriegsdeutschland (1946/47) er maßgebend mitwirkte:

> »Der erfahrene Kenner des Menschenherzens *zweifelt* allerdings an diesem wunderbaren Aufblühen reiner Selbstlosigkeit; der gläubige Christ aber *weiß*, dass die Erbsünde und ihre Folgen durch sozialreformerische Maßnahmen nicht behoben werden können und dass darum die klassenlose Gesellschaft mit ihrem Gemeineigentum ein Wahntraum ist.«[46]

Die Erbsündenlehre leistet insofern auch einen Beitrag zur Hermeneutik der Geschichte, als sie nicht nur konkrete Projekte, sondern grundsätzlich alle Theorien kritisiert, welche die immanente Vollendbarkeit der Geschichte behaupten oder gar mit Gewalt durchsetzen wollen. Denn sie verweist auf jene pekkaminösen, also der menschlichen Sünde zuzurechnenden Momente, durch welche die Geschichte bis zu ihrer Vollendung im Reich Gottes missgestaltet wird (GS 40).

Einen »hermeneutischen Wert« misst auch die Sozialenzyklika »Centesimus Annus« (1991) Johannes Pauls II. der Lehre von der Erbsünde bei, weil sie die Wirklichkeit des Menschen zu begreifen hilft, der nach dem Guten strebt, aber auch des Bösen fähig ist. Es sei die »Wunde der Ursünde«, die den Menschen zum Bösen treibe und ihn erlösungsbedürftig mache. Diese Einsicht erlaubt die Kritik an totalitären Positionen:

> »Wenn Menschen meinen, sie verfügten über das Geheimnis einer vollkommenen Gesellschaftsordnung, die das Böse unmöglich macht, dann glauben sie auch, dass sie für deren Verwirklichung jedes Mittel, auch Gewalt und Lüge, einsetzen dürfen. Die Politik wird dann zu einer ›weltlichen Religion‹, die sich einbildet, das Paradies in dieser Welt zu errichten. Aber niemals wird irgendeine politische Gesellschaft, die ihre eigene Autonomie und ihre eigenen Gesetze besitzt, mit dem Reich Gottes verwechselt werden können.«[47]

d) Der Kampf

Der realistische Blick auf das menschliche Leben als dramatische Entscheidungssituation »zwischen Gut und Böse« (GS 13) wird ergänzt durch die Einsicht, dass »die objektiven Verhältnisse selbst (ordo rerum) von den Auswirkungen der Sünde betroffen sind« und der »mit Neigung zum Bösen geborene Mensch wieder neue Antriebe zur Sünde« findet (GS 25). In diesem Sinn ist die Erbsündenlehre auch Code für die Fehlbarkeit des Menschen und eine Kurzformel für seine innergeschichtliche Unvollendbarkeit. So erinnert sie an die Erlösungsbedürftigkeit des Menschen und bezeugt zugleich die Hoffnung auf die Vollendung der Geschichte durch Gott. Deren eschatologisches Symbol ist die »heilige Stadt« Jerusalem (Offb 21,10), die vom Himmel herabschwebt und in der alle Völker zusammenfinden. Dass im letzten Buch der Bibel die Metapher für die Vollendung des Menschen und seiner Welt von Gott her nicht die Natur, sondern das Kultursymbol der *Stadt* ist, verweist auf den Wert des menschlichen Schaffens als Weiterentwicklung der Schöpfung (vgl. GS 34) und weist in die sittliche Pflicht ein, durch tätige Gestaltung der Gegenwart in Gerechtigkeit ein Zeugnis für das Wirken der Gnade abzulegen und dieser Gnade einen Raum für konkretes, welthaft vermitteltes Erscheinen zu schaffen.

Das Ringen um Gut und Böse, die Brüchigkeit des Daseins, die Ambivalenz des Tuns und die innere Verwundung der Kreatürlichkeit lassen erkennen, dass auch jede noch so gut motivierte Weltgestaltung von jener Konkupiszenz geprägt bleibt, die – wie das Konzil von Trient sagt – »ad agonem« (zum Kampf) auferlegt bleibt. Im Licht einer auf Christus hin gedeuteten Erbsündenlehre ist dieser Kampf aber weder titanisch noch prometheisch noch eine Sisyphosarbeit, sondern eine sittliche Anstrengung, die ihre Vollendung durch Christus erhofft. In diesem Sinn mag die letzte Auskunft über die Sünde »Adams« das Wort des in der Osternacht gesungenen Exsultet sein: »O selige Schuld (felix culpa), die einen solchen Erlöser zu haben verdient.« Es ist dieser Erlöser, der die von der Sünde Verwundeten einlädt, zu Erben der Gnade Gottes und zu »Miterben Christi« (Röm 8,17) zu werden.

Exkurs: Zum Verständnis der theologischen Rede vom »Teufel«

Im Kontext der bibeltheologischen Beschäftigung mit der Frage nach dem Einbruch von Sünde und Tod in die Welt, so wie er in Gen 2 und 3 beschrieben wird,[1] stießen wir bereits auf das Thema »Teufel«. Auch wenn dort die Schlange noch nicht (wie am Ende der alttestamentlichen Zeit in Weis 2,24 und in Offb 12,9 und 20,2 f.) ausdrücklich mit dem Teufel identifiziert wird, so nimmt sie doch in der ersten »Sündenfallgeschichte« bereits die Rolle wahr, die in späterer Zeit, sowohl im AT wie im NT, dem Teufel als dem »diábolos« zugeschrieben wird, nämlich den Menschen zum Bösen zu *verführen*. Welche Realität aber steht hinter der unleugbaren Erfahrung, dass wir Menschen immer wieder zum Bösen verführt werden, und zwar gerade auch zu einem abgrundtief Bösen, das alle menschlichen Vorstellungsmöglichkeiten zu übersteigen scheint? Was kann die systematische Theologie zur Klärung dieser stets virulenten Frage beitragen?[2]

Die Tradition der Kirche gibt eine Antwort, die sich bewusst abgrenzt von einer monistischen, dualistischen und schöpfungspessimistischen Auffassung vom Ursprung des Bösen in der Welt. Sie sagt: Die Verführung des Menschen zum Bösen stammt letztlich vom *Teufel*, der aber kein ontologisches Gegenprinzip zu Gott ist. Er ist ein Geschöpf; also ontologisch gut, weil von Gott ins Dasein gerufen und auch grundsätzlich *als* Geschöpf bejaht. Ursprünglich war dieses Geschöpf ein Engel, also auch moralisch gut; in seiner Freiheit lehnte es sich gegen Gott auf; es verlor dadurch definitiv seine moralische Gutheit und wurde im Kampf der Engel von Michael aus dem Himmel gestürzt: »Er wurde gestürzt, der große Drache, die alte Schlange, die Teufel oder Satan heißt und die ganze Welt verführt; der Drache wurde auf die Erde gestürzt, und mit ihm wurden seine Engel hinabgeworfen« (Offb 12,9).

Die kirchliche Lehre wird bereits im Jahr 447 von Papst Leo I. gegen die Irrlehren der Priscillianisten auf den Punkt gebracht (DH 286):

> »Die sechste Bemerkung bezieht sich auf ihre [= der Priscillianisten] Aussage, der Teufel sei niemals gut gewesen und seine Natur sei kein Werk Gottes, sondern er sei aus dem Chaos und der Finsternis aufgetaucht; denn er habe ja keinen Urheber seiner selbst, sondern sei selbst Ursprung und Substanz jeden

Übels; dagegen bekennt der wahre Glaube [...], dass die Substanz aller geistigen und leiblichen Geschöpfe gut ist und dass es keine Natur des Bösen gibt; denn Gott, der der Schöpfer von allem ist, hat nichts gemacht, was nicht gut ist. Daher wäre auch der Teufel gut, wenn er in dem, als was er gemacht wurde, verbliebe. Aber weil er seine natürliche Vortrefflichkeit schlecht gebrauchte ›und nicht in der Wahrheit stand‹ [Joh 8,44], ist er nicht in eine entgegengesetzte Substanz übergegangen, sondern ist vom höchsten Gut, dem er hätte anhangen sollen, abgefallen, so wie auch die, welche solches behaupten, selbst vom Wahren in Falsches stürzen und darin, worin sie sich absichtlich vergehen, der Natur die Schuld geben, und angesichts ihrer willentlichen Verkehrtheit verurteilt werden. Das Übel wird allerdings in ihnen selbst sein, und das Übel selbst wird nicht die Substanz sein, sondern Strafe für die Substanz« (DH 286).[3]

In diesem Exkurs seien nur einige schöpfungstheologisch relevante Aspekte genannt, die den guten *theologischen Sinn* der Rede vom Teufel etwas erklären können.[4]

1. Die traditionelle Antwort des christlichen Glaubens will und kann keine systematisch schlüssige Erklärung für den »absoluten« *Ursprung* des Bösen in der Schöpfung sein; denn auch sie lässt die Frage offen, wie und warum ein rein geistiges Geschöpf, dessen Gotteserkenntnis doch viel größer ist als die des Menschen, sich dennoch gegen Gott auflehnen und entscheiden kann. Wie kommt es zu dieser Entscheidung? Was bringt einen Engel, der ständig in der Anschauung Gottes weilt, dazu, zu Gott nein zu sagen? Was ist an diesem Nein, also am Bösen, so faszinierend, dass selbst ein Engel (und nicht bloß ein schwacher, sterblicher Mensch) ihm erliegt, sich von Gott lossagt und ganz dem Bösen verschreibt? Diese Frage nach dem eigentlichen Wesen und dem letzten Ursprung des Bösen kann auch die Lehre vom Teufel nicht beantworten.

2. Wohl aber wehrt diese kirchliche Lehre jeder Form von *Verharmlosung* des Bösen. Eine Möglichkeit solcher Verharmlosung besteht darin, das Böse ganz und ausschließlich in der menschlichen Freiheit zu lokalisieren, es also auf ein rein anthropologisches Phänomen zu reduzieren. Natürlich ist die menschliche Freiheit der *Erfahrungsort* des Menschen für das Böse, also auch der Ort, wo der Mensch sich zum Bösen entscheidet und es in die Tat umsetzt. Insofern ist die menschliche Freiheit zweifellos der Grund für das Böse, das der Mensch tut. Aber sie ist nach christlicher Auffassung dennoch nicht der einzige *Ursprungsort* des Bösen. Das Böse wird vielmehr als eine *Macht* angesehen, die selbst die Abgründe menschlicher Freiheit übersteigt, die den freien Willen des Menschen knechten kann (vgl. die Rede vom »servum arbitrium«, vom »geknechteten Willen« in der Tradition), die ihn zum Bösen verführt und der der Mensch im Tun des Bösen »nachgibt«, der er sich »überlässt«. Das Böse hat eine »Außenheit«, die »von

der verantwortlichen Freiheit des Menschen nicht aufgearbeitet werden kann« (P. Ricoeur).[5] Genau dies liegt auch dem biblischen Schlangensymbol zugrunde: Der Mensch, der in seiner Freiheit das Böse tut und auch dafür voll verantwortlich ist, »erfindet« das Böse nicht, sondern findet es in der Schöpfung als etwas ihm Vorgegebenes vor, das er aufgreift und fortsetzt. Diese den Menschen verführende *Vorgegebenheit* des Bösen, die dennoch als solche nicht vom Schöpfer stammt, ist wohl der eigentliche theologische Sinn der kirchlichen Lehre vom Teufel. Durch sie wird zugleich auch jeder Art von »Verteufelung« oder »Dämonisierung« eines Menschen ein Riegel vorgeschoben. Ohne den Menschen von seiner Verantwortung für das Böse, das er tut, zu entbinden, schützt ihn die Rede vom Teufel als dem vorgegebenen und ihn verführenden Bösen doch davor, dass ihm wegen seines bösen Tuns seine Menschenwürde abgesprochen und er selbst zum Teufel (und das heißt häufig zum »Freiwild«) erklärt werden dürfte.

3. Auch Auch die Rede von der »Vorgegebenheit« des Bösen erklärt das Böse nicht wirklich; sie weist vielmehr darauf hin, dass das Böse ein letztlich unerklärbares und unverstehbares *Geheimnis* geschöpflicher Freiheit ist. Darum spricht die Tradition auch (im Anschluss an 2 Thess 2,7) mit Recht immer wieder vom »mysterium iniquitatis«, dem »Geheimnis der Bosheit«.

Diesen unerklärbaren Charakter des »zutiefst Bösen« (J. Habermas), der »schlechthinnigen Sinnlosigkeit« (J. Splett), des absolut »Nicht-zu-Rechtfertigenden« (P. Ricoeur), des »ernstlich Gegengöttlichen« (H. U. v. Balthasar) soll die Rede vom Teufel bewussthalten; sie warnt damit vor allzu leichtgewichtigen Erklärungen des Bösen, seien sie psychologischer, soziologischer, biologischer oder anthropologischer Art. Das bedeutet, die Frage nach dem Bösen hat ihren genuinen Ort im Bereich des *religiösen* Glaubens; da also, wo es dem Menschen um das Ganze der Wirklichkeit geht, um sein umfassendes Ja oder Nein zum Dasein, zum Leben, zur Liebe und zum tragenden Grund von all dem. Insofern wird die religiöse Symbolsprache für das abgrundtief Böse nie adäquat in eine entsprechende säkulare Sprache (ob der empirischen Wissenschaften oder der Philosophie) übersetzt werden können.

4. Es ist äußerst schwierig, auch theologisch für diese Realität die angemessenen Kategorien zu finden. Wenn die theologische Tradition seit Augustinus das Böse als Negation des Guten oder als Mangel an Gutem (»privatio boni«) definiert, hat sie insofern Recht, als das Böse *als solches* nicht eine von Gott geschaffene und eben darum »gute«, mit einem eigenen Seinsgehalt ausgestattete Wirklichkeit sein kann. Aber wenn die Hl. Schrift den Teufel als »Widersacher« Gottes und des Guten bezeichnet, meint sie offensichtlich mehr als nur diesen Mangel an Gutem. Sie spricht dem Teu-

fel – was ja auch der Erfahrung des Bösen gerecht wird – eine Realität mit einer eigenen, zutiefst destruktiven Mächtigkeit, Dynamik und Logik zu. Die christliche Tradition verwendet darum zur Beschreibung dieser Macht des Bösen *personale* Kategorien: Der Teufel wird als ein geistiges, mit Freiheit begabtes, diese Freiheit aber total und definitiv zum Nein gegen Gott und seine Schöpfung pervertierendes Geschöpf vorgestellt.

Das bleibend Gültige dieser Vorstellung liegt darin, dass das sittlich Böse nur aus einer geschöpflichen Freiheit hervorgehen kann, die dem Menschen als ihn verführende Macht vorgegeben ist. Allerdings muss man sich hüten, hier zu anthropomorph zu reden, was wiederum der realen, unfassbaren Macht des Bösen nicht gerecht wird; sie kann eben nicht einfach nach dem Muster einer ins Extrem gesteigerten bösen menschlichen Person gedacht werden; auch das wäre eine Form der Verharmlosung des Bösen; hier gilt es, sich der *analogen* Redeweise vom »personalen Bösen« klar bewusst zu bleiben.

Vielleicht kommen *solche* Kategorien dem Gemeinten näher, die das abgrundtief Böse vergleichen mit dem unheilvollen *»Geist«* oder besser *»Ungeist«* einer Zeit, ja einer ganzen Epoche; also mit einer völlig pervertierten geistigen Atmosphäre, die sich nicht einfach als Ergebnis des bösen Tuns einzelner menschlicher Personen, Gruppen oder Bewegungen erklären lässt. Nicht von ungefähr zählt die neutestamentliche Tradition das Böse zu den »Mächten und Gewalten«, die diesen »alten« Äon durch die Sünde und den Tod beherrschen (vgl. 2 Kor 4,4: der »Gott dieser Welt«!). Allerdings sind diese durch Christus bereits definitiv entmachtet. D. h. sie sind durch sein Leben, Sterben und Auferstehen »in ihrer Verlogenheit demaskiert«[6] und damit ihrer für den Menschen so unentrinnbar scheinenden Verführungsmacht endgültig beraubt. Wer dem Weg Christi und seinem Widerstand gegen das Böse nachfolgt, wer dabei zugleich auf den grenzenlosen Vergebungswillen Gottes vertraut, ist bereits eine »Neue Schöpfung«, die nicht mehr machtlos der scheinbaren Übermacht des Bösen ausgeliefert ist.

J. Ratzinger hat einmal als mögliche Kategorie zur Erfassung des Bösen bzw. des Teufels den Begriff des »Zwischen« von Martin Buber vorgeschlagen – allerdings mit umgekehrtem Vorzeichen. Bei M. Buber bedeutet das »Zwischen« die verbindende geistige Sphäre, das personale Medium zwischen Ich und Du, das die einzelnen Personen einerseits so zum Wir verbindet, dass dieses »Wir« eine auch ontologisch höherrangige Einheit darstellt als die bloße Summe der Einzelnen, das aber zugleich auch die Einzelnen in ihrer personalen Unterschiedenheit wahrt, also »eine Realität eigener Art und Kraft« darstellt.[7] Ins Böse pervertiert kann sich eine solche Realität erweisen als

»jenes fest etablierte ›Zwischen‹, das die Menschen zugleich aneinander kettet und voneinander abschneidet, das sie vergewaltigt, indem es ihnen Freiheit vorspielt. Hier wird eine ganz spezifische Eigenart des Dämonischen klar: seine Antlitzlosigkeit, seine Anonymität. Wenn man fragt, ob der Teufel Person sei, so müsste man richtigerweise wohl antworten, er sei die *Un-Person*, die Zersetzung, der Zerfall des Personseins, und darum ist es ihm eigentümlich, dass er ohne Gesicht auftritt, dass die Unkenntlichkeit seine eigentliche Stärke ist. In jedem Fall bleibt, dass dieses ›Zwischen‹ eine *reale Macht*, besser: eine Sammlung von Mächten und nicht bloß eine Summierung von menschlichen Ichen ist.«[8]

5. Teil | Bewährung im Dialog: Anfragen von außen an den christlichen Schöpfungsglauben

A. Schöpfungsglaube und Naturwissenschaften

von Hans-Dieter Mutschler

I. Ist Atheismus ein Implikat der modernen Naturwissenschaft?

Während für Menschen anderer Epochen die Präsenz Gottes in der Welt gewissermaßen evident war, scheint sie sich für viele Zeitgenossen verdunkelt zu haben, manchmal bis zu dem Punkt, dass sie sich der *Nichtexistenz* Gottes sicher glauben.[1]

Der heutige Massenatheismus hat wohl mehrere Ursachen. Sie könnten in einer einseitigen Ausrichtung auf Konsumtion, Produktion, Aktion oder in einem allgemein verbreiteten Hedonismus, also in moralischen Defiziten, liegen. Viel ernster noch sind Erfahrungen, die epochalen Charakter haben und den moralischen Entscheidungen des Einzelnen vorausliegen. Auschwitz, Birkenau, Hiroshima, Nagasaki – die unvorstellbare Grausamkeit solcher Geschichtsereignisse scheint schwer verträglich mit dem Glauben an einen allmächtigen und allgütigen Gott; zumal wenn dessen Existenz nicht mehr auf rationale Weise schlüssig bewiesen werden kann.[2] Der Massenatheismus hat sicher auch mit dem Siegeszug von Naturwissenschaft und Technik zu tun: Naturwissenschaft erklärt jeden materiellen Zustand aufgrund von Gesetzen aus einem vorhergehenden, und Technik, die auf diesem Gesetzeswissen fußt, scheint uns mehr und mehr vom Naturzusammenhang zu befreien, bis hin zu Selbsterlösungsphantasien aufgrund technischer Manipulation.[3]

Die empirische Erklärungskraft und die gesteigerte Macht, herrührend aus Naturwissenschaft und Technik, scheinen jede andere Form des Wissens und Könnens überflüssig gemacht zu haben. Naturwissenschaftliche Theorien können im Experiment präzise dargestellt und beliebig oft wiederholt werden, und technische Geräte haben eine früher nicht vorstellbare Verlässlichkeit bei der Manipulation unglaublicher Energie-, Materie- oder Informationsmengen.

Verstand man in der Antike und im Mittelalter unter »Theorie« eine Art kontemplativer Weisheit, die die letzten Gründe des Seins enthüllte und dem Handeln eine normative Grundlage gab, so verstehen wir heute unter »Theorie« ein experimentell abgesichertes neutrales Wissen, das sich zumeist technologisch anwenden lässt, ohne dass sich die technische Praxis, die daraus entspringt, durch diese Theorien rechtfertigen lässt. Moderne Theorien sind wertneutral – Moral bleibt ihnen äußerlich. Selbst wenn ich alles weiß, was Physik, Chemie und Biologie lehren, weiß ich noch längst nicht, was ich mit diesem Wissen tun soll.

Bewegt man sich ausschließlich im Bereich solcher moderner und formaler Theorien, dann erscheint die Welt als ein rein faktischer, materieller Zusammenhang, der teils durch mathematische Gesetze beschreibbar, teils rein zufälliger Natur ist. Weil mathematische Gesetze keine Sinnvorgaben machen und weil Zufälle ebenso sinnlos scheinen, wird die Welt in einer solchen Sichtweise zu einer Mischung aus »Zufall und Notwendigkeit«, wie der Titel eines berühmten Buches des Molekularbiologen Jaques Monod lautet. Monod hält die naturwissenschaftliche Aufklärung für endgültig. Er sagt in dem erwähnten Buch:

> »Die objektive Erkenntnis zerstört alle mythischen Ontogenien, auf denen für die animistische Tradition – von den australischen Ureinwohnern bis zu den materialistischen Dialektikern – die Werte, die Moral, die Pflichten, Rechte und Verbote beruhen sollten.
> Wenn er diese Botschaft in ihrer vollen Bedeutung aufnimmt, dann muss der Mensch endlich aus seinem tausendjährigen Traum erwachen und seine totale Verlassenheit, seine radikale Fremdheit erkennen. Er weiß nun, dass er seinen Platz wie ein Zigeuner am Rande des Universums hat, das für seine Musik taub ist und gleichgültig gegen seine Hoffnungen, Leiden oder Verbrechen.«[4]

Tatsächlich wäre der Atheismus eine zwingende Folge der Naturwissenschaft, *wenn* Naturwissenschaft die *einzige* Möglichkeit wäre, wie wir uns kognitiv zur Welt verhalten. Allerdings könnte es sein, dass dieser Atheismus allein schon aus der vorausgesetzten Methode folgt. Wenn ich als Erklärungsgründe nur Gesetze zulasse, die materielle Zustände miteinander verbinden, dann *kann* Gott in einem solchen Erklärungsmuster nicht vorkommen, weil er kein begrenztes materielles Datum in Raum und Zeit ist. Der frühe Wittgenstein des Tractatus akzeptiert zwar den Physikalismus: »Die Gesamtheit der wahren Sätze ist die gesamte Naturwissenschaft.« Er fügt aber hinzu: »Wir fühlen, dass selbst, wenn alle *möglichen* wissenschaftlichen Fragen beantwortet sind, unsere Lebensprobleme noch gar nicht berührt sind. Freilich bleibt dann eben keine Frage mehr; und eben dies ist die Antwort.« Diese »Antwort« ist nicht mehr in Worten auszudrücken: »Es gibt allerdings Unaussprechliches. Dies *zeigt* sich, es ist das Mystische.«[5]

Das heißt also: Selbst wenn alles, was gesagt werden kann, in physikalistischer Sprache ausdrückbar ist und wenn eine solche Sprache das Wort »Gott« nicht enthält, folgt daraus noch kein weltanschaulicher Atheismus. Noch plausibler wird dies, wenn man mit dem späteren Wittgenstein zugesteht, dass wir über die Welt in ganz verschiedenen »Sprachspielen« reden können, von denen die Physik nur eines ist. Es gibt ja auch religiöse »Sprachspiele«, die das Wort »Gott« mit Sinn gebrauchen.

Für die Frage nach dem Verhältnis zwischen Naturwissenschaft und Religion ist dieser zweite Punkt von besonderer Bedeutung: Welche Rolle spielen die Naturwissenschaften im Gesamt der Wissenschaften? Sind sie imstande, alles zu erklären, was in der Welt vorkommt?

Eine mächtige materialistische Strömung vertritt diese Position, mit unmittelbar atheistischen Konsequenzen. So schrieb der Philosoph Daniel Dennett 1993 ein Buch mit dem Titel »Consciousness Explained«, auf Deutsch: Wie man das Bewusstsein erklärt.[6] In diesem Buch sagt Dennett sinngemäß, dass das menschliche Bewusstsein für die Naturwissenschaft eines der letzten Mysterien sei, aber die Naturwissenschaft habe bisher noch alles erklären können, und es sei deshalb nicht einzusehen, warum sie ausgerechnet vor dem Bewusstsein Halt machen solle. Die Naturwissenschaft habe sich im Laufe der Jahrhunderte die scala naturae emporgearbeitet vom Einfachen zum Komplexen. Seit Galilei und Newton habe sie das Anorganische in den Griff bekommen, sie habe sich im 19. Jahrhundert bei Darwin dem Problem des Lebendigen genähert und im 20. Jahrhundert mit der Molekularbiologie die Fundamente tiefer gelegt. Nun sei in dieser Welt praktisch alles erklärt, nur der Geist des Menschen mache noch eine Ausnahme, und es wäre doch sehr merkwürdig, wenn wir ausgerechnet hier eine künstliche Grenze ziehen müssten. Diejenigen, die die Eigenständigkeit des Geistes gegenüber der Materie verteidigten, seien irgendwelche kulturkonservative Christen oder alteuropäisch-hartgesottene Humanisten, die auf eine dogmatische Art bestimmten Traditionen anhingen, statt sich dem wissenschaftlichen Fortschritt zu öffnen.

Die Frage, ob der Mensch *in jeder Hinsicht* naturwissenschaftlich erklärbar ist, ist Inhalt der Leib-Seele- oder Gehirn-Geist-Debatte. Dort werden Probleme behandelt wie die Frage nach der Reduzierbarkeit von Erlebnisqualitäten, intentional ausgerichteten Bewusstseinszuständen, der Differenz zwischen kognitiven Einstellungen in der ersten und dritten Person, der Natur menschlichen Handelns usw. Mir scheint allerdings, dass die Antireduktionisten die besseren Argumente haben, also diejenigen, die nicht glauben, dass wir den Menschen naturwissenschaftlich vollständig erklären können.[7] Wenn wir dies akzeptieren, dann hat das auch unmittelbar *theologische* Konsequenzen, denn die Reduktionisten schaffen Gott nur um den Preis ab, dass sie zuvor den Menschen abgeschafft haben. Alle Argumente, die sie gegen die Existenz Gottes vorbringen, sind zugleich Argumente gegen ein traditionelles Bild vom Menschen als einem Vernunft- und Freiheitswesen; dessen Daseins- und Handlungsbedingungen können zwar von vielen Kausalzusammenhängen der Natur abhängen, es geht aber nicht in ihnen auf.

Wenn man nun umgekehrt den Menschen als ein solches Vernunft- und Freiheitswesen anerkennt, kann man die Adäquatheit naturwissenschaftlicher Erklärungen nicht mehr als Argument gegen die Existenz Gottes ins Feld führen. Wer den Menschen *als* Menschen anerkennt, muss zumindest auch die *Möglichkeit* der Existenz Gottes anerkennen; denn ähnlich wie die menschliche Freiheit nicht einfachhin völlig auf Kausalketten reduzierbar ist, so kann schon gar nicht die Existenz Gottes mit naturwissenschaftlichen Methoden erfasst werden. Gott, wie ihn der christliche Glaube versteht, transzendiert nämlich alle Kausalzusammenhänge absolut.

Nun wird man aber häufig bemerken, dass die Materialisten in der Diskussion oft die Naturwissenschaften als Argument gegen die Existenz Gottes anführen, dabei in Bezug auf sich selbst aber eine Ausnahme machen: Sie sprechen sich (zumindest implizit) Freiheit zu, nehmen sich also aus dem Kausalzusammenhang der Natur heraus, spannen aber Gott in diesen Kausalzusammenhang ein, um die Frage nach seiner Existenz ad absurdum zu führen. Dies sei am Beispiel des Materialisten und Physikalisten Bernulf Kanitscheider und des Technikphilosophen Günter Ropohl erläutert.

Bernulf Kanitscheider ist ein materialistischer Physikalist der strengsten Sorte:[8] Er lässt zur Beschreibung des Menschen nur die Naturwissenschaften zu. Für ihn bedeutet Liebe = Sex = Chemie. Menschliches Handeln aus frei gewählten Zwecken hält er für eine reine Illusion, die die Gene in uns hervorrufen. Kanitscheider akzeptiert die Grundthese der Soziobiologie, wonach alle Lebewesen, Menschen und Tiere gleichermaßen, blind gesteuerte Maschinen sind, die sich so verhalten, dass sich ihre Gene maximal reproduzieren.

Diesen schroffen Materialismus, der sich mit einem ebenso schroffen Hedonismus verbindet, vertritt Kanitscheider mit großem prophetischem Schwung und permanenten »aufklärerischen« Appellen. So fordert er z. B. die im metaphysischen und religiösen »Aberglauben« befangene Menschheit auf, eine »grundsätzliche Neuorientierung« vorzunehmen. Oder er betrachtet nach dem Vorbild David Humes die Vernunft als ein »Verrechnungsorgan für die Lustmaximierung«.[9]

All diese Appelle setzen sichtlich einen Adressaten voraus, der sich frei entscheiden kann. Andernfalls ergäben sie keinen Sinn. Offenbar liegt hier ein performativer Selbstwiderspruch vor: Während Kanitscheider Freiheit auf der Theorieebene leugnet, setzt er sie im Vollzug dieser Leugnung insgeheim wieder voraus.

Andere Materialisten, wie der Technikphilosoph Günter Ropohl, geben sich noch nicht einmal die Mühe, diesen Sachverhalt zu verbergen. In seinem Buch »Sinnbausteine für ein gelingendes Leben« betont Ropohl, dass die Natur nichts als ein reiner Kausalzusammenhang sei: »Die Natur ist keine Wesenheit, die Zwecke aufstellen könnte. Zwecke nämlich können nur von Menschen gesetzt werden [...]«,[10] die demnach also doch mehr als »Natur« sind.

Wie die Argumentationen dieser Autoren im Einzelnen auch aussehen mögen, sie enthalten einen fundamentalen Widerspruch: Man kann nicht zugleich behaupten, dass die Natur ein *ausschließlich* materieller Wirkzusammenhang ist, der im Prinzip vollständig durch die Naturwissenschaften erklärt wird, und dann dem Menschen Freiheit des Handelns zusprechen, die sich offenbar naturwissenschaftlich nicht erklären lässt. Dieser Widerspruch wäre nur um den Preis eines ontologischen Dualismus zwischen Materie und Geist zu entschärfen; doch einen solchen Dualismus lehnen diese Materialisten ab, denn sie sind ja überzeugt, dass der Mensch *in jeder Hinsicht* aus der Evolution hervorgegangen ist. Sollte dies wirklich der Fall sein, dann müsste nach ihrer Konzeption Freiheit wie ein unerklärliches Mirakel vom Himmel gefallen sein, um eine scharfe Zäsur zwischen Mensch und Tier zu schaffen. Aber laut materialistischer Überzeugung gibt es weder Mirakel noch scharfe Diskontinuitäten in der Natur. Der Biologe Konrad Lorenz spricht beim Entstehen des Neuen in der Evolution von »Fulgurationen«, also von Blitzen, die hier von irgendwoher einschlagen.[11] Der Begriff stammt aus der leibnizschen Metaphysik und bezeichnet dort das Wirken der Zentralmonade (= Gott) in ihrem Verhältnis zur innerweltlichen Dynamik. Eine solche hochmetaphysische Vorstellung wird also von manchen Reduktionisten herangezogen, um notdürftig Erklärungslücken zu füllen. Ob nicht an dieser Stelle eine christliche Metaphysik oder Schöpfungslehre viel verträglicher mit den Phänomenen wäre? Denn wenn ich davon ausgehe, dass sich Gott nicht nur in der Geschichte, sondern auch in der Natur artikuliert, dass er also in beiden Bereichen der Quell des Neuen ist, dann ist ohne Schwierigkeit vorstellbar, dass es auch »Fulgurationen« wie das In-Erscheinung-Treten von Freiheit geben kann. In der materialistischen Interpretation jedoch wird auf eine Erklärung verzichtet.

Es gibt in dieser Frage nur zwei *konsequente Positionen:* Entweder man bleibt im Ernst Materialist, dann muss man den Preis bezahlen, auf Freiheit zu verzichten, und hat sich die immense Beweislast aufgeladen, den Menschen *in jeder Hinsicht* naturwissenschaftlich zu erklären; oder aber man gesteht dem Menschen »emergente« (= nicht reduzierbare) Qualitäten wie Vernunft und Freiheit zu, die dem kausalen Denken der Naturwissenschaften nicht zugänglich sind. In diesem Fall muss man die *Möglichkeit* offen lassen, dass noch andere Wirklichkeitsbereiche der Naturwissenschaft unzugänglich bleiben, wie z. B. der gesamte Erfahrungsbereich, den die Theologie beschreibt. Die Frage nach Gott entscheidet sich dort, wo man nach dem Menschen fragt. Da ich im Folgenden aus den angedeuteten Gründen voraussetzen werde, dass der Mensch *nicht* vollständig mit den Mitteln beschrieben werden kann, die die Naturwissenschaften zur Verfügung stellen, werde ich den Atheismus nicht mehr als eine plausible Position betrachten, insofern er sich auf die Naturwissenschaften beruft.[12]

Doch selbst dann bleibt ein wichtiges Problem für die Theologie übrig; denn selbst wenn Theologie und Naturwissenschaft keine einander ausschließenden Alternativen sind, so erfordert doch Theologie von ihrem eigenen Selbstverständnis her eine *Vermittlung* zwischen diesen beiden Disziplinen. Es kann ja nach christlichem Selbstverständnis nicht so sein, dass die Wahrheit im einen Bereich mit der Wahrheit im anderen überhaupt nichts zu tun hat. Wenn Gott Schöpfer der Welt ist und wenn christliche Religion einen Wahrheitsanspruch stellt, dann muss der Schöpfungsgedanke auch Licht auf die Inhalte werfen können, die die Naturwissenschaften zu Tage fördern, sonst wäre es um diesen Schöpfungsglauben schlecht bestellt. Wenn sich z. B. die Physikauffassung des 18. Jahrhunderts als wahr erwiesen hätte, wonach die Natur ein totaldeterminierter Zusammenhang ist, ein Uhrwerk, das mechanisch und vorherbestimmt einfach nur die Bewegungen ausführt, die in seine Mechanik einprogrammiert wurden, dann könnte der christliche Schöpfungsglaube nicht wahr sein; denn dieser geht davon aus, dass Gott die Welt aus Liebe und darum die Menschen mit freiem Willen erschaffen hat. Das bedeutet: Gott ist in seiner Schöpfung so präsent, dass er sie dazu ermächtigt, in Geschichte *und* Natur auch Neues, Unableitbares hervorzubringen.[13]

Tatsächlich muss man fordern, dass christliche Schöpfungstheologie den *Fakten*, die die Naturwissenschaft zu Tage fördert, eine darüber hinaus gehende *Bedeutung* verleiht, so dass ein stimmiges Gesamtbild entsteht. Karl Rahner betont zu Recht, dass es nicht möglich sei, »in zwei völlig beziehungslosen Denkebenen sich zu bewegen«. Es genüge nicht, »bloß formallogische Widersprüche zu beseitigen, besser: das Nichtvorhandensein solcher Widersprüche, dort wo sie sich einzustellen scheinen, darzutun«, sondern es sei erforderlich, »eine innere Affinität der beiden Größen, eine Art Stilgleichheit, die Möglichkeit einer gegenseitigen Zuordnung deutlich zu machen«[14]. Diese »Stilgleichheit« könnte z. B. auf die Art gedacht werden wie die gelungene Kolorierung einer Schwarz-Weiß-Zeichnung. So gibt es seit Neuestem kolorierte Ausgaben der Zeichnungen von Wilhelm Busch, die ursprünglich nur schwarz-weiß waren. Allerdings wirken solche Neuausgaben oft etwas künstlich und sind meist weniger ausdrucksstark als das Original. Wenn eine theologische Interpretation naturwissenschaftlicher Ergebnisse einen solchen Eindruck hinterlassen würde, dann hätte sie dem Glauben natürlich keinen guten Dienst erwiesen.

II. Theologie und Naturwissenschaft – ein Ausschließungsverhältnis?

Die Vermittlung von Naturwissenschaft und Theologie ist allerdings nicht leicht herzustellen. Zunächst einmal sieht es so aus, als würden sie sich wie A und Non-A verhalten, so dass wir zwischen Atheismus und religiösem Fundamentalismus zu wählen hätten. Die Ursache für diesen scheinbaren Widerspruch liegt darin, dass beide Disziplinen von *gegenteiligen Voraussetzungen* ausgehen: Für den Theologen ist die Welt Gottes Werk, also ein sinndurchtränktes Gebilde, das im Einzelnen auf Zwecke und im Ganzen auf ein letztes, umfassendes Ziel ausgerichtet ist. Die Naturwissenschaft hat dagegen seit Galilei die End- oder Zielursachen (»causa finalis«) eliminiert und ist sehr gut damit gefahren. Man kann ohne Übertreibung sagen, dass moderne Naturwissenschaft erst möglich wurde, als man sich dazu entschloss, keine Ziele, Werte und Zwecke, aber erst recht keine Normen in der Natur anzuerkennen. Man scheint also in eine Aporie zu geraten: Entweder man akzeptiert moderne Naturwissenschaft, dann ist die Welt entseelt, das heißt ein reiner Sachzusammenhang, der keine Spuren Gottes mehr enthält, oder man akzeptiert die theologische Lesart der Welt, dann ist man auf eine Gesamtteleologie verpflichtet, die allem zu widersprechen scheint, was Naturwissenschaft heute lehrt.

Dieser Gegensatz ist sehr real, und nur wenn man ihn ganz ernst nimmt, begreift man, weshalb Schöpfungstheologie für viele gebildete Menschen heute keine Instanz der Weltdeutung mehr darstellt. Es gibt allerdings auch Autoren, die den Gegensatz nicht so scharf zeichnen. Sie sehen gleitende Übergänge zwischen Naturwissenschaft und Theologie. Der anglikanische Biophysiker und Theologe Arthur Peacocke z. B. benutzt dazu den in den Naturwissenschaften geläufigen Informationsbegriff. »Information« sei eine »nichtphysikalische«, gewissermaßen geistige Kategorie. Trotzdem verwendet er diesen Begriff in rein naturwissenschaftlichen Zusammenhängen, etwa wenn er als Beispiel für einen Informationsfluss die Art angibt, wie die Umwelt auf die Gene wirkt. Durch eine *Begriffsäquivokation* wird hier eine *Einheit* suggeriert, die es in Wahrheit nicht gibt. Aufgrund solcher wenig überzeugender Konstrukte glaubt Peacocke die Gegensätze aus der Welt geschafft zu haben. Er spricht vom »Mythos von einer Kluft zwischen der christlichen Theologie und den Naturwissenschaften«[15].

Nun sind physikalische Begriffe sehr formal und laden deshalb zu metaphysischen Überfrachtungen ein. Nachdem Einstein seine spezielle Relativitätstheorie im vierdimensionalen Zeitraumkontinuum formuliert hatte, stellten manche Theologen Spekulationen über Gott und die geistige Welt als eine vierte Dimension an. Auch die Quantentheorie wird bis heute spiritualistisch überhöht. Insbesondere um die Chaos- und Selbstorganisationstheorie ranken sich viele unhaltbare Spekulationen, wie sie insbesondere in der Populärwissenschaft verbreitet sind. Oft sind es durchaus bedeutende Physiker, die sich an solchen wenig überzeugenden Spekulationen beteiligen.[16] Auch manche Theologen arbeiten mit solchen populärwissenschaftlichen Synthesen und verzichten auf echte Philosophie und Wissenschaftstheorie. Dann scheint es so, als sei ein Problem leichthin zu lösen, das doch in Wahrheit die höchste Denkanstrengung erfordert.[17]

Allgemein muss man feststellen, dass das Niveau in der Debatte um Naturwissenschaft und Theologie in den angelsächsischen Ländern weit höher ist als bei uns im deutschsprachigen Raum.[18] Wenn die Kluft zwischen diesen Disziplinen wirklich nur ein »Mythos« wäre, dann wäre nicht zu verstehen, weshalb es sehr kluge Atheisten gibt, die ihre Position auf die Physik stützen, wie z. B. den Nobelpreisträger Steven Weinberg. Weinberg sagt am Ende seines Buches über den Ursprung des Universums: »Je begreiflicher uns das Universum wird, umso sinnloser erscheint es auch.«[19] Unter »begreiflich« versteht Weinberg so viel wie »berechenbar«, und unter »sinnlos« versteht er die Abwesenheit von Zwecken und Zielen. Ich denke, man sollte es sich mit dem Gegensatz zwischen Naturwissenschaft und Theologie nicht zu leicht machen, sonst wird man der Sache nicht gerecht. Man muss in aller Schärfe sehen: Während für Thomas von Aquin Ordnung = *sinnvolle* Ordnung war und damit die Grundlage rationalen Denkens, hat sich mit der modernen Physik eine Ordnungsvorstellung herausgebildet, die keine Sinnbezüge mehr enthält. Damit scheint dem traditionellen »argument from design« und aller Schöpfungstheologie der Boden entzogen.[20]

*Theo*logie andererseits ist auf *Teleo*logie verpflichtet. Man sollte allerdings die in der Theologie implizierte Teleologie nicht zu prätentiös fassen. Nach christlicher Überzeugung ist es ja gerade *nicht* so, dass wir imstande sind, Gottes Absichten in seiner Schöpfung jederzeit und überall zu erkennen. Dies würde den Glauben überflüssig machen. Eine solche prätentiöse Teleologie lehrte allerdings der Philosoph Hegel, dem es explizit auch darum ging, den Glauben durch philosophische Erkenntnis zu *ersetzen*. Hegel hat mit diesem völlig überzogenen Anspruch das teleologische Denken in Verruf gebracht. Eine christliche Teleologie ist viel bescheidener: Alles ist von Gott auf ein Ziel, eben das vollendete Reich Gottes, hin geordnet. Wir vertrauen zwar auf Gottes wirkende Präsenz in der Welt, aber wir können ihre Absichten und Wirkungen oft nicht sehen oder verstehen. Auf der anderen Seite würde christliche Theologie unglaubwürdig, wenn es überhaupt keine Ziele, Werte und Zwecke in der Welt gäbe oder wenn gar – was manche Materialisten behaupten – solche teleologischen Begriffe überflüssig wären, weil man sie durch rein kausale ersetzen könnte oder weil die Herrschaft des Zufalls dem teleologischen Denken widerspräche. Allerdings lässt sich zeigen, dass diese Einwände gegen Teleologie nicht stichhaltig sind.

III. Möglichkeiten der Überbrückung

Wenn naturwissenschaftliches Denken das teleologische Denken nicht prinzipiell ausschließt, dann haben beide Denkweisen zunächst nur ein negatives Verhältnis der logischen Verträglichkeit zueinander. Oben wurde jedoch mehr gefordert, nämlich eine *positive* Beziehbarkeit im Sinn der rahnerschen Affinität. Nach Ian G. Barbour, dem Physiker und anglikanischen Theologen, gibt es drei Möglichkeiten einer solchen positiven Beziehbarkeit:

(1) Natürliche Theologie
(2) Allgemeine Metaphysik
(3) Theologie der Natur[21]

ad 1: »Natürliche Theologie« nennt man, vor allem im katholischen Bereich, den Versuch von Philosophen, allgemein menschliche, nicht explizit religiöse Erfahrungen auf einen absoluten Grund hin durchsichtig zu machen, also das zu leisten, was man früher einmal die »Gottesbeweise« genannt hat. Eine solch philosophische oder natürliche Theologie ist Teil der speziellen Metaphysik.

ad 2: Eine »allgemeine Metaphysik« ist ebenfalls ein philosophisches Unternehmen. Sie sollte imstande sein, Prinzipien anzubieten, die so allgemein sind, dass sie für *jede* Erfahrung gelten, sei sie wissenschaftlich, lebensweltlich, ethisch, ästhetisch oder eben auch religiös.

ad 3: Eine »Theologie der Natur« hingegen ist ausschließlich Theologie. Sie fußt auf Offenbarung und Tradition und sucht im Licht religiöser Erfahrung die Erkenntnisse der Naturwissenschaft analogisch und metaphorisch zu deuten, im Sinn von Rahners unterstellter Affinität zwischen diesen beiden Bereichen.

Ich halte (1) für problematisch, (2) für kaum durchführbar und (3) nicht nur für möglich, sondern für unabdingbar.

1. Zur Problematik einer natürlichen Theologie

Der anglikanische Physiker und Theologe John Polkinghorne hängt das zentrale Lehrstück einer natürlichen Theologie, die Gottesbeweise, tiefer als Thomas von Aquin. Es gehe dabei nicht um eigentliche *Be*weise, sondern um *Hin*weise, im Grunde also um die bessere Erklärung dessen, was in der Welt passiert. Wenn man die Existenz Gottes *unterstelle*, dann würden etwa im Bereich der Physik zwei Phänomene verständlicher als ohne diese Unterstellung: (a) die mathematisch *einfache* Beschreibbarkeit der Natur, (b) die erstaunliche *Feinabstimmung* der Naturkonstanten.[22]

ad a: Die einfache Beschreibbarkeit der Natur ist natürlich vielen Physikern aufgefallen. Gemessen an der Diversität der Phänomene sind die physikalisch-mathematischen Grundprinzipien in der Tat ziemlich einfach. Das Problem hierbei ist jedoch, dass wir kein Maß für die »Einfachheit« der Naturbeschreibung haben. Sogar manchen Physikern kommen die Axiome der Quantentheorie ziemlich kompliziert vor.[23]

ad b: Physikalische Grundkonstanten wie die Lichtgeschwindigkeit, das Plancksche Wirkungsquantum, die Elementarladung der Elektronen usw. sind rein empirische Größen, die nicht aus den Grundgleichungen der Physik folgen. Sie sind uns gut bekannt. Man konnte zeigen, dass sie recht genau die Werte haben müssen, die sie haben, sonst würde es keinen Kohlenstoff, damit kein Leben und des Weiteren keine Menschen geben. Man hat daraus ein »anthropisches Prinzip«[24] abgeleitet, das von Polkinghorne als eine Art Gottesbeweis angesehen wird.

Ich denke allerdings, dass dieser Beweis zirkulär ist; er setzt implizit voraus, was er explizit aufweisen möchte: *vorausgesetzt,* dass Gott uns wollte, dann *musste* er zweifellos die entsprechenden Bedingungen schaffen. Aber *dass* ein Gott existiert, der uns Menschen wollte und darum die Bedingungen dazu schuf, ergibt sich nicht schlüssig aus dem Faktum der Feinabstimmung der Naturkonstanten. Es kann ja auch *rein* faktisch dazu gekommen sein; und wenn diese Bedingungen anders wären, würde es uns eben nicht geben. Aber *musste* es uns denn geben und kann sich nicht auch ein unwahrscheinlicher Zufall ereignet haben? Fragen wir denn nach einer Ursache, wenn wir sechs Richtige im Lotto haben?

Es scheint ein Widerspruch zu sein, ausgerechnet in der Erfahrung, wie sie die Naturwissenschaft wertneutral und ateleologisch beschreibt, nach Spuren Gottes zu suchen. An sich beschränkt sich Polkinghorne auch nicht auf die Suche nach Spuren Gottes im Bereich der Naturwissenschaft, sondern er versucht zugleich, Gottes Existenz mithilfe einer Reflexion auf spezifisch menschliche Qualitäten einsichtig zu machen.[25] Aber das hat dann mit Naturwissenschaft nichts mehr zu tun.

2. Zur Durchführbarkeit einer allgemeinen Metaphysik

Die allgemeine Metaphysik war der traditionelle Ort, Gegensätze zu vereinen. Die Synthese des Thomas von Aquin war für das Mittelalter ein damals imponierend gelungener Versuch. Das Problem heute ist, dass wir keine solche Metaphysik mehr kennen, die *alle* Disziplinen und Erfahrungsbereiche abdecken würde. Wir können aber auch nicht einfach zu Thomas zurück, weil seine Prinzipien gerade jene sinnvolle Ordnung voraussetzen, die durch die Naturwissenschaften zerstört wurde. Axiome wie das »omne ens est bonum« drückten die innere Werthaftigkeit des Seienden aus. Doch was ist die innere Werthaftigkeit der elektromagnetischen oder Gravitationswechselwirkung? Wir berechnen solche Kräfte heute rein mathematisch und wertneutral. Ein strenger Thomist müsste behaupten, dass diese Berechnungen unzureichend sind.[26]

Theologen ziehen daher heute öfters Metaphysiker zu Rate, die mit moderner Naturwissenschaft vertraut sind, wie z. B. Alfred North Whitehead.[27] Es ist jedoch fraglich, ob seine Metaphysik die Extreme *ohne Verkürzung* zur Einheit bringt. Z. B. sieht man nicht recht, wie die zeit- und ortsinvarianten Grundgesetze der Physik mit einem Ansatz in Einklang stehen, der ganz auf Historizität setzt. Zudem scheint Whitehead das Geistige rein immanent zu fassen, so dass das, was er »Gott« nennt, eher an ein pantheistisches Weltprinzip erinnert. Jedenfalls fällt auf, dass Theologen, die seine Metaphysik akzeptieren, dazu neigen, die Transzendenz Gottes, wie sie in der biblischen und in der klassischen philosophisch-theologischen Tradition verstanden wird, einzuschränken oder ganz aufzugeben.[28] Obwohl dies auch bei manchen protestantischen Theologen inzwischen eine Art Mode ist (sie versuchen damit zugleich das Theodizee-Problem zu »lösen«), muss man doch ganz klar sehen, dass christliche Theologie auf Transzendenz und Allmacht Gottes festgelegt ist. Andernfalls würde der christliche Zentralbegriff der Erlösung jeden Sinn verlieren.

Wie dem auch sei, es scheint heute kein umfassendes metaphysisches System zur Verfügung zu stehen, das allgemein akzeptierbar wäre. Dies spricht nicht prinzipiell gegen eine solche Möglichkeit, aber sie ist faktisch nicht realisiert.

3. Zum Erfordernis einer Theologie der Natur

Die Plausibilität einer Theologie der Natur hängt an ihrer Durchführung. Können die Schwarz-Weiß-Zeichnungen, die die Naturwissenschaft von ihren Objekten anfertigt, so koloriert werden, dass ein überzeugendes Bild entsteht?

Es dürfte sinnvoll sein, diese Frage für den Bereich des *Anorganischen* und des *Organischen* gesondert zu behandeln. Es zeigt sich nämlich, dass eine solche theologische Interpretation im Bereich des Lebendigen weit plausibler ausfällt als im Bereich des Anorganischen. Dies würde auch verständlich machen, weshalb sich Autoren wie Teilhard de Chardin oder Karl Rahner hauptsächlich auf das Lebendige bezogen haben und fast gar nicht auf den Bereich, den die Physik beschreibt.

IV. Zur Theologie der Natur

1. Physik

a) Zum theologischen Umgang mit dem »anthropischen Prinzip«

Eine Theologie der Natur setzt – aufgrund ihres methodischen Ansatzes beim Glauben – die Existenz Gottes voraus. Deswegen kann sie auch z. B. die mathematische Beschreibbarkeit der Natur oder die Feinabstimmung der Natur-Konstanten legitim *theologisch* deuten. In der Tat: *Wenn* Gott existiert, dann leuchtet ein, dass der Kosmos intelligibel ist, so dass wir ihn berechnen können – ein Zusammenhang, den die östlichen Religionen nicht einsichtig machen können. Des Öfteren wurde so argumentiert, dass die Physik größere Affinitäten zu den östlichen Religionen habe als zum Christentum.[29] Insofern diese Religionen kosmologisch und apersonal sind, sind sie nicht auf ein teleologisches Schema verpflichtet und scheinen sich daher leichter mit moderner Physik zu tun. Das Problem ist allerdings, dass sie dazu neigen, den Weltgrund aus der Rationalitätsdefinition herausnehmen. Dann ist aber umgekehrt ein dezidiert rationales Unternehmen wie die moderne Physik nicht mehr einzuordnen.

Auch die Gegebenheiten, die das anthropische Prinzip beschreibt, scheinen im Licht der Schöpfungstheologie zwanglos verständlich zu werden: *Wenn* uns Gott gewollt hat, so *musste* er die Bedingungen für unsere Existenz günstig einrichten, und das »erklärt« die Feinabstimmung der Naturkonstanten.[30] Das erklärt aber zugleich, weshalb das anthropische Prinzip auf viele so suggestiv wirkt. Sie lesen die Gegebenheiten, die dieses Prinzip beschreibt, im Licht ihres Glaubens, und aus dieser Neubeschreibung leuchtet ihnen Gott als Sinngarant hervor. Doch ist dies keine neutrale Philosophie mehr, die auch einen Nichtglaubenden überzeugen müsste.

b) Kontingenzen in der Natur

Wenn der Determinismus der klassischen Physik sich als wahr erwiesen hätte, so wäre dies, wie gesagt, ein ernster Einwand gegen die christliche Schöpfungstheologie. Nun gibt es aber neuere Entdeckungen im Bereich der *Chaos- und Selbstorganisationstheorie*, die eine gewisse Affinität zum christlichen Schöpfungsglauben haben, insofern hier *Kontingenzen* eine zentrale Rolle spielen.

Ganz allgemein wird Gott in der Bibel als der geschichtlich Handelnde dargestellt. Wesentlich sind für die Bibel nicht ewig sich gleich bleibende Sinnstrukturen, wie es die platonischen »Ideen« waren, sondern Gottes kontingente Setzungen, wie der Auszug aus Ägypten, die Sendung der Propheten, die Geburt Jesu Christi, die Sendung des Heiligen Geistes usw. All dies hätte genauso gut *nicht* stattfinden können, aber diese prinzipiell kontingenten Ereignisse sind es, die, christlich gesehen, Sinn stiften. Die Physik spricht zwar nicht vom »Sinn«, aber sie kennt seit einigen Jahrzehnten Phänomene, bei denen Neues aus kontingenten Anlässen entsteht.

Zunächst einmal war das Entstehen von Komplexität in der Natur lange Zeit ein Rätsel für die Physik. Seit dem 19. Jahrhundert kennt man den Entropiesatz, der besagt, dass die Natur in geschlossenen Systemen von sich aus zum wahrscheinlicheren Zustand übergeht, welcher in der Regel der ungeordnetere ist. Auf lange Sicht wird sich der Kosmos in Richtung auf eine strukturlose »Suppe« chaotisch durcheinander wirbelnder Moleküle oder Atome einpendeln (Wärmetod). Gemessen an dieser Tendenz der Natur erschien das Vorkommen von hochstrukturierten Lebewesen lange Zeit als ein Rätsel. In den sechziger Jahren des letzten Jahrhunderts entdeckten Forscher wie Ilya Prigogine und Hermann Haken, dass die Natur die spontane Tendenz zur Strukturbildung hat, und zwar bei offenen Systemen (das sind solche, die von Materie oder Energie durchflossen sind). Solche Systeme bilden spontan komplexe Strukturen aus, indem sie umso mehr Entropie exportieren.[31] Oft liegt der Anlass zu solchen spontan entstehenden Strukturen in nichtmanipulierbaren Kontingenzen der Natur. Das heißt: Wir haben hier ein Wechselspiel von Gesetz, Zufall und dem Entstehen von Neuem vor uns, das man auch »Selbstorganisation« nennt.[32]

Teilhard de Chardin hatte schon Jahrzehnte früher eine Ordnung schaffende Tendenz in der Natur postuliert, die der Tendenz zur Zerstörung, wie sie sich im Entropiesatz ausdrückte, entgegengesetzt sein sollte. Er brachte diese Tendenz zur Zerstörung mit dem christlichen Begriff der Erbsünde in Zusammenhang und jene entgegengesetzte Tendenz, die durch die Selbstorganisationstheorie beschrieben wird, mit dem Schöpferwirken Gottes oder mit dem, was er »radiale Energie« nannte. All dies sind sinnvolle *Analogien*, jedoch nur, wenn man Teilhards Versuch als eine *Theologie* der Natur liest.[33]

Insgesamt gilt, dass die Physik insofern theologisch schwer integrierbar ist, als ihre Grundgleichungen sehr formal und abstrakt sind. Wenn wir akzeptieren, dass in diesen Grundgleichungen die fundamentale Ordnung der Natur enthalten ist, dann lässt sich von hier aus keine Brücke zum alten Ordo-Gedanken und damit keine Brücke zur Theologie schlagen. Dass dagegen gewisse Vorstellungen aus der physikalischen Selbstorganisationstheorie sich einer theologischen Interpretation geradezu anzubieten scheinen, liegt wohl daran, dass sie eine gewisse Analogie bzw. Verwandtschaft zu *Lebensprozessen* aufweisen. Überall, wo es um Lebensphänomene geht, sind wir im Bereich des Anschaulichen, dem Menschen und seiner Lebenswelt Gemäßen. Hier kann auch die theologische Reflexion besser greifen.[34]

2. Biologie

Im Grunde ist die undifferenzierte Rede von *der* Naturwissenschaft unangemessen. In diesem Bereich arbeiten wir faktisch mit einer Pluralität von Wissenschaften, die nicht aufeinander reduzierbar sind und die mit sehr verschiedenen Methoden und Voraussetzungen an die Gegenstände herangehen. Insbesondere sind die Grundlagen der Biologie von anderer Art als die der Physik. Der Biologe Ernst Mayr besteht zu Recht darauf, dass es in der Biologie keine universalen Gesetze gibt, sondern nur solche, die lokal und epochal gelten; auch das Gesamt der Evolution gehorcht keinem übergeordneten Gesetz, so dass wir nicht imstande sind, ihre Entwicklung im Großen vorherzusagen.[35] Die Evolution hat mehr Ähnlichkeit mit der Geschichte des Menschen als mit den zeitinvarianten Lösungen kosmologischer Gleichungen aus der Physik.

Mayr war ein innerbiologischer Reduktionist; aber in Bezug auf das Lebendige kann man, ähnlich wie in Bezug auf den Menschen, argumentieren, dass insbesondere empfindende Lebewesen eine *Innerlichkeit* (Bewusstsein) und ein Strebevermögen haben, das dem gängigen reduktionistischen Verfahren der Biologie entgeht. Leben ist ein »emergentes«, nicht auf physikalische Gegenstände zu reduzierendes Phänomen; es lässt sich nicht vollständig in kausal determinierte Zusammenhänge einfangen. Ist dies richtig, dann könnte von hier aus zwanglos die Brücke zur Theologie geschlagen werden, denn auch für die Theologie ist der Begriff des Lebens zentral. Bevor dies näher dargestellt wird, müssen aber die Begriffe »Gesetz« und »Zufall« näher beleuchtet werden. Denn eines der Hauptargumente des szientifischen Atheismus lautet ja, dass in der Evolution Zufälle eine entscheidende Rolle spielen und dass dies dem Schöpferwirken Gottes widerspreche; wenn Gott in der Natur handeln würde, dann müsse sich dies durch Gesetzlichkeit, am besten durch finale Gesetzlichkeit, ausdrücken.

a) Zufall und Zweck – kein Widerspruch

Für eine herkömmliche Schöpfungstheologie, aber auch für die klassische »natürliche Theologie«, war der Begriff der Ordnung oder des Gesetzes zentral. Gott wirkt durch die »Ordnung des Alls« (Thomas v. Aquin), die er der Schöpfung durch seinen »Logos« von allem Anfang an eingestiftet hat. Es hat sich jedoch gezeigt, dass diese Vorstellung nicht mit dem vereinbar ist, was in der modernen Physik »Ordnung« oder »Gesetz« genannt wird.

Auch in der Biologie scheint es sich so zu verhalten, denn was ihre Gesetzmäßigkeiten anbelangt, so hat es nicht den Anschein, als seien sie (im Einzelnen oder im Ganzen) auf ein »Gut« (bonum) ausgerichtet. Z. B. sind die Gene der Lebewesen so verschaltet, dass sie sich maximal verbreiten, wobei Verwandtschaftsverhältnisse eine wichtige Rolle spielen. Die Soziobiologie konnte aufgrund dieser Voraussetzung zahlreiche Verhaltensmuster von Lebewesen erklären, z. B. altruistisches Verhalten, das man auf den »Egoismus der Gene« zurückführte.[36] Ein unbefangener Blick auf diese Zusammenhänge legt nicht gerade eine theologische Deutung nahe, es sei denn, man optiert als Theologe (gut barthianisch) für den scharfen, unüberbrückbaren *Kontrast* zwischen Welt und Gott, zwischen »Natur« und »Übernatur«.

Viel gravierender noch ist die penetrante Anwesenheit des *Zufalls* in der Evolution. Nach einer herkömmlichen Begriffsbestimmung ist dasjenige zufällig, was nicht zweckmäßig ist. Wollte man also die Wirksamkeit Gottes in der Evolution »retten«, dann müsste man nach dieser Auffassung zeigen, dass es in Wahrheit nicht so viele Zufälle gibt, wie allgemein angenommen.[37] Mir scheint jedoch, dass dies nicht nur sachlich, sondern auch philosophisch unangemessen ist. Denn warum sollte Gott nicht durch die Zufälle wirken?

Das Wort »zufällig« ist einer der mehrdeutigsten Begriffe überhaupt. Es wird zumeist als eine einstellige prädikative Bestimmung gebraucht. Es scheint aber, dass dies ungenügend ist. Man kann z. B. nicht sagen: Dieser Prozess ist zufällig, wie man sagen kann: Dieser Tisch ist beige, sondern es müsste heißen: Dieser Prozess ist zufällig *relativ* zu diesem oder jenem

Gesetz; das heißt, »zufällig« ist ein zweistelliges Prädikat, also immer auf einen bestimmten Zusammenhang bezogen.

Wenn man z. B. sagt: Diese Mutation ist zufällig, dann müsste man streng genommen hinzufügen: Diese Mutation ist zufällig *in Bezug* auf den Funktionszusammenhang des betreffenden Lebewesens; denn in Bezug auf die physikalischen Rahmenbedingungen kann die Mutation durchaus gesetzlich erklärbar sein, etwa wenn sie von einer hochfrequenten Höhenstrahlung hervorgerufen wurde. Ein und derselbe Prozess kann also unter verschiedener Rücksicht als zufällig oder als gesetzlich beschrieben werden.

Es gibt daher auch Fälle, in denen etwas, das unter naturgesetzlicher Rücksicht zufällig ist, in einem teleologischen Schema Sinn ergibt; das heißt: Zufall und Zweck schließen einander logisch nicht aus.[38] So ist es z. B. zweckmäßig, beim Spielen einen Würfel als Zufallsgenerator einzusetzen, um das Spiel zu beleben. In jedem technischen Gerät, das auf Einsicht in die physikalischen Zusammenhänge beruht, werden die gewünschten Effekte hervorgebracht, indem die Gesetze mittels willkürlich gesetzter Anfangsbedingungen so miteinander wechselwirken, dass das gewünschte Ziel erreicht wird. Die Anfangsbedingungen sind aber kontingent relativ zu diesen Gesetzen. Das heißt, sie sind physikalisch gesehen zufällig, technisch-praktisch gesehen aber zweckmäßig.[39] Der Zweck »versteckt« sich oft hinter dem Zufall und benützt ihn als sein Vehikel.

Dies ist deshalb kein Widerspruch, weil »zufällig« ein *zweistelliges* Prädikat ist, das immer auf einen Kontext hin relativiert werden muss. Wenn bestimmte Anfangsbedingungen zufällig sind relativ zu den physikalischen Grundgesetzen, dann können sie ohne Weiteres zweckmäßig sein in einem teleologischen Zusammenhang. Kant hat diesen Sachverhalt in seiner »Kritik der Urteilskraft« so ausgedrückt: »Die Gesetzlichkeit des Zufälligen ist Zweckmäßigkeit.«[40]

Daher ist es völlig konsequent, wenn Autoren wie Teilhard de Chardin, Arthur Peacocke, Ian G. Barbour und viele andere die Zufälle in der Evolution gerade *als Vehikel* der Schöpfertätigkeit Gottes angesehen haben,[41] während Materialisten einen kontextfreien Zufallsbegriff vertreten *müssen*, um eine solche teleologische und theologische Interpretation von vornherein auszuschließen. So ist z. B. nach Monod »der reine Zufall, nichts als der Zufall, die absolut blinde Freiheit« die »Grundlage des wunderbaren Gebäudes der Evolution«[42]. B. Kanitscheider spricht vom »absoluten Zufall« und von der »absoluten Zufälligkeit des menschlichen Daseins«: »Der Zufall ist ja gerade das, was keiner Regularität folgt, und deshalb kann ein absolutes Zufallsereignis auch kein Sinnträger irgendeiner Art sein.«[43]

Doch wenn etwas in dieser Welt *nicht* absolut ist, dann der Zufall. Er definiert sich immer nur relativ zu einem gegebenen Kontext, und deshalb kann man niemals sicher sein, dass Zufälle *keiner* Regularität folgen, sondern es ist immer ein Referenzrahmen denkbar, in den sich der vorgebliche Zufall einordnen lässt. Selbst in der Mathematik glaubt man, dass es keine objektiven Kriterien gibt, um zu entscheiden, ob eine Folge von Zahlen zufällig ist oder nicht doch einem Gesetz genügt. So können wir auch niemals ausschließen, dass Zufälle in der Evolution Sinnträger *sein könnten*. Die Zufälligkeit von Mutationen in der Evolution ist also kein Argument gegen die Schöpfertätigkeit Gottes, und Teilhard hat wohl Recht, wenn er hier von dem »geplanten Zufall« spricht. So etwas ist kein Widerspruch.[44]

Begreift man es auf diese Art, dann scheint die Anwesenheit Gottes in der Natur eher in ihren Kontingenzen als in ihren Regelmäßigkeiten zu liegen, womit wir in eine Schieflage gegenüber der Tradition geraten, die insbesondere im Thomismus den Sinn fast ausschließlich in der Ordnung des Ganzen suchte.

Andererseits ist diese Schieflage nicht so bedrohlich, wenn man bedenkt, dass die Bibel zwar sowohl die moralische als auch die Naturordnung auf Gott zurückführt, dass aber die Anwesenheit Gottes primär als eine *geschichtliche* und nicht als eine statische gedacht wurde. Im Alten Testament ist Gott primär in den Heilssetzungen, also im Bund, präsent, und das Neue Testament ist nichts als eine Serie von kontingenten Heilssetzungen Gottes. Das muss auch so sein, wenn das Geschenk der Gnade den Kern des Christentums ausmacht. Meint man, Gott sei hauptsächlich in der Ordnung der Natur oder der Moral präsent, dann würde das Wesentliche am Christentum fehlen. Man kann andererseits die Überbetonung der Ordnung im Thomismus auf den starken Einfluss der griechischen Metaphysik zurückführen, die immer schon in einer (durchaus fruchtbaren) Spannung zum Offenbarungsgeschehen steht. Jedenfalls scheint mir Karl Rahner Recht zu haben, wenn er glaubt, dass die moderne Evolutionslehre viel eher mit dem Christentum verträglich ist als eine statische Seinslehre mit ihrer unveränderlichen scala naturae.[45]

b) Das Phänomen des Lebens – eine Brücke zwischen Natur und Glaube

Eine solche Einschätzung der Evolutionslehre setzt allerdings ein metaphysisch-teleologisches Verständnis von Evolution voraus. Nach gängiger Auffassung ist die Evolution dagegen rein kausal erklärbar. Danach ist es seit Darwin und a fortiori mithilfe der modernen Molekularbiologie gelungen, finales Denken durch kausales zu *ersetzen*. Im Grenzfall wird dies durch das sog. Dogma der Molekularbiologie ausgedrückt:

DNA → everything else

Das heißt, die DNA (= Desoxyribonukleinsäure, also ein wesentlicher, das eigentliche genetische Material enthaltender Bestandteil des Zellkerns) soll hinreichender Erklärungsgrund für Bau und Wirksamkeit aller Lebewesen sein. Dieses »Dogma« wird aber schon rein innerbiologisch in Frage gestellt. So können z.B. die Proteine, die von der DNA erzeugt werden, ihrerseits auf die DNA zurückwirken. Auch sonst kann man davon ausgehen, dass im Lebendigen sehr verschiedene Komplexitätsebenen wechselseitig voneinander abhängen, so dass die Kausalverhältnisse viel komplizierter sind als in diesem »Dogma« unterstellt.

Vor allem aber gibt es insbesondere bei *empfindsamen Lebewesen* ein Problem, das auch beim Versuch, den Menschen rein naturwissenschaftlich zu erklären, auftritt: Wie soll man die Empfindungsfähigkeit von Tieren auf Molekularbiologie zurückführen? Der Philosoph Thomas Nagel bringt diesen Sachverhalt auf eine suggestive Formel, wenn er fragt: »Wie fühlt es sich an, eine Fledermaus zu sein?« Nagel sagt: »Die Tatsache, dass ein Organismus *überhaupt* bewusste Erlebnisse hat, impliziert auf der elementarsten Ebene, dass es sich *irgendwie anfühlen* wird, dieser Organismus zu *sein*.«[46] Dieses Seinsgefühl kann in einer rein kausalen Naturauffassung nicht untergebracht werden. Nagel fordert daher eine Art »Protopanpsychismus«, wonach elementare Formen von Innerlichkeit überall in der Natur vorkommen müssen, wenn Psyche oder Geist irgendwann einmal explizit in Erscheinung treten soll. Das war es ja, was Materialisten wie Kanitscheider oder Ropohl nicht erklären konnten. Für sie fiel der Geist paradoxerweise vom Himmel, obwohl sie doch keinen Himmel anerkennen.

Nagels Position hat Ähnlichkeiten mit der von Teilhard de Chardin oder Karl Rahner. Nach Teilhard ist die evolutive Zunahme von Komplexität mit einer Zunahme an »Innerlichkeit« bzw. Bewusstsein verbunden, die aber nicht aus dem Nichts entsteht, sondern immer schon rudimentär anwesend ist.[47] Von Teilhard wird das evolutive Geschehen als ein gerichtetes gedeutet, als sog. »Einrollung«: Während sich der Kosmos physisch gesehen ausdehnt, findet zugleich eine Komplexitätszunahme in Richtung auf den Geist statt, die Teilhard eben »Einrollung« nennt. Er geht so weit, auch die zukünftige Entwicklung bis zu einem Endpunkt »Omega« zu schildern. So weit muss man aber nicht gehen. Finalität ist auch dann ein sinnvolles Konzept, wenn wir nicht imstande sind, den Plan Gottes im Großen und Ganzen zu durchschauen. Es genügt, dass wir echte Höherentwicklung zugestehen und dem Lebendigen einen Eigenwert und ein Interesse an seiner Selbsterhaltung zubilligen.

Unter der Voraussetzung, dass wir eine solche metaphysisch-teleologische Interpretierbarkeit der Evolution akzeptieren, lässt sich diese Auffassung leicht mit dem theologischen Konzept einer creatio continua verbinden. Rahner führt in einer wichtigen Schrift mit dem Titel »Die Christologie innerhalb einer evolutiven Weltanschauung« diesen Gedanken fort bis hin zu Mysterien wie Inkarnation, Eschatologie, Sündenvergebung usw.[48] Dies wird möglich, weil Gott das Naturseiende mit der Fähigkeit zur »Selbsttranszendenz« ausgestattet hat: Es ist befähigt, in der Kraft des immerwährend in seiner Welt schöpferisch wirkenden Gottes sich selbst zu überschreiten. Das heißt, dass die Eigentätigkeit des endlichen Seienden und die schöpferische Wirksamkeit Gottes in *keinem* Konkurrenzverhältnis stehen. Obwohl sich Rahner in dieser Schrift deutlich von Teilhard distanziert, hat sein Konzept der Selbsttranszendenz doch eine gewisse Verwandtschaft mit Teilhards Vorstellung von der »Einrollung des Weltstoffes«.[49]

In einem Vortrag aus dem Jahr 1965 mit dem Titel »Vom Geheimnis des Lebens« hat K. Rahner diesen »Schlüsselbegriff« der Offenbarung mit seinem evolutiv-metaphysischen Lebensbegriff verbunden.[50] Der entscheidende Punkt ist, dass Rahner im Begriff des Lebens eine Einheit von *Form* und *Materie* verwirklicht sieht, die wir im Begriff des Geistes gewöhnlich nicht mitdenken. Leben ist einerseits ein materiell-biologisches Geschehen, andererseits aber weist es auch wegen der Tendenz, die eigene Form zu bewahren bzw. wiederherzustellen (z.B. bei Verletzungen), immer schon über die Beschaffenheit eines physikalischen Gegenstandes hinaus. Verwendet man den Begriff des Lebens *analog*, dann ist er tauglich, einerseits Materie zu verstehen »als elementare Vorstufe, als Instrumentar, gewissermaßen als Vokabular des biologischen Lebens [...], als Grenzzustand, Grenzwert und Ansatz zugleich für das Leben«; und andererseits kann darunter auch als entgegengesetzter »Grenzwert« das im Glauben erhoffte »ewige Leben« als Teilhabe am Leben des dreieinen Gottes verstanden werden.[51] Der Begriff des Lebens vermittelt demnach nicht nur das Materielle mit dem des personal Geistigen des Menschen, sondern darüber hinaus auch das transzendente Woraufhin des menschlichen Geistes mit dessen leiblich-geschichtlicher Daseinsform, eben in der »Auferstehung des Leibes«.

Für diese Vermittlung zu einer *inneren Einheit* von Materie und Geist, von Immanenz und Transzendenz, von Geschichte und Vollendung, bietet sich nach Rahner gerade das sinnlich wahrnehmbare, philosophisch reflektierte und im Glauben gedeutete *Phänomen des Lebens* deswegen an, weil hier die – dem Schöpfungsglauben als möglicher Anknüpfungspunkt dienende – Erfahrung der »Selbsttranszendenz« alles Geschaffenen auf Neues hin anschaulich gegeben ist; z. B. das »Entstehen von Leben aus anorganischer Materie, das Werden von menschlichem Bewusstsein aus tierischen Vorgegebenheiten [...], die wahre Elternschaft von Mutter und Vater auch bei der Seele eines Kindes [...], die Selbstüberbietung des in sich eingeschlossenen Menschen in Akten der Liebe« usw.[52]

An dieser Stelle kann man gut sehen, wie sich Schöpfungstheologie und Evolutionstheorie nicht nur über die Brücke einer *Theologie der Natur* vermitteln lassen, sondern auch von der anderen Seite aus, nämlich einer natürlichen bzw. *philosophischen Theologie* her; denn eine solche scheint mir das Konzept der Selbsttranszendenz zu sein.[53] Darüber hinaus kann man über diese Brücke zu einer echten »Theologie der Natur« weitergehen, wie das Rahner getan hat. Auf diese Art gelingt offenbar die theologische Kolorierung der Schwarz-Weiß-Zeichnung, die die Naturwissenschaft von der Welt liefert.

Während in der Öffentlichkeit eine mächtige Phalanx wissenschaftsgläubiger Materialisten den Eindruck erweckt, als müsse man Atheist werden, wenn man die Naturwissenschaften ernst nehmen will, kommen unsere Überlegungen zu einem ganz anderen Schluss: Die Ergebnisse der Naturwissenschaften sind nicht nur zwanglos in einen christlichen Schöpfungsglauben integrierbar, sondern sie erhalten in diesem Rahmen sogar eine besondere Plausibilität und Tiefenschärfe.[54] Wir *gewinnen*, wenn wir das Entstehen des Neuen in der Evolution als Gottes Schöpferwirken deuten. Wir sind dann keineswegs gezwungen, gesicherte Ergebnisse der Naturwissenschaft zu bestreiten. Christlichen Glauben drückt kein schlechtes Gewissen vor der Übermacht von Wissenschaft und Technik. Wittgenstein hat wohl Recht: Wenn wir die Welt berechnen und manipulieren, dann ist die Frage nach ihrem Sinn überhaupt noch nicht gestellt. Wird sie aber gestellt und von der Schöpfungstheologie her beantwortet, dann lassen sich die wissenschaftlichen Ergebnisse zwanglos einordnen. Während die Theodizee-Frage jederzeit ein schmerzhafter Stachel für den Glauben bleibt, beruht ein Atheismus, der sich auf die Naturwissenschaft stützt, auf einem Irrtum, der durch gründliche philosophische und theologische Überlegungen aus der Welt geschafft werden kann. Schöpfungstheologie und Naturwissenschaft widersprechen einander nicht. Sie bilden eine Einheit wie ein Ehepaar, das viel streitet und trotzdem (oder deshalb) zusammenbleibt.

B. Schöpfungsglaube und eine naturreligiöse Schöpfungsspiritualität

I. Ein prominenter Zeuge: Matthew Fox

Der amerikanische Theologe Matthew Fox (geboren 1940), Gründer und langjähriger Leiter des Instituts für Kultur und Schöpfungsspiritualität am Holy Names College in Oakland (Calif.), ist auch im deutschen Sprachraum bekannt geworden; vor allem durch seine drei Bücher »Der Große Segen – Umarmt von der Schöpfung«, »Vision vom kosmischen Christus – Aufbruch ins 3. Jahrtausend« und »Schöpfungsspiritualität – Heilung und Befreiung für die Erste Welt«.[1] Seine darin entfaltete »Schöpfungsspiritualität« kreist um einige zentrale Leitbegriffe, die seines Erachtens in der christlichen Tradition vergessen worden sind und heute in der westlichen Kultur bei vielen Menschen zu neuer Wertschätzung gelangen; und zwar gerade bei solchen, die durch die Erfahrung der ökologischen Krise aufgeschreckt und zugleich auch aufgeweckt worden sind zu einer neuen, lernbereiten Begegnung mit der Weisheit alter Naturvölker und vieler religiöser Traditionen, auch des Christentums selbst. Solche Leitbegriffe sind für ihn z. B.: »Kosmos, Erdverbundenheit, Vergöttlichung, Großer Segen, Sinnlichkeit, Prophetie, Kreativität, Neue Schöpfung, königliches Menschsein, Panentheismus, Loslassen, das Nichts, Schönheit, Feier, Mitgefühl.«[2]

Diese neue Zuwendung zur gesamten Schöpfungswirklichkeit sieht Matthew Fox in scharfem Kontrast zu der seit Augustinus im Christentum vorherrschenden Theologie und Spiritualität der *Erlösung* von Sünde und Tod. Diese sei zutiefst individualistisch, also völlig auf die eigene Seele und auf ihre Erlösung von der seit Adam über sie herrschenden Macht der Sünde konzentriert. In der von ihm propagierten, mit Vorliebe auf Gedanken von Meister Eckhart, Hildegard von Bingen und Mechthild von Magdeburg zurückgreifenden Spiritualität gehe es dagegen zentral um eine tiefe »Freundschaft mit der Schöpfung«, vor allem mit ihrer Leiblichkeit und Sinnlichkeit, ihrer Harmonie, Schönheit und Gerechtigkeit usw. Eine solche Spiritualität bildet für ihn den notwendigen *hermeneutischen Schlüssel* für ein neues Verstehen zentraler christlicher Glaubensgehalte wie Schöpfung, Inkarnation, Kreuz, Auferstehung und Geistsendung.

In vier großen »Pfaden«, die heute zur »Erfahrung des Göttlichen«

führen können, entfaltet M. Fox diese Spiritualität: Auf der *»via positiva«* geht es um das ehrfürchtige, dankbare und demütige Staunen über das »Geheimnis der Natur« und aller Wesen, die jedes für sich ein »Wort Gottes« sind, ein »glitzernder und funkelnder Spiegel Gottes« (nach Hildegard von Bingen). Die *»via negativa«* lehrt den Menschen das Bejahen von Leid, Dunkelheit und Leere, das Zulassen und Loslassen. Auf der *»via creativa«* werden uns neu die göttliche Würde des Menschen und sein Mitschöpfersein mit Gott bewusst. Und die *»via transformativa«* schließlich führt uns zum Mitgefühl (sym-patheia) in der Neuen Schöpfung, die durch die Erlösung vom Leiden, den Kampf gegen das Unrecht, die Befreiung aller Unterdrückten dieser Welt (bibl. der »Armen«) bestimmt sein wird. »Werden die vier Pfade im Lichte einer neuen Geschichte des Kosmos verstanden, kann eine ganz neue Zivilisation geboren werden.«[3]

M. Fox breitet hier eine Fülle von durchaus zustimmungsfähigen Gedanken und Zitaten aus, die sicher viele Menschen heute zum Nach- und Umdenken anregen. Aber so entschieden er sich gegen Einseitigkeiten eines Augustinus oder der Exerzitien des Ignatius von Loyola wendet, so sehr fällt er selbst in neue Einseitigkeiten, die die schwierige Balance des christlichen Glaubens zwischen Schöpfung, Erlösung und Neuer Schöpfung noch weniger halten können. Mit Recht warnt der bekannte amerikanische Franziskanertheologe Richard Rohr in seinem Vorwort zu dem wohl bekanntesten Buch von M. Fox »Der große Segen« davor, zu glauben, dass die

> »Schöpfungsspiritualität schon das ganze Bild ergibt. Es mag sein, dass sie für viele von uns die verborgene und verleugnete Seite ist. Paulus sagt [aber] auch, dass Christen ›mit Furcht und Zittern ihre Rettung erwirken sollen [...]‹ (Phil 2,13). Bei ihm geht es nicht um eine billige Wohlfühlreligion, sondern um das ernste Wissen, dass hierin sehr wohl ein Problem liegt. Hier gibt es Schiefes, Zerbrochenes, und wer sein Leben in der Tiefe lebt, ist sich auch zutiefst dieser Wunde im Herzen aller Dinge bewusst.«[4]

Das Böse, das etwas anderes ist als bloß Dunkelheit, Leid und Schmerz, kann von uns durch noch so viel »Mitgefühl« nicht in den »Großen Segen« der Schöpfung integriert werden. Dagegen spricht nach Rohr zu Recht die Tradition des »geistlichen Kampfes«, in dem es nicht um annehmendes Sich-Versöhnen mit dem Bösen geht, sondern um Widerstand und Entmachtung. Darum sollte sich jede Schöpfungsspiritualität vor einer »vorschnellen Feier der Einheit«[5] hüten, die eine Überwindung aller Dualismen und Differenzen schon vor der Vollendung von Gottes Reich verheißt.

II. Die alte Schöpfungsgeschichte – neu formuliert

Als Prolog stellt M. Fox seinem Buch »Schöpfungsspiritualität« eine »Neue Schöpfungsgeschichte« voran, in der nach seinem Wunsch »Wissenschaft und Spiritualität wieder zusammenfinden«[6]. Für ihn liegen diese Bereiche ohnehin nicht sehr weit auseinander; denn »die heutige Wissenschaft hat uns eine neue kosmische Geschichte über unseren Ursprung gegeben, eine heilige Geschichte, deren Hören uns mit Ehrfurcht erfüllt [...]. Es ist eine Geschichte von Geschenken: Wir kommen aus einer Abstammung kosmischen Gebens.«[7]

»Am Anfang war das Geschenk.
Und das Geschenk war bei Gott, und das Geschenk war Gott.
Und das Geschenk kam und schlug sein Zelt unter uns auf,
zuerst in Form eines Feuerballes,
der 750 000 Jahre lang unvermindert brannte
und in seinem ungeheuer heißen Ofen
Hadronen und Leptonen kochte.
Diese Gaben fanden gerade genug Stabilität,
um die ersten atomaren Geschöpfe zu gebären,
Wasserstoff und Helium.
Eine Milliarde Jahre des Kochens und Brodelns,
bis die Begabungen des Wasserstoffs und Heliums
Galaxien gebaren – wirbelnde, sausende, lebendige Galaxien,
die Billionen Sterne schufen,
Lichter in den Himmeln und kosmische Brutöfen,
die neue Geschenke entstehen ließen
durch gewaltige Explosionen riesiger Supernovas,
in einem Glühen aufflackernd
heller als eine Million Sterne.
Geschenke über Geschenke, Begabungen gebärende Gaben,
explodierende Gaben, implodierende Gaben,
Geschenke des Lichts, Geschenke der Dunkelheit,
kosmische Begabungen und subatomare Begabungen.
Treibend alles und wirbelnd, geboren und sterbend,
in einem ungeheuren geheimnisvollen Plan –
auch dieser ein Geschenk.

Eine dieser Supernovas explodierte auf eigene Art
und sandte eine einzigartige Gabe ins Universum –
von später folgenden Geschöpfen genannt
Erde,
ihre Heimat,
ihre Biosphäre, ein Geschenk für sie –,
hüllt sie ein in Schönheit und Würde und genau
den rechten Schutz vor der Sonnenstrahlung,

vor kosmischer Kälte
und vor ewiger Nacht.
Der so begabte Planet wurde als ein Juwel
in eine ausgezeichnete Umgebung gesetzt,
in genau 100 Millionen Meilen Entfernung
von seinem Mutterstern, der Sonne.

Neue Begabungen entstanden, in ihrer Gestalt neu im Universum –
Felsen, Meere, Kontinente,
vielzellige Geschöpfe, beweglich aus eigener Kraft. Leben war geboren!
Geschenke aus dem Stoff von Feuerball und Helium,
Galaxien und Sternen, Felsen und Wasser
nahmen nun die Gestalt des Lebens an!
Leben –
ein neues Geschenk des Universums,
eine neue Begabung im Universum.
Blumen vielfältiger Farben und Düfte, aufrechte Bäume.
Wälder entstanden und boten Raum für alle Formen
kriechender und krabbelnder Wesen.
Wesen, die fliegen und singen.
Wesen, die schwimmen und rutschen.
Wesen, die auf vier Füßen laufen.
Und schließlich
Wesen, die stehen und auf zwei Beinen gehen.
Mit beweglichen Daumen für weitergehende Kreativität –
für noch mehr Begabungen.
Der Mensch wurde ein Geschenk und eine Bedrohung.
Denn seine Schöpferkräfte waren einzig in ihrem Potential
zur Zerstörung und zur Heilung.
Wie würde er diese Begabungen anwenden?
Welche Richtung würde er einschlagen?
Die Erde erwartet die Antwort auf diese Fragen.
Und sie wartet noch.
Zitternd.
Lehrer wurden gesandt, Verkörperungen des Göttlichen,
aus Erde geboren –
Isis und Hesiod, Buddha und Laotse, Mose und Jesaja,
Sara und Esther, Jesus und Paulus,
Maria und Hildegard, Häuptling Seattle und die Büffelfrau –,
um die Menschen Wege des Mitgefühls zu lehren.
Und immer noch wartet die Erde,
ob die Menschheit ein Geschenk sei oder ein Fluch.
Zitternd.
Hast du je ein Geschenk gegeben und es später bereut?
Die Erde grübelt und wartet.
Denn das Geschenk ist Fleisch geworden

und wohnt überall unter uns,
und wir neigen dazu, es nicht zu kennen.
Und wir behandeln es nicht wie eine Begabung,
sondern als ein Objekt,
das wir benutzen, missbrauchen, niedertreten – ja kreuzigen.
Jenen aber, die das Geschenk mit Ehrfurcht empfangen,
ist alles verheißen.
Alle werden sie Kinder des Geschenkes heißen,
Söhne und Töchter der Gnade.
Durch alle Generationen.«

III. Auseinandersetzung

Was viele Menschen heute an dieser sehr einfühlsam formulierten »Schöpfungsgeschichte« ansprechen dürfte, ist zweifellos der mutige Versuch, naturwissenschaftliches Wissen und ökologisches Problembewusstsein in einen eindeutig als religiös zu erkennenden Text aufzunehmen. Die wörtlichen Anklänge an die klassischen biblischen Schöpfungstexte Gen 1 und Joh 1 am Anfang und am Ende sind nicht zu überhören. Wenn dieser Text so in der Osternacht vorgelesen würde, bekäme die biblische Schöpfungsgeschichte sicher für viele einen ganz neuen Klang. Sie würde ihnen dann nicht mehr wie ein völlig überholter Mythos aus grauer Vorzeit erscheinen, der ihnen als unvereinbar mit den Ergebnissen wissenschaftlicher Kosmologie, Biologie und Anthropologie vorkommt und unverständlicherweise von der Kirche noch immer im Gottesdienst vorgelesen wird. Die Kunst, unsere Welt unter *mehreren* Perspektiven zu betrachten, die sich nicht ausschließen müssen, sondern gleichzeitig Geltung beanspruchen können,[8] beherrschen leider trotz aller Anstrengungen in Theologie, Religionsunterricht und Verkündigung nur die wenigsten. Darum kann der Text von M. Fox vielen sicher die befreiende Evidenz vermitteln, dass Naturwissenschaft und biblischer Schöpfungsglaube durchaus miteinander zu vereinbaren sind.

Allerdings werden in dieser »neuen Schöpfungsgeschichte« einige zentrale Gehalte des christlichen Schöpfungsglaubens leider verdunkelt. Das hängt vermutlich mit M. Fox' Vision einer großen *Einheit* der ganzen Wirklichkeit zusammen, in der alle tief greifenden Differenzen aufgehoben werden sollen; denn andernfalls drohe das Schreckgespenst eines »Dualismus«, der die Wirklichkeit in unversöhnliche Gegensätze spalte. Aber hier gilt es, genau zu unterscheiden: Nicht jedes Festhalten an unaufhebbaren Grenzen und Differenzen ist eo ipso schon *dualistisch;* es kann auch einer *dialogischen* Weltsicht entspringen, nach der die höchste Form der Einheit zugleich die freiheitsgewährende Wahrung des Andersseins (bis zum Widerspruch des Bösen!) mit einschließt – eben weil es um eine Einheit in Freiheit und Liebe geht.

So spielt bei M. Fox der entscheidende Unterschied zwischen Schöpfer und Schöpfung, zwischen *creatio und creatura,* keine große Rolle. Das wird schon aus den ersten Zeilen ersichtlich: »Am Anfang war das Geschenk.« Worin dieses Geschenk besteht, wird im Verlauf der zitierten Schöpfungsgeschichte deutlich: Es ist die *Welt*, die vor unvorstellbaren Zeiten entstand (»zuerst in Form eines Feuerballes«) und sich allmählich zu dem entwickelt hat, was wir heute wahrnehmen können, bis hin zu der eindringlich beschworenen Ambivalenz des Menschen. Von diesem Geschenk »Welt« heißt es: Es »war bei Gott, und das Geschenk war Gott«. Die Welt ist also von Ewigkeit »bei Gott«, ja, sie ist mit ihm identisch. Was im Johannesevangelium vom Logos Gottes gesagt wird, dass er bei Gott und sogar Gott selbst war (in der Weise seines schöpferischen Wortes und seiner die Welt entwerfenden Weisheit), ja, dass die Welt *durch ihn geworden ist* – all das bezieht M. Fox auf das Geschenk des Anfangs, eben auf die Welt. Sie ist darum für ihn nicht bloß das *Ergebnis* des von ihr zutiefst verschiedenen und sie unendlich übersteigenden schöpferischen Handelns Gottes (also creatura). Nein, er sieht in ihr etwas viel Größeres: den sich selbst verschenkenden, zunächst als Universum, dann als Erde, als Leben und schließlich als Mensch »Fleisch gewordenen«, »überall unter uns wohnenden« Gott. Unter diesen vertrauten biblischen Formulierungen vollzieht sich fast unmerklich die heute so gern akzeptierte Metamorphose des christlichen Schöpfungsglaubens in eine pantheistische oder pankosmistische Identifizierung der Welt mit dem Göttlichen.

Aber verkündet die Hl. Schrift des Alten und Neuen Bundes wirklich, dass wir einer anonymen, subjektlosen »Abstammungslinie kosmischen Gebens« entspringen? Dies braucht faktisch nichts anderes zu bedeuten als die alles in Bewegung setzende und haltende Selbstorganisationsdynamik der Natur, ob sie (mit M. Fox) als innere Dynamik des Gebens und Schenkens gedeutet wird oder nicht. Dem gegenüber verkündet der christliche Schöpfungsglaube eindeutig: Wir verdanken uns der Großzügigkeit eines personalen göttlichen Gebers. Er setzt die lange Folge der Geschenke und Begabungen in Gang; durch sein Einwohnen in der Welt begabt er seine Geschöpfe permanent mit der Fähigkeit, sich ihrerseits weiterzuverschenken, sich in den großen Prozess der Evolution hineinzubegeben und sich darin auch selbst auf Neues hin transzendieren zu können.

Noch auf zwei andere, im Text von M. Fox anzutreffende Nivellierungen von Unterschieden, die für den christlichen Schöpfungsglauben unverzichtbar sind, sei kurz hingewiesen. Zum Einen auf die geschilderte Entstehung des *Menschen:* Genügt es, um die einzigartige Würde und

Verantwortung des Menschen zu erkennen, dass er auf »zwei Beinen« gehen kann und »bewegliche Daumen für weitergehende Kreativität« besitzt? Die biblische Ebenbildlichkeit des Menschen mit seinem Schöpfer geht doch erheblich über diese biologischen Fakten hinaus.

Zum Zweiten: Für das biblisch-christliche Credo liegt die Heilsbedeutung *Jesu Christi* nicht darin, dass er *ein* Lehrer unter vielen, *eine* Verkörperung des Göttlichen neben anderen ist, die alle die Menschen »Wege des Mitgefühls« lehren sollen. Mit dieser Relativierung des universalen, aber keineswegs exklusiven Heilsmittlers Jesus Christus, an dessen heilender Präsenz in der Welt unüberschaubar viele Heilswege in anderen Kulturen und Religionen partizipieren können, hebt sich der christliche Glaube und damit auch eine von ihm inspirierte »Schöpfungsspiritualität« im Grunde selbst auf.

Es ist schade, dass so anerkennenswerte Versuche, den christlichen Schöpfungsglauben in heutige Sprache und Vorstellungen zu übersetzen, oft in solchen oder ähnlichen Verkürzungen enden. Die zugrunde liegende Absicht macht dies verständlich; denn M. Fox und anderen geht es um eine Schöpfungsspiritualität, die zu einer allumfassenden »Bewegung« wird,

> »zu einer erstaunlichen Sammelstätte, zu einer Art Wasserstelle für Menschen, die die Fragen des Tages mit Leidenschaft ergriffen haben – Tiefenökologinnen und ökumenisch Bewegte, Künstlerinnen und Indianer, Bürgerrechtler und Feministinnen, Schwule und Lesben, Männergruppen, Wissenschaftler auf der Suche nach einer Verbindung von Wissenschaft und Weisheit, Menschen aus prophetischen Traditionen. Sie alle finden in der Bewegung der [eher: dieser] Schöpfungsspiritualität eine gemeinsame Sprache und einen gemeinsamen Boden.«[9]

Wer von der Schönheit und Wahrheit des authentischen christlichen Schöpfungsglaubens überzeugt ist, ohne deswegen andere Überzeugungen abzuwerten, für den ist der Preis für diese Gemeinsamkeit zu hoch. Zudem scheint es mir sehr unwahrscheinlich, dass sich dieser Preis für die gemeinsame Zukunft der Menschheit eventuell einmal »auszahlt«. Denn eine Spiritualität, die dem Geist bestimmter Avantgarden einer Epoche zu stimmig entsprechen will und darum widerborstige Essentials der eigenen, in Jahrtausenden gewachsenen Tradition einfach einebnet, verliert im schnellen Wechsel der Zeiten und Mentalitäten recht bald ihre Substanz, also ihre krisenfeste Identität und damit ihre Anziehungskraft.[10] Selbst die von M. Fox so sehr intendierte Ehrfurcht und Verantwortung gegenüber den Gaben der Schöpfung dürfte mit der Zeit ihre Motivationskraft verlieren, wenn das persönliche Antlitz des Gebers aller Gaben und somit der eigentliche Adressat des Dankens und Sich-Verantwortens immer unerkennbarer wird, immer ununterscheidbarer von uns selbst und unserer Welt.

Exkurs: Zur Schöpfungsspiritualität von Pierre Teilhard de Chardin

Dass man die kosmologischen und biologischen Erkenntnisse der Naturwissenschaften, einschließlich des daraus erwachsenen evolutiven Weltbildes, auch anders als M. Fox mit dem christlichen Schöpfungsglauben vermitteln kann, zeigt der Entwurf des französischen Naturwissenschaftlers und Theologen P. Teilhard de Chardin SJ (1881–1955). Er hat in den vergangenen Jahren – mehr außerhalb als innerhalb der Kirche – eine gewisse Renaissance erlebt, gerade wenn es um die spirituelle Aufwertung der *kosmologischen* Seite des Schöpfungsglaubens gegenüber der anthropologischen geht. Dass dabei auch versucht wird, ihn für bestimmte naturmystisch-esoterische Konzepte (wie New Age u. Ä.) zu vereinnahmen, ist nicht zu leugnen, aber auch nicht zu verhindern. Es mindert jedenfalls nicht die Größe und das christliche Profil seiner Theologie.

In zahlreichen Werken entfaltet Teilhard de Chardin seine Vision der *Einheit* von Gott und Welt – und dies ausdrücklich im Rahmen des modernen naturwissenschaftlichen Weltbildes. Er will auf diese Weise eine den Glauben in der Neuzeit mehr und mehr untergrabende Trennung zwischen einer gottlosen Natur und einem weltlosen Gott überwinden.[1] Die vermittelnde Gestalt zwischen beiden sieht er in Jesus Christus. Dieser ist für ihn nicht nur das Alpha, sondern – heute viel bedeutsamer – auch das Omega der Schöpfung (vgl. Offb 22,13). Dies deutet Teilhard so: Auf Christus zielt die ganze evolutionäre Geschichte des Universums und der Menschheit hin; als ihr Ziel ist Christus darum immer schon die innerste, alles unwiderstehlich anziehende und vorantreibende Dynamik von Kosmos und Geschichte (klassisch: die causa finalis, die Zielursache der Schöpfung).[2] Das berühmte Wort des Kolosser-Hymnus »Alles ist durch ihn und auf ihn hin geschaffen« (Kol 1,16) wird von Teilhard evolutions-theologisch ausgelegt. Er legitimiert diese Deutung mithilfe einer bestimmten philosophischen Theorie, die auf seinen paläontologischen Beobachtungen basiert.[3] Danach bewegt sich für ihn die Evolution auf jeweils höhere und neue Formen von Komplexität hin (z. B. von ganz einfachen zu hochkomplizierten Organismen). Zuwachs an Komplexität bedingt aber für Teilhard zugleich einen Zuwachs an Verinnerlichung (»Bei-sich-Sein«), also von Psyche und Bewusstsein. Solches Bewusstsein sei in rudimentärer Weise bereits in der Materie gegeben; im Selbstbewusstsein des Menschen habe es seine bisher höchste Ausformung gefunden.

Als »Großphasen« dieser Evolution unterscheidet Teilhard die *Kosmogenese* (also das Werden des materiellen Universums), die *Biogenese* (die Entwicklung der lebendigen Wesen) und die *Noogenese* (die Entstehung des menschlichen Selbstbewusstseins). Damit sei aber die Evolution noch keineswegs abgeschlossen; für Teilhard geht sie weiter in Richtung auf die Vermittlung von individuell-personalem und menschheitlich-sozialem Bewusstsein. Erst wenn auch darin eine gelungene Einheit erreicht sei, die die zerstörerischen Extreme des Individualismus und des Kollektivismus definitiv ausschließe, habe die Evolution ihre höchste Komplexität und damit ihre höchste Stufe von »verinnerlichendem« und »vereinendem« Bewusstsein gefunden.

Diese Stufe der Evolution nennt Teilhard die *»Christogenese«;* denn der auferstandene Christus ist für ihn in seiner Einheit von personaler Identität und sozialer Entgrenzung (als kirchlicher »Leib Christi«) die Grundform dieser höchsten Bewusstseins- und Einheitsstufe. Auf diese Einheit des »Leibes Christi« wachse das Universum hin; in der Parusie Jesu werde dieser Prozess zu seiner Vollendung gelangen. Dann erweise sich der auferstandene Christus vor aller Welt als die große »Integrationskraft« der ganzen Schöpfung; erst in ihm finde alles Geschaffene, von der Materie über das Leben bis hin zu den einzelnen Menschen und ihren Gesellschaftsformen, zu jener Form von Einheit, die – in aller Einigung – doch zugleich alle individuellen Verschiedenheiten in ihrer ganzen Komplexität bewahrt. Dies sei möglich, weil das Einswerden der Schöpfung im Raum der freigebenden Liebe, der »Communio« des dreieinen Gottes, geschehe.

Als Omega der ganzen Schöpfung bildet Christus somit den letzten »Konvergenzpunkt« der Evolution. Als solcher bleibt er ihr nach Teilhard keineswegs äußerlich. Sein »Herrsein« über die Welt, das in der Parusie vor aller Welt offenbar werde, sei eben nicht eine bloß moralische oder juridische Herrschaft, die er von außen und von oben durch seinen mächtigen Willen ausübe. Für Teilhard ist Christus von Gott als Omega dem ganzen Entwicklungsprozess der Schöpfung von Anfang an als machtvoll wirkende »Anziehungskraft« so eingestiftet, dass sie alles durchdringt, alles zusammenführt und alles zur vollendeten Einheit hinzieht:

> »Christus-Omega. Also Christus Beseeler und Sammler aller biologischen und geistigen Energien, die das Universum erarbeitet hat. Also schließlich Christus-Evolutor.«[4]

Und doch: Christus wirkt dabei keineswegs wie eine Naturkraft (nach dem Modell der Gravitation oder einer immanenten Selbstorganisationsdynamik der Natur). Vielmehr gilt:

> »In Christus-Omega [...] ruft Gott die Welt zu ihrer Vollendung in Christus mit der Freiheit schaffenden Stimme der Liebe, nicht mit der Befehlsgewalt des Allherrschers. Die Christologie gewinnt so bei Teilhard [...] eine neue kosmische Dimension, durch die er nicht nur der Erlöser und das Heil der Erde, sondern des ganzen Universums ist.«[5]

Die hier skizzierte Kosmologie Teilhards bietet zweifellos weder einen naturwissenschaftlichen noch einen naturphilosophischen Gottes- oder Christusbeweis, der stringent aus den empirischen Phänomenen der Evolution abgeleitet werden könnte. Darum würde man den Ansatz missverstehen, wenn man ihn in die Tradition der klassischen »natürlichen Theologie« (theologia naturalis) einordnen wollte, die beanspruchte, mit den Mitteln der philosophischen Vernunft die Existenz Gottes beweisen zu können. Vielmehr dürfte Teilhards Entwurf als eine mystisch-theologische Gesamtschau des Universums auf hohem Niveau zu würdigen sein. Sie kann für einen gläubigen Menschen den heute vielfach mit weltanschaulich-apodiktischem Pathos behaupteten Widerspruch zwischen naturwissenschaftlicher und theologischer Weltdeutung zu überwinden helfen, indem sie mögliche Analogien zwischen ihnen aufzeigt.

Für heutiges methodisches Bewusstsein allerdings geschieht diese Vermittlung bei Teilhard oft zu abrupt. Die naturwissenschaftlich einwandfrei erhobenen Phänomene werden bei ihm sehr schnell mit theologischen Überzeugungen verknüpft, ohne dass eine rational hinreichend ausgewiesene naturphilosophische Reflexion dazwischengeschaltet wäre.

Ian G. Barbour hat jedoch Recht, wenn er Teilhards Kosmologie neuestens sehr positiv als eine »evolutionäre Theologie der Natur« bewertet, »von der wir trotz der Probleme mit seiner Art der Darstellung viel lernen können« (z. B. was die Einheit von »heiligem und weltlichem Bereich« angeht, das Verständnis der Inkarnation als »Erfüllung einer langen kosmischen Vorbereitung«, den weiten Begriff der Erlösung, die »sowohl sozial und kosmisch als auch individuell« zu verstehen ist, usw.). Im Ganzen stellt nach I. G. Barbour Teilhards Entwurf »eine umfassende Neuformulierung der Glaubenslehre im Licht der Evolution vor, die er ›eine Bedingung für sämtliches heutiges Denken‹ nennt.«[6]

C. Schöpfungsglaube und ökologische Ethik

Die große Herausforderung, die der erste Bericht des Club of Rome über die »Grenzen des Wachstums«[1] 1972 für die gesamte westliche Gesellschaft und ihre bis dahin weitgehend unhinterfragte Fortschrittsgläubigkeit bedeutete, hat natürlich sehr bald auch die Theologie erfasst. Zum *einen* musste sie sich des vor allem im angelsächsischen Raum bereits einige Jahre zuvor laut gewordenen und dann auch im deutschsprachigen Raum vehement aufgegriffenen *Vorwurfs* erwehren, das Christentum trage – sowohl wegen seiner biblisch-schöpfungstheologischen Grundlagen als auch wegen seiner neuzeitlichen, einer einseitigen Anthropozentrik huldigenden Entwicklung – die Hauptschuld an der zerstörerischen Ausbeutung der Natur und ihrer natürlichen Lebensressourcen. Dies zeige sich ja allein schon daran, dass die Umweltzerstörung im großen Stil gerade der westlichen Zivilisation zuzuschreiben sei, für die das christliche Denken besonders prägend geworden ist.[2]

Zum *anderen* wurde die Theologie (zumal die Ethik, aber auch die systematische Schöpfungstheologie) inner- wie außerkirchlich mit der Erwartung konfrontiert, einen eigenen, vom christlichen Glauben getragenen *Beitrag* zu dieser ökologischen Problematik und der Überwindung der durch sie angezeigten Krise zu leisten. Zu beiden Themenkomplexen ist inzwischen eine Unmenge an Literatur erschienen.[3]

Im Zusammenhang dieses Lehrbuchs möchte ich nur auf das zweite der genannten Themen näher eingehen: Was kann der theologisch reflektierte Schöpfungsglaube als sein *Spezifikum* in diesen aktuellen Diskurs einbringen? Und kann er es so, dass er sich weder auf das populäre Niveau einer gefühlvollen, oft etwas esoterisch-holistisch angehauchten Naturromantik begibt noch einfach die von anderen Disziplinen erhobenen Analysen und Forderungen in religiösem Gewand wiederholt, um so unter Beweis zu stellen, dass er auf der Höhe der Zeit ist?

Eine rationale Bewährung der Theologie über den Horizont des Glaubens hinaus kann nur dann gelingen, wenn sie im interdisziplinären Diskurs ihre eigene, genuin dem Glauben entspringende Perspektive einbringt und dabei zugleich zeigen kann, dass diese Perspektive durchaus hilfreich für das gemeinsame Anliegen sein kann, die Menschen heute zu einem verantwortungsbewussten Umgang mit ihrer natürlichen Lebenswelt zu bewegen. Zuerst müssen aber einige Begriffe geklärt werden, damit klar wird, wo wir als Theologen in diesem Bereich sinnvoll mitsprechen können und wo nicht.

I. Notwendige Begriffsklärungen

1. Ökologie

Bei dem heute fast inflationär gebrauchten Begriff »Ökologie« sollte man mindestens drei Bedeutungen unterscheiden:

a) Mit »Ökologie« wird (seit dem Biologen Ernst Häckel, der diesen Begriff 1866 eingeführt hat) zunächst einfach jener Teilbereich der *Biologie* bezeichnet, »der die Wechselbeziehungen zwischen Lebewesen und ihrer (belebten und unbelebten) Umwelt, die jeweils ein Ökosystem bilden, zum Gegenstand hat«[4].

b) Durch die vom Club of Rome 1972 in Gang gesetzte öffentliche Diskussion bekommt der Begriff darüber hinaus einen viel weiter reichenden Bedeutungsgehalt: Er steht heute vor allem für die – wissenschaftlich wie populär gefasste – Erkenntnis, dass der Mensch selbst in hohem Maße seine Umwelt gefährdet, und zugleich für das *praktische* Bemühen, diese Gefährdung nachhaltig und umweltverträglich einzudämmen. Zur Umwelt zählen sowohl die *natürliche* Umwelt (also die gesamte Biosphäre mit allen Lebewesen und Ökosystemen) wie auch die damit in enger Wechselbeziehung stehende, vom Menschen *gestaltete* Umwelt (z. B. durch Wald- und Landwirtschaft, Besiedlung, technische Nutzung und Umwandlung der natürlichen Ressourcen). In dieses Bedeutungsfeld fallen solche Begriffe wie »ökologische Krise«, »ökologische Ethik« u. ä.[5]

c) In der gesellschaftlichen Öffentlichkeit vorwiegend westlicher Kulturen hat der Begriff »Ökologie« seit den siebziger Jahren auch einen *weltanschaulichen* Charakter angenommen. »Ökologie« bzw. »ökologisch« steht heute oft auch für eine natur- bzw. lebenszentrierte *Grundeinstellung* zur Wirklichkeit überhaupt; der Begriff »wird – in Abgrenzung zum neuzeitlich-dualistischen Naturverständnis – als Synonym für eine ganzheitliche, vernetzte Sicht der Welt verwendet [...] und häufig unmittelbar mit normativen Elementen (z. B. der Forderung nach Eigenrechten der Natur) verbunden«[6]. Wo diese Weltsicht zu einer (spiritualistischen oder materialistischen) Vermischung bzw. Identifizierung von Geist und Materie, von Mensch und Natur, von Gott und Welt führt und sich quasi als ökologische Heilslehre (»Öko-Soteriologie«) versteht, ist die christliche Schöpfungstheologie explizit herausgefordert.[7]

Allerdings scheint sich hier unter den wissenschaftlich arbeitenden Umweltforschern eine gewisse weltanschauliche Ernüchterung eingestellt zu haben:

> »Mit zunehmendem Wissen hat sich das moralisch relevante Verständnis von Natur geändert. Natur ist nicht die große Harmonie, in der man den Menschen wieder einfügen muss. Sie ist dynamisch, z.T. unberechenbar, wie sich beispielsweise in der Klimaforschung zeigt. [...] Katastrophen, Irregularitäten und – aus dem Kontext menschlicher Moral heraus gesprochen – eine gewisse Brutalität gehören ganz generell zum Programm der Natur. Der amerikanische Evolutionstheoretiker und Ökologe Georg C. Williams hat dies in einem bildhaften Satz formuliert: ›Mother Nature is a Wicked Old Witch‹ (›Mutter Natur ist eine böse alte Hexe‹). Auch wenn man es nicht so bildhaft übertreiben will: Die meisten der hier lebenden Tierarten etwa sind schon lange ohne Zutun der Menschen ausgestorben. [...] Man weiß heute, dass man in unseren Breitengraden in der Regel weniger unberührte Wildnis als vielmehr alte Kulturlandschaften zu bewahren sucht. [...] Es gibt nicht einfach *die* Natur, der die Menschen sich, wie man vereinfachend sagt, anpassen und einfügen müssen. Es ist so gesehen eine zentrale Frage, wie Konzepte nachhaltiger Entwicklung auf die natürliche Umwelt dynamisch bezogen werden können und sollen.«[8]

2. »Bewahrung« der Schöpfung

Die innerhalb kirchlicher Ökologiedebatten gebräuchliche Formulierung »Bewahrung der Schöpfung«, weit verbreitet durch den »Konziliaren Prozess für Gerechtigkeit, Frieden und Bewahrung der Schöpfung« (v.a. mit seinem Höhepunkt bei der großen Weltversammlung (Konvokation) in Seoul 1990), zeugt von einer – sicher unbeabsichtigten, aber doch folgenreichen – *Kategorienverwechslung*. Wenn nämlich im Kontext des von allen Christen geforderten Einsatzes für den Frieden und die Gerechtigkeit in der Welt zugleich von der Bewahrung der *Schöpfung* gesprochen wird, kann damit ja nur die Natur, also die natürliche, weithin kulturell und technisch bearbeitete Umwelt des Menschen gemeint sein, vor allem die nichtmenschlichen Geschöpfe auf unserer Erde. Im gewöhnlichen Sprachgebrauch wird ohnehin häufig nur dieser Bereich unserer Welt mit dem Wort »Schöpfung« bezeichnet. Auf keinen Fall aber berechtigt das die Kirche und die Theologie dazu, diesen auf die Natur und das Mensch-Natur-Verhältnis reduzierten Sprachgebrauch von Schöpfung zu übernehmen. Denn damit ginge allmählich das Bewusstsein ganz verloren, dass die Schöpfung als solche, die ja das ganze Universum und gerade auch den Menschen selbst und die von ihm gestaltete Welt umfasst, nur von ihrem Schöpfer »bewahrt« werden kann. Und der Schöpfer bewahrt die Schöpfung einzig und allein dadurch, dass er – allem geschöpflich-menschlichen Versagen zum Trotz – an seinem unbedingten, ein für alle Mal gesprochenen und in der Menschwerdung seines Sohnes definitiv bestätigten Ja zur Schöpfung festhält. In seiner Treue bewahrt Gott die Schöpfung nicht nur in ihrem Dasein, sondern auch in ihrem unzerstörbaren Gutsein, das eben im bleibenden Geliebtsein von Gott gründet. In diesem Zusammenhang kann der Glaube zu Recht von »Bewahrung der Schöpfung« (conservatio mundi) sprechen; sie aber gehört wesentlich zum schöpferischen Wirken Gottes und kann darum terminologisch nicht mit der unbestrittenen geschöpflichen Verantwortung des Menschen für seine Lebenswelt gleichgesetzt werden. Sonst würde man implizit unterstellen, »dass der neuzeitliche Mensch die Macht gewonnen habe, die Schöpfung sowohl zu zerstören als auch zu bewahren«; dies aber würde ein Menschenbild insinuieren, »das sich theologisch gar nicht titanischer denken lässt. Denn nicht mehr Gott erscheint hier als Subjekt der creatio continua, sondern der fromme Mensch.«[9]

II. Der Beitrag des Schöpfungsglaubens zu einer ökologischen Ethik: Drei handlungsrelevante Grundeinstellungen

Inhaltliche Handlungsmaximen und Normen aufzustellen, die sich signifikant von denen einer philosophisch-rational begründeten ökologischen Ethik unterscheiden, kann nicht spezifischer Beitrag des Schöpfungsglaubens zu einer heute geforderten Umwelt- oder Naturethik sein; darüber scheint in der katholischen wie evangelischen Theologie ein gewisser Konsens zu herrschen. Der katholische Moraltheologe Alfons Auer sieht das Verhältnis zwischen Schöpfungsglauben und ihm entsprechendem ethischem Handeln vielmehr so:

> »Die Findung der sittlichen Wahrheit steht also zunächst in der authentischen Kompetenz und in der authentischen Verantwortung der gesellschaftlich-geschichtlichen Vernunft des Menschen. Der Ethiker, auch der theologische, der sich um den rechten Umgang mit den naturalen Lebensgrundlagen sorgt, stellt sich in redlicher Zeitgenossenschaft in den Prozess der Wahrheitsfindung hinein. Er hört auf die vielfältigen Äußerungen der gesellschaftlich-geschichtlichen Vernunft. […] Er nimmt empirische Befunde zur Kenntnis, sucht sie aus einer umgreifenden Deutung des menschlichen Daseinssinnes zu ordnen und zu verstehen. […] Der theologische Ethiker fragt darüber hinaus nach der ökologischen Bedeutung des christlichen Glaubens und sucht die menschlichen Probleme von der christlichen Sinnvorgabe her kritisch-produktiv zu bewerten.«[10]

Das Unterscheidend-Christliche liegt zweifellos nicht auf der Ebene konkreter Handlungsanweisungen: Es betrifft die grundlegende *Wahrnehmung* und *Wertung* der Natur. Diese wird im Glauben als jener Bereich der *Schöpfung Gottes* gesehen, der dem Menschen, dem »Hausverwalter Gottes«, als kostbare, zu hütende und zu bearbeitende Gabe von Gott anvertraut ist (vgl. Gen 1 und 2). Die Beziehung des Menschen zur Natur, also zu seiner natürlichen Umwelt und zu den nichtmenschlichen Mitgeschöpfen, steht demnach für den Glaubenden im größeren Rahmen der Beziehung des Menschen zu Gott; *sie* bildet das alles bestimmende *Vorzeichen*, das der Schöpfungsglaube dem ethisch verantwortlichen Handeln des Menschen in und an der Natur voranstellt. Die Bedeutung dieses Vorzeichens für ein ökologisch verantwortliches Handeln besteht vor allem darin, dass es dieses in den religiösen, also nach Ursprung, Sinn und Ziel der ganzen Schöpfung fragenden Horizont stellt und es dadurch mit zentralen, für das sittliche Handeln relevanten *Grundeinstellungen* des Glaubens verbindet. Drei solcher ökologischer Tugenden, die das verantwortliche Handeln des Menschen im Bereich der Natur vom Glauben her »imprägnieren«, seien etwas näher erläutert.

1. Verantwortung – motiviert durch Dankbarkeit

Verbunden mit der Freude an der Schöpfung und der in ihr aufscheinenden Herrlichkeit des Schöpfers (vgl. Röm 1,19–23) kann die Dankbarkeit sicher als *die* Schöpfungstugend schlechthin bezeichnet werden. Sie bildet jene vor-ethische, d. h. alle christliche Ethik tragende und prägende Grundhaltung, in der der Mensch dem schöpferischen Handeln Gottes *und* seinem Ergebnis, eben der Schöpfung in all ihren Dimensionen, am ehesten entsprechen kann. Denn in ihr erweist sich der Mensch als jenes Geschöpf, das den *Gabe*-Charakter der ganzen Schöpfung erkennt und anerkennt; als Dankender vollzieht er bewusst den allen Geschöpfen gemeinsamen Grundakt des Empfangens, der *Rezeptivität* und gibt so – stellvertretend für die ganze Erde – eine angemessene Antwort auf die schöpferische *Aktivität* Gottes. In seinem dankbaren Ja zur Schöpfung räumt der Mensch Gott den Raum ein, den der Schöpfer »braucht«, um die Fülle seiner Gaben an das endliche Andere verschenken zu können.

Diese geschöpfliche Grundbeziehung des Menschen zu Gott soll – nach dem Willen Gottes – aber auch die Beziehung des Menschen zu den anderen Geschöpfen auf dieser Erde prägen. Wie geschieht das? Drei Möglichkeiten seien kurz angedeutet:

a) Die *Vor-Gaben* unseres Handelns wahrnehmen

Darunter verstehe ich jenes Bewusstsein, das den Menschen bei allem technischen Bearbeiten und kulturellen Gestalten der Natur begleiten soll: dass nämlich diese Natur ihm als unhintergehbare *Voraus-Setzung* seines Handelns *gegeben* ist (»Wo warst du, als ich die Erde gründete?« – Ijob 38,4); dass also die wichtigsten Lebensgrundlagen für alle Lebewesen (wie das Licht, das Wasser, die Luft, der Erdboden, die elementaren Nahrungsmittel usw.) nicht vom Menschen gemacht, sondern ihm übergeben und darum auch nicht unbegrenzt der Macht seines Alles-machen-Könnens und -Wollens ausgeliefert sind.

Als Vor-Gabe des Schöpfers besitzt die Natur (wie jedes Geschöpf, das ja von Gott in sein Eigensein gesetzt ist) einen spezifischen *Eigenwert*, der der Verfügungsmacht des Menschen prinzipiell Grenzen setzt. Im konkreten Fall ist es immer sehr schwierig, diese Grenzen des menschlichen Willens zum Bearbeiten und Benutzen der natürlichen Vorgaben genau zu bestimmen. Aber allein schon die ehrliche Bereitschaft, gewisse unübersteigbare Grenzen im Umgang mit der natürlichen Lebenswelt, mit ihren Ressourcen und mit den anderen Lebewesen, den Pflanzen und den Tieren, zu akzeptieren, lässt den Menschen achtsamer in seinem Denken und Handeln werden. Erst recht gilt dies für den heute noch brisanteren Bereich des Eingreifens in das genetische Erbgut des Menschen selbst.

b) Die Erde als *Leih-Gabe* sehen

Noch ein zweiter Gesichtspunkt sei genannt, wie die Grundhaltung der Dankbarkeit dem Schöpfer gegenüber das sittlich-verantwortliche Handeln sensibilisieren kann: nämlich durch das Bewusstsein, dass dem Menschen die Erde und ihr natürlicher Reichtum von Gott nur als *Leih-Gabe* anvertraut ist. Das heißt, die Erde mit allem, was auf ihr lebt und was sie an lebenswichtigen Schätzen birgt, gehört nicht dem Menschen, keinem Einzelnen, keinem Volk, keiner noch so mächtigen Nation, keiner anonymen, »globalen« gesellschaftlichen und wirtschaftlichen Macht und auch keiner bestimmten Zeit und Epoche. »Dem Herrn gehört die Erde und was sie erfüllt, der Erdkreis und seine Bewohner« (Ps 24,1). Nur befristet, für eine bestimmte Zeit, hat der Herr sie dem Menschen als seinem »Hausverwalter« überantwortet, dass er sie in seinem Sinn gestalte. Darum können die Menschen einer jeweiligen Epoche und Kultur berechtigt nur so weit die Güter der Erde nutzen und verbrauchen, als sie zugleich darum besorgt sind, genügend Vorrat an lebensermöglichenden Vor-Gaben auch an spätere Generationen und Epochen weiterzugeben.

Darüber hinaus aber verbindet sich mit dem gläubigen Bewusstsein, die Erde nur als Leih-Gabe erhalten zu haben, immer auch schon die Gewissheit, dass wir Menschen – je nach dem Anteil unserer Verantwortung – bei der Vollendung der Zeiten dem Schöpfer *Rechenschaft* darüber ablegen müssen, ob wir mit dem uns anvertrauten Lebensraum Erde so umgegangen sind, wie es dem Schöpfungsauftrag am Anfang entspricht; ob wir gute »Ökonomen« Gottes gewesen sind und in Weisheit und Gerechtigkeit den Lebensraum Erde gestaltet haben.[11]

c) Den Umgang mit dem Unverfügbaren lernen

Noch ein drittes Moment: Die Dankbarkeit, die die Erde als Vor-Gabe und Leih-Gabe Gottes wahrnimmt und dementsprechend achtsam mit ihr umgeht, bietet eine gute Grundlage für das, was M. Huppenbauer die »Kultur des Umgangs mit dem *Unverfügbaren*« nennt.[12] Er meint damit nicht, dass – von Gott oder der menschlichen Vernunft her – die natürlichen Vorgaben unserer Lebenswelt weithin als für den Menschen »unverfügbar« (im normativen Sinn) anzusehen wären; dann gäbe es überhaupt keine Kultur und Entwicklung. Wohl aber gibt es (im deskriptiven Sinn) im Bereich der Natur offensichtlich Dinge, die dem Menschen faktisch unverfügbar sind und die er auch als solche erfahren kann – ob gläubig oder nicht, z. B. die meist nicht zu überblickenden Langzeitfolgen seines technischen Handelns. Wie sollen wir mit *dieser* Erfahrung umgehen?

Auch hier kann der Schöpfungsglaube keine eigenständigen ethischen Handlungsanweisungen benennen. Er kann aber – auf *seiner* Ebene – ein heilsames Gegengewicht gegen die Gefahr einer ethischen Überforderung des Menschen setzen: Indem der Mensch seine unabtretbare Verantwortung (auch für die unabsehbaren Folgen seines Handelns) noch einmal – im Lob, im Dank, in der Bitte und in der Klage – vor das Angesicht des Schöpfers trägt, überlässt er diese Verantwortung keineswegs einfach Gott; wohl aber wird sie für ihn »tragbar«, nimmt sie ein menschlich-geschöpfliches Maß an, weil er sie eingeborgen weiß in die »Letztverantwortung« dessen, der – auf seine Weise – alles zum Guten führen wird.[13]

2. Verantwortung im Bewusstsein der einzigartigen Würde des Menschen

a) »Mitgeschöpflichkeit«

Im Rahmen des Diskurses um eine ökologische Ethik ist es inzwischen selbstverständlich geworden, das Verhältnis des Menschen zu den Tieren und allen anderen außermenschlichen Geschöpfen als »Mitgeschöpflichkeit« zu bezeichnen.[14] Diese Rede legitimiert sich von der unbestreitbaren Tatsache her, dass alles, was von Gott verschieden ist, von ihm geschaffen ist, also die Signatur des Kreatürlichen trägt. Diese Gemeinsamkeit liegt allen innergeschöpflichen Unterscheidungen zugrunde, so dass man zu Recht von »Schöpfungsgemeinschaft«, »Schöpfungssolidarität« und »Schöpfungsliebe« zwischen den Geschöpfen sprechen kann. Biblisch kommt dies eindrucksvoll in dem bekannten Wort aus dem Buch der Weisheit zum Ausdruck: »Du liebst alles, was ist, auch verabscheust Du nichts von allem, was Du gemacht hast. [...] Du schonst alles, weil es Dein Eigentum ist, Herr, Du Freund des Lebens. Denn in allem ist Dein unvergänglicher Lebenshauch« (Weish 11,24–12,1).[15]

b) »Wohltuende Unterschiede«

So weit, so gut. Aber wie so oft gerät man, wenn eine verhängnisvolle Einseitigkeit überwunden werden soll (z.B. eine sich absolut setzende Anthropozentrik), vom einen in den anderen Straßengraben: In zahlreichen holistischen, bio- und pathozentrischen Ethikentwürfen wird eine (sich von anderen Lebewesen qualitativ unterscheidende) Sonderstellung des Menschen innerhalb der Schöpfung bestritten.[16] Im Gegenzug wird der Natur nicht nur ein *Eigen*wert zugesprochen (was auch theologisch voll zu bejahen ist), sondern auch *Gleich*wertigkeit mit dem Menschen, Ebenbürtigkeit in der Würde, Subjekthaftigkeit mit eigenen Rechten und dergleichen. Ich kann hier nicht auf diese innerethische Diskussion eingehen.[17] Nur der entschiedene Einwand des Schöpfungsglaubens gegen eine verbreitete Tendenz zur Nivellierung des Menschen in die »Mitgeschöpflichkeit« hinein sei kurz angesprochen. Er besteht vor allem in der Betonung der *»wohltuenden Unterschiede«* – sei es zwischen Gott und der Schöpfung, sei es innerhalb der Schöpfung selbst.[18]

So ist der Unterschied zwischen *Schöpfer und Geschöpf* deswegen für das Geschöpf wohltuend und befreiend, weil dadurch nichts Geschöpfliches absolut gesetzt und als göttlich tabuisiert werden kann; nichts in der Welt (auch nicht der Mensch und die von ihm hervorgebrachten Ideen, Ideologien, Machtstrukturen u.Ä.) kann daher beanspruchen, dass sich ihm alles zu unterwerfen und seinen Zwecken zu dienen habe. Darum kann eine reine Funktionalisierung der Natur auf den Menschen und seine Ziele hin sich niemals auf den Schöpfungsglauben berufen.

Innerhalb der Schöpfung selbst gibt es dementsprechend ebenfalls wohltuende Unterschiede: zwischen Mensch und Mensch, zwischen Frau und Mann, aber eben auch zwischen Mensch und Tier, zwischen Tier und Pflanze, zwischen Organischem und Anorganischem (die sog. scala naturae). Die Unterschiede zwischen den lebenden Organismen (Menschen, Tieren und Pflanzen) ergeben sich aus der jeweils verschiedenen (von uns eher intuitiv zu erkennenden) Art des empfindenden Selbstverhältnisses eines Organismus und des Verhältnisses zu seinen Zielen.[19]

c) Die besondere Würde des Menschen und der Eigenwert seiner Mitgeschöpfe (z.B. der Tiere)

Die uns hier interessierende Frage lautet: Warum ist das Festhalten an einem qualitativen Unterschied z.B. in der Würde zwischen Mensch und Tier wohltuend und sinnvoll? Die Antwort lautet: weil dieser Unterschied dem Menschen eine *Beziehung* zum *Anderen* seiner selbst möglich macht, die sowohl für sein wahres Menschsein wesentlich ist als auch den Tieren den ihnen gebührenden Eigenwert zuerkennt. Wie ist das zu verstehen?

Hinter dieser Einschätzung steht jene Erfahrung der *personalen* Beziehung, dass die beglückendste Form von Einheit und Gemeinschaft nicht in der unterschiedslosen Verschmelzung, in der Selbstauflösung der verschiedenen Partner ineinander besteht, sondern in der wechselseitigen Anerkennung des Andersseins. Diese menschliche Grunderfahrung dient dem Schöpfungsglauben als (analogiefähiges) Modell, um das *Heilsame* der Unterschiede sowohl zwischen Gott und Welt als auch unter den Geschöpfen selbst zu erkennen. Denn nur wenn in aller Gemeinsamkeit zugleich genügend Raum auch für das wirkliche Anderssein-Können eingeräumt wird, kann überhaupt das spezifisch Eigene jedes Geschöpfes erkannt und auch sein Eigenwert anerkannt werden. Erst aus einer solchen einend-unterscheidenden Beziehung zu den anderen Geschöpfen kann der *Mensch* selbst sich in seiner Eigenart erkennen und verstehen – z.B. (wie in der philosophischen Tradition) als »animal rationale«, als »vernunftbegabtes Tier«. Und nur so hat es Sinn, *ausschließlich* an die Verantwortung des *Menschen* für die Natur zu appellieren (und nicht analog auch an die Verantwortung z.B. anderer höherer Säugetiere). »Unterscheiden« ist eben nicht zu verwechseln mit »trennen« oder gar »abwerten«; es ist vielmehr die Möglichkeitsbedingung von Beziehungen, die *beiden* Seiten gerecht werden können.

Dieses Ineins von geschöpflicher Gemeinsamkeit und zwischengeschöpflicher Verschiedenheit bildet aber auch die Voraussetzung dafür, dass der Unterschied zwischen Mensch und Tier auch für die *Tiere* wohltuend sein kann. Denn indem der Mensch sich – aufgrund der Selbstunterscheidung von den Tieren – bewusst ist, dass er allein auch andere Ziele als bloße »Naturzwecke« (solche also, die unausweichlich mit der Natur jedes Lebewesens gegeben sind) verfolgen kann, ist es ihm möglich, zu erkennen, dass er eine Verantwortung für seine Mitgeschöpfe hat. Diese Verantwortung zeigt sich darin, dass er bereit ist, seine eigenen Ziele – falls sie in Konflikt mit dem Eigenwert der anderen Geschöpfe geraten – zu relativieren und sie in jedem Fall vor sich selbst und seinem Schöpfer gewissenhaft zu rechtfertigen.

In diesem Zusammenhang ist noch einmal an den ursprünglichen biblischen Sinn der Gottebenbildlichkeit des Menschen zu erinnern, in der ja theologisch seine einzigartige Würde gründet: Gott schafft den Menschen zu seinem Bild, damit er ihn mitten unter den anderen Geschöpfen als »Hirten und Herrn« vertreten kann.[20] Diese Aufgabe des »Hausverwalters« Gottes mitten unter den Mitgeschöpfen kann der Mensch aber nur kraft der bewusst gelebten *Beziehung* zu Gott, dem ganz Anderen, gut wahrnehmen. Genau in diesem Dienst des »Stellvertretens« kann und soll seine unterscheidend-einende Beziehung zu Gott auch ihre *zwischengeschöpfliche* Entsprechung finden.

> »Die freie und lebensbejahende Zuwendung zu Gott und zu den Geschöpfen bedingen sich gegenseitig. Das Verhältnis zu Gott findet seine Entsprechung in dem Verhältnis zu den Geschöpfen. Vom Menschen und seinen Mitgeschöpfen kann keine Verschiedenheit ausgesagt werden, die nicht von einer jeweils größeren Gemeinsamkeit übertroffen wird: die Gemeinsamkeit des Geschaffenseins von Gott. Eben dies meint die Kategorie der Mitgeschöpflichkeit. Sie beschreibt das menschliche Dasein als Selbstsein-im-Miteinandersein.«[21]

3. Verantwortung in eschatologischer Gelassenheit

a) Glauben und Handeln angesichts einer möglichen Zerstörung unserer Lebenswelt

Als dritte Grundeinstellung, die vom Schöpfungsglauben her verantwortliches Handeln im Bereich der natürlichen Umwelt motivieren und imprägnieren kann, sei die *Gelassenheit* genannt. Diese Tugend ist vor allem dann vonnöten, wenn die gegenwärtige ökologische Krise auf eine mögliche Katastrophe apokalyptischen Ausmaßes in nicht allzu ferner Zukunft hin extrapoliert wird – ob durch das Verschwenden und Vergiften der natürlichen Ressourcen verursacht oder durch einen alles höhere Leben vernichtenden Atomkrieg. Diese nicht zu leugnende Möglichkeit wird von manchen Glaubenden als eine tief greifende Infragestellung ihres Glaubens an den »guten« Schöpfer, an seine unbedingte Treue zu seiner Schöpfung und das durch sie bedingte Gutsein der Schöpfung empfunden. Sehr deutlich hat dies Dorothee Sölle ausgesprochen:

> »Keine Generation der bisherigen Geschichte konnte so Nein zur Schöpfung sagen, wie wir es können. Keine frühere Generation war in der Lage, nicht nur Christus wieder und wieder zu kreuzigen, sondern auch Gott selbst, den Schöpfer [...], abzuschaffen. Mögen wir uns auch mit der oberflächlichen christlichen Redensart vom ›ewigen Gott‹ zu trösten suchen – das ist Selbstbetrug, denn nach der Endlösung des atomaren Holocaust gibt es weder Vater noch Mutter im Himmel und keinen Schöpfer mehr.«[22]

Diese radikalen »ökotheologischen« Aussagen enthalten zweifellos einen Wahrheitskern: Mit den im 20. Jahrhundert entwickelten technischen Möglichkeiten, die zu einer weitgehenden Ausbeutung und Zerstörung unserer irdischen Lebenswelt führen können, ist auch die Größe menschlicher Verantwortung für die Folgen menschlichen Handelns in einem bisher ungekannten Maß gestiegen. Verständlich, dass darum Günter Anders entschieden fordert, »Mut zur Angst« aufzubringen; dass Hans Jonas eine »Heuristik der Furcht« entwirft (nämlich vor dem Schrecklichen, von dem wir uns eindeutig bereits im Vorhinein vorstellen können, dass wir es auf keinen Fall haben wollen); nur so könne der Ernst dieser neuen Verantwortungssituation nachhaltig bewusst gemacht und das ständige Verdrängen verhindert werden. Diese Methodik hat bereits die frühjüdische Apokalyptik benutzt: Der breit ausgemalte, in die unmittelbar bevorstehende Zukunft versetzte und von Gott als schreckliches Strafgericht über das ungläubige Israel und die gewalttätigen Völker vollzogene Untergang der Welt diente als drastisches Mittel der Mahnung zur Umkehr. Es kam den »Frommen Jahwes« (dem »heiligen Rest«) darauf an, die anderen Glieder des Volkes Gottes davon zu überzeugen, dass die Umkehr zum rechten (= apokalyptischen) Glauben an Jahwes Herrschaft über die Welt die einzige Chance sei, auch durch den Untergang des alten Äons hindurch Anteil am neuen Äon Gottes zu erhalten.[23]

Eine gewisse Wirkung wird man einem solchen Vorgehen auch heute sicher nicht absprechen können; es versucht eben, gegen die Gefahr der achtlosen Gewöhnung an die (möglichen) Schrecken der Zukunft, durch die sie völlig aus dem allgemeinen Bewusstsein verdrängt werden, eine Wachsamkeit zu mobilisieren, die sich zusätzlich zur vernünftigen Einsicht einer starken emotionalen Triebfeder bedient (eben der Angst), um das Schlimmste zu vermeiden. Aber dieser Weg kann sich auch als sehr kontraproduktiv erweisen: wenn nämlich die Angst, die nach diesem Konzept »an sich« rational kontrolliert und kanalisiert werden soll, stärker wird als die sie leitende praktische Vernunft und dann in Verzweiflung oder Panik umschlägt, die beide blind für die Realität und das Realisierbare machen.[24]

b) Das Vertrauen auf Gottes Schöpfungs- und Vollendungswillen

Demgegenüber kann der christliche Glaube eine vernünftigere Alternative anbieten, indem er Schöpfungsglauben und eschatologische Hoffnung verbindet. Das bedeutet: Auch dann, wenn Menschen tatsächlich einmal den Lebensraum Erde und das Leben auf ihr weitgehend vernichten sollten, fällt damit die Schöpfung noch lange nicht ins »Nichts« zurück, auch nicht unsere Erde. Wie immer das Ende unserer menschlich-irdischen Lebenswelt aussehen mag, es kann – ähnlich wie der individuelle Tod jedes Menschen und jedes Lebewesens – keineswegs mit einer Vernichtung jeden *Sinns* der Erde und des Lebens auf ihr gleichgesetzt werden. Weder Gott noch das der Erde von Gott zugesprochene »Gutsein« (also das von ihm untrüglich Geliebtsein) und ebenso wenig das ihr darin mitgegebene Versprechen auf endgültige Vollendung sind damit »am Ende«. In der Auferweckung des gekreuzigten Jesus von den Toten hat Gott dieses Versprechen für seine Schöpfung bereits »prinzipiell« eingelöst: Indem der »Erstgeborene der ganzen Schöpfung« auch zum »Erstgeborenen der Toten« geworden ist (Kol 1, 15–20), baut Gott durch ihn und mit ihm bereits mitten im alten Äon seine neue Schöpfung, lässt er die Menschen und die anderen Geschöpfe – gerade auch durch ihren Untergang im Tod hindurch – auf je ihre Weise teilhaben am unzerstörbaren Leben des Auferstandenen.[25] Der Leib des auferstandenen Christus ist der »Raum«, in den hinein die ganze Schöpfung von Gott aufgehoben und verwandelt wird – jetzt schon, permanent, nicht erst zu einem fernen, uns existentiell kaum berührenden Zeitpunkt.

Entscheidend ist nun: Dieses sich durch die Geschichte des Heils hindurch erfüllende Versprechen Gottes kann auch die größte menschliche Schuld, die schlimmste Versündigung an dem uns anvertrauten Stück Schöpfung, nicht außer Kraft setzen – Gott sei Dank! Aus dieser Gewissheit aber kann dem Glaubenden eine tiefe *Gelassenheit* zuwachsen, die ihm hilft, auch das Unabsehbare des zukünftigen menschlichen Handelns –

ohne ethische Selbstüberforderung – auszuhalten und so die ihm möglichen, vernunftgeleiteten Schritte zur Verhinderung des Schlimmsten zu tun. Die Gelassenheit befreit uns dazu, vor nichts auf der Welt eine heillose Angst zu haben, weder vor der Macht des Bösen noch vor dem persönlichen Tod (und seinen vielen Vorboten), aber auch nicht vor einer künftigen apokalyptischen Katastrophe, die zum Untergang unserer ganzen erfahrbaren Lebenswelt führen kann (vgl. Röm 8,31–39). Eine solche Angst wird uns zwar immer wieder befallen, gerade angesichts äußerster Bedrohungen; sie wird auch durch das Vertrauen auf das, was in Jesus bereits von Gott her für uns geschehen ist, keineswegs gänzlich verscheucht. Aber da, wo wir unsere Angst vor dem möglichen Untergehen in die Ölbergangst Jesu hineinbergen, erhalten wir auch Anteil an seiner »begnadeten Angst« (G. Bernanos), das heißt an seinem tiefen, von Gott selbst mitten in die Angst hineingesenkten Vertrauen auf die rettende Nähe des Vaters (vgl. Lk 22,41 ff.). Dadurch wird auch unsere Angst »entmachtet« (P. Knauer), ihrer tödlich-lähmenden Macht beraubt und zugleich aufgebrochen für das Licht des Ostermorgens, das von Jesus her auch unsere »Angst und Pein bescheint« (J. Klepper).[26]

c) Der unersetzliche Beitrag des Menschen zur Vollendung unserer Welt

Zuletzt gilt es noch, den Einwand zu entkräften, diese Gelassenheit des Glaubens mindere doch erheblich den Impuls zum eigenverantwortlichen Handeln in der gegenwärtigen ökologischen Krise. Das Gegenargument des christlichen Glaubens lautet: Auch wenn das alles vollendende Reich Gottes ganz und gar das Werk Gottes ist, so ist es Gott doch keineswegs gleichgültig, ob wir Menschen dem ursprünglichen Schöpfungsauftrag in Genesis 1 und 2 gerecht werden oder nicht; ob wir also Gott eine gut verwaltete oder eine zunehmend ausgeplünderte und verwüstete Erde für das von ihm erhoffte Geschenk der Vollendung darbieten. Da die alte Schöpfung im vollendeten Reich Gottes ja nicht einfach abgetan und zurückgelassen, sondern – gereinigt und erneuert – von Gott hineingeformt wird in die Neue Schöpfung und so in ihr »aufgehoben« bleibt, bedeutet der Schöpfungsauftrag an den Menschen, dass er die Erde so gut wie möglich zur »Materie« des alles in sich aufhebenden und vollendenden Reiches Gottes bereitet (vgl. GS 39).[27]

Das ganze Sinnen und Trachten des Menschen als Ebenbild Gottes soll also darauf gerichtet sein, sich selbst und seine Lebenswelt in ein gutes Entsprechungsverhältnis zum Schöpfungs- und Vollendungswillen Gottes zu setzen. Dieser aber besteht darin, dass die Fülle an Güte, die der dreieine Schöpfer seiner Schöpfung mitteilt, auch in ihr selbst, in der unendlichen Vielfalt ihrer möglichen Weisen, sie sich anzueignen, widerstrahlt – so wie es jedem Geschöpf auf seine Weise möglich ist. *Dem* soll der Mensch nicht nur mit der ganzen Kraft seines Glaubens, seiner Hoffnung und seiner Liebe dienen, sondern auch mit der praktischen Vernunft seines sittlichen Handelns. Denn Vertrauen auf Gott ohne tätige Verantwortung für die Erde öffnet keine Tür zum kommenden Reich Gottes.

D. Christlicher und muslimischer Schöpfungsglaube

Zum Abschluss des 5. Teils unserer theologischen »Phänomenologie des christlichen Schöpfungsglaubens« soll ein ausdrücklich religiöses Schöpfungsverständnis kurz dargestellt und mit dem christlichen verglichen werden, nämlich das des Islam, so wie es v. a. im Koran zum Ausdruck kommt. Dabei werden wir viele Gemeinsamkeiten feststellen, aber auch tief greifende Unterschiede. Die bessere Kenntnis eines zentralen Glaubensgehaltes jener großen monotheistischen Weltreligion, die weltweit und gerade in unserem europäischen Kulturkreis eine immer wichtigere Rolle spielt, dürfte dazu beitragen, das konkrete Zusammenleben mit den Anhängern dieses Glaubens menschlicher und freundschaftlicher zu gestalten. Zumal den Theologen, Religionslehrern und allen Verkündern des christlichen Glaubens kommt eine zunehmend größere Verantwortung in dieser Situation einer unmittelbar erfahrbaren interreligiösen Begegnung zu.

I. Zur Bedeutung des Korans im Islam

Wir werden uns im Folgenden hauptsächlich auf den Koran stützen, die Heilige Schrift des Islam; sie stellt für die muslimische Theologie noch expliziter und exklusiver die Quelle ihrer Reflexion dar als für uns die Bibel. Der herausragenden Stellung des Korans im Islam entspricht im Christentum eben nicht zuerst die Bibel, sondern Jesus Christus. Er, das Mensch gewordene Wort Gottes, gilt im christlichen Glauben als *die* grundlegende Gestalt der Offenbarung Gottes. In der Kraft des Heiligen Geistes bleibt dieses lebendige Wort als es selbst in der Gemeinschaft der Glaubenden präsent. Das Wort der Hl. Schrift stellt demgegenüber – im Rahmen der Kirche und ihrer je aktuellen Verkündigung – »nur« die ursprüngliche, für alle Zeiten maßgebliche Vergegenwärtigung des *einen*, in der Person und Geschichte Jesu Christi sich ereignenden Wortes Gottes dar.[1]

Muhammad verstand sich aufgrund seiner Berufungsvisionen und seiner mystisch-ekstatischen Erlebnisse als Prophet, besser: als Gesandter (Apostel) Gottes, der zu seinen Landsleuten gesandt wurde, um ihnen die Offenbarung Gottes in *arabischer Sprache* mitzuteilen und sie zum Glauben an den einen und einzigen Gott zu bewegen. Der Koran ist demnach von seinem Selbstverständnis her göttlichen Ursprungs.[2] Er enthält die durch die Inspiration (des Engels Gabriel oder anderer himmlischer Boten) geoffenbarte Wiedergabe eines im Himmel aufbewahrten Urbuchs, welches als Original aller heiligen Schriften der monotheistischen Religionen angesehen wird. Deswegen soll der Koran von seinem Anspruch her (worauf Muhammad immer großen Wert gelegt hat) in seinem Grundgehalt mit der Heiligen Schrift der Juden (wie sie dem »Propheten« Mose geoffenbart wurde) und der Christen (wie sie der »Prophet« Jesus empfangen hat) übereinstimmen. Faktisch ist dies jedoch nicht so einfachhin der Fall, zumal Muhammad das Alte und Neue Testament kaum vom Wortlaut her kannte. Ihm kam es v.a. darauf an, diese alten heiligen Schriften und den Glauben ihrer Anhänger von all dem zu reinigen, was seinen strengen Monotheismus einzuschränken schien (also das Neue Testament vor allem vom Trinitätsglauben und vom Glauben an die Gottessohnschaft Jesu). Darum beanspruchte er, dass nur der Koran die eine, endgültige, in ihrer ursprünglichen Reinheit wiederhergestellte Offenbarung des einen Gottes enthalte.

Da diese Offenbarung auf göttlicher Verbalinspiration beruhe, stehe hinter jedem Wort die absolute Autorität Gottes, so dass nur die möglichst wörtlich-buchstäbliche Auslegung dem gemeinten Sinn gerecht werde. Dabei versucht die muslimische Theologie weithin, den Weg eines »vernünftigen Traditionalismus« zu gehen; dieser baut zwar ganz auf dem Text des Korans und den Überlieferungen, die ihm nicht widersprechen dürfen (den sog. »Hadithen«), auf, bezieht aber zugleich auch die Vernunft (mit Hilfe von »Analogieschlüssen«) und die Übereinstimmung der Gemeinde in Fragen des Glaubens (»Idschma«) mit ein. So lässt sich eine echte, dem Koran entsprechende Auslegung von falschen, willkürlichen Auslegungen unterscheiden.

Die konkrete Bedeutung des Korans im Leben der Gläubigen kann so zusammengefasst werden:

> »Der Koran ist eine Ermahnung für die Menschen. Er begleitet sie in ihrem Leben, im Alltag und in den besonderen Anlässen, mit seiner Rechtleitung, mit seiner Belehrung, seiner Urteilshilfe und seinen praktischen Anweisungen. In jeder Situation findet der Gläubige passende Stellen des Korans, die ihn ermuntern, im Gehorsam gegen Gott auszuharren. Andere Stellen spenden ihm Trost, wenn er trauert. Wieder andere teilen ihm die Weisheit umsichtiger Überlegung und tiefer menschlicher Erfahrung mit und verhelfen ihm zu einer Einsicht, die sein Leben fördert und ihm innere Zufriedenheit verleiht.
>
> Dies gilt aber nicht nur theoretisch. Die Moslems haben für jede Situation eine Koranstelle parat: So helfen sie sich selber, ihr Leben in den Gehorsam gegen den Willen Gottes einzubinden. Der Koran ist auch die vorzügliche Quelle verschiedener Gebete. Die Koranrezitation, ob in einfacher oder feier-

licher Form, gehört zum Wesen des Gebets im Islam. So ist der Koran der Wegweiser des Gläubigen zu Gott, er lehrt ihn, zu Gott zu reden, ihn anzurufen und sich in der besten Weise unter seinen Willen zu unterwerfen, sich seinem Dienst hinzugeben, d.h. im eigentlichen Sinne Moslem zu sein.

Der Koran ist überdies die Hauptquelle der Glaubenslehre und der gesetzlichen Bestimmungen. Auf seinem Text gründen die Grundartikel des islamischen Glaubens, auf seinen Inhalt beruft sich der Theologe, um die Einzelheiten der islamischen Religion auseinander zu setzen. Seine Autorität garantiert die Wahrheit des Glaubens und die Richtigkeit des Handelns sowohl der einzelnen Gläubigen als auch der Gemeinschaft.«[3]

II. Gemeinsamkeiten zwischen christlichem und muslimischem Schöpfungsglauben

1. Gott – der eine und allmächtige Schöpfer der Welt

Auch wenn es im Koran keine detaillierte Schöpfungserzählung wie im Buch Genesis gibt und in den sechs »Grundartikeln« des islamischen Glaubensbekenntnisses (an den einen Gott, an seine Engel, an seine heiligen Bücher der Offenbarung, an seine Gesandten, an die Auferstehung der Toten und das letzte Gericht, an Gottes Vorherbestimmung) nicht *explizit* vom Schöpfer die Rede ist, gehört das Schöpfersein des einen und einzigen Gottes (Allah) doch ganz selbstverständlich zum muslimischen Gottesbegriff.[4] In zahlreichen Suren des Korans wird immer wieder betont, *dass* Gott »Himmel und Erde«, also alles, was existiert, erschaffen hat und weiterhin erschafft. Sehr eindrücklich – und den biblischen Schöpfungserzählungen und -psalmen vergleichbar – kommt dieser Glaube in Sure 16,3–18, zur Sprache:

> »Er hat Himmel und Erde wirklich (und wahrhaftig) geschaffen. Und er ist erhaben über das, was sie (ihm an anderen Göttern) beigesellen. Er hat den Menschen aus einem Tropfen (Sperma) geschaffen. Und gleich ist er (kaum, dass er überhaupt existiert) ausgesprochen streitsüchtig (und rechthaberisch). Und (auch) das Vieh hat er geschaffen. Es bietet euch (durch seine Wolle) die Möglichkeit, euch warm zu halten, und ist euch (auch sonst in mancher Hinsicht) von Nutzen. Und ihr könnt davon essen. Auch findet ihr es schön (und freut euch daran), wenn ihr (es abends) ein- und (morgens zum Weiden) austreibt. Und es trägt eure Lasten zu einem Ort, den ihr (der weiten Entfernung wegen sonst) nur mit großer Mühe erreichen könntet. Euer Herr ist wirklich mitleidig und barmherzig. Und die Pferde (hat er geschaffen) und die Maultiere und Esel, damit ihr sie besteigt (und darauf reitet), sowie als Schmuck. Und er schafft (auch noch anderes), was ihr nicht wisst. – Und die (Sorge für die) Einhaltung des (rechten) Weges obliegt Gott (allein). Es gibt

darunter auch welche, die (von der geraden Richtung) abweichen (?). Und wenn er es gewollt hätte, hätte er euch insgesamt recht geleitet. – Er ist es, der vom Himmel Wasser hat herabkommen lassen. Davon gibt er für euch zu trinken, und davon entsteht Gebüsch, in dem ihr (euer Vieh) weiden lassen könnt. Er lässt euch dadurch das Getreide wachsen, und die Olivenbäume, Palmen und Weinstöcke, und (sonst) allerlei Früchte. Darin liegt ein Zeichen für Leute, die nachdenken. Und den Tag und die Nacht hat er in euren Dienst gestellt, desgleichen die Sonne und den Mond. Und (auch) die Sterne sind durch seinen Befehl (euch) dienstbar gemacht. Darin liegen Zeichen für Leute, die Verstand haben. Und (zu alledem kommt hinzu) was er euch (sonst noch) an verschiedenen Arten hat wachsen lassen. Und er ist es, der das Meer in euren Dienst gestellt hat, damit ihr frisches Fleisch daraus esset und Schmuck daraus gewinnt, um ihn euch anzulegen. Und du siehst die Schiffe darauf (ihre) Furchen ziehen. Ihr sollt (euch diese Gabe Gottes zunutze machen und) danach streben, dass er euch Gunst erweist (indem ihr auch auf dem Meer eurem Erwerb nachgehen könnt). Vielleicht würdet ihr dankbar sein. Und er hat auf der Erde feststehende (Berge) angebracht, damit sie mit euch nicht ins Schwanken komme, und Flüsse und Wege. Vielleicht würdet ihr euch rechtleiten lassen. Und Wegzeichen (hat er euch gemacht). Und mit Hilfe der Sterne finden sie sich (bei Nacht, zu Wasser und zu Land) zurecht. Ist denn einer, der erschafft, (gleich) wie einer, der nicht erschafft? Wollt ihr euch denn nicht mahnen lassen? Und wenn ihr die Gnade Gottes (im Einzelnen) errechnen wollt, könnt ihr sie (überhaupt) nicht zählen. Gott ist wirklich barmherzig und bereit zu vergeben.«[5]

Auch hinsichtlich der Art und Weise, *wie* Gott die Welt erschaffen hat, liegen bestimmte bildliche Vorstellungen der Genesis, der Psalmen und des Korans nahe beieinander. Gott hat »Himmel und Erde und (alles) was dazwischen ist, in sechs Tagen geschaffen und sich daraufhin auf dem Thron zurecht gesetzt« (32,4). Himmel und Erde waren zunächst eine »zusammenhängende Masse«, die Gott getrennt hat; daraufhin hat er alles, was lebt, aus Wasser gemacht, hat den Himmel wie ein Dach gestaltet und schließlich auch Sonne, Mond und alle Gestirne, die am Himmelsgewölbe schweben, geschaffen (21,30–33). Dies alles ist auch nach dem Koran von Gott zum Dienst und Nutzen des *Menschen* geschaffen worden (vgl. Sure 16!). Den ersten Menschen hat Gott ursprünglich aus Lehm geschaffen; und jedes Entstehen und Heranwachsen eines Menschen im Mutterleib gründet in einer Vielfalt von immer neuen Schöpfungsakten, insofern Gott den Menschen zuerst als einen Tropfen (Sperma) schafft, dann als Embryo, dann als Fötus, dann als Knochen und Fleisch, bis das Geschöpf Mensch in neuer und schöner Gestalt da steht (23,12–14).

Noch bedeutsamer ist jedoch, dass auch für den Koran die charakteristische Weise göttlichen Erschaffens die durch das *Wort* ist; darin kommt nämlich die Allmacht Gottes am deutlichsten zur Wirkung. So heißt es in der längsten, die ganze Lehre des Propheten wie in nuce enthaltenden Sure 2: »Er ist der Schöpfer von Himmel und Erde. Wenn er eine Sache beschlossen hat, sagt er zu ihr nur: Sei!, dann ist sie« (2,117; vgl. auch 3,59; 16,40 u. a.). So kann der zeitgenössische Theologe M. S. Abdullah zu Recht sagen, dass – selbst wenn der Begriff nicht im Koran vorkommt – nach muslimischem Glauben Gott die Welt durch sein Wort »aus dem Nichts« erschaffen hat.[6]

2. Die Schöpfung – ein Werk der Güte Gottes

Bereits in der oben ausführlich zitierten 16. Sure ist klar ersichtlich, dass Gott nicht nur kraft seiner alles vermögenden und beherrschenden *Macht* die Welt erschaffen hat, sondern gerade auch aus seiner großen *Güte* heraus. So beginnt jede Sure (außer der 9.): »Im Namen des barmherzigen und gütigen Gottes [...]«. Gott schafft und erhält die Welt »nicht umsonst« oder »zum Zeitvertreib« (21,16), sondern um den Menschen Gutes zu tun und ihr Leben auf der Erde zu sichern (vgl. Sure 55). Darum hat er alles auf der Erde »gut angeordnet« (27,88) und »alles, was er geschaffen, gut gemacht« (32,7). Für die »Verständigen« (2,164) ist darum die ganze Schöpfung voll von wunderbaren *»Zeichen«* dieser gütigen, ununterbrochenen Fürsorge Gottes für die Menschen.[7] Diese Zeichen sind v. a. zu erkennen in der kosmischen Ordnung der Gestirne, in der Fruchtbarkeit der Pflanzen und in der Brauchbarkeit der Tiere.[8]

Wie der glaubende, Gott suchende Mensch durch die schöne, aber dennoch endliche Schöpfung zu Gott, dem Schöpfer, hinfindet, wird in Sure 6 am Beispiel Abrahams aufgezeigt:

> »Und so zeigten wir dem Abraham die Herrschaft (Gottes) über Himmel und Erde. Und er sollte einer von denen sein, die (von der Wahrheit) überzeugt sind. Als nun die Nacht über ihn gekommen war, sah er einen Stern. Er sagte: ›Das ist (wohl) mein Herr.‹ Als er aber (am Horizont) verschwand, sagte er: ›Ich liebe die nicht, die verschwinden‹. Als er dann den Mond aufgehen sah, sagte er: ›Das ist mein Herr.‹ Als er aber (am Horizont) verschwand, sagte er: ›Wenn mein Herr mich nicht rechtleitet, werde ich zum Volk derer gehören, die irregehen!‹ Und als er die Sonne aufgehen sah, sagte er: ›Das ist mein Herr. Das ist größer (als Mond und Sterne).‹ Als sie aber (am Horizont) verschwand, sagte er: ›Leute! Ich bin unschuldig an dem, was ihr (dem einen Gott an anderen Göttern) beigesellt. Ich wende mich nunmehr demjenigen zu, der Himmel und Erde geschaffen hat ...‹ (6,75–79).

Der Ungläubige, der die Einzigkeit des Schöpfergottes und seine Allmacht und Güte leugnet, verschließt sein Herz vor diesen offenkundigen Schöpfungszeichen; dadurch versagt er dem Schöpfer die ihm geschuldete Grundhaltung der Dankbarkeit und zieht so den Zorn Gottes auf sich. Ihn wird Gott nicht »rechtleiten« und die Wohltaten seiner gütigen Fürsorge nicht erfahren lassen. Im letzten Gericht wird ihm dann seine gerechte Strafe zuteil werden (vgl. 16,104–109). Denn »die Dankesschuld leugnen, dies ist im Koran der Wesenskern des Unglaubens«.[9]

3. Der Mensch – Statthalter Gottes in der Welt

Bei aller noch so stark betonten Transzendenz Gottes nimmt Gott dennoch eine dreifache Beziehung zum Menschen auf:

> »Gott ist der Herr und Schöpfer, der für den Menschen sorgt; Gott ist der König, dessen Autorität den Menschen recht leitet, und Gott ist der Richter, zu dem die Menschheit zurückkehren wird, um in seinem Gericht Rechenschaft abzulegen.«[10]

Im Rahmen dieser von Gott gestifteten Beziehung spricht Gott nun Adam, dem ersten Menschen, im Angesicht der Engel die Rolle seines »Nachfolgers« bzw. »Statthalters« (»Khalifah«) in der Welt zu (2,30; 35,38). Deshalb lehrt Gott Adam alle Namen der Geschöpfe und befiehlt den Engeln, vor Adam niederzufallen; sie tun es, außer Iblis, dem Satan (2,30–39). Diese einzigartige Würde Adams in der Schöpfung geht auf all seine Nachfahren über (6,165; 17,70; 27,62 u.a.). Sie sollen darum – im Gehorsam gegenüber dem Gesetz Gottes – die gute Schöpfungsordnung in ihrer Vollkommenheit bewahren (67,3) und auf der von Gott so wohl geordneten Erde kein Unheil anrichten (7,56. 85), wie es die »Maßlosen« tun (26,151 f.). Sie sollen vielmehr die irdischen Güter, die Gott ihnen gegeben hat, in Dankbarkeit genießen und sich an ihnen freuen (5,87 f.).[11]

Zugleich aber sollen sie sich bewusst bleiben, dass die Güter der Erde auch eine Versuchung zum Sündigen sein können (z.B. zu Hochmut und zu Undankbarkeit). Gott setzt die Menschen solchen Versuchungen aus, um sie zu erproben und ihnen die Möglichkeit der Bewährung zu geben (29,2 f.; 11,7; 18,7 u.a.). Dies ist für das letzte Gericht von Bedeutung; denn da fordert Gott von jedem Menschen Rechenschaft, wie er seine geschöpfliche Aufgabe als »Nachfolger« und »Statthalter« ausgeübt hat (ähnlich wie er es bereits im Paradies von den ersten Menschen gefordert hat: 2,35).

In dieser Beauftragung, Gottes Statthalter auf Erden zu sein, liegt es begründet, dass – von Gott her – unter den Menschen eine *fundamentale Gleichheit* besteht, die eine gerechte Behandlung aller einfordert (vgl. 5,8; 4,135). Allerdings kommt es sowohl durch das eigene Verhalten (z.B. indem jemand gläubig ist oder nicht) wie auch durch die unterschiedlichen Aufgaben oder Rangordnungen innerhalb einer rechtlich geordneten Gemeinschaft (z.B. als Mann oder Frau, Eltern oder Kinder, Muslime oder Nicht-Muslime) doch auch zu einer Ungleichheit in der jeweiligen Rechtsstellung der Einzelnen. Dies wiederum kann zu Konflikten führen »zwischen Gottesrechten (nach der positiven Offenbarung des Korans und den Bestimmungen der Sunna und der Scharia) und den Menschenrechten, und dies vor allem in Bezug auf die Religionsfreiheit, die mindere Rechtsstellung der Schutzbürger (Dhimmi-Status), die Stellung der Frau und manche Bestimmungen des Strafrechts.«[12]

Als wichtige ethische »Orientierungspunkte«, die sich aus dem muslimischen Schöpfungsglauben, zumal der besonderen Stellung des Menschen, ergeben, werden von Nadeem Elyas hervorgehoben: »Respektierung der Ehre eines jeden Menschen, Schutz der schwächeren Mitmenschen und Geschöpfe, Achtung der familiären Bande, Ehrung der Mutterschafts- und Vaterschaftsbeziehungen, Vermeidung von Schändlichkeiten und Verletzung der Schamgefühle.«[13] Auch für Wissenschaft und Forschung setzt der muslimische Schöpfungsglaube »Richtlinien, Maßstäbe und Grenzen«. Die im westlichen Kulturkreis herrschende neuzeitliche Trennung zwischen Glauben und empirischer Wissenschaft ist ihm fremd; denn auch die Wissenschaft ist »Gottesdienst« und hat das gleiche Ziel wie der Glaube, nämlich (mit den ihr eigenen Mitteln der Vernunft) »die Schöpfung zu erkennen, um dadurch zu ihrem Schöpfer zu gelangen, Ihn anzuerkennen und Ihm zu dienen«.[14]

III. Signifikante Unterschiede im Schöpfungsglauben

1. Transzendenz Gottes – ohne jede Gemeinsamkeit zwischen Gott und Mensch

Bei der Rezeption der alttestamentarischen Schöpfungserzählung im Koran fällt auf, dass der Mensch niemals als *»Bild«* Gottes bezeichnet wird. Für die jüdisch-christliche Bibel ist das der innere theologische Grund für die besondere Rolle des Menschen als »Hausverwalter« Gottes in der Schöpfung. Dem Koran genügt dafür die offenbarende *Belehrung* und die autoritative *Beauftragung* des Menschen durch den Schöpfer. Weil der Mensch das von Gott in einzigartiger Weise belehrte Geschöpf ist (z.B. was die Namen der Pflanzen, Tiere und aller Geschöpfe angeht), kann er auf Erden den Willen Gottes verwirklichen.[15]

Auch die *familiären* Symbole, mit denen Gott als »Vater« seiner Geschöpfe und die Menschen als »Kinder« Gottes, als seine Söhne und Töchter, benannt werden, sind dem Koran fremd. Abgesehen davon, dass eine solche Redeweise trinitarische Assoziationen nahe legen könnte und damit das muslimische Verständnis von Monotheismus verletzt, würden solche Vergleiche auf eine ungebührlich große Nähe des Menschen zu Gott hindeuten. Der Mensch stehe eben in einer »allumfassenden Abhängigkeit« vor Gott; seine Natur und seine Bestimmung ist es, »Kreatur« des einen Gottes zu sein, »und etwas anderes darüber hinaus kann und darf er nicht mehr sein«.[16] Erkenntnis und Anerkenntnis der menschlichen Kreatürlichkeit, die zugleich zur Erkenntnis und Anerkenntnis der Allmacht des einen und einzigen Schöpfers führt, stehen eindeutig im Zentrum des muslimischen Glaubens. Damit ist aber für den Koran auch notwendig die Annahme einer unüberbrückbaren ontologischen Distanz zwischen Schöpfer und Geschöpf verbunden. Es gibt keine »seinsmäßige« Gemeinsamkeit, keine Analogie zwischen Gott und Mensch. Deswegen werden auch bewusst alle Bezeichnungen vermieden, die eine »personale Beziehung« zwischen ihnen insinuieren könnten, um die absolute Transzendenz Gottes nicht zu beeinträchtigen.[17]

Wenn dennoch analoge Begriffe für Gott (z.B. barmherziger und gnädiger Herr oder gerechter Richter) und auch für den Menschen vor Gott (z.B. Knecht und Sklave, Statthalter) gebraucht werden, dann nur solche, die auch im irdischen Bereich für den größtmöglichen Abstand zwischen den Menschen stehen. Durch die dreifache Beziehung Gottes zum Menschen (Schöpfer, Herr und Richter) ist zwar ein »persönliches« huld- und liebevolles Handeln Gottes an seinen Geschöpfen impliziert; aber Gott deswegen auch »Person« zu nennen, widerstrebt im Allgemeinen den Muslimen (auch wenn die Mystik im Sufismus hier viel offener ist). Das arabische Wort für Person »schakhs« suggeriert immer schon eine begrenzende »individuelle Silhouette«, die zum endlichen Menschen, aber nicht zu dem unendlichen und unbegreiflichen Gott passt.[18] Darum vermeiden es muslimische Theologen, von Gott – obwohl er die Gläubigen liebt – zu sagen, dass er Liebe *»habe«* oder gar selbst Liebe *»sei«;* damit würde wiederum die Vorstellung genährt, dass Gott sich in eine solche Beziehung zu seinen Geschöpfen, v.a. zum Menschen, begäbe, die beide zu sehr einander annähert und sie in eine gegenseitige personale Beziehung der Freundschaft bringt; dies aber sei mit Gottes radikalem Anderssein nicht vereinbar.[19]

Wegen dieser Sorge um eine absolut unberührte göttliche Transzendenz kann Gott nach muslimischem Verständnis die Welt zwar aus hoheitlicher Huld und in ständiger Fürsorge für seinen Diener, den Menschen, erschaffen und erhalten, aber nicht aus überfließender, *sich selbst* offenbarender und an seinem Leben teilgebender Liebe. Offenbarung in der

Schöpfung und im Wort des Korans bedeutet in keiner Weise *Selbst*offenbarung oder *Selbst*mitteilung Gottes, sondern belehrende Mitteilung über das, was der Mensch von sich aus nicht wissen kann, nämlich dass Gott der einzige Gott und Schöpfer ist und dass sein Wille v. a. darin besteht, dass der Mensch sich ihm – im rituellen Gebet und in seiner Lebensführung – gehorsam, vertrauend und dankbar hingebe (arabisch: »aslama«, die Wurzel der Begriffe »Muslim« und »Islam«). So verwirklicht der Mensch seine Beziehung als Geschöpf und Diener Gottes, und darum wird es ihm im Leben und im letzten Gericht wohl ergehen.

Ein solches Gottes- und Offenbarungsverständnis öffnet natürlich wenig Raum für das »Herzstück« des christlichen Schöpfungsglaubens, nämlich dass Gottes Schöpfersein sich im Paradox seiner allmächtigen Liebe erweist: Gerade *aufgrund* ihrer absoluten Transzendenz und Verschiedenheit kann sie das Geschöpf Mensch, das ganz und gar Andere ihrer selbst, zum eigenständigen Dasein und damit auch zu einer gegenseitigen Beziehung der Liebe, zum »Dialog«, befähigen, ohne dadurch auch nur das Geringste von ihrer Transzendenz preiszugeben. Im christlichen Schöpfungsglauben steht vor allem die Transzendenz der sich *verschenkenden Liebe* Gottes im Zentrum und nicht bloß die Transzendenz seines den Menschen *rechtleitenden Willens*.

2. Alleinige Wirksamkeit Gottes – ohne geschöpfliche »Zweitursachen«

Der Ausfall einer gegenseitigen, personal-dialogischen Beziehung zwischen Gott und Mensch wirkt sich auch darauf aus, wie sich das schöpferische Wirken Gottes und das Tun seiner Geschöpfe generell zueinander verhalten. An der oben erwähnten Schöpfung des Menschen wird das diesbezügliche Verständnis des Korans gut erkennbar: Gott ist in allen Entwicklungsstufen des Menschen selbst *unmittelbar* und permanent am Wirken (23,12–14). Das gilt aber auch für das gesamte Geschehen in Natur (56,71 f.) und Geschichte (8,17): Gott ist nicht bloß bei der Entstehung der Welt und des ersten Menschen unmittelbar und allein schöpferisch tätig, sondern in jedem Moment, in dem die Welt existiert. Auch für die (im muslimischen Glauben viel stärker als im Christentum betonte) »creatio continua« der Welt bedient sich Gott keiner eigenständig wirksamen Zweitursachen. »Gott ist die *prima causa*, und es gibt keinerlei sekundäre Ursachen: Er wirkt durch etwas, das wie sekundäre Ursachen aussieht, genau wie ein Schneider mit einer Nadel, ein Kalligraph mit einer Feder arbeitet, während Er der wahre Schöpfer des Kunstwerks ist.«[20]

Die Regelmäßigkeit, die wir etwa in der *Natur* beobachten, beruht darum keineswegs auf einer inneren Gesetzmäßigkeit, die Gott in die Natur hineingelegt hat, sondern allein auf »Gewohnheiten« Gottes, an die er sich – ohne jede Einschränkung seiner absoluten Freiheit – in der Regel hält und auf die deswegen auch Verlass ist – selbst für die wissenschaftliche Beschäftigung mit der Natur. Wenn Gott gelegentlich seine normalen Gewohnheiten durch Wunder unterbricht, dann nicht aus Willkür, sondern um seine Propheten zu bestätigen. Auch die Kontinuität im *menschlichen Leben* und in der Geschichte wird nicht durch unseren Willen und unsere Beständigkeit bewirkt, sondern ist »in Wirklichkeit die Reihe der einzelnen Entscheidungen des freien Vorsehungswillens des Schöpfers in Bezug auf das Leben und das Geschick eines jeden Menschen«.[21] Welche Bedeutung hat dann aber noch die menschliche Freiheit?

3. Unbedingte göttliche Vorherbestimmung – aber auch Raum für menschliche Verantwortung

Auf den ersten Blick scheint die alleinige Wirkursächlichkeit Gottes in allem, was geschieht, keinen wirklichen Spielraum für menschliche Freiheit zu lassen. Dieser Eindruck wird noch verschärft durch die große Rolle, die die Vorherbestimmung Gottes im Koran spielt: »Sag: Uns wird nichts treffen, was nicht Gott uns vorherbestimmt hat« (9,51 u. v. a.).[22] Das gilt für das Glück wie für das Unglück (57,22), für die Rechtleitung wie für die Irreführung (6,39 u. a.). J. van Ess weist aber zu Recht darauf hin, dass *Prädestination* keineswegs dasselbe ist wie *Determination* des Handelns, was allein schon daraus zu ersehen ist, dass die Menschen, Muslime wie Christen, stets Gutes und Böses zugleich tun.

> »Wie bei der Natur, so erklärt der Muslim sich auch beim Menschen Gottes Verhalten als Balance zwischen prinzipieller Möglichkeit jederzeitigen Eingreifens und normalem Gewährenlassen. Gott hilft mit beim Guten und lässt das Böse geschehen. Beides entspricht einem ewigen Plan, den er vorherweiß; aber Vorherwissen hat nicht unbedingt vorherbestimmenden Charakter. Es wird zwar nicht anders kommen, aber dem Menschen bleibt dennoch seine Entscheidung, und er wird rechtens belohnt und bestraft.«[23]

Gerade um der Gerechtigkeit Gottes im letzten Gericht willen halten der Koran und die islamische Theologie an der Verantwortlichkeit des Menschen für sein Handeln fest. Dabei wird terminologisch meist nicht vom »freien Willen« gesprochen, sondern von der »Wahl«, die jeder Mensch in dem von Gott vorgegebenen Rahmen vollziehen kann, und zwar zwischen den beiden grundlegenden Alternativen: Gehorsam oder Ungehorsam. Nur *dazu* gibt es von Gott die Freiheit für den Menschen und nicht etwa (wie im christlichen Sinn) als eine grundlegende, immer gegebene Fähigkeit zur eigenständigen Selbstbestimmung. Darum wird nach muslimischem Verständnis der Mensch auch immer nur im Augenblick des Wählens von Gott genau dazu befähigt. So ist zwar gewährleistet, dass jede einzelne Handlung des Menschen unmittelbar von Gott gewirkt ist und doch zugleich dem Menschen zugerechnet werden kann. Aber eine vom Menschen selbst gewirkte, allen Brüchen und Unterbrechungen zum Trotz doch auch konsistente *Gestalt* seines eigenen Lebens, der menschlichen Geschichte im Ganzen und auch einer »Heilsgeschichte« zwischen Gott und den Menschen ist so kaum denkbar. Ein hoher Preis für den Verzicht auf eine dem glaubenden Verstehen zugängliche, also auch gedankliche Vermittlung zwischen Gottes Allmacht und dem freien Handeln des Menschen![24] Eine solche Vermittlung kann wohl auch nur dann überzeugend gelingen, wenn Gottes Allmacht nicht nach dem Modell des zwar fürsorglichen, aber doch absoluten Herrschers gedeutet wird, sondern der sich verschenkenden und so anderes ganz und gar freilassen könnenden Liebe: »creatio ex amore«.

4. Der barmherzige Gott – erhaben über das Leid der Menschen

Es wundert nicht, dass im Islam, wo Gottes Wesen nicht als reine Liebe und seine Offenbarung nicht als Selbstmitteilung dieser Liebe verstanden wird, das *Theodizee-Problem* (soweit ich sehe) keine derart große Rolle spielt wie im Christentum. Es wird in der Regel im ganz traditionellen religiösen Sinn erklärt: Den ungläubigen und bösen Menschen trifft das Unglück als gerechte *Strafe* Gottes; dem gläubigen und guten Menschen dient es zur *Prüfung*. So heißt es z. B. in Sure 29:

> »Meinen (denn) die Menschen, sie würden (allein dadurch), dass sie sagen: ›Wir sind gläubig‹, (in Ruhe) gelassen werden, ohne (irgendwelchen) Prüfungen ausgesetzt zu werden? Wir haben doch (auch schon) die, die vor ihnen lebten, Prüfungen ausgesetzt. Gott wird gewiss diejenigen in Erfahrung bringen, die die Wahrheit sagen, und (ebenso) diejenigen, die lügen« (29,2 f.; vgl. auch 21,35; 7,168 u. v. a.).[25]

In den vielfältigen Prüfungen, die Gott den Menschen schickt, soll und kann sich der Mensch – wie einst Abraham bei der von Gott geforderten Opferung seines einzigen Sohnes – im Glauben bewähren (37,104 f.). Wer die Bewährungsprobe besteht und in seiner Gottesfurcht verharrt, wird dafür von Gott reich belohnt: Schon im Diesseits hat er Gutes zu erwarten

(16,30), und im Jenseits wird er zu einem guten Leben erweckt werden (16,97; vgl. auch 3,148). Die anderen dagegen, die in der Prüfung vom Glauben abfallen, gehen »des Diesseits und des Jenseits verlustig« (22,11).

Der eigentlich relevanten Frage des Theodizee-Problems, wie sich der Glaube an einen allmächtigen und gütigen Gott mit der Erfahrung maßlosen, völlig unproportionalen Leids des Unschuldigen vereinbaren lässt, werden solche einfachen religiösen Schemata sicher nicht mehr gerecht. Während der gläubige Christ gerade im unerklärlich-übermäßigen Leid noch auf die Gegenwart eines in Christus »mitleidenden« Gottes bauen und darin bereits die Leid überwindende Kraft seiner Liebe erfahren kann, bleibt dem gläubigen Muslim nur, auf die völlig unverstehbare, alle menschlichen Analogien übersteigende Weisheit und Gerechtigkeit Gottes zu vertrauen; denn Gott, der einmal alle Menschen zur Rechenschaft ziehen wird, kann selbst nicht gefragt und zur Rechenschaft gezogen werden (vgl. 21,23).[26]

Ausklang: Eine kleine »Schöpfungsparänese« des Irenäus

Wir sind am Ende eines langen Weges angelangt, auf dem wir den vielfältigen Spuren des christlichen Schöpfungsglaubens in Geschichte und Gegenwart nachgegangen sind. Sie sollten uns ein wenig helfen, unseren Glauben an »Gott, den Vater, den Allmächtigen, den Schöpfer des Himmels und der Erde« tiefer zu verstehen, seine Wahrheit klarer zu erkennen und seine Schönheit heller aufleuchten zu sehen. Das Schlusswort sei darum noch einmal Irenäus von Lyon, dem »Altmeister« des christlichen Schöpfungsglaubens, gegeben. In seinem großen Werk gegen die gnostischen Häretiker findet sich im vierten Buch eine wunderbare »Schöpfungsparänese«; also eine Ermahnung an den Menschen, seine Geschöpflichkeit doch ganz im Sinn des Schöpfers anzunehmen und sich von Gottes kunstfertigen Händen zu der Gestalt formen zu lassen, die er ihm zugedacht hat:

> »Nicht du machst Gott, sondern Gott macht dich. Bist du also ein Gebilde Gottes, so warte die Hand deines Bildners ab, der alles zur rechten Zeit tut, zur rechten Zeit nämlich für dich, der du gebildet wirst. Du aber trage Ihm ein weiches und biegsames Herz entgegen, bewahre in dir die Gestalt, in welcher der Künstler dich formte, behalte die Feuchte, damit du nicht verhärtet die Spuren Seiner Finger verlierst. Hüte so das Gefüge, dann wirst du auch zum Vollendeten aufsteigen; denn Gottes Kunstgriff ist es, an dir verbergen zu können, was Ton ist: dein Wesen hat Seine Hand gezimmert, doch von innen wie von außen wird Sie dich mit reinem Gold und Silber überziehn und dich so sehr schmücken, dass es ‹den König selbst nach deiner Anmut verlangt›. Wenn du dich aber sogleich verhärtest und Seine Kunst verschmähst und gegen Ihn undankbar wirst, weil du bloß zum Menschen geworden bist, so hast du in diesem Undank gegen Gott zugleich Seine Kunst und das Leben verscherzt. Schaffen nämlich ist das Eigenste der Güte Gottes, geschaffen werden aber ist das Eigenste der Menschennatur. Übergibst du Ihm somit das Deine, das heißt den Glauben und Gehorsam an Ihn, dann wirst du Sein Wirken an dir erfahren und ein vollkommenes Werk Gottes sein.«[1]

Literaturverzeichnis

Abdullah, M. S., Islam. Muslimische Identität und Wege zum Gespräch, Düsseldorf 2002.
Achtner, W., Die Chaostheorie. Geschichte, Gestalt, Rezeption, EZW-Texte, Berlin 1997.
Ackermann, St., Kirche als Person, Würzburg 2000.
Ackva, J., An den dreieinen Gott glauben, Frankfurt a. M. 1994.
Adorno, Th. W., Negative Dialektik, Frankfurt a. M. 1970.
Ahn, G. u. a., Schöpfer / Schöpfung, in: TRE 30, Berlin u. a. 1999, 250–355.
Altner, G. (Hg.), Ökologische Theologie, Stuttgart 1989.
Amery, C., Das Ende der Vorsehung. Die gnadenlosen Folgen des Christentums, Hamburg 1972.
Ammicht-Quinn, R., Von Lissabon bis Auschwitz, Freiburg 1992.
Armendáriz, L. M., Hombre y mundo a la luz del Creador, Madrid 2001.
Auer, A., Umweltethik, Düsseldorf 1984.
Auer, J., Die Welt – Gottes Schöpfung. Kleine Katholische Dogmatik, Bd. III (hgg. v. J. Auer u. J. Ratzinger), Regensburg 1975.
Augustinus, Der freie Wille (Werke I, 3), übertr. von C. J. Perl, Paderborn 1947.
— Ders., De genesi ad litteram libri 12, Über den Wortlaut der Genesis. Der große Genesiskommentar in 12 Büchern (übertr. v. C. J. Perl), Paderborn 1961 (Bd. 1) und 1964 (Bd. 2).
— Ders., Strafe und Nachlassung der Sünden und Taufe der Kinder (Schriften gegen die Pelagianer, lat.-dt., Bd. I), Einf. und Erläut. A. Zumkeller, Würzburg 1971, 55–301.
— Ders., Die Bekenntnisse. Vollständige Ausgabe. Übertragung, Einleitung und Anmerkungen von H. U. v. Balthasar, Einsiedeln ^{2}1988, 15.
— Ders., De civitate dei (hgg. v. Ch. Horn), Berlin 1997.
— Ders., Auslegung der Genesis gegen die Manichäer (de gen. c. Man.): Augustinus, Aurelius: Opera, Teil B, Antimanichäische Schriften, Bd. 25. (hgg. v. E. Rutzenhöfer), zweisprachige Ausg., Paderborn 2004.
Bachl, G., Thesen zum Bittgebet, in: Th. Schneider / L. Ullrich (Hgg.), Vorsehung und Handeln Gottes, 192–207.
Balthasar, H. U. v., Herrlichkeit, Bd. 2, Einsiedeln 1962.
— Ders., Das Ganze im Fragment, Einsiedeln 1963.
— Ders., Romano Guardini. Reform aus dem Ursprung, München 1970.
— Ders., Pneuma und Institution, Einsiedeln 1974.
— Ders., Theodramatik II/1, Einsiedeln 1976.
— Ders., (Kompilator u. Übersetzer), Irenäus. Gott in Fleisch und Blut. Ein Durchblick in Texten, Einsiedeln 1981.
— Ders., Theologik II, Einsiedeln 1985.
Balzer, P. u. a. (Hgg.), Was heißt Würde der Kreatur? Bundesamt für Umwelt, Bern 1997.
Baranzke, H., Ökologie – Natur – Schöpfung, in: StdZ 116 (1991), 695–706.
Barbour, I. G., Wissenschaft und Glaube. Historische und zeitgenössische Aspekte, Göttingen 2003.

Barrow, J. D. / Tipler, F. J., The Anthropic Cosmological Principle, Oxford 1986.
Barth, K., Die kirchliche Dogmatik III/l, Zürich 1970.
Bauer, J. B. (Hg.), Bibeltheologisches Wörterbuch, Graz [4]1994.
Baumann, U., Erbsünde? Ihr traditionelles Verständnis in der Krise heutiger Theologie, Freiburg i. Br. u. a. 1970.
Bayer, O., Schöpfung als Anrede. Zu einer Hermeneutik der Schöpfung, Tübingen 1986.
Becker, H. u. a. (Hgg.), Geistliches Wunderhorn, München 2001.
Beinert, W. (Hg.), Texte zur Theologie, Dogmatik, Schöpfungslehre I (bearbeitet von G. Kraus), Graz 1992.
— Ders. (Hg.), Gott – ratlos vor dem Bösen? (QD 177), Freiburg i. Br. u. a. 1999.
Benedikt XVI., Enzyklika Deus Caritas Est. Von Papst Benedikt XVI. an die Bischöfe, an die Priester und Diakone, an die gottgeweihten Personen und an alle Christgläubigen über die christliche Liebe; 25. Dezember 2005 (hgg. vom Sekretariat der Deutschen Bischofskonferenz), Verlautbarungen des Apostolischen Stuhls Nr. 171, Bonn 2006.
Bengsch, A., Heilsgeschichte und Heilswissen. Eine Untersuchung zur Struktur und Entfaltung des theologischen Denkens im Werk »Adversus haereses« des hl. Irenäus von Lyon, Leipzig 1957.
Benyoëtz, E., Variationen über ein verlorenes Thema, München 1997.
Berger, D., Thomas von Aquin begegnen, Augsburg 2002.
Berger, K. /McLachlan Wilson, R., Gnosis/Gnostizismus, TRE 13, Berlin 1984, 519–550.
Berger, K., Wie kann Gott Leid und Katastrophen zulassen? Gütersloh 1999.
— Ders., Creatio NON ex nihilo und die Theodizeefrage, in: J. Frühwald-König u. a. (Hgg.), Steht nicht geschrieben? (FS G. Schmuttermayr), Regensburg 2001, 19–25.
Berger, P. L., Auf den Spuren der Engel. Die moderne Gesellschaft und die Wiederentdeckung der Transzendenz. Frankfurt a. M. 1970.
Bernhardt, R., Was heißt »Handeln Gottes«? Eine Rekonstruktion der Lehre von der Vorsehung, Gütersloh 1999.
Beyerlin, W. (Hg.), Religionsgeschichtliches Textbuch zum AT (ATD-Ergänzungsreihe 1), Göttingen 1975.
Bieler, M., Freiheit als Gabe. Ein schöpfungstheologischer Entwurf, Freiburg i. Br. u. a. 1991.
Biser, E., Interpretation und Veränderung. Werke und Wirkung Romano Guardinis, Paderborn 1979.
Böhler, D., Abraham und seine Kinder im Johannesprolog. Zur Vielgestaltigkeit des alttestamentlichen Textes bei Johannes, in: D. Böhler / I. Himbaza / Ph. Hugo (Hgg.), L'Ecrit et l'Esprit (FS A. Schenker), Fribourg – Göttingen 2005, 15–29.
Böttigheimer, Ch., Der Mensch im Spannungsfeld von Sünde und Freiheit. Die ökumenische Relevanz der Erbsündenlehre (MThS 49), St. Ottilien 1994.
Bohm, D., Die implizite Ordnung. Grundlagen eines dynamischen Holismus, München 1985.
Bolberitz, P., Philosophischer Gottesbegriff bei Nikolaus Cusanus in seinem Werk »De non aliud«, Leipzig 1989.
Bonhoeffer, D., Werke, Bd. 8: Widerstand und Ergebung, Gütersloh 1998.
Boros, L., Evolutionismus und Spiritualität (1959/60), in: K. Schmitz-Moormann (Hg.), Teilhard de Chardin in der Diskussion, Darmstadt 1986.
Bouman, J., Gott und Mensch im Koran, Darmstadt 1977.
Brakmann, H., Foedera pluries hominibus, in: Lit. Jahrbuch 50 (2000), 211–234.
Brambilla, F. G., Antropologia teologica, Brescia 2005.
Braulik, G., Das göttliche Bundesangebot an die Menschheit. Zum 4. Hochgebet, in: A. Franz (Hg.), Streit am Tisch des Wortes Gottes?, St. Ottilien 1997, 841–853.

— Ders., Gott für Israel preisen, in: A. Gerhards / H. H. Henrix (Hgg.), Dialog oder Monolog? Zur liturgischen Beziehung zwischen Judentum und Christentum (QD 208), Freiburg i. Br. u. a. 2004, 223–253.
Braulik, G. / Lohfink, N., Osternacht und Altes Testament, Frankfurt a. M. u. a. [2]2003.
Breuning, W., Handeln Gottes, in: W. Beinert (Hg.), Lexikon der katholischen Dogmatik, Freiburg i. Br. u. a. [3]1993, 245 f.
Breytenbach, C., Schöpfer / Schöpfung III, in: TRE 30, 283–292.
Brox, N., Offenbarung, Gnosis und gnostischer Mythos bei Irenäus von Lyon, Salzburg 1966.
Brümmer, V., Speaking of a Personal God, Cambridge 1992.
Brüntrup, G., Mentale Verursachung. Eine Theorie aus der Perspektive des semantischen Realismus, Stuttgart 1994.
Brüske, G., Anruf der Freiheit. Anthropologie bei Romano Guardini, Paderborn 1998.
Buber, M., Ich und Du, in: Ders., Das dialogische Prinzip, Heidelberg 1965.
Bucher, Z., Die Innenwelt der Atome. Ergebnisse der Atomphysik, naturphilosophisch bearbeitet, Luzern 1946.
Capra, F., Wendezeit. Bausteine für ein neues Weltbild, Bern / München [7]1984.
— Ders., Das Tao der Physik, München [9]1987.
Carrier, M. / Mittelstraß, J., Geist, Gehirn, Verhalten. Das Leib-Seele-Problem und die Philosophie der Psychologie, Berlin 1989.
Claret, B. J., Theologie im Kontext einer »zerbrochenen Welt«, in: ThG 38 (1995), 256–271.
— Ders., Teufel, in: LThK[3] 9, 1999, 1365–1368.
— Ders., Geheimnis des Bösen. Zur Diskussion um den Teufel, Innsbruck [2]2000.
Clayton, P., Rationalität und Religion. Erklärung in Naturwissenschaft und Theologie, Paderborn 1992.
Club of Rome, Die Grenzen des Wachstums. Bericht des Club of Rome zur Lage der Menschheit, Stuttgart 1972.
Cobb, J. B. / Griffin, D. R., Prozess-Theologie. Eine einführende Darstellung, Göttingen 1979.
Colditz, J. D., Kosmos als Schöpfung. Die Bedeutung der creatio ex nihilo vor dem Anspruch moderner Kosmologie, Regensburg 1994.
Cornelius-Bundschuh, J., Segnen / Segen und Fluch, VI. (praktisch-theologisch), in: TRE 31, 93–96.
Courth, F., Gott – Mensch – Welt. Was sagt christlicher Schöpfungsglaube? St. Ottilien 1996.
del Cura, S. (u. a.)., Trinidat y creación, Salamanca 2003.
Daecke, S. M. (Hg.), Naturwissenschaft und Religion. Ein interdisziplinäres Gespräch, Mannheim 1993.
Dassmann, E., Augustinus. Heiliger und Kirchenlehrer, Stuttgart 1993.
Davies, P., GOTT und die moderne Physik, München 1986.
— Ders., Prinzip Chaos. Die neue Ordnung des Kosmos, München 1988.
Dawkins, R., Das egoistische Gen, Berlin 1978.
Degenhardt, D., Christentum und Ökologie, Starnberg 1979.
Dennett, D., Consciousness Explained, New York 1993.
Deuser, H., Vorsehung, in: TRE 35, 302–323.
Dohmen, Ch., Schöpfung (AT), in: J. B. Bauer (Hg.), Bibeltheologisches Wörterbuch, 492–495.
Donovan, M. A., One right reading? A guide to Irenaeus, Collegeville (Minn.) 1997.
Drewermann, E., Strukturen des Bösen, Teil 2.: Die jahwistische Urgeschichte in psychoanalytischer Sicht, Paderborn 1977.

Dünzl, F., Irenäus, in: LThK³ 5, 583–585.
Dürr, H. P. (Hg.), Physik und Transzendenz, München ³1989.
Ebeling, G., Dogmatik des christlichen Glaubens I, Tübingen 1979.
— Ders., Der Glaube an Gott den Schöpfer der Welt. Dogmatik des christlichen Glaubens, Bd. 1, Tübingen ³1987.
Edwards, D., The God of Evolution. A Trinitarian Theology, New York 1999.
Eicher, P., Offenbarung. Prinzip neuzeitlicher Theologie, München 1977.
— Ders. (Hg.), Neue Summe Theologie, Bd. 2.: Die neue Schöpfung, Freiburg i. Br. u. a. 1989.
Eliade, M., Geschichte der religiösen Ideen I, Freiburg i. Br. u. a. 1978.
— Ders., Geschichte der religiösen Ideen. Quellentexte, Freiburg i. Br. u. a. 1981.
Elyas, N., Ethische Grenzen des Machbaren. Islam, Wissen und Wissenschaft, in: Dialog der Religionen, 8 (1998), 39–47.
Emminghaus, J. H., Die Messe, Klosterneuburg 1976.
Encyclopaedia of the Qur'an, Bd. 1, Creation (D. C. Peterson), Leyden – Boston – Köln 2001.
Engel, H., Das Buch der Weisheit (Neuer Stuttgarter Kommentar AT 16), Stuttgart 1998.
Engels, E. M., Die Teleologie des Lebendigen, Berlin 1982.
Erbrich, P., Zufall. Eine naturwissenschaftlich-philosophische Untersuchung, Stuttgart 1988.
Ernst, J., Das Heil der Schöpfung, in: Catholica 46 (1992), 189–206.
Ess, J. van, Gottesbild und islamische Mystik, Menschenbild und Gesellschaft, in: H. Küng u. a., Christentum und Weltreligionen, 120–122.
Faber, E.-M., Kirche zwischen Identität und Differenz. Die ekklesiologischen Entwürfe von R. Guardini und E. Przywara, Würzburg 1993.
Faber, R., Prozesstheologie. Zu ihrer Würdigung und kritischen Erneuerung, Mainz 2000.
— Ders., Gott als Poet der Welt. Anliegen und Perspektiven der Prozesstheologie, Darmstadt 2003.
Felmy, K. Ch., Die orthodoxe Theologie der Gegenwart, Darmstadt 1990.
Fischer, K. P., Kosmos und Weltende, Mainz 2001.
Fischer, N., Confessiones XI: »Distentio animi«, in: N. Fischer / C. Mayer (Hgg.), Die Confessiones des Augustinus von Hippo, Freiburg i. Br. u. a. 1998, 489–552.
Fischer, J., Wie wird Geschichte als Handeln Gottes offenbar?, in: ZThK 88 (1991), 211–231.
Forte, B., Trinität als Geschichte, Mainz 1988.
— Ders., Zur Freiheit hast du uns befreit, München 1993.
Fox, M., Der Große Segen. Umarmt von der Schöpfung, München 1991.
— Ders., Vision vom kosmischen Christus. Aufbruch ins 3. Jahrtausend, Stuttgart 1991.
— Ders., Schöpfungsspiritualität. Heilung und Befreiung für die Erste Welt, Stuttgart 1993.
Fraijó, M., Dios, el mal y otros ensayos (Editorial Trotta), Madrid 2004.
Frankemölle, H. (Hg.), Sünde und Erlösung im Neuen Testament (QD 161), Freiburg 1996.
Franz, G. (Hg.), Friedrich Spee zum 400. Geburtstag, Paderborn 1995.
Frettlöh, M. L., Theologie des Segens. Biblische und dogmatische Wahrnehmungen, Gütersloh 1999.
Friedrich, B., Christsein im Angesicht möglicher kollektiver Selbstvernichtung (unveröff. Diplomarbeit), Frankfurt a. M. 2005.
Fuchs, G., Mit-Geschöpflichkeit, in: Ders. (Hg.), Mensch und Natur, Frankfurt a. M. 1989, 187–206.

— Ders. (Hg.), Angesichts des Leids an Gott glauben?, Frankfurt a. M. 1996.
Fuchs, G. / Kessler, H. (Hg.), Gott, der Kosmos und die Freiheit. Biologie, Philosophie und Theologie im Gespräch, Würzburg 1996.
Ganoczy, A., Schöpfungslehre, Düsseldorf 1983.
— Ders., Creatio ex amore, Würzburg 1988.
— Ders., Schöpfungsberichte, in: W. Beinert (Hg.), Lexikon der katholischen Dogmatik, Freiburg i. Br. u. a. [3]1991, 458–460.
— Ders., Suche nach Gott auf den Wegen der Natur. Theologie, Mystik, Naturwissenschaft – ein kritischer Versuch, Düsseldorf 1992.
— Ders., Schöpfungslehre, in: W. Beinert (Hg.), Glaubenszugänge, Bd. 1, Paderborn 1995, 365–495.
— Ders., Der dreieinige Schöpfer, Darmstadt 2001.
Ganoczy, A. / Sitte, P. / Vogt, M., Evolution, Evolutionismus, in: LThK[3] 3, 1069–1072.
Gardet, L., Allah, in: Encycopedia of Islam (New Edition), Bd. 1, Leiden u. a., 1960, 406–417.
Geerlings, W., Augustinus/Augustinismus, in: LThK[3] 1, 1240–1247.
— Ders., Augustinus, Freiburg i. Br. u. a. 1999
— Ders., Augustinus – Leben und Werk. Eine bibliographische Einführung, Paderborn 2002.
Gemeinsame Erklärung des Rates der Evangelischen Kirche in Deutschland und der Deutschen Bischofskonferenz: Verantwortung wahrnehmen für die Schöpfung, Köln 1985.
Gerardi, R., La creazione. Dio, il cosmo, l'uomo, Rom 1990.
Gerl, H.-B., Romano Guardini (1885–1968). Leben und Werk, Mainz 1985.
Gertler, Th., Jesus Christus. Die Antwort der Kirche auf die Frage nach dem Menschen, Leipzig 1986.
Giannoni, P. (Hg.), La creazione. Oltre l'antropocentrismo?, Padua 1993.
Gisel, P., Schöpfung und Vollendung. Brennpunkte einer Dogmengeschichte, in: P. Eicher (Hg.), Neue Summe Theologie, Bd. 2, Die neue Schöpfung, Freiburg i. Br. u. a. 1989, 19–125.
Gnilka, J., Johannesevangelium (Neue Echter Bibel), Würzburg 1983.
Gozzelino, G., Il Mistero dell' uomo in Cristo. Saggio di protologia, Turin 1991.
Gradl, F., Das Buch Ijob (Neuer Stuttgarter Kommentar AT, Bd. 12), Stuttgart 2001.
Grätzel, S. /Kreiner, A., Religionsphilosophie, Stuttgart 1999.
Graf, F. W., Von der creatio ex nihilo zur »Bewahrung der Schöpfung«, in: ZThK 87 (1990), 206–223.
Greiner, D., Segen und Segnen. Eine systematisch-theologische Grundlegung, Stuttgart [2]1999.
Greshake, G., Theologische Grundlagen des Bittgebetes, in: ThQ 157 (1977), 17–42.
— Ders., Glück oder Heil?, in: Ders., Gottes Heil – Glück des Menschen, Freiburg 1983.
— Ders., Gott in allen Dingen finden, Freiburg i. Br. u. a. 1986.
— Ders., Wenn Leid mein Leben lähmt. Leiden – Preis der Liebe? Freiburg 1992.
— Ders., Der dreieine Gott, Freiburg i. Br. u. a. 1997.
Greshake, G. / Lohfink, G., Bittgebet – Testfall des Glaubens, Mainz 1978.
Grey, M.; Redeeming the Dream. Feminism, redemption and christian tradition, London 1989.
Grillmeier, A., Quod non assumptum – non sanatum, in: LThK[2] 8, 954–956.
Grimm, J. u. W., Deutsches Wörterbuch, Leipzig 1854–1960, Bd. IV, 1,2 [1897].
Gruber, F., Im Haus des Lebens. Eine Theologie der Schöpfung, Regensburg 2001.

Grün, A., Jeder Mensch hat einen Engel, Freiburg i. Br. u. a. 1999.
— Ders., Engel für das Leben, Freiburg i. Br. u. a. 2001.
— Ders., 50 Engel für das Jahr, Freiburg i. Br. u. a. [17]2001.
— Ders., 50 Engel für die Seele, Gütersloh u. a. 2002.
— Ders., Engel, die uns begleiten, Stuttgart 2003.
Guardini, R., Werke (hgg. v. F. Henrich), Verlagsgemeinschaft Matthias Grünewald (Mainz) und Ferdinand Schöningh (Paderborn), 1986 ff.
— Ders., Das Gute, das Gewissen und die Sammlung, Mainz [2]1931.
— Ders., Zum christlichen Begriff der Welt. Natur und Schöpfung, in: Schildgenossen 17 (1938), 1–19.
— Ders., Die Existenz des Christen, München 1976.
— Ders., Theologische Gebete, Frankfurt a. M. [8]1985.
— Ders., Der Anfang aller Dinge, Mainz 1987.
— Ders., Welt und Person, Mainz – Paderborn 1988.
— Ders., Johanneische Botschaft, Mainz – Paderborn 1992.
— Ders., Gläubiges Dasein. Die Annahme seiner selbst, Mainz – Paderborn 1993.
— Ders., Engel. Theologische Betrachtungen, Mainz 1995.
— Ders., Glaubenserkenntnis, Mainz – Paderborn 1997.
Gunton, C. (Hg.), The Doctrine of Creation, Edinburgh 2004.
Gwynne, P., Special Divine Action. Key issues in the Contemporary Debate (1965–1995), Rom 1996.
Haardt, R., Die Gnosis, Salzburg 1967.
Haas, A., Teilhard de Chardin – unvergessen und unvergesslich, in: Hochschule für Philosophie München (Hg.), Jahresbericht 1979/80, 1–17.
Habermas, J. Glaube und Wissen. Friedenspreisrede 2001, in: Ders., Zeitdiagnosen. Zwölf Essays (1980–2001), Frankfurt a. M. 2003, 249–262.
Haeffner, G., In der Gegenwart leben, Stuttgart u. a., 1996.
Häring, H., Die Macht des Bösen. Das Erbe Augustins, Zürich 1979.
— Ders., Das Problem des Bösen in der Theologie, Darmstadt 1985.
— Ders., Schöpfungstheologie – ein Thema im Umbruch, in: ThRv 97 (2001), 177–196.
Härle, W., Dogmatik, Berlin – New York 1995.
Haken, H., Erfolgsgeheimnisse der Natur, Frankfurt a. M. 1984.
Hartmann, T., »Wo also ist der Platz des gefallenen Engels?« Unveröffentlichte Diplomarbeit, Frankfurt a. M. 2002.
Hawrylyshyn, B., The State of the World. Publikationen des Club of Rome v. 08. 03. 2003 im Internet unter http.//www.clubofrome.org/archive/publications/ Hawrylyshyn_State^of_the %World_08.03.03.pdf.
Hegel, G. W. F., Die Vernunft in der Geschichte (hgg. v. J. Hoffmeister), Hamburg 1955.
Hegge, B., Christliche Existenz bei Romano Guardini, Würzburg 2003.
Heilmann, A. / Kraft, H., Texte der Kirchenväter (TKV) 4, München 1964.
Heine, S., Schöpfung (NT), in: J. B. Bauer (Hg.), Bibeltheologisches Wörterbuch, 495–498.
Heinzmann, R., Philosophie des Mittelalters, Stuttgart 1992.
— Ders., Thomas von Aquin. Eine Einführung in sein Denken, Stuttgart 1994.
Henrich, F. (Hg.), Romano Guardini. Christliche Weltanschauung und menschliche Existenz, Regensburg 1999.
Henrici, P., Die Philosophen und die Erbsünde, in: IkaZ 20 (1991) 329–339.
Henze, W., Glauben ist schön. Ein katholischer Familienkatechismus, Harsum 2001.
Hermisson, H. J., Gott und das Leid. Eine alttestamentliche Summe, in: ThLZ 128 (2003), 3–18.

Hernandez, J.-P., Nel grembo della Trinità, Mailand 2004.
Hildebrandt, B., Segnen / Segen und Fluch, V. (dogmatisch), in: TRE 31, 88–93.
Höffken, P., Das Buch Jesaja, Kap. 40–66 (Neuer Stuttgarter Kommentar AT 18/2), Stuttgart 1998.
Höhn, H. J., Vernunft – Glaube – Politik, Paderborn 1990.
— Ders., Zustimmen. Der zwiespältige Grund des Daseins, Würzburg 2001.
Hollweger, H., Vom Danken für das Geschehene, in: J. G. Plöger (Hg.), Gott feiern, Freiburg i. Br. u. a. 1980, 183–192.
Holz, K., Evolution und Geist, Frankfurt a. M. 1981.
Hoping, H., Freiheit im Widerspruch. Eine Untersuchung zur Erbsündenlehre im Ausgang von Immanuel Kant (IThS 30), Innsbruck 1990.
— Ders., Creatio ex nihilo. Von der Bedeutung einer schwierigen Unterscheidung für den Begriff des Monotheismus, in: JBTh 12 (1997), 291–307.
Hoppe, R., Schöpfung II/2, in: LThK[3] 9, 220–223.
Hossfeld, F.-L. / Zenger, E., Die Psalmen I (Ps 1–59) und II (Ps 51–100) (Neue Echter Bibel), Würzburg 1993 u. 2002.
Huber-Rudolf, B., »Wollt ihr wirklich nicht an den glauben, der die Erde in zwei Tagen geschaffen hat?«, in: Ökumenische Zeitschrift für den Religionsunterricht, 26 (1996), 101–103.
Hübner, J., Evolutionismus, in: TRE 10, 690–694.
Hübner, K., Die Wahrheit des Mythos, München 1985.
Hübner, K. / Stolz, F., Mythos, in: TRE 22, 597–625.
Hunold, G. W. (Hg.), Texte zur Theologie, Abt. Moraltheologie, Graz u. a. 1999.
Huppenbauer, M., Theologie und Naturethik, Stuttgart 2000.
Hutter, M., Satan, in: J. B. Bauer (Hg.), Bibeltheologisches Wörterbuch, 486.
Irenäus v. Lyon, Epideixis. Adversus Haereses, übersetzt und eingeleitet von N. Brox, in: Fontes Christiani (FC). Zweisprachige Quellentexte aus Altertum und Mittelalter, hgg. v. N. Brox / W. Geerlings / G. Greshake /R. Ilgner / R. Schieffer, Bd. 8/I–V, Freiburg i. Br. u. a. 1993.
Jantsch, E., Die Selbstorganisation des Universums, München [2]1984.
Jaschke, H.-J., Irenäus v. Lyon, in: TRE 16, 258–268.
Jeggle-Merz, B., Segensfeiern. Orte der Begegnung mit dem Gott der Schöpfung, in: Diakonia 33 (2002), 18–24.
Jörns, K. P., Renaissance der Religion?, in: K. Hofmeister / L. Bauerochse (Hgg.), Die Zukunft der Religion, Würzburg 1999, 23–33.
Jonas, H., Gnosis und spätantiker Geist, Bd. 1, Die mythologische Gnosis, Göttingen [3]1964.
— Ders., Der Gottesbegriff nach Auschwitz, Frankfurt a. M. 1984.
— Ders., Das Prinzip Verantwortung, Frankfurt a. M. 2003 (Erstausgabe 1979).
Jorissen, H., Zur Struktur des Traktates »De Deo« der Summa Theologiae des Thomas von Aquin, in: M. Böhnke / H. P. Heinz (Hgg.), Im Gespräch mit dem dreieinen Gott (FS W. Breuning), Düsseldorf 1985, 231–257.
Jüngel, E., Die Offenbarung der Verborgenheit Gottes, in: Ders., Wertlose Wahrheit. Zur Identität und Relevanz des christlichen Glaubens, München 1990, 163–182.
— Ders., Gott als Geheimnis der Welt, Tübingen [6]1991.
Jüngling, W., »Macht euch die Erde untertan« (Gen 1,28). Der geschaffene Mensch und die Schöpfung, in: Ph. Schmitz (Hg.), Macht euch die Erde untertan?, Würzburg 1981, 9–38.
Jung, H., Gesegnet sollst du sein, Freiburg i. Br. u. a. 2001.
Kanitscheider, B., Auf der Suche nach dem Sinn, Frankfurt a. M. 1995.
Kanitscheider, B. / Dessau; B., Von Lust und Freude, Frankfurt a. M. 2000.

Kant, I., Über das Misslingen aller philosophischen Versuche in der Theodicee (1791), in: W. Weischedel (Hg.), Werke in 10 Bänden, Bd. 9, Darmstadt 1968, 105–124.
— Ders., Kritik der Urteilskraft, Hamburg [6]1974.
Kasper, W., Die Lehre der Kirche vom Bösen, in: R. Schnackenburg (Hg.), Die Macht des Bösen und der Glaube der Kirche, Düsseldorf 1979, 68–84.
— Ders., Der Gott Jesu Christi, Mainz [3]1995.
— Ders., Jesus der Christus, Mainz [11]1992.
Kasper, W. / Lehmann, K. (Hgg.), Teufel – Dämonen – Besessenheit, Mainz 1978.
Keel, O., Vernachlässigte Aspekte biblischer Schöpfungstheologie, in: Katechetische Blätter 2, 1986, 168–179.
Keel, O. / Schroer, S., Schöpfung. Biblische Theologie im Kontext altorientalischer Religionen, Göttingen 2002.
Kehl, M., Kirche als Institution, Frankfurt a. M. [2]1978.
— Ders., Die Tränen eines einzigen Kindes, in: Entschluß 42 (1987), 16–18.
— Ders., Hinführung zum christlichen Glauben, Mainz 1995.
— Ders., Wohin geht die Kirche?, Freiburg i. Br. u. a. [6]1997.
— Ders., Neue Hoffnung für den Kosmos, in: SaThZ 1 (1997), 15–23.
— Ders., Eschatologie, Würzburg [3]1998.
— Ders., Die Kirche. Eine katholische Ekklesiologie, Würzburg [4]2001.
— Ders., Die Wahrheitsfrage im Bereich des religiösen Glaubens, in: R. Berndt (Hg.), Vernünftig, Würzburg 2003, 81–86.
— Ders., Dein Reich komme (Neuauflage von »Eschatologie«), Kevelaer 2003.
— Ders., Und was kommt nach dem Ende?, Mainz 2005.
Kehl, N., Der Christushymnus im Kolosserbrief, Stuttgart 1967.
Kelly, J. N. D., Altchristliche Glaubensbekenntnisse, Göttingen 1972.
Kern, W., Zur theologischen Auslegung des Schöpfungsglaubens, in: J. Feiner / M. Löhrer (Hgg.), MySal 2, Einsiedeln 1967, 464–545.
Kessler, H., Das Stöhnen der Natur, Düsseldorf 1990.
— Ders., Gott, der kosmische Prozess und die Freiheit, in: G. Fuchs /Ders., Gott, der Kosmos und die Freiheit, 189–232.
— Ders., Schöpfung IV u. V, in: LThK[3] 9, 1999, 226–236.
— Ders., Gott und das Leid seiner Schöpfung, Würzburg 2000.
— Ders., Sucht den Lebenden nicht bei den Toten. Auferstehung Jesu Christi in biblischer, fundamental-theologischer und systematischer Sicht, Düsseldorf 1985, 283–311 (Neuausgabe: Kevelaer 2002).
Kessler, M., Deismus, in: LThK[3] 3, 160–162.
Khoury, A. Th., Einführung in die Grundlagen des Islams, Graz [2]1981.
— Ders., Jüdisch-islamische Schöpfungslehren und ihr Auftrag an den Menschen, in: Ordensnachrichten 39 (2000), 13–24.
Kienzler, K., Gott in der Zeit berühren. Eine Auslegung der Confessiones des Augustinus, Würzburg 1998.
Kierkegaard, S., Gesammelte Werke, 17. Abteilung: Eine literarische Anzeige, Düsseldorf 1954.
Klauck, H. J., 1. Korintherbrief (Neue Echter Bibel), Würzburg 1984.
Kleffmann, T., Die Erbsündenlehre in sprachtheologischem Horizont. Eine Interpretation Augustins, Luthers und Hamanns, Tübingen 1994.
Kleiber, H., Glaube und religiöse Erfahrung bei Romano Guardini, Freiburg i. Br. u. a. 1985.
Klimmer, J. (Hg.), Angefochtene Zuversicht. Romano Guardini Lesebuch, Mainz 1985.
Kluxen, W., Thomas von Aquin, Thomismus, in: LThK[3] 9, 1509–1517.
Knapp, A., Brennender als Feuer. Geistliche Gedichte, Würzburg [2]2004.

Knapp, M. / Kobusch, F. (Hgg.), Religion – Metaphysik(kritik) – Theologie im Kontext der Moderne/Postmoderne, Berlin 2001.

Knapp, M., »Wahr ist nur, was nicht in diese Welt passt.« Die Erbsündenlehre als Ansatzpunkt eines Dialoges mit Theodor W. Adorno, Würzburg 1983.

Koch, K., Geschichte / Geschichtsschreibung / Geschichtsphilosophie, II. Altes Testament, in: TRE 12, 569–586.

Kocher, R., Herausgeforderter Vorsehungsglaube. Die Lehre von der Vorsehung im Horizont der gegenwärtigen Theologie, St. Ottilien 1993.

Köhler, W. / Mutschler, H. D. (Hgg.), Ist der Geist berechenbar?, Darmstadt 2003.

Körtner, U. H. J., Weltangst und Weltende, Göttingen 1988.

Köster, H. M., Urstand, Fall und Erbsünde. In der Scholastik (HDG 2/3b), Freiburg i.Br. u.a. 1979.

— Ders., Urstand, Fall und Erbsünde. Von der Reformation bis zur Gegenwart (HDG 2/3c), Freiburg i.Br. u.a. 1982.

Kolakowski, L., Gespräche mit dem Teufel, München [4]1986.

Kolletzki, C., »Christus ist unsere wahre Mutter«. Feminine Konnotationen für Christus im Denken der Juliana von Norwich, Frankfurt a.M. 1997.

Koltermann, R. (Hg.), Universum – Mensch – Gott, Graz 1997.

Der Koran, Übersetzung von R. Paret, Stuttgart u.a. 1966.

Kratz, R. G. / Spieckermann, H., Schöpfer / Schöpfung II. Altes Testament, TRE 30, 258–283.

Kraus, G., Welt und Mensch. Lehrbuch zur Schöpfungslehre (Grundrisse zur Dogmatik 2), Frankfurt a.M. 1997.

Krauss, H., Die Engel. Überlieferung, Gestalt, Deutung, München 2000.

— Ders., Kleines Lexikon der Engel, München 2001.

Kreiner, A., Gott und das Leid, Paderborn [3]1995.

— Ders., Gott im Leid, Freiburg 2005.

Kremer, K., Dionysius Pseudo-Areopagita oder Gregor von Nazianz? Zur Herkunft der Formel: »Bonum est diffusivum sui«, in: ThPh 63 (1988), 579–585.

Krenski, Th., Passio Caritatis, Freiburg i.Br. u.a. 1990.

Küng, H. u.a., Christentum und Weltreligionen, München 1984.

— Ders., Der Anfang aller Dinge. Naturwissenschaft und Religion, München 2005.

Kuhn, H., Romano Guardini. Der Mensch und das Werk, München 1961.

Kunz, E., Ist das Sprechen von Gottes Allmacht noch zeitgemäß?, in: GuL 68 (1995), 37–46.

Kutschera, F. v., Die großen Fragen. Philosophisch-theologische Gedanken, Berlin 2000.

Ladaria, L., Antropologia teológica, Madrid 1983.

Lambert, W., Ein ›Fest der Schöpfung‹ feiern, in: GuL 72 (1999), 321–323.

Lanczkowski, G. u.a., Glaubensbekenntnis(se), in: TRE 13, 384–446.

Leiber, T., Kosmos, Kausalität und Chaos. Naturphilosophische, erkenntnistheoretische und wissenschaftstheoretische Perspektiven, Würzburg 1996.

Leibniz, G. W., Essais de Théodicée (1697, überarbeitete Fassung 1710); deutsch: Die Theodizee von der Güte Gottes, der Freiheit des Menschen und dem Ursprung des Übels, Darmstadt 1985.

Leimgruber, U., Kein Abschied vom Teufel. Eine Untersuchung zur gegenwärtigen Rede vom Teufel im Volk Gottes, Münster u.a. 2004.

Liedke, G., Im Bauch des Fisches, Stuttgart 1979.

Lies, L., Sakramententheologie, Graz 1990.

Link, Ch., Schöpfungstheologie in reformatorischer Tradition, Gütersloh 1991.

Lochbrunner, M., Analogia Caritatis, Freiburg i.Br. u.a. 1981.

Löning, K. / Zenger, E., Als Anfang schuf Gott. Biblische Schöpfungstheologien, Düsseldorf 1997.
Löser, W., Das Sein – ausgelegt als Liebe, in: IkaZ 4 (1975), 410–424.
Löwith, K., Weltgeschichte und Heilsgeschehen, Stuttgart 1953.
Lohfink, N., Wachstum. Die Priesterschrift und die Grenzen des Wachstums, in: Ders., Unsere großen Wörter, Freiburg i. Br. u. a. 1977, 156–171.
— Ders., Das Alte Testament christlich ausgelegt, in: GuL 61 (1988), 98–107.
— Ders., Macht euch die Erde untertan?, in: Ders., Studien zum Pentateuch, Stuttgart 1988, 11–28.
— Ders., Der Schöpfergott und der Bestand von Himmel und Erde, in: Studien zum Pentateuch, 191–211.
— Ders., Die Priesterschrift und die Geschichte, in: Ders., Studien zum Pentateuch, 213–253.
— Ders., Der Alte Bund im 4. Hochgebet, in: BiLi 73 (2000), 33–46.
Lohmann, F., Die Bedeutung der dogmatischen Rede von der »creatio ex nihilo«, in: ZThK 99 (2002), 196–225.
Lorenz, K., Die Rückseite des Spiegels. Versuch einer Naturgeschichte menschlichen Erkennens, München 1977.
Losada, J., Una paradoja eclesiologica conservada por Origines, in: S. Madrigal / E. Gil (Hgg.), Sólo la Iglesia es cosmos. Miscelánea homenaje afrenda al Prof. Dr. B. Losada Espinosa, Madrid 2000, 55–63.
Lubac, H. de, Auf den Wegen Gottes, Einsiedeln 1992 (frz. Erstausg. 1956).
Lührs, G., Die Schöpfung aus dem Nichts. Creatio ex nihilo. Eine Kosmologie, Zürich 1986.
Lüke, U., »Als Anfang schuf Gott ...«. Bio-Theologie, Paderborn u. a. ²2001.
Luther, M., Die zweite Disputation gegen die Antinomer, 1538, WA 39/I, 470.
Macquarrie, J., Panentheismus, in: TRE 25, 611–615.
Maier, B. u. a., Segen /Segen und Fluch, in: TRE 31, 75–96.
Maier, H., Zeitdeutung in Romano Guardinis Werk, in: F. Henrich (Hg.), Romano Guardini, 95–114.
Mann, U., Engel VI., in: TRE 9, 1982, 609–612.
— Ders., Schöpfungsmythen, Stuttgart ³1988.
Marböck, J., Engel, in: J. B. Bauer (Hg.), Bibeltheologisches Wörterbuch, 118–123.
Markschies, Ch., Die Gnosis, München 2001.
May, G., Schöpfung aus dem Nichts. Die Entstehung der Lehre von der creatio ex nihilo, Berlin u. a. 1978.
McFague, S., Mutter Gott, in: Concilium 25 (1989), 545–549.
Meier-Oeser, S., Von der Koinzidenz zur coincidentia oppositorum. Zum philosophiehistorischen Hintergrund des cusanischen Koinzidenzgedankens, in: O. Pluta (Hg.), Die Philosophie im 14. und 15. Jahrhundert, Amsterdam 1988, 321–342.
Meijering, E. P., Augustin über Schöpfung, Ewigkeit und Zeit. Das elfte Buch der Bekenntnisse, Leiden 1979.
Menke, K. H., Der Gott, der jetzt schon Zukunft schenkt, in: H. Wagner (Hg.), Mit Gott streiten, 90–130.
Mercker, H., Christliche Weltanschauung als Problem. Untersuchungen zur Grundstruktur im Werk Romano Guardinis, Paderborn 1988.
Meßner, R., Einführung in die Liturgiewissenschaft, Paderborn u. a. 2001.
Metz, J. B. / Reikerstorfer, J., Theologie als Theodizee – Beobachtung zu einer aktuellen Diskussion, in: ThRv 95 (1999), 179–188.
Möller, Ch., Die Geschichte der Pastoralkonstitution, in: LThK² E III, 242–279.
Moltmann, J., Gott in der Schöpfung. Ökologische Schöpfungslehre, München ⁵2002.

— Ders., Theologie der Hoffnung, München 1964 (^{13}1997).
— Ders., Der gekreuzigte Gott, München 1972 (Gütersloh ^{7}2002).
— Ders., Trinität und Reich Gottes, München 1980 (München ^{3}1994).
— Ders., Die atomare Katastrophe. Wo bleibt Gott?, in: EvTh 47 (1987), 50–60.
— Ders., Gerechtigkeit schafft Zukunft, München – Mainz 1989.
— Ders., Der Geist des Lebens, München 1991.
Monod, J., Zufall und Notwendigkeit, München ^{4}1979.
Müller, G. L., Katholische Dogmatik, Freiburg i. Br. u. a., ^{2}1996.
Müller, K., Gottes Dasein denken. Eine philosophische Gotteslehre für heute, Regensburg 2001.
— Ders., Gott erkennen. Das Abenteuer der Gottesbeweise, Regensburg 2001.
Mutschler, H. D., Spekulative und empirische Physik, Stuttgart 1990.
— Ders., Weltentstehungstheorien, in: R. Koltermann, Universum – Mensch – Gott, 15–33.
— Ders., Die Gottmaschine. Das Schicksal Gottes im Zeitalter der Technik, Augsburg 1998.
— Ders., Naturphilosophie, Stuttgart 2002.
— Ders., Fehlschlüsse des Naturalismus, in: HerKorr 58 (2004), 529–532.
— Ders., Physik und Religion, Darmstadt 2005.
— Ders., Intelligent Design. Spricht die Evolution von Gott? in: HerKorr 59 (2005), 497–500.
Mysterium Salutis (MySal: hgg. v. J. Feiner /M. Löhrer), Bd. 2, Einsiedeln u. a. 1967.
Nagel, T., Geschichte der islamischen Theologie. Von Mohammed bis zur Gegenwart, München 1994.
Nagel, T., Letzte Fragen, Mainz 1996.
Nell-Breuning, O. v., Sozialisierung, in: StZ 139 (1946/47), 425–436.
Neue Echter Bibel, Würzburg 1986–2002.
Neue Jerusalemer Bibel, Freiburg i. Br. u. a. 1985.
Neuhaus, G., Theodizee – Abbruch oder Anstoß des Glaubens, Freiburg 1993.
Newman, J. H., Entwurf einer Zustimmungslehre, in: M. Laros / W. Becker / J. Artz (Hgg.), J. H. Newman. Ausgewählte Werke, Bd. 8, Mainz 1961.
Novalis, Heinrich von Ofterdingen (hgg. v. W. Frühwald), Stuttgart 1987.
Nozick, R., Vom richtigen, guten und glücklichen Leben, München 1991.
O'Donnell, J. J., Augustine, Confessions III, Commentary on Books 8–13, Oxford 1992.
O'Neill, J. C., How early is the doctrine of creatio ex nihilo?, in: Journal of Theological Studies 53 (2002), 449–465.
Ollig, H.-L., Einführung in den Themenkreis V.: Theologie und Metaphysik, in: M. Knapp / F. Kobusch (Hgg.), Religion – Metaphysik(kritik) – Theologie im Kontext der Moderne/Postmoderne, Berlin 2001, 355–362.
Origines, Contra Celsum, libri VIII (hgg. v. M. Marcovich), Leiden u. a. 2001.
Pannenberg, W., Die Aufnahme des philosophischen Gottesbegriffs als dogmatisches Problem der frühchristlichen Theologie, in: Ders., Grundfragen systematischer Theologie, Bd. 1, Göttingen 1967, 296–346.
— Ders., Anthropologie in theologischer Perspektive, Göttingen 1983.
— Ders., Schöpfungstheologie und moderne Naturwissenschaft, in: H. Deuser u. a. (Hg.), Gottes Zukunft – Zukunft der Welt (FS J. Moltmann), München 1986, 276–291.
— Ders., Systematische Theologie, Bd. 1, Göttingen 1988.
— Ders., Die Schöpfung der Welt, in: Systematische Theologie, Bd. 2, Göttingen 1991, 15–201.
— Ders., Systematische Theologie, Bd. 3, Göttingen 1993.

— Ders., Die weltgründende Funktion des Mythos und der christliche Offenbarungsglaube, in: Ders., Philosophie, Religion, Offenbarung. Beiträge zur Systematischen Theologie, Bd. 1, Göttingen 1999, 185–199.

— Ders., Natur und Mensch – und die Zukunft der Schöpfung. Beiträge zur systematischen Theologie Bd. 2, Göttingen 2000.

Pascal, B., Das Memorial, in: Ders., Vermächtnis eines großen Herzens. Die kleineren Schriften (übertr. u. hgg. v. W. Rüttenauer), Leipzig 1938.

Paus, A. / Steymans, H. U. / Scheuer, M. / Berger, R., Segen, Segnung, in: LThK³ 9, 394–399.

Paus, A. / Haag, E. / Scheffczyk, L., Engel, in: LThK³ 3, 646–650.

Peacocke, A., Gottes Wirken in der Welt. Theologie im Zeitalter der Naturwissenschaften, Mainz ⁷1998.

Pesch, O. H., Thomas von Aquin. Grenze und Größe mittelalterlicher Theologie, Mainz ³1995.

— Ders., Thomas von Aquino (1224–1274) / Thomismus / Neu-Thomismus, in: TRE 34, 2002, 433–474.

— Ders., Schöpfungslehre und Schöpfungsperspektive in der Theologie des Thomas von Aquin, in: Kerygma und Dogma 49 (2003), 2–23.

Peterson, E., Von den Engeln, in: Ders., Ausgewählte Schriften, Bd. 1, Theologische Traktate (hgg. v. B. Nichtweis), Würzburg 1994, 195–243.

Pfammatter, J., Epheserbrief – Kolosserbrief (Neue Echter Bibel), Würzburg 1987.

Pfordten, D. v. d., Ökologische Ethik, Hamburg 1996.

Pieper, J., (Hg.), Thomas von Aquin. Sentenzen über Gott und die Welt, lat.-deutsch, Einsiedeln ³2000 (vormals: Thomas-Brevier, München 1956).

— Ders., Werke in 8 Bänden (hgg. v. B. Wald), Bd. 2, Hamburg 2001.

Pöltner, G., Thomas von Aquin über Sein als Geschaffensein, in: E. Schmetterer u. a. (Hgg.), Variationen zur Schöpfung der Welt (FS R. Schulte), Innsbruck 1995, 40–64.

Polanyi, M., Implizites Wissen, Frankfurt a. M. 1985.

Polkinghorne, J., Science and Creation, London 1988.

— Ders., Beyond Science, Cambridge 1996.

— Ders., Belief in God in an Age of Science, London 1998.

Prigogine, I. / Stengers, I., Dialog mit der Natur, München 1981.

— Diess., Das Paradox der Zeit. Zeit, Chaos und Quanten, München 1993.

Probst, M., Credo, in: LThK³ 2, 1340 f.

Pröpper, Th., Allmacht Gottes, in: LThK³ 1, 1977, 412–417.

— Ders., Fragende und Gefragte zugleich. Notizen zur Theodizee, in: Ders., Evangelium und freie Vernunft, Freiburg i. Br. u. a. 2001, 266–275.

Pröpper, Th. / Striet, M., Theodizee, in: LThK³ 9, 1982, 1396–1398.

Przywara, E., Analogia entis. Metaphysik, München 1932.

— Ders., Deus semper maior. Theologie der Exerzitien, Freiburg i. Br. u. a. 1938.

Rahner, K., Vom Geheimnis des Lebens, in: Schr. z. Th., Bd. 6, Einsiedeln 1965, 171–184.

— Ders., Erbsünde, in: Sacramentum Mundi, Bd. I, Freiburg 1967, 1104–1117.

— Ders., Engel, in: Sacramentum Mundi, Bd. 1, 1967, 1038–1046.

— Ders., Der dreifaltige Gott als transzendenter Urgrund der Heilsgeschichte, in: MySal 2, 1967, 317–401.

— Ders., Die Christologie innerhalb einer evolutiven Weltanschauung, in: Schr. z. Th. V, Zürich u. a. ³1968, 183–221 (auch in: Ders., Sämtliche Werke, Bd. 15, 219–247).

— Ders., Die Sünde Adams, in: Schr. z. Th., Bd. 9, Einsiedeln 1970, 259–275.

— Ders., Grundkurs des Glaubens. Einführung in den Begriff des Christentums, Freiburg i. Br. 1976 (auch in: Ders., Sämtliche Werke, Bd. 26, Zürich u. a. 1999, 1–444).

— Ders., Über Engel, in: Schr. z. Th., Bd. 13, Zürich 1978, 381–428.
— Ders., Visionen und Prophezeiungen. Zur Mystik und Transzendenzerfahrung (hgg. v. J. Sudbrack), Freiburg i. Br. u. a. 1989.
— Ders., Unser Osterglaube, in: Ders., Das große Kirchenjahr (hgg. v. A. Raffelt), Freiburg i. Br. u. a. ^{4}1992, 262–266.
— Ders., Der Mensch in der Schöpfung (bearbeitet von K. H. Neufeld), in: Sämtliche Werke, Bd. 8, Freiburg i. Br. u. a. 1998.
— Ders., Die Hominisation als theologische Frage, in: Ders., Verantwortung der Theologie im Dialog mit Naturwissenschaften und Gesellschaftstheorie (Sämtliche Werke, Bd. 15, bearb. v. H. D. Mutschler), Freiburg i. Br. u. a. 2002, 38–100.
Ratzinger, J., Einführung in das Christentum, München 1971.
— Ders., Abschied vom Teufel? In: Dogma und Verkündigung, Freiburg i. Br. u. a. 1973, 225–234.
— Ders., Im Anfang schuf Gott. Vier Predigten über Schöpfung und Fall, Einsiedeln 1996.
Reber, J., Die Welt des Christen. Philosophische Untersuchungen zum Welt-Konzept Romano Guardinis, Paderborn 1999.
Reil, E., »... dass wir auf Erden niemanden unseren Lehrer nennen«. Selbstverständnis und Sendung des Lehrers nach Augustins Schrift »De magistro«, in: Lebendiges Zeugnis 54 (1999), 90–99.
Reinhard, K., Nikolaus v. Kues, in: LThK^{3} 7, 854–857.
Reintjens-Anwari, H., Ikone Gottes in den Zeichen der Schöpfung, in: Una sancta 50 (1995), 204–216.
Rennings, H., Gottesdienst im Geist des Konzils, Freiburg i. Br. u. a. 1995, 143–151.
Ricken, F., Anthropozentrismus versus Biozentrismus?, in: ThPh 62 (1987), 1–21.
— Ders., Philosophie der Antike (Grundkurs Philosophie, Bd. 6), Stuttgart 1988.
— Ders., Religionsphilosophie, Stuttgart 2003.
Ricoeur, P., Ders., Symbolik des Bösen. Phänomenologie der Schuld II, Freiburg i. Br. u. a. 1971.
— Ders., Die »Erbsünde«. Eine Bedeutungsstudie, in: Ders., Hermeneutik und Psychoanalyse. Der Konflikt der Interpretationen II, München 1974, 141–161.
Römelt, J., Theologie der Verantwortung, Innsbruck 1991.
Ropohl, G., Sinnbausteine für ein gelingendes Leben, Leipzig 2000.
Rosien, P. (Hg.), Mein Credo. Persönliche Glaubensbekenntnisse, Kommentare und Informationen (Publik-Forum-Buch), Oberursel 1999; Bd. 2.: H. Pawlowski (Hg.), Mein Credo, 2000; Bd. 3: H. Pawlowski (Hg.), Aktuell und dynamisch ist die Glaubenssprache von heute.
Rudolph, K., Die Gnosis, Göttingen 1978.
Ruiz de la Peña, J. L., Teologia de la creacion, Santander ^{2}1987.
Runggaldier, E., Was sind Handlungen? Eine philosophische Auseinandersetzung mit dem Naturalismus, Stuttgart 1996.
Ruster, Th., Die verlorene Nützlichkeit der Religion. Katholizismus und Moderne in der Weimarer Republik, Paderborn 1994.
Sander, U., Sehnsucht nach Segen, in: Anzeiger für die Seelsorge 112 (2004), Heft 2, 48 f.
— Ders., (Hg.), Begleitet von guten Mächten. Segensworte für ein ganzes Leben, Freiburg i. Br. u. a. 2004.
Sattler, D. / Schneider, Th., Schöpfungslehre, in: Th. Schneider (Hg.), Handbuch der Dogmatik, Bd. 1, Düsseldorf 1992, 120–238.
Sattler, D., Gottes Weisheit lebt mit uns, in: R. Schwager (Hg.), Relativierung der Wahrheit? Kontextuelle Christologie auf dem Prüfstand (QD 170), Freiburg i. Br. u. a. 1998.

Schäfer, Ch., Unde malum. Die Frage nach dem Woher des Bösen bei Plotin, Augustinus und Dionysius, Würzburg 2002.
Schaller, H., Das Bittgebet, Einsiedeln 1979.
— Ders., Verbirg nicht dein Gesicht vor mir. Vom christlichen Bitten und Klagen, Mainz 1982.
Scharbert, J., Genesis 1–11 (Neue Echter Bibel), Würzburg 1983.
Scheffczyk, L., Schöpfung und Vorsehung (HDG 2/2a), Freiburg i. Br. u. a. 1963.
— Ders., Urstand, Fall und Erbsünde. Von der Schrift bis Augustinus (HDG 2/3a, 1. Teil), Freiburg i. Br. u. a. 1981.
— Ders., Einführung in die Schöpfungslehre, Darmstadt 1987.
— Ders., Die heile Schöpfung und das Seufzen der Kreatur, Weilheim-Bierbronnen 1992.
— Ders., Engel III und IV, in: $LThK^3$ 3, 1995, 648–650.
— Ders., Schöpfung als Heilseröffnung, Katholische Dogmatik (hgg. v. L. Scheffczyk / A. Ziegenaus), Bd. 3, Aachen 1997.
— Ders., Paradies III, in: $LThK^3$ 7, 1998, 1362.
— Ders., Schöpfer / Schöpfung V u. VI, in: TRE 30, 1999, 296–305.
— Ders., Urstand, Urstandsgnade II, in: $LThK^3$ 10, 2001, 486–488.
Scheliha, A. v., Der Glaube an die göttliche Vorsehung. Eine religionssoziologische, geschichtsphilosophische und theologiegeschichtliche Untersuchung, Stuttgart u. a. 1999.
Scherer, G., Welt – Natur oder Schöpfung? Darmstadt 1990.
Schilson, A., Perspektiven theologischer Erneuerung. Studien zum Werk Romano Guardinis, Düsseldorf 1986.
— Ders., (Hg.), Konservativ mit Blick nach vorn. Versuche zu Romano Guardini, Würzburg 1994.
Schimmel, A., Die Zeichen Gottes. Die religiöse Welt des Islam, München ^{3}2002.
Schindler, A., Augustin/Augustinismus, in: TRE 4, 646–698.
Schirrmacher, Ch., Der Islam. Geschichte – Lehre – Unterschiede zum Christentum, Bd. 1 u. 2, Stuttgart 2003.
Schlier, H., Mächte und Gewalten im Neuen Testament (QD 3), Freiburg i. Br. u. a. ^{3}1963.
— Ders., Mächte und Gewalten nach dem Neuen Testament, in: Ders., Besinnung auf das Neue Testament, Freiburg i. Br. u. a. ^{2}1967, 146–159.
— Ders., Die Engel nach dem Neuen Testament, in: ebd., 160–175.
— Ders., Der Römerbrief (HThK VI), Freiburg 1977.
Schmaus, M., Katholische Dogmatik, Bd. 2, München ^{6}1962.
Schmidt, W. H., Königtum Gottes in Ugarit und Israel. Zur Herkunft der Königsprädikation Jahwes, Berlin ^{2}1966.
Schmidt, E. A., Zeit und Geschichte bei Augustin, Heidelberg 1958.
Schmidt-Leukel, P., Grundkurs Fundamentaltheologie, München 1999.
Schmitz-Moormann, K., Ein zu früh geborener Prophet? Weg und Werk des Teilhard de Chardin, in: H. Häring / K. J. Kuschel (Hgg.), Gegenentwürfe, München 1988, 283–295.
— Ders., (Hg.), Neue Ansätze zum Dialog zwischen Naturwissenschaft und Theologie, Düsseldorf 1992.
— Ders., Pierre Teilhard de Chardin. Evolution – die Schöpfung Gottes, Mainz 1996.
— Ders., Materie – Leben – Geist. Evolution als Schöpfung Gottes, Mainz 1997.
Schneider, Th. / Ullrich, L. (Hgg.), Vorsehung und Handeln Gottes (QD 115), Freiburg i. Br. u. a. 1988.
Schnitzler, Th., Was die Messe bedeutet, Freiburg i. Br. u. a. 1976.
Scholem, G., Über einige Grundbegriffe des Judentums, Frankfurt a. M. 1970.

Schoonenberg, P., Der Mensch in der Sünde, in: MysSal II (1967), 845–941.
Schrage, W., Der erste Brief an die Korinther (1 Kor 6,12–11,16), EKK VII/2, Solothurn – Düsseldorf 1995.
Schreiner, K., Si homo non peccasset … Der Sündenfall Adams und Evas in seiner Bedeutung für die soziale, seelische und körperliche Verfasstheit des Menschen, in: Ders. / N. Schnitzler (Hgg.), Gepeinigt, begehrt, vergessen. Symbolik und Sozialbezug des Körpers im späten Mittelalter und in der frühen Neuzeit, München 1992, 41–84.
Schulte, R., Wie ist Gottes Wirken in Welt und Geschichte theologisch zu verstehen?, in: Th. Schneider / L. Ullrich (Hgg.), Vorsehung und Handeln Gottes, 116–167.
Schulte-Klöcker, U., Das Verhältnis von Ewigkeit und Zeit als Widerspiegelung der Beziehung zwischen Schöpfer und Schöpfung, Bonn 2000.
Schupp, F., Schöpfung und Sünde, Düsseldorf 1990.
Schuster, K. J., Guardini weiterdenken, Berlin 1993.
Schwienhorst-Schönberger, L., Kommentar zum Buch Ijob, in: Stuttgarter AT, 1029–1035.
Schwöbel, C., God. Action and Revelation, Kampen 1992.
Seckler, M., Das Heil in der Geschichte. Geschichtstheologisches Denken bei Thomas von Aquin, München 1964.
— Ders., Was heißt eigentlich »Schöpfung«? Zugleich ein Beitrag zum Dialog zwischen Theologie und Naturwissenschaften, in: ThQ 177 (1997), 161–188.
Seebaß, H., Genesis I. Urgeschichte (1,1–11,26), Neukirchen-Vluyn, 1996.
Seibt, F., Utopie als Funktion abendländischen Denkens, in: W. Voßkamp (Hg.), Utopieforschung, Bd. 1, Stuttgart 1982, 254–279.
Sekr. d. Deutschen Bischofskonferenz (Hg.):
— Stimmen der Weltkirche 8: Die Evangelisierung in der Gegenwart und in der Zukunft Lateinamerikas. Dokument der III. Generalkonferenz des lateinamerikanischen Episkopates in Puebla (1979).
— Verlautbarungen des Apostolischen Stuhls 60: Apostolisches Schreiben im Anschluss an die Bischofssynode »Reconciliatio et paenitentia« (1984).
— Verlautbarungen des Apostolischen Stuhls 82: Enzyklika »Sollicitudo rei socialis« von Papst Johannes Paul II. (1987).
— Verlautbarungen des Apostolischen Stuhls 101: Enzyklika »Centesimus Annus« von Papst Johannes Paul II. (1991).
Sievernich, M., Schuld und Sünde in der Theologie der Gegenwart (FThS 29), Frankfurt a. M. [2]1983.
— Ders., Soziale Sünde und soziale Bekehrung, in: Theologie der Gegenwart 36 (1993), 30–44.
Simonis, W., Über Gott und die Welt. Gottes- und Schöpfungslehre, Düsseldorf 2004.
Sölle, D., Lieben und arbeiten. Eine Theologie der Schöpfung, München – Zürich 2001.
Splett, J., Gottes Freiheit und die Kontingenz der Schöpfung, in: Ph. Schmitz (Hg.), Macht euch die Erde untertan? Würzburg 1981, 39–64.
— Ders., Gotteserfahrung im Denken. Zur philosophischen Rechtfertigung des Redens von Gott, Freiburg i. Br. u. a. [4]1995; München 2005.
— Ders., Bei Nikolaus Cusanus in der Schule, in: Lebendiges Zeugnis 53 (1998), 219–227.
— Ders., Mit Mose ben Maimon im Gespräch. Gottesbild und Gottesdienst, in ThPh 80 (2005), 75–91.
Staats, R., Das Glaubensbekenntnis von Nizäa-Konstantinopel, Darmstadt 1996.
Steck, O. H., Welt und Umwelt, Stuttgart 1978.
Steiner, G., Von realer Gegenwart, München 1990.
Stieglecker, H., Die Glaubenslehren des Islam, Paderborn 1962.

Stock, A., Poetische Dogmatik. Christologie, IV. Figuren, Paderborn 2001.
Stolz, F., Mythos/Mythologie, in: H. Waldenfels (Hg.), Lexikon der Religionen, Freiburg i. Br. u. a. 1987, 441–446.
Striet, M., Versuch über die Auflehnung, in: H. Wagner (Hg.), Mit Gott streiten, 48–89.
Struve, T., Die Bedeutung der aristotelischen »Politik« für die natürliche Begründung der staatlichen Gemeinschaft, in: J. Miethke (Hg.), Das Publikum politischer Theorie im 14. Jahrhundert, München 1992, 153–171.
Stürner, W., Peccatum und Potestas. Der Sündenfall und die Entstehung herrscherlicher Gewalt im mittelalterlichen Staatsdenken (BGQMA 11), Sigmaringen 1987.
Sutter-Rehmann, L., »Geh, frage die Gebärerin ...«. Feministisch-befreiungstheologische Untersuchungen zum Gebärmotiv in der Apokalyptik, Gütersloh 1995.
Teilhard de Chardin, P., Der Mensch im Kosmos, München 1969.
— Ders., Wissenschaft und Christus, in: P. Teilhard de Chardin, Werke, Bd. 9, Olten 1970.
Teutsch, G. M., Lexikon der Umweltethik, Göttingen – Düsseldorf 1985.
Theobald, M., Überströmende Gnade. Studien zu einem paulinischen Motivfeld, Würzburg 1982.
Thomas, O. C. (Hg.), Gods Activity in the World. The Contemporary Problem, Chico (CA) 1983.
Thomas von Aquin. Die Deutsche Thomasausgabe (DThA), zuletzt verlegt bei Styria, Graz u. a., 1934 ff.
Tiefensee, E., Pantheismus, LThK³ 7, 1318 f.
Torisu, Y., Gott und Welt. Eine Untersuchung zur Gotteslehre des Irenäus v. Lyon, Nettetal 1991.
Torres Queiruga, A., Recuperar la creación. Por una religión humanizadora, Santander 1998.
Tracy, T. F., The God Who Acts. Philosophical and Theological Explorations, Penn State University Park (PA) 1994.
Trappe, T., Allmacht und Selbstbeschränkung. Die Theologie der Liebe im Spannungsfeld von Philosophie und protestantischer Theologie im 19. Jahrhundert, Zürich 1997.
Trigo, P., Schöpfung und Geschichte (Bibliothek Theologie der Befreiung), Düsseldorf 1989.
Troll, Ch., Muslime fragen, Christen antworten, Kevelaer 2003.
Vannier, M.-A., Aspects de l'idée de Création chez S. Augustin, in: Revue des sciences religieuses 65 (1991), 213–225.
Veijola, T., Segen / Segen und Fluch, in: TRE 31, 76–79.
Viçon, H., Glauben Sie an Engel? Literarische Aussagen von Dante bis Nelly Sachs, Stuttgart 1996.
Vogt, M., Umwelt, Umweltschutz: in: LThK³ 10, 370–373.
Voland, E., Grundriss der Soziobiologie, Berlin ²2000.
Vorgrimler, H., Selbsttranszendenz, in: Ders., Neues Theologisches Wörterbuch, Freiburg i. Br. u. a. 2000.
— Ders., Wiederkehr der Engel?, Kevelaer ³1999.
Vorgrimler, H. / Bernauer, U. / Sternberg, T., Engel. Erfahrungen göttlicher Nähe, Freiburg i. Br. u. a. 2001.
Wagner, H. (Hg.), Mit Gott streiten. Neue Zugänge zum Theodizee-Problem (QD 169), Freiburg i. Br. u. a. 1998.
— Ders., Die Schöpfung – Der Wille Gottes zur Communio, in: Ders., Dogmatik, Stuttgart 2003, 376–435.
Wagner, M. / Niemann, U. u. a., Befreiung vom Bösen? in: StZ 130 (2005), 274–278.
Watt, W. M. / Welch, A. T., Der Islam, Stuttgart u. a. 1980.

Weinberg, S., Die ersten drei Minuten. Der Ursprung des Universums, München 1980.
Weischedel, W., Der Gott der Philosophen, Bd. 1, Darmstadt 1971.
Weissmahr, B., Gottes Wirken in der Welt, Frankfurt a.M. 1973.
Welker, M., Gottes Geist. Theologie des Heiligen Geistes, Neukirchen – Vluyn 1992.
— Ders., Schöpfung und Wirklichkeit, Neukirchen – Vluyn 1995.
Wellhausen, J., Prolegomena zur Geschichte Israels, Berlin [6]1905.
Werbick, J., Trinitätslehre, in: Th. Schneider (Hg.), Handbuch der Dogmatik 2, Düsseldorf 2000, 481–576.
— Ders., Gottesglaube und Gotteszweifel, Münster 2001.
Westermann, C., Theologie des Alten Testamentes in Grundzügen, Göttingen 1976.
White jr., L., The Historical Roots of our Ecological Crisis, in: Science 155 (1967), 1203–1207.
Whitehead, A. N., Prozess und Realität, Frankfurt a.M. 1987.
Wiedenhofer, S., Hauptformen gegenwärtiger Erbsündentheologie, in: IKaZ 20 (1991) 315–328.
— Ders. (Hg.), Erbsünde – was ist das? Regensburg 1999.
Wieland, W., Offenbarung bei Augustinus, Mainz 1978.
Wiertz, O., Das Problem des Übels in Richard Swinburnes Religionsphilosophie, in: ThPh 71 (1996), 224–256.
Wilpert, P. (Hg.), Vom Nichtanderen – De non aliud, Hamburg [3]1987.
Wilson, E., Sociobiology, Cambridge 2000.
Winkler, U., Vom Wert der Welt. Das Verständnis der Dinge in der Bibel und bei Bonaventura. Ein Beitrag zu einer ökologischen Schöpfungstheologie, Innsbruck u.a. 1997.
Wittgenstein, L., Tractatus logico-philosophicus, Frankfurt a.M. 1980.
Wölfel, E., Die Welt als Schöpfung, München 1981.
Wohlmuth, J., Jesu Weg – unser Weg. Kleine mystagogische Christologie, Würzburg 1992.
Wucherpfennig, A., Tora und Evangelium, in: StZ 128 (2003), 486–494.
Zapf, B. M., Jesaja 40–55 (Neue Echter Bibel), Würzburg 2001.
Zenger, E., Gottes Bogen in den Wolken, Stuttgart [2]1987.
— Ders., Die Nacht wird leuchten wie der Tag. Psalmenauslegungen, Freiburg i.Br. u.a. 1997.
— Ders., Aspekte biblischer Schöpfungstheologie, in: R. Koltermann (Hg.), Universum – Mensch – Gott, 79–92.
— Ders., Schöpfung II., LThK[3] 9, 1999, 217–220.
— Ders., (Hg.), Stuttgarter Altes Testament, Stuttgart [2]2004.
Zimmermann, M., Die Nachfolge Jesu Christi. Eine Studie zu Romano Guardini, Paderborn u.a. 2004.
Zoglauer, T., Geist und Gehirn. Das Leib-Seele-Problem in der aktuellen Diskussion, Göttingen 1998.

Anmerkungen

Vorwort

[1] S. 19 H. de Lubac, Auf den Wegen Gottes, Einsiedeln 1992 (frz. Erstausg. 1956), 100; vgl. die treffende Kommentierung dieser Stelle bei J. Splett, Mit Mose ben Maimon im Gespräch. Gottesbild und Gottesdienst, in: ThPh 80 (2005), 75–91.
[2] S. 20 Elazar Benyoëtz, Variationen über ein verlorenes Thema, München 1997, 27.

Einleitung

[1] S. 23 Einige neuere Gesamtentwürfe oder Überblicke zur Schöpfungstheologie seien hier (in Auswahl) angeführt: G. Ahn u. a., Schöpfer / Schöpfung, in: TRE 30, Berlin u. a. 1999, 250–355; L. M. Armendáriz, Hombre y mundo a la luz del Creador, Madrid 2001; J. Auer, Die Welt – Gottes Schöpfung. Kleine Katholische Dogmatik, Bd. III (hgg. v. J. Auer u. J. Ratzinger), Regensburg 1975; O. Bayer, Schöpfung als Anrede. Zu einer Hermeneutik der Schöpfung, Tübingen 1986; K. Barth, Die kirchliche Dogmatik III/l, Zürich 1970; M. Bieler, Freiheit als Gabe. Ein schöpfungstheologischer Entwurf, Freiburg i. Br. u. a. 1991; F. Courth, Gott – Mensch – Welt. Was sagt christlicher Schöpfungsglaube? St. Ottilien 1996; S. del Cura u. a., Trinidad y creación, Salamanca 2003; G. Ebeling, Der Glaube an Gott den Schöpfer der Welt. Dogmatik des christlichen Glaubens, Bd. 1, Tübingen [3]1987; D. Edwards, The God of Evolution. A Trinitarian Theology, New York 1999; G. Fuchs / H. Kessler (Hg.), Gott, der Kosmos und die Freiheit, Würzburg 1996; B. Forte, Zur Freiheit hast du uns befreit, München 1993; A. Ganoczy, Der dreieinige Schöpfer, Darmstadt 2001; ders., Schöpfungslehre, in: W. Beinert (Hg.), Glaubenszugänge, Bd. 1, Paderborn 1995, 365–495; ders., Suche nach Gott auf den Wegen der Natur, Düsseldorf 1992; ders., Creatio ex amore, Würzburg 1988; ders., Schöpfungslehre, Düsseldorf [2]1987; F. Gruber, Im Haus des Lebens. Eine Theologie der Schöpfung, Regensburg 2001; C. Gunton (Hg.), The Doctrine of Creation, Edinburgh 2004; H. Häring, Schöpfungstheologie – ein Thema im Umbruch, in: ThRv 97 (2001), 177–196; H.-J. Höhn, Zustimmen. Der zwiespältige Grund des Daseins, Würzburg 2001; H. Kessler, Schöpfung, LThK[3] 9, 226–236; ders., Gott, der kosmische Prozess und die Freiheit, in: G. Fuchs / H. Kessler, Gott, der Kosmos und die Freiheit, 189–232; ders., Gott und das Leid seiner Schöpfung, Würzburg 2000; G. Kraus, Welt und Mensch. Lehrbuch zur Schöpfungslehre (Grundrisse zur Dogmatik 2), Frankfurt a. M. 1997; L. Ladaria, Antropología teológica, Madrid 1983; Ch. Link, Schöpfungstheologie in reformatorischer Tradition, Gütersloh 1991; U. Lüke, »Als Anfang schuf Gott ...«. Bio-Theologie, Paderborn u. a. [2]2001; J. Moltmann, Gott in der Schöpfung. Ökologische Schöpfungslehre, München [5]2002; G. L. Müller, Katholische Dogmatik, Freiburg i. Br. u. a. [3]1998, 156–223; Mysterium Salutis (MySal; hgg. v. J. Feiner / M. Löhrer), Bd. 2, Einsiedeln u. a. 1967, 405–1019; W. Pannenberg, Schöpfungstheologie und moderne Naturwissenschaft, in: H. Deuser u. a. (Hg.), Gottes Zukunft – Zukunft der Welt (FS J. Moltmann),

München 1986, 276–291; ders., Die Schöpfung der Welt, in: Systematische Theologie, Bd. 2, Göttingen 1991, 15–201; ders., Natur und Mensch – und die Zukunft der Schöpfung. Beiträge zur systematischen Theologie Bd. 2, Göttingen 2000; J. L. Ruiz de la Peña, Teologia de la creacion, Santander ²1987; K. Rahner, Der Mensch in der Schöpfung (bearbeitet von K. H. Neufeld), in: Sämtliche Werke, Bd. 8, Freiburg i. Br. u. a. 1998; J. Ratzinger, Im Anfang schuf Gott. Vier Predigten über Schöpfung und Fall, Einsiedeln 1996; D. Sattler / Th. Schneider, Schöpfungslehre, in: Th. Schneider (Hg.) Handbuch der Dogmatik, Bd. 1, Düsseldorf 2000, 120–238; L. Scheffczyk, Schöpfung und Vorsehung, Handbuch der Dogmengeschichte, Bd. 2/2a, Freiburg i. Br. u. a., 1963; ders., Einführung in die Schöpfungslehre, Darmstadt 1987; ders., Die heile Schöpfung und das Seufzen der Kreatur, Weilheim-Bierbronnen 1992; ders., Schöpfung als Heilseröffnung, Katholische Dogmatik, Bd. 3 (hgg. v. L. Scheffczyk / A. Ziegenaus), Aachen 1997; M. Schmaus, Katholische Dogmatik, Bd. 2, München ⁶1962; W. Simonis, Über Gott und die Welt. Gottes- und Schöpfungslehre, Düsseldorf 2004; F. Schupp, Schöpfung und Sünde, Düsseldorf 1990; D. Sölle, Lieben und arbeiten. Eine Theologie der Schöpfung, München – Zürich 2001; A. Torres Queiruga, Recuperar la creación. Por una religión humanizadora, Santander 1998; P. Trigo, Schöpfung und Geschichte (Bibliothek Theologie der Befreiung), Düsseldorf 1989; H. Wagner, Die Schöpfung – Der Wille Gottes zur Communio, in: Ders., Dogmatik, Stuttgart 2003, 376–435; M. Welker, Schöpfung und Wirklichkeit, Neukirchen-Vluyn 1995.

[2] **S. 23** K. Rahner, Einleitung, in: Der Mensch in der Schöpfung, 41.

[3] **S. 23** So bezeichnet z. B. G. L. Müller die Schöpfung als »ursprüngliche Selbstoffenbarung«, in: Ders., Katholische Dogmatik, 157.

[4] **S. 24** So L. Scheffczyk, Schöpfung als Heilseröffnung.

[5] **S. 24** So in MySal, Bd. 2: Die Heilsgeschichte vor Christus, 440.

[6] **S. 24** So W. Kern, in: MySal, Bd. 2, 441.

[7] **S. 24** Wenn wir in diesem Buch vom »Schöpfungsglauben« sprechen, dient dieses Wort als Kurzformel für den christlichen Glauben an Gott, den Schöpfer der Welt; dieser Glaube impliziert die glaubende Deutung der Welt als Schöpfung Gottes.

[8] **S. 25** Vgl. H. Küng, Der Anfang aller Dinge. Naturwissenschaft und Religion, München 2005, 102–112.

[9] **S. 25** Vgl. auch 5. Teil A: »Schöpfungsglaube und Naturwissenschaften«.

[10] **S. 26** F. Capra, Wendezeit. Bausteine für ein neues Weltbild, Bern / München ⁷1984, 331.

[11] **S. 27** E. Jantsch, Die Selbstorganisation des Universums, München ²1984, 411 f.; vgl. dazu auch J. Hübner, Evolutionismus, in: TRE 10, 690–694.

[12] **S. 27** Vgl. H. Jonas, Der Gottesbegriff nach Auschwitz, Frankfurt a. M. 1984. In diesen Gedankenkreis lässt sich auch die Prozesstheologie einordnen. Vgl. R. Faber, Gott als Poet der Welt. Anliegen und Perspektiven der Prozesstheologie, Darmstadt 2003; ders., Prozesstheologie. Zu ihrer Würdigung und kritischen Erneuerung, Mainz 2000.

[13] **S. 27** Vgl. E. Tiefensee, Pantheismus, LThK³ 7, 1318 f.

[14] **S. 28** Vgl. R. Koltermann (Hg.), Universum – Mensch – Gott, Graz 1997.

[15] **S. 28** H. Häring, Schöpfungstheologie – ein Thema im Umbruch, in: ThRev 97 (2001), 177–196, zit.: 192.

[16] **S. 29** Vgl. H. D. Mutschler, Fehlschlüsse des Naturalismus, in: HerKorr 58 (2004), 529–532.

[17] **S. 30** Vgl. 5. Teil, A: »Schöpfungsglaube und Naturwissenschaften«.

[18] **S. 30** Eine gute Übersicht über das Verhältnis von Naturwissenschaft und Schöpfungstheologie bietet I. G. Barbour, Wissenschaft und Glaube, Göttingen 2003; vgl. dazu auch G. Fuchs / H. Kessler (Hg.), Gott, der Kosmos und die Freiheit. Biologie, Philosophie und Theologie im Gespräch, Würzburg 1996; A. Ganoczy / P. Sitte / M. Vogt, Evolution, Evolu-

tionismus, in: LThK³ 3, 1069–1072; K. Schmitz-Moormann (Hg.), Neue Ansätze zum Dialog zwischen Naturwissenschaft und Theologie, Düsseldorf 1992; ders., Materie – Leben – Geist. Evolution als Schöpfung Gottes, Mainz 1997; H. Küng, Der Anfang aller Dinge. Naturwissenschaft und Religion, München 2005.

[19] **S. 31** Vgl. M. Kessler, Deismus, in: LThK³ 3, 60–62.

[20] **S. 32** Vgl. 4. Teil A: »Der springende Punkt des christlichen Schöpfungsglaubens: Gott zugleich über und in seiner Schöpfung«.

[21] **S. 33** Vgl. dazu bes. H. Kessler, Schöpfung IV u. V, in: LThK³ 9, 226–236; G. L. Müller, Katholische Dogmatik, 156–163; W. Pannenberg, Systematische Theologie, Bd. 2, 15–201.

[22] **S. 33** Vgl. H. Kessler, Gott, der kosmische Prozess und die Freiheit, 205 u. a.; ders., Gott und das Leid seiner Schöpfung, Würzburg 2000, 65–69; 111 ff.

[23] **S. 34** K. Rahner, Grundkurs des Glaubens, Freiburg i. Br. 1976, 84.

[24] **S. 34** K. Rahner, Grundkurs des Glaubens, 86.

[25] **S. 34** Vgl. K. Rahner, Grundkurs des Glaubens, 87.

[26] **S. 35** Wie sich das in der Auseinandersetzung mit der griechischen Philosophie gewachsene und metaphysisch geprägte Verständnis einer »creatio ex nihilo« mit den biblischen Erzählungen der Genesis (Schöpfung als Überwindung des urzeitlichen Chaos) vereinbaren lässt, werden wir sehen im 2. Teil A. IV: »Gott, der das Chaos zum Lebenshaus verwandelt (Gen 1,1–2,4a)«.

[27] **S. 35** Vgl. M. Seckler, Was heißt eigentlich »Schöpfung«? in: ThQ 177 (1997), 161–188.

[28] **S. 37** Vgl. J. Moltmann, Theologie der Hoffnung, München 1964, 11–30.

[29] **S. 37** Augustinus, serm. 169,11,13.

[30] **S. 37** Vgl. K. Kremer, Dionysius Pseudo-Areopagita oder Gregor von Nazianz? Zur Herkunft der Formel: »Bonum est diffusivum sui«, in: ThPh 63 (1988), 579–585.

[31] **S. 37** »Die Ehre Gottes ist der lebendige Mensch, das Leben des Menschen aber ist die Anschauung Gottes« (Irenäus, Adv. haer., IV 20,7).

[32] **S. 39** Vgl. 4. Teil, A III 2: »Schöpfung im Raum der dreieinen Liebe«.

[33] **S. 40** Vgl. dazu 3. Teil, C: »Schöpfungsglaube und Metaphysik im Hochmittelalter: Thomas von Aquin«.

[34] **S. 41** Vgl. 1. Teil C: »Das Vierte Eucharistische Hochgebet: Eine Frucht des Zweiten Vatikanischen Konzils und seiner Schöpfungstheologie«.

[35] **S. 41** Ich spreche in diesem Zusammenhang lieber von »Symbolen« statt von »Metaphern«, weil in manchen der folgenden Beispiele durchaus auch eine von Gott seinen Geschöpfen (zumal dem Menschen) geschenkte reale Teilhabe an seinem schöpferischen Handeln zum Ausdruck kommt; dies lässt die verschiedenen innerweltlichen Analogien zu »gefüllten« Zeichen, zu »Real-Symbolen« göttlichen Schöpfungshandelns werden.

[36] **S. 41** Jene »Real-Symbole«, die die Geschichte des Glaubens selbst für Schöpfung und Neuschöpfung gefunden hat (z. B. die Auferweckung von den Toten, die Befreiung aus hoffnungsloser Not, die Taufe u. a.) werden im Zusammenhang mit der Liturgie der Osternacht (1. Teil A.) zur Sprache kommen.

[37] **S. 46** Vgl. dazu B. Hawrylyshyn, The State of the World. Publikationen des Club of Rome v. 08. 03. 2003 im Internet unter http://www.clubofrome.org/archive/publications/Hawrylyshyn_State°f_the%World_08.03.03.pdf

[38] **S. 47** Vgl. dazu S. McFague, Mutter Gott, in: Concilium 25 (1989), 545–549.

[39] **S. 49** D. Sattler, Gottes Weisheit lebt mit uns, in: R. Schwager (Hg.), Relativierung der Wahrheit? Kontextuelle Christologie auf dem Prüfstand (QD 170), Freiburg i. Br. u. a. 1998, 217. Vgl. dazu auch C. Kolletzki, »Christus ist unsere wahre Mutter«. Feminine Konnotationen für Christus im Denken der Juliana von Norwich, Frankfurt a. M. 1997; M. Grey macht ebenfalls das Bild des Gebärens für die *Soteriologie* fruchtbar: Redeeming

the Dream. Feminism, redemption and christian tradition, London 1989. Auch in der *Apokalyptik* spielt dieses Motiv eine Rolle; vgl. dazu L. Sutter-Rehmann, »Geh, frage die Gebärerin …«. Feministisch-befreiungstheologische Untersuchungen zum Gebärmotiv in der Apokalyptik, Gütersloh 1995.

40 **S. 49** St. Ackermann, Kirche als Person, Würzburg 2000, 30–38.

41 **S. 49** Vgl. M. Kehl, Eschatologie, Würzburg [3]1996, 20–33 (neu aufgelegt als Topos-Taschenbuch Bd. 498: Dein Reich komme. Eschatologie als Rechenschaft über unsere Hoffnung, Kevelaer 2003, 20–33); ders., Die Kirche. Eine katholische Ekklesiologie, Würzburg [4]2001, 53–60.

42 **S. 52** Vgl. dazu verschiedene Lexikonartikel und dogmatische Handbücher wie z. B. H. Kessler, Schöpfung. Theologie- und dogmengeschichtlich, in: LThK[3] 9, 226–230; L. Scheffczyk, Schöpfer / Schöpfung V. u. VI, in: TRE 30, 296–305; ders., Schöpfung als Heilseröffnung, 97–113; ders., Schöpfung und Vorsehung (HDG 2/2a); G. L. Müller, Die Ausformung der Schöpfungslehre in der Theologiegeschichte, in: ders., Katholische Dogmatik, 180–212; P. Gisel, Schöpfung und Vollendung. Brennpunkte einer Dogmengeschichte, in: P. Eicher (Hg.), Neue Summe Theologie, Bd. 2, Die neue Schöpfung, Freiburg i. Br. u. a. 1989, 19–125, bes. 59–87.

43 **S. 53** Dass für die Neuzeit nicht auch ein Entwurf der evangelischen Theologie ausdrücklich vorgestellt wird, hat seinen Grund einfach darin, dass nach meinem Eindruck gegenwärtig im Bereich der Schöpfungstheologie alte konfessionelle Grenzen keine allzu große Rolle mehr spielen. Der kundige Leser wird merken, wie viel ich bei den verschiedensten Themen von den schöpfungstheologischen Konzepten etwa D. Bonhoeffers, C. Westermanns, W. Pannenbergs, E. Jüngels, J. Moltmanns, G. Links, O. Bayers u. a. gelernt habe.

44 **S. 54** Vgl. dazu die Ausführungen von F. Ricken, Zur Rationalität von Religion, in: Ders., Religionsphilosophie, Stuttgart 2003, 19–21.

A. Die Liturgie der Osternacht: Das Portal zum Verständnis des Schöpfungsglaubens

1 **S. 58** N. Lohfink, Das Alte Testament christlich ausgelegt, in: GuL 61 (1988), 98–107, zit.: 102.

2 **S. 58** J. Wohlmuth, Jesu Weg – unser Weg. Kleine mystagogische Christologie, Würzburg 1992, 166.

3 **S. 59** J. Wohlmuth, Jesu Weg, 159.

4 **S. 60** Vgl. J. Wohlmuth, Jesu Weg, 159; J. Moltmann, Gott in der Schöpfung, München 1985, 294–298.

5 **S. 60** G. Braulik / N. Lohfink, Osternacht und Altes Testament, Frankfurt a. M. u. a. [2]2003, 13.

6 **S. 61** Diese österliche Taufsymbolik wird eindrucksvoll veranschaulicht in den Mosaiken eines der ältesten christlichen Baptisterien (aus dem 4. Jahrhundert), das sich in S. Giovanni in Fonte zu Neapel befindet. Vgl. dazu J.-P. Hernandez, Nel grembo della Trinità, Mailand 2004.

7 **S. 61** Vgl. dazu auch den aus dem 13. Jh. n. Chr. stammenden, aber älteste palästinische Auslegungstraditionen zum AT enthaltenden jüdischen Text Targum Neofiti I zu Ex 12,42 über »Die vier Nächte im Buch der Denkwürdigkeiten«. Gemeint sind die Nacht der Schöpfung, die Nacht der Verheißung und zugleich der Opferung Isaaks (die in der Osternacht als zweite Lesung vorgetragen werden soll), die Nacht der Befreiung aus Ägypten und die Nacht des Weltendes (mit der Wiederkehr des Mose aus der Wüste und des Menschensohnes auf den Wolken des Himmels). Alle diese Nächte werden in der »Nacht des Wa-

chens« (Ex 12,42), also der Nacht des Paschafestes, aufbewahrt und gefeiert; denn – so heißt es in diesem Targum: »Das ist Pascha-Nacht für den Namen des Herrn, eine aufbewahrte und festgesetzte Nacht ist es zur Befreiung ganz Israels in allen seinen Generationen.« Zit. nach: H. Engel, Das Buch der Weisheit (Neuer Stuttgarter Kommentar AT 16), Stuttgart 1998, 282 f.

[8] **S. 61** Dagegen stand er in der ältesten der uns noch zugänglichen christlichen Paschafeiern, die in Kleinasien bis weit ins 2. Jahrhundert hinein wie das jüdische Osterfest in der Nacht vom 14. auf den 15. Nisan gefeiert wurde, klar im Vordergrund; also in der Zeit, bevor die Osterliturgie nach dem sog. »Osterfeststreit« in der zweiten Hälfte des 2. Jahrhunderts auf die Nacht zum Sonntag nach dem ersten Frühjahrsvollmond verlegt wurde (vgl. dazu R. Meßner, Einführung in die Liturgiewissenschaft, Paderborn u. a. 2001, 305–310).

Zur ursprünglichen Paschafeier gehörte auch das Vigilfasten am 14. Nisan; es bildete die Trauerphase des Festes – man trauerte, weil den Gläubigen der Bräutigam genommen ist (vgl. Mk 2,20). Dieses Fasten wurde mit einer Nachtwache (Vigil) beendet, die mit vielen Schriftlesungen, einer Osterhomilie und verschiedenen Gebeten gestaltet wurde. Fasten und Vigilfeier standen ganz im Zeichen der Erwartung der Wiederkunft Christi in dieser Nacht; denn schon in jüdisch-weisheitlicher Tradition galt die Paschanacht als erhoffter Zeitpunkt der Wiederkunft des Menschensohnes auf den Wolken des Himmels (s. vorherige Anmerkung).

Die Nähe der urchristlichen Ostervigilfeier zum Gleichnis Jesu von den zehn Jungfrauen, die auf den Bräutigam warten, bis er endlich um Mitternacht erscheint, wird auch aus dem Kommentar des Hieronymus zu Mt 25,6 ersichtlich: »Ich glaube, dass von daher die apostolische Überlieferung geblieben ist, dass am Tag der Paschavigilien die Leute, die die Ankunft Christi erwarten, nicht vor Mitternacht entlassen werden dürfen. Nachdem dieser Zeitpunkt vorüber ist, kann man wohl sicher sein, und alle sollen einen Festtag begehen« (Hieronymus, comm. in Mt IV, 25,6.). Das heißt, wenn bis Mitternacht oder auch bis zum ersten Hahnenschrei gegen 3 Uhr der Herr offensichtlich nicht wiedergekommen war, wurde das Fasten gebrochen und es begann das eigentliche Fest, nämlich die zweite Phase der Osterliturgie: die Eucharistie am frühen Morgen. *Sie* wird dann als das Hochzeitsmahl gefeiert, in dem der Bräutigam Jesus auf sakramentale Weise seiner Braut, der Kirche, gegenwärtig ist und sich mit ihr vereint. Dieser Brauch, die Liturgie der Osternacht mit der Eucharistiefeier zu beenden, ist bis heute erhalten geblieben, ohne dass uns der ursprüngliche Zusammenhang noch sehr bewusst ist.

[9] **S. 62** J. Wohlmuth, Jesu Weg, 158.

[10] **S. 62** G. Braulik / N. Lohfink, Osternacht und AT, 11.

[11] **S. 62** Vgl. dazu J. Wohlmuth, Jesu Weg, 158–170.

[12] **S. 63** Darum sprechen wir von einem »soteriologischen« Schöpfungsverständnis; das griech. Wort »soteria« bedeutet im theologischen Kontext: das von Gott her kommende »Heil«.

[13] **S. 64** Vgl. Einleitung, Abschnitt IV: »»Begriffe ohne Anschauung sind leer« (I. Kant) – Symbole der Schöpfung«.

[14] **S. 64** Vgl. dazu auch M. Kehl, Hinführung zum christlichen Glauben (Topos TB 253), Mainz 1995, 43–51; ders., Und was kommt nach dem Ende? (Topos plus 571), Mainz 2005, 25–31; ders., Dein Reich komme, 25–31.

[15] **S. 64** Letzteres ist in etwa dem heutigen naturphilosophischen Begriff des »anthropischen Prinzips« vergleichbar – siehe 4. Teil B, Anm. 31.

[16] **S. 66** K. Rahner, Unser Osterglaube, in: Ders., Das große Kirchenjahr (hgg. v. A. Raffelt), Freiburg i. Br. u. a. ^{4}1992, 262–266 (zit.: 264 f.).

[17] **S. 66** Vgl. dazu M. Kehl, Neue Hoffnung für den Kosmos, in: SaThZ 1 (1997), 15–23; ders., Und was kommt nach dem Ende?, 157–165.

18 S. 67 C. Westermann, Theologie des AT, 79; vgl. auch W. Pannenberg, Systematische Theologie, Bd. 3, Göttingen 1993, 625 ff.
19 S. 68 Vgl. Gotteslob Nr. 219; dieses Lied findet sich auch im Neuen Evangelischen Gesangbuch Nr. 110.
20 S. 68 In seiner Urfassung klingt dieses Lied viel ausführlicher und »weit ekstatischer: Es hat insgesamt neun Strophen, weil es aus je zwei Zeilen eine Strophe macht, sie mit vierfachem *Hilariter* (= fröhlich) und Alleluja versetzt und nach den Strophen 2, 4, 6 und 8 gleichsam als Groß-Refrain die Strophe 1 wiederholt.« So B. Fischer, Die Schöpfungsfrömmigkeit Friedrich Spees, in: G. Franz (Hg.), Friedrich Spee zum 400. Geburtstag, Paderborn 1995, 33–50 (zit.: 45). So lautet also die 1. Strophe:

»Die ganze Welt, Herr Jesu Christ,
Hilariter, Hilariter,
In Deiner Urständ fröhlich ist,
Alleluja, Alleluja.
Hilariter, Hilariter,
Alleluja, Alleluja.« (ebd.)

21 S. 69 Vgl. Kol 1,5–20.25–29; Eph 1,3–14. 22 f.
22 S. 69 In dieser ekklesiologischen Akzentsetzung klingt ein Gedanke aus der frühen Patristik an, den Origines als ein »Paradoxon« in seinem Kommentar zum Johannes-Evangelium überliefert und der möglicherweise aus dem theologischen Umfeld des Clemens von Alexandrien (140–216) stammt. Origines spricht davon, dass die Kirche der »einzige Kosmos« bzw. der »Kosmos des Kosmos« sei. Er begründet dies damit, dass die Gläubigen in der Schrift von Christus »das Licht der Welt« genannt werden (Mt 5,14). »Kosmos« könne die Kirche deswegen sein, weil Christus selbst, das erste Licht der Welt, zu ihrem (der Kirche) »Kosmos« geworden sei. – Das Wort »Kosmos« bedeutet hier offensichtlich ein Zweifaches: Zum einen bezeichnet es einfach im herkömmlichen Sinn die Welt; es besagt zum anderen, wenn es von Christus und der Kirche ausgesagt wird, Licht, Schönheit, Ordnung. Dies alles strahlt von Christus her in die Kirche hinein, die dadurch von ihm zu einem schönen und geordneten »Kosmos« verwandelt wird (vgl. Eph 5,27). Die Kirche ihrerseits strahlt nun diese empfangene Schönheit und Ordnung in die Welt hinein, die so ebenfalls zum »Kosmos« (in diesem gefüllten theologischen Sinn) werden soll. Die Sinnspitze der Formulierung »Kirche als Kosmos des Kosmos« deckt sich also mit dem, was wir meinen, wenn wir die Kirche das »Sakrament« der neuen Schöpfung nennen. Vgl. dazu Joaquin Losada, Una paradoja eclesiologica conservada por Origines, in: S. Madrigal / E. Gil (Hgg.), Sólo la Iglesia es cosmos. Miscelánea homenaje afrenda al Prof. Dr. B. Losada Espinosa, Madrid 2000, 55–63.
23 S. 69 K. Ch. Felmy, Die orthodoxe Theologie der Gegenwart, Darmstadt 1990, 197.
24 S. 70 Einen vergleichbaren Ansatz legt z. B. Pierre Gisel vor in seinem Beitrag »Schöpfung und Vollendung«, in: P. Eicher (Hg.), Neue Summe Theologie, Bd. 2, 19–125.

B. Das Credo: Bekenntnis zum »Vater, dem allmächtigen, dem Schöpfer des Himmels und der Erde«

1 S. 71 Der Begriff »Glaubensartikel« (articulus fidei) bezeichnet seit dem Mittelalter die einzelnen Glieder und Sinnabschnitte des Credo.
2 S. 71 Vgl. P. Rosien (Hg.), Mein Credo. Persönliche Glaubensbekenntnisse, Kommentare und Informationen (Publik-Forum-Buch), Oberursel 1999: Bd. 2.: H. Pawlowski (Hg.), Mein Credo, 2000; Bd. 3: H. Pawlowski (Hg.), Aktuell und dynamisch ist die Glaubens-

sprache von heute, 2001. Vgl. auch W. Henze, Glauben ist schön. Ein katholischer Familienkatechismus, Harsum 2001.

3 S. 71 Vgl. J. N. D. Kelly, Altchristliche Glaubensbekenntnisse, Göttingen 1972; M. Probst, Credo, in: LThK[3] 2, 1340f.; G. Lanczkowski u. a., Glaubensbekenntnis(se), in: TRE 13, 384–446.

4 S. 72 Vgl. M. Seckler, Was heißt eigentlich »Schöpfung«?

5 S. 73 R. Staats, Das Glaubensbekenntnis von Nizäa-Konstantinopel, Darmstadt 1996, 137.

6 S. 74 Vgl. das Gebet Jesu und seiner Jünger Mk 14,36; Lk 11,2; Gal 4,6; oder viele Formulierungen in den Paulusbriefen, z. B. Gal 1,3: »Gnade und Friede von Gott unserem Vater«, oder Phil 2,11; 1 Thess 1,1; Eph 4,6 u. a.

7 S. 74 Siehe die Belege bei J. N. D. Kelly, Altchristliche Glaubensbekenntnisse, 137 ff.

8 S. 74 Ebd., 138.

9 S. 75 Irenäus v. Lyon, Adv. Haer. II, 30,9; zit. nach: W. Beinert (Hg.), Texte zur Theologie, Dogmatik, Schöpfungslehre I (bearbeitet von G. Kraus), Graz 1992, 92 f.

10 S. 75 Was die Formel »Schöpfer des Himmels und der Erde« angeht, die in beiden Glaubensbekenntnissen steht, so ist sie im älteren, dem 2. Jahrhundert entstammenden Urtext des römischen Taufbekenntnisses (»R«) noch nicht enthalten. Dieses begnügte sich mit der knappen Formulierung: »Ich glaube an Gott den Vater, den Allmächtigen.« Weil mit »Vater« ursprünglich primär das Vatersein Gottes gegenüber der Welt insgesamt gemeint war und weil der Begriff »Pantokrator« die zentralen Gehalte des biblischen Schöpfungsglaubens bereits enthielt, war die *ausdrückliche* Rede von Gott als »Schöpfer des Himmels und der Erde« vorerst noch entbehrlich. Erst als im 4. und 5. Jahrhundert die Vaterschaft Gottes primär trinitarisch gedeutet wurde und umgekehrt die kosmologische Bedeutung des Vaterseins Gottes wohl nicht mehr so geläufig war, wurde das Schöpfersein Gottes hinsichtlich der ganzen Welt ausdrücklich hinzugefügt. Es gehörte ohnehin zum festen Bestand der Glaubenskatechese und war auch in den östlichen Bekenntnissen seit eh und je explizit ausformuliert. Das apostolische Glaubensbekenntnis übernimmt die lateinische Vulgata-Übersetzung von Gen 1,1 (»creavit«) und nennt darum Gott den »Creator« Himmels und der Erde; im nizäno-konstantinopolitanischen Glaubensbekenntnis wird dagegen der Ausdruck ποιητής (lat. factor; dt. Bildner) bevorzugt; sachlich bestehen keine Unterschiede.

11 S. 77 Vgl. J. N. D. Kelly, Altchristliche Glaubensbekenntnisse, 134 ff.

12 S. 77 Dieses Wort wird aus der Septuaginta übernommen, der alttestamentlichen Bibel der Griechisch sprechenden Juden in der Diaspora. Dort wird es häufig in Verbindung mit »Kyrios« (Herr) oder »Theos« (Gott) gebraucht und dient als Übersetzung für das hebräische »Jahwe Zebaoth« (Gott der Heerscharen). Im NT kommt dieses Wort selten vor, am häufigsten noch in der Offenbarung des Johannes, die den Septuaginta-Sprachgebrauch übernimmt. Eine Zusammenfügung der beiden Gottesprädikate »Vater« und »Pantokrator« findet sich allerdings weder im Alten noch im Neuen Testament, sondern erst in der christlichen Literatur ab dem 2. Jahrhundert (z. B. bei Justin, Irenäus, Clemens von Alexandrien, Hippolyt); von dorther wird sie dann in die Glaubensbekenntnisse eingegangen sein.

13 S. 77 R. Staats, Glaubensbekenntnis, 223.

14 S. 77 Origines, Contra Celsum 3,70.

15 S. 77 »An einer anderen Stelle (Contra Celsum 5,23) […] behauptete er [Origines], dass Gott nichts tun könne, was niedrig sei: Könnte er es, so könnte er, der Gott ist, nicht Gott sein, denn wenn Gott tut, was niedrig ist, so ist er nicht länger Gott.« Oder nach einem Wort von Augustinus: »Ich kann Dinge nennen, die er nicht tun könnte. Er kann nicht sterben, er kann nicht sündigen, er kann nicht lügen, er kann nicht getäuscht werden. Solche Dinge kann er nicht tun. Wenn er könnte, so wäre er nicht allmächtig.« Zit. nach J. N. D. Kelly, Altchristliche Glaubensbekenntnisse, 139 f. Vgl. auch die neutestamentliche Stelle 2 Tim 2,13: »Er kann sich selbst nicht verleugnen.« Augustinus zieht daraus den Schluss, dass Gott gewisse Dinge nicht tun könne, weil er sie nicht tun wolle. Denn »wenn Gott sein kann, was er nicht sein will, ist er nicht allmächtig« (ebd.).

16 S. 73 Vgl. dazu 4. Teil B: »Das Handeln Gottes in der Welt«; vgl. auch E. Kunz, Ist das Sprechen von Gottes Allmacht noch zeitgemäß?, in: GuL 68 (1995), 37–46: »Das Sprechen von Gottes Allmacht steht sowohl in der Heiligen Schrift wie im kirchlichen Bekenntnis in engem Zusammenhang mit der Heilszuversicht der Glaubenden: Bei Gott, der uns als Vater liebt, in seiner Macht allem überlegen ist, können wir das Vertrauen haben, dass er uns vor den Mächten des Unheils retten wird. Er hat die Macht dazu. Das Bekenntnis zu Gottes einzigartiger, konkurrenzloser Macht ist deshalb für die Glaubenden kein Randphänomen, sondern hat grundlegende Bedeutung« (38).
Vgl. auch Th. Pröpper, Allmacht Gottes, in: LThK[3] 1, 412–417; J. Werbick, Der Glaube an den allmächtigen Gott und die Krise des Bittgebetes, in: ders., Gebetsglaube und Gotteszweifel, Münster u. a. 2001, 107–128.

C. Das Vierte Eucharistische Hochgebet: Eine Frucht des Zweiten Vatikanischen Konzils und seiner Schöpfungstheologie

1 S. 80 Vgl. dazu Ch. Moeller, Die Geschichte der Pastoralkonstitution, in: LThK[2] E III, 242–279; vgl. auch den von verschiedenen Autoren verfassten Kommentar zur Pastoralkonstitution, in: LThK[2] E III, 280–592; A. Ganoczy, Schöpfungslehre, Düsseldorf 1983, 127–142; Th. Gertler, Jesus Christus. Die Antwort der Kirche auf die Frage nach dem Menschen, Leipzig 1986, bes. 78–89, 209–240; F. Courth, Gott – Mensch – Welt, St. Ottilien 1996, 133–135; D. Sattler / Th. Schneider, Schöpfungslehre, in: Handbuch der Dogmatik, Bd. 1, Düsseldorf 2000, 204 f.; P. Hünermann / B. J. Hilberath (Hgg.), Herders Theologischer Kommentar zum Zweiten Vatikanischen Konzil, Bd. 4, Gaudium et Spes (kommentiert v. H. J. Sander), Freiburg i. Br. u. a. 2005, 581–886, v. a. 710–765.

2 S. 82 Vgl. Ch. Moeller, Die Geschichte der Pastoralkonstitution, 278; Th. Gertler, Jesus Christus, 83 f.

3 S. 84 Wir zitieren das Vierte Hochgebet nach der offiziellen deutschen Übersetzung des Missale Romanum: Die Feier der Heiligen Messe. Messbuch. Für die Bistümer des deutschen Sprachgebietes, Teil II, Einsiedeln u. a. 1975, 501–510. Nähere Literaturangaben dazu bei H. Brakmann, Foedera pluries hominibus, in: Lit. Jahrbuch 50 (2000), 211–234 (v. a. 213 f.); vgl. ferner Th. Schnitzler, Was die Messe bedeutet, Freiburg i. Br. u. a. 1976, 155–159; J. H. Emminghaus, Die Messe, Klosterneuburg 1976, 255–263; H. Hollweger, Vom Danken für das Geschehene, in: J. G. Plöger (Hg.), Gott feiern, Freiburg i. Br. u. a. 1980, 183–192; H. Rennings, Gottesdienst im Geist des Konzils, Freiburg i. Br. u. a. 1995, 143–151.

4 S. 85 Th. Schnitzler, Was die Messe bedeutet, 156.

5 S. 85 H. Rennings, Gottesdienst im Geist des Konzils, 147. Vgl. auch J. H. Emminghaus, Die Messe, 261 f. Umso bedauerlicher ist es, dass die Geschichte dieses ersten Bundesvolkes im Vierten Hochgebet nicht explizit genannt wird. Es sind inzwischen verschiedene, allerdings sehr kontroverse Vorschläge gemacht worden, dies nachträglich innerhalb jener Textpassage einzufügen, die von dem mehrfachen Bundesangebot Gottes an »die Menschen« und von den »Propheten« spricht, die »die Menschen« lehrten, das Heil zu erwarten. Hier sollte durchaus Israel als der konkrete Ansprechpartner Gottes innerhalb der Menschheit ausdrücklich genannt werden. Vgl. dazu G. Braulik, Das göttliche Bundesangebot an

die Menschheit. Zum 4. Hochgebet, in: A. Franz (Hg.), Streit am Tisch des Wortes Gottes?, St. Ottilien 1997, 841–853; N. Lohfink, Der Alte Bund im 4. Hochgebet, in: BiLi 73 (2000), 33–46; H. Brakmann, Foedera pluries hominibus; G. Braulik, Gott für Israel preisen, in: A. Gerhards / H. H. Henrix (Hgg.), Dialog oder Monolog? Zur liturgischen Beziehung zwischen Judentum und Christentum (QD 208), Freiburg i. Br. u. a. 2004, 223–253.
[6] **S. 86** Diese heilsuniversale Sicht dürfte wohl der Grund sein, warum als Adressat der mehrfachen »Bünde« (Plural im lateinischen Urtext!) »die Menschen« genannt werden und nicht Israel. Die Verfasser werden dabei u. a. auch die in der Tradition geläufigen Begriffe Adams-Bund, Noach-Bund, Abrahams-Bund und Sinai- bzw. Mose-Bund im Blick gehabt haben.
[7] **S. 87** Vgl. J. H. Emminghaus, Die Messe, 258.
[8] **S. 87** Hervorhebungen: MK.

D. Der Schöpfungsglaube in lebensweltlichen Zusammenhängen

[1] **S. 88** Um unnötige Wiederholungen und Überschneidungen zu vermeiden, kommen drei andere Aspekte des Schöpfungsglaubens, die heute mindestens ebenso virulent sind, erst im 4. bzw. 5. Teil ausführlich zur Sprache: Das Theodizee-Problem, das ökologische Postulat der »Bewahrung der Schöpfung« und das Verhältnis des christlichen Schöpfungsglaubens zu einer modernen Form von naturreligiöser Schöpfungsspiritualität.
[2] **S. 89** Auf die damit gegebene Herausforderung gerade unserer Sakramentenpastoral kann ich hier nicht eingehen. Vgl. dazu M. Kehl, Wohin geht die Kirche?, Freiburg i. Br. u. a. [6]1997.
[3] **S. 90** Was die Tiere angeht: Gesegnet werden nach Gen 1,22–25 nur Fische und Vögel, nicht aber die »Tiere des Feldes«, die Kriechtiere und das Vieh. Möglicherweise soll darin zum Ausdruck kommen, dass diese Tiere nicht zur Konkurrenz für den Menschen werden sollen, mit dem sie sich ja das »trockene Land« der Erde teilen müssen. Mit »Tiere des Feldes« ist im Alten Testament in der Regel »das jagbare Wild« gemeint; die »Kriechtiere« stehen wohl für die Landreptilien; vgl. J. Scharbert, Genesis 1–11 (Neue Echter Bibel), Würzburg 1983, 44.
[4] **S. 90** K. P. Jörns, Renaissance der Religion?, in: K. Hofmeister / L. Bauerochse (Hgg.), Die Zukunft der Religion, Würzburg 1999, 30.
[5] **S. 90** Z. B. nach der Geburt eines Kindes, v. a. in solchen Fällen, in denen die Taufe (noch) nicht angebracht scheint, oder beim Eintritt in den Kindergarten, zum Schulanfang, zum Übergang in eine weiterführende Schule oder in der Zeit des Erwachsenwerdens (wenn Firmung oder Konfirmation zu fern liegen), in Krankheit, Krisen und Trauer, bei Partnerschaften, bei Abschieden, Neuaufbrüchen und Versöhnungen, am Valentinstag, am Silvesterabend, bei besonderen Geburtstagen und Jubiläen usw. Dass in unserer mobilen Gesellschaft besonders auch der Reisesegen (in den vielen Varianten der alten irischen Wandermönche) bzw. Auto-, Motorrad- und Fahrrad-Segnungen hoch im Kurs stehen, ist nicht verwunderlich. Vgl. dazu z. B. B. Jeggle-Merz, Segensfeiern. Orte der Begegnung mit dem Gott der Schöpfung, in: Diakonia 33 (2002), 18–24; J. Cornelius-Bundschuh, Segnen / Segen und Fluch, VI. (praktisch-theologisch), in: TRE 31, 93–96; H. Jung, Gesegnet sollst du sein, Freiburg i. Br. u. a. 2001; U. Sander, Begleitet von guten Mächten. Segensworte für ein ganzes Leben, Freiburg i. Br. u. a. 2004.
[6] **S. 90** U. Sander, Sehnsucht nach Segen, in: Anzeiger für die Seelsorge 112 (2004), Heft 2, 48 f.
[7] **S. 91** Dazu einige wenige Literaturhinweise: A. Paus / H. U. Steymans / M. Scheuer / R. Berger, Segen, Segnung, in: LThK[3] 9, 394–399; B. Maier / T. Veijola / W. Zager / M. Bar-

Ilan / B. Hildebrandt / J. Cornelius-Bundschuh, Segen / Segen und Fluch, in: TRE 31, 75–96; D. Greiner, Segen und Segnen. Eine systematisch-theologische Grundlegung, Stuttgart ²1999; M. L. Frettlöh, Theologie des Segens. Biblische und dogmatische Wahrnehmungen, Gütersloh 1999; Diakonia 33 (2002), Heft 1 zum Thema »Segen«; zum selben Thema: Bibel und Kirche 58 (2003), Heft 2.

[8] **S. 91** C. Westermann hat in zahlreichen Veröffentlichungen sehr pointiert das *Segnen* und das *Retten* als zwei ganz verschiedene Handlungsweisen des Gottes Israels charakterisiert. Das Erstere beziehe sich auf die bleibende Präsenz der Zuwendung Gottes in den »normalen« Schöpfungsabläufen, das Letztere auf sein punktuelles Eingreifen in bestimmten geschichtlichen Situationen (Westermann, Der Segen Gottes in der Bibel und im Handeln der Kirche, München 1992). – So alternativ formuliert lässt sich diese These dogmatisch kaum halten (vgl. dazu: T. Veijola, Segen / Segen und Fluch, in: TRE 31, 76–79, hier: 77; D. Greiner, Segen und Segnen, 88–100). Ich stimme der Auffassung von Greiner zu, nach der es »das Proprium des Segens ist, dass in ihm beides [sc. Schöpfung und Soteriologie] nicht auseinander gerissen wird, gerade weil sich im Segen die Ganzheit der Zuwendung Gottes ausdrückt und die Ganzheit des empfangenden Menschen erzielt werden will. Das Ziel des Segens Gottes ist der Shalom des Menschen und der Welt« (ebd. 89).

[9] **S. 92** Vgl. A. Paus / H. U. Steymans / M. Scheuer / R. Berger, Segen, Segnung, in: LThK³ 9, 394–399, v. a. 395 f.

[10] **S. 92** Natürlich bedarf es für Segensfeiern im öffentlich-kirchlichen Rahmen auch einer kirchlichen Regelung; sie sollte aber auch da die Möglichkeit des Segnens nicht zu ängstlich-restriktiv nur dem geweihten Amt zuerkennen, sonst stirbt das Segnen außerhalb des kirchlich-liturgischen Rahmens auf Dauer ganz aus.

[11] **S. 93** U. Sander, Sehnsucht nach Segen, 48 f.

[12] **S. 93** Vgl. B. Hildebrandt, Segnen / Segen und Fluch, V. (dogmatisch), in: TRE 31, 88–93.

[13] **S. 93** D. Bonhoeffer, Brief an E. Bethge vom 19. 03. 1944, in: Ders., Widerstand und Ergebung, 358–361, zit.: 359.

[14] **S. 94** Vgl. H. Vorgrimler / U. Bernauer / T. Sternberg, Engel. Erfahrungen göttlicher Nähe, Freiburg i. Br. u. a. 2001; H. Viçon, Glauben Sie an Engel? Literarische Aussagen von Dante bis Nelly Sachs, Stuttgart 1996. – Im Mai 2004 waren im »Verzeichnis lieferbarer Bücher« 4843 Titel zum Stichwort »Engel« zu finden. Die Auflage der verschiedenen Engel-Bücher von P. Anselm Grün OSB hat bereits die Millionengrenze überstiegen. Einige seiner Titel seien hier genannt: Jeder Mensch hat einen Engel, Freiburg i. Br. u. a. 1999; Engel für das Leben, Freiburg i. Br. u. a. 2001; 50 Engel für das Jahr, Gütersloh u. a. 2002; 50 Engel für die Seele, Gütersloh u. a. 2002; Engel, die uns begleiten, Stuttgart 2003.

[15] **S. 94** Vgl. H. Vorgrimler, Wiederkehr der Engel?, Kevelaer ³1999.

[16] **S. 94** Vgl. P. L. Berger, Auf den Spuren der Engel. Die moderne Gesellschaft und die Wiederentdeckung der Transzendenz, Frankfurt a. M. 1970.

[17] **S. 95** D. Bonhoeffer, Werke, Bd. 8: Widerstand und Ergebung, Gütersloh 1998, 607 f.; Evangelisches Gesangbuch 1993, Nr. 65.

[18] **S. 95** Vgl. dazu die sehr erhellende Auslegung des Bonhoeffer-Gedichtes von J. Henkys in: H. Becker u. a. (Hgg.), Geistliches Wunderhorn, München 2001, 452–461.

[19] **S. 96** H. Becker u. a. (Hgg.), Geistliches Wunderhorn, 456.

[20] **S. 96** G. Ebeling, Dogmatik des christlichen Glaubens I, Tübingen 1979, 332 f.; vgl. auch U. Mann, Engel VI., in: TRE 9, 609–612. – Es fällt auf, dass – allen Entmythologisierungstendenzen zum Trotz – gerade prominente evangelische Theologen Ansätze für eine erneuerte theologische Engellehre erarbeitet haben, so z. B. Werner Elert, Karl Barth, Paul Althaus, Gerhard Ebeling, Hans-Georg Fritzsche, Ulrich Mann u. a. Auf katholischer Seite sind besonders die Überlegungen von R. Guardini und K. Rahner zum Thema »Engel« sehr anregend: R. Guardini, Engel. Theologische Betrachtungen, Mainz 1995; K. Rahner, Engel,

in: Sacramentum Mundi, Bd. 1, 1967, 1038–1046; ders., Über Engel, in: Schr. z. Th. XIII, Zürich 1978, 381–428. Vgl. auch H. Schlier, Mächte und Gewalten nach dem Neuen Testament, in: Ders., Besinnung auf das Neue Testament, Freiburg i. Br. u. a. [2]1967, 146–159; ders., Die Engel nach dem Neuen Testament, ebd. 160–175; E. Peterson, Von den Engeln, in: Ders., Ausgewählte Schriften, Bd. 1, Theologische Traktate (hgg. v. B. Nichtweis), Würzburg 1994, 195–243; A. Paus / E. Haag / L. Scheffczyk, Engel, in: LThK[3] 3, 646–650; H. Krauss, Die Engel. Überlieferung, Gestalt, Deutung, München 2000; ders., Kleines Lexikon der Engel, München 2001.

[21] **S. 96** Das kirchliche Lehramt hat sich bezeichnenderweise meist recht zurückhaltend zu dieser Frage geäußert. Im IV. Laterankonzil (1215) schärft es gegen die Irrlehren der Albigenser und Katharer ein, dass Gott »der Schöpfer alles Sichtbaren und Unsichtbaren, des Geistigen und des Körperlichen ist«; er »schuf [...] beides, die geistige und die körperliche Kreatur, nämlich die der Engel und die der Welt: und danach die menschliche, die gewissermaßen zugleich aus Geist und Körper besteht« (DH 800). Das Erste Vatikanum hat diese Lehre wörtlich übernommen (DH 3002). Vgl. dazu auch G. L. Müller, Katholische Dogmatik, Freiburg i. Br. u. a. [2]1996, 122 f.

[22] **S. 97** A. Grün, 50 Engel für das Jahr, Freiburg i. Br. u. a. [17]2001, 8.

[23] **S. 97** L. Scheffczyk, Engel III. und IV., in: LThK[3] 3, 648–650; J. Marböck, Engel, in: J. B. Bauer (Hg.), Bibeltheologisches Wörterbuch, Graz 1994, 118–123; K. Rahner, Angelologie, in: Sacramentum Mundi, Bd. 1, 146–154; H. Schlier, Die Engel nach dem NT, 161.

[24] **S. 97** Für Thomas von Aquin bildet jeder Engel als reiner, aber doch geschaffener Geist für sich eine eigene Spezies mit einer je eigenen Weise des Erkennens. Demgegenüber gehören alle menschlichen Individuen zu der einen und einzigen Spezies Mensch und besitzen darum alle nur ein und dieselbe Weise des Erkennens. Vgl. J. Pieper (Hg.), Thomas von Aquin, Sentenzen über Gott und die Welt, Einsiedeln [3]2000, 415.

[25] **S. 97** STh I, 52,2; in der Übersetzung von J. Pieper, Sentenzen, 405.

[26] **S. 98** Vgl. dazu H. Vorgrimler, Wiederkehr der Engel? 77, 32–71.

[27] **S. 98** Oft wird er auch Verstorbenen zugeschrieben, die uns im irdischen Leben viel Gutes getan haben. Manchmal verbindet sich damit die Vorstellung, diese Verstorbenen würden – nach einer gewissen Zeit der Läuterung – im Himmel zu »Engeln«, die uns nun noch machtvoller behüten.

[28] **S. 98** Vgl. 3. Strophe des eingangs zitierten Liedes »Von guten Mächten«.

[29] **S. 99** R. Guardini, Engel, 33.

A. Schöpfungsglaube im Alten Testament

[1] **S. 103** C. Westermann, Theologie des Alten Testamentes in Grundzügen, Göttingen 1976, 74.

[2] **S. 103** Vgl. dazu K. Hübner, Die Wahrheit des Mythos, München 1985, bes. den dritten Teil: »Rationalität des Mythischen«, 237–290. Weitere Literatur zu diesem Thema: K. Hübner / F. Stolz, Mythos, in: TRE 22, 597–625; F. Stolz, Mythos/Mythologie, in: H. Waldenfels (Hg.), Lexikon der Religionen, Freiburg i. Br. u. a. 1987, 441–446; U. Mann, Schöpfungsmythen, Stuttgart [3]1988; M. Eliade, Geschichte der religiösen Ideen I, Freiburg i. Br. u. a. 1978; ders., Geschichte der religiösen Ideen: Quellentexte, Freiburg i. Br. u. a. 1981, 76–122; W. Beyerlin (Hg.), Religionsgeschichtliches Textbuch zum AT (ATD-Ergänzungsreihe 1), Göttingen 1975.

[3] **S. 104** C. Westermann ist der Überzeugung: »Kein einziges der Motive der Schöpfungserzählungen des Alten Testamentes ist absolut neu; sie alle haben ihre näheren oder weiteren Parallelen«, in: Theologie des AT, 73.

[4] **S. 104** E. Zenger, Aspekte biblischer Schöpfungstheologie, in: R. Koltermann (Hg.), Universum – Mensch – Gott, 79–92, zit.: 80.
[5] **S. 105** E. Zenger, ebd., 81 f.
[6] **S. 106** Vgl. dazu bes. G. Ahn, Schöpfer / Schöpfung, I. Religionsgeschichtlich, TRE 30, 250–258.
[7] **S. 106** Vgl. A. Ganoczy, Schöpfungsberichte, in: W. Beinert (Hg.), Lexikon der katholischen Dogmatik, Freiburg i. Br. u. a. [3]1991, 458–460.
[8] **S. 106** G. Ahn beschreibt dieses Leitbild für den Islam folgendermaßen: »Im Islam finden sich – ähnlich wie auch im Christentum – Schöpfungskonzepte, die zwar einerseits die Perfektion und Harmonie des göttlichen Schöpfungswerkes als Signum für die Einzigartigkeit des monotheistisch verehrten Gottes werten, zugleich aber andererseits nachhaltig die Mitverantwortlichkeit der Menschen für die Vollendung der Schöpfung betonen und daraus auch ethische Forderungskataloge ableiten.« G. Ahn, Schöpfer / Schöpfung, TRE 30, 256.
[9] **S. 107** Vgl. dazu v. a. R. G. Kratz / H. Spieckermann, Schöpfer / Schöpfung II. Altes Testament, TRE 30, 258–283; W. Beyerlin, Religionsgeschichtliches Textbuch zum AT; O. Keel / S. Schroer, Schöpfung. Biblische Theologie im Kontext altorientalischer Religionen, Göttingen 2002.
[10] **S. 107** Res schöpferisches Handeln besteht darin, jeden Morgen von Neuem die Weltordnung (Maat) aufzurichten, indem er aus dem Urwasser (Nun) aufsteigt und bis zum Abend seinen gewohnten, alles Leben ermöglichenden Weg am Himmel zurücklegt.
[11] **S. 107** R. G. Kratz / H. Spieckermann, Schöpfung AT, TRE 30, 265.
[12] **S. 108** Das Wort »Theogonie« bedeutet eigentlich »Göttergeburt«; »Theomachie« Götterkampf. Auch im Alten Testament sind noch Anklänge an theogonische und theomachische Vorstellungen zu finden, z. B. in Gen 1,2 die chaotische Urflut. Sie erinnert an Tiamat im babylonischen Mythos »Enuma Elisch« (12./11. Jh. v. Chr.), die als Salzwasser-Urflut zusammen mit Apsu (Süßwasser-Urflut) das Urelternpaar für Götter, Welt und Menschen bildet.
[13] **S. 109** Vgl. dazu W. Pannenberg, Die weltgründende Funktion des Mythos und der christliche Offenbarungsglaube, in: Ders., Beiträge zur Systematischen Theologie, Bd. 1, Göttingen 1999, 185–199.
[14] **S. 110** K. Koch, Geschichte / Geschichtsschreibung / Geschichtsphilosophie, in: TRE 12, 1988, 569–586, zit.: 574.
[15] **S. 110** Vgl. dazu C. Westermann, Theologie des AT, 74–77 und 134–147; R. G. Kratz / H. Spieckermann, Schöpfung AT, TRE 30, 264–266; Ch. Dohmen, Schöpfung (AT), in: J. B. Bauer (Hg.), Bibeltheologisches Wörterbuch, Graz [4]1994, 492–495; D. Sattler / Th. Schneider, Schöpfungslehre, in: Th. Schneider (Hg.), Handbuch der Dogmatik, Bd. 1, Düsseldorf 1992, bes. 125–143; K. Löning / E. Zenger, Als Anfang schuf Gott. Biblische Schöpfungstheologien, Düsseldorf 1997; E. Zenger, Die Nacht wird leuchten wie der Tag. Psalmenauslegungen, Freiburg i. Br. u. a. 1997; F.-L. Hossfeld / E. Zenger, Die Psalmen I (Ps 1–59) und II (Ps 51–100) (Neue Echter Bibel), Würzburg 1993 u. 2002.
[16] **S. 111** Das hebräische Verb *qanah,* das dafür meist gebraucht wird, hat ein sehr weites Bedeutungsfeld; im schöpfungstheologischen Zusammenhang reicht dies von »zeugen« bis »erwerben, besitzen«; so Ch. Dohmen, Schöpfung (AT), 493.
[17] **S. 111** Vgl. dazu die Auslegung in: K. Löning / E. Zenger, Als Anfang, 48 ff.
[18] **S. 112** W. H. Schmidt, Königtum Gottes in Ugarit und Israel. Zur Herkunft der Königsprädikation Jahwes, Berlin [2]1966, 63.
[19] **S. 112** Vgl. z. B. Ps 8; 19; 33,6–9; 95,1–5, 96; 104; 136; 147 ff.; aber auch Jes 4,10 ff.; 43,20 f.; 44,23; im Hiobbuch und im Buch Daniel Dan 3,51–90: Der Lobgesang der drei Jünglinge im Feuerofen. Vgl. dazu C. Westermann, Theologie des AT, 79 f.; 86 f.

[20] **S. 112** Vgl. dazu B. M. Zapf, Jesaja 40–55 (Neue Echter Bibel), Würzburg 2001; Ch. Dohmen, Schöpfung (AT); R. G. Kratz / H. Spieckermann, Schöpfung AT, TRE 30, 266–269; P. Höffken, Das Buch Jesaja, Kap. 40–66 (Neuer Stuttgarter Kommentar AT 18/2), Stuttgart 1998.
[21] **S. 114** R. G. Kratz / H. Spieckermann, Schöpfung AT, TRE 30, 267.
[22] **S. 115** E. Zenger (Hg.), Stuttgarter Altes Testament, Stuttgart ^{2}2004, 1484.
[23] **S. 115** Innerhalb der biblischen Urgeschichte stammen aus P: Gen 1,1–2,4a; 5,1–32; Abschnitte aus 6,9–9,29; 10,1–32; 11,10–26.
[24] **S. 116** Vgl. J. Scharbert, Genesis 1–11 (Neue Echter Bibel), Würzburg 1983, 12; N. Lohfink, Die Priesterschrift und die Geschichte, in: Ders., Studien zum Pentateuch, Stuttgart 1988, 213–253.
[25] **S. 116** E. Zenger, Kommentar zur Genesis, in: Stuttgarter AT; vgl. ders., Gottes Bogen in den Wolken, Stuttgart ^{2}1987.
[26] **S. 116** Vgl. N. Lohfink, Der Schöpfergott und der Bestand von Himmel und Erde, in: Studien zum Pentateuch, 191–211.
[27] **S. 117** So lautet ein Vorschlag von E. Zenger, in: Stuttgarter AT, 18.
[28] **S. 117** So der Titel des Buches von K. Löning / E. Zenger, Als Anfang schuf Gott. Biblische Schöpfungstheologien, Düsseldorf 1997.
[29] **S. 117** »Während das absolute Nichts alttestamentlich nicht recht vorstellbar wird, vermitteln die Hinweise auf eine grausige Öde erst den Eindruck von dem, was Schöpfung bedeutet, Wohlgestalt, Wohlordnung, Rhythmus, Leben. Der Kontrast heißt nicht: nichts – etwas, sondern grässlich – herrlich.« So H. Seebaß, Genesis I. Urgeschichte (1,1–11,26), Neukirchen-Vluyn, 1996, 66.
[30] **S. 118** R. G. Kratz / H. Spieckermann, Schöpfung AT, TRE 30, 270; vgl. H. Hoping, Creatio ex nihilo. Von der Bedeutung einer schwierigen Unterscheidung für den Begriff des Monotheismus, in: Jahrbuch für biblische Theologie 12 (1997), 291–307.
[31] **S. 118** »Was die Menschen der ersttestamentlichen Zeit, sowohl in Israel wie in dessen Umwelt, im Zusammenhang von Schöpfung mehr beschäftigt hat als der Gegensatz ›Nichts – Etwas‹ waren die Gegensätze ›Chaos – Kosmos (Ordnung)‹ und ›Tod – Leben‹. Nicht *dass* etwas geschaffen wurde, sondern *was* und *wozu* geschaffen wurde, hat sie bewegt […].« E. Zenger, Aspekte biblischer Schöpfungstheologie, 84.
[32] **S. 119** Dass Gen 1 damit nicht unbedingt im Gegensatz zu Jes 45,7 steht, ergibt sich daraus, dass Deutero-Jesaja hier die Symbole Licht und Finsternis, Heil und Unheil nicht in einem religös-kosmologischen Zusammenhang benutzt, sondern auf die geschichtliche Situation Israels im Exil und auf die Zeit danach bezieht; vgl. 2. Teil, A. III: »Jahwe – der Schöpfer der Welt und der Retter Israels (Deutero-Jesaja)«.
[33] **S. 119** Diese Auffassung vertritt Klaus Berger. Er lehnt die Lehre von der creatio ex nihilo ab: »Das höchste Prädikat, das Gott nach den Schöpfungsberichten zukommt, ist nicht die Erschaffung aus nichts, sondern dass die Ordnung der Welt von Gott kommt, d. h. dass er die einzelnen Dinge in ihrer Gestalt geschaffen hat, in ihrem Eigensein gegenüber anderen und in der Anordnung ihrer Verschiedenheiten. Damit aber ist Gott nicht – modern gesprochen – für alles verantwortlich, was überhaupt Wirkung und ›Einfluss‹ hat, sondern eben nur für die Ordnung.« Demgegenüber beschreibt Berger das Chaos, für das Gott als Schöpfer nicht verantwortlich ist, das er aber in seinen Dienst nimmt, als eine »Macht«, die »(mangels Etwas-haftigkeit), gar nicht ohne Schöpfung vorstellbar ist. […] Es ist also wie eine Seuche, die die Schöpfung befällt. Ihr Ursprung ist geheimnisvoll […]« – so K. Berger, Creatio NON ex nihilo und die Theodizeefrage, in: J. Frühwald-König u. a. (Hgg.), Steht nicht geschrieben? (FS G. Schmuttermayr), Regensburg 2001, 19–25, zit.: 22 u. 24; vgl. auch: Ders., Wie kann Gott Leid und Katastrophen zulassen? Gütersloh 1999.
[34] **S. 119** Für in sich schlüssiger und zudem mit dem biblischen Gottes-, Welt- und Men-

schenbild im Ganzen besser vereinbar halte ich stattdessen die mit der Lehre von der creatio ex nihilo verbundene kirchliche Lehre, dass alles »Chaotische« der Welt, also das naturbedingte Übel und das moralisch Böse, seinen (letztlich nicht aufzuhellenden) Ursprung in der von Gott freigesetzten Eigenständigkeit der Schöpfung, v. a. in der Freiheit von Engeln und Menschen, hat. Indem nämlich Gott eine nicht determinierte Welt mit der *Möglichkeit* des Chaotisch-Lebensfeindlichen schafft, ist er zwar indirekt mitverantwortlich dafür, dass seine Geschöpfe (sei es als Natur, sei es als freie Wesen) diese Möglichkeit auch gegen seine direkte Absicht ergreifen; doch ist dies der unumgängliche Preis sowohl für ein göttliches Schöpfungshandeln, dem sich wirklich *alles* ohne Ausnahme restlos und voraussetzungslos verdankt, wie auch für eine Schöpfung, die aus Liebe in ihre Freiheit und Eigenständigkeit entlassen wird (vgl. dazu 4. Teil, C: »Der gute Schöpfer und das Leid der Geschöpfe: Zum Theodizeeproblem«).

[35] **S. 120** Vgl. dazu J. Scharbert, Genesis 1–11, 40.

[36] **S. 120** Vgl. H. Seebaß, Genesis I, 60 f., 66 f.

[37] **S. 121** Vgl. dazu J. Scharbert, Genesis 1–11, 39 ff.; E. Zenger deutet *bara* als »Lebendiges schaffen« im Sinn von »Befähigung zum Leben durch Anteilgabe am Leben Gottes selbst« (s. Zenger, Schöpfung II. Biblisch-theologisch, LThK^3 9, 217–220, zit.: 218).

[38] **S. 121** Ich folge hier der Darstellung von E. Zenger, Aspekte biblischer Schöpfungstheologie, 86 ff.

[39] **S. 122** Vgl. C. Westermann, Theologie des AT, 77.

[40] **S. 122** E. Zenger, Aspekte biblischer Schöpfungstheologie, 87. Diesen Aspekt des Lebens als primäre Schöpfungsgabe betont v. a. F. Gruber, Im Haus des Lebens. Eine Theologie der Schöpfung, Regensburg 2001.

[41] **S. 122** Vgl. als einführende Literatur dazu: O. H. Steck, Welt und Umwelt, Stuttgart 1978; W. Jüngling, »Macht euch die Erde untertan« (Gen 1,28). Der geschaffene Mensch und die Schöpfung, in: Ph. Schmitz (Hg.), Macht euch die Erde untertan?, Würzburg 1981, 9–38; N. Lohfink, Wachstum. Die Priesterschrift und die Grenzen des Wachstums, in: Ders., Unsere großen Wörter, Freiburg i. Br. u. a. 1977, 156–171; ders., Macht euch die Erde untertan?, in: Ders., Studien zum Pentateuch, Stuttgart 1988, 11–28; O. Keel, Vernachlässigte Aspekte biblischer Schöpfungstheologie, in: Katechetische Blätter 2, 1986, 168–179; G. Liedke, Im Bauch des Fisches, Stuttgart 1979, 81 ff.; C. Westermann, Theologie des AT, 81–86; G. Altner, Ökologische Theologie, Stuttgart 1989, bes. 98–163.

[42] **S. 123** E. Zenger, Aspekte biblischer Schöpfungstheologie, 89. Vgl. auch N. Lohfink, Der Schöpfergott und der Bestand von Himmel und Erde, 204–207; vgl. die Parallelen zwischen Ex 39,43 und Gen 2,3: »Mose besichtigte das ganze Werk: Sie hatten es gemacht, wie der Herr es befohlen hatte. So hatten sie es gemacht, und Mose segnete sie.«

[43] **S. 124** E. Zenger vertritt die These, dass die sog. biblische Urgeschichte nicht erst mit Gen 11,26 oder 11,32 endet, sondern bereits mit Gen 9,29. Kapitel 10 und 11 mit den langen Völker- und Stammbaumlisten und mit der Geschichte von der Zerstreuung der Völker nach dem Turmbau zu Babel könnten demnach eher schon als Über- und Einleitung zur Abrahamsgeschichte gelesen werden; vgl. K. Löning / E. Zenger, Als Anfang schuf Gott, 135 ff.

[44] **S. 125** E. Zenger, Schöpfung, LThK^3 9, 218.

[45] **S. 125** Vgl. H. Seebaß, Genesis I, 34.

[46] **S. 125** D. Sattler / Th. Schneider, Schöpfungslehre, 126.

[47] **S. 125** Dies wird aus der Kombination der beiden Gottesnamen »Jahwe« und »Elohim« geschlossen, die so nur in Gen 2,4b–3,24 vorliegt. Die Einheitsübersetzung gibt diesen Gottesnamen mit »Gott, der Herr« wieder.

[48] **S. 126** Vgl. dazu E. Zenger, in: Stuttgarter AT, 20 f. Zur Erschaffung der Frau aus der »Rippe« des »Erdlings« schreibt Zenger: »Vermutlich wurden die Erzähler von Lehmstatu-

etten inspiriert, wie diese zu ihrer Zeit um einen Kern aus Holz, Schilfrohr oder auch Knochenteilen (z. B. ›Rippe‹) gebildet wurden« (20).

49 **S. 126** C. Westermann, Theologie des AT, 81.

50 **S. 127** C. Westermann, Theologie des AT, 102–109.

51 **S. 128** C. Westermann, Theologie des AT, 82.

52 **S. 128** Karthago 418: DH 222; Orange 529: DH 372; Trient 1546: DH 1511 f.

53 **S. 128** L. Scheffczyk, Paradies III. Systematisch-Theologisch, in: LThK[3] 7, 1362. Vgl. ders., Schöpfung als Heilseröffnung, 306–321 u. 370–387; ders., Urstand, Urstandsgnade II., Systematisch-Theologisch, in: LThK[3] 10, 486–488; G. L. Müller, Katholische Dogmatik, 124–131.

54 **S. 128** Zu Gen 2,17 schreibt der Kommentar zur Einheitsübersetzung in der »Neuen Jerusalemer Bibel«: »Der gleiche Ausdruck wird in den Gesetzen und Urteilen verwendet, die eine Todesstrafe vorsehen [...]. Die Sünde verdient den Tod, mehr sagt der Text nicht.« Neue Jerusalemer Bibel, Freiburg i. Br. u. a. 1985, 17.

55 **S. 129** Dass diese neue Schöpfung zeitlich nicht erst *nach* Jesus Christus anhebt, sondern *durch ihn begründet* ist und darum bereits bei Abraham und den anderen Heiligen (des Alten Bundes ebenso wie derjenigen der anderen Völker) wirksam war, liegt daran, dass Christus als »Ziel« der ganzen Schöpfung (Kol 1,16) immer schon heilend in die Schöpfung hinein »ausgestrahlt« hat. So kann in Gen 25,6 das Sterben Abrahams als ein »zufriedenes Genug«, als friedvoller Abschluss eines gesegneten Lebens charakterisiert werden; vgl. E. Zenger, in: Stuttgarter AT, 53.

56 **S. 130** J. Scharbert, Genesis 1–11, 27; zur Methode dieser Geschichtsdeutung: ebd., 15 f.

57 **S. 130** Sündenfall-Erzählungen des J: Gen 3: Adam und Eva; Gen 4: Kain und Abel; Gen 6–8: Sintflut; Gen 11: Turmbau zu Babel.

58 **S. 131** So auch R. G. Kratz / H. Spieckermann, Schöpfung AT, TRE 30, 273 f. (im Anschluss an J. Wellhausen, Prolegomena zur Geschichte Israels, Berlin [6]1905, 299–302).

59 **S. 131** R. G. Kratz / H. Spieckermann, Schöpfung AT, TRE 30, 273.

60 **S. 131** J. Wellhausen, Prolegomena, 301.

61 **S. 132** Ich lasse mich hier vor allem von der Auslegung von H. Seebaß, Genesis I, 113 ff. leiten; vgl. auch C. Westermann, Theologie des AT, 82 f., 102–109. Die heute verbreitete Erklärung, dass Gott in Gen 2,17 den Menschen verbiete, autonom zu entscheiden, was gut und böse sei, ist m. E. vom Text her so nicht gedeckt; denn dort ist nicht von *Entscheiden,* sondern von *Erkennen* die Rede.

62 **S. 133** H. Seebaß, Genesis I, 100; Seebaß interpretiert hier das hebräische Wort für »Erkenntnis« *(jada)* als »Umgang mit gut und schlecht« und beschreibt diesen Umgang als »Vertrautheit mit Gut und Böse«; ebd., 113.

63 **S. 134** Dazu mehr 4. Teil, C: »Der gute Schöpfer und das Leid der Geschöpfe: Zum Theodizeeproblem«.

64 **S. 134** W. Pannenberg, Anthropologie in theologischer Perspektive, Göttingen 1983, 103–106.

65 **S. 135** Vgl. M. Hutter, Satan, in: J. B. Bauer (Hg.), Bibeltheologisches Wörterbuch, 486.

66 **S. 135** Vgl. dazu auch den Exkurs am Ende des 4. Teils: »Zum Verständnis der theologischen Rede vom Teufel«.

67 **S. 136** So H. Seebaß, Genesis I, 103.

68 **S. 138** Vgl. J. Scharbert, Genesis 1–11, 62–69; 99–101; 113–115; C. Westermann, Theologie des AT, 102–104.

69 **S. 138** Vgl. zu Gen 4 den Kommentar von E. Zenger in: Stuttgarter AT, 23.

70 **S. 139** Vgl. dazu E. Zenger, Schöpfung II. Biblisch-theologisch, LThk[3] 9, 219 f.; R. G. Kratz / H. Spieckermann, Schöpfer / Schöpfung II. Altes Testament, TRE 30, 274–277;

D. Sattler / Th. Schneider, Schöpfungslehre, 137–141; E. Zenger (Hg.), Stuttgarter AT, 989–1389; die verschiedenen Kommentare zu den alttestamentlichen Weisheitsschriften (Neue Echter Bibel), Würzburg 1986–2002; H. Engel, Das Buch der Weisheit (Neuer Stuttgarter Kommentar AT, Bd. 16), Stuttgart 1998, bes. 211–219; F. Gradl, Das Buch Ijob (Neuer Stuttgarter Kommentar AT, Bd. 12), Stuttgart 2001.

[71] **S. 139** E. Zenger, Schöpfung II, LThK³ 9, 220.

[72] **S. 140** Vgl. L. Schwienhorst-Schönberger, Kommentar zum Buch Ijob, in: Stuttgarter AT, 1029–1035.

[73] **S. 141** Vgl. 3. Teil, C: »Schöpfungsglaube und Metaphysik im Hochmittelalter: Thomas von Aquin.«

B. Schöpfungsglaube im Neuen Testament

[1] **S. 142** Vgl. dazu vor allem: R. Hoppe, Schöpfung II/2, LThK³ 9, 220–223; S. Heine, Schöpfung (NT), in: J. B. Bauer (Hg.), Bibeltheologisches Wörterbuch, 495–498; C. Breytenbach, Schöpfer / Schöpfung III, in: TRE 30, 1999, 283–292; D. Sattler / Th. Schneider, Schöpfungslehre, 143–151; K. Löning / E. Zenger, Als Anfang, 190–219.

[2] **S. 145** Vgl. 1. Teil, A »Die Liturgie der Osternacht: das Portal zum Verständnis des Schöpfungsglaubens«.

[3] **S. 146** Vgl. C. Breytenbach, TRE 30, 289.

[4] **S. 148** Vgl. 2. Teil, A, VI: »Die in der Schöpfung wahrnehmbare Weisheit des Schöpfers«.

[5] **S. 149** Das zweimalige auf Christus bezogene »durch ihn« bezeichnet zunächst seine Schöpfungsmittlerschaft und darüber hinaus für uns, die Getauften, seine Erlösungsmittlerschaft. Vgl. W. Schrage, Der erste Brief an die Korinther (1 Kor 6,12–11,16), EKK VII/2, Solothurn – Düsseldorf 1995, 215–251.

[6] **S. 149** Vgl. dazu H. J. Klauck, 1. Korintherbrief (Neue Echter Bibel), Würzburg 1984, 60–62.

[7] **S. 149** Vgl. J. Gnilka, Johannesevangelium (Neue Echter Bibel), Würzburg 1983, 13.

[8] **S. 149** Vermutlich die Verse 6–8 und 15: Die Rolle Johannes' des Täufers; die Verse 12 f.: Die Bedeutung des Glaubens; V. 17: Gegenüberstellung der »Gnade und Wahrheit« Jesu Christi zum Gesetz des alten Bundes; V. 18: Christus, der einzige Offenbarer des Vaters.

[9] **S. 150** Vgl. J. Gnilka, ebd., 15.

[10] **S. 151** Nach einer neueren exegetischen Hypothese kann die Hintergrundfolie des Prologs auch eine jüdische Paraphrase der *Tora* sein, genauer gesagt ihrer Geschichte von der Schöpfung an bis zur Erscheinung der Herrlichkeit Jahwes auf dem Sinai und schließlich dem Bau des Offenbarungszeltes (vgl. Ex 33,7 mit Joh 1,14!). Die Tora wäre demnach das präexistente Wort, durch das Gott die Welt geschaffen, Licht und Finsternis getrennt und den Menschen als Ebenbild Gottes geschaffen hat (Joh 1,9). Die in V. 10 f. erwähnte Ablehnung des Wortes Gottes spielt auf die Geschichte der Sünde von Adam und Eva bis zum Turmbau zu Babel an, worauf ab V. 12 mit Abraham und Isaak, dem Kind der Verheißung, das Volk Gottes ins Blickfeld tritt. In V. 14 endet die Paraphrase mit der Offenbarung der Tora auf dem Sinai. Durch verschiedene Einschübe ab V. 6, die häufig den Täufer Johannes betreffen, und durch die Nennung des Namens Jesu in V. 17 verbindet der Evangelist diese jüdische Tora-Paraphrase mit der Geschichte Jesu Christi, in dem sich die Tora auf endgültige Weise erneuert und erfüllt. »Der Prolog erzählt also die Geschichte des Lebens Jesu als neu geschriebene Tora« – so A. Wucherpfennig, Tora und Evangelium, in: StZ 128 (2003), 486–494 (zit.: 490); vgl. auch D. Böhler, Abraham und seine Kinder im Johannesprolog. Zur Vielgestaltigkeit des alttestamentlichen Textes bei Johannes, in: D. Böhler / I. Himbaza / Ph. Hugo (Hgg.), L'Ecrit et l'Esprit (FS A. Schenker), Fribourg – Göttingen 2005, 15–29.

[11] **S. 151** Vgl. dazu J. Pfammatter, Epheserbrief – Kolosserbrief (Neue Echter Bibel), Würzburg 1987, 61 ff.; N. Kehl, Der Christushymnus im Kolosserbrief, Stuttgart 1967.
[12] **S. 151** Vgl. dazu auch W. Kasper, Jesus der Christus, Mainz [3]1974, 221 ff.
[13] **S. 152** C. Breytenbach, Schöpfer / Schöpfung III., TRE 30, 287.
[14] **S. 154** Vgl. H. Schlier, Der Römerbrief (HThK VI), Freiburg 1977, 259–264; J. Ernst, Das Heil der Schöpfung, in: Catholica 46 (1992), 189–206.
[15] **S. 154** Vgl. M. Kehl, Dein Reich komme, 114–134; 164–171; K. P. Fischer, Kosmos und Weltende, Mainz 2001.

A. Am Beginn christlicher Theologie: Irenäus von Lyon († 202)

[1] **S. 156** N. Brox / W. Geerlings / G. Greshake /R. Ilgner / R. Schieffer (Hgg.), Fontes Christiani. Zweisprachige Quellentexte aus Altertum und Mittelalter, Bd. 8/I–V: Irenäus von Lyon, Epideixis. Adversus Haereses, übersetzt und eingeleitet von N. Brox, Freiburg i. Br. u. a. 1993 (im Folgenden zitiert als: FC mit Angabe des Bandes und der Seitenzahl). An Literatur zu Irenäus seien hier nur angeführt: H. U. v. Balthasar, Herrlichkeit, Bd. 2, Einsiedeln 1962, 25–94; H. U. v. Balthasar (Kompilator u. Übersetzer), Irenäus. Gott in Fleisch und Blut. Ein Durchblick in Texten, Einsiedeln 1981; A. Bengsch, Heilsgeschichte und Heilswissen. Eine Untersuchung zur Struktur und Entfaltung des theologischen Denkens im Werk »Adversus haereses« des hl. Irenäus von Lyon, Leipzig 1957; N. Brox, Offenbarung, Gnosis und gnostischer Mythos bei Irenäus von Lyon, Salzburg 1966; M. A. Donovan, One right reading? A guide to Irenaeus, Collegeville (Minn.) 1997; F. Dünzl, Irenäus, LThK[3] 5, 583–585; H.-J. Jaschke, Irenäus v. Lyon, TRE 16, Berlin 1987, 258–268; L. Scheffczyk, Schöpfung und Vorsehung (HDG 2/2a), Freiburg i. Br. u. a. 1963, 41–47; F. Schupp, Schöpfung und Sünde, Düsseldorf 1990, 259–269; Y. Torisu, Gott und Welt. Eine Untersuchung zur Gotteslehre des Irenäus v. Lyon, Nettetal 1991.
[2] **S. 156** Vgl. N. Brox, Einführung, in: FC 8/I, 7–20.
[3] **S. 156** H. U. v. Balthasar, Irenäus. Einleitung, 16.
[4] **S. 157** F. Schupp, Schöpfung und Sünde, 264. Vgl. dazu auch W. Pannenberg, Die Aufnahme des philosophischen Gottesbegriffs als dogmatisches Problem der frühchristlichen Theologie, in: Ders., Grundfragen systematischer Theologie, Bd. 1, Göttingen 1967, 296–346; Pannenberg urteilt dort über Irenäus: »Einen groß angelegten Versuch, unter Aufnahme der philosophischen Begriffe der Einfachheit und Unbegreiflichkeit [Gottes] ein geschichtliches Verständnis der gesamten Wirklichkeit vom frei handelnden Gott der Bibel her zu entfalten, bietet das Werk des Irenäus« (342).
[5] **S. 157** Vgl. zum Thema Gnosis: H. Jonas, Gnosis und spätantiker Geist, Bd. 1: Die mythologische Gnosis, Göttingen [3]1964; N. Brox, Offenbarung, Gnosis und gnostischer Mythos bei Irenäus von Lyon; R. Haardt, Die Gnosis, Salzburg 1967; W. Weischedel, Der Gott der Philosophen, Bd. 1, Darmstadt 1971, 76–82; K. Rudolph, Die Gnosis, Göttingen 1978; K. Berger / R. McLachlan Wilson, Gnosis/Gnostizismus, TRE 13, Berlin 1984, 519–550; N. Brox, FC 8/I, Einführung, 7–28; Ch. Markschies, Die Gnosis, München 2001.
[6] **S. 158** N. Brox, FC 8/I, Einführung, 10.
[7] **S. 159** Vgl. dazu F. Schupp, Schöpfung und Sünde, 261; N. Brox, Einführung in Adv. Haer., FC 8/I, 103.
[8] **S. 159** Vgl. F. Ricken, Philosophie der Antike (Grundkurs Philosophie, Bd. 6), Stuttgart 1988, 193–195.
[9] **S. 160** Vgl. W. Pannenberg, Grundfragen, 308–312.
[10] **S. 160** F. Ricken, Philosophie der Antike, 95.

[11] **S. 161** H. U. v. Balthasar, Irenäus, 19; vgl. auch H. U. v. Balthasar, Herrlichkeit, Bd. 2, 45–51.
[12] **S. 161** Adv. Haer. II, 25,1 f. (FC 8/II, 209–213).
[13] **S. 162** Vgl. 2. Teil A, IV: »Gott, der das Chaos zum Lebenshaus verwandelt (Gen 1,1–2,4a)«.
[14] **S. 162** Zur creatio ex nihilo vgl. J. D. Colditz, Kosmos als Schöpfung. Die Bedeutung der Creatio ex Nihilo vor dem Anspruch moderner Kosmologie, Regensburg 1994; H. Hoping, Creatio ex nihilo. Von der Bedeutung einer schwierigen Unterscheidung für den Begriff des Monotheismus, in: Jahrbuch für biblische Theologie 12 (1997), 291–307; F. Lohmann, Die Bedeutung der dogmatischen Rede von der »creatio ex nihilo«, in: ZThK 99 (2002), 196–225; G. Lührs, Die Schöpfung aus dem Nichts. Creatio ex nihilo. Eine Kosmologie, Zürich 1986; G. May, Schöpfung aus dem Nichts. Die Entstehung der Lehre von der creatio ex nihilo, Berlin u. a. 1978; J. C. O'Neill, How early is the doctrine of creatio ex nihilo?, in: Journal of Theological Studies 53 (2002), 449–465.
[15] **S. 163** Adv. Haer. II, 10,4 (FC 8/II 77).
[16] **S. 163** Vgl. W. Pannenberg, Grundfragen, 317.
[17] **S. 164** Siehe dazu K. Kremer, Dionysius Pseudo-Areopagita oder Gregor von Nazianz? Zur Herkunft der Formel: »Bonum est diffusivum sui«, in: ThPh 63 (1988), 579–585.
[18] **S. 164** Vgl. dazu W. Pannenberg, Grundfragen, 339–343.
[19] **S. 164** So zitiert Irenäus in Adv. Haer. III, 25,5 ausdrücklich Platon: »Und er [Platon] zeigt noch einmal, dass der Schöpfer und Bildner dieses Alls gut ist, und sagt: ›In einem Guten erwächst nimmer und in keiner Beziehung irgendwelche Missgunst‹ (Ti 29e). Damit erklärt er die Güte Gottes zum Prinzip und zur Ursache der Weltschöpfung […]« (FC 8/III, 305).
[20] **S. 164** Adv. Haer. II, 1,1 (FC 8/II, 21). Die Ablehnung jeder (gnostisch behaupteten) Notwendigkeit im Handeln Gottes wird explizit in II, 5,4 begründet; vgl. auch II, 30,9, wo Irenäus den in unbeschränkter Vollmacht handelnden Willen des Schöpfers die »Substanz« (substantia) aller Dinge nennt.
[21] **S. 165** Vgl. W. Pannenberg, Grundfragen, 331.
[22] **S. 166** N. Brox, Einführung in Adv. Haer., FC 8/I, 109.
[23] **S. 166** Vgl. Adv. Haer. IV, 20,1 (FC 8/IV, 155).
[24] **S. 166** Adv. Haer. IV, 20,1 (FC 8/IV, 155).
[25] **S. 166** Vgl. H. U. v. Balthasar, Herrlichkeit, Bd. 2, 70–76.
[26] **S. 167** Adv. Haer. IV, 6,7 (FC 8/IV, 55).
[27] **S. 167** Adv. Haer. II, 13,4 (FC 8/II, 97).
[28] **S. 167** Vgl. dazu W. Pannenberg, Grundfragen, 342–346.
[29] **S. 167** Vgl. Adv. Haer. IV, 20,4 (FC 8/IV, 159–161); vgl. auch IV, 20,1 (ebd. 155).
[30] **S. 167** Adv. Haer. IV, 10,1 (FC 8/IV, 77).
[31] **S. 167** Adv. Haer. IV, 14,2 (FC 8/IV, 107).
[32] **S. 168** H. U. v. Balthasar, Irenäus, 19.
[33] **S. 168** Vgl. A. Grillmeier, Quod non assumptum – non sanatum, in: LThK² 8, 954–956.
[34] **S. 168** Vgl. dazu L. Scheffczyk, Schöpfung und Vorsehung, 45–47; N. Brox, Einführung in Adv. Haer., FC 8/I, 104 f.; F. Schupp, Schöpfung und Sünde, 265–269.
[35] **S. 168** H. U. v. Balthasar, Irenäus, 64; ders., Herrlichkeit, Bd. 2, 52–55.
[36] **S. 169** Vgl. Adv. Haer. IV, 34,4 (FC 8/IV, 285).
[37] **S. 169** Vgl. Adv. Haer. III, 21,10 (FC 8/III, 271–273).
[38] **S. 169** Adv. Haer. III, 21,10 (FC 8/III, 272 f.).
[39] **S. 169** Vgl. Adv. Haer. V, 14,2 (FC 8/V, 119).
[40] **S. 170** Vgl. Adv. Haer. III, 18,7 (FC 8/III, 235) und II, 22,4 (FC 8/II, 185 f.).
[41] **S. 170** Adv. Haer. V, 14,1 (FC 8/V, 117).

[42] **S. 170** Adv. Haer. IV, 39,1 (FC 8/IV, 343), Hervorh. M. K.
[43] **S. 171** Vgl. Adv. Haer. IV, 34,1 (FC 8/IV, 279).
[44] **S. 171** Platon hat »dabei die astrologischen Sphären der Himmelskörper vor Augen, deren Bahnen (Ekliptik und Himmelsäquator) sich Chi-förmig kreuzen« – so A. Stock, Poetische Dogmatik. Christologie, IV. Figuren, Paderborn 2001, 323.
[45] **S. 172** Epideixis (Darlegung der Apostolischen Verkündigung) 34 (FC 8/I, 56 f.).
[46] **S. 172** Adv. Haer. I. 10,2 (FC 8/1,201).
[47] **S. 173** Vgl. Adv. Haer. III, 24,1 (FC 8/III, 297–299); vgl. auch H. U. v. Balthasar, Herrlichkeit, Bd. 2, 86–90.

B. Die Rezeption des spätantiken Neuplatonismus: Augustinus

[1] **S. 174** Hier nur einige wenige neuere Literaturangaben zu Augustinus, die für unsere Fragestellungen relevant und einem größeren Leserkreis zugänglich sind: E. Dassmann, Augustinus. Heiliger und Kirchenlehrer, Stuttgart 1993; P. Gisel, Schöpfung und Vollendung, 63–68; W. Geerlings, Augustinus/Augustinismus, in: LThK³ 1, 1993, 1240–1247; ders., Augustinus, Freiburg i. Br. u. a. 1999; ders., Augustinus – Leben und Werk. Eine bibliographische Einführung, Paderborn 2002; R. Heinzmann, Philosophie des Mittelalters, Stuttgart 1992, 60–94; K. Kienzler, Gott in der Zeit berühren. Eine Auslegung der Confessiones des Augustinus, Würzburg 1998; E. P. Meijering, Augustin über Schöpfung, Ewigkeit und Zeit. Das elfte Buch der Bekenntnisse, Leiden 1979; F. Ricken, Religionsphilosophie, 311–337; L. Scheffczyk, Schöpfung und Vorsehung (HDG 2/2a), 61–66; A. Schindler, Augustin/Augustinismus, in: TRE 4, Berlin 1979, 646–698 (dort allein zehn Seiten Sekundärliteratur!); F. Schupp, Schöpfung und Sünde, 271–296; M.-A. Vannier, Aspects de l'idée de Création chez S. Augustin, in: Revue des sciences religieuses 65 (1991), 213–225; W. Weischedel, Der Gott der Philosophen, Bd. 1, 78–118.
[2] **S. 175** W. Geerlings, Augustinus/Augustinismus, 1993, 1243.
[3] **S. 175** Augustinus befasst sich in folgenden Werken ausführlicher mit dem Thema Schöpfung:
1. Auslegung der Genesis gegen die Manichäer (de gen. c. Man.), um 388;
2. Auslegung der Genesis dem Wortsinn nach. Eine unvollendete Schrift (de gen. ad litt. imp. lib.), um 393;
3. in den Büchern XI–XIII der Confessiones (um 400);
4. Auslegung der Genesis dem Wortsinn nach (de gen. ad litt.), um 401–414;
5. in den Büchern XI und XII der Gottesbürgerschaft (de civ. Dei) um 416–418.
[4] **S. 175** Conf. I, 1,1.
[5] **S. 176** Augustinus, Die Bekenntnisse. Vollständige Ausgabe. Übertragung, Einleitung und Anmerkungen von H. U. v. Balthasar, Einsiedeln ²1988, 15. Ich benutze im Folgenden diese Übersetzung der Confessiones, weil sie m. E. sowohl dem ursprünglichen Sinn als auch dem heutigen Sprachempfinden gut gerecht wird. Balthasar sagt von seiner Übersetzung: »Das gewollt Künstliche, Brillante, in vielen Wortspielen Schwelgende [der augustinischen Rhetorik], das wir nur schwer mehr ertragen, wurde, natürlich mit erheblichen Verlusten an Sprachglanz, im Deutschen gedämpft« (29).
[6] **S. 176** Augustinus spricht in den Confessiones »als Mystiker, der zugleich christlicher Theologe ist. Als Mystiker will er seine schmerzhafte Zerrissenheit in der Zeit durch die Einswerdung mit Gott überwinden, aber als christlicher Theologe weiß er auch, dass die Zeit ein Geschenk Gottes ist, das zur guten Schöpfung gehört.« So E. P. Meijering, Augustin über Schöpfung, Ewigkeit und Zeit, 116. Ähnlich K. Kienzler: »Die Confessiones setzen ein wie ein Sturzbach von oben: ›Groß bist Du, Herr, und hoch zu preisen.‹ Der erste Ton

ist der höchste, er ist der höchste Ton des Gottpreisens. Er soll den Ton angeben für das ganze Werk; er ist der Ton, den Augustinus in seinem ganzen Leben zu singen gesucht hat« (Gott in der Zeit berühren, 29).

[7] **S. 176** Vgl. dazu W. Weischedel, Der Gott der Philosophen, 103–106; A. Schindler, Augustin/Augustinismus, 662–666; R. Heinzmann, Philosophie des Mittelalters, 69–73. 79–82; W. Geerlings, Augustinus/Augustinismus, 1993, 1243; E. Dassmann, Augustinus, 86–100; W. Geerlings, 1999, 35–40.

[8] **S. 176** Vgl. W. Geerlings, Augustinus/Augustinismus, 1993, 1243.

[9] **S. 177** Vgl. R. Heinzmann, Philosophie des Mittelalters, 70.

[10] **S. 177** De praed. sanct. II, 2,5.

[11] **S. 177** Vgl. A. Schindler, Augustin/Augustinismus, 664.

[12] **S. 177** Sermo 43, 7,9.

[13] **S. 177** Ebd.

[14] **S. 178** Conf. XI, 3.5.

[15] **S. 178** Ebd.

[16] **S. 178** Conf. XI, 4,6.

[17] **S. 178** Vgl. W. Weischedel, Der Gott der Philosophen, 116 f.; R. Heinzmann, Philosophie des Mittelalters, 80.

[18] **S. 178** W. Weischedel, Der Gott der Philosophen, 116.

[19] **S. 178** Conf. XI, 4,6.

[20] **S. 178** Ebd.

[21] **S. 178** Enchiridion LXX, 15,28.

[22] **S. 179** Sermo CXVII, 3,5.

[23] **S. 179** De civ. Dei XI, 2. Vgl. W. Weischedel, Der Gott der Philosophen, 117.

[24] **S. 179** Gemäß der sog. Illuminationslehre Augustins wird jede höhere geistige Erkenntnis (der Vernunft wie des Glaubens) als »Einstrahlung« der uns unendlich übersteigenden Wahrheit vom dreifaltigen Gott selbst bzw. dem »inneren Lehrer« Jesus Christus, die identisch sind mit der Wahrheit, gewährt. Der ontologische (seinsmäßige) Grund dafür liegt gemäß der Schöpfungslehre Augustins darin, dass alle endlichen Seienden nur durch Teilhabe am unendlichen Sein Gottes existieren und darum in der Weise der Analogie auf ihn hinweisen, vor allem der menschliche Geist.

[25] **S. 179** Dazu A. Schindler, Augustin/Augustinismus, 658 f.; R. Heinzmann, Philosophie des Mittelalters, 66–69; K. Kienzler, Gott in der Zeit berühren, 46–84; W. Geerlings, Augustinus, 1999, 93–97.

[26] **S. 179** A. Schindler, Augustin/Augustinismus, 659.

[27] **S. 180** Conf. VII, 10,16.

[28] **S. 180** Was Augustinus jedoch bei den (nichtchristlichen) Neuplatonikern entscheidend vermisst, ist die Demut dieses Gottes, wie sie sich v. a. in der Menschwerdung des Logos in Jesus Christus gezeigt hat: »Aber dass ›das Wort Fleisch geworden ist und unter uns gewohnt hat‹, das las ich dort nicht« (Conf. VII, 9,14).

[29] **S. 181** Conf. XII, 2,2.

[30] **S. 181** Vgl. ebd. Augustinus unterscheidet – mit der ganzen patristischen Schriftauslegung – den wörtlich-historischen Sinn eines biblischen Textes von dem geistlich-symbolisch-allegorischen Sinn, der, im Text verborgen, vor allem das Geheimnis Christi und seiner Kirche anklingen lässt. Ohne den Wortsinn zu vernachlässigen, legt Augustinus doch das Hauptgewicht auf den symbolischen Sinn, den er gern den »figurativen« (bildlichen) Sinn nennt; denn hier kommt für ihn erst die eigentliche glaubens- und heilsrelevante Bedeutung des geoffenbarten Wortes Gottes zum Sprechen.

[31] **S. 181** Vgl. J. J. O'Donnell, Augustine, Confessions III, Commentary on Books 8–13, Oxford 1992, 302 f.

[32] **S. 181** Vgl. Conf. XII, 9,9–13,16.
[33] **S. 182** Vgl. Conf. XII, 6,6.
[34] **S. 182** Angeregt zu dieser Deutung der biblischen »Erde« wird Augustinus durch die von ihm verwendete lateinische Ausgabe der Bibel, eine afro-italische Variante der (vor der »Vulgata« des Hieronymus gebräuchlichen) Vetus Latina. Darin heißt es in Gen 1,2: »Terra erat invisibilis et incomposita« (Die Erde war unsichtbar und ungeordnet, ungeformt).
[35] **S. 182** Der Ausdruck »Urgründe der Schöpfung« stammt von H. U. v. Balthasar. Weil sie keine ewigen Prinzipien sind, sind sie grundsätzlich veränderlich; nur faktisch sind sie es nicht, weil Gott es so will: Der »Himmel der Himmel« verändert sich nicht, weil er der Ort der von Gott gewährten, in der reinen Gegenwart verweilenden Anschauung seiner ewigen Wahrheit und Güte ist. Die »Erde« (als »formlose Materie«) kann sich als solche auch nicht verändern, weil eine Veränderung vorgängig zu ihrem Geformtwerden durch Gott unmöglich ist; denn welche andere Form sollte sie denn annehmen können, wenn sie noch nicht geformt ist (vgl. Conf. XII, 9,9–13,16)? Allerdings ist diese von Gott gesetzte Unveränderlichkeit der beiden »Urgründe« der Schöpfung grundsätzlich verschieden von der ungeschaffenen Ewigkeit Gottes.
[36] **S. 182** R. Heinzmann, Philosophie des Mittelalters, 81.
[37] **S. 182** Conf. XII, 7,7.
[38] **S. 182** Vgl. Conf. XII, 12,15.
[39] **S. 183** De moribus ecclesiae I, 27,52.
[40] **S. 183** Vgl. Conf. XI, 6, 8–9, 11.
[41] **S. 184** Conf. XI, 8,10.
[42] **S. 184** Vgl. Conf. XI, 10,13.
[43] **S. 184** Vgl. U. Schulte-Klöcker, Das Verhältnis von Ewigkeit und Zeit als Widerspiegelung der Beziehung zwischen Schöpfer und Schöpfung, Bonn 2000; ferner W. Wieland, Offenbarung bei Augustinus, Mainz 1978; N. Fischer, Confessiones XI: »Distentio animi«, in: N. Fischer / C. Mayer (Hgg.), Die Confessiones des Augustinus von Hippo, Freiburg i.Br. u.a. 1998, 489–552.
[44] **S. 185** Conf XI, 13,16.
[45] **S. 185** »Wenn keiner mich fragt, dann weiß ich's; wenn einer mich fragt und ich's erklären soll, weiß ich's nicht mehr« (Conf. XI, 14,17).
[46] **S. 185** R. Heinzmann, Philosophie des Mittelalters, 85.
[47] **S. 185** Conf. XI, 14,17.
[48] **S. 185** Gen. ad litt. imp. XIII, 38.
[49] **S. 186** Vgl. Conf. XI, 23,30.
[50] **S. 186** Vgl. zu Augustins Kritik an der Zeitdefinition der Antike U. Schulte-Klöcker, Ewigkeit und Zeit, 90–97 (dort auch weitere Literatur).
[51] **S. 186** Conf. XI, 26,33.
[52] **S. 186** Conf. XI, 27,36.
[53] **S. 186** Vgl. Conf. XI, 20,26.
[54] **S. 187** Vgl. dazu H. U. v. Balthasar, Das Ganze im Fragment, Einsiedeln 1963, 21–59.
[55] **S. 187** Vgl. Conf. XI, 29,39.
[56] **S. 187** Vgl. Conf. XIII, 34,49.
[57] **S. 187** »Von weither ist Kirche. Seitdem Heilige auf Erden genannt werden, gibt es die Kirche. Einmal bestand die Kirche nur aus Abel, einmal aus Henoch, einmal nur aus Abraham. Dann begann im Volke Israel die Kirche zu sein, und sie durchlitt die Pharaonen und die Ägypter. Dann kam es bis zu unserem Herrn Jesus Christus. Das Evangelium wurde verkündet [...]« (Enarrationes in psalmos, zu Ps 128,2; zit. nach: A. Heilmann / H. Kraft, Texte der Kirchenväter (TKV) 4, München 1964, 19 f.).
[58] **S. 187** Conf. XIII,34,49.

[59] **S. 188** Vgl. Conf. XIII, 13,14; vgl. dazu auch LG 2 im Zweiten Vatikanum.

[60] **S. 188** W. Wieland, Offenbarung bei Augustinus, 278 f. Dass Augustinus in der Kirche und dem von ihr vermittelten Heilsgeschehen der Verkündigung des Evangeliums und der Spendung der Sakramente den eigentlichen geistlich-symbolischen Sinn der Schöpfung sieht, wird aus einer breiten allegorischen Auslegung der Schöpfungserzählung von Gen 1 im letzten Buch der Confessiones ersichtlich (XIII, 12, 13–34,49). Sehr detailliert bezieht er alle einzelnen Schöpfungswerke Gottes auf bestimmte Gegebenheiten der Kirche: Das »Firmament« bedeutet die Heilige Schrift, die als maßgebende Autorität unser ganzes Leben »überwölbt«; die »Wasser« oberhalb des Firmaments sind die Engel, die dieses geistige Firmament nicht brauchen, weil sie Gottes Angesicht unmittelbar schauen dürfen; die »Wolken« und der »Regen« stehen für die Verkündiger, die Vermittler des Wortes Gottes; im »Wasser«, das sich auf der Erde als Meer sammelt, sieht Augustinus die Ungläubigen, die sich in ihren bösen Begierden zur »irdischen Bürgerschaft« versammeln (wohl eine Anspielung auf das Meer als Bild des gottfeindlichen Chaos); die »trockene, Samen tragende Erde« ist ein Bild für die Gläubigen, die nach Gottes Wort dürsten und in seiner Kraft Frucht bringen in Taten der Nächstenliebe. »Tag und Nacht« stehen für das untrennbare Zusammen von geistlichen, dem Tag zugehörenden, und fleischlichen, mehr der Nacht zuzuordnenden Gläubigen in der Kirche (ecclesia permixta). Um vom fleischlichen zum geistlichen Menschen umzukehren, hält die Kirche verschiedene Hilfen bereit: Die »Kriechtiere« versinnbildlichen die Sakramente; die »Meeresungeheuer« die erstaunlichen Wunder, die durch die Gläubigen geschehen; die »Vögel des Himmels« die über die ganze Welt hinfliegenden Boten des Wortes usw. (vgl. dazu auch K. Kienzler, Gott in der Zeit berühren, Würzburg 1989, 305–315).
Man mag eine derartige Allegorese als fromme Spielerei abtun. Man kann in ihr aber auch (ähnlich wie schon bei Irenäus) eine konkrete »Erdung« der Schöpfungstheologie sehen: Sie wird rückgebunden an einen erfahrbaren Lebenskosmos, in dem Gottes ursprünglich angezielte Lebensordnung und Lebensfreude für den Menschen real Raum gewinnen können.

[61] **S. 188** Vgl. M. Kehl, Dein Reich komme, 201–212; dazu auch K. Löwith, Weltgeschichte und Heilsgeschichte, Stuttgart 1953, 148–159; E. A. Schmidt, Zeit und Geschichte bei Augustin, Heidelberg 1958; F. Schupp, Schöpfung und Sünde, 291–296.

[62] **S. 189** Unter den Begriff des Bösen (lat. malum) fällt für Augustinus »alles, was schadet«: malum est id quod nocet (De mor. Manich. II,3,5). Im Vordergrund seines Interesses steht meist das sittlich Böse, also Sünde und Schuld. Aber auch die naturbedingten, Schmerz und Leid erzeugenden Übel (wie Krankheit, Naturkatastrophen usw.) fallen unter den gleichen Begriff des malum, des Bösen.

[63] **S. 189** Vgl. Chr. Schäfer, Unde malum. Die Frage nach dem Woher des Bösen bei Plotin, Augustinus und Dionysius, Würzburg 2002; H. Häring, Die Macht des Bösen. Das Erbe Augustins, Zürich 1979.

[64] **S. 189** Conf. III, 7,12.

[65] **S. 190** Conf. VII, 11,17 (vgl. auch 12,18).

[66] **S. 190** So L. Scheffczyk, Schöpfung und Erlösung, 64 f.

[67] **S. 190** Vgl. A. Schindler, Augustin/Augustinismus, 671.

[68] **S. 191** Conf. VII, 13,19. Vgl. dazu v. a. die Frühschrift Augustins »De ordine« (um 386).

[69] **S. 191** Vgl. De ordine I, 7,18.

[70] **S. 191** Siehe 4. Teil C: »Der gute Schöpfer und das Leid der Geschöpfe: Zum Theodizeeproblem«.

[71] **S. 191** Conf. VII, 16,22; vgl. dazu besonders die Schrift Augustins »De libero arbitrio« (um 387/388).

[72] **S. 192** De div. quaest. ad Simpl. I, 2,19.

[73] **S. 192** R. Heinzmann, Philosophie des Mittelalters, 90 – mit Bezug auf De div. quaest.

ad Simpl. I,2,16; vgl. auch F. Schupp, Schöpfung und Sünde, 279–291; E. Dassmann, Augustinus, 118–130; W. Geerlings, Augustinus, 1999, 79–86. Vgl. dazu ausführlich: 4. Teil D: »Die gute Schöpfung und die Macht der Sünde: Zur Erbsündenlehre«.
[74] **S. 192** R. Heinzmann, ebd.
[75] **S. 192** Der eigentliche Spender der Sakramente ist Christus, der ihre Heilswirkung objektiv als opus operatum (und nicht als opus operantis, als Werk des spendenden Menschen) sicherstellt.
[76] **S. 193** Vgl. dazu L. Scheffczyk, Schöpfung und Erlösung, 61–66.
[77] **S. 193** In Joh. Ev. tract. 20,9; De vera rel. 55,13.
[78] **S. 194** Conf. XIII, 5,6. Balthasar übersetzt »in aenigmate« einfach mit »im Rätsel«. Treffender wäre wohl im Deutschen von »Gleichnis« oder »Sinnbild« zu sprechen.
[79] **S. 194** Conf. XIII, 7,8.
[80] **S. 194** Vgl. Conf. XIII, 9,10.
[81] **S. 194** Conf. XIII, 8,9.
[82] **S. 194** Vgl. Conf. XIII, 10,11.
[83] **S. 194** Vgl. De Civ. Dei XI, 24–28; De trin. IX, 2,2; XIV, 16,22.
[84] **S. 194** W. Kern, Zur theologischen Auslegung des Schöpfungsglaubens, in: J. Feiner / M. Löhrer (Hgg.), MySal 2, Einsiedeln 1967, 483 (Hervorh. M. K.). Vgl. auch L. Scheffczyk, Schöpfung und Erlösung, 63; K. Kienzler, Gott in der Zeit berühren, 298–302; G. Greshake, Der dreieine Gott, Freiburg i. Br. u. a. 1997, 254 f.
[85] **S. 195** So Conf. XIII, 11,12; dies entspricht auch der Aussage im »Gottesstaat«: »Da wir also Menschen sind, sind wir nach dem Bild unseres Schöpfers geschaffen, dessen Wesen es ist, wahre Ewigkeit [aeternitas], ewige Wahrheit [veritas], ewige und wahre Liebe [caritas] zu sein, und der die ewige und wahre und liebende Trinität weder vermischt noch getrennt ist« (De civ. Dei XI, 28).
[86] **S. 195** De trin. IX, 2,2.
[87] **S. 195** De trin. X, 10,13.
[88] **S. 196** Augustinus, En. Ps. 144,10; zit. nach A. Heilmann – H. Kraft (Hgg.), Texte der Kirchenväter (TKV), Bd. 1, München 1963, 165 f.

C. Schöpfungsglaube und Metaphysik im Hochmittelalter: Thomas von Aquin

[1] **S. 197** J. Pieper, Werke in 8 Bänden (hgg. v. B. Wald), Bd. 2, Hamburg 2001, 114 f.; 441 f. (im Folgenden zitiert als: Werke 2). Insofern trifft der Vorschlag von G. K. Chesterton genau den Punkt: Man könne (nach einem alten Brauch des Karmeliterordens) Thomas den Beinamen »a creatore«, »von Gott dem Schöpfer«, geben; vgl. dazu J. Pieper, ebd., 441. Vgl. auch W. Weischedel, Der Gott der Philosophen, Bd. 1, 132–134.
[2] **S. 197** Wenn nicht anders angegeben, zitieren wir aus der Deutschen Thomasausgabe (DThA); seit 1934 sind bisher 30 Bände erschienen, lat.-deutsch, mit Kommentar, zuletzt verlegt bei Styria, Graz u. a. – An einschlägiger Sekundärliteratur seien hier nur genannt: D. Berger, Thomas von Aquin begegnen, Augsburg 2002; R. Heinzmann, Philosophie des Mittelalters, Stuttgart 1992; ders., Thomas von Aquin. Eine Einführung in sein Denken, Stuttgart 1994 (im Folgenden zit. als: Thomas Einführung); H. Jorissen, Zur Struktur des Traktates »De Deo« der Summa Theologiae des Thomas von Aquin, in: M. Böhnke / H. P. Heinz (Hgg.), Im Gespräch mit dem dreieinen Gott (FS W. Breuning), Düsseldorf 1985, 231–257; W. Kluxen, Thomas von Aquin, Thomismus, in: LThK³ 9, 1509–1517; J. Pieper, Werke 2; ders. (Hg.), Thomas von Aquin. Sentenzen über Gott und die Welt, lat.-deutsch, Einsiedeln ³2000 (vormals: Thomas-Brevier, München 1956; im Folgenden zitiert als: Sen-

tenzen); O. H. Pesch, Thomas von Aquin. Grenze und Größe mittelalterlicher Theologie, Mainz [3]1995; ders., Thomas von Aquino (1224–1274) / Thomismus / Neu-Thomismus, in: TRE 34, 433–474; ders., Schöpfungslehre und Schöpfungsperspektive in der Theologie des Thomas von Aquin, in: Kerygma und Dogma 49 (2003), 2–23; G. Pöltner, Thomas von Aquin über Sein als Geschaffensein, in: E. Schmetterer u. a. (Hgg.), Variationen zur Schöpfung der Welt (FS R. Schulte), Innsbruck 1995, 40–64; L. Scheffczyk, Schöpfung und Vorsehung (HDG 2/2a), 90–95; G. Scherer, Welt – Natur oder Schöpfung? Darmstadt 1990, 63–66; M. Seckler, Das Heil in der Geschichte. Geschichtstheologisches Denken bei Thomas von Aquin, München 1964.

[3] **S. 198** Vgl. R. Heinzmann, Thomas Einführung, 18–24; W. Kluxen, Thomas, LThK[3] 9, 1510–1512; O. H. Pesch, Thomas, TRE 34, 449 f.

[4] **S. 198** Die Heilige Schrift als die fundamentale Autorität des Glaubens wurde hierbei nicht vernachlässigt und spielte für die Argumentation oft eine ausschlaggebende Rolle. Denn zum einen war für die Kirchenväter selbst die Theologie prinzipiell Schriftauslegung; zum anderen trat im Hochmittelalter durch verschiedene, ganz am Evangelium orientierte Reformbewegungen (z. B. die Bettelorden) die Bedeutung der Heiligen Schrift für die Praxis des Glaubens neu ins allgemeine Bewusstsein. Schließlich gehörten die größten Theologen ihrer Zeit – Albert, Thomas und Bonaventura – den neu gegründeten Orden der Dominikaner und Franziskaner an, die ganz der Verkündigung des Evangeliums verpflichtet sind, was sich dementsprechend in ihrer Theologie niederschlägt.

[5] **S. 200** STh I 2,2 ad 1 (diese übliche Zitationsweise bedeutet: Summa Theologiae, Bd. I, quaestio 2, articulus 2, Antwort auf den 1. Einwand).

[6] **S. 200** STh I 1,5 ad 2 und 1,8 ad 2.

[7] **S. 200** STh I 1,5 ad 2.

[8] **S. 201** Vgl. R. Heinzmann, Thomas Einführung, 29.

[9] **S. 201** ScG (= Summa contra Gentiles) II 3.

[10] **S. 201** Vgl. W. Kluxen, Thomas, LThK[3] 9, 1511; ders., Lex naturalis bei Thomas von Aquin, in: Nordrhein-Westfälische Akademie der Wissenschaften (Hg.), Vorträge G 378, Wiesbaden 2001, bes. 27–29; R. Heinzmann, Thomas Einführung, 26–30; O. H. Pesch, Thomas, TRE 34, 440–442; W. Weischedel, Der Gott der Philosophen, Bd. 1, 130–135.

[11] **S. 202** STh I 2,2. Vgl. dazu H. Jorissen, Struktur »De Deo«, 247–251.

[12] **S. 202** STh I 1,1.

[13] **S. 203** STh I 1,1.

[14] **S. 203** Ebd., ad 2.

[15] **S. 203** STh I 1,3.

[16] **S. 203** H. Jorisson, Struktur »De Deo«, 249.

[17] **S. 204** STh I 2,3.

[18] **S. 204** Nach J. H. Newman können wir zur Gewissheit über die Wahrheit von lebenspraktisch wichtigen Überzeugungen (wozu gerade auch der religiöse Glaube gehört) nur durch die Konvergenz mehrerer gut begründeter Wahrscheinlichkeitsurteile kommen. Dazu bedarf es aber eines »illative sense«, eines »Folgerungssinnes«, einer intuitiven Urteilskraft, aufgrund derer wir zu den meisten unserer alltäglichen lebenstragenden Gewissheiten gelangen und die darum weit über ein möglichst genaues Beobachten und Sammeln von Fakten oder einen rational zwingenden Schluss aus unbezweifelbaren Prämissen hinausgeht. In die Kategorie solcher von Newman angesprochenen Wahrheitsbegründungen sind heute auch die klassischen Gottesbeweise am ehesten einzuordnen. Um also die herrschenden Vorurteile hinsichtlich des Wortes »Beweis« zu überwinden, sollten wir mit der Rede von Gottes-Beweisen zurückhaltend sein; damit schließen wir mehr Türen zum Verständnis des Gemeinten als wir öffnen. Vgl. dazu J. H. Newman, Entwurf einer Zustimmungslehre, in: M. Laros / W. Becker / J. Artz (Hgg.), J. H. Newman.

Ausgewählte Werke, Bd. 8, Mainz 1961; F. Ricken, Religionsphilosophie, Stuttgart 2003, 103–160.

[19] **S. 204** Vgl. ScG I 11; STh I 2,2 u. a. Bei diesem »Rückschlussverfahren« wird zum einen vorausgesetzt, dass man bei der Suche nach dem letzten Grund dieser Phänomene notwendigerweise einen regressus in infinitum (Rückgang ins Endlose) ausschließen muss, weil sonst die Dinge letztlich grund-los und philosophisch unerklärlich blieben. Zum *anderen* rekurriert man bei solchen »Beweisen« auf das als denknotwendig angesehene metaphysische Kausalitätsprinzip, nach welchem alles kontingende (nicht-notwendige) Seiende zu seinem Existieren einer absoluten, nicht kontingenten, notwendig aus sich heraus seienden Ursache bedarf. Beide Voraussetzungen gelten heute nicht mehr ohne Weiteres als selbstverständlich.

[20] **S. 205** R. Heinzmann, Thomas Einführung, 60 f.; O. H. Pesch, Thomas, TRE 34, 447; K. Müller, Gottes Dasein denken. Eine philosophische Gotteslehre für heute, Regensburg 2001, 54–58. So schreibt K. Müller zu diesem Schlusssatz der Fünf Wege: »Die identifikatorischen Schlusssätze führen ja den Ausdruck ›Deus‹ ohne weitere Bestimmung oder Beschreibung oder Definition ein. D. h., Thomas rekurriert auf den üblichen Sprachgebrauch [...]. [...] Mit den Schlusssätzen stellt er also seine metaphysischen Schlussfolgerungen in einen bereits gegebenen und bekannten Sprachhorizont zurück. Mittels ihrer wird die Bedeutung des schon gebräuchlichen Ausdrucks vertieft und geweitet (es wird nichts neu eingeführt). Insofern müssen die ›quinque viae‹ als philosophische Explikationen oder Meditationen eines Glaubenden über seinen Glauben verstanden werden. Innerhalb der – mit Ludwig Wittgenstein gesprochen – ›Lebensform‹ Glauben und speziell innerhalb des Sprachspiels ›an Gott glauben‹ oder ›Gottes Existenz bekennen‹ hat auch diese Vergewisserung ihr Recht und bisweilen ihre Notwendigkeit im Sinne der Aufdeckung, dass das Geglaubte der Vernunft nicht entgegensteht« (56). Vgl. ders., Gott erkennen. Das Abenteuer der Gottesbeweise (Topos plus 405), Regensburg 2001, bes. 34–45.

[21] **S. 205** O. H. Pesch, Thomas, TRE 34, 447; ganz ähnlich K. Müller, Gottes Dasein denken, 46 f. Auch W. Kasper legt in seiner großen Gotteslehre eine vergleichbare Neuinterpretation und Rehabilitierung der Gottesbeweise vor. Er formuliert ihren Sinn so: »Wollte man Gott wie ein beliebig anderes Seiendes beweisen, errechnen und distanziert-objektivierend feststellen, dann hätte man ihn eben nicht erkannt, sondern zutiefst verkannt. Deshalb wird man von den Gottesbeweisen nicht mehr erwarten dürfen, als dass es sich um eine *begründete Einladung zum Glauben* handelt. Wenn Freiheit und Erkenntnis immer miteinander verbunden sind, dann ist Gotteserkenntnis in besonderer Weise nur in Freiheit möglich. *Die Gottesbeweise sind deshalb ein begründeter Appell an die menschliche Freiheit und eine Rechenschaft von der intellektuellen Redlichkeit des Gottesglaubens.*« W. Kasper, Der Gott Jesu Christi, Mainz 1982, 132 f.

[22] **S. 207** Ausführlicher zu dieser Problematik der Gottesbeweise vgl. P. Schmidt-Leukel, Grundkurs Fundamentaltheologie, München 1999, 92–108; K. Müller, Gottes Dasein denken, bes. 37–63; S. Grätzel/A. Kreiner, Religionsphilosophie, Stuttgart 1999, bes. 117–134. Diese Autoren setzen sich auch kritisch mit neueren Fassungen des kosmologischen Gottesbeweises auseinander; z. B. mit R. Swinburnes »induktivem Wahrscheinlichkeitsargument«, nach welchem die faktische Existenz unseres komplexen Universums es *wahrscheinlicher* macht, dass Gott als sein verursachender Grund existiere als dass er nicht existiere. Die Schwäche dieses in der analytischen Religionspohilosophie entwickelten Argumentes liegt darin, dass wir für den singulären Fall des »komplexen Universums« keinen Maßstab dafür besitzen, was mehr oder weniger wahrscheinlich für seine Existenz ist.

[23] **S. 207** STh I 3,2 u. 3,4 u. a.; vgl. W. Kluxen, Thomas, LThK[3] 9, 1513; R. Heinzmann, Thomas Einführung, 61 f.

[24] **S. 207** STh I 3–11; vgl. auch STh I 44,1.

[25] **S. 208** Super Ev. S. Joannis lect. V, nr. 133. »Dieser (zitierte) Satz enthält den hermeneutischen Schlüssel der thomistischen Schöpfungstheologie. Die Rede von Geschöpflichkeit und von Gott dem Schöpfer spricht vom Gabe- und Geschenkcharakter des Seins. Die von Thomas im Zusammenhang von Schöpfung gebrauchten Ausdrücke wie Teilhabe, Verursachen, sogar Emanation (vgl. STh I 45,1) sind deshalb allesamt vom Grundwort der Gabe her und auf dieses hin auszulegen.« Dies gelte auch für das von Thomas weithin bevorzugte technomorphe Vokabular, das stark von der Analogie zum künstlerischen oder handwerklichen Schaffen geprägt ist. So G. Pöltner, Thomas von Aquin über Sein als Geschaffensein, 40.

[26] **S. 208** R. Heinzmann, Thomas Einführung, 62.

[27] **S. 208** Vgl. G. Scherer, Welt – Natur oder Schöpfung?, 63–66.

[28] **S. 208** R. Heinzmann, Thomas Einführung, 62.

[29] **S. 209** R. Heinzmann, ebd. Vgl. ScG I, 24.

[30] **S. 209** De Pot. 7,5 ad 14 (Übersetzung nach J. Pieper, Sentenzen, 213). Oder an einer anderen Stelle: »Demgemäß heißt es von uns, wir erkännten am Ende unserer Erkenntnis Gott als den Unbekannten, weil dann der Geist am vollkommensten befunden wird in der Erkenntnis Gottes, wenn er erkennt, dass Gottes Wesenheit über alles hinausliegt, was er im Stande des Auf-dem-Wege-Seins zu erfassen vermag« (In Trin I, 2 ad 1; Übersetzung nach J. Pieper, Sentenzen, 221).

[31] **S. 209** B. Pascal, Das Memorial, in: Ders., Vermächtnis eines großen Herzens. Die kleineren Schriften (übertr. u. hgg. v. W. Rüttenauer), Leipzig 1938, 126 f.

[32] **S. 210** Vgl. zu dieser Problematik den sehr informativen Sammelband: M. Knapp / F. Kobusch (Hgg.), Religion – Metaphysik(kritik) – Theologie im Kontext der Moderne/ Postmoderne, Berlin 2001; darin u. a. den Beitrag von H. L. Ollig, Einführung in den Themenkreis V: Theologie und Metaphysik, 355–362, wo Ollig sich seinerseits kritisch mit den metaphysikkritischen Positionen von C. Link, M. Knapp und J. Wohlmuth auseinander setzt. Hinweisen möchte ich auch auf F. v. Kutschera, Die großen Fragen. Philosophisch-theologische Gedanken, Berlin 2000. Er benennt darin als Eckpunkte einer modernen Metaphysik vier »sachlich gut begründete Annahmen«:

1. Es ist anzuerkennen, dass es für uns keinen »externen Standpunkt« gibt, von dem aus wir unabhängig von den subjektiven Erkenntnisbedingungen die Welt, also uns selbst und die Natur »objektiv« beschreiben könnten.
2. Die beiden grundlegenden Realitätsbereiche unserer Wirklichkeit, die Natur und die menschlichen Subjekte, sind nicht wechselseitig aufeinander zu reduzieren, sondern gleich fundamental.
3. Eine Metaphysik kann nicht mehr beanspruchen, eine »vollständige Theorie von allem« sein zu wollen, weil es keine »vollständige Theorie unseres eigenen Denkens« und damit auch nicht von uns selbst gibt.
4. »Sie muss von menschlicher Freiheit ausgehen und damit von einer kausal nicht geschlossenen Welt.«

Indem mit guten Gründen an der »Transzendenz« der Freiheit über die physische Natur festgehalten wird, ist eine solche Metaphysik für den jüdisch-christlichen Glauben an einen personalen Gott offen, dessen Transzendenz von daher »grundsätzlich ähnlich zu verstehen [ist] wie unsere eigene« (169 f.).

[33] **S. 210** Vgl. dazu W. Pannenberg, Systematische Theologie, Bd. 1, Göttingen 1988, 126 ff.; M. Kehl, Die Wahrheitsfrage im Bereich des religiösen Glaubens, in: R. Berndt (Hg.), Vernünftig, Würzburg 2003, 81–86.

[34] **S. 210** Vgl. W. Pannenberg, Systematische Theologie, Bd. 1, 90.

[35] **S. 211** Ein Vergleich aus dem Sport kann das Gemeinte verdeutlichen: Beim Hoch-

sprung darf man, ohne eine bestimmte Qualifikationshöhe überboten zu haben, erst gar nicht am Wettkampf teilnehmen. Eine ähnliche »Qualifikationsmarke« lässt sich im Bereich des religiösen Glaubens m.E. dem metaphysischen Gottesbegriff der Tradition zusprechen: Wer dahinter zurückbleibt, kann im philosophisch-theologischen Gespräch über Gott eigentlich nicht ernsthaft mitsprechen. Einer religiösen »Überbietung« dieser philosophischen Grundbegriffe sind dagegen keine Grenzen gesetzt.

[36] **S. 211** Dies lässt sich z.B. bei einigen Vertretern der sog. Prozess-Philosophie bzw. -theologie beobachten. I. G. Barbour, der mit einer gemäßigten Prozesstheologie sympathisiert, gesteht selbst ein: »Der Gott der Prozessphilosophie besitzt nicht die Transzendenz und Macht wie der Gott der Bibel« – so J. G. Barbour, Wissenschaft und Glaube, Göttingen 2003, 449.

[37] **S. 212** Der deutsche Begriff stammt aus J. Pieper, Sentenzen, 47 u.a.

[38] **S. 212** ScG III, 64, in der Übersetzung von J. Pieper, Sentenzen, 49. Durch die Ordnung des Alls hat Gott das »Universum als ein bestes geschaffen« (ipsum universum constituit optimum), soweit dies im Bereich des Kreatürlichen denkbar ist: STh I 47,2 ad 1.

[39] **S. 212** J. Pieper in seiner Vorbemerkung zum Abschnitt »Ordnung des Alls«, in: Sentenzen, 44; vgl. auch D. Berger, Thomas begegnen, 123–125.

[40] **S. 212** STh I 47,4.

[41] **S. 213** STh I 47,3 ad 1.

[42] **S. 213** Vgl. STh I 47,3 ad 3.

[43] **S. 213** Ebd.

[44] **S. 214** »Denn er hat die Dinge ins Dasein hervorgebracht, um seine Güte den Geschöpfen mitzuteilen und durch sie darzustellen. Und weil sie durch *ein* Geschöpf nicht hinreichend dargestellt werden kann, hat er viele und verschiedene Geschöpfe hervorgebracht, so dass das, was dem einen Geschöpf in der Darstellung der göttlichen Güte fehlt, aus einem anderen ergänzt wird. Denn die Güte, welche in Gott einfach und einförmig ist, ist in den Geschöpfen vielfältig und geteilt. Darum kann das gesamte Weltall [totum universum] an der göttlichen Güte vollkommener teilnehmen und sie vollkommener darstellen als irgendein anderes Geschöpf« (STh I 47,1). Ähnlich argumentiert Thomas hinsichtlich der Ungleichheit der Dinge: »Das Weltall wäre nicht vollkommen, wenn sich in den Dingen nur eine Stufe der Güte fände« (STh I 47,2).

[45] **S. 214** De Ver. 5,3 ad 3 (übersetzt nach J. Pieper, Sentenzen, 51).

[46] **S. 214** ScG III, 136.

[47] **S. 214** Vgl. STh I 47,4.

[48] **S. 215** STh I 48,1; ScG III, 7: »Keine Wesenheit ist in sich böse [...]. Das Böse [...] hat keine Wesenheit« (essentia); De pot. Dei III, 16 ad 3: »Das Böse-Sein (malitia) besteht ganz und gar in Nichtsein«; STh I–II 19,7 ad 3: »Das Böse entsteht dadurch, dass irgendetwas Einzelnes fehlt (ex singularibus defectibus), das Gute aber entsteht nur aus der ganzen und unversehrten Ursache (ex tota et integra causa).«

[49] **S. 215** Vgl. STh I 48,2.

[50] **S. 215** STh I 48,2 ad 3. Oder an anderer Stelle: »Es ist nicht im Sinn der göttlichen Vorsehung, das Schlechte [malum] völlig aus der Realität auszuschließen, vielmehr das Schlechte, das hervortritt, auf etwas Gutes hinzuordnen« (Compendium Theologiae I, 142).

[51] **S. 215** ScG III, 71.

[52] **S. 216** G. W. F. Hegel, Die Vernunft in der Geschichte (hgg. v. J. Hoffmeister), Hamburg 1955, 76; vgl. dazu M. Kehl, Dein Reich komme, 319–322.

[53] **S. 216** STh I 29,3.

[54] **S. 216** STh I qq. 50–64.

[55] **S. 216** Vgl. dazu D. Berger, Thomas begegnen, 126–128.

56 S. 216 Vgl. STh I 50,1.
57 S. 216 STh I qq. 65–72.
58 S. 216 Vgl. STh I–II 31,4 ad 3.
59 S. 217 STh I 50,3.
60 S. 217 STh I 61,3. Selbst in für uns heute völlig absurden, damals aber offensichtlich disputierten Fragen greift Thomas auf seine Weltformel zurück, so z. B. bei der skurrilen Frage, ob im paradiesischen Urzustand (vor bzw. ohne Sündenfall) auch Mädchen geboren worden wären (STh I 99,2). Dahinter steht zum einen die aristotelische Biologie (der die Frau als mas occasionatus gilt, als ein durch Zufälle verhinderter Mann; STh I 92,1), zum anderen die abstruse Vorstellung, dass Eva – die ohne Sünde unsterblich geblieben wäre – allein für die Fortpflanzung des Menschengeschlechtes hätte sorgen können. Thomas findet hier eine für seine Zeit moderate Antwort: Nach Gen 1,27, wonach Gott von Anfang an den Menschen als Mann und Frau gemeinsam zu seinem Bild geschaffen habe, gehört offenkundig die »Geschlechterverschiedenheit zur Vollkommenheit der menschlichen Natur« und damit auch zur »Vollendung des Ganzen«; darum »wären im Unschuldsstande beide Geschlechter durch Zeugung hervorgebracht worden« (STh I 99,2). Vgl. zum Thema Frauen in der Theologie des Thomas die hilfreichen Klarstellungen bei O. H. Pesch, Thomas, 208–227.
61 S. 217 ScG I 1.

D. Herausgefordert vom neuzeitlichen Denken: Romano Guardini

1 S. 218 Programmatisch zusammengefasst findet sich Guardinis Denken bereits in seiner 1923 gehaltenen Berliner Antrittsvorlesung »Vom Wesen katholischer Weltanschauung«, in: R. Guardini, Unterscheidung des Christlichen, Mainz – Paderborn ³1994, 21–43. Vgl. dazu besonders die in Anm. 3 dieses Kapitels genannten Werke von H. Mercker und J. Reber.
2 S. 219 Romano Guardini, Werke (hgg. v. Franz Henrich), Verlagsgemeinschaft Matthias Grünewald, Mainz, und Ferdinand Schöningh, Paderborn. Bis 2003 sind 43 Bände erschienen; hinzu kommen die zahlreichen vom Matthias-Grünewald-Verlag herausgegebenen Topos-Taschenbuch-Ausgaben und Hörbücher. Eine knappe, gute Übersicht über diese Reihen, über neuere Publikationen zu Guardini und wichtige Übersetzungen vermittelt: F. Henrich (Hg.), Romano Guardini. Christliche Weltanschauung und menschliche Existenz, Regensburg 1999, 159–173; eine gute Einführung in Guardinis Werk bietet A. Schilson, Perspektiven theologischer Erneuerung. Studien zum Werk Romano Guardinis, Düsseldorf 1986 (und zahlreiche andere Schriften vom gleichen Verfasser). Neben der Katholischen Akademie in Bayern (München), zumal ihrem früheren Leiter Franz Henrich, dürfte im deutschsprachigen Raum der jüngst verstorbene Theologe Arno Schilson (Mainz) mit seinem »Romano-Guardini-Studienkreis« auf Burg Rothenfels (jener Burg, auf der die öffentlichkeitswirksame Tätigkeit Guardinis 1920 im Kreis der katholischen Jugendbewegung »Quickborn« begann) ein entscheidender Anreger und Begleiter der neuen Beschäftigung jüngerer Theologen und Theologinnen mit dem Werk Romano Guardinis gewesen sein (vgl. die Dankadressen an ihn in neueren Dissertationen).
3 S. 219 Die Schriften R. Guardinis werden i. d. R. nach der von F. Henrich herausgegebenen Reihe »Romano Guardini Werke« zitiert. An Sekundärliteratur sei über die bisher (v. a. in Anm. 2) genannte hinaus folgende angeführt: H. U. v. Balthasar, Romano Guardini. Reform aus dem Ursprung, München 1970; E. Biser, Interpretation und Veränderung. Werke und Wirkung Romano Guardinis, Paderborn 1979; G. Brüske, Anruf der Freiheit. Anthropologie bei Romano Guardini, Paderborn 1998; P. Eicher, Offenbarung. Prinzip

neuzeitlicher Theologie, München 1977, 261–292; E.-M. Faber, Kirche zwischen Identität und Differenz. Die ekklesiologischen Entwürfe von R. Guardini und E. Przywara, Würzburg 1993; H.-B. Gerl, Romano Guardini (1885–1968). Leben und Werk, Mainz 1985; B. Hegge, Christliche Existenz bei Romano Guardini, Würzburg 2003; H. Kleiber, Glaube und religiöse Erfahrung bei Romano Guardini, Freiburg i. Br. u. a. 1985; J. Klimmer (Hg.), Angefochtene Zuversicht. Romano Guardini Lesebuch, Mainz 1985; H. Kuhn, Romano Guardini. Der Mensch und das Werk, München 1961; H. Mercker, Christliche Weltanschauung als Problem. Untersuchungen zur Grundstruktur im Werk Romano Guardinis, Paderborn 1988; J. Reber, Die Welt des Christen. Philosophische Untersuchungen zum Welt-Konzept Romano Guardinis, Paderborn 1999; Th. Ruster, Die verlorene Nützlichkeit der Religion. Katholizismus und Moderne in der Weimarer Republik, Paderborn 1994; A. Schilson (Hg.), Konservativ mit Blick nach vorn. Versuche zu Romano Guardini, Würzburg 1994; K. J. Schuster, Guardini weiterdenken, Berlin 1993; M. Zimmermann, Die Nachfolge Jesu Christi. Eine Studie zu Romano Guardini, Paderborn u. a. 2004.

4 **S. 219** Vgl. H. Maier, Zeitdeutung in Romano Guardinis Werk, in: F. Henrich (Hg.), Romano Guardini, 95–114.

5 **S. 219** Vgl. dazu Th. Ruster, Die verlorene Nützlichkeit der Religion, 183–197.

6 **S. 219** Vgl. J. Reber, Die Welt des Christen, 236.

7 **S. 220** Vgl. P. Eicher, Offenbarung, 261 f.

8 **S. 220** »Typos« und »Zeitepoche« sind darum nicht einfach deckungsgleich. Den mittelalterlichen Denktypus sieht Guardini auch zu seiner Zeit noch in der Kirche gegeben, z. B. bei einem »um das Reich Gottes besorgten Christen«, der die gesamte Entwicklung der neuzeitlichen Geistesgeschichte als unvereinbar mit dem Glauben ablehnt und mit dem Guardini sich zeitweise auseinander zu setzen hat. Diese prinzipielle neuzeit- bzw. modernitätskritische Einstellung ist auch heutigem katholischem Denken keineswegs fremd; vgl. J. Reber, Die Welt des Christen, 239.

9 **S. 220** Vgl. H. Mercker, Christliche Weltanschauung, 54–57.

10 **S. 221** R. Guardini, Welt und Person, Mainz – Paderborn 1988, 25 f.

11 **S. 221** Ebd.

12 **S. 221** Vgl. ebd.

13 **S. 222** R. Guardini, Welt und Person, 26.

14 **S. 222** R. Guardini, Welt und Person, 36.

15 **S. 222** R. Guardini, Welt und Person, 27.

16 **S. 223** R. Guardini, Welt und Person, 32, Anm. 4.

17 **S. 223** R. Guardini, Zum christlichen Begriff der Welt, in: Schildgenossen 17 (1938), 8.

18 **S. 224** Vgl. R. Guardini, Welt und Person, 27 f. Dazu bes. J. Reber, Die Welt des Christen, 244 f.

19 **S. 224** Vgl. R. Guardini, Welt und Person, 28.

20 **S. 224** »Die Gnadenhaftigkeit der Schöpfungs-Tat-Sache wird von Guardini im Laufe seines Lebens immer intensiver in ihrer Rätselhaftigkeit erlebt. Besonders in einigen persönlichen Schriften (etwa in den Tagebuchaufzeichnungen) kommt Guardinis existentielle Verwunderung darüber zum Ausdruck, dass Gott die Welt geschaffen hat.« So J. Reber, Die Welt des Christen, 245.

21 **S. 224** R. Guardini, Welt und Person, 33.

22 **S. 225** Diese »mittlere« Position verhilft den Glaubenden dazu, die Welt und sich selbst nicht zu ernst zu nehmen; mit dem »Humor der Erlösten« können sie der Schöpfung sowohl in ihrem hohen Eigenwert wie auch in ihrer Vergänglichkeit am besten gerecht werden; vgl. R. Guardini, Welt und Person, 32.

23 **S. 225** »Wenn ein Garten von einem schlechten Gärtner angelegt wird, merkt man an jeder Stelle die untüchtige Hand; es gehört ein großer Könner dazu, um ihm jene selbst-

verständliche Harmonie zu geben, die als höhere Natur empfunden wird.« R. Guardini, Welt und Person, 34.

24 **S. 225** R. Guardini, Die Existenz des Christen, München 1976, 85.

25 **S. 225** Ebd., 83.

26 **S. 226** Vgl. R. Guardini, Theologische Briefe an einen Freund, Paderborn 1976, 12 u. 23–25.

27 **S. 226** R. Guardini, Die Existenz des Christen, 83, Anm. 1; vgl. ders., Theologische Briefe an einen Freund, 30.

28 **S. 226** R. Guardini, Welt und Person, 143. Vgl. dazu bes. G. Brüske, Anruf der Freiheit, 207–248.

29 **S. 227** R. Guardini, Welt und Person, 144. In Anlehnung an J. Splett (Gotteserfahrung im Denken. Zur philosophischen Rechtfertigung des Redens von Gott, Freiburg i. Br. u. a. [4]1995; München 2005) begründet G. Brüske in ihrer Untersuchung »Anruf der Freiheit« folgende These: »Die Kategorie des Anrufs kann prinzipiell philosophisch erkannt werden, wenngleich ihr geschichtlicher Entdeckungszusammenhang die jüdisch-christliche Tradition ist« (Brüske, 207). Dem von Guardini eingeführten Begriff »Anruf« als Umschreibung der Schöpfung des Menschen stimme ich ganz zu, nicht aber seiner scharfen Entgegensetzung von personaler und unpersönlicher Schöpfung. Auch die außermenschlichen Geschöpfe sind durch Gottes frei-gebendes Wort geschaffen und mit einer analogen »Antwortfähigkeit« ausgestattet, eben der Befähigung zum Lob Gottes und zur Teilhabe an der vollendeten Schöpfung im Reich Gottes (vgl. 1. Teil A III. 2. b: »Die Verwandlung der ganzen Schöpfung zur neuen Schöpfung«).

30 **S. 227** »Der göttliche Schöpfungsakt, aus dem ich meine Wirklichkeit empfangen habe, war ein Akt der Benennung. ›Ich habe Deinen Namen in meine Hand geschrieben‹, sagt Gott im Alten Testament« (vgl. Jes 49,16); R. Guardini, Das Gute, das Gewissen und die Sammlung, Mainz [2]1931, 59 f.

31 **S. 228** Vgl. R. Guardini, Der Anfang aller Dinge, Mainz 1987, 37–43; ders., Welt und Person, 42–44.

32 **S. 228** Vgl. dazu R. Guardini, Die Existenz des Christen, 94.

33 **S. 228** R. Guardini, Der Anfang aller Dinge, 34.

34 **S. 228** R. Guardini, Der Anfang aller Dinge, 42.

35 **S. 228** R. Guardini, Der Anfang aller Dinge, 43.

36 **S. 229** R. Guardini, Die Existenz des Christen, 88.

37 **S. 229** R. Guardini, Die Existenz des Christen, 90.

38 **S. 229** R. Guardini, Theologische Gebete, Frankfurt a. M. [8]1985, 14.

39 **S. 229** R. Guardini, Die Existenz des Christen, 90.

40 **S. 229** R. Guardini, Die Existenz des Christen, 88–91; ders., Welt und Person, 31; ders., Der Anfang aller Dinge, 22–24.

41 **S. 229** Vgl. R. Guardini, Gläubiges Dasein. Die Annahme seiner selbst, Mainz – Paderborn 1993, 46–50.

42 **S. 230** Guardini, Die Existenz des Christen, 93.

43 **S. 230** Vgl. R. Guardini, Der Anfang aller Dinge, 29.

44 **S. 230** »Im Letzten bedeutet die Rede von der Schöpfung der Existenzwelt nämlich, dass mit jedem Menschen auch die Welt neu beginnt. Die Existenzwelt des Menschen, die auf die jeweilige Person bezogene Daseinswelt, gibt es nicht ohne diese Person [...]. Immer dann, wenn ein Mensch ›entsteht‹ (wie auch immer dies biologisch und theologisch zu denken und zu datieren ist), wird eine Welt – wird die Welt – neu geschaffen. Und wie jede Person in einer letzten Unableitbarkeit steht, tut dies auch die je neue und einzigartige Welt der Person.« So J. Reber, Die Welt des Christen, 223.

45 **S. 230** R. Guardini, Welt und Person, 145.

[46] **S. 230** Vgl. z. B. R. Guardini, Gläubiges Dasein, 59 f.
[47] **S. 230** R. Guardini, Die Existenz des Christen, 95.
[48] **S. 231** Vgl. etwa R. Guardini, Der Anfang aller Dinge, 39; ders., Gläubiges Dasein, 54–56.
[49] **S. 231** R. Guardini, Die Existenz des Christen, 96, Anm. 1.
[50] **S. 231** Ebd.
[51] **S. 231** R. Guardini, Gläubiges Dasein, 63.
[52] **S. 232** R. Guardini, Glaubenserkenntnis, Mainz – Paderborn 1997, 77 f. Für diese zum (innerweltlichen) Reich Gottes umgewandelte Welt hat Guardini auch den Begriff der »Zweiten Welt« geprägt: »Als am sechsten Tag sein Werk vollendet war, hat Er gewissermaßen dem Menschen gesagt: Nun arbeite du weiter und bilde aus der ersten [Welt] die zweite. Das ist es wohl, was in den zunächst so einfach klingenden Worten des Auftrags liegt, der Mensch solle Gottes Schöpfung ›bebauen und bewahren‹ (Gen 2,15).« R. Guardini, Johanneische Botschaft, Mainz – Paderborn 1992, 65 f.
[53] **S. 232** Vgl. H. Maier, Zeitdeutung in Romano Guardinis Werk, in: F. Henrich (Hg.), Romano Guardini, 95–114.
[54] **S. 232** H. U. v. Balthasar, Romano Guardini, 108.
[55] **S. 233** R. Guardini, Welt und Person, 173; neben dem Abschnitt »Die Vorsehung« in diesem Werk (173–198) stütze ich mich v. a. auf den Artikel »Die Vorsehung« im Werk »Glaubenserkenntnis«, 68–82. Vgl. dazu auch J. Reber, Die Welt des Christen, 263–279.
[56] **S. 233** Sie ähnelt für Guardini der Vorstellung eines Kindes, das sich den Lauf der großen Welt nach seiner eigenen, von Vater und Mutter wohlgeordneten kleinen Welt ausmalt; Gott tritt einfach an die Stelle der vorsorgenden Eltern. Erwachsene tragen diese Vorstellung oft unreflektiert weiter mit sich; jedoch erleben sie, wie dieses »unmittelbare, optimistische Vertrauen« in den gut gefügten Lauf der Dinge oft genug enttäuscht wird; es hält »dem wirklichen Leben nicht stand«, so dass schließlich der Glaube an Gottes Vorsehung ganz aufgegeben wird. So R. Guardini in: Glaubenserkenntnis, 69 f.
[57] **S. 233** R. Guardini, Welt und Person, 178.
[58] **S. 233** R. Guardini, Welt und Person, 184.
[59] **S. 234** R. Guardini, Das Gute, das Gewissen und die Sammlung, Mainz 1929, 53.
[60] **S. 234** So die Übersetzung R. Guardinis in: Welt und Person, 186.
[61] **S. 235** R. Guardini, Welt und Person, 187.
[62] **S. 235** R. Guardini, Welt und Person, 188.
[63] **S. 235** R. Guardini, Welt und Person, 193. Oder ebd. Anm. 67: »Wenn ein Mensch nach innen hin wahrhaftiger, großmütiger, selbstloser, freier, liebender wird, dann kann sich tatsächlich ein Verhängnis wenden.« Diese Einsicht erinnert an das tiefe Wort von Novalis: »Schicksal und Gemüt [sind] Namen eines Begriffes.« Novalis, Heinrich von Ofterdingen (hgg. v. W. Frühwald), Stuttgart 1987, 168.
[64] **S. 235** R. Guardini, Welt und Person, 194.
[65] **S. 236** R. Guardini, Welt und Person, 198.

A. Der »springende Punkt« des christlichen Schöpfungsglaubens: Gott zugleich über und in seiner Schöpfung

[1] **S. 239** Vgl. P. Bolberitz, Philosophischer Gottesbegriff bei Nikolaus Cusanus in seinem Werk »De non aliud«, Leipzig 1989; G. Greshake, Gott in allen Dingen finden, Freiburg i. Br. u. a. 1986, 41–46; S. Meier-Oeser, Von der Koinzidenz zur coincidentia oppositorum. Zum philosophiehistorischen Hintergrund des cusanischen Koinzidenzgedankens, in: O. Pluta (Hg.), Die Philosophie im 14. und 15. Jahrhundert, Amsterdam 1988, 321–342;

K. Reinhard, Nikolaus v. Kues, in: LThK³ 7, 854–857; J. Splett, Bei Nikolaus Cusanus in der Schule, in: Lebendiges Zeugnis 53 (1998), 219–227; ders., Gottes Freiheit und die Kontingenz der Schöpfung, in: Ph. Schmitz (Hg.), Macht euch die Erde untertan? Würzburg 1981, 39–64; P. Wilpert (Hg.), Vom Nichtanderen – De non aliud, Hamburg ³1987.

[2] **S. 239** »Tu autem eras interior intimo meo et superior summo meo« – »du aber warst noch innerer als mein Innerstes und höher noch als mein Höchstes« (Conf. III, 6,11); vgl. auch: E. Reil, »... dass wir auf Erden niemanden unseren Lehrer nennen«. Selbstverständnis und Sendung des Lehrers nach Augustins Schrift »De magistro«, in: Lebendiges Zeugnis 54 (1999), 90–99.

[3] **S. 239** J. Splett, Bei Nikolaus Cusanus in der Schule, 221. R. Guardini sagt es so: Gott »ist nicht ich – aber Er ist auch nicht der Andere. Diese beiden Sätze kann ich zusammen von keinem Wesen sonst sagen, nur von Ihm. Sie sind in gewissem Sinn zusammen seine Definition« (R. Guardini, Gläubiges Dasein. Die Annahme seiner selbst, 75). Wenn wir dennoch von Gott als »Anderem« sprechen, dann nur deswegen, um »nicht in den bösen Widersinn der Identität [zu] verfallen« (R. Guardini, Welt und Person, 41).

[4] **S. 239** Vgl. E. Przywara, Analogia entis. Metaphysik, München 1932; ders., Deus semper maior. Theologie der Exerzitien, Freiburg i. Br. u. a. 1938.

[5] **S. 240** Der Begriff stammt von dem Philosophen des deutschen Idealismus K. Ch. F. Krause (1781–1832), »der den Selbststand der empirischen Realität mit der Immanenz der Welt in Gott bzw. göttl. Selbsttranszendenz mit Geschichte vermitteln will« – so E. Tiefensee, Pantheismus, in: LThK³ 7, 1318 f. (zit.: 1319); vgl. auch H. Kessler, Schöpfung V., in: LThK³ 9, 233; ders., Gott, der kosmische Prozess und die Freiheit, in: G. Fuchs / H. Kessler (Hgg.), Gott, der Kosmos und die Freiheit, Würzburg 1996, 189–232, v. a. 200–211; J. Macquarrie, Panentheismus, in: TRE 25, 611–615; vgl. auch J. Moltmann, Gott in der Schöpfung, München ⁵2002, 106–115.

[6] **S. 240** So etwa im Schöpfungsmythos von Hans Jonas, der hier die Lehre der rabbinischen Mystik vom Zimzum, von der Selbstbeschränkung Gottes, aufgreift: H. Jonas, Der Gottesbegriff nach Auschwitz, Frankfurt a. M. 1984; G. Scholem, Über einige Grundbegriffe des Judentums, Frankfurt a. M. 1970; J. Moltmann, Gott in der Schöpfung, München ⁵2002, 98–103 u. 166; viele Theologen im anglo-amerikanischen Raum, die mehr oder weniger der »Prozesstheologie« folgen, vertreten diese Theorie der Selbstbeschränkung Gottes in der Schöpfung, so W. H. Vanstone, B. Hebblethwaite, K. Ward, J. Macquarrie, P. Fiddes u. a.; vgl. dazu I. G. Barbour, Wissenschaft und Glaube, Göttingen 2003, 435–439 u. 445–451.

[7] **S. 241** STh I 32, 1 ad 3.

[8] **S. 241** Vgl. auch Benedikt XVI., Enzyklika Deus Caritas Est. Von Papst Benedikt XVI. an die Bischöfe, an die Priester und Diakone, an die gottgeweihten Personen und an alle Christgläubigen über die christliche Liebe; 25. Dezember 2005 (hgg. vom Sekretariat der Deutschen Bischofskonferenz), Verlautbarungen des Apostolischen Stuhls Nr. 171, Bonn 2006.

[9] **S. 242** Vgl. zur Frage der Grundlegung des Glaubens an den dreieinen Gott in der geschichtlichen Erfahrung mit Jesus: W. Kasper, Der Gott Jesu Christi, Mainz 1982; B. Forte, Trinität als Geschichte, Mainz 1988; J. Werbick, Trinitätslehre, in: Th. Schneider (Hg.), Handbuch der Dogmatik 2, Düsseldorf 2000, 564–570; J. Ackva, An den dreieinen Gott glauben, Frankfurt a. M. 1994, 53–193.

[10] **S. 242** Vgl. W. Kasper, Jesus der Christus, Mainz ³1975, 203 f.

[11] **S. 243** Vgl. dazu v. a. G. Greshake, Der dreieine Gott, Freiburg i. Br. u. a. 1997, 172–243.

[12] **S. 243** Zu H. U. v. Balthasars Trinitätstheologie vgl. W. Löser, Das Sein – ausgelegt als Liebe, in: IkaZ »Communio« 4 (1975), 410–424; M. Kehl, Kirche als Institution, Frankfurt a. M. ²1978, 270–283; M. Lochbrunner, Analogia Caritatis, Freiburg i. Br. u. a. 1981; Th. Krenski, Passio Caritatis, Freiburg i. Br. u. a. 1990.

[13] **S. 243** Der Erfahrungshintergrund, der dieses Vorstellungsmodell von Gott als Liebe plausibel macht und diese analoge Rede ermöglicht, liegt im zwischenmenschlichen Bereich. Wir erleben Liebe ja nicht nur als subjektives Gefühl der Sympathie, sondern vor allem als Fähigkeit, sich füreinander zu öffnen, miteinander in Beziehung zu treten und zu verbinden, ohne die Unterschiede zu nivellieren. Dies gelingt nur dann, wenn es darin ein gegenseitiges Lieben und Geliebtwerden, ein Geben und Empfangen gibt, das in ausgewogenem Gleichgewicht steht; so erst erfahren Menschen Übereinstimmung, Gemeinschaft und Freundschaft – ein Wir, das bedeutend mehr ist als die Summe der beiden Partner. Darum wird diese ihre Einheit von ihnen als ein nicht einforderbares und sich nicht erschöpfendes Geschenk erlebt, das von sich aus danach drängt, sich zu öffnen und andere mit einzubeziehen. Für den christlichen Glauben liegt das Urmodell, der ermöglichende Grund jeder derart glückenden Liebe in Gott selbst.
[14] **S. 243** Vgl. M. Kehl, Die Kirche, 70–73.
[15] **S. 244** Zum Zusammenhang von Schöpfung und Trinitätstheologie vgl. Hans Urs von Balthasar, Theodramatik II/1, Einsiedeln 1976, bes. 236–246; ders., Theologik II, Einsiedeln 1985, 117–138; M. Bieler, Freiheit als Gabe, Freiburg 1991, bes. 212–217; G. Greshake, Der dreieine Gott, 186 u. 219–243. In Anm. 499, S. 186, erklärt Greshake dort einleuchtend die Anwendung der Raum-Metapher auf den dreieinen Gott; W. Kern, Zur theologischen Auslegung des Schöpfungsglaubens, in: MySal II, 1 (1967), 464–545.
[16] **S. 244** So sieht auch Thomas den Hervorgang der Welt in engster Beziehung zum Hervorgang des Sohnes aus dem Vater; beides nennt er – ohne es gleichzusetzen – »processio« bzw. »processus« (STh I 45,7 ad 3 u. a.). Oder er spricht von der Schöpfung als »verbum verbi«, als »vox verbi« – Stimme des Wortes (ScG 4,13; I Sent. 27,2,2 sol. 2 ad 3). Von Bonaventura stammt ein ähnliches Wort: »Omnis autem creatura clamat aeternam generationem« – »Jede Kreatur bezeugt ›laut rufend‹ die ewige Zeugung des Sohnes« (Hexaemeron 11,13). Auf geradezu klassisch prägnante Weise bringt Anselm von Canterbury diesen Zusammenhang zwischen innergöttlicher Selbstaussage Gottes und seinem Schöpfungswort zum Ausdruck, wenn er von Gott sagt: »Uno eodemque verbo dicit se ipsum et quaecumque fecit« – »In ein und demselben Wort sagt Gott sich selbst aus und alles, was er gemacht hat« (Monologion 33). Eine Fülle solcher Belege aus der gesamten Theologiegeschichte finden sich bei W. Kern, MySal II, 477–494.
[17] **S. 244** G. Greshake, Der dreieine Gott, 242.
[18] **S. 245** H. U. v. Balthasar, Pneuma und Institution, Einsiedeln 1974, 33 f.

B. Das Handeln Gottes in der Welt

[1] **S. 246** Die »Theologie wird sich darauf zu konzentrieren haben, *dass* Gott handelt; das *Wie* bleibt geheimnisvoll wie Gott selbst.« So W. Breuning, Handeln Gottes, in: W. Beinert (Hg.), Lexikon der katholischen Dogmatik, Freiburg i. Br. u. a. [3]1993, 235 f., zit.: 236.
[2] **S. 247** Vgl. zu diesem Thema u. a. I. G. Barbour, Wissenschaft und Glaube, (v. a. 431–451); R. Bernhardt, Was heißt »Handeln Gottes«? Eine Rekonstruktion der Lehre von der Vorsehung, Gütersloh 1999; H. Deuser, Vorsehung, TRE 35, 302–323; J. Fischer, Wie wird Geschichte als Handeln Gottes offenbar?, in: ZThK 88 (1991), 211–231; P. Gwynne, Special Divine Action. Key Issues in the Contemporary Debate (1965–1995), Rom 1996; E. Jüngel, Gott als Geheimnis der Welt, Tübingen [6]1991; H. Kessler, Sucht den Lebenden nicht bei den Toten. Auferstehung Jesu Christi in biblischer, fundamental-theologischer und systematischer Sicht, Düsseldorf 1985, 283–311 (Neuausgabe in der Reihe Topos plus, Nr. 419, Kevelaer 2002); R. Kocher, Herausgeforderter Vorsehungsglaube. Die Lehre von der Vorsehung im Horizont der gegenwärtigen Theologie, St. Ottilien 1993; J. Molt-

mann, Der Geist des Lebens, München 1991; Th. Pröpper, Allmacht Gottes, in: LThK³ 1, 412–417; A. v. Scheliha, Der Glaube an die göttliche Vorsehung. Eine religionssoziologische, geschichtsphilosophische und theologiegeschichtliche Untersuchung, Stuttgart u. a. 1999; Th. Schneider / L. Ullrich (Hgg.), Vorsehung und Handeln Gottes (QD 115), Freiburg i. Br. u. a. 1988; C. Schwöbel, God: Action and Revelation, Kampen 1992; O. C. Thomas (Hg.), Gods Activity in the World. The Contemporary Problem, Chico (CA) 1983; T. F. Tracy, The God Who Acts. Philosophical and Theological Explorations, Penn State University Park (PA) 1994; B. Weissmahr, Gottes Wirken in der Welt, Frankfurt a. M. 1973; M. Welker, Gottes Geist. Theologie des Heiligen Geistes, Neukirchen – Vluyn 1992; J. Werbick, Der Glaube an den allmächtigen Gott und die Krise des Bittgebetes, in: ders., Gebetsglaube und Gotteszweifel, Münster u. a. 2001, 107–128.

[3] **S. 247** Dieses Kapitel greift den Abschnitt »Symbole der Schöpfung« in der Einleitung auf und führt ihn weiter, eben im Hinblick auf das Wirken Gottes *innerhalb* der von ihm geschaffenen Welt.

[4] **S. 247** R. Bernhardt, Handeln Gottes. Bei der Vorstellung der drei Modelle werde ich ihm weitgehend folgen, seine Terminologie aber z. T. leicht verändern und vereinfachen, v. a. beim dritten Modell.

[5] **S. 248** Vgl. R. Bernhardt, Handeln Gottes, 37–48, 314–316, 440–443.

[6] **S. 249** Bezeichnenderweise neigen häufig gerade solche Gläubige zu diesem letztlich verheerenden Gottesbild (siehe die Folgen des Nominalismus!), die zugleich viel Sinn für ein sich absolutistisch gebärdendes Kirchenregiment bekunden.

[7] **S. 249** Vgl. dazu v. a. die Ausführungen unten zum 3. Modell und zum Punkt: »Testfall Bittgebet«

[8] **S. 249** In der protestantischen Theologie wird (in Anlehnung an Luthers Unterscheidung von Gottes Wirken als »opus proprium« und »opus alienum«) gern unterschieden zwischen einem uneigentlichen, (uns) fremden Werk Gottes, im Unterschied zu seinem »eigentlichen Werk«. Das für den Menschen Gute wie das Übel wird somit beides auf Gott zurückgeführt, er wirkt alles in allem, unterschiedslos (vgl. Martin Luther, Die zweite Disputation gegen die Antinomer, 1538, WA 39/I, 470,7 f. und 27 f.,). Eberhard Jüngel warnt in diesem Zusammenhang vor der Gefahr, dass das göttliche Wirken in falsch verstandener Anlehnung an die Vorstellung Luthers nahezu grauenhafte Züge gewinnen kann, besonders, wenn man versucht, Rückschlüsse zu ziehen auf den göttlichen Willen (vgl. E. Jüngel, Die Offenbarung der Verborgenheit Gottes, in: Ders., Wertlose Wahrheit. Zur Identität und Relevanz des christlichen Glaubens, München 1990, 163–182). Jüngel befürchtet m. E. zu Recht, es könne sich das Missverständnis einschleichen, als gebe es eine Verborgenheit Gottes, die möglicherweise einen Gegensatz zur Offenbarung Gottes darstelle. Es darf nicht dahin kommen, dass das Böse auf einmal nicht mehr gegen Gott steht, sondern in Gott selbst verortet wird – als ob Gott in seiner Natur ein anderer wäre als der sich offenbart habende Gott (vgl. 176).

[9] **S. 249** R. Bernhardt, Handeln Gottes, 37–48, 380–398, 440–443.

[10] **S. 250** So z. B. die priesterschriftliche Schöpfungserzählung, in der Gott das Chaos bändigt und eine lebensfreundliche Ordnung errichtet; das Geschichtsbild des Propheten Jesaja und anderer Propheten, nach dem Gott die Geschichte Israels und der Völker nach seinem Plan lenkt; das weisheitliche Schöpfungsverständnis, dem gemäß Gott in seiner präexistenten Sophia die Welt voraus-erdacht und -geformt hat; neutestamentlich das lukanische »Musste nicht der Messias all das erleiden [...]« (Lk 24,26); die paulinische Israel-Theologie in Röm 9–11 usw.

[11] **S. 250** So definiert Thomas in STh I 22,1 die Vorsehung als »ratio ordinis rerum in finem in mente divina praeexistens«: Die Vorsehung ist der im göttlichen Geist vorausexistierende Grund der Ordnung der Dinge auf ihr Ziel hin. Für Thomas ist klar, dass die

Rede vom Vorausexistieren nur die menschliche Perspektive wiedergibt, da Gottes Ewigkeit als zeitüberlegen, d.h. allen Zeiten zugleich gegenwärtig und sie umgreifend, gedacht werden muss.

[12] **S. 250** Vgl. zu dieser Diskussion v.a. B. Weissmahr, Gottes Wirken in der Welt; R. Schulte, Wie ist Gottes Wirken in Welt und Geschichte theologisch zu verstehen?, in: Th. Schneider / L. Ullrich (Hgg.), Vorsehung und Handeln Gottes, 116–167; R. Bernhardt, Handeln Gottes, 389–392.

[13] **S. 250** Vgl. dazu E. Wölfel, Die Welt als Schöpfung, München 1981, 33.

[14] **S. 250** So sagt Thomas, dass der Effekt nicht »partim-partim« (teils-teils) von Erst- und Zweitursache hervorgebracht wird, sondern »totus ab utroque« (der ganze Effekt von jedem), allerdings »secundum alium modum« (in je anderer Weise): ScG III 70.

[15] **S. 251** Dies schließt erstaunlicherweise für Rahner dennoch nicht aus, dass es (z.B. durch Privatoffenbarungen, Visionen u.Ä.) ein »übernatürliches Eingreifen Gottes in den Lauf der Welt« geben kann, wobei mir nicht deutlich wird, wie sich dies konsistent mit seiner Lehre von der transzendentalen Ursächlichkeit Gottes vereinbaren lässt, vgl. K. Rahner, Visionen und Prophezeiungen. Zur Mystik und Transzendenzerfahrung, hgg. v. J. Sudbrack, Freiburg i.Br. u.a. 1989, v.a. 20, 47, 50.

[16] **S. 251** Mir scheint, dass dieser alte Irrtum gelegentlich in modernem Gewand wieder auftritt, wenn etwa in manchen englischsprachigen theologischen Entwürfen der Versuch gemacht wird, Anknüpfungspunkte für das Handeln Gottes in der Natur und bei den Naturwissenschaften zu suchen. Gott wird dann z.B. als »Bestimmer der Unbestimmtheiten« (im nicht festgelegten, für zufällige Ereignisse offenen subatomaren Bereich) gesehen; oder als »Informationsübermittler«, dessen innerweltliches Handeln als ein »Input reiner [d.h. energieloser] Information« bezeichnet wird – so J. C. Polkinghorne. Diese Begriffe als Metaphern und Vergleiche zu gebrauchen mag für heutige Vorstellungen hilfreich sein. Aber es scheint eher so, als sollten hier Erklärungen und Begründungen für ein reales, objektives Handeln Gottes in Natur und Geschichte geliefert werden. Dadurch wird aber das Handeln Gottes im Grunde auf derselben Ebene angesiedelt (wenn auch auf der obersten bzw. untersten Stufe) wie das der innerweltlichen Zweitursachen. Vgl. dazu I. G. Barbour, Wissenschaft und Glaube, 431–451.

[17] **S. 251** Vgl. K. Rahner, Die Hominisation als theologische Frage, in: ders., Sämtliche Werke, Bd. 15: Verantwortung der Theologie (bearb. v. H. D. Mutschler), Freiburg i.Br. u.a. 2001, 38–100; ders., Der dreifaltige Gott als transzendenter Urgrund der Heilsgeschichte, in: MySal 2, 1967, 317–401; ders., Grundkurs des Glaubens, 93f. (auch in: Ders., Sämtliche Werke, Bd. 26, Zürich u.a. 1999, 1–444).

[18] **S. 251** Diese Kraft zur Selbsttranszendenz des Geschöpflichen lässt sich auch zur Erklärung spezifisch *geschichtlicher* Phänomene heranziehen, etwa für das Auftauchen neuer Paradigmen in einer Wissenschaft oder dafür, dass im Rechts- und Sozialbewusstsein innerhalb einer Kultur oder der ganzen Menschheit deutliche Fortschritte in Richtung auf universale (die ganze Weite der Schöpfung umfassende) Solidarität zu beobachten sind. K. Rahner selbst hat diesen Gedanken sehr überzeugend sogar auf das heilsgeschichtlich Neue der Menschwerdung des Logos angewandt; vgl. seinen großen Artikel: Die Christologie innerhalb einer evolutiven Weltanschauung, in: Schr. z. Th. V, Zürich u.a. [3]1968, 183–221 (auch in: Ders., Sämtliche Werke, Bd. 15, 219–247).

[19] **S. 252** R. Bernhardt, Handeln Gottes, 389.

[20] **S. 252** R. Bernhardt spricht vom Modell der »operativen Präsenz« oder dem »Repräsentationsmodell«, in dem »Gott in praesentia operosa« gedacht wird (vgl. R. Bernhardt, Handeln Gottes, 399–466). Auch wenn ich ihm inhaltlich weitgehend zustimme, halte ich seine Terminologie oft für missverständlich; etwa wenn er von diesem Modell sagt, es modelliere sich »an der Erfahrung überpersonaler, die Personen aber ergreifender und

transformierender Energien, wie z. B. dem Erfülltsein von der ›Macht der Liebe‹« (399). Das Reden von einem »Kraftfeld«, von der »Ausstrahlung einer realen Transformationsenergie« (400), von »Metaphern überpersonaler, geistiger Kraftwirkungen« (ebd.), vom »Kraftfeld seines kreativen und innovativen Geistes« (401) u. Ä. gerät m. E. zu stark in die Nähe heutiger esoterischer, naturmystischer oder kosmotheistischer Vorstellungen von Gott. Bernhardt möchte das personale Gottesbild im Grunde stärker mit naturalen und soziologischen Analogien verknüpfen, um allzu anthropomorphes Sprechen von Gott als Person (was ja viele Zeitgenossen vor dem Glauben zurückschrecken lässt) zu überwinden. Auch in dieser Intention kann ich ihm durchaus folgen. Dennoch scheint mir die *terminologische* Verbindung von naturalen mit trinitätstheologisch-pneumatologischen Analogien eher unausgewogen, zu sehr zur naturalen Sprach- und Bildwelt tendierend. Im Übrigen sieht auch R. Bernhardt selbst dies als mögliche Gefahr des Ansatzes, glaubt ihr aber durch seine Rückbindung an Trinitätstheologie und Pneumatologie zu entgehen (441 f.).

[21] **S. 253** Vgl. dazu auch R. Schulte, Wie ist Gottes Wirken in Welt und Geschichte theologisch zu verstehen?, in: Th. Schneider / L. Ullrich (Hgg.), Vorsehung und Handeln Gottes, 116–167, bes. 136–145. Als besondere biblische Anknüpfungspunkte für dieses Modell seien genannt:

- die im AT wie im NT gebräuchliche Rede von der Herrlichkeit Gottes (kabod, doxa), also von seiner machtvoll ausstrahlenden Liebe;
- Texte, in denen es um den Segen Gottes geht, in welchem dem Gesegneten die besondere Nähe und Zuwendung Gottes zugesagt wird;
- bei Paulus die Theologie des Heiligen Geistes, z. B.: »Die Liebe Gottes ist ausgegossen in unsere Herzen durch den Heiligen Geist, der uns gegeben ist« (Röm 5,5), oder unser Rufen im Heiligen Geist »Abba, Vater« (Röm 8,15), von dem es heißt, dass er in uns wohnt (Röm 8,9), sich unserer Schwachheit annimmt und seufzend-betend für uns eintritt (Röm 8,26) u. a.;
- oder auch die Leib-Christi-Theologie, insofern durch die Taufe die Glaubenden in seinen auferstandenen Leib hineingenommen und selbst zu seinem Leib, der Kirche, werden (vgl. 1 Kor 10,14–16; 11,27; 12,12–31 a);
- in den Abschiedsreden des Johannes-Evangeliums die Mahnung Jesu, »in seiner Liebe zu bleiben«; ebenso seine Zusage, den »Parakleten« zu senden, der den Seinen in der Welt beisteht und sie immer tiefer in die Wahrheit der Selbstoffenbarung Gottes durch den Sohn einführt (Joh 14–16).

[22] **S. 253** Vgl. dazu auch E. Jüngel, Gott als Geheimnis der Welt, 445; J. Moltmann, Der Geist des Lebens, 287–298; M. Welker, Gottes Geist.

[23] **S. 253** Vgl. G. Haeffner, In der Gegenwart leben. Auf der Spur eines Urphänomens, Stuttgart 1996, 11–17. Nach dem Grimmschen Wörterbuch der deutschen Sprache geht unser heutiges Wort »Gegenwart« auf das althochdeutsche Wort »geginwart« zurück und meint ursprünglich so etwas wie »einander gegenüberstehen«, »entgegengerichtet sein«, gerade auch im spannungsvollen, ja bedrohlichen Sinn (wobei die Silbe »-wart« etymologisch nichts mit »währen« oder »warten« zu tun hat, sondern eher mit dem lateinischen »vertere« = sich hinwenden). Auf jeden Fall schließt dieses Wort im Hinblick auf die Gegenwart eines Menschen den »Bereich der lebendigen Wirkung seiner Person und Gewalt« ein (Gegenwart, in: Jacob u. Wilhelm Grimm, Deutsches Wörterbuch, Leipzig 1854–1960, Bd. IV, 1,2 [1897], 2281–2299, zit.: 2285); vgl. auch G. Steiner, Von realer Gegenwart, München 1990.

[24] **S. 253** G. Haeffner, In der Gegenwart leben, 97.

[25] **S. 254** Zit. ebd. 126 f.

[26] **S. 254** M. Buber, Ich und Du, in: Ders., Das dialogische Prinzip, Heidelberg 1965, 100.

[27] **S. 254** So ergänzt H. Kessler zutreffend diesen bekannten Text, in: Sucht den Lebenden nicht bei den Toten, 122.
[28] **S. 254** Vgl. Th. Schneider, Zeichen der Nähe Gottes, Mainz [5]1987; L. Lies, Sakramententheologie, Graz 1990.
[29] **S. 255** STh I 105,4 ad 1: »Sic igitur Deus movendo voluntatem non cogit ipsam, quia dat ei eius propriam inclinationem.«
[30] **S. 255** Hier ist auf den konstruktiven Beitrag der Diskussion im anglo-amerikanischen Raum um die sog. »Divine Action« und die Prozess-Theologie hinzuweisen. Vgl. dazu bes. J. B. Cobb / D. R. Griffin, Prozess-Theologie. Eine einführende Darstellung, Göttingen 1979. Nach Auffassung des großen Anregers A. N. Whitehead und vieler Vertreter dieser theologischen Richtungen handelt Gott in der Welt (ähnlich wie der Demiurg in Platons Timaios) in der Weise des Überredens und Überzeugen-Wollens, des Inspirierens und Motivierens (»persuasive Sprechakte«), der mitgehenden und mitfühlenden Partizipation am Weltgeschehen, der erweckenden Macht der Liebe, der schöpferischen Ermächtigung u. Ä. Vgl. dazu I. G. Barbour, Wissenschaft und Glaube, 444–451; Bernhardt, Handeln Gottes, 49–58 (die Debatte um »Divine Action«); A. Kreiner, Gott im Leid, Neuauflage Freiburg 2005, 101–124.

Um zu solchen (nicht unbedingt neuen) Einsichten über das Handeln Gottes zu gelangen, braucht man allerdings nicht – wie es Vertreter der Prozess-Theologie tun – die allzu anthropomorphe Vorstellung von der Welt als »Leib Gottes« heranzuziehen, in der Gott im menschlichen Leib wirke wie die Seele; ebenso wenig die Idee von der Selbstbeschränkung Gottes in der Schöpfung, was etwas ganz anderes bedeutet als die *Selbstbindung* Gottes in der Geschichte. Selbstbindung gehört zum *Wesen* von Liebe, also auch zum Handeln der Liebe Gottes in Schöpfung und Heilsgeschichte (vgl. den Schöpfungsbund mit Noach und die verschiedenen Bünde Gottes mit seinem Volk). Der Gedanke der *Selbstbeschränkung* Gottes dagegen ergibt nur Sinn, wenn man ihm vorgängig zu seiner Liebe in Schöpfung und Geschichte eine solche (präexistente) Allmacht zuschreibt, die prinzipiell auch ganz anders als in reiner Liebe handeln könnte, nämlich mit Gewalt. Eine solche Vorstellung verdunkelt das Gottesbild erheblich. Vgl. T. Trappe, Allmacht und Selbstbeschränkung. Die Theologie der Liebe im Spannungsfeld von Philosophie und protestantischer Theologie im 19. Jahrhundert, Zürich 1997.
[31] **S. 255** Zum »anthropischen Prinzip«: »Nachdem der Physiker *Paul Dirac* (1902–1984) die Vermutung aufgestellt hatte, dass die Gravitationskonstante vielleicht nicht konstant, sondern zeitlich veränderbar sein könnte, kamen die amerikanischen Physiker *John D. Barrow* und *Frank J. Tipler* auf den Gedanken, auch andere physikalische Konstanten wie die Lichtgeschwindigkeit oder das Plancksche Wirkungsquantum einem Variationsprozess zu unterziehen. Das Ergebnis war sehr überraschend: Sogar die kleinsten Veränderungen der physikalischen Konstanten haben zur Folge, dass in Universa, die sich nur ein Geringes von dem unsrigen unterschieden, Leben unmöglich würde. Sind nämlich die Konstanten um ein Geringes verschieden, so kann man zeigen, dass in diesem Fall komplexere Atome, wie z. B. der Kohlenstoff, sich nicht entwickelt haben könnten, womit die Grundlage für die Entstehung von Lebewesen wie den Menschen entfiele. Es sieht also so aus, als müssten die Naturkonstanten gerade die Zahlenwerte haben, die sie haben, damit der Mensch existieren kann. Dieses ›damit‹ kann im zweifachen Sinn verstanden werden:
1. Entweder man möchte auf diese Art nur sagen, dass, wenn der Mensch existiert, die physikalischen Bedingungen zu seiner Existenz gegeben sein mußten: ›Schwaches Anthropisches Prinzip‹.
2. Oder man will sagen, dass dieses ›damit‹ final zu interpretieren sei. Die Naturkonstanten sind dann so, wie sie sind, zum Zwecke der Hervorbringung eines intelligenten Wesens. Diesen Zweck setzt man, weil sonst der unglaubliche Zufall unverständlich bliebe,

warum die Konstanten gerade diese vorfindlichen Werte haben: ›Starkes Anthropisches Prinzip‹.« So H. D. Mutschler, Weltentstehungstheorien, in: R. Koltermann, Universum – Mensch – Gott, 15–33, zit.: 30. Vgl. dazu auch gleich im 5. Teil A III 1: »Zur Problematik einer natürlichen Theologie«.

[32] **S. 255** So versucht z. B. R. Bernhardt das Wirken der Liebe Gottes in der ganzen Wirklichkeit (einschließlich der materiellen Natur) folgendermaßen zu umschreiben: Sie wirkt »in der Freisetzung kreativer Energie gegen die Dynamik entropischer Strukturauflösungen (die theologisch als ›Segen‹ qualifiziert werden kann); [...] aber auch in der Durchbrechung kreativitätshemmender Systemabschließungen und -verfestigungen; sowie in der Destruktion destruktiver autoteleologischer Egozentrismen«. Was diese Begriffe im Bereich der rein materiellen Natur bedeuten können, bleibt unserem Verstehen weitgehend verschlossen. Leichter ist es schon auf der Ebene des Lebendigen generell; hier wirkt nach R. Bernhardt Gottes Liebe »in der Gabe von lebensermöglichender Kraft, im Aufbau lebenssteigender Strukturen zunehmender Komplexität und Interrelationalität und in der immer neuen Ausrichtung auf das Vollendungsziel in der Fülle des Lebens. Zu dieser ›konstruktiven‹ Wirksamkeit gehört immer auch die ›destruktive‹, wie sie sich etwa in der Sprengung verfestigter lebensfeindlicher Formen vollzieht« (R. Bernhardt, Handeln Gottes, 453). Dass nicht nur Tiere, sondern auch Pflanzen positiv auf jede Art von Zuwendung reagieren, ist jedem Blumenfreund evident.

[33] **S. 256** Vgl. G. Greshake, Der dreieine Gott, 219–325.

[34] **S. 256** R. Schulte, von dem dieses Wort stammt, formuliert es etwas komplizierter: »Partizipatives con-esse und con-vivere cum Deo«, in: Th. Schneider / L. Ullrich (Hgg.), Vorsehung und Handeln Gottes, 144.

[35] **S. 256** Vgl. dazu M. Kehl, Die Kirche, 63–79.

[36] **S. 256** Vgl. dazu M. Kehl, Hinführung zum christlichen Glauben, 124–131; G. Greshake, Theologische Grundlagen des Bittgebetes, in: ThQ 157 (1977), 17–42; G. Greshake / G. Lohfink, Bittgebet – Testfall des Glaubens, Mainz 1978; H. Schaller, Das Bittgebet, Einsiedeln 1979; ders., Verbirg nicht dein Gesicht vor mir. Vom christlichen Bitten und Klagen, Mainz 1982; G. Bachl, Thesen zum Bittgebet, in: Th. Schneider / L. Ullrich (Hgg.), Vorsehung und Handeln Gottes, 192–207; J. Werbick, Gebetsglaube und Gotteszweifel, Münster u. a. 2001, 85–138.

[37] **S. 256** Wenn in der Heiligen Schrift (besonders im AT) viele Texte den Eindruck einer Veränderung Gottes aufgrund menschlichen Bittens hin erwecken (z. B. dass Gott seinen Zorn »bereut« u. Ä.), dann ist das ein bildhafter Ausdruck dafür, dass glaubende Menschen die Erfahrung *ihrer* veränderten Situation auf eine Veränderung des Handelns Gottes zurückführen.

[38] **S. 259** Vgl. G. Greshake, Glück oder Heil?, in: Ders., Gottes Heil – Glück des Menschen, Freiburg 1983, 159–206.

[39] **S. 260** A. Knapp, Brennender als Feuer. Geistliche Gedichte, Würzburg ^{2}2004, 41.

C. Der gute Schöpfer und das Leid der Geschöpfe: Zum Theodizee-Problem

[1] **S. 262** Vgl. G. W. Leibniz, Essais de Théodicée (1697, überarbeitete Fassung 1710); deutsch: Die Theodizee von der Güte Gottes, der Freiheit des Menschen und dem Ursprung des Übels, Darmstadt 1985. Der Begriff »Theodizee« besagt: die Rechtfertigung Gottes vor dem Forum der Vernunft. Kann die Vernunft Gott mit guten Gründen »freisprechen« von der Anklage, die dieselbe Vernunft aufgrund des Leids in der Welt gegen Gott erhebt? Leibniz war davon noch überzeugt, Kant schon nicht mehr.

[2] **S. 262** Nur einige Literaturhinweise: R. Ammicht-Quinn, Von Lissabon bis Auschwitz, Freiburg 1992; W. Beinert (Hg.), Gott – ratlos vor dem Bösen? (QD 177), Freiburg i. Br. u. a. 1999; B. J. Claret, Theologie im Kontext einer »zerbrochenen Welt«, in: ThG 38 (1995), 256–271; M. Fraijó, Dios, el mal y otros ensayos (Editorial Trotta), Madrid 2004; G. Fuchs (Hg.), Angesichts des Leids an Gott glauben?, Frankfurt a. M. 1996; G. Greshake, Wenn Leid mein Leben lähmt. Leiden – Preis der Liebe? Freiburg 1992; H. Häring, Das Problem des Bösen in der Theologie, Darmstadt 1985; H. J. Hermisson, Gott und das Leid. Eine alttestamentliche Summe, in: Theologische Literaturzeitung 128 (2003), 3–18; H. Kessler, Gott und das Leid seiner Schöpfung, Würzburg 2000; A. Kreiner, Gott und das Leid, Paderborn [3]1995; ders., Gott im Leid, Neuauflage Freiburg 2005; J. B. Metz / J. Reikerstorfer, Theologie als Theodizee – Beobachtung zu einer aktuellen Diskussion, in: ThRv 95 (1999), 179–188; G. Neuhaus, Theodizee – Abbruch oder Anstoß des Glaubens, Freiburg 1993; Th. Pröpper, Fragende und Gefragte zugleich. Notizen zur Theodizee, in: Ders., Evangelium und freie Vernunft, Freiburg i. Br. u. a. 2001, 266–275; H. Wagner (Hg.), Mit Gott streiten. Neue Zugänge zum Theodizee-Problem (QD 169), Freiburg i. Br. u. a. 1998 (hier v. a. M. Striet, Versuch über die Auflehnung, 48–89).

[3] **S. 262** A. Kreiner, Gott im Leid, 26.

[4] **S. 262** Augustinus, De mor. Manich. II 3,5.

[5] **S. 263** Vgl. dazu A. Kreiner, Gott im Leid, 17–27.

[6] **S. 263** Dazu ist sicher nicht *jedes* Leid zu zählen; viele Formen von Leid gehören zum Leben dazu, z. B. Schmerz als Signal einer Krankheit, die behandelt werden muss; Leid, das der Liebe zu einem anderen Menschen entspringt; leidvolle Erfahrungen, die den Menschen reifen lassen u. Ä.

[7] **S. 263** Vgl. A. Kreiner, Gott im Leid, 24.

[8] **S. 264** H. Kessler, Gott und das Leid seiner Schöpfung, 14–21.

[9] **S. 264** I. Kant, Über das Misslingen aller philosophischen Versuche in der Theodicee (1791), in: W. Weischedel (Hg.), Werke in 10 Bänden, Bd. 9, Darmstadt 1968, 105–124.

[10] **S. 264** Vgl. dazu die zahlreichen bei A. Kreiner angeführten Autoren.

[11] **S. 265** Vgl. A. Kreiner, Gott im Leid, 26 f., 77 f.

[12] **S. 265** H. Kessler, Gott und das Leid seiner Schöpfung, 16 f.

[13] **S. 265** Ein neueres, sehr eindrucksvolles literarisches Zeugnis einer solchen Verfluchung Gottes findet sich in dem außergewöhnlich erfolgreichen, in 24 Sprachen übersetzten und auch verfilmten Roman von R. Schneider, »Schlafes Bruder« (Reclam Leipzig [15]1996). Unter der Überschrift »Gott fürchtet den Elias« entlädt sich die ganze Verzweiflung des jungen genialen Musikers Elias Alder in einer Orgie des Hasses gegen Gott, die er in die »pervertierte Geste des Gebets« (143) kleidet: »›Ich bin gekommen, Dich zu verfluchen!! Ich bin gekommen, mit Dir ein Ende zu machen!! Du bist kein liebender Gott!! Die Liebe allein war Dir zu wenig!! Du musstest den Hass erschaffen, Du musstest das Böse zeugen!! Oder hast Du etwa den Engel Luzifer nicht erschaffen?! Du hast den Keim des Bösen in ihn gelegt!! Der Engel musste stürzen, weil es Dein ewiger Plan war!!‹

›Also‹, sagte er mit abgründiger Verachtung, ›höre, was ich Dir nun zu sagen habe‹, und beugte sich nahe zur Tür des Schreines, ›wenn Du in Deiner großen Herrlichkeit uns Menschen den Freien Willen gegeben hast‹, flüsterte er, ›dann will ich, Johannes Elias Alder, von dieser Freiheit kosten. Wisse, dass ich mein Unglück nicht annehmen werde. Wisse, dass ich nicht aufhören werde, Elsbeth zu lieben. Wisse, dass ich mich gegen Deine Fügungen stelle. Wisse, dass Du mir keine größeren Schmerzen mehr zufügen kannst, als Du mir zugefügt hast. Von nun an soll Deine Macht nicht mehr in mir wirken. Und wenn ich, Johannes Elias Alder, untergehe, so ist es mein Wille, nicht Dein Wille!‹« (144 f.).

[14] **S. 266** Eine solch kritische Frage an den Glauben wäre z. B. der Vorwurf der religiösen Projektion zur Verharmlosung des Bösen in der Welt (darauf werden wir noch eingehen);

umgekehrt kann der Glaube die atheistische Position befragen, ob denn *solidarisches* Leben auf Dauer und in universaler Weite möglich sei, wenn die natürliche Sinnintention der Freiheit, die ja für ihr Handeln konstitutiv ist, ohne einen universalen, auf Gott hin offenen Sinnhorizont agieren soll. Vgl. dazu Th. Pröpper / M. Striet, Theodizee, in: LThK^3 9, 1396–1398.

[15] **S. 266** Das Wort steht in Georg Büchners Drama »Dantons Tod«, 3. Akt, 1. Szene: »Es gibt keinen Gott [...]. Schafft das Unvollkommne weg, dann allein könnt ihr Gott demonstrieren. Spinoza hat es versucht. Man kann das Böse leugnen, aber nicht den Schmerz; nur der Verstand kann Gott beweisen, das Gefühl empört sich dagegen. Merke dir es, Anaxagoras: Warum leide ich? Das ist der Fels des Atheismus. Das leiseste Zucken des Schmerzes, und rege es sich nur in einem Atom, macht einen Riss in der Schöpfung von oben bis unten.« G. Büchner, Sämtliche Werke, Gütersloh 1963, 81.

Also nicht erst das übermäßige, sondern schon jedes kleinste Leid stellt demnach für das menschliche Gefühl die Existenz Gottes radikal in Frage. Im Grunde wird damit die Endlichkeit generell (als Möglichkeitsbedingung für das Leid) in Frage gestellt. Leibniz hat zwar die Endlichkeit als solche auch als »metaphysisches Übel« bezeichnet (eben weil sie Übel und Leid ermöglicht); aber im Gegensatz zu Büchner hält er die real existierende endliche Welt für die »beste aller möglichen Welten«, weil wir davon ausgehen könnten, dass Gott in seiner Güte unter den vielen Möglichkeiten einer endlichen Welt (von ihren Grundstrukturen, nicht von jedem einzelnen Geschehen her) grundsätzlich die beste Welt gewollt habe.

[16] **S. 267** A. Kreiner, Gott im Leid, 41.

[17] **S. 268** Vgl. F. Seibt, Utopie als Funktion abendländischen Denkens, in: W. Voßkamp (Hg.), Utopieforschung, Bd. 1, Stuttgart 1982, 254–279; K. Löwith, Weltgeschichte und Heilsgeschehen, Stuttgart 1953; M. Kehl, Dein Reich komme, 171–212, 301–345.

[18] **S. 270** Vgl. W. Pannenberg, Schöpfungsglaube und Theodizee, in: Ders., Systematische Theologie II, Göttingen 1991, 188–201.

[19] **S. 271** Vgl. dazu das bekannte Wort von Sören Kierkegaard: »Die ganze Frage nach dem Verhältnis von Gottes Allmacht und Güte zum Bösen kann vielleicht [...] ganz schlicht folgendermaßen aufgelöst werden. Das Höchste, was überhaupt für ein Wesen getan werden kann, höher als alles, wozu einer es machen kann, ist dies: es frei zu machen. Eben dazu, dies tun zu können, gehört Allmacht. [...] Gottes Allmacht ist darum seine Güte.« S. Kierkegaard, Gesammelte Werke, 17. Abteilung: Eine literarische Anzeige, Düsseldorf 1954, 124 f. (Anhang).

[20] **S. 271** Vgl. dazu die ganze Debatte um die Theorie des sog. »free-will-defence«, wie sie bei A. Kreiner zustimmend referiert und rezipiert wird (in: Gott im Leid, 207–393). Ferner H. Kessler, Gott und das Leid seiner Schöpfung, 89–98; ders., Gott, der Kosmos und die Freiheit, Würzburg 1996, 189–232; G. Greshake, Wenn Leid mein Leben lähmt; M. Kehl, Die Tränen eines einzigen Kindes, in: Entschluß 42 (1987), 16–18.

[21] **S. 272** Zit. nach H. Kessler, Gott und das Leid seiner Schöpfung, 98. H. Kessler zitiert hier eine Episode aus Guardinis Leben, die Walter Dirks erzählt und die Kessler bei K. Rahner, Warum lässt Gott uns leiden? (Schriften XIV, 465), gefunden hat.

[22] **S. 272** Siehe Kapitel A. in diesem Teil: Der »springende Punkt« des christlichen Schöpfungsglaubens.

[23] **S. 273** Vgl. V. Brümmer, Speaking of a Personal God, Cambridge 1992; G. Greshake, Wenn Leid mein Leben lähmt; O. Wiertz, Das Problem des Übels in Richard Swinburnes Religionsphilosophie, in: ThPh 71 (1996), 224–256.

[24] **S. 274** W. Pannenberg, Schöpfungsglaube und Theodizee, 191 f.

[25] **S. 274** J. Moltmann, Theologie der Hoffnung, München 1964 (^{13}1997), 11–30, vgl. auch M. Kehl, Und was kommt nach dem Ende?, 20–30.

[26] **S. 274** H. Kessler, Gott und das Leid seiner Schöpfung, 119.
[27] **S. 275** W. Pannenberg, Schöpfungsglaube und Theodizee, 193.
[28] **S. 275** Vgl. J. Moltmann, Der gekreuzigte Gott, München 1972 [Gütersloh [7]2002]; ders., Trinität und Reich Gottes, München 1980 [München [3]1994]; H. Kessler, Gott und das Leid seiner Schöpfung, 99–119; K. H. Menke, Der Gott, der jetzt schon Zukunft schenkt, in: H. Wagner, Mit Gott streiten, 90–130.
[29] **S. 276** Gerade im Leiden Jesu zeigt sich die Wahrheit des (sowohl anthropologisch als auch christologisch gedeuteten) Axioms der Kirchenväter: »Was nicht angenommen ist, ist nicht geheilt bzw. erlöst« (»Quod non assumptum – non sanatum«); vgl. dazu den gleichlautenden Beitrag von A. Grillmeier, Quod non assumptum – non sanatum, in: LThK[2] 8, 954 f.
[30] **S. 277** Vgl. Röm 1,3 f.: »Paulus [...], auserwählt, das Evangelium zu verkünden [...], das Evangelium von seinem Sohn, der dem Fleisch nach geboren ist als Nachkomme Davids, der dem Geist der Heiligkeit nach eingesetzt ist als Sohn Gottes in Macht seit der Auferstehung von den Toten [...]«; vgl. auch Röm 8,11.
[31] **S. 277** D. Bonhoeffer, Widerstand und Ergebung, München [3]1966, 182.

D. Die gute Schöpfung und die Macht der Sünde: Zur Erbsündenlehre (Michael Sievernich)

[1] **S. 279** Zur Bedeutung und Deutung dieser Erzählungen vgl. 2. Teil, A V: »Die von Sünde und Tod beschädigte Schöpfung (Gen 2,4b–3,24)«.
[2] **S. 279** H. Frankemölle (Hg.), Sünde und Erlösung im Neuen Testament (QD 161), Freiburg 1996, 18–52.
[3] **S. 280** Vgl. 2. Teil, B II: »Die Erneuerung der Schöpfung durch Jesus Christus«. Zur Auslegung der paulinischen Theologie vgl. M. Theobald, Überströmende Gnade. Studien zu einem paulinischen Motivfeld, Würzburg 1982, 63–127 (zu Röm 5,12–21).
[4] **S. 280** Zur Dogmengeschichte vgl. L. Scheffczyk, Urstand, Fall und Erbsünde. Von der Schrift bis Augustinus (HDG 2/3a, 1. Teil), Freiburg i. Br. u. a. 1981; H. M. Köster, Urstand, Fall und Erbsünde. In der Scholastik (HDG 2/3b), Freiburg i. Br. u. a. 1979; Ders., Urstand, Fall und Erbsünde. Von der Reformation bis zur Gegenwart (HDG 2/3c), Freiburg i. Br. u. a. 1982.
[5] **S. 281** Augustinus, Der freie Wille (Werke I, 3), übertr. von C. J. Perl, Paderborn 1947.
[6] **S. 281** De lib. arb. I 16,35; II 19,53.
[7] **S. 282** De lib. arb. II 5,15.
[8] **S. 282** De lib. arb. III 19,54.
[9] **S. 282** De lib. arb. III 15,43.
[10] **S. 282** Augustinus, Strafe und Nachlassung der Sünden und Taufe der Kinder (Schriften gegen die Pelagianer, lat.-dt., Bd. I), Einf. und Erläut. A. Zumkeller, Würzburg 1971, 55–301.
[11] **S. 283** De pecc. merit. I 18,23.
[12] **S. 283** De pecc. merit. I 23,33.
[13] **S. 283** De pecc. merit. III 4,8.
[14] **S. 283** De pecc. merit. I 12,15.
[15] **S. 283** K. Schreiner, Si homo non peccasset ... Der Sündenfall Adams und Evas in seiner Bedeutung für die soziale, seelische und körperliche Verfasstheit des Menschen, in: Ders. / N. Schnitzler (Hgg.), Gepeinigt, begehrt, vergessen. Symbolik und Sozialbezug des Körpers im späten Mittelalter und in der frühen Neuzeit, München 1992, 41–84.
[16] **S. 284** De civ. XV 17,1; 7,8.

[17] S. 284 STh I–II q 81.82.
[18] S. 284 STh I–II q 95–97, auch »De regno«.
[19] S. 284 De regno I, 1.
[20] S. 284 De regno I, 14.
[21] S. 285 W. Stürner, Peccatum und Potestas. Der Sündenfall und die Entstehung herrscherlicher Gewalt im mittelalterlichen Staatsdenken (BGQMA 11), Sigmaringen 1987; T. Struve, Die Bedeutung der aristotelischen »Politik« für die natürliche Begründung der staatlichen Gemeinschaft, in: J. Miethke (Hg.), Das Publikum politischer Theorie im 14. Jahrhundert, München 1992, 153–171.
[22] S. 285 K. Rahner, Grundkurs des Glaubens. Einführung in den Begriff des Christentums, Freiburg i. Br. 1976.
[23] S. 286 K. Rahner, ebd., 117; vgl. Ders., Die Sünde Adams, in: Schriften zur Theologie Bd. IX, Einsiedeln 1970, 259–275; Ders., Erbsünde, in: Sacramentum Mundi, Bd. I, Freiburg 1967, 1104–1117.
[24] S. 286 K. Rahner, Grundkurs, 116.
[25] S. 288 K. Rahner, Sacramentum Mundi, Bd. 1, 1114.
[26] S. 288 Ebd., 1115.
[27] S. 288 K. Rahner, Grundkurs, 120.
[28] S. 289 P. Henrici, Die Philosophen und die Erbsünde, in: IkaZ 20 (1991) 329–339.
[29] S. 289 Th. W. Adorno, Negative Dialektik, Frankfurt a. M. 1970, 239; vgl. M. Knapp, »Wahr ist nur, was nicht in diese Welt paßt.« Die Erbsündenlehre als Ansatzpunkt eines Dialoges mit Theodor W. Adorno, Würzburg 1983.
[30] S. 290 R. Nozick, Vom richtigen, guten und glücklichen Leben, München 1991, hier 263, 265 und 267.
[31] S. 290 U. Baumann, Erbsünde? Ihr traditionelles Verständnis in der Krise heutiger Theologie, Freiburg i. Br. u. a. 1970, 182–190.
[32] S. 290 H. Hoping, Freiheit im Widerspruch. Eine Untersuchung zur Erbsündenlehre im Ausgang von Immanuel Kant (IThS 30), Innsbruck 1990, 29 f.
[33] S. 290 Vgl. S. Wiedenhofer, Hauptformen gegenwärtiger Erbsündentheologie, in: IKaZ 20 (1991) 315–328; vgl. ders. (Hg.), Erbsünde – was ist das? Regensburg 1999.
[34] S. 290 Vgl. Ch. Böttigheimer, Der Mensch im Spannungsfeld von Sünde und Freiheit. Die ökumenische Relevanz der Erbsündenlehre (MThS 49), St. Ottilien 1994, 83–105.
[35] S. 291 Vgl. P. Ricoeur, Die »Erbsünde«. Eine Bedeutungsstudie, in: Ders., Hermeneutik und Psychoanalyse. Der Konflikt der Interpretationen II, München 1974, 141–161; Ders., Symbolik des Bösen. Phänomenologie der Schuld II, Freiburg i. Br. u. a. 1971, 270 f.
[36] S. 291 Vgl. P. Schoonenberg, Der Mensch in der Sünde, in: MysSal II (1967), 845–941; vgl. M. Sievernich, Schuld und Sünde in der Theologie der Gegenwart (FThS 29), Frankfurt a. M. ²1983,69–103.
[37] S. 291 E. Drewermann, Strukturen des Bösen, Teil 2: Die jahwistische Urgeschichte in psychoanalytischer Sicht, Paderborn 1977, 540 f.; demnach entsprechen Paradies und Sündenfall der oralen Phase, Kain und Abel der analen Phase, und so weiter bis zu dem der Adoleszenz zugeordneten Turmbau zu Babel.
[38] S. 291 Vgl. T. Kleffmann, Die Erbsündenlehre in sprachtheologischem Horizont. Eine Interpretation Augustins, Luthers und Hamanns, Tübingen 1994.
[39] S. 292 Vgl. H. Hoping, Freiheit im Widerspruch, Innsbruck 1990.
[40] S. 292 Vgl. W. Härle, Dogmatik, Berlin – New York 1995, 475–480.
[41] S. 293 J. Ratzinger, Einführung in das Christentum, München 1971, 179.
[42] S. 293 Sekr. d. Deutschen Bischofskonferenz (Hg.), Stimmen der Weltkirche 8: Die Evangelisierung in der Gegenwart und in der Zukunft Lateinamerikas. Dokument der III. Generalkonferenz des lateinamerikanischen Episkopates in Puebla (1979), Nr. 1113.

[43] **S. 293** Sekr. d. Deutschen Bischofskonferenz (Hg.), Verlautbarungen des Apostolischen Stuhls 82: Enzyklika »Sollicitudo rei socialis« von Papst Johannes Paul II. (1987), Nr. 36f.
[44] **S. 293** Sekr. d. Deutschen Bischofskonferenz (Hg.), Verlautbarungen des Apostolischen Stuhls 60: Apostolisches Schreiben im Anschluss an die Bischofssynode »Reconciliatio et paenitentia« (1984), Nr. 16.
[45] **S. 294** M. Sievernich, Soziale Sünde und soziale Bekehrung, in: Theologie der Gegenwart 36 (1993) 30–44.
[46] **S. 294** O. v. Nell-Breuning, Sozialisierung, in: Stimmen der Zeit 139 (1946/47) 425–436, zit.: 427.
[47] **S. 294** Sekr. d. Deutschen Bischofskonferenz (Hg.), Verlautbarungen des Apostolischen Stuhls 101: Enzyklika »Centesimus Annus« von Papst Johannes Paul II. (1991), Nr. 25.

Exkurs: Zum Verständnis der theologischen Rede vom »Teufel«

[1] **S. 296** Vgl. 2. Teil A V 2 c: »Die Verführung des Menschen zum Bösen (Gen 3,1–7)«.
[2] **S. 296** Dass dieses Thema theologisch zwar gern vernachlässigt wird, dafür aber bei nicht-theologischen Autoren Interesse findet, zeigen zwei Zitate:

1. In einer »metaphysischen Pressekonferenz« lässt der polnische Philosoph Leszek Kolakowski den Teufel sagen: »Es kommt mitunter vor, dass ich in Kirchen gehe und mir die Predigten anhöre, ich lausche aufmerksam und gelassen, wobei ich ein Lächeln tunlichst vermeide. Es geschieht immer seltener und seltener, dass irgendwo ein Prediger – und sei's auch nur ein armer Dorfpfarrer – meiner von der Kanzel herab Erwähnung tut. Weder von der Kanzel herab noch im Beichtstuhl noch anderswo. Ob Sie's mir glauben oder nicht – er schämt sich! Jawohl, es ist nichts weiter als simple Scham. Man könnte ja sagen: Brett vorm Kopf, und: wie primitiv, und: glaubt noch an Märchen, und: ist nicht imstande mit dem Geist der Zeit Schritt zu halten, dem sich schließlich auch die Kirche anzuschließen hätte. [...] Wie denn, meine Herren Theologen? Was ist denn dann mit mir, wenn man fragen darf, obwohl mich [...] die Sache an sich im Grunde kalt lässt. Wo also ist der Platz des gefallenen Engels? Sollte ich am Ende nichts weiter sein als eine Sprache, eine völlig unwesentliche Zierform, die man über Nacht verändert, genauso, wie man seine Krawatten wechselt? Ist der Satan wirklich nur eine rhetorische Figur, ein modus loquendi, eine façon de parler?« So L. Kolakowski, Gespräche mit dem Teufel, München [4]1986, 62.

2. Jürgen Habermas hat in seiner Aufsehen erregenden Friedenspreisrede in der Frankfurter Paulskirche im Oktober 2001 angemahnt, auch die moderne weltanschaulich neutrale und pluralistische Gesellschaft müsse sich »ein Gespür für die Artikulationskraft religiöser Sprachen [bewahren]«. Das bedeutet, sie könne religiöse Begriffe und Symbole nicht einfach über Bord werfen, sondern müsse versuchen, sie zu »übersetzen«. Dies ist nach Habermas im Fall des Teufels noch nicht gelungen: Wir »verfügen [...] noch nicht über einen angemessenen Begriff für die semantische Differenz zwischen dem, was moralisch falsch ist, und dem, was zutiefst böse ist«. Und so kommt Habermas zu dem Fazit: »Es gibt den Teufel nicht, aber der gefallene Erzengel treibt nach wie vor sein Unwesen«. J. Habermas, Glaube und Wissen. Friedenspreisrede 2001, in: Ders., Zeitdiagnosen. Zwölf Essays (1980–2001), Frankfurt a.M. 2003, 249–262, zit.: 258.

[3] **S. 297** G. L. Müller schreibt in seiner »Katholischen Dogmatik« (Freiburg i.Br. u.a. [2]1996) u.a. zum Thema »Engel« bzw. »Teufel«: »Existenz und Wirksamkeit der Engel sind nicht ausdrücklicher Glaubensgegenstand. Im Rahmen der Hinordnung aller Glaubenswahrheiten auf ihr Zentrum ist die Lehre von der Existenz und der heilsgeschichtlichen Bedeutung der Engel nur ein Thema von untergeordneter Bedeutung. Sie wird von der Kirche *mit-geglaubt* und ist im Einzelnen auch der fides implicita anheimgegeben« (123);

d. h. für diese Lehre fordert die Kirche vom einzelnen Gläubigen keine »ausdrückliche und vollreflexe Aneignung« (82); sie soll aber auch nicht einfachhin geleugnet werden (87).

Was speziell den Teufel angeht, heißt es bei G. L. Müller: »Zu einem verselbständigten Teufelsglauben oder einer Dämonen-Furcht besteht kein Anlass [wegen der Entmachtung aller Mächte des Bösen durch Jesus Christus]. Der Teufel ist auch nie ein Grund zur Entschuldigung für eine sich verfehlende menschliche Freiheit, weil er nicht in die personale und ethische Selbständigkeit des Menschen eindringen kann« (124).

4 **S. 297** Vgl. B. J. Claret, Geheimnis des Bösen. Zur Diskussion um den Teufel, Innsbruck [2]2000, 208–236; 393 ff.; ders., Teufel, in: LThK[3] 9, 1365–1368; P. Ricoeur, Symbolik des Bösen, Freiburg i. Br. u. a. [2]1989; W. Kasper / K. Lehmann (Hgg.), Teufel – Dämonen – Besessenheit, Mainz 1978; W. Kasper, Die Lehre der Kirche vom Bösen, in: R. Schnackenburg (Hg.), Die Macht des Bösen und der Glaube der Kirche, Düsseldorf 1979, 68–84; H. Schlier, Mächte und Gewalten im Neuen Testament (QD 3), Freiburg i. Br. u. a. [3]1963; T. Hartmann, »Wo also ist der Platz des gefallenen Engels?« Unveröffentlichte Diplomarbeit, Frankfurt a. M. 2002; U. Leimgruber, Kein Abschied vom Teufel. Eine Untersuchung zur gegenwärtigen Rede vom Teufel im Volk Gottes, Münster u. a. 2004; M. Wagner / U. Niemann u. a., Befreiung vom Bösen? in: StZ 130 (2005), 274–278.

5 **S. 298** Zit. nach B. J. Claret, Teufel, LThK[3] 9, 1366.

6 **S. 299** B. J. Claret, Teufel, LThK[3] 9, 1368.

7 **S. 299** J. Ratzinger, Abschied vom Teufel? In: Dogma und Verkündigung, Freiburg i. Br. u. a. 1973, 225–234 (zit.: 233).

8 **S. 300** Ebd., 233 f.; vgl. auch die Charakterisierung des Bösen von Erik Peterson: »Nach dem heiligen Paulus haben wir nicht gegen Fleisch und Blut zu kämpfen, sondern gegen die Weltherrscher dieser Finsternis, gegen die geistigen Mächte der Bosheit in der Himmelswelt (Eph 6,12), gegen den Herrscher, der Gewalt über die Luft hat (Eph 2,2). Gegen Fleisch und Blut kämpfen, gegen Marx und Hegel, das ist nichts gegenüber dem Atheismus, den wir mit der Luft einatmen. Dieser mit der Luft eingeatmete Atheismus der Weltherrscher droht uns zu erdrücken; er bewirkt, dass unser Gebet nicht zum Himmel aufsteigt; wir verlieren die Fähigkeit zum Beten, die bei den Alten parrhesia genannt wurde.« In: E. Peterson, Marginalien zur Theologie. Ausgewählte Schriften, Bd. 2 (hgg. v. B. Nichtweiß), Würzburg 1995, 146.

A. Schöpfungsglaube und Naturwissenschaften (Hans-Dieter Mutschler)

1 **S. 302** Diese Thematik wurde vom Autor dieses Kapitels ausführlicher behandelt in: H. D. Mutschler, Physik und Religion, Darmstadt 2005.

2 **S. 302** Vgl. 4. Teil C.: »Der gute Schöpfer und das Leid der Geschöpfe: Zum Theodizeeproblem«.

3 **S. 302** Vgl. dazu H. D. Mutschler, Die Gottmaschine. Das Schicksal Gottes im Zeitalter der Technik, Augsburg 1998.

4 **S. 303** J. Monod, Zufall und Notwendigkeit, München [4]1979, 151.

5 **S. 303** L. Wittgenstein, Tractatus logico-philosophicus, Frankfurt a. M. 1980, 4.11 u. 6.521/2.

6 **S. 304** D. Dennett, Consciousness Explained, New York 1993.

7 **S. 304** Kritisch in Bezug auf den Reduktionismus sind z. B.: G. Brüntrup, Mentale Verursachung. Eine Theorie aus der Perspektive des semantischen Realismus, Stuttgart 1994; M. Carrier / J. Mittelstraß, Geist, Gehirn, Verhalten. Das Leib-Seele-Problem und die Philosophie der Psychologie, Berlin 1989; W. Köhler / H. D. Mutschler (Hgg.), Ist der Geist

berechenbar?, Darmstadt 2003; E. Runggaldier, Was sind Handlungen? Eine philosophische Auseinandersetzung mit dem Naturalismus, Stuttgart 1996; T. Zoglauer, Geist und Gehirn. Das Leib-Seele-Problem in der aktuellen Diskussion, Göttingen 1998.

8 **S. 305** B. Kanitscheider, Auf der Suche nach dem Sinn, Frankfurt a. M. 1995; B. Kanitscheider / B. Dessau, Von Lust und Freude, Frankfurt a. M. 2000.

9 **S. 305** B. Kanitscheider u. a., Von Lust und Freude, 25 u. 125.

10 **S. 306** G. Ropohl, Sinnbausteine für ein gelingendes Leben, Leipzig 2000, 314.

11 **S. 306** K. Lorenz, Die Rückseite des Spiegels. Versuch einer Naturgeschichte menschlichen Erkennens, München 1977, 49.

12 **S. 307** Wenn jemand aus anderen Gründen Atheist ist, z. B. weil er das Leiden und das Böse in der Welt sonst nicht einordnen kann, dann wird seine Position von meinen Argumenten nicht berührt.

13 **S. 307** Vgl. 4. Teil B.: »Das Handeln Gottes in der Welt«.

14 **S. 307** K. Rahner, Verantwortung der Theologie im Dialog mit Naturwissenschaften und Gesellschaftstheorie, in: Ders., Sämtliche Werke, Bd. 15 (bearb. v. H. D. Mutschler), Freiburg i. Br. u. a. 2002, 220.

15 **S. 308** A. Peacocke, Gottes Wirken in der Welt. Theologie im Zeitalter der Naturwissenschaften, Mainz ^{7}1998, 66.

16 **S. 309** Einige Beispiele für solche oberflächlichen Synthesen: P. Davies, Gott und die moderne Physik, München 1986; P. Davies, Prinzip Chaos. Die neue Ordnung des Kosmos, München 1988; H. Haken, Erfolgsgeheimnisse der Natur, Frankfurt a. M. 1984; I. Prigogine / I. Stengers, Dialog mit der Natur, München 1981; I. Prigogine / I. Stengers, Das Paradox der Zeit. Zeit, Chaos und Quanten, München 1993.

17 **S. 309** So behauptet S. Daecke z. B.: »Die Zeiten, in denen Naturwissenschaft und Religion als unvereinbare Gegensätze betrachtet wurden, sind längst vorbei« (S. M. Daecke (Hg.), Naturwissenschaft und Religion. Ein interdisziplinäres Gespräch, Mannheim 1993, 7). Entsprechend auch A. Ganoczy: Der »naturwissenschaftliche Materialismus« ist »am Sterben«; auch könne man sehen, »dass ›der Geist‹ zunehmend Einzug hält« in die »Sprache heutiger Physiker« (A. Ganoczy, Suche nach Gott auf den Wegen der Natur. Theologie, Mystik, Naturwissenschaft – ein kritischer Versuch, Düsseldorf 1992, 220). Das sind eher fromme Wunschvorstellungen. Man braucht nur einen Blick auf die heutige Debatte in der Hirnphysiologie zu werfen, um zu sehen, dass der szientifische Materialismus nichts von seiner Wucht verloren hat.

18 **S. 309** Vgl. die Arbeiten der folgenden Autoren, die sich alle den populärwissenschaftlichen Synthesen verweigern, um stattdessen die philosophische Grundlagenreflexion ernst zu nehmen: I. G. Barbour, Wissenschaft und Glaube. Historische und zeitgenössische Aspekte, Göttingen 2003; P. Clayton, Rationalität und Religion. Erklärung in Naturwissenschaft und Theologie, Paderborn 1992; J. Polkinghorne, Science and Creation, London 1988; J. Polkinghorne, Beyond Science, Cambridge 1996; J. Polkinghorne, Belief in God in an Age of Science, London 1998.

19 **S. 309** S. Weinberg, Die ersten drei Minuten. Der Ursprung des Universums, München 1980, 162.

20 **S. 309** »Argument from design« ist eine in den Vereinigten Staaten verbreitete, häufig fundamentalistisch verstandene Neuformulierung des klassischen *teleologischen* Gottesbeweises. Man geht dabei von der Vorstellung eines »intelligent design« (also eines »intelligenten Entwurfs«) aus, der den Lebensprozessen als immanenter Sinn und Zweck zu Eigen ist; man könne diesen Sinn auch empirisch erkennen, weil er eine objektive, der Naturwissenschaft zugängliche Qualität der Natur sei. Vgl. H. D. Mutschler, Intelligent Design. Spricht die Evolution von Gott? in: HerKorr 59 (2005), 497–500.

21 **S. 310** Vgl. I. G. Barbour, Wissenschaft und Glaube, 141.

22 **S. 311** Vgl. J. Polkinghorne, Belief in God, 5 f.
23 **S. 311** Dies erklärt, weshalb bedeutende Physiker wie Paul Dirac die Einfachheit der Natur beeindruckend fanden, ohne deshalb im Geringsten auf Gott zu schließen (Dirac war Atheist).
24 **S. 311** Vgl. J. D. Barrow / F. J. Tipler, The Anthropic Cosmological Principle, Oxford 1986. Vgl. auch 4. Teil B: Das Handeln Gottes in der Welt, Anm. 31.
25 **S. 311** Vgl. J. Polkinghorne, Belief in God, 24.
26 **S. 312** Ein Neothomist wie Zeno Bucher hat dies im Ernst getan: Er wolle zeigen, dass die moderne Atomphysik unvollständig sei, wenn wir nicht ein Sinn gebendes Entelechieprinzip hinzudächten; vgl. Z. Bucher, Die Innenwelt der Atome. Ergebnisse der Atomphysik, naturphilosophisch bearbeitet, Luzern 1946. Solche kulturkonservativen Nachhutgefechte sind heute zu Recht vergessen.
27 **S. 312** A. N. Whitehead, Prozess und Realität, Frankfurt a. M. 1987.
28 **S. 312** So z. B. J. Polkinghorne und I. G. Barbour. Eine allgemeine Metaphysik wie die whiteheadsche müsste natürlich viel ausführlicher abgehandelt werden. Vgl. dazu H. D. Mutschler, Naturphilosophie, Stuttgart 2002, 30 ff.; ders., Physik und Religion, 261 ff.
29 **S. 313** So etwa von den folgenden Autoren: D. Bohm, Die implizite Ordnung. Grundlagen eines dynamischen Holismus, München 1985; F. Capra, Das Tao der Physik, München, 9 1987; H. P. Dürr (Hg.), Physik und Transzendenz, München 3 1989.
30 **S. 313** So deutet auch Pannenberg das anthropische Prinzip; vgl. W. Pannenberg, Systematische Theologie, Bd. II, Göttingen 1991, 138.
31 **S. 314** Die Differenz zwischen offenen und geschlossenen Systemen lässt sich am Menschen selbst verdeutlichen: Solange wir leben sind wir – im physikalischen Sinn – offene Systeme, weil wir von Materie, d. h. von Nahrung, durchströmt werden. Dabei verwandeln wir hochgeordnete Materie in ungeordnete (Toiletten sind physikalisch notwendig). Unseren eigenen hohen Ordnungszustand können wir nur dadurch aufrecht erhalten, dass wir umso mehr Ordnung in Unordnung oder umso mehr Unwahrscheinliches in Wahrscheinlicheres verwandeln. Im Tod werden wir zu geschlossenen Systemen und deshalb können wir unseren Ordnungszustand nun nicht mehr aufrechterhalten: Wir zerfallen selbst und gehen in den wahrscheinlicheren Zustand des Ungeordnetseins über. Weil das Universum als Ganzes ein geschlossenes System ist, wird es auch einmal im völligen Chaos enden.
32 **S. 314** Ein gutes Buch zu Chaos- und Selbstorganisationstheorien stammt von dem Physiker und Philosophen T. Leiber: Kosmos, Kausalität und Chaos. Naturphilosophische, erkenntnistheoretische und wissenschaftstheoretische Perspektiven, Würzburg 1996. Dieses Buch erteilt mit guten Gründen allen populärwissenschaftlichen Synthesen eine Absage, wie sie insbesondere in Deutschland so beliebt sind. Eine gute, kritische Darstellung gibt es auch von dem Theologen und Mathematiker W. Achtner: Die Chaostheorie. Geschichte, Gestalt, Rezeption, EZW-Texte, Berlin 1997.
33 **S. 315** Er selbst legt oft eine andere Lesart nahe, wonach seine Synthese harte, empirische Wissenschaft sei; vgl. P. Teilhard de Chardin, Der Mensch im Kosmos, München 1969, 15. Vielleicht wollte er damit der Zensur entgehen, die ihm philosophische und theologische Publikationen verbot. Jedenfalls konnte er diesen Anspruch nicht einlösen. Vgl. den Exkurs: Zur Schöpfungsspiritualität von Pierre Teilhard de Chardin (nach 5. Teil B).
34 **S. 315** Dies impliziert, dass Theologie eine klare Option bezüglich des Verhältnisses von Wissenschaft und Lebenswelt, von formalen und natürlichen Sprachen, treffen muss. Für den Theologen ist die in der natürlichen Sprache beschriebene Lebenswelt primär und alle formalen, stilisierten Sprachen sind davon abhängig. Fasst man die Abhängigkeit andersherum, wie das von vielen Wissenschaftstheoretikern seit dem Wiener Kreis gesehen wird, dann hat Theologie keinen Ort mehr. Wie die Abhängigkeit zu fassen ist, muss aber philosophisch begründet werden; vgl. H. D. Mutschler, Naturphilosophie.

[35] **S. 315** E. Mayr, Eine neue Philosophie der Biologie, München 1991, 31.
[36] **S. 316** Vgl. R. Dawkins, Das egoistische Gen, Berlin 1978; E. Voland, Grundriss der Soziobiologie, Berlin ^{2}2000; E. Wilson, Sociobiology, Cambridge 2000.
[37] **S. 316** Diese These vertritt noch P. Erbrich in seiner Monographie über den Zufall: P. Erbrich, Zufall. Eine naturwissenschaftlich-philosophische Untersuchung, Stuttgart 1988.
[38] **S. 317** Ein einfaches Beispiel: Wenn ich in einem völlig dunklen Raum (ohne Taschenlampe und Streichhölzer) nach dem Lichtschalter suche, um etwas sehen zu können (also einen Zweck verfolge), kann ich diesen Zweck nur dadurch erreichen, dass ich lange genug herumtaste und irgendwann zufällig den Schalter finde.
[39] **S. 317** So auch die These bei M. Polanyi, Implizites Wissen, Frankfurt a. M. 1985, 42. Ich habe den Gedanken näher ausgeführt in meiner Naturphilosophie, 161 ff. Ein Beispiel für ein solches technisches Gerät: Als G. Galilei das Fallgesetz entdeckte, konnte er genau die (in jedem Fall parabolisch verlaufende) Bahn einer Kanonenkugel berechnen. Der dabei zu berücksichtigende Winkel allerdings, in dem die Kanone eingestellt wird (z. B. ob flach oder steil), gehört zu den kontingenten Anfangsbedingungen, die für den jeweiligen Fall sehr zweckmäßig, aber in Beziehung zu dem Gesetz der Kugelbahn zufällig sind.
[40] **S. 317** I. Kant, Kritik der Urteilskraft, Hamburg ^{6}1974, B 344.
[41] **S. 317** P. Teilhard de Chardin, Mensch, 105; A. Peacocke, Gottes Wirken, 72; I. G. Barbour, Wissenschaft und Glaube, 302.
[42] **S. 317** J. Monod, Zufall und Notwendigkeit, 106.
[43] **S. 317** B. Kanitscheider, Auf der Suche nach Sinn, 37 u. 97.
[44] **S. 318** P. Teilhard de Chardin, Der Mensch im Kosmos, 105.
[45] **S. 318** K. Rahner, Verantwortung der Theologie, 325.
[46] **S. 319** T. Nagel, Letzte Fragen, Mainz 1996, 229 ff.
[47] **S. 319** P. Teilhard de Chardin, Der Mensch im Kosmos, 61.
[48] **S. 320** K. Rahner, Verantwortung der Theologie, 219 ff.
[49] **S. 320** Schützenhilfe erhält eine solche evolutive Metaphysik von Seiten unseres gewandelten normativen und juridischen Naturverhältnisses. Die Schweiz nahm als erstes Land im Jahr 1992 den Schutz der Würde der Kreatur in ihre Verfassung auf. Die Philosophen deuten dies so, dass Natur nun nicht mehr als bloßer Sachzusammenhang, sondern als ein gestuftes Reich intrinsischer Werte angesehen wird. Dies entspricht in keiner Weise einem rein kausalen Naturverständnis, passt aber gut zur hier vertretenen metaphysischen Naturauffassung. Vgl. P. Balzer u. a. (Hgg.), Was heißt Würde der Kreatur? Bundesamt für Umwelt, Bern 1997.
[50] **S. 320** K. Rahner, Verantwortung der Theologie, 364–374.
[51] **S. 320** Ebd., zit: 372.
[52] **S. 321** H. Vorgrimler, Selbsttranszendenz, in: Ders., Neues Theologisches Wörterbuch, Freiburg i. Br. u. a. 2000, 571 f.
[53] **S. 321** Das metaphysische Problem stellt sich in der Physik ganz anders als in der Biologie. Die Gegenstände der Physik können in einer mathematischen, quantitativ bestimmten Sprache hinreichend beschrieben werden, was bei Lebensphänomenen nicht der Fall ist. Beschreiben wir die Lebensphänomene vollständig, so werden wir um finale Kategorien nicht herumkommen. Dann sind wir aber mitten in der Metaphysik, die zwar keinen strengen Gottesbeweis ermöglicht, aber mit der Existenz Gottes konsistenter verträglich ist als mit dem Gegenteil (vgl. die Untersuchung über die Unabdingbarkeit teleologischer Kategorien in der Biologie: E. M. Engels, Die Teleologie des Lebendigen, Berlin 1982).
[54] **S. 321** Ich beziehe dieses Urteil nur sekundär auf die Grundgesetze physikalischer Kosmologie. Diese sind so abstrakt, dass wir nicht wissen, wie wir sie einordnen sollen. Aber das weiß ein Atheist auch nicht. Er akzeptiert sie einfach als factum brutum. Theologie

muss nicht alle Probleme lösen können. Das kann auch sonst niemand und ist daher auch vom christlichen Glauben nicht zu fordern.

B. Schöpfungsglaube und eine naturreligiöse Schöpfungsspiritualität

1 **S. 322** M. Fox, Der Große Segen. Umarmt von der Schöpfung, München 1991; ders., Vision vom kosmischen Christus. Aufbruch ins 3. Jahrtausend, Stuttgart 1991; ders. Schöpfungsspiritualität. Heilung und Befreiung für die Erste Welt, Stuttgart 1993.

2 **S. 322** M. Fox, Der Große Segen, 28 f.

3 **S. 323** M. Fox, Schöpfungsspiritualität, 33; in den vier Kapiteln des »Großen Segens« werden diese »vier Pfade« ausführlich entfaltet.

4 **S. 323** F. R. Rohr, Vorwort zu M. Fox, Der Große Segen, 10 f.

5 **S. 323** F. R. Rohr, ebd.

6 **S. 324** M. Fox, Schöpfungsspiritualität, 15.

7 **S. 324** M. Fox, ebd.; die nun folgende »Neue Schöpfungsgeschichte« findet sich auf S. 15–18.

8 **S. 326** Z. B. unter der naturwissenschaftlichen Perspektive, die die empirischen Fakten erhebt; unter einer philosophischen, die nach dem innerweltlichen Sinn dieser Fakten für den Menschen fragt; und schließlich auch unter einer religiösen, die die Heilsbedeutung unserer Wirklichkeit für den Menschen erschließt, also ihr transzendentes Woher und Wohin.

9 **S. 328** M. Fox, Schöpfungsspiritualität, 31 f.

10 **S. 328** Vgl. das treffende Bonmot: »Wer sich mit dem Zeitgeist verheiratet, findet sich schnell als Witwe wieder.«

Exkurs: Zur Schöpfungsspiritualität von Pierre Teilhard de Chardin«

1 **S. 329** Die Bedeutung Teilhards als Naturwissenschaftler ist unbestritten: »Von 1925–1946 lebte und arbeitete Teilhard in China, gewann Ansehen unter den Wissenschaftlern und war in der wichtigen Aufgabenstellung der Stratigraphie entscheidend an der Ausgrabung des Homo Pekinensis beteiligt. Seine wissenschaftlichen Arbeiten haben grundlegend dazu beigetragen, dass es heute eine Geologie Chinas gibt. Seine Abhandlungen gehören immer noch zu der Grundlage, auf der die heutigen Geologen und Paläontologen Chinas weiterarbeiten. Die über zweihundert naturwissenschaftlichen Veröffentlichungen Teilhards sind für sich genommen ein großes wissenschaftliches Lebenswerk, das von der Académie Française durch die Aufnahme Teilhards in ihre Reihe die höchste Anerkennung fand, die in Frankreich einem Wissenschaftler widerfahren kann.« So K. Schmitz-Moormann, Pierre Teilhard de Chardin. Evolution – die Schöpfung Gottes, Mainz 1996, 17. Dort weitere Literaturangaben.

2 **S. 329** Vgl. dazu die klare und kurze Zusammenfassung von A. Haas, Teilhard de Chardin – unvergessen und unvergesslich, in: Hochschule für Philosophie München (Hg.), Jahresbericht 1979/80, 1–17.

3 **S. 329** Vgl. dazu auch den Beitrag von H. D. Mutschler in diesem 5. Teil, A.

4 **S. 330** P. Teilhard de Chardin, Wissenschaft und Christus, in: P. Teilhard de Chardin, Werke, Bd. 9, Olten 1970, 222.

5 **S. 331** K. Schmitz-Moormann, Ein zu früh geborener Prophet? Weg und Werk des Teil-

hard de Chardin, in: H. Häring / K. J. Kuschel (Hgg.), Gegenentwürfe, München 1988, 295.

[6] **S. 331** Vgl. I. G. Barbour, Wissenschaft und Glaube, 347; vgl. dazu auch H. D. Mutschler, Spekulative und empirische Physik, Stuttgart 1990, 188–205; K. Holz, Evolution und Geist, Frankfurt a.M. 1981, 14; L. Boros, Evolutionismus und Spiritualität (1959/60), in: K. Schmitz-Moormann (Hg.), Teilhard de Chardin in der Diskussion, Darmstadt 1986, 352 ff. Kritisch beurteilt H. U. v. Balthasar die Schöpfungsspiritualität Teilhard de Chardins in: H. U. v. Balthasar, Die Spiritualität Teilhards de Chardin, in: Wort und Wahrheit 18 (1963), 339–350.

C. Schöpfungsglaube und ökologische Ethik

[1] **S. 332** Die Grenzen des Wachstums. Bericht des Club of Rome zur Lage der Menschheit, Stuttgart 1972.

[2] **S. 332** Vgl. dazu L. White jr., The Historical Roots of our Ecological Crisis, in: Science 155 (1967), 1203–1207; C. Amery, Das Ende der Vorsehung. Die gnadenlosen Folgen des Christentums, Hamburg 1972; D. Degenhardt, Christentum und Ökologie, Starnberg 1979. Aus biblischer Perspektive hat darauf sehr überzeugend (nicht apologetisch) O. H. Steck geantwortet: Welt und Umwelt, Stuttgart 1978; die verschiedensten theologischen und ethischen Perspektiven kommen zur Sprache in: G. Altner (Hg.), Ökologische Theologie, Stuttgart 1989. Eine gute Textauswahl zu dieser gesamten Problematik bietet die Textsammlung: Ökologische Theologie und Ethik I u. II (bearbeitet v. H. Halter u. W. Lochbühler), erschienen in der Reihe: Texte zur Theologie, Abt. Moraltheologie (hgg. v. G. W. Hunold), Graz u. a. 1999.

[3] **S. 332** Für eine erste Übersicht seien hier nur genannt: M. Vogt, Umwelt, Umweltschutz, in: $LThK^3$ 10, 370–373; A. Auer, Umweltethik, Düsseldorf 1984; H. Kessler, Das Stöhnen der Natur, Düsseldorf 1990; Ch. Link, Schöpfung, Gütersloh 1991, bes. 455–493; J. Moltmann, Gott in der Schöpfung, München 1985; U. Winkler, Vom Wert der Welt. Das Verständnis der Dinge in der Bibel und bei Bonaventura. Ein Beitrag zu einer ökologischen Schöpfungstheologie, Innsbruck u. a. 1997. Eine kurze, immer noch lesenswerte, das Thema sehr kompetent angehende Stellungnahme zu dieser Thematik bietet die »Gemeinsame Erklärung des Rates der Evangelischen Kirche in Deutschland und der Deutschen Bischofskonferenz: Verantwortung wahrnehmen für die Schöpfung«, Köln 1985.

[4] **S. 333** So H. Halter / W. Lochbühler in der Einleitung zur Textsammlung: Ökologische Theologie und Ethik I, 14 f. Sie übernehmen damit die Begriffsbestimmung von G. M. Teutsch, Ökologie, in: Ders., Lexikon der Umweltethik, Göttingen 1985, 81 f. Vgl. auch H. Baranzke, Ökologie – Natur – Schöpfung, in: StdZ 116 (1991), 695–706.

[5] **S. 333** Der evangelische Theologe M. Huppenbauer macht in seinem Buch »Theologie und Naturethik« (Stuttgart 2000) darauf aufmerksam, dass sich die wissenschaftlich geführte Umweltdiskussion in den letzten dreißig Jahren weiterentwickelt hat, v. a. von der anfänglichen Frage der Ressourcenknappheit hin zur Frage der »Absorptionsfähigkeit von Umweltsystemen wie Luft, Wasser und Boden«. Ebenso seien auch die wissenschaftlichen Modelle und Methoden viel komplexer geworden, eben »spezialisiert und diszipliniert«, weithin ohne weltanschaulichen Ballast (13). Vgl. auch D. v. d. Pfordten, Ökologische Ethik, Hamburg 1996.

[6] **S. 333** H. Halter / W. Lochbühler, Ökologische Theologie und Ethik I, 15.

[7] **S. 333** S. o., Einleitung II 1a: Die Evolution als »Dogma« einer neuen Naturmystik.

[8] **S. 334** M. Huppenbauer, Theologie und Naturethik, 13 f.

[9] **S. 335** F. W. Graf, Von der creatio ex nihilo zur »Bewahrung der Schöpfung«, in: ZThK 87 (1990), 206–223, Zitate 220 f.
[10] **S. 335** A. Auer, Umweltethik, 13; vgl. auch 222–239. Was das konkret heißt, zeigt sich sehr klar in dem lesenswerten Buch von H. Kessler, Das Stöhnen der Natur, in dem er im abschließenden 5. Kapitel »ökologische Imperative und praktische Konsequenzen im privaten, ökonomischen und politischen Bereich« aufstellt (111–137); sie sind durchgehend nicht als spezifisch christlich anzusehen, sondern universal einsichtig. Das Besondere einer christlichen Schöpfungsethik besteht nach H. Kessler darin, dass sie die »wesentlichen Intentionen der heute generell vertretenen anthropozentrischen, pathozentrischen, biozentrischen und holistischen Ansätze integriert«; sie stellt »diese auf eine neue Grundlage, gibt ihnen eine tiefere Begründung, verleiht in der Hoffnungslosigkeit eine Perspektive und eine dauerhafte Motivierung« (114). Vgl. auch M. Huppenbauer, Theologie und Naturethik, 19.
[11] **S. 338** Dazu mehr in diesem Kapitel C. (3. Verantwortung in eschatologischer Gelassenheit).
[12] **S. 338** M. Huppenbauer, Theologie und Naturethik, 88–93. Vgl. dazu auch H. J. Höhn, Vernunft – Glaube – Politik, Paderborn 1990.
[13] **S. 338** Vgl. dazu auch J. Ratzinger, Im Anfang schuf Gott. Konsequenzen des Schöpfungsglaubens, Einsiedeln 1996, 40–44.
[14] **S. 339** Vgl. G. M. Teutsch, Lexikon der Umweltethik, Göttingen – Düsseldorf 1985, 68 f.; Gemeinsame Erklärung: Verantwortung wahrnehmen für die Schöpfung, 33–39; A. Auer, Umweltethik, 222–225; H. Kessler, Das Stöhnen der Natur, 50–65; H. J. Höhn, Zustimmen, Würzburg 2001, 83–89; G. Fuchs, Mit-Geschöpflichkeit, in: Ders. (Hg.), Mensch und Natur, Frankfurt a. M. 1989, 187–206.
[15] **S. 339** Noch viele andere diesbezügliche Bibelstellen finden sich bei H. Kessler, Das Stöhnen der Natur, 50–58.
[16] **S. 339** Vgl. dazu H. Halter / W. Lochbühler, Ökologische Theologie und Ethik II, 41–85; 95–127. Zuweilen wird das »Besondere« des Menschen fast nur noch darin gesehen, dass er die natürliche Ordnung stören und zerstören kann – der Mensch als »Störenfried« im harmonischen Biotop Erde; vgl. O. H. Steck, Welt und Umwelt, 69.
[17] **S. 339** Vgl. dazu F. Ricken, Anthropozentrismus versus Biozentrismus?, in: ThPh 62 (1987), 1–21. F. Ricken vertritt eine (gemäßigt) biozentrische Auffassung, nach der alle nichtmenschlichen Lebewesen (also Tiere und Pflanzen) wegen ihrer Empfindungsfähigkeit und damit der Möglichkeit, Bedürfnisse und Interessen zu haben (z. B. nach Nahrung und Licht), als »moral patient« (moralisches Objekt) anzusehen sind; als solche sind sie vom Menschen wegen ihrer (analogen) Eigenzwecklichkeit in seinen ethischen Überlegungen zu berücksichtigen. Die Sonderstellung des Menschen besteht genau darin, dass er allein ein »moral agent« (sittliches Subjekt) ist.
[18] **S. 339** H. Kessler, Das Stöhnen der Natur, 52; H. J. Höhn, Zustimmen, 81–89 (ich übernehme hier weitgehend seine Argumentation). Vgl. dazu auch E. Jüngel, Gott als Geheimnis der Welt, Tübingen 1977.
[19] **S. 340** Vgl. F. Ricken, Anthropozentrismus versus Biozentrismus?, 18 f.
[20] **S. 341** Vgl. 2. Teil A, IV 2: Die Welt als »Lebenshaus für Mensch und Tier«.
[21] **S. 341** H. J. Höhn, Zustimmen, 87.
[22] **S. 342** D. Sölle, Lieben und arbeiten, Stuttgart 1985, 209 f. In dieser Position spiegelt sich die bekannte These des Philosophen Günther Anders, der bereits 1959 schrieb: »Die Epoche, in der wir leben, ist, selbst wenn sie endlos währen sollte, die endgültig letzte Epoche der Menschheit. […] Wir leben in der Zeit des Endes, nämlich derjenigen Epoche, in der wir ihr Ende täglich hervorrufen können.« G. Anders, Die atomare Drohung, München 1983, 55 f. Vgl. zu dieser Thematik auch H. Jonas, Das Prinzip Verantwortung, Frank-

furt a. M. 2003 (Erstausgabe 1979); J. Moltmann, Gerechtigkeit schafft Zukunft, München – Mainz 1989; ders., Die atomare Katastrophe: Wo bleibt Gott?, in: EvTh 47 (1987), 50–60; Ch. Link, Schöpfung, Gütersloh 1991, 480–493; G. Altner, Bewahrung der Schöpfung und Weltende, in: Ders., Ökologische Theologie, 409–423.

[23] **S. 342** Vgl. U. H. J. Körtner, Weltangst und Weltende, Göttingen 1988; M. Kehl, Dein Reich komme, 114–124. Vergleichbares gilt auch für die zu allen Zeiten in bestimmten christlichen Sekten und kirchlichen Randgruppen florierende Apokalyptik; vgl. M. Kehl, Und was kommt nach dem Ende?, 78–90.

[24] **S. 343** Vgl. J. Römelt, Theologie der Verantwortung, Innsbruck 1991; B. Friedrich, Christsein im Angesicht möglicher kollektiver Selbstvernichtung (unveröff. Diplomarbeit), Frankfurt a. M. 2005.

[25] **S. 343** Vgl. dazu M. Kehl, Und was kommt nach dem Ende?, v. a. das 9. Kapitel: Hoffnung für den ganzen Kosmos: »Der neue Himmel und die neue Erde«, 157–165.

[26] **S. 344** Vgl. das Adventslied von Jochen Klepper (1903–1942): »Die Nacht ist vorgedrungen, der Tag ist nicht mehr fern. / So sei nun Lob gesungen / dem hellen Morgenstern! / Auch wer zur Nacht geweinet, / der stimme froh mit ein. / Der Morgenstern bescheinet / auch deine Angst und Pein.« (Gotteslob Nr. 111, 1. Strophe).

[27] **S. 344** Vgl. M. Kehl, Dein Reich komme, 240–251.

D. Christlicher und muslimischer Schöpfungsglaube

[1] **S. 346** Vgl. dazu Ch. Troll, Muslime fragen, Christen antworten (Topos-Plus 489), Kevelaer 2003, 15–22.

[2] **S. 347** Ich stütze mich hier besonders auf A. Th. Khoury, Einführung in die Grundlagen des Islams, Graz [2]1981; T. Nagel, Geschichte der islamischen Theologie. Von Mohammed bis zur Gegenwart, München 1994; Ch. Schirrmacher, Der Islam. Geschichte – Lehre – Unterschiede zum Christentum, Bd. 1 u. 2, Stuttgart 2003; M. S. Abdullah, Islam. Muslimische Identität und Wege zum Gespräch, Düsseldorf 2002, 35–39.

[3] **S. 348** A. Th. Khoury, Einführung in die Grundlagen des Islams, 124 f.

[4] **S. 348** M. S. Abdullah, Islam, 41–46; Ch. Schirrmacher, Der Islam, Bd. 1, 138–144; W. Montgomery Watt / A. T. Welch, Der Islam, Stuttgart u. a. 1980, 214–217.

[5] **S. 349** Zitiert aus: Der Koran. Übersetzung von R. Paret, Stuttgart u. a. 1966, 216 f.; Klammern so im Original. Wir zitieren nach der üblichen Weise die Nummer der jeweiligen Sure und den betreffenden Vers. Andere Suren zum Schöpfungsglauben des Korans hat B. Huber-Rudolf zusammengestellt in: Dies., »Wollt ihr wirklich nicht an den glauben, der die Erde in zwei Tagen geschaffen hat?«, in: Ökumenische Zeitschrift für den Religionsunterricht, 26 (1996), 101–103. Vgl. A. Th. Khoury, Einführung in die Grundlagen des Islams; ders., Jüdisch-islamische Schöpfungslehren und ihr Auftrag an den Menschen, in: Ordensnachrichten 39/2000, 13–24; H. Küng u. a., Christentum und Weltreligionen, München 1984, A. Islam und Christentum, III. Gottesbild und islamische Mystik, Menschenbild und Gesellschaft (verf. von J. van Ess), 119–136; dazu die Antwort aus christlicher Perspektive von H. Küng, 137–155; Encyclopaedia of the Qur'an, Bd. 1, Creation (D. C. Peterson), Leyden – Boston – Köln 2001, 472–480.

[6] **S. 350** M. S. Abdullah, Islam, 44.

[7] **S. 350** Das arabische Wort für Zeichen »âyâh« hat auch die Bedeutung: »Koranvers«. Das kalligraphisch schön geschriebene Wort Gottes im Koran gilt gleichsam als das Schrift gewordene Ebenbild der schönen Schöpfung; vgl. H. Reintjens-Anwari, Ikone Gottes in den Zeichen der Schöpfung, in: Una sancta 50 (1995), 204–216, bes. 206 f.

[8] **S. 350** Vgl. A. Schimmel, Die Zeichen Gottes. Die religiöse Welt des Islam, München ^{3}2002, bes. Kap. VI: Gott und seine Schöpfung, 271–296.
[9] **S. 351** T. Nagel, Geschichte der islamischen Theologie, 27.
[10] **S. 351** J. Bouman, Gott und Mensch im Koran, Darmstadt 1977, 6.
[11] **S. 351** Vgl. A. Schimmel, Die Zeichen Gottes, 283 f.
[12] **S. 352** Vgl. A. Th. Khoury, Jüdisch-islamische Schöpfungslehren, 17–20 (zit.: 20).
[13] **S. 352** N. Elyas, Ethische Grenzen des Machbaren. Islam, Wissen und Wissenschaft, in: Dialog der Religionen, 8 (1998), 39–47 (zit.: 41).
[14] **S. 352** N. Elyas, ebd., 39 f.
[15] **S. 352** Vgl. J. Bouman, Gott und Mensch im Koran, 184–189. Der »Sündenfall« des ersten Menschen führt zwar zur Vertreibung der ganzen Menschheit aus dem Paradies, aber eine »ursündliche« Schwächung der menschlichen Natur, vor allem des menschlichen Verstandes, den Willen Gottes zu erkennen, und seines Willens, ihm zu gehorchen, ist nach dem Koran dadurch nicht eingetreten. Die Reue Adams nach seinem Ungehorsam hat Gottes »Rechtleitung« des Menschengeschlechtes wieder hergestellt.
[16] **S. 353** T. Nagel, Geschichte der islamischen Theologie, 26 f.
[17] **S. 353** Vgl. Ch. Schirrmacher, Der Islam, Bd. 1, 225–229.
[18] **S. 353** So L. Gardet, Allah, in: Encycopedia of Islam (New Edition), Bd. 1, Leiden u. a. 1960, 406–417, zit.: 409.
[19] **S. 353** Vgl. J. van Ess, Gottesbild und islamische Mystik, Menschenbild und Gesellschaft, in: H. Küng u. a., Christentum und Weltreligionen, 120–122. In der muslimischen Mystik wird der Begriff Liebe allerdings vertieft, insofern damit eine wechselseitige, selbstlose Hingabe zwischen Gott und Mensch bezeichnet wird, die darauf zielt, dass der Mensch sich ganz in Gott hinein verliert und in ihm aufgeht. Vgl. dazu J. van Ess, ebd., 122–124.
[20] **S. 354** A. Schimmel, Die Zeichen Gottes, 278. Vgl. auch W. Montgomery Watt / A. T. Welch, Der Islam, 215 f.; A. Th. Khoury, Einführung in die Grundlagen des Islams, 143–146; J. van Ess, Gottesbild und Mystik, 124–126; Ch. Schirrmacher, Der Islam, Bd. 1, 221 f.
[21] **S. 355** A. Th. Khoury, Einführung in die Grundlagen des Islams, 145 f.
[22] **S. 355** Vgl. die vielen Stellen, die A. Th. Khoury und Ch. Schirrmacher in den zitierten Schriften hierzu anführen.
[23] **S. 355** J. van Ess, Gottesbild und Mystik, 127 f.
[24] **S. 356** H. Stieglecker zitiert in diesem Zusammenhang den zeitgenössischen Kairoer Theologen al Didjwi: »Wir wissen, dass wir einen Gott haben, der keinen Gefährten hat, und in Anbetracht seines göttlichen Wesens ist es ausgeschlossen, dass irgendetwas außerhalb seines Machtbereiches ist. [...] Und wir wissen, dass wir freiwillige Werke haben, und zweifeln nicht, dass sie mit unserem freien Willen geschehen. So glauben wir demnach an das erste Glied dieser Kette (an die uneingeschränkte Macht Gottes) und an das letzte (die Tätigkeit des Menschen), wir lassen aber außer Betracht das, was zwischen beiden ist.«, In: H. Stieglecker, Die Glaubenslehren des Islam, Paderborn 1962, 121.
[25] **S. 356** Vgl. dazu die zahlreichen Belege bei A. Th. Khoury, Jüdisch-islamische Schöpfungslehren, 18.
[26] **S. 357** Vgl. A. Schimmel, Die Zeichen Gottes, 274 f.

Ausklang: Eine kleine »Schöpfungsparänese« des Irenäus

[1] **S. 358** Irenäus, Adv. Haer. IV 39,2 (in der Übertragung von H. U. v. Balthasar, in: Ders., Gott in Fleisch und Blut, 86).

Bibelstellenregister

Altes Testament

Später Regen

Elke Naters

Später Regen

Roman

Kiepenheuer & Witsch

MIX
Papier aus verantwortungsvollen Quellen
FSC® C014496

Verlag Kiepenheuer & Witsch, FSC® N001512

1. Auflage 2012

Umschlaggestaltung: Elke Naters
Umschlagmotiv: © Elke Naters
Gesetzt aus der Adobe Garamond und der ITC Legacy Sans
Satz: Buch-Werkstatt GmbH, Bad Aibling
Druck und Bindung: GGP Media GmbH, Pößneck
ISBN 978-3-462-04461-4

1

Von dem Moment meiner Empfängnis in einer kühlen Mainacht wurde das Leben meiner Mutter noch komplizierter, verwirrender und unerträglicher, als es ohnehin schon war. Ich war darin noch das kleinste Übel, im wörtlichen Sinne, denn ich war zu diesem Zeitpunkt nicht größer als ein Nadelstich.

Mich hätte es nie geben sollen. Und wenn, dann wenigstens nicht als Mädchen. Mädchen hatte meine Mutter schon genug. Mehr, als sie ernähren und verkraften konnte.

Vor meiner Empfängnis hatten meine Schwestern einen Vater und eine Mutter und alles, was sie zum Leben brauchten: Fahrräder, Rollschuhe, Telefone, einen Rauchglastisch, zwei Fernseher, zwei Sofas, jede Menge Kleidung und Spielzeug, das in der ganzen Wohnung verstreut lag und von unserer Mutter regelmäßig schimpfend weggeräumt wurde.

Als der Vater meiner Mutter starb, verließ sie das verhasste graue Land, in dem sie ihrem Mann zuliebe mehr als zehn Jahre lang gelebt hatte, und flog mit meinen Schwestern zurück in ihre Heimat. Die Möbel nahm sie mit. Ihr Mann wollte nachkommen, sobald er alles geregelt hatte.

Nach sechs Monaten kam er endlich. Er brachte jedem Mädchen ein Handy mit, war deutlich schlanker und sagte, er habe eine Freundin und würde in England bleiben.

Meine Mutter tobte und schrie. Sie trank eine ganze Flasche Whiskey und warf sich in den Pool, um zu sterben. Der Vater meiner Schwestern fischte sie heraus, legte sie tropfnass in das ehemalige Ehebett, das um die halbe Erdkugel gereist war, und flog am nächsten Tag zu seiner Geliebten zurück.

Meine Mutter lag tagelang hinter geschlossenen Gardinen. Nora, die Älteste, musste sich um unsere Schwestern kümmern. Sie stand morgens auf, schmierte ihre Schulbrote und brachte sie in die Schule. Die Jüngste, Sam, war acht, Paula zehn und Carla zwölf.

Nora kaufte ein, kochte Essen, spülte ab, hielt das Haus in Ordnung und hasste ihre Mutter, der sie die Schuld für alles gab. Hätten sie England nie verlassen, wären sie immer noch eine Familie.

Meine Mutter rappelte sich langsam wieder auf. Fest entschlossen, das Beste aus ihrem Leben zu machen, ging sie fast jeden Abend aus, um sich zu betrinken und Männer kennenzulernen. Nora hasste sie dafür noch mehr, weil sie zu Hause bleiben musste, um auf ihre Schwestern aufzupassen.

In einer dieser Nächte lernte meine Mutter meinen Vater kennen. Er war der einzige Mann, den sie ihren Töchtern vorstellte. Er war verheiratet, was er verheimlichte, er hatte eine Firma, die gerade zusammenbrach, eine Frau, die nicht mehr mit ihm schlief, und Kinder, die nichts von ihm wissen wollten. Unglück und Unglück ziehen sich bekanntlich an, und so zeugten sie mich.

Er holte sie abends ab, und dann fuhren sie zu der kleinen Bar am neuen Hafen, der einzigen Bar im kleinen Küstenstädtchen. Sie tranken Bier und Schnaps zu lauter Rock-'n'-Roll-Musik. Manchmal gab es Karaoke, das von der dicken, viel zu blonden Besitzerin meist selbst bestritten wurde. Ohrenbetäubend laut, in einen türkisfarbenen Fransenumhang gekleidet, sang sie mit glasklarer Stimme zu Schlagern, die alle kannten, nur meine Mutter nicht, weil sie all die Jahre in England gelebt hatte.

Es war zu laut, um sich zu unterhalten, aber das störte sie nicht. Es gab ohnehin nicht viel zu sagen, und das, was zu sagen war, hatten sie bereits in endlosen Schleifen wiederholt.

Später stiegen sie betrunken in sein Auto und fuhren die kurvige Küstenstraße zurück. Am Morgen sahen meine Schwestern seinen weißen Pick-up vor der Tür stehen und wussten, dass er im Bett ihrer Mutter lag. Ihn selbst bekamen sie selten zu Gesicht.

Nora hasste ihn, weil er nicht ihr Vater war, und unsere Mutter noch mehr, weil sie sich so schnell mit einem anderen einließ.

Aus Trotz machte Nora das Gleiche. Sie stieg nachts aus dem Fenster, um sich mit Jungs zu treffen, auf der großen Wiese mit dem braunen stacheligen Gras, das auch im Winter nie grün wurde, wo sie unter dem Maulbeerbaum lagen und sich küssten, und Nora ließ sich angewidert abfummeln, um sich an ihrer Mutter zu rächen, die nicht einmal bemerkte, dass sie weg war.

Die hatte andere Sorgen, und der Maulbeerbaum war zu Beginn des Sommers fast kahl, weil die Kinder jeden Tag nach der Schule mit großem Geschrei die Blätter von den Ästen rissen, um ihre Seidenraupen damit zu füttern, denn das war das Einzige, was diese fraßen.

Nora wanderte nachts durch die leeren Straßen mit den einstöckigen Einfamilienhäusern, die hinter blühenden Hibiskusbüschen und sorgsam getrimmten Hecken lagen und einen Pool im Garten hatten und ein Trampolin, falls Kinder darin wohnten. Die Hunde bellten hinter hohen Mauern, und nie traf sie einen einzigen Menschen. Sie genoss ihre nächtlichen Spaziergänge, die Einsamkeit und die Stille und stellte sich vor, sie wäre die einzige Überlebende nach einem Atomkrieg. Diese Vorstellung fand sie überraschend tröstlich.

Nach einer Weile hatte sie genug von den triefenden Küssen und den gierigen Händen und legte sich allein auf das stachelige Gras unter den Maulbeerbaum, um in die Sterne zu schauen.

Von all dem bekam meine Mutter nichts mit. Wenn sie und Nora aufeinandertrafen, sprachen sie nicht miteinander, sondern schrien sich an.

Mutter wurde immer gereizter, kam morgens gar nicht mehr aus dem Bett. Als ihr auch noch ständig übel war, ahnte sie, was ihr bevorstand. Nach vier Schwangerschaften gab es keinen Zweifel. Sie hatte vier Mal in ihrem Leben einen Test gemacht, und der war immer positiv. Einen fünften brauchte sie nicht, das Geld konnte sie sich sparen.

2

Die Vermieterin war eine biestige, geldgierige Frau, die alleinerziehende Mütter nicht leiden konnte, weil sie die meiste Zeit ihres Lebens selbst eine gewesen war und jeden Moment davon gehasst hatte. Sie hatte hart gearbeitet und langsam, aber stetig mit Immobilien ein Vermögen gemacht. Jetzt lebte sie davon, dass sie ihre Häuser vermietete und die Mieter nach Laune wieder hinauswarf. Zum dritten Mal, seit wir dort wohnten, kündigte sie eine Mieterhöhung an. Jeden Monat einmal, pünktlich, zuverlässig und lästig, wie die Periode, die meine Mutter nun nicht mehr hatte.

Dieses Mal stellte die Vermieterin, die völlig unpassend den reizenden Namen Poppy trug, eine Renovierung in Aussicht, die dringend nötig wäre. Sie wollte das Haus instand setzen und teurer vermieten. Da ein paar Hundert Rand mehr Miete nicht der wahre Grund gewesen sein konnten für diesen monatlichen Terror, war anzunehmen, dass Poppy eine sadistische Freude an dieser Form der Machtausübung empfand.

Man sollte meinen, dass sie Mitgefühl mit meiner Mutter gehabt hätte, aber genau das Gegenteil war der Fall. Poppys Mann hatte sie mit drei Kindern für eine jüngere

Geliebte sitzen lassen und lebte mit ihr in der Schweiz, wo er drei weitere Kinder gezeugt hatte. Er war mit allem Ersparten, das er heimlich über die Jahre zur Seite gelegt hatte, durchgebrannt und ließ Poppy ohne einen Cent zurück. Weder sie noch die Kinder sahen ihn je wieder.

Meine Mutter erinnerte sie an Zeiten, an die sie nicht erinnert werden wollte, und sie verabscheute deren Armut, wie sie ihre eigene Armut verabscheut hatte. Weil sie es aus eigener Kraft und mit harter Arbeit aus dem Sumpf herausgeschafft hatte und ihr niemand dabei geholfen hatte, sollte es meine Mutter auch nicht leichter haben als sie selbst.

Poppy war nicht nur böse, sondern auch hinterhältig. Sie versteckte ihre Bosheit hinter einem Lächeln und einer sanften Stimme. Jedes Mal, wenn sie kam, um ihre Hiobsbotschaft zu überbringen, hatte sie Kokosnusskekse für die Mädchen dabei. Immer die gleichen, wahrscheinlich kaufte sie Vorratspackungen für all die angehenden obdachlosen Kinder, die sie besuchte, um ihren Müttern mit süßer Stimme, in der Besorgnis und Verständnis mitschwang, den Rausschmiss anzukündigen, während sich die Kinder im Nebenzimmer um die Kekse stritten und das Sofa vollkrümelten.

Nach dem dritten Monat begriff meine Mutter, dass hinter dieser Panikmache eine Taktik stand, die sie zwar nicht verstand, aber immerhin vorhersehen konnte, und sie markierte den nächsten Besuch auf den Tag genau in einem Kalender im Flur, auf dem die Ferien und die Geburtstage meiner Schwestern und der restlichen Familie eingetragen waren. Meiner nicht, denn ich war ja noch nicht geboren.

Diesmal war es Poppy ernst. Sie erschien in Begleitung von zwei Männern, einem Architekten und einem Anwalt. Nachdem sie die Mädchen im Wohnzimmer begrüßt und ihre Kekse überreicht hatte, sagte sie meiner Mutter, sie müsse ausziehen. Sie gebe ihr zwei Monate Zeit, schließlich sei sie kein Unmensch, aber wenn sie bis dahin das Haus nicht verlassen hätte, könne sie leider keine Rücksicht mehr nehmen. Was das bedeutete, erklärte sie nicht, sondern nickte ihrem Anwalt zu, der meiner Mutter ein mehrseitiges Dokument zuschob, das sie über ihre Rechte und Pflichten aufklärte. Der Architekt sah sich inzwischen im Haus um und wurde von meinen Schwestern, die auf dem Sofa saßen und mit vollen Backen die trockenen Kekse kauten, misstrauisch beäugt.

Die Übelkeit meiner Mutter steigerte sich in einen Brechreiz, den sie vergeblich zu unterdrücken versuchte. Sie rannte auf die Toilette und riss den Architekten, der auf dem Boden hockte, um die Flurbretter abzuklopfen, fast um. Entschuldigen konnte sie sich nicht mehr, denn das Essen war bereits vom Magen aufgestiegen. Es gelang ihr immerhin, es im Mund zu halten und sich mit lautem Würgen in die Toilettenschüssel zu entleeren, was der Architekt gehört haben musste.

Er war ein attraktiver Mann, der meiner Mutter sicherlich gefallen hätte, wenn sie sich nicht in diesen unglücklichen Umständen befunden hätte. Deshalb sorgte sie sich auch nicht weiter, sondern spülte ihren Mund aus, wusch ihr Gesicht, bürstete ihre Haare und kehrte zum Küchentisch zurück, wo Poppy mit dem Anwalt sprach.

Sie verstummten, sobald meine Mutter sich näherte. Poppy sah sie besorgt an und strich ihr mit einer Hand, die so eiskalt war, dass Mutter erschauerte, über den Arm und sagte: »Kind, warum gehst du nicht zurück nach England? Da könnt ihr von der Fürsorge leben und es gibt Sozialwohnungen und kostenlose ärztliche Versorgung. Dies hier ist ein hartes Land für Mütter wie dich.«

Meine Mutter spürte ihre Übelkeit wieder aufsteigen. Sie ging ihnen voraus zur Haustür, bestaunt von den drei kleinen Mädchen, die immer noch kauend auf dem Sofa saßen, still und artig, der Größe nach aufgereiht wie russische Holzpüppchen. Mutter wartete, bis Poppy den Anwalt und den Architekten eingesammelt hatte und sich hinausbewegte. Sie schloss die Tür leise hinter ihnen und rannte aufs Klo, um sich erneut zu erbrechen. Währenddessen hatten die Mädchen ihre Ordnung aufgelöst und stritten um die verbliebenen Kekskrümel in der Packung, die sie sich gegenseitig aus den Händen rissen, bis der gesamte Inhalt auf dem Teppich landete.

Als meine Mutter zurück ins Wohnzimmer kam, waren meine Schwestern verschwunden. Sie fand Paula, die nicht schnell genug war, hinter dem Küchentresen, zog sie hervor und gab ihr eine Ohrfeige. Paula lief heulend davon. Für einen Moment dachte Mutter daran, sie zurückzurufen, aber ihr fehlte die Kraft für eine Auseinandersetzung. Den Dreck, dachte sie, sollte Nora wegmachen, sobald sie nach Hause kam, und schleppte sich wieder ins Bett.

Da die Mädchen ein schlechtes Gewissen hatten, ließen sie unsere Mutter den restlichen Tag über in Ruhe. Als der Hunger zu groß wurde, war Nora wieder zurück, die zwar maulte, dass sie noch Hausaufgaben machen müsste, aber schließlich wie immer tat, was man von ihr verlangte.

3

Meinem Vater erzählte Mutter nichts von mir. Sie erzählte niemandem etwas. Sie ging weiter trinken und schlief zweimal die Woche mit dem traurigen Ehemann, der von seinem Glück nichts wusste. Er hatte Angst, seine Frau zu verlieren, erzählte er ihr eines Abends, betrunkener als sonst. Er vertrug keinen Tequila, und ein Freund von ihm gab eine Runde nach der anderen aus. Sie setzte ihn vor die Tür, wo er eine Stunde lang randalierte, gegen die Tür trat, den Mülleimer auf die Straße schmiss und gegen das Auto meiner Mutter pisste, einen verrosteten hellblauen Käfer, dessen Fenster sich nicht mehr schließen ließen, und laut vor sich hin fluchte. Wie durch ein Wunder wachten meine Schwestern nicht davon auf. Dafür die Nachbarn, die die Polizei riefen, aber als sie kam, war er schon drei Ecken weitergezogen, auf die Wiese mit dem Maulbeerbaum, wo er zusammengerollt auf dem stacheligen braunen Gras seinen Rausch ausschlief.

Mein Vater war ein anständiger Mann, nur unglücklich und ängstlich. Deshalb entschuldigte er sich am nächsten Tag und reparierte die Eingangstür, von der er die Fußleiste abgetreten hatte. Und weil meine Mutter ahnte, dass er nicht mehr wiederkommen würde, ließ sie ihn auch noch den tropfenden Wasserhahn festziehen und die Glühbirnen im Garten auswechseln, an die sie selbst nicht heranreichte.

Da sie sich gehen ließ und nicht besonders auf sich achtete, fiel es niemandem auf, dass sie nur noch weite T-Shirts trug. Sie schlief in denselben Kleidern und wechselte sie nur selten, denn sie verbrachte immer noch die meiste Zeit im Bett oder vor dem Computer, wo sie unter dem Namen *Candy* in anonymen Chatrooms mit anderen sitzen gelassenen und frustrierten Müttern über die mistigen Männer herzog und sich selbst bemitleidete. Oder mit Männern flirtete, die wahrscheinlich genau wie sie mit dickem Bauch, arbeitslos, ungewaschen und verwahrlost, mit Kaffeeflecken auf einem labbrigen T-Shirt mit dem ausgewaschenen Aufdruck einer Biermarke oder Sportmannschaft, vor dem schmierigen Bildschirm ihres trostlosen PCs saßen und auf die mit Semmelbröseln und Marmelade verklebte Tastatur einhackten.

Sie durchsuchte das Internet nach einem neuen Mann und beschrieb sich als aparte Mittdreißigerin, vom Leben enttäuscht, habe aber die Hoffnung auf die Liebe noch nicht aufgegeben. Sie schrieb, sie sei eine alleinerziehende Mutter, wobei sie die Anzahl ihrer Kinder verschwieg, liebe die Natur, das Meer, lange Spaziergänge und gute Gespräche bei einem Glas Wein.

Auf dem Foto, das sie zu ihrer Anzeige einstellte, war sie zehn Jahre jünger und gerade mit Paula, meiner zweitjüngsten Schwester, schwanger, was man noch nicht sehen konnte. Es zeigt sie in einem der wenigen fröhlichen Momente ihres Ehelebens im letzten gemeinsamen Urlaub ohne Kinder auf Korfu.

Sie steht vor einer weiß gekalkten Wand, die Sonnenbrille ins rötliche Haar geschoben, braun gebrannt, ein Glas Champagner in der Hand, in einem weiten, langen weißen Trägerkleid, das der Wind bauscht, ihre Augen leuchten grün im Schein der untergehenden Sonne, und sie lacht ein breites Lachen, bei dem ihre geraden weißen Zähne zu sehen sind.

Allein das Foto anzusehen machte sie glücklich. Zu wissen, dass es einmal bessere Zeiten gegeben hatte – auch wenn es, alle glücklichen Stunden zusammengerechnet, nicht mehr als drei Wochen gewesen sein konnten – und dass es auch wieder glücklichere Zeiten geben würde.

Sie glaubte, dass sie immer noch die Frau auf dem Bild war, dass sie immer noch so aussehen könnte, wenn ein Mann sie endlich glücklich machen würde.

Ihre Haare waren inzwischen grau geworden, und sie färbte sie selbst rotbraun. Sie waren auch nicht mehr lang und lockig, sondern kurz und stufig geschnitten und standen vom vielen Liegen und Schlafen meist struppig vom Kopf ab. Auch hatte sie mindestens siebzehn Kilo zugelegt seit jenem Foto, das nach einer ihrer vielen Diäten aufgenommen worden war. Sie hatte nach den Schwangerschaften Schwierigkeiten, ihr Gewicht zu halten, und quälte sich durch immer neue Diäten. Nach Sams Geburt hatte sie sich damit abgefunden, dicker zu werden, und alle Diäten aufgegeben. Sie war nicht fett, sie war auch nicht unattraktiv und hätte durchaus etwas aus sich machen können. Aber so wie auf diesem Bild würde sie nie wieder aussehen.

Die Unterhaltszahlungen wurden von Monat zu Monat unregelmäßiger. Sie hatten sich geeinigt, dass ihr Mann sie wenigstens finanziell nicht hängen ließ, aber mit der Zeit und angesichts der vielen Kilometer zwischen ihnen schien dieses Versprechen zu verblassen.

Es kam der Monat, in dem sie die Miete nicht mehr aufbringen konnte, und ausgerechnet dann brachten meine Schwestern einen Brief nach Hause, der sie ermahnte, die ausstehenden Schulgebühren zu bezahlen, sonst würden sie ihre Zeugnisse nicht ausgehändigt bekommen.

Um die Miete sorgte sich meine Mutter nicht, da wir ohnehin ausziehen mussten. Wie sie Poppy kannte, würde sie hundert Gründe finden, die Kaution einzubehalten, da blieb sie ihr einfach gleich die letzte Miete schuldig.

Meine Mutter war es nicht gewohnt, sich um Finanzdinge zu kümmern. Das hatte immer ihr Mann gemacht. In England hatte sie eine Bankkarte, mit der sie Geld abhob, wann immer sie es brauchte, und eine Kreditkarte, mit der sie bezahlte, was immer zu bezahlen war. Das Essen, die Kleidung für die Mädchen, all das, was sie zum Leben brauchten. Das ging nun nicht mehr, das Konto war leer.

Gut, wenn wir verhungern, dann ist es seine Schuld, dachte Mutter anfangs noch trotzig, bis sie begriff: Er würde nicht zahlen, und wenn sie verhungerten, dann kümmerte es ihn nicht. Sie waren keine Familie mehr. Es gab keinen Mann, der für sie sorgte. Das war von jetzt an ihre eigene Aufgabe.

Diese Einsicht traf sie mit solch einer Wucht, dass sie sich für drei Tage ins Bett legen musste. Sie stand nicht mehr auf, außer, um auf Toilette zu gehen und ein Glas Wasser zu trinken. Sie vergaß zu essen. Das ist die erste Schwangerschaft, dachte sie, bei der ich nicht dicker, sondern dünner werde. Die Zeiten ändern sich.

Als sie sich wieder erholt hatte, stand sie auf und beschloss, ihr Leben und ihre Haltung zu ändern. Die Mädchen brauchten sie! Sie hatten ihren Vater verloren und sie ihren Mann. Wenn er wenigstens tot wäre, dachte sie manchmal, dann wäre es einfacher. Sie war immer eine gute Mutter gewesen und wollte es auch weiterhin sein. Gerade jetzt, wo sie den Mädchen Mutter und Vater zugleich sein musste.

Sie quälte sich jeden Morgen aus dem Bett und machte meinen Schwestern Sandwiches für die Schule, die diese meist in den Mülleimer schmissen, weil sie viel zu dick mit Margarine beschmiert waren. Aber sie wagten es nicht, etwas zu sagen, weil sie Mutter nicht verärgern und entmutigen wollten. Gerade jetzt, wo sie endlich aufgestanden war und das Leben sich wieder halbwegs normal anfühlte.

Meine jüngeren Schwestern verstanden nicht viel, aber ihre Freundinnen hatten Eltern, die geschieden waren. Das schien etwas zu sein, das irgendwann passierte, und nun war es eben in ihrer Familie passiert.

Ihr Vater war in England, er rief einmal die Woche an, sagte, er liebe sie und bald würden sie alle kommen, ihn besuchen. Sie hatten ein großes Trampolin und einen Pool, das Wetter war immer warm, sie konnten den ganzen Tag schwimmen. In England hatten sie in einem engen Apartment gelebt, und draußen war es meistens kalt und nass. Das war hier viel besser. Keine ihrer Freundinnen, überhaupt niemand, den sie in England kannten, hatte einen Pool und ein Trampolin. Ihre Mutter hatte immer schon scheußliche Brote geschmiert, und außerdem hatten sie sich gegenseitig und Nora, unsere große Schwester, die für sie sorgte.

Für Nora war das anders. Sie hasste dieses Land aus tiefstem Herzen. Sie hasste alles und jeden. Das Gras, die Bäume, die Sonne, das Meer, die Menschen, ihren Akzent, die Schule, die Schüler, selbst die Jungs, von denen sie sich küssen ließ, hasste sie. Sie liebte Regenbogen, Sterne, Nächte, Tiere, ihren Vater und Bücher. Das war's.

Sie behielt ihren englischen Akzent, während unsere Schwestern sich schnell angepasst hatten. Sie übertrieb ihn sogar noch, um sich von den anderen abzusetzen. Sie hasste, wie die Menschen hier das *E* in die Länge zogen und das *A* wie ein *Oh* aussprachen. Es war lächerlich.

Jeden Tag nach der Schule ging sie in die Bibliothek, weil es der einzige Ort war, wo sie in Ruhe ihre Hausaufgaben machen konnte. Sie lernte wie verrückt. Ihr Plan war es, ein oder zwei Klassen zu überspringen, die Schule so schnell wie möglich zu beenden und zurück nach England zu gehen. Sie war gerade sechzehn geworden und in der zehnten Klasse. Ihre Mutter würde sie nicht gehen lassen, bevor sie achtzehn war. Das waren noch zwei endlose Jahre ohne ihren Vater in diesem verhassten Land. Wenn sie ihren Abschluss schon früher machen würde, dann müsste Mutter sie gehen lassen, um zu studieren, denn sie wäre nicht in der Lage, Studiengebühren für sie zu bezahlen. Das war der Plan.

Da Nora keine Freunde hatte, verbrachte sie jede freie Minute, in der sie nicht einkaufen, kochen oder putzen musste, über ihren Büchern. Wenn sie nicht lernte, las sie. Und wenn sie nicht las, dann schrieb sie. Sie schrieb jeden Tag mehrere Seiten in ihr Tagebuch, das sie im Garten hinter den Hecken unter einem großen Stein versteckte, denn sie traute ihrer Mutter nicht und unseren neugierigen Schwestern noch weniger. Das war eine Welt, die nur ihr gehörte und in die sie niemanden hineinließ. In ihren Tagebüchern beschrieb sie das Leben, das sie gern leben würde. Sie arbeitete ihren Fluchtplan aus, sie brachte ihren Hass aufs Papier, bis ihr nichts mehr einfiel, was sie hassen konnte, und fühlte sich danach leicht und fast froh. Sie wollte alles festhalten und nichts vergessen. Zu wissen, dass es auf diesen Seiten stand, erleichterte sie.

Meine große Schwester lachte nie. Sie achtete darauf, nicht zu lachen, nie froh zu erscheinen. Jede Form von Leichtsinn und Glück schien ihr ein Verrat an sich selbst, an ihren Idealen, an ihrem Leben. Sich mit der Situation abzufinden, ihr am Ende sogar etwas Gutes abzugewinnen, Frieden mit ihrer Mutter zu schließen, das alles war Verrat und deshalb undenkbar. Wenn sie jemals aus diesem Elend herauskommen wollte, dann würde jede Annäherung einen Schritt zurück bedeuten und unweigerlich zum Scheitern führen. Unerbittlich nach vorn blicken und keine Kompromisse machen war der einzige Weg zum Ziel.

So dachte meine Schwester damals, und sie war so streng und unerbittlich, wie man als Sechzehnjährige nur sein kann.

Trotzdem erlaubte sie sich ein wenig Glück, wenn niemand es sah. Es war in Ordnung, wenn sie es mit niemandem teilte. Ihr Glück bestand darin, Tagebuch zu schreiben, und in den Nächten, wenn alle schliefen, begann ihr Leben.

Tagsüber hielt sie sich nur draußen auf, wenn es nötig war, auch weil ihre helle Haut die Sonne nicht vertrug. Nora ist die rothaarigste und hellhäutigste von meinen Schwestern. In der Geschwisterfolge wird die Haut dunkler, und die Haare gehen von Rot ins Braun. Carla, die Zweitälteste, ist immer noch rothaarig und hellhäutig, aber weit weniger als Nora, und Sam, die Jüngste, hat braune Augen, dunkle Haut, und ihre Haare weisen nur in der Sonne einen leichten Rotschimmer auf.

Wie ich aussehen werde, ist zu diesem Zeitpunkt noch ungewiss. Ich bin erst vierundzwanzig Wochen alt. Man könnte erkennen, dass ich ein Mädchen bin, aber da meine Mutter nicht zum Arzt ging, dafür auch gar kein Geld hatte und auch weiter nichts von mir wissen wollte, spielte ich noch keine Rolle. Bisher wusste nur meine Mutter von meiner Existenz, und um sie an mich zu erinnern, trat ich in den Nächten, wenn sie voller Sorgen und Verzweiflung wach lag, mit meinen kleinen Füßen und Fäusten sanft von innen gegen ihren Bauch, und dann spürte ich, wie meine Mutter ihre Hand auf ihre Bauchdecke legte, gegen meine Ferse oder Knie, und mich streichelte. Dann wusste ich, dass sie mich liebte, weil sie gar nicht anders konnte, auch wenn sie mich nicht haben wollte.

4

In den Nächten las Nora, bis es still war im Haus. Weil sie das Zimmer mit Carla teilen musste, die immer maulte, wenn sie das Licht anließ, hatte sie ihre Betten mit einem Laken abgeteilt, das sie an einer quer durch den Raum gespannten Schnur mit Wäscheklammern angebracht hatte.

Sie las mit einer Taschenlampe, von Carlas Bettseite abgewandt, bis sie deren regelmäßige Atemzüge vernahm, die bald in ein sanftes Schnarchen übergingen. Nach einer Weile sprach Carla noch einige unverständliche Worte, bis sie ganz verstummte und so leise schlief, dass nichts mehr zu hören war.

Manchmal beugte sich Nora über sie, um sich zu versichern, dass sie wirklich schlief, und glaubte fast, sie sei tot. So still lag sie da, das Gesicht wächsern mit Schatten um die Augen, die einen Spalt offen standen, die Iris nach oben verdreht, das Weiße von den langen rötlichen Wimpern verdeckt, der schmale Brustkorb hob und senkte sich nicht, und ihre Glieder lagen schlaff und fahl.

Von ihrem Bett aus konnte meine Schwester das Schlafzimmerfenster unserer Mutter sehen, die jetzt nachts immer zu Hause war und sich früh schlafen legte. Wenn ihr Licht ausging, stand Nora auf und schlich durch die Küchentür – die Terrassentür quietschte – hinaus in den Garten. Sie liebte es, barfuß und im Nachthemd durch die Straßen zu wandern. Es fühlte sich herrlich frei an und bestärkte ihr Gefühl, der einzige Mensch auf der Erde zu sein. Unter ihren nackten Füßen spürte sie die vom Asphalt gespeicherte Hitze des Tages. Der Nachtwind strich unter ihr Hemd, angenehm warm und kühl zur gleichen Zeit.

Manchmal blieb sie im Garten und stieg nackt in den Pool. Leise ließ sie sich von den Stufen ins Wasser gleiten, tauchte tief unter, an den kühlen Grund, oder trieb reglos auf dem Rücken und sah in die Sterne. Das waren Momente des Glücks, und es erinnerte sie daran, dass es Dinge gab, die sie liebte. Nie sah man sie tagsüber im Pool. Oft riefen unsere Schwestern nach ihr, versuchten sie hineinzuwerfen, spritzten sie nass, wenn sie in die Nähe kam – vergeblich. Den Triumph gönnte sie ihnen nicht, auch wenn sie an manchen heißen Tagen nichts lieber getan hätte. Umso köstlicher waren ihre nächtlichen Bäder.

Das einzige Problem waren ihre nassen Haare, die im Schlaf trotz Handtuch das Kissen durchfeuchteten und am nächsten Morgen wie Putzwolle vom Kopf abstanden.

Von all dem wusste unsere Mutter nichts. Sie war damit beschäftigt, ein neues Haus für uns zu suchen. Die monatlichen Zahlungen ihres Noch-Ehemanns blieben ganz aus. Das Essen wurde knapp. Meine Schwestern brauchten neue Badeanzüge, Stifte, Hefte, Radiergummis. Es waren noch drei Wochen bis zum Ende des Monats.

Nora hatte ein kleines Sparkonto angelegt, das sie in einer Blechschachtel unter ihrem Bett versteckte, zusammen mit Plastikschmetterlingen und allem möglichen Regenbogenfarbenen: einer Kette mit einem Herz aus Regenbogen, zehn kleinen Fläschchen mit Nagellack in allen Regenbogenfarben, die ihr Vater ihr bei seinem letzten Besuch gekauft hatte, einem Regenbogensticker mit der Aufschrift »I heart Rainbow«, einem Freundschaftskettchen in Regenbogenfarben, das ihre beste Freundin in England ihr zum Abschied gegeben hatte, und einer leeren Skittles-Verpackung. Sie liebte Skittles, kleine bunte Süßigkeiten in – natürlich: Regenbogenfarben.

Nach und nach verkaufte meine große Schwester, was sie besaß, um Geld für einen Flug nach England zu sparen. Ihren iPod, CDs, alles verkaufte sie. Viel kam dabei nicht heraus, lange nicht genug für einen Flug, und deshalb buk sie Plätzchen nach einem Rezept ihres Vaters, der ein Koch war und von dem sie viel gelernt hatte. Die Plätzchen füllte sie in kleine Zellophantütchen und verkaufte sie nach der Schule vor der Bibliothek. Auch das brachte lange nicht genug für einen Flug, aber Nora blieb eisern und rührte das Geld nicht an. Nicht einmal für ein Regenbogenkleid, das lächerliche siebzig Rand kostete, obwohl sie lange zögerte und die Möglichkeit, ihr Reisegeld anzubrechen, zum ersten Mal überhaupt in Erwägung zog. Aber nur für einen Moment, nicht länger als einen Atemzug, dann hängte sie es entschlossen wieder zurück und dachte, für wen sollte sie so ein schönes, fröhliches Kleid tragen? Wenn, dann in England, aber da war es zu kalt dafür.

Ihr gefiel der Gedanke, nach und nach alles, was sie besaß, zu verkaufen. Bis auf einen Rock, eine Hose und ein T-Shirt, die sie tagein, tagaus tragen würde, bis sie in Fetzen hingen. Das würde sie nicht kümmern. Sie würde Kekse backen und putzen gehen, wenn sie nicht gerade lernte oder zu Hause schuften musste. Sie würde ein Leben voller Entbehrungen und Opfer führen bis zum Tag, an dem sie ihre letzte Prüfung schrieb und danach in den Kleidern, die ihr fast vom Leib fielen, zum Flughafen fuhr, ein Ticket kaufte und in das Flugzeug nach London stieg. Die Menschen würden stehen bleiben und sich nach ihr umdrehen, ihr mit offenen Mündern hinterhersehen, wie dieses Mädchen, das in Fetzen herumlief, mit einer Entschlossenheit voranschritt, die Könige vor Ehrfurcht erzittern ließ.

Manchmal bedauerte sie, dass sie sich dann nicht mehr um ihre Schwestern würde kümmern können, aber sie machte ihren Frieden damit, dass sie ihnen lange genug Mutter war und es endlich Zeit war, ihr eigenes Leben zu leben. Die Kindheit war ihr bereits gestohlen worden.

Nora war weit entschlossener und zielstrebiger als meine Mutter mit ihrem Plan, die Familie zu ernähren und ein neues Heim zu besorgen. Dass sie nicht wusste, wie viel Geld sie monatlich für die Miete aufbringen konnte, weil sie genau genommen nicht das geringste Einkommen hatte, bedeutete das Ende der Haussuche.

Meine Mutter ging ihre Möglichkeiten durch. Es gab noch ihre Mutter, die eine kleine Pension betrieb. Sie hatte sogar ein kleines Gästehaus auf dem Grundstück, das leer stand und für die Familie reserviert war.

Meine Mutter war zurückgekommen, um ihrer Mutter zu helfen, nachdem deren Mann gestorben war, aber die wollte ihre Hilfe nicht und sagte, sie komme allein zurecht. Jetzt war es an der Zeit, sie um Hilfe zu fragen.

Meine Mutter nahm allen Mut zusammen und wollte ein hübsches Kleid anziehen, da fiel ihr auf, dass ihr Bauch bereits zu dick war. Schließlich fand sie doch noch etwas, das weit genug war und einigermaßen anständig aussah. Sie versteckte ihre widerborstigen Haare, die nun in alle Richtungen wuchsen, weil sie kein Geld für den Friseur hatte, unter einem Strohhut, nahm meine beiden jüngsten Schwestern an die Hand, nachdem sie sie aus dem Pool gezogen und ebenfalls in hübsche Kleidchen gesteckt hatte, und ging zu ihrer Mutter, um sie um Asyl zu bitten.

Meine Mutter hielt ihre Mutter für hart und böse. Wie alle Töchter wollte sie von ihrer Mutter geliebt und akzeptiert werden und hatte alles versucht. In jungen Jahren hatte sie rebelliert und mit Selbstmord gedroht, sich einmal sogar fast umgebracht mit allen Tabletten, die sie im Medizinschrank finden konnte und mit Whiskey hinunterspülte. Da ihre Mutter selbst viel trank und mehr Tabletten nahm, als gut für sie war, konnte sie von beidem nicht genug finden, um ihrem Leben ein Ende zu setzen. Sie erbrach sich auf dem weißen Schafwollteppich im Wohnzimmer vor dem Kamin, wo ihre Mutter sie schlafend fand, mit ein paar Fußtritten aufweckte und ins Bett prügelte.

Am nächsten Morgen musste sie sauber machen, und weil ein dunkler Fleck zurückblieb – ein Rest Rotwein, der nur herumstand, weil er schon zu Essig geworden war und vermutlich den Brechreiz ausgelöst und ihr das Leben gerettet hatte –, strich ihre Mutter ihr für den Rest des Lebens das Taschengeld, denn das, sagte sie, sei noch lange nicht genug, diesen Schaden wiedergutzumachen. Danach lief meine Mutter von zu Hause weg, doch der Vater ihrer Freundin, bei der sie sich versteckte, brachte sie wieder zurück.

Meine Mutter heiratete meinen Vater, um von zu Hause

wegzukommen und um ihrer älteren Schwester eins auszuwischen, die vor ihr hätte heiraten sollen.

Der Vater meiner Schwestern war Mutters erster Freund, und sie ließ sich kurz vor dem Schulabschluss von ihm schwängern, weil sie wusste, dass er anständig genug war, sie nicht zu verlassen. So kam Nora auf die Welt, und als Nora unsere Mutter später wieder und wieder fragte, warum so viele Jahre zwischen ihr und ihren Schwestern lagen, sagte sie, sie hätten sie gemacht, weil sie einen Babysitter für ihre Schwestern brauchten. Mutter fand das lustig, und Nora glaubte ihr.

Nun stand unsere Mutter mit ihrem albernen Strohhut und dem Kleid, bei dem der Saum hinten herunterhing – was sie erst entdeckte, als sie vor dem Haus stand –, zwei maulenden Mädchen an der Hand, deren triefend nasse Zöpfe dunkle Flecken auf den Schultern ihrer hübschen Kleidchen hinterließen, vor dem automatischen Tor und warteten darauf, dass es sich öffnete. Sie bereute im selben Moment, ihre Mutter um Hilfe fragen zu wollen. Die hatte bereits damals, als sie angekommen waren, abgelehnt, sie länger als eine Woche bei sich wohnen zu lassen. Glücklicherweise hatten sie schnell ein Haus gefunden, aber diesmal, versuchte sie sich einzureden, war es anders. Diesmal brauchten sie Hilfe, und vielleicht würde sich das harte Herz der Mutter erweichen und sie auf eine neue, ungewohnte Weise zusammenbringen. Sie wurde fast euphorisch bei der Vorstellung, dass ihre Mutter sie in die Arme schließen würde und »mein Kind, du bist nicht alleine« sagte. Als das Tor sich quietschend bewegte, wurde ihr bewusst, dass das nie im Leben passieren würde.

Wie geprügelte Hunde liefen meine Schwestern neben Mutter auf dem Kiesweg entlang, der sich zur Terrasse des Hauses hinaufwand. Sie wäre lieber auf direktem Weg über die Wiese gelaufen, anstatt den albernen Windungen zu folgen, und von ihrem Widerwillen schloss sie, dass sie sich in den aufsässigen Teenager zurückverwandelte, der ihrer Mutter so ein Gräuel war. Als sie ihre Mutter sah, die auf der Terrasse stand, die Hand über den Augen, um besser zu sehen, wer da den Weg hinauflief, wusste sie, dass sie genauso gut wieder umkehren konnten. Sie blickte zurück, das Tor schloss sich langsam und quietschend, es wäre noch genug Zeit geblieben, hinauszulaufen, aber sie war nicht albern, sah nach vorn und setzte ihren Weg tapfer fort.

Als meine Großmutter erkannte, wer da kam, ging sie ins Haus zurück. Meine Mutter erreichte die Terrasse, Sam, meine jüngste Schwester, quengelte, ob sie in den Pool dürften, sie hätte ihren Badeanzug extra angelassen. Erst jetzt sah meine Mutter, wie sich die nassen Badeanzüge meiner Schwestern dunkel unter den Kleidern abzeichneten. Da ihr Auftritt ohnehin misslungen war und der Pool leer und verlassen lag, gab sie nach, und die Mädchen stürmten begeistert los, zogen ihre Kleider noch im Laufen über den Kopf und sprangen mit lautem Geschrei ins Wasser. Mutter wollte noch rufen, dass sie leise zu sein hatten, aber ihr fehlte die Kraft. Sie drehte sich um, holte tief Luft und ging ins Haus.

Dort war es schlagartig kühl. Vom leichten Summen in der Luft schloss sie, dass die Klimaanlage an war. Meine Großmutter war eine fanatische Klimaanlagenanhängerin. Ihr Haus war immer auf neunzehn Grad heruntergekühlt. Sommers wie winters. Das war ihre Vorstellung von Luxus.

Meine Mutter rief »Mama!« in den dunklen Raum hinein. Die Gardinen waren zugezogen, es roch wie immer nach Mottenpulver und Lavendel-Raumspray. Die weißen Fliesen waren makellos sauber. Die große eichene Standuhr tickte laut. Mutter stand still und lauschte. Von draußen war das Gekreische und Spritzen meiner Schwestern zu hören. Ein beruhigend lebendiges Geräusch in der tickenden, lavendelgeschwängerten Mottenluftstille. In diesem Moment spürte meine Mutter eine zärtliche Liebe zu ihren Mädchen. Am liebsten wäre sie zu ihnen hinaus in die Sonne gelaufen, hätte sie aus dem Pool gezogen und tropfnass an sich gedrückt, so dankbar war sie für ihre Lebendigkeit.

Jetzt war ein leises Schlurfen zu hören, und auf einmal stand ihre Mutter vor ihr, fast aus dem Nichts war sie erschienen und musterte sie mit zusammengekniffenen Augen.

Meine Mutter ging einen Schritt nach vorn und streckte ihre Arme aus, um ihre Mutter zu umarmen, noch ganz von den zärtlichen Gefühlen für meine Schwestern bewegt. Dann fiel ihr ein, dass es zwischen ihr und meiner Großmutter keine Zärtlichkeiten gab, nie gegeben hatte. Sie konnte sich an keine einzige Berührung erinnern außer den gelegentlichen Ohrfeigen, und selbst für die war sie fast dankbar, weil sie die einzige Form von körperlicher Zuwendung waren, die sie von ihrer Mutter bekommen hatte.

Warum nicht einfach den Anfang machen, dachte sie mutig, und anstatt ihre Arme wieder zurückzuziehen, vor der Brust zu verschränken und die Haltung einzunehmen, die sie üblicherweise ihrer Mutter gegenüber einnahm, ging sie einen Schritt auf sie zu, umfasste sie mit beiden Armen und drückte sie an sich.

Es war eine unbeholfene Umarmung. Meine Großmutter versteifte sich unter dem Druck. Mutter drückte ihre Wange in den weichen faltigen Hals und dachte, es ist ein Anfang, immerhin. Dann lockerte sie ihre Umarmung und trat einen Schritt zurück.

Die zwei Frauen standen sich in dem dunklen kalten Raum gegenüber, die Uhr tickte, und die Mutter meiner Mutter sagte zur Begrüßung: »Was gibt's?«

Als Antwort seufzte meine Mutter nur tief, und ihre Mutter drehte sich um und ging aus dem Raum. Sie sprach, während sie lief, und das war als Aufforderung zu verstehen, ihr zu folgen. »Ihr solltet wirklich zu ihm zurückgehen. Du wirst es hier nie schaffen.«

Kraftlos und mit hängenden Schultern schlurfte meine Mutter hinter ihrer Mutter den noch dunkleren gefliesten Flur entlang. Alle Räume in diesem Haus waren gefliest. An den eigelbfarben gestrichenen Wänden hingen schnörkelig gerahmte Drucke von Blumenaquarellen. Sie kamen in die Küche, einen unerwartet lichtdurchfluteten Raum in klinischem Weiß. Meine Großmutter deutete auf einen Hocker, und Mutter setzte sich artig. Großmutter schob ihr eine Kaffeetasse unter die Nase und füllte sie mit Filterkaffe, der wahrscheinlich seit dem Frühstück warm stand. Meine Mutter kümmerte das nicht, obwohl sie Sodbrennen von Filterkaffee bekam. Sie war dankbar für jede Form von Fürsorge. Sie wünschte sich so sehr, dass sich jemand um sie kümmerte. Sie wäre gern ein kleines Mädchen gewesen, das mit Windpocken im Bett lag und von ihrer Mutter gesund gepflegt wurde.

Sie rührte drei Löffel Zucker in ihren Kaffee und fühlte alle Widerstände dahinschmelzen. Am liebsten hätte sie ihrer Mutter erzählt, dass sie schwanger war. Hatte die nicht, seit sie fünfzehn war und ihre Periode bekommen hatte, jeden Tag damit gerechnet? »Ab jetzt kannst du schwanger werden, denk daran«, hatte sie gesagt und ihr eine Packung Binden in die Hand gedrückt.

Jetzt wäre es endlich so weit. »Mutter, ich bin schwanger.« Sie sagte es zur Probe in Gedanken und sah ihre Mutter an, um deren Reaktion zu testen. Die hatte Kaffeeflecken auf ihrer makellosen Küchentheke entdeckt und war damit beschäftigt, sie wegzuwischen.

»Mutter«, sagte meine Mutter und nahm alle Kraft und allen Mut zusammen, »meinst du, wir könnten eine Weile hier unterkommen? In deinem Gästehaus? Es steht doch leer. Brian hat mir seit letztem Monat keinen Unterhalt mehr gezahlt, wir müssen aus unserem Haus raus, und ich weiß nicht, wohin.« Sie sah ihre Mutter an. Die wich ihrem Blick aus und rieb weiter mit dem Lappen auf der sauberen Küchenplatte.

»Das geht nicht«, sagte sie schließlich, ohne ihren Blick zu heben. »Deine Schwester wird dort einziehen.«

»Dolores? Zieht hier ein? Und was ist mit Tom und den Kindern? Warum weiß ich davon nichts?« Ihre Mutter sah sie nun an.

»Dolores wollte näher bei mir sein, auch wegen der Kinder, die ihre Oma vermissen, und Tom hat seinen Job aufgegeben. Sie wollen hierherziehen. Ich habe gesagt, sie können hier wohnen, bis er etwas gefunden hat. Ich kann ihre Hilfe gut brauchen, ich bin ja auch nicht mehr die Jüngste und alleine.«

»Und was ist mit mir? Ich bin hier! Ich kann dir helfen. Ich suche nach einem Haus. Von Anfang an habe ich dir angeboten zu helfen, und du wolltest uns nicht bei dir haben. Du wolltest, dass wir so schnell wie möglich ausziehen. Und jetzt gibt Tom seinen Job und sein Haus auf, nur um hierherzuziehen, damit du nicht allein bist. Ich bin die ganze Zeit hier, wegen dir bin ich hierhergekommen, damit du nach Vaters Tod nicht so allein bist, und wir brauchen einen Platz, wir stehen auf der Straße.«

»Nun, das konnte ich ja nicht wissen, und Dolores war schon immer zuverlässig. Wer weiß, wann du deine Meinung wieder änderst. Ich brauche jemanden, auf den ich mich verlassen kann.«

Ihr Leben lang hatte ihre Mutter sie gegeneinander ausgespielt. Als meine Mutter heiratete, machte ihre Mutter Dolores Vorhaltungen, dass sie immer noch keinen Mann gefunden hatte. Dolores heiratete schließlich Tom, der sie schon lange umwarb, ihr aber nie gut genug war, weil ihre Mutter sie davon überzeugte, dass sie keinen besseren Mann finden würde. Denn die Jahre gingen schnell dahin und so auch die Schönheit und Jugend einer Frau und ehe sie sich's versähe, wäre sie eine alte Jungfer, die keiner mehr haben wollte. Im Notfall könne man sich heutzutage glücklicherweise scheiden lassen. Was gäbe es schon zu verlieren.

Also heiratete Dolores Tom, und sie zogen nach Pretoria, wo er eine gut bezahlte Stelle in einer Computerfirma fand, mit Aufstiegschancen. Sie bekamen zwei Jungen, Hank und Will, und Tom ließ sich auf Dolores' Wunsch nach Wills Geburt sterilisieren unter dem Einfluss ihrer

Mutter, die keine Gelegenheit ausließ, ihr Unverständnis über den Kinderreichtum (und dann auch noch alles Mädchen!) ihrer Schwester auszudrücken und zu betonen, dass kein Mensch mehr als zwei Kinder brauche, da hätten die Chinesen ganz recht. Wenn es nach ihr ginge, würde es auf der ganzen Welt ein Gesetz geben, das jeder Familie nicht mehr als zwei Kinder erlaube. Gerade hier in Afrika, das würde die Menschen endlich davon abhalten, sich so gedanken- und verantwortungslos zu vermehren.

Meine Mutter sank auf ihrem Hocker zusammen. Es gab nichts mehr zu sagen. Es war entschieden. Hier würde sie keine Hilfe bekommen. Sie konnte nun hinausgehen und meine Schwestern aus dem Pool ziehen, durch das quietschende Gartentor laufen und sich vor das nächstbeste Auto schmeißen.

»Vielleicht könnten wir wenigstens so lange bleiben, bis Dolores und Tom hier sind?«

»Sie kommen schon nächste Woche, und bis dahin muss die Wohnung hergerichtet werden. Ihr solltet wirklich zurückgehen. In England bekommst du Sozialhilfe, eine Wohnung, und die medizinische Versorgung ist auch umsonst. Ich weiß gar nicht, warum du dir das antust. Ihr hattet doch alles.«

»Mutter, ich bin wegen dir gekommen. Nach Vaters Tod, damit du nicht so alleine bist.«

»Ach Unsinn«, sagte ihre Mutter und wusch den Lappen gründlich in der Spüle aus. »Schieb deine Verantwortung nicht auf mich ab. Ich habe nichts damit zu tun, dass du deine Ehe in den Sand gesetzt hast.«

»Mutter! Brian hat mich verlassen. Er hat eine andere. Er will uns nicht mehr. Er hat mich verlassen!«

Ihre Mutter drehte sich um, nachdem sie den Lappen gefaltet und über den Wasserhahn gehängt hatte, und trat dicht vor meine Mutter. Sie stemmte ihre Hände in die Hüften und sah sie zornig an.

»Ich habe mich ja bisher zurückgehalten, aber ich denke, das war ein großer Fehler. Ich hätte es dir von Anfang an sagen sollen. Du hast ganz allein die Verantwortung für das Scheitern deiner Ehe zu tragen. Wach auf! Brian wollte nie zurück. Das weißt du. Du hast ihm die Pistole auf die Brust gesetzt. Du hast den Tod deines Vaters als Ausrede benutzt, um hierherzukommen. Ich habe dich sofort durchschaut. Du hast dich all die Jahre einen Dreck um mich gekümmert, und auf einmal willst du für mich da sein. Du hast deinen Mann verlassen und deine Kinder aus ihrer Familie gerissen. Du hast ganz alleine deinen Willen durchgesetzt und damit deine Familie zerstört. Das ist die Wahrheit, und nun lebe mit ihren Konsequenzen, und hör endlich auf zu jammern und andere Menschen verantwortlich zu machen für dein Unglück. Ich habe nichts damit zu tun. Es geht nicht um mich, es ging noch nie um mich, es ging immer nur um dich, dein ganzes Leben lang. Jetzt ist es Zeit, aufzuwachen!«

Meine Großmutter war ganz erschöpft von ihrer Rede. Ihre Knie zitterten, und sie musste sich setzen. Auf dem Hocker sah sie plötzlich klein, alt und zusammengefallen aus.

»Werde endlich erwachsen«, sagte sie mit einer Stimme, die alle Schärfe verloren hatte. »Du hast vier Mädchen, die eine Mutter brauchen. Denk zur Abwechslung an sie und nicht an dich. Mehr hab ich nicht zu sagen. Es tut mir leid.«

Großmutter stand auf und schlurfte aus der Küche. Meine Mutter saß wie versteinert auf ihrem Hocker und rührte mechanisch in ihrer Tasse. Das tat sie schon, seit ihre Mutter das Wort an sie gerichtet hatte. Sie merkte, was sie tat, und legte den Löffel auf die Untertasse. Es war wieder mottenstaubstill. Nicht einmal die Stimmen meiner Schwestern von draußen waren zu hören. Die sterile Küche war von einem trügerisch warmen, freundlichen Sonnenlicht durchflutet. Meine Mutter fühlte eine Taubheit, innen wie außen. Ihr Kopf war leer, kein einziger Gedanke zeigte sich, kein Gefühl regte sich, als hätte man sie für Stunden in Eiswasser gelegt, und ihr Stoffwechsel war auf das Überlebensnötigste heruntergefahren. Kein Schock, kein Schreck, keine Wut, keine Tränen. Stattdessen: nichts. Sie stellte vorsichtig ihre Füße auf den Boden, um zu testen, ob sie sie tragen würden. Sie erhob sich und ging langsam hinaus, ließ den Kaffee mit drei Löffeln wohlaufgelöstem Zucker zurück, durchschritt den eigelbfarbenen Flur, das lavendelduftende Wohnzimmer mit der tickenden Uhr und trat auf die Terrasse in das gleißende Sonnenlicht.

Sie schloss ihre Augen, die Hitze wärmte ihren unterkühlten Körper auf. Langsam kehrten ihre Körperfunktionen wieder. Sie öffnete ihre Augen, so weit sie es ertragen konnte, und suchte das Gelände nach meinen Schwestern ab. Der Pool lag leer und still, die Kleider der Mädchen dort, wo sie achtlos hingeworfen worden waren. Sie wollte ihre Namen rufen, aber ihre Stimme war noch nicht aufgetaut, es kam nur ein heiseres Krächzen aus ihrem Hals.

Meine Mutter sank kraftlos auf einen der hölzernen Gartenstühle, deren Sitzkissen nach oben geklappt waren, aber das bemerkte sie nicht. Sie war nicht in der Lage, die kleinste Entscheidung zu treffen. Dass die Mädchen nicht dort waren, wo sie sie erwartet hatte, dass sie sie nicht einfach bei der Hand nehmen und nach Hause laufen konnte, wo sie sich im Bett vergraben würde für den Rest des Tages, der Woche, ihres Lebens, das war mehr, als sie in diesem Moment bewältigen konnte.

Sie blieb trotz ihrer Verzweiflung taub und gefühllos. Sie stand auf und bewegte sich wie fremdgesteuert zum Pool hinunter, nicht auf dem idiotischen Kiesweg, sondern quer über die Wiese. Sie hörte Wispern und Kichern, blieb stehen, duckte sich und sah unter dem Busch meine Schwestern sitzen, die sich vor ihr versteckten. Sie zog sie wortlos heraus, jede an einer Hand, die sie fest wie ein Schraubstock umklammerte. Die Mädchen waren zu erstaunt, um sich zu beschweren, sie stolperten hinterher, die Wiese hinunter über die frisch angelegten Beete, an den Rosenbüschen vorbei, die von dicken gelben Käfern umschwärmt wurden. Das Tor öffnete sich genau in dem Moment, als sie davorstanden. Ihre Mutter musste sie von oben beobachtet und nur darauf gewartet haben, dass sie ihr Grundstück verließen, aber es stand ein Auto auf der anderen Seite, das hineinwollte.

»Unsere Kleider!«, riefen meine Schwestern, als sie in Badeanzügen barfuß auf der Straße standen und das Tor sich hinter ihnen schloss. Für immer, dachte meine Mutter grimmig, und das war der erste Gedanke, der sich wieder einstellte.

Die Frau mit dem Strohhut und dem kornblumenblauen Kleid, bei dem der Saum hinten herunterhing und unter dem sich der Bauch mit dem ungewollten Kind wölbte, dem fünften und noch dazu einem Mädchen (was meine Mutter nicht wissen konnte), lief mit zwei kleinen barfüßigen Mädchen in nassen Badeanzügen die Hauptstraße hinunter. Mit jedem Schritt wurde ihr bewusster, dass sie nun allein auf der Welt war und von keinem Menschen Hilfe erwarten konnte.

5

Mutter setzte sich mit einem Block und Bleistift an den Küchentisch und machte einen Plan. »Erstens«, schrieb sie und kaute an ihrem Bleistift. Sie brauchten ein Haus. Es gab meinen Vater, von dem sie keine Hilfe mehr erwarten konnte, und Mia, ihre beste Freundin aus Kinderjahren, die Patentante von Sam. Mia war ebenfalls alleinerziehend mit einer Tochter in Sams Alter. Die beiden waren beste Freundinnen, und Mia war der einzige Mensch, der sich geduldig ihre Sorgen anhörte. Sie würde Mia fragen, sie hatte keine Wahl. Sie könnte ein Haus mieten, ohne die Miete zu bezahlen. Sie könnte einen Job finden, schon morgen. Sie könnte auf den Markt gehen und irgendetwas Selbstgemachtes verkaufen. Mia tat das. Sie buk Muffins und machte Marmelade, aber das würde nicht für die Miete reichen, davon könnte sie höchstens Schulbrote für meine Schwestern schmieren. Und das Kind, das ungeborene? Meine Mutter strich sich über den Bauch und dachte zum ersten Mal gründlich über meine Zukunft nach. Es war klar, dass ich bleiben würde. Die ersten drei Monate waren längst vorbei. Ich hatte mich festgesetzt. Eine Abtreibung hatte meine Mutter nie in Erwägung gezogen. Nicht nur, weil es illegal war, Geld kostete und dadurch mit einem Aufwand verbunden war, der ihre Handlungskapazität weit überschritt. Sie würde mich nicht behalten können. Das war keine Frage. Mein Vater würde mich auch nicht nehmen, sie würde mich zur Adoption freigeben. Sie hatte bereits vier Schwangerschaften und Geburten hinter sich, eine weitere würde sie ohne Weiteres meistern, sie war sozusagen eine Expertin auf dem Gebiet. Wenn sie geschickt genug war, würde sie die Schwangerschaft bis zuletzt verbergen können. Wenn es so weit war, würde sie ins Krankenhaus fahren, mich herausdrücken und wieder nach Hause gehen. Es würde sich eine gute Familie für mich finden. Weiße Babys standen an oberster Stelle der Adoptionsliste. Sie könnte sich meine Eltern aussuchen.

Das schien so klar und einfach, so »manageable«, dass sie mich mit einem Seufzer von ihrer gedachten Liste strich. Somit war meine Zukunft an diesem Samstagnachmittag am Küchentisch besiegelt – falls sie es sich nicht doch noch anders überlegen würde. Natürlich wusste ich davon nichts. Ich war inzwischen nicht größer als ein Küken und hatte keine Ahnung, in was ich da hineingeboren wurde.

Wenn meine Mutter eine Entscheidung traf, dann blieb sie meist auch dabei. Deshalb würde sie auch nicht nach England zurückgehen. Lieber würde sie eher hier mit ihren Kindern verhungern als zu kapitulieren. Denn ihre Meinung zu ändern, eine Entscheidung zu revidieren, das kam für sie einer Kapitulation gleich. Das hatte Nora von ihr, das Sturköpfige. Und während meine Mutter am Küchentisch auf dem Bleistift kaute und mich im Geiste von der Liste strich, saß Nora auf ihrem Bett und zählte ihr Geld.

Auch sie hatte eine Entscheidung getroffen. Sie würde sobald wie möglich zu ihrem Vater nach England gehen. Das Geld reichte nicht einmal für einen Flug nach Durban, aber ihr Vater würde ihr schon helfen. Oder ihre Großeltern. Und wenn ihre Mutter sie nicht gehen lassen würde, dann hatte sie sich bereits einen Plan zurechtgelegt. Sie würde mit der Schulpsychologin sprechen und ihr erzählen, wie Mutter sie missbrauchte und misshandelte. Sie müsste nicht einmal lügen, damit ihr das Sorgerecht entzogen werden würde. Dann könnten, dann müssten sie alle zurück nach England. Dann hätte Mutter ihre Ruhe und ihren Willen, müsste sich um nichts mehr kümmern, könnte jeden Abend ausgehen, sich betrinken und von irgendwelchen Kerlen flachlegen lassen.

Nora quetschte allen Hass, den sie aufbringen konnte, aus ihrem Herzen. Sie erinnerte sich an jede Ungerechtigkeit, an jede Ohrfeige, an jedes unfreundliche Wort, an jede Minute, die sie damit verbringen musste, für unsere Mutter einzukaufen, abzuwaschen, Essen zu kochen, auf ihre Schwestern aufzupassen, während andere Mädchen ihres Alters ein Leben hatten. Das machte es so viel leichter, ihren Plan auszuführen, und es erfüllte sie mit großer Genugtuung.

6

Ich liebe meine Mutter. Sie hat mir mein Leben geschenkt. Sie hätte es ohne Weiteres beenden können, aber sie hat sich für mich entschieden. Ich liebe sie, weil sie wusste, dass es eine bessere Mutter für mich geben würde, als sie es sein konnte. Ich liebe sie, weil sie meinen Schwestern die bestmögliche Mutter war. Auch wenn es zu diesem Zeitpunkt nicht danach aussah. Es machte sie in diesem Moment zur bestmöglichen Mutter, dass sie ihre Mädchen nicht allein ließ, obwohl sie keinen Ausweg sah.

Sie war bereits drei Tage über dem festgelegten Auszugsdatum. Poppys Anwalt drohte täglich mit dem Rauswurf, und Poppy hatte die Arbeiter ins Haus geschickt und sie beauftragt, möglichst viel Lärm und Schmutz zu machen. Sie brachen die Fenster heraus, und in der darauffolgenden fensterlosen Nacht war meine Mutter nahe daran, ihrem Leben ein Ende zu setzen. Sie wusste nur nicht, wie. Aus dem Fenster eines ebenerdigen Hauses zu springen brachte wenig. Für Alkohol und Tabletten war kein Geld da. Sich im Pool zu ertränken hatte sie bereits vergeblich versucht. Verhungern wäre ein sicherer, aber langsamer Tod, der ihnen ohnehin bevorstand. Meine Schwestern waren mit knurrenden Mägen ins Bett gegangen, nachdem sie drei

Eier mit viel Mehl und Wasser zu einer lehmigen Rühreipampe vermischt hatten, die trotz ihres Hungers kaum runterzubringen war.

Sie lag im Bett und sah durch das schwarze Loch in der Wand hindurch in den dunklen Garten. Der Wind blähte die Vorhänge. Es war eine mondlose Sommernacht. Beängstigend friedlich zirpten die Grillen im Gras, surrten die Mücken um ihre Ohren. Sie war eine Frau mit vier Mädchen in einem Haus. Die Arbeiter wussten, dass kein Mann und kein Hund im Haus waren. Nur sie und vier Mädchen. Sie stand auf und wählte die Nummer meines Vaters. Es war ihr egal, dass seine Frau das Telefon abnehmen könnte, doch es meldete sich nur eine automatische Stimme, die sagte, sie habe nicht genug Guthaben, um diesen Anruf zu tätigen. Sie schickte ihm ein »please call me« und wartete auf seinen Rückruf. Aber der kam nicht.

Die Alarmanlage würde zwar Lärm machen, aber niemand würde zu Hilfe kommen, weil sie die Sicherheitsfirma nicht bezahlt hatte. Immerhin war der Panikknopf neben ihrem Kopf. Wenn sie die Alarmanlage anschaltete, würde sie angehen, sobald sich jemand im Haus bewegte, eines der Mädchen aufstand, um aufs Klo zu gehen oder ein Glas Wasser zu trinken, was jede Nacht geschah. Meist krochen sie danach zu ihr ins Bett, zumindest die beiden Kleinen. Sie schimpfte zwar aus Gewohnheit, aber sie mochte die kleinen warmen Körper unter der Decke, solange sie sich still verhielten. Das Zappeln konnte sie nicht ertragen. Ihr Schlaf war leicht und unruhig, und wenn sie einmal wach war, schlief sie nur schwer wieder ein.

Meine Mutter stand auf und holte meine beiden kleinen Schwestern zu sich ins Bett. Die rollten sich zur Seite und schliefen sofort wieder fest. Sie würde die ganze Nacht kein Auge zutun. Sie würde hier liegen, den Finger auf dem Alarmknopf, und auf jedes Geräusch lauschen. Das war nicht genug. Sie schlich in die Küche und räumte die Messerschublade auf. Sie nahm alle scharfen und spitzen Messer mit in ihr Schlafzimmer, legte sie unter ihre Matratze. Mit dem größten Messer in der rechten Hand und dem linken Zeigefinger auf dem Alarmknopf fiel sie irgendwann in einen tiefen Schlaf mit wirren Träumen von tanzenden Messern in dunklen Löchern und einem teuflisch grinsenden Mund, der sich immer näher an sie heranschob, immer größer wurde und den sie schließlich, weil sie sich nicht anders zu helfen wusste, von Ohr zu Ohr aufschlitzte, sodass er eine einzige klaffende rote Wunde war. Aber es kam kein Blut, das Grinsen wurde nur breiter.

Als meine Schwestern am nächsten Morgen in der Schule waren, kam Mia sie besuchen. Sie brachte Muffins und Marmelade mit, und als sie sah, dass sie auf einer Baustelle ohne Fenster lebten, nahm sie sich ein Herz und bot Mutter an, zu ihr zu ziehen, bis sie ein neues zu Hause gefunden hatten. Das war ein großzügiges Angebot, denn Mia wohnte mit ihrer Tochter, zwei Katzen und drei Hasen in einem winzigen Häuschen auf dem Gelände des Yachtclubs. Einsam, aber sicher, mit einem großen wilden Garten an der Lagune. Sie hatte zwei Schlafzimmer, eine kleine Küche und ein Wohnzimmer. Außerdem einen heruntergekommenen Außenraum, der als Schuppen diente und in dem sich meine kleinen Schwestern gern versteckten. Sie würden sich alle ein Zimmer teilen müssen, aber es hatte wenigstens Fenster und bot ein Dach über dem

Kopf. Mia würde die Mädchen auch zur Schule bringen und wieder abholen.

»Euer Zeug musst du aber woanders unterbringen«, sagte sie, »am besten, du verkaufst das meiste.« Sie ließ ihr die Nummer eines Trödlers da, der auch noch am selben Vormittag kam und alles mitnahm, was sie nicht mehr haben wollte. Er zahlte lächerlich wenig, weit unter Wert, aber am Ende kam eine Summe heraus, die größer war als alles, was meine Mutter seit Langem besessen hatte. Meine Schwestern würden sich beschweren, dass sie das Trampolin und den Fernseher verkauft hatte mitsamt Musikanlage und DVD-Player, aber als sie in dem leeren Haus stand mit der Tasche voll Geld, war ihr eine große Last genommen. Wunderbar leicht fühlte sie sich, und zum ersten Mal hatte sie so etwas wie Hoffnung. Auch wenn sie sich in Zukunft in einem Zimmer zusammendrängen mussten, es ging weiter. Das war nicht das Ende, wie sie gestern Nacht noch gedacht hatte, zitternd vor Angst mit dem Messer in der Hand.

Mia fuhr los und kam mit Kisten zurück, in die sie ihren restlichen Besitz packten. Es war immer noch viel mehr, als sie würden unterbringen können, aber das würde sich finden, und als meine Schwestern von der Schule kamen, waren sie bereit für den Umzug. Fünf Mal fuhren sie hin und her. Was nicht ins Haus passte, stellten sie in das kleine Außenzimmer. Sie räumten das Schlafzimmer leer und richteten ein Matratzenlager auf dem Boden ein, auf dem meine kleinen Schwestern herumtobten. Für sie war das ein Riesenspaß, Campingferien, ein Abenteuer. Nora maulte, dass es für sie keinen Platz gab, an dem sie in Ruhe arbeiten könne. Mia bot ihr das Wohnzimmer an. Das Sofa könne man ausziehen, es sei ein Schlafsofa. Meine Mutter sagte, sie brauche auch noch einen Platz für sich, aber Nora könne gern das Wohnzimmer mit ihr teilen. Nora wandte sich ab und steckte ihren Zeigefinger in den aufgerissenen Mund. Carla stand im Türrahmen und beobachtete sie mit ihren großen ernsten Augen. Sie lachte nie, aber jetzt, als sie das sah, kicherte sie verschwörerisch. Sie würde Carla mit nach England nehmen, dachte Nora. Die anderen beiden waren klein, die konnten bei Mutter bleiben.

Wegen ihrer Unterkunft hatte sie bereits andere Pläne. In ihrer Klasse gab es ein Mädchen, Alice, die Nora sehr mochte. Bisher hatte sie jeden engen Kontakt vermieden, aber in diesem Fall könnte sie eine Ausnahme machen. Als Nora und Alice an einem Nachmittag allein im Klassenzimmer gesessen hatten, um ein Kunstprojekt zu beenden, vertraute Nora sich ihr an und klagte über ihr Leben und Mutter im Besonderen. Alice bot ihr an, dass sie in ihrem Gartenhäuschen unterkommen könne. Ihre Eltern hätten sicher nichts dagegen. Lucie hätte dort auch für ein halbes Jahr gelebt, als ihre Mutter nach Australien zog.

Meine Schwester hatte sich bedankt und gesagt, sie komme vielleicht auf das Angebot zurück. Sie saß öfter mit Alice in der Bibliothek und half ihr manchmal mit Mathe. Einmal war sie sogar mit ihr nach Hause gegangen. Sie wohnte ganz in der Nähe der Schule. Ihre Mutter war fröhlich und freundlich, und es gab Bobotie zu essen, Noras Lieblingsgericht.

Sie würde Alice fragen, ob sie bei ihr einziehen könnte. Sie würde vorher mit der Schulpsychologin sprechen und erzählen, unter welchen Umständen sie nun leben musste. Dass es unmöglich für sie sei, in dieser Enge zu lernen, wo es nicht einmal einen Tisch gab, an dem sie arbeiten konnte. Unsere Mutter wollte sie vor vollendete Tatsachen stellen.

Heimlich packte sie eine Tasche mit dem Nötigsten, das sie für die nächsten Wochen brauchen würde. Sie könnte Kleider von Alice leihen. Sie könnten wie Schwestern zusammenleben.

Alice hatte keine Geschwister und sich immer eine Schwester gewünscht. Nora hatte Alice erzählt, unsere Mutter habe sie adoptiert, weil sie keine Kinder bekommen konnte. Das hätte sie ihr nie erzählt, aber Nora habe die Unterlagen in einer Schublade gefunden. Das erkläre auch den großen Altersunterschied zu ihren Schwestern. Die wären dann ganz überraschend doch noch gekommen. Deshalb waren sie auch so viele, weil ihre Mutter immer geglaubt hatte, sie könne gar nicht schwanger werden. Sie sei also gar nicht verwandt mit dieser Frau und könnte genauso gut Alices Schwester sein und Alices Mutter ihre Mutter.

Das erschien ihr eine so glaubwürdige Erklärung für ihre Fremdheit zu dieser Frau, die behauptete, ihre Mutter zu sein, dass sie es selbst glaubte.

Während unsere Schwestern über die Matratzen tobten und unsere Mutter mit Mia im Garten saß, Kaffee trank, von dem sie Sodbrennen bekam, und ihre Verdauungszigarette rauchte, versteckte Nora ihre Tasche hinter den Kisten in der Kammer, nahm ihr Tagebuch und ging zur Lagune hinunter.

7

Mutter machte Pläne mit Mia. Obwohl sie sehr beengt lebten, war sie doch froh, nicht mehr allein zu sein. Zusammen konnte man mehr schaffen. Mutter hatte kein Bett mehr, in dem sie sich den ganzen Tag vor der Welt und ihren Kindern verstecken konnte. Sie würde etwas tun müssen. Ein Haus und Arbeit finden.

»Warum gehst du nicht mit mir auf den Markt am Samstag?«, sagte Mia. »Du könntest frisch gepresste Säfte verkaufen. Die Frau, die das letztes Jahr gemacht hat, hat ein Vermögen verdient, gut, vielleicht kein Vermögen, aber es lief gut und sie kommt nicht mehr. Ich könnte mit Liza sprechen, was meinst du?«

Mia verkaufte selbst gemachte Marmelade auf dem Markt und verdiente damit ihren Unterhalt. Sie war fleißig und patent, alles, was meine Mutter nicht war, und die spürte etwas von Mias Energie und Unternehmergeist wie eine Taube auf ihrer Schulter landen. Das war keine große Sache, aber ein Anfang, etwas, das sie machen könnte, und gleichzeitig ermüdete sie die Vorstellung davon, und Orangen auszupressen und einen Marktstand zu betreiben, so sehr, dass ihre Lider schwer wurden und zuklappen wollten. Am liebsten hätte sie sich ins Bett gelegt und diesen Vorschlag ausführlich überschlafen, aber das ging nicht, und deshalb sagte sie mit aller Begeisterung, die sie aufzubringen imstande war: »Das klingt gut, das werden wir machen.«

Die erwartete Wirkung der Verdauungszigarette setzte ein, und sie stand auf und entschuldigte sich.

Mia sah ihr hinterher, als sie mit schwerfälligem Schritt hinter das Haus lief. Sie dachte eine Weile über meine Mutter und ihre Situation nach, hatte einen Moment Sorge, die Konsequenzen, die es mit sich brachte, fünf Menschen in ihrem Haus zu beherbergen, nicht wirklich bedacht zu haben, sagte sich aber sofort, dass sie als Freundin keine andere Wahl habe, und fühlte sich gut, so selbstlos und hilfreich gehandelt zu haben. Sie würde meine Mutter wieder auf die Beine stellen, dafür sorgen, dass sie arbeitete und Geld verdiente und so schnell wie möglich eine neue Unterkunft finden würde. Schließlich musste auch meine Mutter einsehen, dass diese Lösung nur für einen kurzen Zeitraum war.

Sie watschelt, als sei sie schwanger, dachte Mia, und dass sie meiner Mutter sagen musste, dass sie mehr auf sich achten müsse und sich nicht so gehen lassen durfte. Seit Wochen hatte sie sie in nichts anderem als in diesen ausgeleierten T-Shirts und alten Jogginghosen gesehen. Mit einer besseren äußeren Erscheinung würde sich auch eine bessere innere Haltung einstellen. Mia wusste, wie wichtig positives Denken war. Sie machte jeden Morgen Atemübungen und war fest entschlossen, nur das Gute in ihr Leben hineinzulassen. Meine Mutter war zu negativ, das war ihr Problem, und Mia würde ihr helfen, das zu überwinden.

Es gab ein kleines Bad im Haus, es gab aber auch eine Außendusche und eine Außentoilette ohne Tür, die ein wenig abseits lag und einen weiten Blick über das Eukalyptuswäldchen auf die Lagune bot. Das Klo mit der weltweit besten Aussicht, amüsierte sich meine Mutter, als sie auf dem Holzbrett saß und in die Landschaft sah.

Eine schmale Gestalt mit einer großen Tasche über der Schulter verschwand zwischen den Bäumen und kam nach einer Weile ohne Tasche wieder hervor. Sie kletterte über Baumstämme und lief die Wiese hinunter direkt hinein in das Blau, auf dem weiße Segel sich im Wind blähten, und ihr rotes Haar leuchtete in der Sonne. Erst jetzt erkannte meine Mutter Nora in dieser Gestalt, die so fremd und erwachsen in der Ferne aussah, so eigenständig, als hätte sie nichts mit ihr zu tun, und als würde sie das bestätigen wollen, bewegte sie sich immer weiter fort von ihr, drehte sich nicht um, sondern lief weiter und weiter, bis sie vom hohen Gras verschluckt wurde. So sehr meine Mutter ihre Augen anstrengte, sie war nicht mehr zu sehen, kein Rotschimmer im grünen Gras.

»Was macht sie da?«, dachte sie ärgerlich. Nora löste Ärger in ihr aus, ob sie wollte oder nicht. Meine Mutter wurde wütend, wenn sie sie sah, wütend, wenn jemand von ihr sprach oder wenn sie an sie dachte. All ihr Ärger, ihre Wut und ihr Frust entluden sich an Nora. Zum ersten Mal wurde meiner Mutter das bewusst, als Nora im Gras verschwand und der Ärger, der in ihr hochgestiegen war, nichts mehr hatte, woran er sich entladen konnte. Das machte sie wütend. Sie konnte sich nicht erinnern, ob es jemals anders war, sie wollte es auch gar nicht wissen, sie wollte sich ärgern. Glücklicherweise fand sie immer einen Grund, der ihren Ärger auf Nora rechtfertigte. Und wenn nicht, dann würde sie einen finden. Die anderen Mädchen profitierten davon, weil sie dadurch mehr Geduld, Liebe und Verständnis für sie hatte.

Es gab immer eine Entschuldigung dafür, Nora schlecht zu behandeln, und deshalb fühlte sie sich nicht schuldig. Sie tat ihr auch nicht leid. Das Mädchen war aufsässig und undankbar und gab ihr immer das Gefühl, Schuld an allem zu sein. Nora war ein einziger Vorwurf, gegen den sie sich mit aller Kraft wehrte. Ein rotkopfiges Ausrufezeichen: Du! Hast! Unser! Leben! Zerstört!

Das hatte ihr Noch-Ehemann damals empfunden, als er sie heiraten musste, weil sie mit Nora schwanger war. Er hatte es nie gesagt, aber sie sah es sogar in seinem Blick, als er ihr den Ring auf den Finger schob und sagte, er werde sie in guten und in schlechten Zeiten lieben.

Er liebte Nora, er hatte sie immer mehr geliebt als alle anderen Kinder. Er brachte ihr Kochen und Backen bei. Sie teilte seine Leidenschaften. Er nahm sie immer in Schutz vor ihr. Er las ihr jeden Wunsch von den Augen ab. Er liebte seine Tochter so, wie meine Mutter geliebt werden wollte. Doch sie sah er mit diesem Blick an, mit diesem Vorwurf. Er sprach es nie aus, aber sie wusste, er dachte jede Sekunde daran. Deshalb musste sie mit ihm in diesem verhassten Land fern von der Heimat leben. Er wusste, wie sehr sie die Wärme und das Meer liebte. Deshalb musste sie mit ihm im kalten regnerischen Mittelengland leben. Weil sie sein Leben zerstört hatte, sollte sie auch keine Freude haben.

Das stand all die Jahre unausgesprochen zwischen ihnen. Das hatte sie ihm nie vergeben. Seinen unausgesprochenen Vorwand trug Nora nun weiter, wo er nicht mehr da war. Gerade, groß und aufrecht hielt sie ihn ihr jeden

Tag vors Gesicht. Schon allein ihre Haltung, wie sie ihren Kopf trug, höher als alle anderen, das Kinn nach oben reckte, ihr Kreuz durchdrückte, obwohl sie ohnehin größer war als sie, allein dafür könnte sie Nora ohrfeigen. Der Vorwurf war immer da und würde sich weiter durch ihr Leben ziehen.

Das alles für den kurzen Triumpf, damals ihre Schwester auszustechen und den Mann, den sie haben wollte, weil ihn alle haben wollten, an sich zu binden, und ihre Schwester in eine Ehe zu treiben mit einem Mann, den sie nicht wirklich liebte.

Zu spät bemerkte meine Mutter, dass sie Klopapier hätte mitbringen müssen, und ärgerte sich noch mehr, und in all ihrem Ärger vergaß sie die Tasche, mit der Nora im Wald verschwunden war.

8

Nora lag im hohen Gras auf dem Rücken und sah in den Himmel, der wie eine Spiegelung der Lagune wirkte, ein blauer endlos weiter See, auf dem der Wind weiße Wolkenflocken wie Segel blähte. Es war friedlich, Vögel zwitscherten, neben ihrem Kopf ließ sich ein gelbbrüstiger Webervogel auf einem Schilfrohr nieder, das sich unter seinem Gewicht bog und im Wind schwankte.

Nora kramte in ihrer Hosentasche und holte ein Taschenmesser heraus, das sie immer bei sich trug. Sie hatte einen Schwur geleistet, solange sie hier zu sein hatte, in dem verhassten Land, das in diesem Moment so unverschämt schön und friedlich war, jeden Tag mit ihrem Blut abzuzeichnen. Ein feiner Schnitt in die Haut, wie ein Gefangener die abgesessenen Tage an der Gefängniswand markiert.

Sie schob ihren Ärmel hoch und fuhr mit dem Finger über die Narben an ihrem Arm, die sich wie ein Barcode aneinanderreihten. Manche fein und fast verblasst, andere tiefer und wulstig. In sauberer Ordnung untereinander, die letzten noch mit dunklem Blut verkrustet. Sie pulte den Schorf von den Wunden, die anfingen zu bluten. Sie hielt den Arm an ihren Mund und leckte das Blut ab. Sie mochte den Geschmack ihres Blutes. Sie wollte diesen Moment noch etwas länger auskosten. Es gab keine Eile. Sie legte sich zurück ins Gras und dachte an das, was kommen würde. Sie war geradezu lächerlich friedlich und glücklich und mit der Welt versöhnt, unverständlicherweise. Fast ärgerte sie sich, dass sie keinen Ärger hervorbringen konnte, keine Wut und Verzweiflung, die ein tiefer Schnitt lindern würde mit der Taubheit, die sich sofort einstellte, wenn das Blut hervortrat und den Arm hinunterlief. Sie könnte in einer kleinen Hütte leben, hier am Wasser, im Schilf, fern von allen, bei den Webervögeln, die ihre Nester bauten. Das Leben war am besten, wenn sie allein war. Solange sie nicht bei ihrem Vater sein konnte.

Ein schwarzer Schmetterling flatterte vorbei und setzte sich auf einen Grashalm, als würde er ihr Gesellschaft leisten wollen. Bienen summten um die kleinen Blumen zu ihren Füßen. Sie würde hierbleiben, bis alles vorbei war. Wie ein Kriegsflüchtling würde sie sich hier im Gras verstecken und auf den Frieden warten. Wenn die Welt wieder in Ordnung war, könnte sie hervorkommen und an ihr teilnehmen.

Meine Schwester setzte ihr Messer an, knapp unter dem letzten blutenden Strich, drückte es auf die Haut, bis sie den Schmerz spürte, und zog es langsam über den Arm. Nichts. Nur ein roter Streifen, kein Blut. Sie setzte es noch mal an, diesmal mit mehr Druck. Endlich kam ein feiner glitzernder Blutstropfen. Sie leckte ihn ab und steckte das Messer weg. Sie musste es bei Gelegenheit schärfen. Oder doch eine Rasierklinge besorgen. Damit konnte man feiner und tiefer schneiden.

In der Schule gab es einen Jungen, zwei Klassen über

ihr. Sein linker Arm war von oben bis unten mit wulstigen Narben überzogen. Tiefe Narben. Er trug immer lange Hemden, auch im Sommer, aber wenn er in seinem Rugbyshirt war, konnte man sie sehen. Jeder in der Schule kannte seine Geschichte. Seine Schwester hatte ihn gebeten, mit ihr joggen zu gehen, er hatte abgelehnt, und sie war vergewaltigt worden. Er war ein gut aussehender Junge. Kapitän der Rugbymannschaft und Schulsprecher.

Nora hatte immer den Drang, über seine Narben zu streichen, wenn sie ihn sah. Sie waren so tief. Er musste Rasierklingen benutzt haben oder ein sehr scharfes Messer. Es war ihr ein Trost zu wissen, dass andere eine ähnliche Verzweiflung in sich trugen und keine Linderung fanden, als sich zu verletzen.

Meine große Schwester rollte sich auf den Bauch, legte ihren Kopf auf die Arme und schloss die Augen. Sie hatte letzte Nacht in ihrem alten Haus kaum geschlafen. Sie war durch das Loch in der Wand neben ihrem Bett gestiegen, weil es sie beängstigt hatte. So groß und nackt und dunkel mit den ausgefransten Rändern, roh und brutal. Sie war zu dem Maulbeerbaum gelaufen, um darunter zu schlafen. Auf der Wiese fühlte sie sich sicher. Sie war weit, leer und übersichtlich, aber das Gras war stachelig, der Boden hart und der Wind kalt. Außerdem sorgte sie sich um Carla, die blass und fahl wie eine Tote hinter ihrem Vorhang schlief in dem Zimmer mit dem Loch in der Wand.

Sie lief zurück, so schnell sie konnte. Auf der Straße vor unserem Haus saßen zwei Katzen. Eine schlanke schwarze und eine dicke weiße, mit aufgeplustertem Fell. Sie kauerten reglos einander gegenüber und sahen sich an, bis die dicke Weiße mit einem Schrei auf die Schwarze sprang und einen Kampf begann. Blitzschnell, plötzlich und gewalttätig. Die Schreie der Katzen klangen, als würde man ein Kind abstechen.

Zitternd vor Angst schlich Nora um das Haus und stieg so leise wie möglich durch das Fensterloch zurück in ihr Zimmer. Sie zögerte, bevor sie den Vorhang vor Carlas Bett beiseiteschob, aus Angst, ein entsetzliches Bild zu enthüllen, ihre Schwester dahingeschlachtet in ihrem Blut liegend. Stattdessen war das Bett leer. Noras Herz raste, sie lief in das Zimmer ihrer Mutter, und da lagen sie, die Mutter mit einem Messer in der Hand und die drei Schwestern aneinandergedrängt, alle in tiefem Schlaf. Wie gern hätte sich Nora zu ihnen gelegt, aber da war beim besten Willen kein Platz. Sie ging zurück, zerrte ihre Matratze hinter sich her in das Schlafzimmer ihrer Mutter und legte sie auf den Boden. Paulas Hand hing über die Bettkante. Sie ergriff sie, hielt sie fest und schlief ein. Draußen dämmerte es bereits.

9

Nora lag auf der Wiese und wäre eingeschlafen, wenn das Gras sie nicht gejuckt hätte und eine kleine lästige Fliege sich nicht ständig auf ihr Gesicht gesetzt hätte und die Ameisen nicht über ihre Hände gekrabbelt wären und die kreischenden Stimmen ihrer Schwestern nicht immer näher an ihr Ohr gedrungen wären.

Sie spähte aus ihrem Grasversteck und sah unsere Schwestern in Badeanzügen die Wiese herunterlaufen und sich gegenseitig mit den Handtüchern schlagen und jagen. Carlas Handtuch verfing sich zwischen Paulas Beinen, die stolperte, fiel hin und schlitterte, die Hände nach vorn gestreckt, auf dem Bauch den Abhang hinunter.

Nora konnte den Schreck auf Carlas Gesicht sehen. Carla blieb stehen und wartete, bis Paula aufstand und schimpfte und heulte und ihr Handtuch wie ein Lasso über ihren Kopf schwingend, wütend wie ein Stier, den Hügel hinauf auf sie zustürmte. Carla lachte und lief leichtfüßig auf ihren langen dünnen Beinen davon.

Sie war die schnellste Läuferin der Schule. Nicht nur ihrer Klassenstufe, sie war auch schneller als die älteren Mädchen. Die Sportlehrerin wollte, dass sie in die regionale Jugend-Leichtathletikliga aufgenommen wurde, aber meine

Mutter war dagegen, hauptsächlich, weil sie sie nicht von Wettkampf zu Wettkampf fahren konnte und wollte und kein Geld für Trainingscamps hatte. Carla hatte etliche Briefe nach Hause gebracht, die meine Mutter ignorierte. Sie sagte, Kinder sollten ihre Jugend genießen und nicht zu Wettkampfmaschinen herangezüchtet werden, denn nichts anderes sei das. Sie weigerte sich auch, zu einem Gespräch in die Schule zu kommen, und dabei blieb es.

Paula hatte keine Chance, Carla einzuholen. Die hatte jetzt den langen hölzernen Steg erreicht, ließ ihr Handtuch fallen und rannte ihn entlang bis ans Ende und noch weiter. Ihre Beine traten ins Leere, es sah aus, als hätte sie die Schwerkraft überwunden und würde in der Luft weiterlaufen, doch dann platschte sie ins Wasser und verschwand unter der Oberfläche, die sich kräuselnd über ihr zusammenzog.

Dann war es bedrohlich lange still. Zu lange, fand Nora, die den Atem in dem Moment angehalten hatte, als Carla untertauchte. Jetzt musste sie Luft holen, und Carla war immer noch unter Wasser, das still und glatt war. Noras Magen zog sich ängstlich zusammen. Als sie aufstand und zum Steg hinunterlaufen wollte, tauchte Carla wieder auf, weit draußen.

Paula war nun auch am Steg angelangt, hob Carlas Handtuch auf und schwenkte es in der Luft, sodass Carla es sehen konnte, aber die schwamm immer weiter hinaus in das weite Blau. Paula rief ihr etwas zu, Carla drehte sich um, und Paula ließ Carlas Handtuch, das sie über ihrem Kopf schwang, los und es segelte ins Wasser.

Carla drehte sich um und schwamm weiter und weiter hinaus, bis sie nur noch ein winziger Punkt war. Paula beobachtete, wie sich das Handtuch voll Wasser sog und schwer und träge in die Tiefe sank. Dann drehte sie sich um und ging zurück. Die Lust auf Baden schien ihr vergangen zu sein.

Sam spielte mit Mias Tochter am Ufer und beachtete sie nicht. Nora beobachte sie alle aus ihrem Grasversteck. Paula lief so dicht an ihr vorbei, dass sie ihr Bein hätte fassen können. Nora war versucht, sie zu erschrecken, aber Paula sah so verdrießlich aus. Mit einem Schilfrohr schlug sie auf das Gras ein, während sie lief. Paula ging zum Haus zurück.

Nora strengte ihre Augen an, um Carla zu erkennen. Sie machte sich Sorgen, sie würde zu weit hinausschwimmen. Ihre Sorgen verwandelten sich in Ärger auf ihre Mutter, die ihre Töchter vernachlässigte. Wie konnte sie sie unbeaufsichtigt schwimmen lassen? Das hier war kein Pool. Niemand würde ihre Schreie hören, wenn sie Hilfe brauchten.

Nora legte sich ins Gras zurück und sah in den Himmel. Die kleinen weißen Wolkenhäufchen hatten sich zu gewaltigen Bergen getürmt, die unbeweglich in der Luft standen. Nora sah aufs Wasser. Sie konnte Carla nicht mehr entdecken. Das andere Ende der Lagune war etwa fünfhundert Meter entfernt, wenn sie das richtig schätzen konnte. Durchaus eine Distanz, die man schwimmen konnte, aber auf keinen Fall allein schwimmen sollte. Das Wasser war still, es gab keine Strömung, keine Wellen, es war wahrscheinlich nicht einmal besonders tief, beruhigte sich Nora. Carla war eine gute Schwimmerin. Sie konnte vier Längen im Pool tauchen. Wenn sie müde wäre, könnte sie sich auf den Rücken legen und ausruhen. Es gab nicht den geringsten Grund, warum sie ertrinken sollte.

Nora stand auf, um besser sehen zu können. Sam und ihre Freundin spielten inzwischen auf dem rostigen Klettergerüst neben dem Clubhaus. Sam saß auf einer quietschenden Schaukel – »quieek quiiek« –, der Wind wehte das Geräusch herüber, wie ein dramatischer Soundtrack.

Nora ging zum Steg hinunter. Sosehr sie ihre Augen anstrengte, sie konnte Carla nicht sehen. Einmal war ihr, als würde sich etwas am anderen Ende der Lagune bewegen, ein Schaukeln auf dem Wasser, bemerkte sie erleichtert, aber dann stieg eine Möwe auf, dort wo das Schaukeln war. »Quiiek, quiiek, quiiek.«

Nora war nun am Ende des Steges angelangt. Sie legte ihre Handkante an die Stirn, um ihre Augen vor der Sonne zu verschatten. Die stand jetzt so tief, dass das Wasser ihr Licht glitzernd zurückwarf. Wind kräuselte die Oberfläche, die aussah, als wäre sie von Zellophanfolie überzogen. Das machte es noch unmöglicher, etwas zu erkennen. Nora stand wie ein Seemann am Meer und spähte reglos in die Ferne.

Sie musste etwas tun. Sie konnte nicht länger warten. Auch wenn Carla ans andere Ufer geschwommen wäre, müsste sie schon längst dort angekommen sein. Das andere Ufer war nur eine Sandbank, eine flache Insel ohne Büsche oder Bäume, hinter denen man sich verstecken konnte. Nur Sand und Muscheln und tote Tiere.

Nora dachte an die halb verweste Robbe, die sie bei einem Strandspaziergang gesehen hatte, und tote Möwen und sogar einen gestrandeten Wal. Der ganze Strand war voller toter Tiere. Ein Tierfriedhof. Es stank, das angeschwemmte Kelp sah aus wie Müll, und überall waren Fliegen und kleine weiße Maden. Meine Schwester hasste dieses Meer. Es war eiskalt und grausam und brachte nur Tod. Vielleicht war Carla doch von einer Strömung erfasst und hinausgezogen worden.

Was tun? Sie konnte nicht hinausschwimmen. Bis sie dort ankam, wäre Carla längst ertrunken. Und wie sollte sie ihr helfen? Carla war eine bessere Schwimmerin als sie. Sie könnte in das Clubhaus laufen und jemanden finden, der mit einem Motorboot hinausfuhr, um Carla zu retten. Wenn sie untergegangen war, würde man sie auch dann nicht finden. Vielleicht war es aber auch nur blinder Alarm, und sie würde sich lächerlich machen. Mutter würde vor Zorn platzen, dass sie so einen Wind machte, denn eigentlich durften sie gar nicht hier sein. Sie hatten kein Zutrittsrecht, da sie weder Mitglieder waren noch hier wohnten. Mia durfte sie gar nicht bei sich aufnehmen. Offiziell waren sie nur zu Besuch. Es würde Ärger geben. Aber was war Ärger gegen das Leben ihrer Schwester!

Nora überlegte, was ihrer Mutter wichtiger war: nicht noch mehr Ärger zu dem ganzen Ärger, den sie ohnehin schon hatte, oder das Leben ihrer Kinder. Nora war sich nicht sicher. Das würde wahrscheinlich davon abhängen, welches ihrer Kinder.

Nora bezweifelte, dass ihre Mutter sie liebte oder jemals geliebt hatte. Sie brauchte sie, das war sicher. Sie hatte sie allein aus diesem Zweck geboren und deshalb wollte sie sie nicht verlieren.

Bei den anderen Mädchen, nahm Nora an, stieg ihre Liebe mit abnehmenden Alter. Demnach liebte sie Sam, die Jüngste, am meisten, und Carla als Drittälteste wäre diejenige, auf die sie am ehesten verzichten konnte. Obwohl Carla die Talentierteste von allen war. Sie war möglicherweise das schnellste Mädchen auf der ganzen Welt, aber das kümmerte ihre Mutter nicht. Ihr war es egal, wie schnell Carla rennen konnte, wie gut Nora zeichnen konnte oder wie gut ihre Noten waren. Ihre Mutter war noch nie beeindruckt von irgendetwas, das sie getan hatte. Im Gegenteil, dachte Nora. Und sie wäre definitiv sehr wenig beeindruckt, wenn sie die Wasserschutzpolizei alarmieren würde.

Meine große Schwester war es so gewohnt, alle Entscheidungen allein zu treffen, dass sie ganz erstaunt war über ihren Gedanken, zum Haus hinaufzulaufen und ihrer Mutter zu sagen, dass Carla nicht mehr aus dem Wasser kam. Nora zögerte und stellte fest, dass sie eher ihre Schwester ertrinken lassen würde, als unsere Mutter um Hilfe zu bitten. Sie war auch nicht besser, dachte sie bitter.

Nora schwenkte ihre Arme in der Luft und schrie so laut sie konnte den Namen ihrer Schwester, der vom Wind fortgetragen wurde, hinaus in den glitzernden Silbersee. Wieder war der Anblick so unverschämt schön und friedlich. So friedlich, dass Nora ruhiger ums Herz wurde, weil sie dachte, so eine Schönheit kann niemandem was Böses tun, und dann glaubte sie etwas zu sehen, eine helle Bewegung auf dem Wasser, gar nicht so weit entfernt.

Sie verschattete ihre Augen, kniff sie zusammen, und fast deutlich sah sie einen kleinen hellen Arm, der sich über dem glitzernden Wasser bewegte. Sie konnte nicht erkennen, ob sie schwamm oder um Hilfe winkte, aber das war Carla, keine Frage, sie war am Leben.

Nora formte ihre Hände zu einem Trichter und rief

»Carla!« über den See. Der Arm bewegte sich wieder, immer näher kam er. Carla schwamm unbeirrt und schnell auf sie zu, mit gleichmäßigen Kraulzügen, das Gesicht im Wasser, bei jedem vierten Zug drehte sie sich zur Seite, um Luft zu holen. Kraftvoll und gleichmäßig, es war eine Freude ihr zuzusehen.

Nora war so erleichtert, dass sie nicht einmal ärgerlich auf Carla war. Sie wusste, von allen Menschen um sie herum wäre Carla diejenige, die sie am wenigsten missen mochte. Im Grunde die Einzige. Eine warme Liebe für ihre Schwester stieg vom Magen auf und löste den harten Angstknoten auf. Leicht und fröhlich war ihr zumute. Sie hüpfte von einem Bein aufs andere. Jemand muss ihr sagen, wie einzigartig sie ist, dachte Nora, als Carla außer Atem die Leiter hoch kletterte.

»Mann, du kannst vielleicht schwimmen. Ich dachte, du wärst abgesoffen. Ehrlich, ich war nah dran, dich suchen zu lassen.«

Carla grinste und sagte, »keine Sorge, ich sauf nicht so schnell ab.« Sie zitterte im kalten Wind und sah sich nach ihrem Handtuch um. Dann fiel ihr ein, dass Paula es ins Wasser geworfen hatte.

»Egal«, sagte sie. Sie lief den Steg zurück, und ihre nassen Füße hinterließen dunkle Abdrücke auf dem ausgebleichten Holz. Sie nahm Sams Handtuch, das sie beim Spielen vergessen hatte, und wickelte sich darin ein. Es war zu klein, ein Kinderhandtuch mit Kapuze. Carla sah darin aus wie ein zu großer Zwerg.

Nora folgte ihr, indem sie mit ihren Füßen in Carlas Fußabdrücke trat. Carla war gewachsen, stellte Nora fest, als sie neben ihr stand. Sie war fast so groß wie sie.

»Was machst du denn hier?«, fragte Carla zähneklappernd. Die Haut um ihren Mund war bläulich rot, ihre Lippen farblos.

»Nichts«, sagte Nora. »Nur so.«

Carla nickte, als hätte sie eine befriedigende Antwort bekommen.

»Gehst du auch zurück?«

»Nein, ich bleib noch, geh nur«, sagte Nora und sah ihrer Schwester hinterher, wie sie die Wiese hinauflief. Ihr Gang war aufreizend behäbig, aber ihre Füße hüpften bei jedem Schritt, als müssten sie sich zurückhalten, nicht loszurennen.

Als meine Schwester Carla ein kleines Mädchen war, saß sie keine Minute still. Sie war immer in Bewegung. Sie rannte den ganzen Tag durch das Haus, um den Tisch, um die Stühle, um die Schwestern, um die Eltern herum wie ein Kreisel und machte alle wahnsinnig, denn niemand konnte sie davon abhalten sich zu bewegen. Sie brachte ihre Lehrerin in der ersten Klasse zur Verzweiflung. Die wusste sich nicht anders zu helfen, als Carla an ihrem Stuhl festzubinden, doch die rannte mit dem auf den Rücken gefesselten Stuhl durch das Klassenzimmer.

Inzwischen war sie größer und langsamer geworden, eine pubertäre Trägheit hatte sich in ihre Bewegungen geschlichen, aber nur oberflächlich, darunter zuckte es immer noch genauso wie früher, das konnte man sehen. Es schien sogar, als hielte sie sich absichtlich zurück.

Carla drehte sich um. »Bitte, komm mit«, sagte sie und lächelte ein schiefes Lächeln mit ihren taub gefrorenen Lippen.

Nora war gerührt von dem Anblick des langen, dünnen,

zitternden, in ein Zwergenhandtuch gewickelten Mädchens. Ich bin ihr eine lausige Schwester gewesen, dachte sie. Ich weiß nicht einmal, wie es ihr geht, in der Schule, ob sie Freunde hat, was sie denkt.

»Okay«, sagte Nora und ging neben ihr die Wiese hoch. »Ich hab euch gesehen, vorhin auf der Wiese. Ich lag da unten im Gras. Ich hab gesehen, wie du Paula das Handtuch zwischen die Beine geschlagen hast.«

»Ja, die war vielleicht sauer.«

»Und du bist vielleicht schnell. Dich kann keiner kriegen, oder?«

»Wahrscheinlich nicht.« Carla lief vor Nora her. Sie beschleunigte ihren Schritt, weil ihr kalt war. Nora versuchte sie einzuholen. Als sie auf gleicher Höhe waren, sagte sie: »Ärgert es dich eigentlich, dass Mama dich nicht in die Leichtathletikmannschaft lässt? Du wärst sicher die Schnellste dort. Du hast wirklich Talent.«

Carla blieb stehen und sah Nora aufmerksam an. Nicht misstrauisch, wie Nora erst dachte, aber aufmerksam.

»Das ist komisch, dass du mich das fragst. Warum fragst du mich?«

»Warum nicht? Als ich dich heute rennen sah, musste ich daran denken. Und es tat mir leid für dich.«

Carla lief wieder weiter. Die Sonne war hinter den Wolkenbergen verschwunden. Es war plötzlich kalt. Carlas Zähne schlugen laut aufeinander. Sie lief schneller.

»Lauf nur«, sagte Nora, »du frierst. Ich komm nach.« Carla blieb wieder stehen.

»Nein«, sagte sie, »es macht mir nichts aus. Es ändert nichts daran, dass ich schnell laufen kann. Das kann mir niemand nehmen, also was soll's. Ich weiß das, und ich brauche keine Medaillen und Urkunden an meiner Wand.« Sie rannte los und drehte sich im Laufen um. »Bis gleich!«

»Bis gleich«, sagte Nora und hob ihre Hand in der Andeutung zu winken. Sie drehte sich um und sah zurück aufs Wasser, das alles Strahlen und jede Farbe verloren hatte und jetzt grau und an manchen Stellen schlammig grün war. Der Wind zerrte an ihren Haaren, der Himmel war dunkel.

Nora fiel ihre Tasche ein, die sie im Wald versteckt hatte. Sie lief zu dem kleinen Wäldchen, kroch in das Dickicht und holte sie heraus.

Was tun? Es war schwierig, sie unbemerkt ins Haus zurückzutragen. Sie könnte zur Straße hinauflaufen, ein Auto anhalten und in die Stadt trampen. Vielleicht fuhr sogar jemand aus dem Yachtclub zurück, der sie mitnehmen konnte. Unentschlossen setzte sie sich auf einen Baumstamm. Sie konnte nicht einfach so verschwinden. Wegen Mutter war ihr das egal, die würde es sowieso nicht kümmern, die würde es wahrscheinlich nicht einmal bemerken, wenn sie nicht alle zusammen in einem Zimmer leben müssten. Es gab keinen Platz für sie. Wo sollte sie hin?

Es begann zu regnen. Ein dicker Tropfen fiel ihr in den Nacken und rollte das Rückgrat hinunter. Ein zweiter fiel ihr auf die Nase und lief in ihren Mund.

Sie hatte zwei Möglichkeiten und musste sich für eine entscheiden. Sie hatte noch keine Hausaufgaben gemacht, und morgen war der letzte Abgabetermin für ihr Englischprojekt. Schule hatte Priorität, wenn sie so schnell wie möglich von hier wegkommen wollte. Außerdem musste sie erst noch mit Alice reden und die musste ihre Mutter fragen und dann sollte sie Carla Bescheid geben, damit die sich nicht verlassen fühlte.

Nora hatte sich nie besonders um unsere Schwestern gekümmert. Sie waren klein und lästig, sie liebte sie, weil sie ihre Schwestern waren, aber sonst fühlte sie sich wenig mit ihnen verbunden. Wenn sie sie nicht sah, fehlte ihr auch nichts. Sie hatte sich immer eine größere Schwester gewünscht oder noch besser, einen älteren Bruder. Einen Verbündeten in dieser Familie, jemanden, dem sie alles anvertrauen konnte, der immer zu ihr stehen würde, sie nie enttäuschen, verraten oder verlassen. Jemanden, dem sie ihre Geheimnisse anvertrauen könnte, der sie verstehen würde, weil sie vom selben Blut waren, in derselben Familie aufgewachsen, jemand, der sie besser kannte als irgendjemand sonst, weil sie, seit sie denken konnten, zusammen waren. Jemanden, dem sie nichts erklären musste, der wusste, woher sie kam und was sie dachte, der ihre Sätze für sie beendete, weil er wusste, was sie sagen wollte, bevor sie es aussprach. Jemanden, mit dem man schweigen konnte, wenn man nicht reden wollte.

Und das könnte Carla sein. Nora wusste, dass Carla sie bewunderte. Sie war zwar vier Jahre jünger, aber sie war klug, sie war älter geworden und verstand vieles, was andere in ihrem Alter nicht verstanden. Carla, dachte Nora, könnte sie gut brauchen in ihrem Team. Gemeinsam wären sie stärker. Gemeinsam konnten sie gegen ihre Mutter stehen. Eine Verbündete brauchte sie in dieser Familie, und alles wäre einfacher. Warum war sie nicht früher darauf gekommen?

Der Regen prasselte auf meine Schwester hinunter, die das gar nicht bemerkte, so tief war sie in ihre Gedanken versunken. Sie stand auf, schulterte ihre Tasche und lief zum Haus hinauf. Bei diesem Wetter würde niemand draußen sein, so konnte sie unbemerkt ihr Gepäck verstauen. Sie öffnete die Tür zu der Außenkammer, packte ihre Tasche hinter eine Kiste und sah sich um. Das sah gar nicht so schlecht aus. Man könnte etwas aus dem Raum machen. Wenn man die Kisten in eine Ecke stapelte, das Gerümpel rausschmiss, sogar ein eisernes Bettgestell stand da, und wenn man ordentlich sauber machte, die Spinnweben und den Fliegendreck ausfegte. Solange keine Ratten hier lebten, konnte man hier wohnen. Das Fenster war klein und hatte keine Scheibe, nur einen hölzernen Laden, den man von innen verriegeln konnte, aber das war genug. Sogar eine Glühlampe hing von der Decke, Licht würde sie haben, aus ein paar Holzbrettern könnte sie sich einen Tisch zusammenzimmern, sie war geschickt mit so was. Ihr Vater hatte ihr das beigebracht in seiner Werkstatt, der baute fast alles selbst, aber unsere Mutter wollte sein »zusammengezimmertes Zeug«, wie sie es nannte, nicht in ihrer Wohnung haben, sie kaufte lieber richtige Möbel.

Vater und Nora hatten deshalb gemeinsam eine Hütte gebaut, auf dem Grundstück eines Freundes ihres Vaters, genau genommen war er sein Boss, in einem kleinen Birkenwäldchen an einem Weiher, mehr ein Tümpel, der im Sommer voller Mücken war, aber für sie war es das Haus am See.

Sie bauten alles selbst in diesem kleinen Holzhaus. Kojen wie in einem Schiff zum Schlafen, einen langen Tisch und zwei Bänke. Sie verbrachten viele Wochenenden dort und angelten stundenlang im Tümpel, aus dem sie nie etwas herauszogen. Dort lebte nichts außer Wasserläufern,

Libellen und Mückenlarven, Kaulquappen, die Nora in einem Eimer großzog, und Fröschen, die jeden Abend ein vielstimmiges Konzert gaben.

Die ganze Familie kam oft für den Tag heraus. Mutter weigerte sich dort zu übernachten, und so fuhr sie abends mit meinen Schwestern zurück. Nora und ihr Vater schliefen in den Kojen. Er las ihr im Schein der Petroleumlampe Geistergeschichten vor, und zum Frühstück briet er Spiegeleier in einer Pfanne auf dem Feuer.

Von allen Orten auf der Welt sehnte sich meine große Schwester nach nichts mehr als der Holzhütte im Birkenwald. Sie würde sich damit zufriedengeben, den ganzen Tag am Weiher zu stehen und vergeblich die Angel hineinzuhalten, von Mücken, Libellen und Fliegen umschwirrt, die Wasserläufer zu beobachten und in den Himmel zu schauen. Nichts Schöneres konnte sie sich vorstellen. Sie könnte sich eine Hütte bauen, im Wald, dort wo sie ihre Tasche versteckt hatte und niemand sie sehen konnte. Aber ohne ihren Vater wäre es nicht dasselbe. Es wäre einfach nur eine blöde Holzhütte im Wald, in der sie ihre Ruhe hatte.

Sie hörte ein Scharren an der Tür, blickte sich um und sah Carla im Eingang stehen. Gegen das Licht sah sie nur ihre Silhouette. Sie trug ihr Nachthemd, das bis zum Boden reichte, und hatte ein Handtuch wie einen Turban um ihre nassen Haare geschlungen. Sie sah aus wie eine indische Prinzessin. Ein Auto wurde angelassen, fuhr los und entfernte sich.

»Mama hat dich überall gesucht. Ich hab gesagt, du kommst gleich. Sie und Mia sind in die Stadt gefahren zu irgendeiner Geburtstagsparty. Sie hat gesagt, du sollst uns Abendessen machen. Ich helfe dir, wenn du willst.«

»Okay«, sagte Nora. Sie war erleichtert, dass sie Mutter nicht begegnen musste. Damit war der Abend gerettet. Sie würde den Schwestern ein paar Sandwiches schmieren, sie ins Bett schicken, und könnte dann im Wohnzimmer in Ruhe ihre Schularbeiten machen.

»Was denkst du«, sagte sie zu Carla. »Das Zimmer hier ist doch gar nicht so schlecht, oder? Kann man was draus machen. Vielleicht können wir hier einziehen.«

»Wer, wir?«, fragte Carla misstrauisch. Sie kam in den Raum, barfuß, und sah sich um.

»Na, du und ich.«

»Wirklich?«, fragte Carla so gleichgültig sie konnte, aber ihre Augen leuchteten.

»Meinst du, Mama und Mia würden das erlauben?« Sie stand auf einem Bein und kratzte sich mit dem linken Fuß an der rechten Wade.

»Warum nicht? Dann wäre mehr Platz im Haus. Wir müssten es natürlich selbst herrichten.« Carla konnte sich nicht mehr länger zurückhalten, ihre Füße begannen zu tanzen, ihre Beine zuckten. Sie lief mit großen Schritten durch das Zimmer, als würde sie Maß nehmen, von rechts nach links, von Ecke zu Ecke, längs und diagonal schritt sie es ab.

»Wann fangen wir an? Können wir gleich anfangen? Jetzt?«

»Nein, nicht heute.«

»Aber wenn wir jetzt schon anfangen, dann können sie nicht mehr so leicht Nein sagen, und wir können vielleicht sogar schon heute Nacht hier schlafen.«

»Hast du keine Angst, alleine hier draußen?«, fragte Nora.

»Nee, wieso, man kann die Tür verriegeln, hier, schau, ein richtiger Riegel. Das Fenster machen wir zu. Carla schloss das Fenster und verriegelte es. »Das ist ein richtiges kleines Haus für uns allein. Wir könnten vielleicht sogar eine Küche einrichten.« Carla zerrte an dem Eisenbett.

»Hier, schau, da ist sogar ein Bett. Alles da. Das ist groß genug für uns beide. Wir können die große Matratze nehmen, die anderen beiden können auf den kleinen schlafen. Die müsste da draufpassen.« Carla rannte hinaus und kam gleich wieder mit einem Maßband zurück. Sie maß das Bettgestell aus und rannte wieder davon. Nora begann, die Kisten an die hintere Wand zu stapeln. Sie zog ihre Tasche hervor und stellte sie auf den Boden vor das Bett. Carla kam zurück.

»Die Matratze passt ganz genau!« Sie war außer Atem und stand keinen Moment still. Sie rannte um Nora herum, zerrte an dem Bettgestell, schob Kisten an die Wand, stapelte sie aufeinander, dann drehte sie sich um und sagte: »Die Mädchen sind hungrig, ich hab gesagt, du kommst gleich. Ich stell das Bett schon mal auf. Und feg den Boden, den Besen hab ich vergessen«, rannte wieder hinaus, kam mit dem Besen zurück. Ein kleiner Derwisch fegte und wirbelte Staub auf, öffnete das Fenster, dessen Läden sie zuvor zur Probe verschlossen hatte.

»Geh nur«, sagte sie zu Nora. »Ich mach das hier.« Der Boden war aus Zement, uneben, graufleckig und schmutzverkrustet. Nora ging hinaus in die Dämmerung. Es hatte aufgehört zu regnen und auch der Wind hatte sich gelegt. Der Mond, ein halber, hauchdünner Goldring, hing im graublauen Himmel und direkt darunter ein funkelnder Stern. Der einzige Stern am Firmament. Das musste die

Venus sein, dachte Nora. So was hatte sie noch nie gesehen. Durch das Fenster sah sie die Mädchen um den Küchentisch herumsitzen und ein Spiel spielen. Sie rief Carla heraus und zeigte auf den Himmel.

»Wow«, sagte sie. »Das ist so was wie ein Zeichen, oder? Wie damals, als Jesus geboren wurde.« Sie lief ins Haus und holte die Kleinen heraus, die warfen nur einen kurzen Blick in den Himmel und rannten zurück zu ihrem Spiel.

»Ich hab Hunger«, rief Sam. »Ich auch, ich auch, Wir haben Hunger, wir haben Hunger!« Sie trommelten auf den Tisch.

Nora trat die Haustür zu. Das Hungergeschrei war jetzt nur noch gedämpft zu hören. Carla war zurück in die Kammer gegangen. Nora setzte sich auf den Holzbalken, der auf zwei Holzblöcken lehnte und als Bänkchen diente. Sie lehnte ihren Rücken gegen die Wand, die noch warm von der Sonne war.

Sie stellte sich vor, dass in diesem Moment etwas Besonderes begann, etwas unfassbar Großes, dessen Ausmaß sie sich gar nicht bewusst war. Als hätte sie einen kurzen Blick auf etwas geworfen, was sie gar nicht sehen durfte. Was zu schön und zu groß war, um es zu begreifen, und das sie deshalb sofort wieder vergessen musste.

Ein ehrfürchtiges Gefühl ergriff das Herz meiner Schwester und presste es schmerzhaft zusammen. Tränen drückten hinter ihren Augen. Nora dachte, es wäre die Traurigkeit, die zurückgekommen war und sich wie gewohnt ausbreitete, aber dann merkte sie, es war etwas anderes. Vielleicht war es Glück. Ein anderes, als sie es bisher kannte, nicht das sorglose, warme, sondern ein heißes, heftiges, allumfassendes.

Vielleicht war es ein Gefühl, für das es noch gar keinen Namen gab. Eins, das sie in diesem Moment erfunden hatte. Sie musste es benennen, und das Wort, das ihr in den Sinn kam, war »sang«. Ihr war ganz sang. Wunderbar sang war ihr zumute.

10

Mutter saß mit Mia im Auto und wünschte sich in ihr Bett. Das Letzte, wonach ihr der Sinn stand, war eine Party. Sie war abends müde und wollte ihre Ruhe haben. Sie wurde immer runder. Sie machte sich Sorgen, wie lange sie ihren Zustand vor Mia noch verstecken konnte. Vor den Mädchen. Sie würde es ihnen sagen müssen. Zumindest Mia und den Mädchen. Ihre Mutter würde davon nichts erfahren. Die würde sie sobald ohnehin nicht wiedersehen.

Sie würde ihre Schwangerschaft bis zuletzt verheimlichen. Vielleicht könnte sie mich sogar zu Hause bekommen. Immerhin war ich ihr fünftes Kind. Bei Mia im Haus war es zu eng. Das wollte sie den Mädchen nicht zumuten. Sie könnte hinausgehen. Ich würde im Januar geboren werden. Mitten im Sommer. Es wäre warm genug und sicherlich trocken. Sie könnte ein Lager im Wald vorbereiten. Es war wirklich kein großes Ding. Die Schwangerschaft unbemerkt zu Ende bringen und dann eine schnelle Geburt, das könnte sie sogar allein schaffen. Das Baby – mich, würde sie anschließend zur Adoptionsstelle bringen. Nicht einmal die Mädchen müssten etwas davon wissen. Sam war geboren, bevor sie es aus dem Haus schaffte. Ihr Mann war dabei, aber er war keine wirkliche Hilfe. Sie hätte sie durchaus allein zur Welt bringen können. Haben das die Frauen nicht zu allen Zeiten getan? Jede Geburt war einfacher und schneller als die letzte. Kinder austragen und gebären konnte sie, keine Frage. Vielleicht sollte sie damit ihr Geld verdienen, dachte sie bitter.

In diesem Moment stieg Mia quietschend auf die Bremse. Meine Mutter hatte keinen Gurt angelegt und knallte mit dem Kopf gegen die Windschutzscheibe.

»Dieser Idiot hält einfach mitten auf der Straße. Kannst du das glauben? Ich wär fast in ihn reingefahren.« Vor ihnen stand ein hellblauer alter Opel Ascona und bewegte sich nicht. Hinter ihnen bremsten Autos und hupten. Mia hupte und schimpfte. Meine Mutter rieb sich den schmerzenden Kopf. Sie suchte ihre Gedanken wieder zusammen, die durch den Aufprall durcheinandergeraten waren. Was da draußen auf der Straße passierte, interessierte sie nicht. Sie war ganz in ihrer Welt. Wo war sie stehen geblieben? Noch vier Monate, vielleicht auch weniger. Die Mädchen kamen immer früher. Nora war zehn Tage zu spät. Sam kam sechs Wochen zu früh. Je früher, desto besser. Wenn sie Glück hatte, nur noch drei Monate. Wer weiß, wie lange sie bei Mia bleiben konnten. Wie lange sie es dort aushielten. Es war verdammt eng. Wenn sie nur ein Zimmer mehr hätten.

»Das gibt's doch nicht«, sagte Mia und drückte auf die Hupe.

»Der bewegt sich einfach nicht. Wahrscheinlich ein Greis, man sollte ihnen den Führerschein wegnehmen. Wie lange will man die fahren lassen? Bis sie tot hinter dem Steuer zusammenbrechen? Wer weiß, der hier ist vielleicht gerade gestorben.«

Mia löste ihren Gurt und stieg aus dem Auto. Sie ging auf den Opel zu und klopfte an die Seitenscheibe. Dahinter saß ein kleines, weißhaariges Männchen, mit dem Gesicht nach unten auf dem Steuerrad, das er mit zwei knöchernen Händen umklammerte.

Also doch tot, dachte Mia ohne Mitleid. Sie wollte endlich weiterfahren. Sie klopfte wieder an die Scheibe, diesmal lauter. Der Kopf bewegte sich, langsam, und sah Mia an. Ein tränenüberströmtes runzeliges Gesicht, vielleicht hundert Jahre alt. Er sagte nichts, bewegte sich nicht, sah sie nur an, und die Tränen liefen in die tiefen Furchen, die das Wasser wie Kanäle teilte.

»Oh, nein, nicht das auch noch«, sagte sie, drehte sich um und ging zurück zu ihrem Wagen.

»Du glaubst es nicht«, sagte sie zu meiner Mutter und riss sie wieder aus ihren Gedanken, »da sitzt ein Hundertjähriger hinter dem Steuer und heult.«

»Warum?«, fragte meine Mutter erstaunt.

»Was weiß ich, frag ihn.« Meine Mutter stieg aus und ging auf das Auto zu. Ihr Kopf dröhnte bei jedem Schritt und sie hatte Mühe, das Gleichgewicht zu halten. Vielleicht hab ich eine Gehirnerschütterung, dachte sie. Aber ich sehe ganz klar.

Sie ging zur Beifahrerseite und sah durch das Fenster. Der Greisenkopf lag wieder auf dem Lenkrad. Der magere Rücken ruckelte. Mutter griff zur Tür. Sie ließ sich öffnen. Sie sah ins Auto und sagte: »Sir, erschrecken Sie nicht. Kann ich reinkommen?« Er antwortete nicht. Meine Mutter stieg ein, setzte sich und schloss die Tür. Sie kurbelte das Fenster einen Spalt herunter.

»Sir«, fragte sie vorsichtig. »Kann ich Ihnen helfen?

Geht es Ihnen nicht gut? Wollen Sie mir sagen, was los ist?«

Der Greis hob langsam den Kopf und sah sie mit blassen, tränenblinden Augen an.

»Meine Frau ist gestorben, ich komme gerade aus dem Krankenhaus«, sagte er erstaunlich klar.

»Ich weiß nicht, wie ich ohne sie weiterleben soll.« Er schluchzte laut auf und senkte seinen Kopf wieder auf das Lenkrad.

Sicher nicht allzu lange, dachte meine Mutter, sagte es aber nicht. Der Schmerz des alten Mannes zog ihr Herz zusammen. Ich weiß auch nicht, wie ich ohne meinen Mann weiterleben soll. Und der ist nicht mal tot, und ich bin fast noch jung.

»Was für ein Glück, mit einem geliebten Menschen so viele Jahre, ein ganzes Leben zu verbringen. Sie hatten etwas Wunderbares«, sagte sie zu dem Mann und merkte, wie ihr die Tränen kamen. Sie hatte eine Ewigkeit nicht mehr geweint. Ihre Tränenkanäle waren ausgetrocknet, sie hatte alle zur Verfügung stehenden Tränen bereits geweint, dachte sie, und da rollten sie plötzlich aus ihren Augen.

»Ich weiß, wie Sie sich fühlen. Ich habe auch meinen Mann verloren. Wir haben vier Töchter. Ich weiß nicht, wie und wovon wir leben sollen. Aber das Leben geht jeden Tag irgendwie weiter, auch wenn ich es nicht für möglich halte. Es ist unerträglich, aber der Schmerz nimmt langsam ab.«

Der alte Mann schluchzte auf. Mutter kramte in ihrer Tasche und holte zwei Taschentücher heraus. Mit dem einen schneuzte sie sich, das andere reichte sie dem Mann. Sie stupste ihn sanft an die Schulter. Er sah auf und nahm es dankbar an. Er trocknete seine Tränen, aber die liefen immer weiter, fanden ihren Weg durch das zerfurchte Gesicht und verschwanden in den Falten.

Meine Mutter lehnte sich hinüber und nahm ihn in den Arm. Ohne Widerstand fiel der kleine Kopf auf ihre Schulter. Sie hielt seine Hand und streichelte sie. Autos fuhren hupend vorbei. Meine Mutter saß Hand in Hand mit dem alten Mann im Auto und weinte mit ihm, bis die Tränen versiegten und Mia an die Scheibe klopfte.

»Ich komm gleich«, sagte meine Mutter durch den Fensterspalt. Sie trocknete das Gesicht und sah den alten Mann an. Der hatte sich beruhigt.

»Können Sie fahren, oder wollen Sie den Wagen lieber stehen lassen und wir bringen Sie nach Hause?«

»Nein danke, es geht schon«, sagte er gefasst. »Bitte entschuldigen Sie vielmals, dass ich Sie aufgehalten habe.«

»Aber bitte, keine Ursache«, sagte meine Mutter. »Werden Sie zurechtkommen, haben Sie Familie?«

»Nicht hier, meine Tochter lebt in Australien und unser Sohn in England.« Der Mann ließ das Auto an, schaltete in den ersten Gang. Er schoss einen Satz nach vorn und würgte den Motor ab.

»Ich machen Ihnen einen Vorschlag«, sagte meine Mutter, »wir tauschen die Plätze, und ich fahre Sie nach Hause, wenn Sie mir den Weg zeigen. Sind Sie einverstanden?« Der Mann nickte müde. »Aber ich will Ihnen wirklich keine Umstände machen, ich habe Sie schon zu lange aufgehalten.«

»Ach was«, sagte meine Mutter, »ich mach das wirklich gerne und ich muss eigentlich auch nirgendwohin. Ich habe alle Zeit der Welt. Wo wohnen Sie?«

»Es ist nicht weit.« Er löste seinen Gurt und stieg langsam aus.

»Ich sag nur eben meiner Freundin Bescheid, dass sie uns folgen soll.« Der Alte schlurfte um das Auto herum. Mia reckte ihren Kopf ungeduldig aus dem Fenster. »Kommst du jetzt endlich, wir sind schon spät!«

»Ich bring ihn schnell noch nach Hause, fahr einfach hinter mir her.« Bevor Mia protestieren konnte, saß meine Mutter schon auf dem Fahrersitz des Opel Ascona und schloss die Tür. Sie quetschte sich hinter das Lenkrad, suchte nach dem Hebel und fuhr den Sitz zurück. Sie wartete, bis er sich auf dem Beifahrersitz umständlich angeschnallt hatte, dann löste sie die Handbremse und fuhr los. »Wohin, rechts oder links?«

»Die Nächste links und dann gleich wieder rechts. Es ist das vierte Haus auf der linken Seite.«

Es war tatsächlich gleich um die Ecke. Ein hübsches, altes viktorianisches Haus mit einer großen Veranda und Blick aufs Meer.

»Schön haben Sie es hier, wirklich schön«, sagte meine Mutter. Sie fuhr das Auto in die Einfahrt und stieg aus. Der alte Mann sah sie verlegen an und kramte in seinen Taschen. Mutter befürchtete, er würde jetzt Kleingeld herausholen und es ihr zum Dank in die Hand drücken, aber er zog nur den Schlüssel heraus.

»Ganz herzlichen Dank noch mal«, sagte er. »Kann ich Sie einladen auf eine Tasse Tee?«

»Nein, das ist sehr freundlich, aber vielen Dank, vielleicht ein andermal, wir müssen jetzt wirklich los.«

Er nickte mit seinem kleinen Köpfchen. »Natürlich, ich hab Sie lange genug aufgehalten.«

»Es war mir eine Freude, Sie kennengelernt zu haben. Ich wünsche Ihnen alles Gute, brauchen Sie noch Hilfe?«

»Nein danke, ich komme zurecht.« Er streckte seine magere Hand aus, und meine Mutter ergriff sie. Sie war erstaunlich weich und warm, nicht kalt und knöchern, wie sie es erwartet hatte. Draußen auf der Straße hupte Mia ungeduldig.

»Aber vielleicht brauchen Sie ja Hilfe. Lassen Sie mich wissen, wenn ich irgendwas für Sie tun kann.«

»Danke, das ist sehr freundlich, auf Wiedersehen«, sagte meine Mutter und hätte fast einen Knicks gemacht vor dem alten Mann. Er nickte ihr zu, drehte sich um und stieg erstaunlich behände die Stufen zur Veranda hinauf. Meine Mutter folgte ihm mit ein wenig Abstand und wartete, bis er die Tür aufgeschlossen hatte. Er hob die Hand zum Gruß und verschwand im Haus. Meine Mutter konnte hören, wie er die Tür von innen mehrfach verriegelte. Im Haus ging das Licht an. Ein freundlich gelber Lichtschein erleuchtete die dunklen Fenster wie ein Lächeln ein Gesicht.

Sie ging langsam die Stufen hinunter, den schmalen Kiesweg entlang zu dem kleinen hölzernen Tor und verschloss es hinter sich. Sie stieg zur verärgerten Mia ins Auto.

»Wir sind viel zu spät.«

»Was soll's, was verpassen wir schon? Der alte Mann hat seine Frau verloren.«

»Das kommt in seinem Alter nicht wirklich überraschend«, sagte Mia und raste viel zu schnell die kleine Straße zurück. »Ich brauch jetzt dringend was zu trinken. Du nicht auch?«

»Ja, sicher«, sagte meine Mutter, lehnte sich im Sitz zurück und legte ihre Hand auf den Bauch, wo sie meine kleinen Knie spürte. Das Leben ist verwunderlich, dachte sie und verlor sich wieder in ihren Gedanken, während Mia die Küstenstraße entlangraste.

11

Nora hatte den Mädchen Pfannkuchen zum Abendessen gebacken, die sie mit Zimt und Zucker aßen. Eine echte Verbesserung, denn in Mias Haushalt gab es im Gegensatz zur Küche meiner Mutter, wo immer mindestens eine entscheidende Zutat, wenn nicht sogar alle fehlten – von Zimt ganz zu schweigen –, alles, was man brauchte.

Meine Schwestern waren im Pfannkuchenhimmel, spülten sogar ohne Murren ihre Teller ab und warfen sich widerspruchslos mit vollen Bäuchen auf die Matratzen.

Nora wischte den Küchentisch sauber und packte ihre Schulsachen aus. Es war ruhig und friedlich im Haus. Die Mädchen nebenan flüsterten noch, aber das war Nora egal, solange sie leise waren. Bald war es ganz still, nur Mias Tochter Lena hustete im Schlaf. Ein trockener, bellender Husten, der sich bald einstellte.

Nora kam schnell mit ihrer Arbeit voran und dachte, wie einfach das Leben wäre ohne Erwachsene. Was wäre, wenn Mutter und Mia einfach nicht mehr zurückkommen würden? Vielleicht hatten sie genug von ihren Kindern, wollten ein neues Leben anfangen und wussten, dass sie sich auf sie, Nora, verlassen konnten.

Sie hatte genug Geld zusammengespart, um alle mit

Pfannkuchen am Leben zu halten. Auf Milch konnte man zur Not verzichten. Nur Mehl, Eier – Wasser gab es umsonst –, Öl, Zimt und Zucker. Davon könnte sie einen Jahresvorrat kaufen.

Man brauchte nicht viel zum Leben. Warum machten die Leute immer so einen Zirkus darum? Klopapier war wichtig, Seife, Shampoo, ab und an ein neues Kleidungsstück, nicht einmal Schuhe mussten sein. Wenn sie sich morgens an die Straße stellten, nahm sie sicher jemand mit in die Schule und genauso auf dem Rückweg.

Wer brauchte Eltern? Soweit sie das beurteilen konnte, machten die nur Ärger, viel Wind um nichts oder brachen einem das Herz. Es war immer friedlich, wenn Mutter nicht da war. Selten gab es Streit, alle hielten zusammen, bis sie kam. Dann brach der Frieden auseinander, dann wurde geschimpft und geschrien, gehauen und geheult bis zum Rande der Erschöpfung. Für was eigentlich? Für nichts. Irgendwie ging doch immer alles. Dann könnte man doch auch einfach Ruhe bewahren und die Dinge geschehen lassen, die ohnehin geschahen. Auch ohne das ganze Getue und Gestresse, das nichts bewirkte, als die Stimmung zu verderben.

Das Leben, stellte meine Schwester fest, und das war ihre große Erkenntnis im Alter von sechzehn Jahren, nahm unweigerlich seinen Lauf, in dem von ihm bestimmten Tempo. Manchmal lief es schneller, manchmal langsamer, aber es blieb nie stehen und war nie gleich. Alles veränderte sich ständig. Das war die Natur der Dinge. Sie wurde älter, sie wurde größer, sie lernte dazu, sie war morgen nicht mehr genau dieselbe wie heute. Dagegen konnte man sich wehren, so viel man wollte, es half nichts, das war vertane Energie.

Sie beendete ihre Matheaufgaben, die letzte machte so gar keinen Sinn, sie würde morgen vor der Schule Alice fragen müssen. Als sie ihre Hefte in die Schultasche packte, kam Carla in die Küche.

Nora hatte sie ganz vergessen. Sie stand vor ihr, immer noch barfuß und im Nachthemd, die Haare waren feucht und wirr und voller Spinnweben. Das Nachthemd war vom Saum bis zur Mitte durchnässt und verdreckt. Carla trug orangefarbene, viel zu große Gummihandschuhe an den Händen, die wie Monsterpranken an den dünnen Ärmchen hingen. Sie hielt einen schmutzigen Besen, von dem das Wasser tropfte, in der einen Hand und trug einen leeren Eimer in der anderen. Die Wangen waren rot, das Gesicht schweißnass, ihre Augen glänzten stolz.

»Komm, schau. Ich habe alles sauber gemacht. Wir können einziehen!« Sie stellte den Eimer und den Besen ab. Der fiel polternd zu Boden. Carla kümmerte es nicht. Sie nahm Nora an der Hand und zog sie hinaus.

»Du wirst dich wundern. Mach die Augen zu!« Sie standen vor der Tür. Nora schloss gehorsam die Augen. Carla stieß die Tür auf. Die quietschte. Sie führte Nora ein paar Schritte nach vorne, über die Schwelle. Nora stand auf etwas Weichem.

»So, jetzt: Augen auf!« Sie öffnete die Augen. Der Fensterladen war geschlossen und der Raum war von einem gelben Licht erleuchtet, was ihn warm und gemütlich machte. Carla hatte aus einer braunen Papiertüte einen Lampenschirm gebastelt, den sie mit einer roten Wäscheklammer am Kabel befestigt hatte. Vor ihnen, in der Mitte des Raumes, stand das eiserne Bett, mit Matratze, Bettwäsche und einer gehäkelten Tagesdecke. Sogar Kissen hatte Carla darauf verteilt. Rechts und links neben dem Bett standen umgestülpte blaue Tragekisten aus Plastik als Betttischchen. Der Boden war dunkel vor Nässe, sah aber sehr viel sauberer aus, und sie standen auf einem roten Berberteppich, der mehr als den halben Raum einnahm. Mehr bunte Plastikkisten waren übereinander an der Wand als Regal gestapelt. Die eine Seite war bereits mit Carlas Kleidern gefüllt, die sie ordentlich zusammengelegt hatte. Carla sagte: »Da kannst du deine Sachen reintun. Und wir können einen langen Stock von der Decke hängen und morgen Mia nach Kleiderbügeln fragen und die hier aufhängen.« Sie deuteten auf die Stirnseite des Raums, wo die Kisten standen, sprang mit ihrem schmutzigen, nassen Nachthemd aufs Bett, warf die orangen Monsterhandschuhe von sich, legte sich auf die Tagesdecke, faltete die Hände hinter dem Kopf und legte die Beine über Kreuz.

»Na, was sagst du? Das ist erst der Anfang. Wir können noch viel mehr daraus machen.«

»Das ist fantastisch«, sagte Nora. »Ich bin stolz auf dich. Wie du das hingekriegt hast.«

»Und hier, setz dich, super Bett, Eins-a-Federung.« Nora setzte sich neben Carla aufs Bett und wippte auf und ab. Das Bett gab quietschend nach.

»Leg dich mal hin.« Sie legte sich neben Carla auf den Rücken.

»Ja, wirklich ein gutes Bett.«

»Und die Matratze passt genau!«

»Ganz genau!«

»Ist das nicht toll. Wir haben ein Zimmer nur für uns.«

»Ja, das ist toll«.

»Ich bin müde.« Carla strampelte sich unter die Decke.

Sie zog ihr Nachthemd über den Kopf, schmiss es auf den Boden und kuschelte sich ein. »Viel zu müde, um noch mal aufzustehen. Gute Nacht«, murmelte sie und war schon eingeschlafen.

Nora lag noch eine Weile auf dem Bett und betrachtete ihr neues Zimmer. Es war wirklich nicht schlecht. Dann stand sie auf und packte ihre Tasche aus. Sie legte ihre Kleider sorgfältig zusammen und verstaute sie in den Kisten, die Carla für sie frei gelassen hatte. Das Zimmer gefiel ihr. Sie fühlte sich fast zu Hause, ein wenig wie in ihrer Holzhütte. Niemand konnte ihnen das wegnehmen. Nicht, nachdem Carla es mit so viel Mühe eingerichtet hatte. Sie könnte ein Brett an der Wand anbringen unter dem Fenster, als Schreibtisch. Carla würde sie nicht stören. Die würde draußen mit ihren Schwestern spielen oder auf dem Bett liegen und lesen.

Nora zog sich aus und legte sich neben Carla. Das Licht ließ sie an. Es wäre sonst stockdunkel, weil die Fensterläden geschlossen waren. Mutter und Mia würden sich wundern und sie suchen, wenn sie nach Hause kamen. Vielleicht waren sie aber auch so angetrunken, dass sie gar nicht merkten, dass zwei Mädchen fehlten. Sie stellte ihren Wecker und drehte sich zur Seite. Carlas warmer Körper wärmte ihren Rücken. Sie lag ganz still. Nora schloss die Augen. Sie war zum ersten Mal froh, nicht allein zu sein.

Als Mias Auto drei Stunden später die Einfahrt herunterrollte (sie hatte den Motor abgestellt, um die Kinder nicht zu wecken), schliefen meine Schwestern tief und fest. Mia sah den Lichtschein unter der Kammertür und öffnete sie, um das Licht auszuschalten. Da sah sie die Mädchen schlafen und war ganz gerührt. Sie rief meine Mutter, aber die war im Auto eingeschlafen. Sie hing schief im Sitz, den Kopf nach hinten gelegt, den Mund offen, laut schnarchend. Mia löschte das Licht und schloss die Tür. Sie ging zurück zum Auto und rüttelte Mutter grob an der Schulter. Die bekam einen Schreck und wachte mit einem lauten Schmatzen auf.

Mia trug Lena in ihr Bett, um Platz für meine Mutter zu machen. Die wankte müde zum Haus, fand eine leere Matratze und legte sich so, wie sie war, in ihren Kleidern hin und schlief sofort wieder ein. Nora hatte recht gehabt. Sie merkte nicht, dass zwei ihrer Mädchen fehlten.

12

Mia hatte nichts dagegen, dass die Mädchen in der Kammer wohnten. Sie gab ihnen noch einen Tisch, an dem sie arbeiten konnten, kleine Leselämpchen, und der Hausmeister vom Yachtclub installierte eine Steckdose. Carla überließ Nora den Arbeitstisch. Sie konnte ihre Schulaufgaben auf dem Bett machen, das machte sie immer so.

Carla herrschte mit großer Autorität über ihr gemeinsames Reich. Sie verbot den jüngeren Schwester jeglichen Zutritt, was diese erstaunlicher Weise akzeptierten. Auch sie waren froh, ein Zimmer für sich zu haben. Mutter zog ins Wohnzimmer, und Mia beschränkte sich auf ihr Schlafzimmer, das sie mit ihrer Tochter nachts teilte. Die Küche wurde zum Gemeinschaftsraum. Mia war ohnehin kaum zu Hause, sie fuhr die Kinder morgens zur Schule, lieferte ihre Marmeladen und Eingemachtes aus und holte die Mädchen mittags wieder ab.

Sie war eine tüchtige Geschäftsfrau, ganz im Gegensatz zu meiner Mutter, und konnte nicht verstehen, dass diese so wenig unternahm, um ihr Einkommen aufzubessern.

Ein paarmal hatte sich Mutter mit getrockneten Linsen und anderen Hülsenfrüchten auf den Markt gestellt, so wie Mia es ihr empfohlen hatte, aber das Geschäft lief nur mäßig. Obwohl Mia ihr immer wieder sagte, sie müsse durchhalten, es brauche mindestens einen Monat, bis sie einen festen Kundenstamm gewinnen würde, gab sie nach dem dritten Mal wieder auf, und das getrocknete Gemüse stapelte sich in den Küchenschränken.

Inzwischen war nämlich wieder eine der unregelmäßigen Unterhaltszahlungen auf ihr Konto eingegangen. Da sie keine Miete bezahlen musste, würde das Geld eine ganze Weile länger reichen. Meine Mutter ging endlich zum Friseur. Nicht zu dem, den Mia ihr empfohlen hatte, sondern zu einem billigeren um die Ecke, der ihr die Haare so gründlich verschnitt, dass sie ihre Mütze wieder aufsetzen musste und auch weiterhin das Haus nicht ohne Hut verlassen konnte. Das kümmerte sie nicht wirklich, denn um ihr Aussehen sorgte sie sich schon lange nicht mehr.

Meine Schwestern bekamen neue Sommerkleider, Nora das Regenbogenkleid, das sie bei Mr. Price entdeckt hatte.

Für einen Moment kam es beinahe zu einer innigen Annäherung zwischen Mutter und Tochter, als Nora, ehrlich gerührt über die Aufmerksamkeit, Mutter umarmen wollte, für die diese Form von Zuneigung jedoch so ungewohnt war, dass sie sie im Reflex abwehrte. Sie merkte es zwar noch und öffnete ihre Arme, aber diese peinliche Verzögerung war genug, um meine Schwester aus ihrem Glückstaumel zu wecken und daran zu erinnern, dass sie von ihrer Mutter nichts zu erwarten hatte. Deshalb nahm sie sich zurück und murmelte nur ein Dankeschön, bevor sie sich verzog.

Über das Kleid freute sie sich trotzdem, und ein wenig war sie doch beeindruckt, dass ihre Mutter endlich einmal etwas richtig gemacht hatte, wenn auch nur zufällig.

Es kehrte Frieden in das Haus ein, fast so etwas wie ein stilles Glück. Meine Mutter hatte die Vormittage für sich. Sie hielt das Haus in Ordnung und kochte Mittagessen. Dafür war ihr Mia dankbar, die mehr Zeit hatte für ihre Vertriebsarbeit. Ihre Tochter hing ihr nicht mehr am Hals, wenn sie sich langweilte, und hatte immer jemanden zu spielen. Meist waren die Mädchen unten am Wasser oder am Spielplatz mit der rostigen Schaukel. Meine beiden großen Schwestern blieben meist still und für sich in ihrer Kammer und kamen nur zum Essen ins Haus. Nora hatte die Außendusche an der Rückseite ihres Zimmers entdeckt und mit einem halbrunden Schilfzaun als Sichtschutz umgeben. So mussten sie nicht einmal das Badezimmer mit den anderen teilen.

Weder Mutter noch Mia sprachen darüber, ob und wann sie ausziehen würde. Mit genug Geld und Essen im Haus war meine Mutter ganz zufrieden. Erstaunlich, dachte sie, wie schnell man sich daran gewöhnen kann, mit wenig zufrieden zu sein. War das nun gut oder schlecht? Sie fand darauf keine Antwort.

Die Unterhaltszahlung traf auch im folgenden Monat ein, diesmal sogar pünktlich und ein wenig mehr als üblich. Meine Mutter bot Mia an, die Hälfte der Miete zu bezahlen, die ohnehin lächerlich gering war, was diese nach kurzem Zögern akzeptierte.

An einem melancholischen regnerischen Morgen, wie üblich alleine zu Hause, zog meine Mutter sich nackt aus und stellte sich vor den Spiegel in Mias Schlafzimmer. Sie hatte seit Wochen in keinen Spiegel mehr gesehen. Hier stand sie in voller Größe mit ihrem gewölbten Bauch. Nur die Wollkappe behielt sie auf.

Sie stellte sich zur Seite, um die volle Rundung betrachten zu können. Sie hatten Bilder gemacht bei den früheren Schwangerschaften, in den verschiedenen Stadien. Nicht bei Nora, aber bei all den anderen. Nackt und rund hatte ihr Mann sie fotografiert. Sie legte ihre Hände über den Bauch. Was wäre, dachte sie, wenn sie doch wieder zusammenkommen würden? Sie würde ihm seinen Fehltritt verzeihen und er ihren. Gemeinsam würden sie mich aufziehen, sie wären wieder eine richtige Familie, und ich hätte einen Vater, eine Mutter und vier Schwestern. Dass er wieder bezahlte, hieß, dass sie ihm nicht egal waren. Er musste seine Mädchen vermissen. Sie waren doch eine Familie. Nicht die beste, aber sie könnten sich mehr Mühe geben. Wenn er Reue zeigen würde, zurückkommen wollte, wenn er morgen mit dem Koffer vor der Tür stehen würde, sie würde ihn zurücknehmen. Ohne mit der Wimper zu zucken. Vielleicht wagte er nur nicht, sie zu fragen. Meine Mutter blickte ein letztes Mal auf ihren nackten, runden Bauch und zog sich an.

Alles könnte gut werden. Sie würde nicht zurück nach England gehen, so viel war klar. Er würde hierherkommen. Er könnte ein Restaurant eröffnen. Das war seit Langem sein Traum. Das wäre hier viel einfacher. Sie hatten darüber gesprochen. Wenn sie ihm zeigen würde, dass sie bereit sei für eine Wiedervereinigung. In guten wie in schlechten Zeiten hatten sie sich versprochen. So schnell gibt man seine Ehe doch nicht auf. Vor allem nicht, wenn man vier Kinder hat. Bald fünf. Wie konnte sie ihn nur so einfach ziehen lassen? Kampflos aufgeben. Hier ging es nicht um sie und ihre Gefühle. Hier ging es um ihre Familie. Das Glück ihrer Kinder.

Sie ging in die Küche, goss einen Tee auf und setzte sich an den Küchentisch. Sie nahm drei Löffel Zucker und einen Schuss Milch aus dem Karton, der auf dem Tisch stand. Die Milch kräuselte sich und flockte. Sie war sauer. Verärgert stand meine Mutter auf, schüttete den Tee in den Ausguss. Sie setzte nicht wieder Wasser auf. Sie ging ins Wohnzimmer, das nun ihr Zimmer war, und legte sich in ihr ungemachtes Bett. Sie zog die Decke bis ans Kinn und sah aus dem Fenster, an dem der Regen in Streifen hinunterlief. Das Licht war grau und fahl, als hätte man ihm jede Farbe entzogen. Drinnen war es zu dunkel, um lesen zu können.

Unsinn, dachte sie. Was für ein Unsinn. Wie konnte sie nur so etwas denken. Es mussten die Hormone sein, die sie schwach gemacht hatten. Diese verdammten Schwangerschaftshormone, die sie so friedlich und harmonieträchtig machten. Nichts würde wieder so werden, wie es war. Er würde England nicht verlassen. Er würde nicht zu ihnen zurückkommen. Das war klar und deutlich. Er war froh, sie losgeworden zu sein, und zahlte dafür gerne seinen Preis. Er hatte sein neues Glück gefunden. Ein neues Leben begonnen, nachdem er sein altes mitsamt seiner Frau und seinen Kindern in einen großen schwarzen Müllsack gepackt hatte. Da standen sie jetzt und warteten auf die Müllabfuhr. Den Sack hatte er so fest zugebunden, dass er nicht in die Versuchung kam, noch einmal hineinzusehen. Das sollte man auch nicht. Was einmal weg ist, ist weg, und bald hatte man es vergessen. Und vergessen sollte sie ihn auch. Je schneller, desto besser. Jede Hoffnung abschneiden und mit in den Müllsack stopfen. Für immer und ewig.

13

Meine Mutter begann mit mir zu sprechen. Zwar nur in Gedanken, aber da sie mich bisher kaum wahrgenommen hatte und zu ignorieren versuchte, kam das ganz unerwartet.

Es gab einen inneren Dialog zwischen ihr und mir, mehr einen Monolog, denn ich konnte ja nicht antworten. Das heißt, meine Mutter dachte sich meine Antworten einfach dazu. Sie führte also so etwas wie ein Selbstgespräch mit mir. Vielleicht war es ja auch wirklich ich, die ihr in Gedanken antwortete, auf irgendeine übernatürliche Art. Wer weiß, es gibt ja die verrücktesten Sachen.

Ich war auch nicht mehr zu ignorieren, denn ich wuchs täglich und nahm an Gewicht zu und meine Bewegungen waren immer stärker zu spüren. Alles drehte sich mehr und mehr um mich, nämlich darum, meine wachsende Existenz zu verbergen. Und das war gar nicht einfach. Sie klagte oft darüber, so viel zugenommen habe, um ihren Leibesumfang und die weiten Kleider zu rechtfertigen.

Mia war zu sehr mit sich selbst beschäftigt, um irgendetwas zu bemerken. Doch sie lebten eng zusammen und benutzten gemeinsam ein Bad, das man nicht abschließen konnte, da war es kaum zu vermeiden, irgendwann nackt gesehen zu werden.

Es gab keine Hose mehr, die ihr passte. Sie konnte kein Gummiband in ihre Jeans nähen, wie sie es bei früheren Schwangerschaften getan hatte, das würde zu viel Aufmerksamkeit erregen. Sie musste mit offenen Hosen herumlaufen, die sie mit einer Schnur zwischen den vorderen Gürtelschlaufen zusammenhielt. Verborgen von den weitesten und größten T-Shirts, die sie finden konnte, und einem Männerhemd, das von ihrem Noch-Ehemann übrig geblieben war. Das war alles, was ihr passte.

Mia ermahnte sie anfangs noch, sich nicht so gehen zu lassen, das sei nicht das Ende der Welt, schließlich sei sie noch jung und eine attraktive Frau, wenn sie nur mehr aus sich machen würde, und da wäre doch auch dieser Mann, wie hieß der noch mal, der sich für sie interessiert hätte, was sei denn eigentlich aus dem geworden?

Sie sprach von meinem Vater. Mutter hatte sich nicht mehr bei ihm gemeldet. Sie hatte die SIM-Karte ihres Telefons gewechselt, damit er sie nicht mehr anrufen konnte, und jetzt, da sie umgezogen war, würde er sie nicht mehr finden.

In ihren dialogischen Monologen entschuldigte sie sich bei jeder Gelegenheit bei mir, dass sie mich nicht behalten konnte. Es gäbe sicher eine bessere Mutter für mich. Eine, die schon lange auf ein Kind wartete und mich mehr als alles in der Welt wollte. Es sei nicht so, dass sie mich nicht wollen würde. Das hätte nichts mit mir zu tun, das müsse ich verstehen, sie liebe mich wie jede Einzelne ihrer Töchter. Sie sei meine Mutter, aber trotzdem sei sie nicht meine bestmögliche Mutter, sie wäre sogar eine miserable Mutter, wenn sie mich behalten würde, weil sie mir nichts zu bieten habe.

Meine Mutter wusste, dass das nur Ausreden waren. Auch eine Ausrede, warum ich meinen leiblichen Vater nie kennenlernen sollte und der nie etwas von mir wissen durfte. Das würde ihm und ihr und seiner Frau und überhaupt uns allen das Leben nur schwerer machen, hatte sie entschieden.

Sie wiederholte diese Aneinanderreihung von Ausreden und Entschuldigungen wie eine Mantra, bis sie sie selbst glaubte. Eine Art Gehirnwäsche, mit der sie ihr Gewissen reinwusch.

Ich hatte damals keine Meinung und habe sie auch heute nicht, denn sie steht mir nicht zu. Ich muss das Leben nehmen, wie es ist. Niemand wird gefragt, ob es ihm recht ist, in diese oder jene Umstände hineingeboren zu werden, mit diesen oder jenen Eltern, mit dem einen oder anderen Gesicht. Da können wir uns querstellen und toben und jammern, das nützt nichts, daran lässt sich nichts ändern. Alles ist, wie es ist, und je schneller wir lernen zu akzeptieren, was wir nicht ändern können, desto glücklicher wird unser Leben verlaufen. Und bewusst oder unbewusst, mit dieser Entschlossenheit wurde ich geboren. Das Beste aus meinem Leben zu machen. Alles zu meinem Vorteil zu nutzen, jede Gelegenheit zu ergreifen. Diese Entschlossenheit muss sich im Mutterleib geformt haben. Ein Überlebenswille, der mit der befruchteten Eizelle angelegt und entwickelt wurde wie ein sechster Zeh. Nur sehr viel nützlicher. Etwa so nützlich wie, sagen wir, ein Auge im Rücken, ein dritter Arm, Kiemen, die es ermöglichen, unter Wasser zu atmen, oder Flügel, mit denen man richtig fliegen kann.

14

Noras Erspartes schrumpfte zusammen. Sie kaufte Farbe für ihr Zimmer. Eine Wand strichen sie pink, die andere hellgrün, wie die Geranien, die vor dem Fenster wuchsen.

Da Mia oft länger mit ihren Auslieferungen beschäftigt war, musste sie nach der Schule warten. Meist nutzte sie die Zeit, um Hausaufgaben zu machen. In die Bibliothek ging sie nur noch selten. Es gab einen Tisch im Schatten der Bäume auf dem Schulgelände, wo Alice meist saß und ein paar Freunde von ihr. Sie halfen sich gegenseitig bei den Hausaufgaben, hingen zusammen rum, spielten Gitarre und sangen oder gingen in die Stadt, Eis essen oder durch die Läden streifen.

Wenn sie alle zusammen auf der Hafenmauer saßen und ihr Eis schleckten, aufs Meer hinaussahen und Wale beobachteten, ertappte sie sich dabei, sich wohlzufühlen. Eigentlich war es gar nicht so schlecht hier. Nora dachte, das sei kein Verrat, schließlich war sie nicht verpflichtet, die ganze Zeit unglücklich zu sein und alles und jeden zu hassen. Sie war nun einmal hier, das ließ sich nicht ändern, aber das hieß nicht, dass sie immer hierbleiben würde. Das hieß auch nicht, dass sie aus dieser Zeit nicht die bestmögliche Zeit machen könnte.

Wenn sie nach Hause kam, verzog sie sich immer noch gern in ihr Grasversteck, wo sie Tagebuch schrieb. Auch das hatte sich verändert. Waren ihre Tagebucheinträge bisher nur Hasstiraden und finstere, bluttriefende Bleistiftzeichnungen von durchstochenen Leibern, fanden sich jetzt bunte Regenbogen, Herzen und Schmetterlinge – und ein Junge, über den sie hauptsächlich schrieb, denn in ihn war sie fast so etwas wie verliebt. Aber nur fast. Sie waren alle Freunde und das sollte auch so bleiben. Nur über ihn gab es mehr zu schreiben als über all die anderen.

Carla hatte in der Zeit, die sie in der Schule verbringen musste, das Leichtathletiktraining aufgenommen. Weil sie ohnehin da war und nichts Besseres zu tun hatte, konnte sie genauso gut mittrainieren. Dafür brauchte sie kein Einverständnis der Mutter.

Carla liebte das Training. Endlich konnte sie die Energie, die in ihren Beinen steckte, loswerden. Sie wurde sonst nie müde nach dem Rennen, immer steckte noch ein Zucken in ihren Beinen, aber nach dem Training waren sie still für den Rest des Tages. Ein wunderbares Gefühl für Carla, die sonst das Zucken und Ziepen zurückhalten musste. Ihre Beine waren nun endlich zufrieden, ausgerannt. Und so war auch Carla zufrieden. Die restliche Energie, die sie hatte, wenn sie nach Hause kam, schwamm sie weg.

Oft ging sie abends zur Lagune hinunter, meist mit Nora, die am Steg saß und schrieb oder las, denn sie bestand darauf, dass Carla nicht allein schwimmen ging.

Manchmal lieh Nora ein Ruderboot aus, das am Ufer lag, und ruderte neben ihr her. Dann schwamm Carla bis zur Sandbank, wo sie Muscheln und Steine suchten, und ruderte mit Nora zurück. Nebeneinander, jede an einem Ruder.

Meine Schwestern sprachen nicht viel, aber sie verbrachten gerne Zeit miteinander. Nora dachte manchmal, es sei ihre Aufgabe, als Ältere mit Carla über ihre Eltern zu sprechen, aber Carla schien darüber nicht reden zu wollen, und im Grunde gab es auch nichts zu sagen. Es war, wie es war, daran konnten sie nichts ändern, und das Leben ging weiter.

Meine Mutter wurde ruhiger und zog sich mehr und mehr zurück. Nicht nur, weil sie ihre Ruhe brauchte, sondern vor allem, um ihre Fülle zu verbergen. Am liebsten wäre sie ganz verschwunden und erst wieder aufgetaucht, nachdem alles vorbei war. Mit ›alles vorbei‹ meinte sie mich, meine Geburt, meine Existenz. Die konnte zwar nicht vorbei sein, aber wenigstens aus ihrem Leben verschwinden.

Ob sie es wollte oder nicht, sie genoss ihre Schwangerschaft. Sie hatte jede ihrer Schwangerschaften genossen. Schwanger zu sein war ihr Idealzustand. Ihre Haut wurde weich und rosig und ihr Gemüt ruhig und froh, selbst unter diesen widrigen Umständen verlor sie sich in einem stillen, seligen Glück, wenn sie alleine war.

Morgens, wenn die Kinder in der Schule waren, stieg sie in ihren rostigen VW-Käfer und fuhr an den Strand, dort wo die Lagune ins Meer mündete. Außer ein paar Menschen mit Hunden, die sich in der Weite verliefen, begegnete sie dort niemandem. Sie machte einen langen Spaziergang, legte sich in den Sand und genoss die Wärme, die Sonne und die wilde Stille mit dem Meeresrauschen.

Wenn sie im Windschatten der Düne lag und ihr die Sonne auf den Bauch schien und die Möwen schreiend am Himmel kreisten, war sie restlos glücklich. Dann vermisste sie keinen Mann, kein Geld, kein Haus, nichts von dem, was sie nicht hatte. Ihre Sorgen vertrockneten in der Sonne zu Sandkörnchen, die langsam hinter ihren Schritten den Hügel hinunterrollten. Sie dachte nicht nach, ihr Kopf war mit Licht und Meeresrauschen gefüllt. Kein Platz darin für dumme Gedanken.

Als sie dann wieder in ihrem Auto saß und nach Hause fuhr in ihr Leben, kam ihr das seltsam fremd und abgerückt vor. Sie kurvte langsam und ziellos durch die kleinen Straßen. Das bin gar nicht ich, dachte sie, das hat nichts mit mir zu tun. Nichts davon brauche ich, nichts davon kümmert mich. Diese schlecht gelaunte Person, die sich von morgens bis abends Sorgen macht, für wen bin ich das? Nicht für mich, nicht für meine Kinder und am wenigsten für meinen Mann, denn den habe ich nicht mehr. Vielleicht aber doch für meinen Mann!

Sie fuhr an den Straßenrand und hielt das Auto an. So heftig durchfuhr sie dieser Gedanke, dass sie nicht mehr weiterfahren konnte. Sie stand an einer kleinen Seitenstraße und dachte an den alten Mann, den seinen Kummer so überwältigt hatte, dass er mitten auf der Straße stehen blieb.

Ungeheuerlich war dieser Gedanke, aber von so einer entwaffnenden Wahrheit und Klarheit. Es war genau so: Sie war schlecht gelaunt, unglücklich und schwanger, um ihren Mann zu bestrafen. Der sollte nur sehen, was er angerichtet hatte. Aber der sah es nicht. Den kümmerte es auch nicht. Der war nämlich glücklich und froh mit einer

Frau, die nicht wie seine eigene ständig schlecht gelaunt, unglücklich und schwanger war.

Diese Erkenntnis traf sie, als hätte man ihr einen Prügel über den Kopf gezogen. Es war schmerzhaft und machte sie benommen. So klar hatte sie schon lange nicht mehr gesehen. War das wirklich wahr? Konnte das möglich sein? Trug sie eine Mitschuld an ihrem Zustand, war sie vielleicht am Ende sogar der Auslöser? Die Ursache und Wirkung zugleich?

Meine Mutter fummelte mit zittrigen Fingern in dem Handschuhfach nach einer Zigarette, die sie dort versteckt hatte, fand sie, drückte den Anzünder hinein, wartete ungeduldig, bis er mit einem lauten Knall hinausschoss, und zündete sie an. Sie rauchte sonst nicht, außer ihre tägliche Verdauungszigarette, aber dieser Moment verlangte nach einer Zigarette. Am besten gleich zwei oder drei. Auf einmal.

Sie inhalierte tief und der Rauch kratzte in der Lunge. Was für ein unverschämter, radikaler Gedanke. Am liebsten hätte sie ihn sofort wieder verworfen und in den üblichen Bahnen weitergedacht, aber er ließ sie nicht los. Sie wusste, es war wahr. Sie wusste, dass sie in diesem Moment, hier am Straßenrand, eine Entscheidung treffen musste. Sie konnte weiterleben wie bisher, oder sie könnte ihr Leben radikal ändern. Es lag alles in ihrer Hand.

Sie zog den Rauch tief in ihre schmerzenden Lungen, lehnte sich zurück, kurbelte das Fenster hinunter und blies ihn aus dem Spalt hinaus. Da erst sah sie, dass sie genau vor dem Haus des alten Mannes stand. Sein hellblauer Opel Ascona parkte in der Einfahrt.

15

Mutter überlegte, ob es Zufall war, dass sie ausgerechnet vor diesem Haus gestoppt hatte und ihr Auto genau dieselbe Farbe hatte wie das des alten Mannes.

Sie warf die Kippe, die sie bis zum Filter geraucht hatte, aus dem Fenster und holte eine neue Zigarette aus dem Handschuhfach. Es war die letzte, stellte sie mit Schrecken fest, als hinge ihr Leben davon ab, und steckte sie zwischen ihre Lippen, mit dem Filter am falschen Ende. Sie drückte den Anzünder hinein, wartete ungeduldig auf das erlösende Plopp und beobachtete das Haus und die Einfahrt. Nichts tat sich dort, nichts war zu sehen. Vor den Fenstern hingen Gardinen. Das Gras war geschnitten, Haus und Grundstück machten einen gepflegten, aber unbelebten Eindruck. Plopp. Der Anzünder schoss heraus, meiner Mutter auf den Schoß, sie erschrak, verbrannte sich die Finger, bekam ihn schließlich zu fassen und sengte ihren Filter an. Sie fluchte, nahm die Zigarette aus dem Mund, steckte sie richtig herum hinein und saugte an dem angekohlten Filter, das Zigarettenende gegen den ausglühenden Anzünder gepresst, bis der Tabak endlich Feuer fing. Sie begann zu husten und kurbelte das Fenster ganz hinunter, um besser Luft zu bekommen. Während sie hustete, verschluckte sie sich an ihrer eigenen Spucke. Sie rang nach Luft, öffnete die Tür, stieg hustend und keuchend und nach Luft ringend nach draußen, streckte hilflos ihre Arme in die Luft, als würde sie erwarten, dass jemand ihr befreiend auf den Rücken klopfte, wie sie es tat, wenn sich eines ihrer Kinder verschluckte. Sie warf ihre Zigarette auf die Wiese, beugte sich vornüber, keuchte, hustete, würgte. Würgte, bis sie sich erbrach. Auf ihre Schuhe. Damit war es vorbei. Sie spuckte aus, der Geschmack in ihrem Mund war widerwärtig. Sie holte tief Luft, wieder und wieder, und füllte ihre Lungen mit frischer Meeresluft. Der Anfall war vorüber. Sie betrachtete ihre beschmutzten Schuhe und trat damit die Zigarette aus, die im Gras vor sich hin qualmte. Einen Moment tat es ihr leid, diese letzte, kaum angerauchte Zigarette einfach so auszutreten, aber dann fiel ihr der angekohlte Filter ein und sie erinnerte sich, dass sie nur knapp einen Hustenanfall überlebt hatte und dass das Zeichen genug war, mit dem Rauchen endlich und für alle Mal aufzuhören – bis auf eine Verdauungszigarette täglich, denn die war sozusagen medizinisch.

Sie lief ein paar Schritte zur Seite, wo das Gras höher wuchs, um ihre Schuhe zu säubern. Glücklicherweise trug sie Plastikschuhe, die Nora verachtete, weil sie so plump und hässlich waren, aber ungemein bequem und mit einem medizinischen Fußbett und vor allem abwaschbar, was in diesem Fall ausgesprochen hilfreich war. Nur Wasser würde sie dafür benötigen, denn im Gras ließen sie sich nicht gründlich genug sauber machen, und etwas war auch auf ihre Füße gelaufen. Die Schuhe waren nicht billig, sie konnte sie nicht einfach stehen lassen, und der Geruch würde ihr kleines Auto verpesten.

Von dort, wo sie stand, konnte sie auf die Veranda des alten Mannes sehen und ihr war, als würde sie seine kleine Gestalt in einem hohen Lehnstuhl erkennen. Sie war sich nicht sicher. Er bewegte sich nicht. Es gab sicherlich einen Wasserhahn im Garten, wo sie ihre Schuhe und Füße waschen konnte.

Sie hatte damals gesagt, sie würde kommen und nach ihm sehen, und wenn sie ehrlich war, würde sie ihn tatsächlich gern wiedersehen. Nun hatte sie einen Grund und würde nicht zu aufdringlich erscheinen und wahrscheinlich war er über Gesellschaft dankbar. Wenn ihm der Vorfall nicht zu peinlich war, aber in seinem Alter machte man sich um Konventionen ohnehin nicht viel Gedanken. Das war ihr aufgefallen bei alten Menschen. Die scherten sich nicht mehr darum, was andere von ihnen dachten. Darum hatte sie alte Leute immer beneidet. Und jetzt war sie selbst schon fast an dem Punkt, wenn sie sich ansah, wie sie herumlief.

Sie nahm sich ein Herz und ging auf das Gartentürchen zu. Es war so niedrig, dass sie ohne Weiteres hätte darübersteigen können, aber sie bückte sich, löste den Riegel und öffnete es. Es quietschte. Sie schloss es hinter sich.

»Hallo!«, rief sie. »Ist jemand zu Hause?« Sie ging den Kiesweg entlang auf das Haus zu und sah sich nach einem Wasserhahn um, konnte aber keinen entdecken.

»Hallo!«, rief sie noch einmal. Sie sah auf ihre Schuhe hinunter und dachte, so könne sie das Haus nicht betreten. Als sie wieder aufblickte, stand der alte Mann vor ihr. Er war aus dem Nichts aufgetaucht. Meine Mutter starrte ihn erstaunt an.

»Guten Tag?«, sagte er. Fragend. Er war in einen fadenscheinigen Nadelstreifenanzug gekleidet, der an manchen Stellen speckig glänzte, aber tadellos saß. Unter der Anzugjacke trug er ein hellblaues Hemd und eine dunkelblaue Wollweste. Jetzt erst sah meine Mutter, dass seine Augen von einem durchdringenden Kobaltblau waren.

»Sie wünschen?«, sagte er förmlich und höflich und trat einen Schritt näher. Meine Mutter wich verlegen zurück, um ihre verdreckten und stinkenden Schuhe zu verbergen.

»Entschuldigen Sie«, sagte sie, »dass ich hier einfach so eindringe, aber ich habe gerufen und …« Das Gesicht des Mannes leuchtete plötzlich auf und seine blauen Augen strahlten noch mehr.

»Ach, Sie sind es. Entschuldigen Sie, ich habe Sie im ersten Moment gar nicht erkannt. Das ist eine Überraschung. Kommen Sie doch bitte herein.« Er streckte beide Hände aus, stieg die Stufen hinunter und ging auf meine Mutter zu, die immer weiter zurückwich.

»Entschuldigen Sie«, sagte sie und dachte, was für ein albernes Höflichkeitsspiel wir hier spielen. »Entschuldigen Sie, aber ich habe meine Schuhe beschmutzt und muss sie zuerst säubern, hätten Sie vielleicht einen Wasserhahn in Ihrem Garten, den ich benutzen könnte?«

Der alte Mann erhob seine zum Gruß ausgestreckte Hand und deutete auf den Rosenbusch an einem Spalier an der rechten Seite der Veranda. Daneben war ein Wasserhahn. Wie konnte sie den übersehen haben? Meine Mutter ging auf ihn zu, drehte ihn auf und hielt ihre Füße unter den kraftvollen Strahl. Sie beugte sich hinunter, ließ das Wasser in ihren Mund laufen, spuckte es wieder aus und trank anschließend ein paar Schlucke. Das Wasser spritzte ihr ins Gesicht und rann den Hals hinunter in den Kragen.

Sie zog die Schuhe aus und nahm sie in die Hand. Dann wusch sie ihre Füße, stellte die Schuhe neben die Verandatreppe, trocknete ihre Füße im Gras, ging barfuß auf den Mann zu und gab ihm endlich die Hand.

Als meine Mutter ihm gegenüberstand, stellte sie fest, dass er gar nicht so klein war. Vielleicht war er nicht einmal der Mann von jener Nacht. Sie hätte es wirklich nicht sagen können. Es war dunkel, und er war vor Kummer ganz verknittert. Dieser Mann hier war gefasst und voller Leben. Aber er schien sie zu erkennen, also musste er derselbe sein.

»Entschuldigen Sie bitte, dass ich Sie nicht sofort erkannt habe, aber es war dunkel und ich war nicht ganz bei mir in jener Nacht. Wollen Sie hereinkommen?«

»Aber das macht doch nichts«, sagte meine Mutter. »Ich hätte Sie auch nicht wiedererkannt. Entschuldigen Sie noch einmal mein Eindringen.«

»Ich bitte Sie, ich freue mich sehr, dass Sie gekommen sind.« Sie hatten den Höflichkeitstanz wieder aufgenommen. Meine Mutter war sich nicht sicher, was sie hier wollte, nun da ihre Schuhe gewaschen waren, ihr Mund gesäubert und der Mann so gar nicht verloren und hilflos aussah.

»Es freut mich, Sie in so guter Verfassung zu sehen.«

»Danke, wollen Sie sich setzen?« Er deutete auf einen Stuhl neben sich, und Mutter setzte sich, dankbar dafür, nicht ins Haus gehen zu müssen. Er setzte sich neben sie.

»Kann ich Ihnen etwas anbieten, einen Kaffee, Tee, irgendwas zu trinken?«

»Nein, danke, machen Sie sich keine Mühe. Ich wollte nur sehen, wie es Ihnen geht, und dachte, vielleicht bräuchten Sie Hilfe, kann ich etwas für Sie besorgen?«

Der alte Mann sah sie aufmerksam mit seinen blauen Augen an.

»Das ist wirklich freundlich. Mir geht es gut, ich habe alles, was ich brauche. Wie ist es mit Ihnen?«

»Mit mir?«, fragte meine Mutter irritiert.

»Sie sagten, Sie hätten Ihren Mann verloren, und ich sehe, Sie sind in anderen Umständen, das ist nicht leicht!«

Meine Mutter sah ihn entsetzt an.

»Oh, täusche ich mich. Das tut mir leid, das tut mir wirklich leid …«

»Nein, Sie täuschen sich nicht«, sagte meine Mutter zu ihrem eigenen Erstaunen. Sie sah an sich hinunter und strich über ihren Bauch. Es war offensichtlich. Warum hatte das bisher niemand wahrgenommen? Vielleicht sah es ihr längst jeder an, aber keiner wagten es, sie darauf anzusprechen wie dieser ahnungslose alte Mann. Wenn selbst er es sah, musste es offensichtlich sein. Sie täuschte hier niemanden, außer sich selbst.

»Es ist nur so, dass ich bisher mit keinem darüber gesprochen habe.«

Dass sie sich ausgerechnet einem fremden alten Mann anvertrauen würde, damit hatte sie nicht gerechnet. Sie hatte auf einen geeigneten Moment gewartet, es ihren Töchtern zu sagen, und Mia, zwangsläufig, weil sie bei ihr wohnte. Sie kam sich vor wie ein Schulmädchen. Wie dumm sie war. Wie unreif und albern. Sie schämte sich und lief dunkelrot an.

»Das ist verständlich«, sagte der alte Mann ganz ruhig und stand auf. »Ich hole uns etwas zu trinken. Bitte bleiben Sie sitzen, ich bin sofort wieder zurück.« Er verschwand im Haus.

Meine Mutter dachte an Flucht. Vielleicht wollte er ihr die Möglichkeit geben davonzulaufen, um diese peinliche Situation zu beenden. Nicht nur für sie, auch für ihn.

Mutter war den Tränen nahe. Dieser Mann war so gütig, so freundlich, so verständnisvoll. Sie würde ihn nie wiedersehen müssen. Ihr Herz war so voll und schwer, dass sie es allein nicht mehr tragen konnte. Es tat gut sich zu erleichtern. Es tat gut, dass endlich jemand ihr Geheimnis teilte. Sie blieb.

Und da kam er auch schon wieder. Er trug ein geflochtenes Tablett vor sich her, auf dem ein Krug und zwei Gläser standen. Er stellte das Tablett vor ihr ab auf den Tisch, schenkte zwei Gläser voll und gab ihr eins. Dann setzte er sich und trank. Sie trank auch. Es war Zitronenlimonade. Köstlich frisch und süß.

Er musste gar nichts sagen. Es sprudelte nur so aus ihr heraus. Sie erzählte die ganze Geschichte. Wie sie hierhergekommen war, ihren Mann verloren und mich empfangen hatte. Von dem Haus ohne Fenster und dem neuen zu Hause bei Mia. Von ihren Töchtern, den kleinen, und von Nora, die ihr immer fremder wurde. Von ihrer Sehnsucht nach Heimat und einer Familie, in der sie aufgehoben war.

Sie weinte lange zwischen den Sätzen, legte den Kopf auf den Tisch, überwältigt von Selbstmitleid über ihr miserables Leben, und schluchzte, bis sie sich wieder fasste, sprach weiter, bis Tränen sie wieder überwältigten.

Der alte Mann strich über ihren Arm, wenn sie weinte, und wenn sie sprach, hörte er geduldig und aufmerksam zu und fragte die eine oder andere Frage.

»Was soll ich tun?«, fragte sie ihn ihm am Ende, als alles gesagt war, und sah ihn mit ihrem verweinten Gesicht an.

»Das, was Sie für richtig halten. Es ist Ihr Leben, das können nur Sie entscheiden.«

»Wenn ich das wüsste«, jammerte meine Mutter. »Ich habe bisher gemacht, was ich für richtig hielt, aber das hat mich offensichtlich an den falschen Platz gebracht. Ich weiß einfach nicht, was richtig ist. Ich kann meinem Urteil nicht trauen.«

Der alte Mann zog ein sauber zusammengelegtes, nur ein wenig verdrücktes Stofftaschentuch aus seiner Jackentasche und reichte es meiner Mutter. Die nahm es dankbar und wischte sich die Tränen ab. Sie setzte an, sich zu schnäuzen, zögerte, fragte: »Darf ich?« Der alte Mann nickte, und sie schnäuzte sich laut und ausgiebig. Sie dankte ihm, steckte es in ihre Tasche und sagte: »Ich bringe es Ihnen gewaschen wieder zurück.«

Unbeirrt nahm der alte Mann das Gespräch wieder auf und sagte: »Ich glaube nicht, dass Sie nicht wussten, was falsch und richtig ist. Wir wissen das meist ganz genau. Es ist vielmehr, dass Sie sich entschieden haben, das Gegenteil von dem zu tun, was richtig war.«

»Warum sollte ich das tun?«

»Weil wir das alle tun. Ständig. Weil wir unseren Willen haben wollen. Das zu tun, was wir wollen, ist nicht gleichbedeutend mit dem, was richtig ist.«

»Das verstehe ich nicht«, sagte meine Mutter trotzig wie Nora.

»Rauchen Sie? Oder haben Sie einmal geraucht?« Mutter nickte, leicht errötend an den zurückliegenden Vorfall erinnert.

»Nun, sehen Sie, Sie wissen oder wussten, dass es falsch ist, zu rauchen?« Mutter nickte.

»Aber das hielt Sie nicht davon ab, zu rauchen?« Meine Mutter nickte wieder.

»So einfach ist das. Stellen Sie sich einfach vor, Sie wären jemand anderes und würden dieser Person einen Ratschlag geben. Was würden Sie ihr raten?«

»Wie, jetzt, hier, in meiner Situation?«

»Ja, stellen Sie sich irgendeine Frage, Ihr Leben betreffend. Fragen Sie, was wäre die beste Lösung, und dann beantworten Sie die Frage, als wären Sie jemand anderes. Dann wissen Sie schnell, was das Richtige ist. Es zu tun, ist wieder eine andere Sache …«

»Darüber werde ich nachdenken«, sagte meine Mutter. Sie stand auf.

»Entschuldigen Sie, dass ich Sie so lange aufgehalten habe und Sie mit meinem Leben gelangweilt. Dabei wollte ich Sie doch fragen, wie es Ihnen geht und ob Sie Hilfe brauchen.«

»Das ist sehr freundlich. Mir geht es gut. Ich nehme es Schritt für Schritt, Tag für Tag. Meine Frau fehlt mir entsetzlich. Es ist ein gähnendes Loch in meinem Leben. Wissen Sie, das ist nicht die erste Frau, die ich verloren habe. Ich war schon einmal Witwer in frühen Jahren. Meine erste Frau war bei der Geburt unseres Sohnes gestorben. Der hat die Geburt ebenfalls nicht überlebt. Ich musste lernen, wie man mit diesem unersetzlichen Verlust weiterlebt. Und es wird mir wieder gelingen. Der Schmerz bleibt, aber man lernt damit zu leben. Er wird Teil des Lebens, wie die Falten, die sich in die Haut graben, wie die Narben, die nach einem Schnitt bleiben.« Meine Mutter setzte sich wieder.

»Wissen Sie, was das Schwerste ist? Und ich weiß, ich darf das nicht sagen und schon gar nicht zu Ihnen, wo Sie

Ihre Frau verloren haben, aber das Schwerste ist, dass mein Mann noch lebt. Dass er mit einer anderen Frau glücklich ist. Dass er lebt und ich lebe und wir nicht zusammenleben können. Ich wünschte, er wäre tot, das wäre einfacher zu ertragen, einfacher zu akzeptieren. Endgültig und unausweichlich. So habe ich immer noch Hoffnung. Die Mädchen müssen aufwachsen mit dem Wissen, dass ihr Vater sie aus eigenem Willen verlassen hat. Und ich muss das auch. Das ist unerträglich. Ich liebe ihn noch. Ich mache mir Hoffnungen. Ich will ihn nicht aufgeben. Und gleichzeitig hasse ich ihn mit allem, was mir zur Verfügung steht. Ich könnte ihm die Haut in Streifen abziehen und wünsche mir, in seinen Armen zu liegen. Das macht mich verrückt. Ich kann nicht mehr klar denken. Ich kann meinen Kindern nicht die Mutter sein, die sie brauchen. Mein Leben ist ein Trümmerhaufen. Nichts von dem, was mir einmal wichtig war, ist noch ganz. Und das, was noch nicht zerbrochen ist, geht langsam vor die Hunde, weil ich nicht in der Lage bin, es zusammenzuhalten. Ich habe keine Kraft und keine Hoffnung mehr. Ich sehe keinen Ausweg und nun wächst auch noch ein neues Leben in meinem verrotteten Leib. Warum?« Diesmal kamen keine Tränen. Meine Mutter drehte sich um und ging hinaus.

»Vielleicht finde ich eines Tages eine Antwort dafür, aber bis dahin muss ich wohl damit leben.« Sie reichte dem alten Mann die Hand.

»Ich danke Ihnen sehr für das Gespräch und Ihre Geduld.« Er übersah ihre ausgestreckte Hand und nahm sie in den Arm. Er drückte sie lange. Er roch nach Vanille, Limonade und Mottenpulver. Schließlich ließ er meine Mutter los, hielt sie an den Schultern und sah sie freundlich an.

»Auf das *Warum* bekommen wir keine Antwort. Auf das *Wie* dagegen schon. Das ist die Frage, die Sie stellen müssen. *Wie* geht es von hieraus weiter? Das Vergangene können wir nicht ungeschehen machen, aber wir haben jederzeit die Möglichkeit uns zu entscheiden, wie wir reagieren. Kommen Sie bald einmal wieder. Und bringen Sie Ihre Mädchen mit. Ich würde sie gerne kennenlernen. Ich heiße übrigens Gustav.«

Meine Mutter nannte ihren Namen, dann gaben sie sich schließlich doch noch die Hände, feierlich, als würden sie einen Vertrag besiegeln. Mutter ging durch das kleine Gartentor zu ihrem Auto zurück. Der alte Mann stand auf der Veranda und sah ihr hinterher, bis sie um die Ecke verschwunden war.

Sie fuhr auf direktem Weg nach Hause und als sie in die Einfahrt zum Yachtclub abbog, fiel ihr ein, dass sie ihre Schuhe vergessen hatte.

Es war das einzige Paar Schuhe, dass sie tragen konnte, da ihre Füße von der Schwangerschaft geschwollen waren. Sie wollte nicht wieder zurückfahren. Nicht nur wegen des Benzins, auch nach diesem Gespräch. Sie war sich nicht sicher, ob sie den alten Mann – Gustav –, sie kicherte bei dem Gedanken an seinen Namen, wiedersehen wollte. Es war gut, sich endlich jemandem anzuvertrauen, aber es war ihr unangenehm, was da alles aus ihr herausgekommen war. Was musste er von ihr denken? Es konnte nicht viel Gutes sein. Er blieb herzlich und freundlich, aber er war vielleicht nur höflich. Was sollte man von einer erwachsenen Frau halten, Mutter von vier Kindern, die ihre Schwangerschaft geheim hielt?

Mutter hielt das Auto an. Sie war nicht darauf vorbereitet, nach Hause zu kommen. Die Sonne stand tief. Es war bereits später Nachmittag. Das hieß, die Kinder waren von der Schule zurück. Mia würde in der Küche stehen und ihre Marmeladen und Eingemachtes für den Markt vorbereiten. Sie würde ihr Vorhaltungen machen, dass sie kein Mittagessen gekocht hatte und nicht auf den Markt ging. Die Mädchen waren hungrig. Sie hatte nicht einmal eingekauft. Ihr Magen knurrte wie zur Bestätigung. Sie sollte wenigstens mit Essen für alle zurückkommen.

In ihrem Kopf drehten sich die Gedanken. Was würde sie sich raten? Wenn sie jemand anderes wäre? Was würde sie von sich denken? Wie würde sie reagieren, wenn sie eine ihrer Töchter wäre und erfahren müsste, dass ihre Mutter bereits im siebten Monat schwanger war, von einem Mann, der nicht ihr Vater ist?

Das war die falsche Frage. Sie konnte nicht für ihre Töchter denken. Sie musste nur für sich denken, das war bereits genug. Schon viel zu viel. Die Lösung lag auf der Hand. Es würde rauskommen, das war sicher und das wäre noch schlimmer, als es ihnen zu sagen. Wie hatte sie es nur so weit kommen lassen? Vielleicht sollte sie sich erst Mia anvertrauen? Aber was würde die sagen? Sie war sich nicht sicher.

Aus Gewohnheit öffnete sie die Klappe zum Handschuhfach und suchte nach einer Zigarette. Da war keine mehr, fiel ihr ein und alles andere auch und wütend knallte sie die Klappe zu. Nicht einmal mehr rauchen konnte sie. Gar nichts war ihr geblieben, dachte sie und schämte sich wieder.

Wut, Scham, Verzweiflung war der Kreis, in dem sie herumlief. Von einem zum anderen, ein endloser Rundlauf, aus dem es keinen Ausweg gab. Sie musste darauf achten, dass keins der drei überhandnahm. Wurde Wut zu mächtig, kam Scham ins Spiel, wurde Scham zu stark, setzte Verzweiflung ein. Verzweiflung war nur durch Wut zu bremsen und so weiter und so fort.

Es gab so vieles, was sie den alten Mann noch fragen wollte. Er war alt, er war weise, er hatte das Leben gelebt, er war durch Glück und Elend gegangen, Liebe und Tod. Wenn man von Weitem zurückblickte, dann sah alles winzig aus, nahezu unbedeutend. Alles schrumpfte zusammen.

Wenn sie vierundachtzig Jahre alt wäre und zurücksah auf ihr Leben, was würde sie sehen? Vielleicht war gerade ihr zweiter Mann gestorben. Nach einer langen, glücklichen Ehe. Über vierzig Jahre war sie mit ihm verheiratet. Das war mehr als 20 Jahre länger als mit ihrem ersten, dem Nichtsnutz. An ihn konnte sie sich kaum noch erinnern. Eine kurze, unglückliche Episode. Was danach kam, war so viel erfüllter, glücklicher. Nun, sie hatte ihre jungen Jahre vergeudet, aber das war unbedeutend im Vergleich zu dem, was danach kam …

Ein Hupen schreckte sie aus ihren Gedanken. Es war Mia, die in ihrem Auto die Einfahrt hinaufkam. Sie guckte so wütend, dass meine Mutter sich vor Schreck ganz klein machte und hinter das Lenkrad rutschte. Aber Mia hatte sie schon gesehen und meine Mutter dachte natürlich keinen Moment, sie könnte sich verstecken. Es war nur ein Reflex.

Was ihr durch den Kopf ging, war: Hier, schon wieder habe ich getan, was ich für richtig hielt, und es war falsch. Wenn sie länger darüber nachgedacht hätte, wäre sie darauf gekommen, dass das ein Trugschluss war, denn wenn sie das Richtige getan hätte, wäre sie nicht so spät an den Strand gefahren, zur rechten Zeit einkaufen gegangen, hätte Mittagessen gekocht und nicht noch auf dem Heimweg herumgetrödelt und wäre nicht fast an einer Zigarette erstickt.

Das würde meine Mutter erst viel später begreifen. In dieser Sekunde war ihr Gehirn damit beschäftigt, sich Ausreden und Rechtfertigungen zurechtzulegen und Anschuldigungen, falls sie damit nicht weiterkam.

Sie fuhr zur Seite, um Mia Platz zu machen, der sie den Weg versperrte. Mia hielt neben ihr, kurbelte das Fenster hinunter und sah sie wütend an.

»Ich nehme Lena mit. Wie du dich vielleicht erinnerst, oder offensichtlich nicht, bin ich zur Hochzeit eingeladen und hatte dich gebeten auf Lena aufzupassen. Da du nicht zurückgekommen bist und keiner wusste, wo du warst, musste ich etwas anderes arrangieren.« Erst jetzt fiel meiner Mutter auf, dass Mia fein gekleidet und geschminkt war. Sie trug ein goldenes Kleid, das mit einer Corsage abschloss, die ihre gewaltigen Brüste kaum halten konnte. Die zitterten vor Wut und schienen aus ihrer Halterung springen zu wollen, um meiner Mutter wie eine Faust ins Gesicht zu knallen. Auf dem Rücksitz lag ein großes Geschenk in goldenes Papier gewickelt mit einer großen Schleife. Und ihr fiel ein, dass Mia seit Wochen von kaum etwas anderem als der Hochzeit gesprochen hatte. Ein Thema, bei dem meine Mutter abschaltete, weil anderer Leute Eheglück sie nicht interessierte.

Lena saß schmollend auf dem Beifahrersitz und fiddelte an ihren Schuhen herum. Es schien Streit gegeben zu haben.

»Das tut mir echt leid«, sagte meine Mutter. »Ich bin aufgehalten worden. Aber jetzt bin ich ja da, Lena kann bei mir bleiben.« Lena sah freudig auf und bettelte, »genau, bitte, kann ich?«.

»Danke für das großzügige Angebot, aber dazu ist es jetzt zu spät. Es ist bereits alles arrangiert«. Mia gab Gas, aber sie hatte vergessen, die Handbremse zu lösen. Der Motor heulte auf, die Reifen drehten auf dem lehmigen Boden durch, ohne dass sie sich ein Stück vorwärtsbewegte.

»Deine Mädchen sind unten am Wasser. Ich konnte nicht länger warten, bin ohnehin schon zu spät.« Sie sah meine Mutter an, als wollte sie ihr den Kopf abschlagen.

»Sie müssen hungrig sein, sie haben den ganzen Tag nichts gegessen.« Sie gab Gas, löste diesmal die Handbremse und fuhr davon. Lehm spritzte von den Reifen.

Mutter ließ den Kopf mutlos auf das Lenkrad fallen. Was sie auch tat, es zog eine Katastrophe nach sich. Andere Menschen waren einfach nur spät, aber wenn sie sich verspätete, waren Kinder verhungert und eine Jahrhunderthochzeit wurde verpasst. Verzweiflung – Schuld – dann Wut auf Mia, die aus allem immer ein Drama machen musste und nur darauf wartete, dass sie einen Fehler machte. Da war sie wieder und lief Kreise in ihrem Gefängnishof.

Was tun? Die Kinder waren hungrig, sie konnte nicht mit leeren Händen zurückkommen. Sie musste etwas zu Essen kaufen. Dafür musste sie zurück in die Stadt fahren. Das würde mindestens eine halbe Stunde dauern. Wenn sie schnell war. Die Mädchen waren am Wasser. Nora würde schon auf sie aufpassen. War Nora da? Mia hätte sonst bestimmt etwas gesagt. Sie würde ihnen Chips mitbringen, etwas, worüber sie sich freuten. Und dann könnten sie Marshmallows im Kamin grillen. Das wollten die Mädchen schon seit Tagen. Eine halbe Stunde später würde auch keinen Unterschied mehr machen. Zu spät war sie ohnehin schon. Besser als mit leeren Händen zurückzukommen. Das würde sie sich raten in diesem Fall. Das schien das Richtige zu sein.

Erfreut über ihre Entschlusskraft gab sie Gas und drehte um. Da war noch etwas, dachte sie, als sie die Straße entlang brauste, was sie vergessen hatte. Aber sie kam nicht drauf. So wichtig konnte es nicht gewesen sein.

Auf jeden Fall, so viel war sicher, war heute nicht der richtige Tag, um mit der Wahrheit herauszukommen.

16

Carla saß in ihrem nassen Badeanzug, das Handtuch über die Schultern gelegt, Muscheln und Steine in ihrem Schoß, neben Nora im Boot und ruderte.

Sie erzählte beiläufig, dass sie nun am Leichtathletiktraining teilnehme, und Nora sagte, »das ist gut so«, und Carla nickte, »ja, das ist gut«.

Sie ruderten der untergehenden Sonne entgegen. Rote Streifen am blauen Himmel, die sich langsam violett verfärbten und am Rand ausfaserten wie Zuckerwatte.

»Hast du Mama erzählt, dass du im Training bist?«, fragte Nora nach einer Weile.

Carla schüttelte den Kopf so heftig, dass das Wasser von den Haaren spritzte.

»Hast du?«, fragte Nora, die den Blick nach vorn in die untergehende Sonne richtete und das Schütteln nicht wahrnahm, außer ein paar Wasserspritzern auf ihrer Bluse.

»Nein, hab ich nicht. Muss ich das? Ich habe Mia davon erzählt. Sie sah mich rennen, als sie uns abholte. Sie sagt, sie findet das super. Sie würde mich auch zu den Wettkämpfen fahren, wenn Mama nicht will.«

»Das ist gut.« Meine Schwestern ruderten und schwiegen.

»Meinst du, ich sollte es ihr trotzdem sagen? Ich meine, es ist ja nicht so, dass sie es mir verboten hätte«, fragte Carla einige Ruderschläge später.

»Nein, sie hat nur gesagt, dass sie dich nicht fahren will. Aber wenn das nicht mit Aufwand verbunden ist, dann ist es ok. Du machst alles richtig. Mach dir keine Sorgen.«

Carla nickte stumm, aber auch das sah Nora nicht. Sie kamen näher ans Ufer und konnten zwei winzige Gestalten auf dem Steg ausmachen, die winkten. Nora und Carla winkten zurück und ruderten weiter.

»Die warten auf uns. Vielleicht gibt es Abendessen«, sagte Carla, die hungrig war.

»Ja, vielleicht«, antwortete Nora nachdenklich. Es gab nie Abendessen. Mutter kochte zum Mittag, wenn sie aus der Schule kamen, und zum Abendessen holten sie sich aus dem Kühlschrank, was gerade da war. Heute hatte es kein Mittagessen gegeben, weil Mutter nicht da war. Was ungewöhnlich war. Mia hatte den Mädchen verärgert ein paar Brote geschmiert und Rührei gekocht.

Sie kamen näher und sahen Paula und Sam am Steg sehen, die sie erwarteten. Sie ruderten an ihnen vorbei ans Ufer, wo sie anlegten. Die Mädchen rannten über den Steg und begrüßten sie atemlos.

»Wo bleibt ihr denn, wir haben euch überall gesucht«, sagte Paula vorwurfsvoll. »Mia musste weg, sie hat Lena mitgenommen, aber Mama ist noch nicht zurück. Sie hat gesagt, wir sollen euch suchen, sie konnte nicht länger warten, aber wir haben euch nicht gefunden.«

Sam begann zu heulen. Rotze floss aus ihrem linken Nasenloch. Sie wischte sie mit ihrem Handrücken quer über die Wange.

»Wo ist Mama?«, heulte sie. »Warum kommt sie nicht zurück?«

Meine beiden großen Schwestern stiegen aus dem Boot. Nora band es an einem Baum fest, ging zu Sam, kniete sich ins Gras und nahm sie in den Arm.

»Mama kommt sicher bald. Vielleicht hat sie Arbeit gefunden. Kommt, wir gehen rauf und machen euch was zu essen. Seid ihr hungrig?« Die Mädchen nickten so heftig, dass ihre Köpfe fast von den dünnen Hälsen flogen.

Nora nahm Sam, die Jüngste, an der Hand, Carla nahm Paula, die das erstaunlicherweise willig geschehen ließ, und gemeinsam liefen sie die Wiese hinauf zum Haus.

Nora wunderte sich, wo Mutter blieb. Sie machte sich keine Sorgen. Sie war verärgert über ihre Nachlässigkeit. Wahrscheinlich war sie in der Kneipe hängen geblieben. Mit irgendeinem Kerl. Glücklicherweise konnte sie keine Männer mehr mit nach Hause bringen. Dann ging sie vielleicht zu ihnen. Wer weiß. Sie wollte es gar nicht wissen.

Sie schickte die Kleinen ins Bad, Carla ging nach draußen duschen und Nora bereitete den Pfannkuchenteig vor. Als die Mädchen frisch gebadet und in ihren Nachthemden an den Tisch kamen, waren die Pfannkuchen auch schon fertig. Sie aßen wie kleine hungrige Hyänen. Nora kam kaum hinterher mit dem Backen. Nach einer Weile löste Carla sie ab, damit sie auch essen konnte.

Nora merkte erst beim Essen, wie ausgehungert sie war. Sie las den kleinen noch eine Gutenachtgeschichte vor. Sam jammerte noch ein wenig nach ihrer Mutter. Carla ging in ihre Kammer, um Hausaufgaben zu machen. Sam schlief ein, bevor die Geschichte zu Ende war. Nora löschte das Licht. Paula bat sie zu bleiben, bis Mutter zurück war.

Sie einigten sich, dass Nora in der Küche blieb, bis sie eingeschlafen war.

Nora ließ die Tür einen Spalt offen und ging in die Küche. Sie räumte den Tisch ab und machte den Abwasch. Wie eine richtige Familie, dachte sie. Nur ohne Mutter und Vater. Und dass diese Familie ohne Eltern besser funktionierte als mit.

Eltern sind überschätzt, dachte meine große Schwester, als sie leise ins Kinderzimmer schlich, um zu sehen, ob Paula eingeschlafen war. Sie rührte sich nicht. Sam schnarchte laut. Beide schliefen tief und fest. Nora machte ihnen das kleine Nachtlicht an, damit sie sich nicht fürchteten, wenn sie aufwachten, schlich hinaus und zog leise die Tür hinter sich zu.

Ungewöhnlich, dass Mia mit ihrer Tochter abends so lange wegblieb. Die musste doch morgen in die Schule. Ihr fiel ein, dass morgen keine Schule war, denn es war Freitag. Das war noch ungewöhnlicher, da sie Samstagmorgens auf den Markt ging. Und Mutter sollte eigentlich auch gehen.

Nora ging ums Haus zur Dusche. Es war noch nicht ganz dunkel, die Tage waren länger geworden, es war fast Sommer. Nur der Abendstern stand am Himmel und leuchtete. Es war eine wolkenlose, warme Nacht. Im Baum gegenüber saß eine Eule und machte »Huuhuu, Huuhuu«. Nora kicherte. Es hörte sich an wie ein Mensch, der eine Eule nachmacht.

»Huuhuu«, sagte sie. »Huuhuu.«

»Huuhuu«, antwortete die Eule, dann flog sie weg mit gewaltigen Schwingen. Wie groß diese Vögel sind.

»Bleib hier«, sagte Nora. »Flieg nicht weg.« Die Eule landete auf dem Dach.

»Huuhuu«, sagte sie in den Kamin hinein. Nora drehte das Wasser an, das warm auf sie hinunterlief in der kühlen Abendluft.

Als sie in die Kammer kam, saß Carla im Nachthemd mit gekreuzten Beinen auf dem Bett, das Handtuch wieder um ihren Kopf geschlungen. Um sie herum waren Bücher und Hefte ausgebreitet.

»Ist sie zurück?«, fragte Carla, ohne aufzusehen.

»Nein, sie sind noch nicht zurück. Weder Mama noch Mia.« Carla schrieb etwas in ihr Heft. Nora setzte sich neben sie. Sie nahm Carla das Handtuch vom Kopf und fragte, »soll ich dir die Haare föhnen?«. Carla hob den Kopf und sah sie erstaunt an. »Ja, das kannst du machen.«

»Warum lernst du? Morgen ist Samstag.«

»Na und. Dann hab ich's hinter mir.«

Nora steckte den Föhn ein und trocknete Carlas Haare. Sie überlegte, wo Mia und Mutter sein konnten. Sie machte sich Sorgen, stellte sie erstaunt fest. Bislang war sie froh um jede Minute, in der sie ihre Mutter nicht sehen musste. Aber dass sie einfach so verschwand, ohne sich zu melden, das war seltsam. Selbst für sie war das ungewöhnlich.

Nora hätte sie anrufen können, aber das ging gegen ihren Stolz. Da musste schon ein Kind sterben, bevor sie ihre Mutter anrief.

Sie dachte an den Tag, als sie fürchtete, dass Carla ertrunken wäre. Aber Carla war nicht ertrunken, sie war nicht einmal in der Gefahr, möglicherweise zu ertrinken. Sie war ganz und gar in Ordnung. Was hätte sie sich lächerlich gemacht. Und auch jetzt wird alles in Ordnung sein, und es wird eine Erklärung für alles geben. Morgen wird sie aufwachen, und ihre Mutter wird zurück sein. Carlas Haare waren trocken.

»Ich bin müde«, sagte Nora, zog sich aus und kroch unter die Decke.

»Kannst du bitte das Licht ausmachen, wenn du fertig bist?«

»Bin schon fertig«, sagte Carla, packte alle Hefte und Bücher auf einen Stapel und ließ ihn mit ein Knall neben ihrer Bettseite auf den Boden fallen. Sie zog die Decke über den Kopf.

»Mach du das Licht aus.« Nora war zu müde, um noch einmal aufzustehen. Sie war zu müde, um sich um das Licht zu kümmern. Sie schlief ein.

17

Viel Geld hatte Mutter nicht dabei, aber es genügte für drei Tüten Chips, eine Packung Toastbrot, Käse, Butter und Marshmallows.

An der Kasse vor ihr zahlte eine alte Frau mit lila Haar ihre Stromrechnung aus einem Plastikbeutel voller Kleingeld, das sie vor der Kassiererin abzählte. Es war die Kasse mit der kürzesten Schlange gewesen, aber das würde Stunden dauern.

Fluchend packte meine Mutter ihre Einkäufe und reihte sich in eine andere Schlange. Als sie endlich an die Reihe kam, ging der Kassiererin die Rolle mit dem Papier aus, und als sie umständlich eine neue eingelegt hatte, wurde das Papier von der Maschine gefressen. Es brauchte drei weitere Angestellte und gefühlte zweieinhalb Stunden, bis das Problem gelöst war.

Als sie endlich wieder im Auto saß, hatte sie einen schmerzhaften Knoten im Magen und ihre Hände zitterten. Sie fühlte sich schwach und schwindelig und ihr fiel ein, dass sie seit dem Frühstück nichts mehr gegessen hatte. Und außer der Limonade auch nichts getrunken.

Sie riss die Packung Toastbrot auf und stopfte eine Scheibe in den Mund. Es war weich und süß. Sie knetete kleine Kugeln aus dem Teig. Es war köstlich. Sie aß noch eine Scheibe und noch eine.

Sie aß so gierig, dass sie davon Schluckauf bekam. Laut hicksend machte sie sich auf den Rückweg. Es wurde bereits dunkel. Als sie auf der Landstraße war, begann der Motor zu stottern. Da fiel ihr ein, was sie vergessen hatte. Benzin! Es war ein Wunder, dass sie so weit gekommen war. Sie hatte vergessen auf die Tankanzeige zu sehen, bevor sie losfuhr. Sie fuhr immer bis auf den letzten Tropfen und war bisher auch jedes Mal angekommen.

»Dieses Mal nicht. Bitte fahr mich nach Hause, bitte!«, flehte sie. Der Motor kam ganz zum Stocken, das Auto rollte aus. Sie stand nun auf der Straßenseite der Landstraße, etwa zehn Kilometer von zu Hause entfernt und zehn von der nächsten Tankstelle, aber für Benzin hatte sie ohnehin kein Geld mehr.

Sie stand allein in der anbrechenden Nacht auf der Landstraße neben einem Eukalyptuswald. Hier wohnte weit und breit niemand.

Meine Mutter stieg aus, stellte sich neben das Auto und stieß einen Schrei der Verzweiflung aus. Und noch einen. Sie schrie so laut sie konnte.

Ein großer Vogel stieg so plötzlich neben ihr von einem Ast auf und flog davon, dass sie erschrak. Sie setzte sich wieder ins Auto und schlug mit dem Kopf gegen das Lenkrand. Hätte sie eine Waffe in ihrem Handschuhfach gehabt, sie hätte sich ohne zu zögern erschossen.

Hätte sie wenigstens eine Zigarette im Handschuhfach gehabt. Was hätte sie für die angerauchte Kippe mit dem verkohlten Filter gegeben, die im hohen Gras vor dem Haus des alten Mannes lag.

Ein Vogel schrie in einem immer gleichen nervtötenden Ton, der wie Hohn klang. Vielleicht war es derselbe, der eben davongeflogen war.

Wäre sie ein Vogel, das Leben wäre so viel leichter. Sie würde ihre Schwingen ausfalten und davonfliegen, Würmer aus der Erde picken und in die hungrigen Mäuler ihrer Kinder stopfen, bis sie Ruhe gaben. Es würde keine Worte geben, sondern nur eintönige Schreie oder vielstimmige Gesänge. Sie wäre gewohnt, sich allein um ihre Kinder zu kümmern, da die Männchen nur für den Nestbau verantwortlich waren und dann wieder weiterflogen.

Noch lieber als tot wäre sie ein Vogel gewesen um diese Uhrzeit im Wald. Dunkelheit wäre kein Hindernis und würde ihr keine Angst machen.

»Huuhuu«, sagte der Vogel schon wieder gleichförmig und höhnisch. Das musste eine Eule sein. Meine Mutter schaltete das Licht aus. Sie konnte nicht riskieren, dass auch noch die Batterie ausfiel.

Sie schloss die Augen. Es gab keinen Ausweg, es gab nichts, was sie tun konnte. Ihr Telefon hatte sie den Kleinen gegeben, damit Mia sie anrufen konnte, falls sie sich verspätete.

Ein Auto rauschte vorbei. Es war gefährlich, im Dunkeln am Straßenrand zu stehen. Andrerseits würde sie so keine Aufmerksamkeit erregen.

Zu Hause verhungerten die Kinder unbeaufsichtigt. Sie mussten sich Sorgen machen, sie hatten sie seit heute Morgen nicht mehr gesehen. Unverantwortlich war das. Man sollte ihr die Kinder wegnehmen und zu ihrem Vater schicken. Soll der zusehen, wie er damit zurechtkam. Was würde sie tun, wenn sie allein wäre? Ein Leben ohne Kinder konnte sie sich nicht vorstellen.

Wieder fuhr ein Auto vorbei. So knapp und schnell, dass ihr kleiner VW-Käfer wackelte. Wenn jetzt einer in sie reinfuhr, weil er sie nicht sah? Dann konnte sie nur hoffen, dass es ein schnelles, schmerzloses Ende war. Das kleine Auto würde kaum Widerstand bieten. An ihrem Leben hing sie nicht. Die Mädchen, wer sollte sich um die Mädchen kümmern? Dieses Problem wäre auch damit nicht gelöst. Es würde sie dann nicht mehr kümmern, aber das half den Kindern nichts. Nora war tüchtig. Sie würde ihnen schon etwas zu essen machen. Irgendwas gab es immer im Haus. Sie sollte aufhören, sich so viele Sorgen zu machen. Sie kamen gut auch ohne sie zurecht. Vielleicht sollte sie doch besser aussteigen und zu Fuß nach Hause gehen. Sie saß nun bestimmt schon eine Stunde im Auto. Oder zwei. Vielleicht sollte sie auch versuchen zu schlafen, aber damit wäre das Problem auch nicht gelöst, wie sie hier wieder wegkommen würde. Sie musste etwas tun.

Sie schaltete das Licht wieder ein und die Warnblinkanlage und wartete. Es war schon länger kein Auto mehr vorbeigekommen.

Sie schaltete das Licht wieder aus und wartete. Nur weil es Nacht war, mussten keine schlechteren Menschen als sonst unterwegs sein. Wovor hatte sie Angst?

Sie hörte von Weitem Motorengeräusch und schaltete das Licht wieder an. Lichter näherten sich, blendeten sie, das Auto bremste, fuhr im Schritttempo an ihr vorbei und gab wieder Gas.

Sie drückte auf die Hupe, die nicht mehr als einen heiseren Seufzer von sich gab. Dann war es wieder still. Licht aus. Warten. Wenn sie ausstieg, würden sie sehen, dass sie eine Frau in Not war, und eher anhalten und helfen.

Nach einer endlosen Weile näherte sich wieder ein Wagen. Sie schaltete Licht und Warnblinkanlage an und stieg aus, stellte sich in das Licht ihres Scheinwerfers und schwenkte beide Arme über den Kopf. Der Wagen, ein weißer Pick-up, bremste ab, fuhr langsam an ihr vorbei und kam zum Stehen.

18

Mitten in der Nacht wachte Nora auf. Sie hörte Motorengeräusch, Türenklappen, Stimmen, Lachen. Eine Frauenstimme, oder waren es zwei? Eine Männerstimme war auch darunter. Oder waren es mehrere? Schwer zu sagen, wie viele Menschen da draußen waren. Die Stimmen senkten sich, sprachen flüsternd.

Meine Schwester dachte an den Mädchen, die im Haus schliefen, die Tür war offen, jeder konnte einfach hineingehen. Wer sollte das tun?

Sie lag wach und lauschte in die Dunkelheit. Ein schmaler Lichtstreif war unter der Tür zu sehen, das mussten die Scheinwerfer des Autos sein. Niemand hatte Zugang zu dem Gelände, der nicht Mitglied des Yachtclubs war. Sie musste sich keine Sorgen machen. Es war wahrscheinlich Mia mit Freunden. Aber Mia machte immer den Motor aus, wenn sie zum Haus hinunterrollte, um die Kinder nicht zu wecken.

Der Motor lief immer noch. Er übertönte die Stimmen und machte es unmöglich, etwas zu verstehen. Dann fiel Nora auf, dass es dunkel war in ihrem Zimmer. Jemand musste das Licht gelöscht haben, während sie schlief. Entweder war Carla noch einmal aufgestanden, was auszuschließen war, oder Mia war nach Hause gekommen und hatte das Licht abgedreht. Aber wer waren dann die Menschen in dem Auto mitten in der Nacht vor ihrem Haus?

»Huuhuu«, sagte die Eule. So nah, als säße sie neben Noras Ohr. Die erschrak erst, aber dann war sie beruhigt.

»Du bist da, du passt auf uns auf, Eule!«

Sie stieg aus dem Bett und tastete sich im Dunkeln zur Tür. Sie legte ihr Ohr an das splittrige Holz und lauschte. Die Stimmen waren leiser, Türen klappten, der Motor heulte auf, das Auto wendete und entfernte sich. Noras Herz klopfte heftig. Sie taste nach dem Riegel. Der war nicht vorgeschoben. Nora presste ihr Ohr noch fester ans Holz und hielt den Atem an, aber nichts war zu hören. Keine Schritte, keine Stimmen. Die Eingangstür zum Haus würde quietschen, wenn jemand sie öffnete, aber es blieb still.

Sie schob so leise wie möglich den Riegel vor. Man musste ihn hin- und herrütteln, um ihn zu bewegen. Das war nicht einfach, ohne ein Geräusch zu machen. Sie stand fünf Minuten lang an der Tür, ohne sich zu bewegen. Vielleicht wartete jemand nur darauf, dass sie herauskam, um nachzusehen, ob alles in Ordnung war, und verhielt sich deshalb so still.

»Huuhuu«, sagte die Eule, die über sie wachte. Nora tastete sich zurück ins Bett. Carla schlief tief und auf ihre beängstigende Weise still. Es waren nur sie und die Eule, und die Mädchen, die allein im Haus lagen bei offener Tür. Das war unverantwortlich, dachte meine Schwester verärgert. Ihr Ärger steigerte sich in Wut, je länger sie darüber nachdachte. Ihre Wut war schließlich stärker als die Angst, stärker als alles andere, und sie stand auf.

Sie schob den Riegel wieder auf und ging hinaus. Sie stand in der sternenerleuchteten Nacht. Der Wind war kühl, sie fröstelte. Sie ging zum Haus hinüber, ohne sich umzusehen. Die Haustür war verschlossen. Von innen verriegelt, das hieß, Mutter oder Mia waren zurückgekommen. Wenn nicht jemand anderes sich mit den Mädchen im Haus eingeschlossen hatte.

Nora lief die Einfahrt hinauf. Beide Autos standen dort, Mias Combi und der hellblaue Käfer. Erleichtert ging sie zurück in ihre Kammer und legte sich neben Carla ins Bett. Ihre Wut kochte aber noch eine Weile still vor sich hin.

Sie sollte sich keine Sorgen machen müssen, sondern schlafen in den Nächten, wie ihre Schwestern, anstatt voll Angst wach zu liegen, weil niemand auf sie aufpasste, wie es sich gehörte. Sie war nie ängstlich gewesen, hatte keine Furcht, alleine nachts durch die Straßen zu laufen. Es war die Sorge um ihre Schwestern, die sie aufaß. Sie konnte gut für sich selbst sorgen, aber auf eine ganze Familie aufzupassen, das war zu viel für sie und das sollte auch nicht sein.

Meine tapfere große Schwester lag eine ganze Weile wach und fluchte auf unsere Mutter und sehnte sich nach ihrem Vater. Weil sie nicht schlafen konnte, knipste sie ihr Nachtlicht an, um zu lesen. Sie nahm ein Buch, das neben ihrem Bett lag, aber sie konnte sich nicht konzentrieren. Ihre Augen lasen die Worte Zeile für Zeile, aber in ihrem Kopf tobten die Gedanken.

Sie legte das Buch wieder zur Seite, lehnte sich über das Bett und suchte mit ihrer Hand den Boden ab, nicht sicher, was sie eigentlich finden wollte, bis sie ihr Taschenmesser zwischen die Finger bekam.

Sie setzte sich aufrecht hin, das Kissen im Rücken, und

ließ das Messer aufschnappen. Sie hatte es schon länger nicht mehr benutzt. Sie hatte vergessen, ihre Schnitte zu machen, ihre Tage abzuzeichnen. Ganz absichtlich, weil der Sommer kam und sie ihr Kleid tragen wollte, das neue Regenbogenkleid, das Mutter ihr geschenkt hatte.

Sie schob den Ärmel ihres Nachthemds hoch. Ihre Wunden waren verheilt, nur weiße zarte Striche waren zu sehen. Sie würde ihr Kleid tragen können.

Wie leicht sie zu bestechen war, dachte meine Schwester wütend. Ein albernes Kleid und sie ließ alle ihre Vorsätze fallen. Sie hatte das Geld, das sie für ihren Flug gespart hatte, für Farben ausgegeben. Anstatt zu lernen und ein Jahr zu überspringen, um schneller frei zu sein, hing sie lieber mit Freunden am alten Hafen rum und aß Eis. Was waren das schon für Freunde? Was wussten die über ihr Leben? Nichts. Keiner von ihnen lag nachts wach, um auf seine Schwestern aufzupassen. Sie alle kamen aus normalen Familien. Keiner schnitt sich die Arme auf.

Sie versuchte sich anzupassen, normal zu sein, als wäre sie eine von ihnen, aber das war sie nicht. Früher oder später würden sie es herausfinden. Sie sollte sich selbst daran erinnern. An ihren Schwur, an ihren Plan. Sie hatte ihr Ziel aus den Augen verloren. Das sollte nicht mehr geschehen. Sie würde sich daran erinnern. So fest, dass sie sich auch noch morgen und übermorgen und nächste Woche und die Woche darauf erinnern würde.

Meine Schwester legte ihr Messer an die Innenseite ihres Unterarms und drückte es gegen die Haut, so fest wie sie konnte. Dann zog sie es mit einer schnellen Bewegung über den Arm. Sie erschrak, als sie sah, wie sich das Fleisch klaffend öffnete und das Blut herausschoss. Sie konnte gar nicht schnell genug neben sich greifen und das Handtuch hervorholen, um das Blut aufzuhalten, damit es nicht über das Bett lief. Den Schmerz, ein heißes Brennen, spürte sie erst jetzt.

Sie drückte das Handtuch gegen die Wunde. Es war im Nu durchgeblutet. Sie wickelte es fester um den Arm. Das Blut war nicht zu stoppen. Es lief und lief und durchtränkte jede frische Handtuchlage mit seinem dunklen Rot. Es war eine nicht versiegende Quelle, die bald das Handtuch, dann das Bett, dann den Raum durchtränken würde. Nichts konnte es stoppen. Es würde unaufhörlich aus ihr herausrinnen, bis zum letzten Tropfen.

Nora geriet in Panik. Mitten in der Nacht, neben ihrer schlafenden Schwester in ihrer einsamen Kammer. Niemand würde ihr helfen können. Das Krankenhaus war weit weg. Carla schlief still und leise, das ließ sie noch mehr verzweifeln. Was konnte sie tun? Das Handtuch war mit ihrem Blut durchtränkt, sie warf es zu Boden, hielt ihren Arm aus dem Bett, das Blut rann hinab, auf den Zement. Sie griff nach Kleidern, die sie finden konnten, einem alten T-Shirt, dann fiel ihr ein, was sie in ihrem Erste-Hilfe-Kurs gelernt hatte. Einen Druckverband anzulegen. Ihren Arm abzubinden.

Sie stand auf, fand einen Strick und band ihren Arm ab. Mit ihren Zähnen zog sie die Schnur so fest zu, wie sie konnte. Und wenn ihr Arm abstarb, solange nur das Blut gestoppt wurde. Ihre Beine waren weich und wackelig, sie musste sich auf den Boden setzen. Sie nahm Carlas Handtuch und presste es auf die Wunde, so fest sie konnte. Der Schmerz verursachte ihr Übelkeit. Vielleicht war es auch der Blutverlust oder der Anblick von so viel Blut.

Sterben wollte sie nicht, dachte Nora. So viel war sicher. Sie hatte das manches Mal gedacht, dass ihr nicht viel an ihrem Leben lag, aber das war falsch. Sie liebte ihr Leben. Es war wertvoll, und sie hatte noch viel vor damit. Auch wenn es gerade nicht so aussah.

»Lieber Gott«, begann sie zu beten in ihrer Verzweiflung. »Wenn du mich leben lässt, verspreche ich dir …« und hier musste sie fest überlegen. Ja, was konnte sie versprechen? Was hatte sie zu geben? Dass sie sich nie wieder verletzte? Das war zu wenig. Dass sie das Beste aus ihrem Leben machen würde? Das war zu vage. Wenn ihr nicht schnell genug was einfiel, würde sie verbluten. Doch das Blut hatte die neue Lage Handtuch noch nicht durchfärbt. Nora drückte zur Vorsicht noch fester. Es wirkte. Der Druckverband oder das Beten. Vielleicht musste sie Gott gar nichts versprechen? Er half ihr auch so.

So saß sie eine ganze Weile auf dem harten, kalten Boden und wagte sich nicht zu bewegen. Als sie sah, dass das Handtuch sich auch weiterhin nicht verfärbte, stand sie vorsichtig auf und versuchte den Druck nicht von ihrem Arm zu nehmen. Ihr Hintern schmerzte, ihre Beine waren eingeschlafen, aber die Blutung hatte gestoppt.

Sie wagte weiterhin nicht, den Druck vom Handtuch zu lösen. Sie humpelte ins Bett zurück, wischte mit den Füssen die Blutspuren vom Boden und schob die blutigen Kleider unter das Bett, damit Carla sie nicht sehen würde.

Sie legte sich vorsichtig nieder, zitternd und schwach, streckte den verwundeten Arm neben sich aus. Sie wagte nicht, die Schlinge um ihren Arm zu lockern oder den Druck von ihrem Verband zu lösen.

So lag sie ganz still, traute sich kaum zu atmen und dann

begann sie zu weinen. Ob aus Schreck, Schmerz, Verzweiflung, Schwäche, Schock oder Erleichterung. Sie wusste es nicht. So unaufhaltsam, wie eben noch das Blut geflossen war, flossen jetzt die Tränen. Dafür gab es keinen Druckverband. Sie hielt die Schluchzer zurück, die hinauswollten und ihren Körper schüttelten. So hatte sie nicht mehr geweint, seit sie ein kleines Kind war. Nur Kinder konnten mit so einer Verzweiflung weinen, dass es ihr ganzes Wesen erschütterte. Es war ein gewaltiger Ausbruch, wie ein Sommergewitter. Ein tropischer Regen, der gewaltig und plötzlich hereinbrach und in Minuten Straßen in reißende Flüsse verwandelte.

Nora wunderte sich, so viel Flüssigkeit in ihrem Körper zu haben, und als die Tränen langsam versiegten, stellte sich ein unbändiger Durst ein. Neben ihrem Bett stand eine Flasche Wasser, die sie in einem einzigen Zug leerte.

Sie machte das Licht aus und schloss die Augen. Müde, leer und erschöpft. Kein Gedanke, kein Gefühl, kein Schmerz, keine Verzweiflung, nichts war mehr in ihr. Sie war leicht wie ein Ballon, der langsam nach oben schwebte und an der Decke klebte.

»Huuhuu«, sagte die Eule und flog davon mit ihren gewaltigen Schwingen, deren schwere Schläge Nora hören konnte.

»Komm wieder, Eule, und pass auf uns auf«, murmelte sie und dann schlief sie auch schon.

Hätte unsere Mutter sie in diesem Moment gesehen, wie sie so dalag, blass, blut- und tränenleer, mit einem Handtuch um den klaffenden Schnitt gewickelt, es hätte ihr das Herz zerrissen.

19

Noch in der Nacht begann es zu regnen. Es regnete drei Tage durchgehend und dann setzte der Sommer ein. Jäh und unerbittlich heiß. Das Gras auf den Wiesen wurde braun, und die Hitze war schon am frühen Morgen unerträglich.

Die Mädchen lagen nach der Schule in ihrer abgedunkelten Kammer, wenn sie nicht schwimmen waren, und warteten darauf, dass es Abend wurde.

Carla stand nun schon um fünf Uhr morgens auf, um zu laufen. Sie lief ihre Runden um den Wald, am Ufer entlang hatte sie einen Pfad durch das braune Gras getreten, der sich wie ein Band um die Lagune legte. Sie maß die Strecke aus, es waren etwa zweieinhalb Kilometer, die sie in weniger als 30 Minuten lief. Anschließend schwamm sie zwanzig Minuten in der Lagune, deren Wasser auch morgens nur am Grund erfrischend kühl war.

Der Wasserpegel sank beständig. Die Pfeiler des Stegs standen auf schlammigem Grund. Es stank, aber Carla ließ sich dadurch nicht abhalten. Sie achtete darauf, ihren Mund zuzuhalten, schwamm ihre Runden und duschte danach gründlich.

Dann erst standen Nora und die Kleinen auf. Mittags

nach der Schule war es zu heiß zum Laufen. Das Training fiel aus, aber sie führte es zu Hause fort. Ihre Trainerin hatte ihr eine Stoppuhr geliehen, mit der sie die Zeit nehmen konnte, die sie penibel in ein kleines Notizbuch schrieb, das sie immer bei sich trug. Abends um acht, wenn die Sonne sich träge hinter den Berg verzog und glutrote Schlieren auf dem Himmel hinterließ, rannte Carla wieder ihre Runden und ruderte oft noch mit Nora auf die Lagune hinaus, an das andere Ufer, von wo aus sie im dämmrigen Abendlicht das Meer sehen konnte, wo die Wellen sich mit weißen Schaumkronen brachen. Ein kühler Wind wehte herüber, und es war, als hätte man endlich eine schwere Wolldecke von der Erde gezogen, unter der es stickig heiß und kaum zu atmen war. Meine Schwestern lagen nach dem Schwimmen träge im Wasser, in den kleinen Pools, die die Strömung in den Sand gegraben hatte, und kühlten sich ab.

Wenn sich die roten Wolkenfetzen am Himmel in ein dunkles Violett verfärbten, stiegen sie ins Boot und ruderten zurück. Sie ließen sich im Abendwind trocknen und erreichten den Steg, bevor es ganz dunkel wurde. Im Licht der ersten Sterne liefen sie zum Haus hinauf, wo die Kleinen bereits im Bett lagen. Sie duschten unter freiem Himmel und aßen, auf ihrem Bett sitzend, was immer sie vorrätig hatten. Brot, Gurken, Chips, Äpfel, Karotten, Thunfisch und hart gekochte Eier.

Sie hatten ihren eigenen Essensvorrat, um den sie sich selbst kümmerten. Sie halfen Mia auf dem Markt und wurden von ihr bezahlt und davon kauften sie gemeinsam ein. Nur zu Mittag aßen sie alle zusammen, was Mutter gekocht hatte.

Niemand schien sie zu vermissen, selbst die Kleinen kamen selten vorbei und lugten auf den Zehenspitzen stehend durch das Fenster. Meine großen Schwestern führten ihr eigenes Leben, in das ihnen niemand hineinredete. Carla kümmerte sich um ihr Laufen, und Nora begann wieder zu lernen. Sie saß nicht mehr mit den anderen nach der Schule unter dem Baum oder ging Eis essen in der Stadt.

Sie holte Carla von der Schule ab, da diese kein Training mehr hatte, dann machten sie ihre Einkäufe und trampten zurück zum Yacht Club. Die Kleinen gingen nach wie vor zu einer Freundin. Mia erzählten sie, sie hätten eine Mitfahrgelegenheit gefunden, und Mutter machte sich keine Gedanken, wie sie zurückkamen.

Es war kein Problem, eine Mitfahrgelegenheit zu bekommen. Sie standen nie länger als zehn Minuten und machten ein Spiel daraus, eine immer neue abenteuerliche Geschichte über ihre Familie zu erzählen, wenn man sie fragte, warum sie am Straßenrand standen und nicht wie alle anderen Mädchen von ihrer Mutter abgeholt wurden.

Die abenteuerlichste aber war die Wahrheit, die sie nicht einmal vollständig kannten und die sie nie erzählten.

Nora fiel auf, dass ihre Mutter immer dicker und träger wurde und das Haus kaum mehr verließ. Sie vermied mit ihr zu reden und so kam Frieden ins Haus. Frieden, weil jeder still vor sich hin lebte.

Mia hatte jemanden kennengelernt auf der Hochzeit und verbrachte immer mehr Zeit außer Haus. Der Mann lebte auf einer Farm mit Pferden und vielen Kindern, nicht seine eigenen, er war kinderlos und unverheiratet, und weil Lena Pferde liebte, nahm Mia sie oft mit, und wenn es möglich war auch meine kleinen Schwestern, denn die drei waren unzertrennlich.

An Wochenenden war unsere Mutter deshalb oft ganz allein im Haus. Nora und Carla waren in ihrer Kammer, am Wasser oder auf der Laufbahn.

Nora fand ein neues Versteck im Wald, wo es kühl und schattig war. Auf einem umgestürzten Baum gab es so etwas wie einen Hochsitz, von dem aus sie einen weiten Blick über das Land und die Lagune hatte, bis aufs Meer hinaus. Dort schrieb sie ihr Tagebuch.

Sie schnitt sich nicht mehr. Dass sie an jenem Abend nicht verblutet war, sah sie als göttliche Vorsehung, und deshalb war das Mindeste, was sie tun konnte, sich nicht mehr zu verletzen. Ihre Narbe würde sie für immer daran erinnern. Dieser Vorfall hatte einen Glauben in ihr geweckt, den sie in ihrem Herzen bewahrte und mit niemandem teilte. Nicht nur weil sie den Vorfall und das Schneiden geheim halten wollte, sondern weil es ihr selbst so unglaublich und ungeheuerlich erschien, dass es möglicherweise einen Gott gab, der sie liebte und sich kümmerte und wollte, dass sie am Leben war.

Diese stille Gewissheit behielt sie für sich wie einen Wunsch, der nicht in Erfüllung ging, wenn man ihn aussprach. Das war ganz allein für sie bestimmt und ein Trost in einsamen Stunden, wenn sie sich auf ihren Baum verzog, und anstatt sich zu schneiden, begann sie zu beten.

So wie meine Mutter mit mir sprach, in ihrer Einsamkeit und Verzweiflung alles mit mir teilte, sprach Nora mit Gott. Und es war ihr ein Trost, dass er sich geduldig alles anhörte, ohne sie zu maßregeln, ihr Vorhaltungen zu machen, sie beschwichtigte oder korrigierte. Da war jemand, der still war und zuhörte und sie in ihrer Not beschützte. Ein Vater und eine Mutter zugleich. Jemand, auf den sie sich verlassen konnte.

Ihr Tagebuch versteckte sie im Baum, in eine Plastiktüte gewickelt, um es gegen Regen zu schützen. Aber es regnete nicht. Es blieb heiß und trocken, Tag um Tag.

Der Wasserpegel sank beständig. Die vorderen Pfähle des Steges standen nun im Trockenen, auf krustigem, grauem, ausgetrocknetem Schlick, der so hart und scharf war, dass meine Schwestern sich die Füße zerschnitten, wenn sie darauf liefen, um Krebse zu fangen, die sich unter dem modrigen Holz versteckten.

20

An dem Tag, an dem meine Mutter sich entschlossen hatte, die Wahrheit zu sagen, kam ihr Mia zuvor.

Seit jenem Abend vor der Hochzeit sprachen sie kaum mehr miteinander. Wenn Mia zu Hause war, kochte sie meist Marmelade in der Küche, und Mutter zog sich in ihr Zimmer zurück. Sie gingen sich aus dem Weg und wechselten nicht mehr Worte als nötig. Eine Spannung, die nur erträglich war, weil Mia so oft unterwegs war.

Nach Wochen in der unerträglichen Hitze hielt meine Mutter es nicht mehr aus. Es waren noch zwei Monate, bis ich zur Welt kommen sollte, und Mutter war inzwischen so rund, dass sie mich nicht länger verbergen konnte.

Jeden Tag kämpfte sie mit sich und suchte nach einem geeigneten Moment mich anzukündigen, aber der bot sich nie.

Morgens schlief sie, wenn die Kinder aus dem Haus gingen. Beim Mittagessen, wenn sie alle um den Tisch herumsaßen, verließ sie der Mut, und abends, wenn sie wieder Mut gefasst hatte, hatten meine Schwestern sich in ihre Kammer zurückgezogen.

Insgeheim hoffte sie auf eine Gelegenheit, eine Frage,

ein Interesse, einen Verdacht, eine Situation, die die ungeheuerliche Nachricht vorbereiten würde, aber die kam nicht.

Aus dem Nichts damit hervorzukommen wäre wie eine Bombe auf den Tisch zu werfen, deren Sprengkraft sie alle erschlagen würde.

Mit jedem Tag, das war meiner Mutter bewusst, wurde es unmöglicher und ungeheuerlicher. Täglich drehten sich ihre Gedanken nur darum, sie lauerte auf den richtigen Moment, in dem sie das Unsägliche sagen konnte. Tag um Tag, Woche um Woche. Die Hitze setzte ihr zu. Sie hatte Schwierigkeiten zu atmen und schon die kleinste Anstrengung erschöpfte sie.

Nachts im Bett, wenn die Mädchen schliefen und Mia in der Küche herumräumte, machte sie sich Vorwürfe und sehnte sich danach, sich zu Mia in die Küche zu setzen und ihr Herz auszuschütten. Aber ihr fehlte der Mut und dafür geißelte sie sich noch mehr. Sie ließ kein gutes Haar an sich und wenn sie fertig war mit ihren Beschuldigungen und Beschimpfungen, fühlte sie sich so schwach, klein und schmutzig, dass es noch unmöglicher war, ihr Versteck zu verlassen.

Auch Nora ging ihr aus dem Weg, vermied es, ihr in die Augen zu sehen, versuchte so wenig Aufmerksamkeit wie möglich zu erregen, tat, was sie von ihr verlangte, nur um sich schnell wieder von ihr zu entfernen. Carla war unmöglich zu greifen. Wie ein Wiesel war sie immer auf den Beinen, immer in Bewegung.

Mutter hatte keine Verbündete, keine Vertraute in diesem Haus. Nur die Kleinen suchten gelegentlich ihre Nähe, wenn sie hungrig vom Spielen kamen. Sie wollten ins Bett gebracht werden und kuschelten sich an sie, wenn sie ihnen eine Geschichte vorlas. Dann vergrub sie ihre Nase in die schwitzigen kleinen Köpfe, die nach Gras, Sand und Sonne dufteten, und genoss die Nähe und den Frieden, und manchmal schlief sie neben ihnen auf der Matratze am Boden im Kinderzimmer, weil das Alleinsein nicht auszuhalten war.

Allein war sie trotzdem mit ihrem Geheimnis, und weil es nicht von selbst geschah, setzte sie sich ein Datum, denn das wurde ihr nun klar, die geeignete Gelegenheit würde es nicht geben.

Das Datum war der dritte Dezember, warum, dafür gab es keinen Grund. Irgendein Tag war so gut wie jeder andere, solange es kein Samstag war, an dem Mia arbeitete, oder ein Sonntag, den sie mit ihrem Freund verbrachte. Es war ein Montag, und der Plan war, es ihr am Abend zu sagen, wenn die Mädchen schliefen.

Nachdem Mutter an jenem dritten Dezember die Kleinen ins Bett gebracht hatte und in ihr Zimmer ging, wo sie darauf wartete, dass Mia sich in der Küche beschäftigte, klopfte es an die Tür, und Mia kam herein. Meine Mutter setzte sich erschrocken im Bett auf. Damit hatte sie nicht gerechnet.

Mia deutete auf einen Stuhl voller Kleider und sagte: »Darf ich?« Meine Mutter nickte stumm, Mia nahm die Kleider vom Stuhl, sah sich suchend um, konnte keinen Platz finden, um sie abzulegen, stand mit dem Arm voll Kleider in ihrem ehemaligen Wohnzimmer, als würde sie da nicht hingehören. »Leg sie da aufs Bett«, sagte meine Mutter und deutete auf das Fußende. Mia tat es und setzte sich.

Das könnte die Gelegenheit sein, dachte meine Mutter. Wahrscheinlich weiß sie schon lange Bescheid. Sie wird mich fragen, zur Rede stellen, ich muss ihr zuvorkommen.

Sie räusperte sich, um ihre Stimme freizubekommen, denn sie wollte das Geständnis nicht mit einem Krächzen beginnen. Aber bevor sie etwas sagen konnte, sagte Mia: »So kann es nicht mehr weitergehen. Ich hab mir das gründlich überlegt und ich glaube, es ist das Beste für uns alle, wenn ihr auszieht.« Pause.

Mia vermied es, sie anzusehen. Meine Mutter richtete ihren Blick auf die Decke. Damit hatte sie nicht gerechnet. Mit allem anderen, aber nicht mit einem Rausschmiss. Sie merkte, wie ihr Gesicht rot anlief. Sie dachte, es sei Wut, aber dann merkte sie, es war Scham. Meine Mutter schämte sich, als läge sie nackt im Bett und Mia hätte ihr die Decke weggezogen.

Mia kramte in ihrer Tasche und holte eine Visitenkarte heraus. »Hier«, sie gab sie meiner Mutter und sah ihr in die Augen, die wich dem Blick aus.

»Da könnt ihr erst mal wohnen, bis ihr was Besseres gefunden habt. Es ist nicht groß, aber erschwinglich, und ihr habt auf jeden Fall mehr Platz als hier. Der Besitzer ist ein Kunde von mir. Ich habe ihm von dir erzählt, und er sagt, ihr könnt sofort einziehen. Ich dachte, jetzt wo Brian wieder zahlt, ist das doch kein Problem für dich. Ich kann auch einen Wagen für den Umzug organisieren. Morgen schon. Warum noch länger warten.«

Meine Mutter nahm die Visitenkarte und sagte: »Gut, dann machen wir das so.« Die Worte kamen mit einem Krächzen heraus, wie sie es befürchtet hatte. Sie räusperte sich und sagte noch einmal, mit klarer Stimme, so gefasst und ruhig wie möglich: »Gut, dann machen wir es so. Viel haben wir ohnehin nicht.«

»Gut«, sagte Mia. »Ich hoffe, du verstehst das.«

»Natürlich, wir saßen dir schon viel zu lange …« Mia ließ sie nicht ausreden, sondern winkte ab. »Morgen um zehn kommt der Truck, wenn dir das recht ist. Es wäre gut, wenn ihr bis dahin gepackt habt.« Ohne eine Antwort abzuwarten, ging sie aus dem Zimmer.

Meine Mutter lag starr vor Schreck im Bett. Mit allem hatte sie gerechnet, nur nicht damit.

Wie muss sie mich hassen, dachte sie. Ich hatte keine Ahnung.

Der Schreck wich, und Erleichterung machte sich breit. Ein Problem weniger, Mia müsste sie nun nicht mehr beibringen, dass sie schwanger war. Blieben nur noch sie und die Mädchen.

Meine Mutter stand auf und begann zu packen. Im Grunde war ihr das am Liebsten, wenn Entscheidungen für sie getroffen wurden. Selbst wenn sie unbequem waren. Wenigstens konnte sie sich am Ende keine Schuld zusprechen und das war eine Last weniger.

Es gab nicht viel in dem Zimmer, das sie zusammenpacken konnte. Lediglich ihre Kleider und Kram, der in die Kiste passte, die in der Ecke stand.

Sie war erstaunt, mit wie wenig sie ausgekommen war. Sie hatte nichts vermisst. Außer ihren Schuhen, die immer noch auf der Veranda des alten Mannes standen.

Sie hatte es nicht gewagt, noch einmal dorthin zu fahren, obwohl er so freundlich war und sie eingeladen hatte, sogar mit den Mädchen, und er meinte es ernst, das wusste sie. Vielleicht später einmal, wenn alles vorbei war, wenn sie ihr Leben in Ordnung gebracht hatte.

Sie fürchtete sich vor seinen Fragen, weil sie zugeben müsste, keinen Schritt vorangekommen zu sein. Die anklagende Stimme meldete sich wieder und sie hielt sich die Ohren zu, als würde das was helfen. Wie eine Verrückte benehme ich mich jetzt schon, dachte sie und erhob sich mühsam vom Boden, wo sie auf allen vieren herumkroch, um ihre Sachen zusammenzusammeln, denn das war einfacher, als sich jedes Mal zu bücken.

Sie setzte sich auf das Bett und sah aus dem Fenster. Es war dunkel und alles, was sie sah, war eine verzerrte Reflexion ihrer selbst. Das Glas war an einer Stelle gebrochen und mit schwarzem Klebestreifen geflickt. Der Riss ging quer durch ihr Gesicht und der Klebestreifen verdeckte ihre Augen wie ein Balken auf Fotografien in Zeitungen, um die Identität des Porträtierten, Opfer oder Täter, zu bewahren. Sie war beides, dachte sie böse, stand auf und zog die Vorhänge zu.

Sie musste meinen Schwestern Bescheid sagen, Nora und Carla, dass sie ihr Zimmer räumten. Das würde ihnen nicht gefallen, sie hatten viel Arbeit in die Kammer gesteckt, und Nora hatte sogar ihr Erspartes für Wandfarbe ausgegeben. Sie wurde wütend auf Mia, die den Mädchen ihr Reich entriss. Das Schlimmste war, das wusste sie, sie würden nicht Mia, sondern ihr die Schuld geben, dass sie ihr Zimmer aufgeben mussten.

Sie konnte ihnen nicht einmal sagen, wohin es ging und was sie erwartete. Sie wusste es selbst nicht.

Sie zögerte, dann gab sie sich einen Ruck und ging hinaus. In der Küche war es still geworden. Mia war in ihrem Zimmer. Die Tür war geschlossen, Licht fiel von innen durch den Türspalt auf den Boden. Die Küche war sauber, der Abwasch gemacht, und Mia hatte bereits ihr Geschirr und ihre Vorräte aus den Schränken geräumt und zusammengestellt.

Wie umsichtig von ihr, dachte Mutter bitter und war doch beeindruckt, mit welcher Präzision Mia ihre Sachen getrennt hatte. Sogar die bunten Plastiklöffel waren dabei, die die Mädchen aufbewahrt hatten nach dem Besuch ihres Vater, der sie in die teure Eisdiele ausgeführt hatte, und angebrochene Lebensmittel, die sie eingekauft hatte, eine halbe Packung Mehl, eine fast vollständig ausgekratzte Margarine (Mia aß nur Butter) und drei vertrocknete Oliven.

Meine Mutter hätte nicht unterscheiden können, was von ihr und was von Mia war, aber Mia schien jeden einzelnen Gegenstand, jede einzelne Ware, die sie eingekauft hatte, von Anfang an mit ihrem Namen versehen zu haben, damit es keine Verwechslung, keine Vermischung ihrer beider Leben gab, um diese jeder Zeit wieder zu trennen. Wie jetzt. Sogar drei Kisten standen auf dem Tisch, in die sie alles einpacken konnte.

Meiner Mutter kam der Impuls, alles vom Tisch zu wischen und auf den Boden zu treten, dem sie selbstverständlich nicht nachgab. Stattdessen packte sie die Geschirrstapel und Essenspäckchen ordentlich in die bereitgestellten Kisten. Es passte alles hinein.

Fertig, dachte sie befriedigt, als wäre es ihr Leben, das so fein und übersichtlich aufgeräumt und weggepackt wurde. Sie ging ins Bad, putzte sich die Zähne und räumte dort ihre Sachen ein. Die Zahnbürsten der Mädchen waren trocken, die Handtücher lagen nass und verknautscht auf dem Boden. Wo sollte sie nur nasse Handtücher einpacken? Es gab keinen Platz, um sie zum Trocknen auszubreiten. Die Mädchen sollte sie eigentlich immer draußen auf die Leine hängen, aber das taten sie nie.

Sie ließ die Handtücher wieder auf den Boden fallen und ging zu Nora und Carla hinüber. Es war noch Licht in ihrem Zimmer. Sie klopfte an die Tür, wollte öffnen, aber sie war verriegelt.

Nichts war zu hören, bis sich der Riegel löste und Nora im Nachthemd in der Tür stand. Sie sah sie überrascht und feindselig an. Hinter ihr saß Carla im Schneidersitz auf dem Bett, um sie herum waren Bücher und Hefte ausgebreitet. Nora schwieg abwartend. Sie machte keine Geste zur Seite zu treten oder sie hineinzubitten. Ihr Gesicht war trotzig, wie immer, als erwarte sie eine ungerechte Strafpredigt.

»Kann ich reinkommen, ich muss mit euch reden?«, sagte Mutter sanft und freundlich, in einer ihr selbst fremden Stimme.

Nora ließ die Tür los, drehte sich um und ging zurück zum Bett. Mutter folgte ihr. Sie nahm Carla in die Arme und küsste sie auf den Kopf.

»Machst du so spät noch Hausaufgaben?« Carla war erstaunt über die plötzliche Herzlichkeit und Anteilnahme, schloss ihr Buch und sah sie ängstlich an. Etwas war anders, das merkte auch Nora.

Waren es gute oder schlechte Nachrichten? Es hatte offensichtlich nichts mit ihnen zu tun. Mutter war nicht wütend, sie war milde, das war ungewohnt und konnte nichts Gutes bedeuten. Oder doch? Die Zeichen waren schwer zu lesen. Dick und müde sah sie aus. Geradezu fett war sie geworden. Sie atmete schwer.

Nora entspannte sich und kroch unter die Decke. Carla sammelte ihre Hefte ein und ließ sie wie üblich mit einem Knall auf den Boden fallen.

Mutter ließ sich neben Carla aufs Bett plumpsen. Meine Schwestern sahen sie an und warteten. Jetzt, dachte sie, wäre der Moment gekommen. Jetzt könnte sie es sagen. Alles auf einmal. Mädchen, wir müssen ausziehen, und zwar morgen schon, und übrigens, ich bin schwanger … Das war der Moment, auf den sie gewartet hatte. Sie wusste, es gab keinen passenden. Nur der Mut, der fehlte, der würde immer fehlen. Ihr Gesicht verzog sich gequält.

»Ist was mit dir, Mama?«, fragte Carla besorgt. »Bist du krank?« Sie kroch zu unserer Mutter und legte ihr den Arm um die Schulter. Nora schwieg weiter abweisend und abwartend.

Meine Mutter lehnte ihren Kopf gegen Carlas Arm. Wie gut das tat. Geliebt zu werden.

»Nein, ich bin nicht krank.« Sie holte tief Luft. Ich streckte meine Beine aus, sie legte ihre Hand auf meine kleine Ferse, die ihre Bauchdecke ausdellte. Ohne zu überlegen, sprach sie weiter.

»Ich bin schwanger.« Sie schloss die Augen und wünschte, sie könnte verschwinden.

Um das Schweigen zu brechen, sprach sie weiter: »Wir müssen ausziehen, und zwar schon morgen. Mia hat alles organisiert. Um zehn kommt ein Umzugswagen. Sie hat es mir auch gerade erst gesagt. Es wäre gut, wenn ihr eure Sachen zusammenpacken könnt, bevor ihr morgen in die Schule geht. Wir kommen nicht mehr hierher zurück.«

Die Mädchen schwiegen und starrten sie an, aber das sah meine Mutter nicht, die ihren Blick im Raum schweifen ließ. Wie ordentlich sie alles hielten. Ihr Zimmer war sonst immer ein Chaos gewesen. Wie oft hatte sie besonders Nora vergeblich ermahnt, Ordnung zu halten und wenigstens ihre Kleider vom Boden zu räumen? Hier lag alles zusammengefaltet in Kisten oder hing auf Bügeln an einer Schnur, die sie über den Raum gespannt hatten. Gemütlich war es und wohnlich, sauber und sie war nicht einmal in diesem Raum gewesen und hatte sich angesehen, was sie gemacht hatten.

»Toll sieht es hier aus«, sagte sie. »Wirklich. So sauber und ordentlich und … gemütlich. Es tut mir leid, dass wir hier rausmüssen. Ehrlich. Es war nicht meine Entscheidung.«

»Hat Mia dich rausgeschmissen, weil du schwanger bist?«, fragte Nora kalt. Carla rückte näher an sie heran und legte ihre Hand auf Mutters Bauch, dort wo meine Ferse ihn ausdellte.

»Du bist ja richtig dick«, rief sie erstaunt. »Wir bekommen eine Schwester – oder einen Bruder?« Sie stockte. »Weiß Papa das?«

»Es tut mir leid. Ich hätte es euch viel früher sagen sollen. Ich habe mich nicht getraut. Ich habe mich geschämt. Es hätte nicht sein sollen. Papa weiß es nicht, und Mia weiß es auch nicht. Niemand weiß es. Ihr seid die Ersten, die es wissen sollten.«

Von dem alten Mann schwieg sie, der zählte nicht. »Ihr sollt euch auch keine Hoffnung machen. Wir werden das Baby nicht behalten. Es ist kein Platz und kein Geld für ein weiteres Kind, ich werde es zur Adoption geben. Zu

Leuten, die sich nach einem Kind sehnen, dem sie ein gutes zu Hause geben können und alles, was es braucht.«

»Wow«, sagte Nora. Ein wenig milder. »Wow.«

»Ich weiß.« Meine Mutter stand auf. »Es tut mit leid, aber ich brauche euch jetzt. Wenn ihr wollt, könnt ihr morgen zu Hause bleiben und beim Umzug helfen. Ich habe keine Ahnung, wo es hingeht. Mia hat irgendwas für uns gefunden. Wir werden sehen. Es bleibt uns gar nichts anderes übrig.«

Sie öffnete die Tür. »Ich muss jetzt schlafen gehen, also, wenn ihr wollt, dann bleibt ihr morgen hier, sonst packen wir euer Zeug einfach mit ein. Ich werde euch dann vor der Schule abholen. Wie ihr wollt. Gute Nacht.«

»Gute Nacht«, murmelten die Mädchen. Carla stand auf, ging zu ihr hin und umarmte unsere Mutter.

»Mach dir keine Sorgen«, sagte sie, »wir helfen dir!« Mutter drückte sie lang und fest. Sie sah zu Nora, die bis zur Nasenspitze unter der Decke lag und woanders hinsah.

»Gute Nacht«, sie verschwand in der Dunkelheit. Carla riegelte die Tür hinter ihr zu, machte das Licht aus und kam zu Nora ins Bett.

»Mama ist schwanger«, flüsterte Carla.

»Mach dir keine Hoffnungen, sagte Nora. »Du hast doch gehört, sie will es nicht behalten.« Meine unerbittliche große Schwester.

»Vielleicht ja doch. Wir könnten uns alle um das Baby kümmern. Wenn es erst mal da ist …«

»Vergiss es. Sie kann ja nicht einmal für uns sorgen. Was soll sie mit einem Baby«, sagte Nora kalt und drehte sich zur Seite.

»Gute Nacht, schlaf gut.«

»Gute Nacht.«

21

Weder Nora noch Mutter schliefen in dieser Nacht. Mutter dachte an meine Schwestern. Jede einzelne, die sie in den letzten Monaten vernachlässigt hatte. Sie fühlte Carlas dünnen Arm auf ihrer Schulter und ihr kamen die Tränen vor Reue und Rührung.

Nora war eine Fremde geworden. Sie war trotzdem ihre Tochter. Es war nicht die übliche Schuld, die ihr ins Fleisch biss, sondern ehrliche Reue, die am Herzen riss.

Sie war nicht erleichtert, dass sie ihr Geheimnis losgeworden war, wie sie es erwartet hatte. Ihr wurde bewusst, dass die Arbeit jetzt erst begann. Ein Anfang war gemacht, immerhin, aber mehr nicht.

Wir fangen einfach von vorne an, tröstete sie sich. Ein neuer Ort, ein neuer Anfang. Veränderung würde Verbesserung bringen. Noch drei Monate, dann war auch die Schwangerschaft vorbei, und alles war wieder beim Alten.

Es würde schwer werden, das Baby wegzugeben. Vielleicht könnten sie es ja doch behalten … Sie verbot sich diesen Gedanken sofort. Die Entscheidung war bereits gefallen, jetzt bloß nicht schwach werden, so vermasselte man sich sein Leben, so viel hatte sie gelernt.

Es gab genug Menschen, die sehnten sich nach nichts mehr als einem Kind. So jemand sollte mich haben. Ein Segen sollte ich sein für die und sie für mich. Alles andere wäre unverantwortlich.

Doch selbst diese guten Vorsätze brachten ihr weder Ruhe noch den ersehnten Schlaf.

Carla schlief sofort ein. Nora lag wach und dachte nach.

Wie gewohnt stieg Hass gegen ihre Mutter auf. Wut und Hass. Wie konnte sie nur? Sie fand nicht einmal Worte dafür. Sie hätte sich gern in den Arm geschnitten, um etwas anderes zu spüren.

Sie sehnte sich nach dem Frieden, der nach dem Schnitt eintrat. Der sich wie ein dicke Schneedecke über den Schmerz legte und die Welt zu Ruhe und Stillstand brachte. Wenigstens für kurze Zeit.

Sie wollte weinen, aber es kamen keine Tränen. Sie konnte nicht einmal einen vernünftigen Gedanken fassen. Was sollte sie davon halten, dass ihre Mutter schwanger war mit einer Schwester oder einem Bruder, die oder den sie nie kennenlernen würde? Der oder die nie mit ihnen aufwachsen würde, sondern mit einer fremden Frau, die er oder sie für seine oder ihre Mutter hielt?

Sie hatte Mitleid mit mir. Sie entschied, dass es eine Schwester war, die in dem Bauch ihrer Mutter heranwuchs. Wie konnte es anders sein?

Ich würde weggegeben werden wie die Couch, der Fernseher, das Trampolin, für die kein Platz mehr in der Wohnung war. Zu jemandem, der mehr mit mir anfangen konnte.

Sie hielt sich an diesem Gedanken fest und hangelte sich

daran zum nächsten, um wieder Boden unter den Füßen zu bekommen.

Ich war nicht weniger ein Kind meiner Mutter als sie oder ihre Schwestern. Das hieß, Mutter könnte genauso gut sie oder eine ihrer Schwestern oder alle vier weggeben, wenn kein Platz für sie wäre. Nora sah darin keinen Unterschied.

Wäre es nicht sogar vernünftiger, die Großen, die mehr aßen und mehr Platz einnahmen, wegzugeben und das Kleine zu behalten, das neu und niedlich war und erst mal wenig brauchte?

Sie könnte anbieten, Platz für mich zu machen. Wenn sie und Carla nach England zu ihrem Vater gingen, könnte Mutter mich behalten. Dann wären sie nur noch drei und eins davon winzig. Das wäre die Lösung.

Mutter würde sie nicht gehen lassen. Weil sie ihren Vater hasste. Weil sie ihn bestrafen wollte und ihm deshalb seine Kinder wegnahm. Nora wusste, wie das lief zwischen Erwachsenen. Sie hatte genug Freundinnen mit geschiedenen Eltern. Die benutzten ihre Kinder, um sich gegenseitig zu verletzen und zu erpressen.

Ihr Vater würde das nicht tun, aber ihrer Mutter war alles zuzutrauen. Wenn sie und Carla einfach verschwinden würden, hätte Mutter keine Wahl, vielleicht würde sie das Baby dann sogar behalten?

Aber würde sie ihrer neuen Schwester eine Mutter wie ihre Mutter wünschen? Wäre ich nicht bei jeder anderen Frau, die sich sehnlichst ein Baby wünschte, besser aufgehoben?

Wäre es nicht die größte Strafe, unsere Mutter als Mutter zu haben? Und war diese Entscheidung nicht die erste und einzig wirklich richtige und mütterliche, die meine Mutter je gemacht hatte? Das musste sie ihr zugutehalten, ob sie wollte oder nicht.

Das gab ihr zwar auch keinen Frieden, aber mit diesen Gedanken schlief sie schließlich ein.

Mutter wälzte sich unruhig im Bett. Sie konnte keine bequeme Lage finden. Sie stand mehrmals auf, um Wasser zu trinken, weil sie einen unstillbaren Durst hatte, und doppelt so oft, um sich zu entleeren, weil ich auf ihre Blase drückte.

Als es endlich hell wurde, zog sie sich an und ging hinaus. Sie machte einen Spaziergang durch den kleinen Wald, an der Lagune entlang. Den letzten und einzigen, denn sie hatte sich bisher nie weiter als bis zu dem Toilettenhäuschen hinausbegeben. Warum, wusste sie auch nicht, denn es war schön und still. Am Wasser entdeckte sie ein kleines Ruderboot. Sie hätte sich gern hineingesetzt und wäre hinausgerudert, aber sie wagte es nicht, schließlich musste es jemandem gehören, und der wollte sicher nicht, dass sie es benutzte.

Sie sah auf die Uhr und drückte sich so lange im Wäldchen herum, bis sie sicher sein konnte, dass Mia mit den Mädchen auf dem Weg zur Schule war. Dann ging sie zurück.

22

Carlas Wecker klingelte wie immer um fünf. Sie stand auf, weckte Nora, und gemeinsam packten sie ihre Sachen zusammen. Schule konnten sie nicht verpassen. Wenn unsere Mutter sich ein wenig mehr um ihre Kindern kümmern würde, hätte sie gewusst, dass sie Prüfungen schrieben, die wichtigste Zeit am Ende des Schuljahrs, entscheidend für die Endnote.

Nora dachte, es würde ihr mehr ausmachen, ihr Reich zu verlassen, aber es ließ sie merkwürdig kalt. Im Gegenteil, da war sogar ein Anflug von freudiger Erregung auf das kommende Ungewisse, aber sie erlaubte sich keine Gefühle, positive schon gar nicht.

Sie duschten ein letztes Mal unter freiem Himmel. Die Dusche würden sie vermissen.

Carla rannte ihre Runden und schwamm ein letztes Mal im warmen, schlickigen Wasser. Das tat ihr nicht leid. Die Lagune war ein stinkender Tümpel und sie würde sich wahrscheinlich den Tod holen oder eine ekelhafte Krankheit, wenn sie nur einen Tag länger darin schwamm.

»Alles ist immer für irgendwas gut«, sagte Nora zu Carla, als sie in der Tür standen und Abschied von ihrem Zimmer nahmen. Carla strich über die grüne und die rosa Wand und sagte, »Bye Bye kleine Hütte«, dann liefen sie zu Mias Auto, die schon auf sie wartete.

Mia stieg aus und kam ihnen entgegen. Sie nahm erst Carla in den Arm und drückte sie lange, dann Nora. Mit Carla im Arm gingen sie zum Auto. Mia hatte Carla immer schon besonders gern gehabt. Nicht nur, weil sie ihre Patentante war. Es gab eine innige Verbindung zwischen den beiden. Sie war die Einzige, die Carlas Laufen unterstützt hatte.

Carla setzte sich zu den Kleinen auf die Rückbank, Nora stieg vorne ein. Mia startete den Motor und fuhr los.

»Es tut mir leid. Ich weiß, ihr habt so viel in das Zimmer gesteckt. Ich werde es so lassen. Ihr könnt immer kommen, wenn ihr wollt. Vielleicht mal übers Wochenende oder so.« Nora nickte und sah aus dem Fenster. Vielleicht können wir auch einfach bleiben, dachte sie. Mia hätte sicher nichts dagegen. Sie störten sie nicht da draußen. Mutter würde es nie erlauben, schon allein weil Mia sie rausgeschmissen hatte. Nora konnte das verstehen. Sie hätte Mutter schon lange rausgeschmissen.

»Danke, Mia.« Sie schwiegen die restliche Fahrt über, die Kleinen plapperten ohne Unterlass auf dem Rücksitz. Sie hatten keine Ahnung, was vor sich ging, es kümmerte sie nicht. Vor der Schule verabschiedeten sie sich wieder mit einer langen Umarmung.

»Eure Mutter wird euch abholen, wenn nicht, dann ruft mich an, okay?« Meine Schwestern nickten und rannten durch das Tor. Mia bot Nora an, sie zur Highschool zu fahren. Es war noch früh, Nora wollte lieber laufen.

Mia zögerte und sagte: »Du kannst mich jederzeit anrufen, wenn was ist. Ihr seid immer willkommen. Das weißt du.« Nora nickte. Mia gab ihr einen verrutschten Kuss auf die Wange und stieg ein. Hupend fuhr der graue Combi davon.

Das war's, dachte Nora. Wieder ein Kapitel abgeschlossen und kein neues begonnen, während sie den kleinen Berg hinauflief, der die beiden Schulen trennte.

Mutter saß in ihrem besten Kleid, dem einzigen, auf gepackten Kisten und wartete auf den versprochenen Laster. Er kam pünktlich um zehn. Drei Männer sprangen aus dem Wagen. Sie sagten nicht viel, deuteten nur auf die Kisten, Mutter nickte und zeigte ihnen, was sie mitnehmen sollten. Nach einer halben Stunde war alles eingepackt. Mutter setzte sich neben den Fahrer, die anderen beiden Männer nahmen auf der Ladefläche Platz.

Weil sie sich nicht die Blöße geben wollte zu zeigen, dass sie selbst nicht wusste, wohin ihr Umzug ging, musste sie sich wohl oder übel überraschen lassen.

Sie fuhren durch die Stadt, vorbei an der Schule. Die Kinder hatten gerade Pause und rannten zu Hunderten auf dem Rugbyfeld herum. Mutter versuchte ihre Töchter zu erkennen, aber das war unmöglich, alle sahen gleich aus in ihren Schuluniformen. Die Mädchen in grünen Röcken, die Jungs in grauen Hosen, alle trugen weiße Hemden. Manche Beine und Arme waren dunkler als andere und die Köpfe hatten unterschiedliche Farben. Es gab blonde und braune, nur ein roter war darunter, der gehörte einem Jungen.

Sie fuhren auf die Hauptstraße, am großen Einkaufszentrum vorbei, verließen die Ortschaft und bewegten sich stadtauswärts. Das Meer glitzerte in der Ferne, die Berge lagen in Wolken gehüllt, ein halber Regenbogen stand unentschlossen am grauen Himmel, rechts und links der Straße reihten sich die gleichförmigen Vorstadthäuser.

Mutter rutschte unruhig auf dem Sitz hin und her. Die Frage brannte ihr auf der Zunge. Sie würde es ohnehin nicht ändern können, sie hoffte nur, sie würden nicht viel weiter fahren. Mit jedem Kilometer überschlug sie, wie lange sie brauchen würden, um morgens in die Schule zu kommen, und was das an Benzin kosten würde.

Nach einer halben Stunde bog der Fahrer nach links ab und hielt vor dem Eingang eines dieser trostlosen Sicherheitsdörfer.

Sie hatten die ganze Fahrt über kein Wort gesprochen, jetzt wandte sich der Fahrer ihr zu und fragte nach der Hausnummer.

Sie musste zugeben, dass sie die nicht wusste. Ein uniformierter Wärter kam mit einem Blatt Papier aus dem Häuschen und schrieb das Kennzeichen auf. Er sprach mit dem Fahrer in einer Sprache, die sie nicht verstand. Er ging zurück ins Häuschen, öffnete nach einer Weile das Fenster, reichte einen Schlüssel heraus und gab dem Fahrer Anweisungen.

Die rot-weiß gestreifte Schranke öffneten sich und sie fuhren im Schritttempo durch kleine Straßen, vorbei an gelben zweistöckigen Häuschen. Eins sah aus wie das andere. Ein Stück Rasen als Vorgarten. Kurz geschnitten. Kein Baum, kein Strauch, hier und da ein Blumentopf. Mutter hatte Schwierigkeiten zu atmen.

Vor der Nummer 27 blieben sie stehen. Der Fahrer fragte: »Siebenundzwanzig?« Mutter zuckte nur die Schultern. Er stieg aus, ging auf das Haus zu, steckte den Schlüssel in das Schloss und öffnete die Tür. Mit einer triumphierenden Geste kam er zurück und übergab meiner Mutter den Schlüssel.

Die Männer sprangen von der Ladefläche und trugen die Kisten und wenigen Habseligkeiten ins Haus. Sie warteten auf Anweisungen.

Meine Mutter sagte, sie sollten sie einfach abstellen, wo Platz war.

Groß genug ist es wenigstens, dachte sie. Sie wagte nicht ins Haus zu gehen, solange die Männer sie beobachteten. Erst jetzt sah sie, dass das obere Stockwerk einen separaten Eingang hatte. Sie würden also nur das untere bewohnen.

Ein braunes Stück kurz geschnittenen Rasens lag hinter dem Haus. Eine rostige Wäschespinne, eine kleine überdachte Veranda mit weißen Plastikstühlen. Eine Schiebetür führte ins Wohnzimmer. Großgemusterte Vorhänge in Erdfarben verdeckten den Blick nach innen.

Sie setzte sich auf einen Plastikstuhl und sah auf den spitzen Metallzaun, der den Garten von einem brachliegenden Grundstück abgrenzte. Dahinter lag die Freiheit. Sie hätte heulen können, aber sie riss sich zusammen.

Der Fahrer kam, um sich zu verabschieden. Sie kramte in ihrer Tasche nach Geld, fand nur ein paar Münzen, schämte sich, als sie sie ihm reichte, und entschuldigte sich. Er sah sie kalt an und sagte, es sei alles bezahlt, dann ging er davon.

Der Wagen startete und meine Mutter fing an zu weinen. Nebenan wurde ein Rasenmäher angeworfen. Ein Mann mit kurzen Hosen und weißen Socken in festen

Schuhen schob den Rasenmäher über das ohnehin schon stoppelkurze Gras. Er sah sie nicht.

Mutter stand auf und ging ins Haus. Es war kühl und dunkel und roch vermodert und ungelüftet. Gleich neben dem Eingang trennte ein Tresen die Kochnische vom Wohnzimmer. Rechts neben der Küche ging ein schmaler Gang ab, der zu zwei kleinen Schlafzimmern und einem Bad führte.

Die Wohnung war klein, hässlich und trostlos. Im Wohnzimmer stand ein Sofa. Es gab einen Herd, sogar eine Waschmaschine. Was wollte sie mehr. Es war nicht für immer. Ein Übergang, sie würden das Beste daraus machen. Sie alle zusammen. Es war gut, endlich wieder einen eigenen Platz zu haben, redete sie sich ein.

Mias Haus war ein Paradies gegen diesen Hamsterkäfig. Es ist ein Anfang, aber sie musste sich so bald wie möglich auf die Suche nach einem neuen Haus machen.

Sie sah auf die Uhr. Noch eine Stunde, bis sie die Mädchen abholen musste. Was die wohl dazu sagen würden? Sie wollte die Zimmer so weit einrichten, dass meine Schwestern sich wohlfühlten. Die Matratzen hatten die Männer schon in den Räumen verteilt. Die Kisten stapelten sich im Wohnzimmer. Es gab Einbauschränke. Die waren hässlich, aber praktisch.

Meine Mutter öffnete die Kiste, die ihr am nächsten war. Es war die Küchenkiste. Sie begann die Schränke einzuräumen. Sie würde ein Mittagessen kochen, dann würden sie sich mehr zu Hause fühlen. Sie musste einkaufen. Irgendwo in der Nähe musste es einen Laden geben. Der Wachmann wusste sicher Bescheid.

Sie nahm ihren Schlüssel und ihre Handtasche, ging

hinaus, schlug die Tür hinter sich zu, sperrte ab, und als sie ins Auto steigen wollte, fiel ihr ein, dass der Käfer immer noch bei Mia stand.

Sie schlug sich mit der Hand gegen die Stirn. Wie konnte sie so hirnlos sein? Sie hatte ihr Auto vergessen. Sie hatte ihr Auto vergessen! Sie saß im Nichts, musste ihre Kinder in einer Stunde von der Schule abholen, die dreißig Fahrminuten bei flüssigem Verkehr entfernt lag. Sie hatte nicht einmal ein Telefon bei sich, weil Paula es bei ihrer Freundin vergessen hatte. In ihrem Handy waren alle Nummern gespeichert. Selbst wenn sie an ein Telefon käme, könnte sie niemanden anrufen, weil sie keine Nummer auswendig wusste.

Meine Mutter wusste, dass sie es dieses Mal nicht vermasseln durfte. Und wenn sie zu Fuß zur Schule lief. Mit eiserner Entschlossenheit marschierte sie zum Ausgang ihres neuen Wohnorts, nicht ohne sich mehrmals zu verlaufen. Jedes Haus sah gleich aus. Die Straßen waren leer und still. Außer dem Wächter und dem Mann mit dem Rasenmäher schien es hier keine Menschen zu geben.

Sie kam an einem Pool vorbei, der hinter dem gleichen hässlichen Stahlspitzenzaun lag, wie ihr Garten. Das würde die Mädchen freuen.

Endlich erreichte sie den Ausgang. Der Wachmann sah sie verwundert an, als sie zu Fuß hinausspazierte. Siebenundzwanzig, erinnerte sie sich. Siebenundzwanzig war ihre Hausnummer. Die durfte sie nicht vergessen, sonst fand sie nie mehr zurück.

Sie suchte in ihrer Tasche nach einem Kugelschreiber und malte sich die Zahl auf die Hand.

Glücklicherweise war es nicht weit bis zur Hauptstraße.

Auf der anderen Seite lag ein kleines Einkaufszentrum. Das war gut. Wenigstens zum Einkaufen würden sie kein Auto brauchen.

In ihrer Entschlossenheit hatte sie einen Mut, der sie selbst erstaunte. Sie stellte sich an den Straßenrand und hielt den Daumen raus. Die andere Hand hielt sie unter den Bauch, damit jeder sehen konnte, dass sie schwanger war.

23

Mutter stand nicht lange an der Straße. Schon das zweite Auto hielt, um sie mitzunehmen. Eine Frau ihres Alters fragte, wo sie hinwollte. Meine Mutter sagte »zur Schule«, die Frau öffnete die Tür und ließ sie einsteigen.

Noch bevor sie etwas fragen konnte, entschuldigte sich meine Mutter und erklärte ihre Situation. Ihr Wagen habe sie im Stich gelassen. Sie sei neu hierhergezogen, und nun warteten die Mädchen an der Schule auf sie.

Die Frau war ebenfalls auf dem Weg, ihre Kinder abzuholen. Dass der Wagen sie im Stich gelassen hatte, war nicht einmal eine Lüge. Das heißt, genau genommen hatte *sie* ihren Wagen im Stich gelassen und nicht umgekehrt. Aber Wahrheit war viel zu kompliziert und unglaublich, um sie einer Fremden zu erzählen.

Noch dazu einer Fremden, die wahrscheinlich glücklich verheiratet war, einen großen teuren Wagen fuhr und in ihrem Leben noch nicht mitten in der Nacht am Straßenrand liegen geblieben war oder ein Auto anhalten musste.

Sie deutete die anteilnehmenden Blicke als Mitleid und spürte den Drang, sich zu rechtfertigen, um einen weniger verrückten und verzweifelten Eindruck zu machen. Ihr fiel nur nicht ein, wie. Sie konnte sich ein normales Leben nicht einmal ausdenken, und deshalb lehnte sie sich in das Lederpolster zurück und schwieg.

Sie hätte alles dafür gegeben, mit dieser Frau ihr Leben zu tauschen, und wenn es eine Möglichkeit gegeben hätte, dieser Frau gewaltlos das Leben zu stehlen, sie hätte es ohne mit der Wimper zu zucken getan. Selbst wenn ihr Mann ein Scheusal war.

Sie streifte sie mit einem Seitenblick. Sie sah nicht unglücklich aus, kein bisschen. Auch nicht unterdrückt. Sie war auf eine gepflegte Weise schön, wie es nur Reiche sind. Ihr blondes Haar war gut geschnitten, hell gesträhnt, wie es nur teure Friseure können, sodass es auf eine ganz natürliche Weise »sonnengeküsst« aussah und glänzte, wie nur reiches Haar glänzt. Auch ihre Haut war glatt und klar, wie sie nur durch die regelmäßige Anwendung von teuren Cremes wurde.

Meine Mutter kannte diese Art von Frauen aus England. Damals hatte sie sich eingeredet, dass der Preis für ihren Reichtum eine unglückliche Ehe sei mit einem Mann, der sie ständig betrog. Das dachte sie nun nicht mehr. Das Leben hatte sie etwas anderes gelehrt: Der Teufel scheißt immer auf den größten Haufen. Denen, die alles hatten, wurde noch mehr gegeben. Wenn jemand so aussah als hätte er sein Leben im Griff und alles, was er immer wollte, dann war es auch so.

Es war einfach, glücklich zu sein, wenn man genug Geld hatte. Das Leben war ein Kinderspiel, und alles Weitere fiel einem in den Schoß. Diese Menschen mussten nur den Mund aufmachen, und Honig floss hinein. Dadurch, dass sie glücklich und entspannt waren, waren sie überall gern gesehen, sie wurden geliebt und ständig eingeladen, und jeder war ihr Freund. Das machte ihr Leben noch einfacher. Und dann fuhren sie, wie diese Frau, in ihrem Cherokee Jeep mit Ledersitzen und Automatikschaltung, damit sie ihre gepflegten frenchmanikürten Fingernägel nicht beim Schalten beschädigten, während der Wind durch das wie sonnengeküsste Haar wehte, und dachten, dass das eine Selbstverständlichkeit sei und jeder so lebte wie sie.

Wahrscheinlich glaubte sie auch, dachte meine Mutter, dass meine Mutter ein Spiegelleben zu ihrem führte, in einem ähnlich großen Haus mit Dienstpersonal lebte, einem Mann, der sie morgens zum Abschied auf die Stirn küsste, bevor er in seine Geldfabrik fuhr, dass sie einen ebensolchen Jeep Cherokee besaß, der sie unglücklicherweise im Stich ließ, weil die teure Elektronik so empfindlich war, was in Verbindung mit anderen unglücklichen Zufällen dazu führte, dass sie nun auf der Straße stand und ein Auto anhalten musste, um ihre Kinder rechtzeitig von der Schule abzuholen (was eine gute Mutter so alles tut für ihre Kinder).

Mit besorgtem Blick auf meine Mutter fragte sie, wie sie wieder zurückkommen würde, sie könne sie durchaus nach Hause fahren. Meine Mutter lehnte höflich ab und sagte, das sei sehr freundlich, aber ihr Mann sei bereits unterwegs, sie würden in der Stadt auf ihn warten.

24

Mutter stand fünfzehn Minuten zu früh vor der Highschool und wartete auf Nora. Sie war stolz auf sich, dass sie es geschaffte hatte. Nora würde Augen machen. Gemeinsam würden sie die anderen Mädchen abholen. Außerdem wollte sie mit Carlas Lehrerin reden und ihre Einwilligung für das Training geben. Mutter war voll guter Vorsätze und bester Laune.

Ihr Auto fiel ihr wieder ein, aber sie verdrängte den Gedanken, sie würden schon einen Weg zurück finden, und sie beobachtete die Schüler, die aus dem Tor strömten. Sie konzentrierte sich auf die mit roten Haaren, das war einfach, davon gab es nicht viele, nur ein, zwei. Einem Mädchen lief sie sogar hinterher, aber es war nicht Nora, und erst als nur noch einzelne Schüler aus dem Tor tröpfelten, fiel ihr auf, dass es auf der gegenüberliegenden Seite ebenfalls einen Ausgang gab.

Sie kannte weder Freunde von Nora, die sie fragen konnte, noch sonst jemanden. Es war das erste Mal, dass sie Nora von der Schule abholte. Sie hielt einen Schüler an, einen großen schlanken Jungen, mehr als einen Kopf größer als sie, aber etwa in Noras Alter. Sie fragte ihn, ob er Nora kannte. Er fragte, Nora wer? Und in welche Klasse sie ging.

Sie sagte, in die zehnte, und er fragte, in welche? Sie wusste es nicht. Der Junge zuckte mit den Achseln und ging weiter.

Mutter verlor den Mut. Es gab Tausende von Schülern in dieser Schule. Sie würde einfach warten, das war in jedem Fall klüger, als zum anderen Ausgang hinüberzulaufen. Vielleicht kam Nora ja gleich. Die meisten Kinder kamen aus diesem Tor.

Mutter stand in der brütenden Hitze und wurde durstig. Sie überquerte die Straße und stellte sich unter einen Baum in den Schatten. Vereinzelt standen noch Schüler vor dem Tor und schwatzten, aber es kam niemand mehr heraus, und das Schulgelände schien leer und verlassen.

Als auch die letzten Kinder sich auf den Weg machten, sah sie auf die Uhr. Es war zwanzig nach eins. Die Mädchen warteten vor der Grundschule auf sie. Vielleicht hatte Nora sie übersehen und war zu ihren Schwestern hinüber gelaufen, um dort gemeinsam auf sie zu warten. Warum hatte sie sich das nicht gleich gedacht?

Sie ging, so schnell sie konnte, zur Grundschule hinüber, ohne sich noch einmal umzusehen.

Auf halbem Weg zur Schule hupte ein Auto hinter Mutter. Es war Mias Combi. Mutter war erleichtert, Mia zu sehen, und stieg ein. Nach einer peinlichen Schweigeminute erklärte Mutter, dass sie in der Aufregung heute Morgen ihr Auto vergessen hatte, von der Schule kam, um Nora abzuholen, diese nicht finden konnte und nun hoffte, dass sie hier war. Mia sagte: »Es tut mir leid, euch in diese Umstände gebracht zu haben, aber …«

»Ist schon gut«, sagte Mutter. »Du hast uns lange genug ertragen, ich bin wirklich froh darüber, was du für uns getan hast.«

»Und wie ist das neue Haus?«, fragte Mia.

Es ist ein Hasenstall am Arsch der Welt und jeder Tag, den wir dort leben, ist ein Tag zu viel, wollte meine Mutter sagen.

»Gut, ein wenig klein, aber wir werden uns arrangieren. Das sind wir gewohnt.«

›Das sind wir gewohnt‹ klang bitterer, als sie beabsichtigt hatte. Sie wollte Mia nur zeigen, dass das Leben schon lange eine Zumutung für sie war, die sie tapfer hinnahm. Der Satz hallte in ihrem Ohr nach und klang erbärmlich. Glücklicherweise hatten sie jetzt die Schule erreicht. Mutter erkannte ihre Mädchen sofort. Sie saßen mit Mias Tochter Lena auf der Wiese gegenüber der Schule. Carla saß hinter ihnen auf einer Mauer und las in einem Buch.

»Können wir bei Mia bleiben? Nur heute noch? Bitte?«, quengelten meine kleinen Schwestern. Carla sprang von der Mauer.

»Wo ist unser Auto?«, sagte sie zur Begrüßung.

»Es steht noch bei Mia. Ich werde es jetzt holen. Hast du Nora gesehen?«

»Sie schläft heute bei Alice.«

»Ach ja, warum weiß ich davon nichts?«

»Weißt du doch jetzt.«

»Hast du gar kein Training? Ich wollte mit deiner Lehrerin sprechen.«

»Es ist zu heiß zum Laufen. Das Training beginnt erst wieder im neuen Schuljahr.« Sie sah ihre Mutter misstrauisch an. »Warum? Willst du nicht, dass ich laufe?«

»Nein, nein, im Gegenteil. Ich wollte mein Einverständnis geben.« Carla ging auf Mutter zu und drückte sie. Meine Schwestern kletterten in Mias Auto.

Mutter und Mia schwiegen sich an, während sie gemeinsam nach Hause fuhren, als wäre alles noch beim Alten. Sogar die Kleinen waren still. Der Wagen hatte das Ortsende erreicht. Schweigend fuhren sie auf die Landstraße. Als sie die Stelle erreicht hatten, an der Mutters Auto in jener Nacht liegen geblieben war, brach Mutter das Schweigen und ließ die Bombe fallen.

»Ich bin schwanger«, sagte sie zu Mia. »Im siebten Monat. Ich werde das Kind nicht behalten.« Mutter erschrak selbst über ihre Worte. Sie wusste nicht, warum sie das in diesem Moment sagte. Sie hatte nicht darüber nachgedacht. Sie war mit ihren Gedanken ganz woanders. Bei Nora und Carla, und dass jede von ihnen ein Leben führte, von dem die andere keine Ahnung hatte. Dass sie schon lange keine Familie mehr waren, sondern einzelne Kleinzellen, die unabhängig voneinander lebten und atmeten und durch die Welt wanderten. Und es war an ihr, das zu ändern und die Zellen mit einem gemeinsamen Herz zu verbinden, dem ihren. Und während sie das dachte, waren die Worte aus ihrem Mund gekommen, so selbstverständlich, als wären das genau die Worte, die in diesem Moment gesagt werden mussten.

Es war einfach. Sie hätte nie gedacht, dass es so einfach sein könnte. Eine weitere Last fiel von ihr. Jetzt wusste es auch Mia und sie konnte sie nicht mehr rausschmeißen, weil sie das ohnehin schon getan hatte, und sie hatte kein Recht mehr, über sie zu urteilen, weil sie nicht mehr Teil ihres Lebens waren. Im Moment zwar schon noch, aber sobald sie aus Mias Auto stiegen, waren sie wieder ganz auf sich allein gestellt und niemandem Rechenschaft schuldig.

Es tat gut, die Wahrheit zu sagen. Da verspürte Mutter

einen Stich, der sie an die Lüge vom Vormittag erinnerte, und sie sah sich und ihre Mädchen bei KFC sitzen, jede mit einem Hühnchenburger in der Hand, auf den Vater wartend, der jeden Augenblick hereinkommen würde und sie von ihrem Schicksal erlösen.

Mia trat auf die Bremse und hielt das Auto an. Sie drehte sich zu meiner Mutter und sah sie an: »Ist das dein Ernst? Du meinst, du hast es die ganze Zeit gewusst und nichts gesagt? Nicht als du bei mir eingezogen bist, die ganze Zeit nicht?« Sie nahm sich zusammen wegen der Mädchen, die betreten auf dem Rücksitz schwiegen, und fuhr wieder weiter.

Mia schüttelte fassungslos den Kopf und murmelte, »warum sollte man sich das Leben nicht noch schwerer machen, als es ohnehin schon ist«.

Meiner Mutter fielen hundert Dinge ein, die sie Mia darauf erwidern könnte, aber sie hielt den Mund und brütete in ihren Gedanken vor sich hin, wie sie es immer tat. Es war eine eigene Welt, in die sie sich zurückzog. Eine Welt, die aus Sorgen und Möglichkeiten bestand, die sich an den Händen fassten und im Kreis drehten. Eine sichere Welt, weil sie frei von Handlungen, Entscheidungen und möglichen Konsequenzen war. Ein warmes, behagliches Aufschiebekissen.

Die Fahrt verlief wieder schweigend, bis sie das Ziel erreichten. Mia hielt vor dem hellblauen Käfer, die Mädchen stürmten hinaus und liefen davon. Mutter ging zu ihrem Auto.

Mia hielt sie auf und sagte: »Es tut mir leid, aber ich verstehe dich einfach nicht. Ich weiß, es ist eine schwere Situation für dich, aber du tust nichts, um sie leichter zu machen. Im Gegenteil. Ich kann und will dir nicht sagen, was du zu tun hast, aber als deine Freundin es ist für mich nicht auszuhalten mit anzusehen, wie du nicht nur dein Leben, sondern auch das Leben deiner Kinder zerstörst.

Was du mit deinem Leben machst, geht mich nichts an. Mach was du willst, aber das Leben deiner Kinder ist mir nicht egal.

Was du mit dem Kind in deinem Bauch machst und woher es kommt, geht mich nichts an. Sei dir nur bewusst, welche Verantwortung du trägst, und überlege dir, ob du überhaupt noch in der Lage bist, deinen Kindern zu geben, was sie brauchen, oder ob es verantwortungsvoller ist, zuzugeben, dass du es nicht bist, und das ist meine Meinung.

Ganz ehrlich, ich glaube, du könntest deinen Kindern eine gute Mutter sein, aber du bist es nicht. Du versuchst, anderen die Schuld zuzuschieben, und bist nicht bereit, dein Selbstmitleid und deine Selbstzerstörung zu überwinden und Verantwortung zu übernehmen.«

Mias Dekolleté war fleckig rot vor Erregung. Mutter fühlte, wie ihre Beine weich wurden und unter ihrer Körperlast wegknickten. Sie musste sich setzen.

»Es tut mir leid, wenn ich das in dieser Härte zu dir sagen muss. Ich habe mich die ganze Zeit zurückgehalten, aber du sollst wissen: Ich bin deine Freundin, ich liebe deine Kinder, ich bin immer bereit, euch zu helfen, aber nur, wenn du bereit bist, dir selbst zu helfen. So, ich muss nach den Mädchen sehen.«

Mia ging zum Haus und ließ meine Mutter auf dem Baumstamm sitzen.

Wut stieg in ihr auf gegen Mia und jedes ihrer Worte,

eine unfassbare Wut, die sie fast explodieren ließ, und wenn das möglich gewesen wäre, wäre sie zerplatzt wie ein Ballon.

Sie hasste Mia aus ganzem Herzen und im selben Moment wusste sie, dass Mia mit jedem Wort recht hatte. Das machte sie noch wütender. Sie wollte recht haben. Wie konnte sie Mia recht geben, die sie so beleidigt und erniedrigt hatte?

Die Wut ebbte schneller ab, als ihr lieb war, und übrig blieb eine gleichgültige Leere. Gut. Mia hatte recht. Was nun? Sie war eine miserable Mutter. Sie hatte ihre Kinder vernachlässigt. Sie wälzte sich in Selbstmitleid. Und sie war zu allem Überfluss schwanger. Sollte man sie in ein Heim stecken und medikamentieren, bis sie wieder lebensfähig war.

Sollten sie mit ihr machen, was sie wollten. Sollten sie ihr doch die Kinder auch noch wegnehmen. Erst den Mann, dann die Kinder. Wollte sie damit leben? Nein, das wollte sie nicht. Sie wollte ihre Kinder. Jedes einzelne. Sogar mich wollte sie, wenn es ging. Aber nur, wenn ich den anderen Kindern nicht im Weg stand.

Carla kam und setzte sich neben sie. Sie legte ihr den Arm um die Schulter.

Es fiel Mutter schwer, ihre Tränen zurückzuhalten.

»Komm, hol deine Schwestern, wir fahren.«

Carla lief davon und kam mit den Mädchen zurück, die lieber hierbleiben wollten. Mutter schob sie ins Auto und fuhr los.

»Seid ihr denn nicht gespannt auf euer neues zu Hause?«, fragte sie. Die Mädchen schmollten und schwiegen.

»Es gibt einen Pool, einen ziemlich großen sogar.« Auch das konnte keine Reaktion hervorrufen.

Paula und Sam begannen sich auf der Rückbank zu streiten. Mutter ignorierte sie, dann trat sie so heftig auf die Bremse, dass sie fast vom Sitz flogen, drehte sich um und sagte mit eisiger Stimme: »Wenn ich noch ein Wort höre, seht ihr Lena nie mehr wieder!« Sie fuhr weiter, die Mädchen verstummten.

Paula begann leise zu schluchzen, und Mutter fühlte sich erbärmlicher und verlassener als je zuvor. Wenn sie an den trostlosen Hasenstall dachte, auf den sie sich zubewegten, an die Zeit, die sie jeden Morgen würde zubringen müssen, die Kinder in die Schule zu fahren, verlor sie jeden Mut.

Meine Schwestern quengelten, dass sie Hunger hatten, und weil Mutter nicht die Kraft hatte, sich der Herausforderung zu stellen, einzukaufen und in der neuen Küche etwas zu kochen, hielt sie vor KFC, sehr zur Freude der Mädchen, und kaufte einen Familieneimer.

Da kehrte wieder Frieden ein. Zufrieden saßen sie um einen Tisch und kauten Hühnchenbeine und man hätte sie fast für eine glückliche Familie halten können, nur dass kein Vater und kein Ehemann kommen würde, um sie nach Hause zu bringen oder dort schon auf sie wartete.

25

Die Mädchen waren zu Mutter Erleichterung begeistert von dem neuen Haus. Sie richteten ihr Zimmer ein, Carla half beim Einräumen der Küche. Es war ein friedlicher und unerwartet fröhlicher Abend.

Die beiden Kleinen waren bald eingeschlafen. Mutter legte sich neben Carla und sie unterhielten sich.

Nachdem Carla eingeschlafen war, lag sie wach und dachte nach: Wie würde ihr Leben aussehen, wenn sie allein auf der Welt wäre? Wenn sie sich damals nicht hätte schwängern lassen? Wenn sie Brian nicht geheiratet hätte, oder selbst, wenn sie nur ein Kind bekommen hätten, und das nicht sofort, sondern erst später.

Wenn sie weder Carla noch Nora hätte, vielleicht sogar nur Sam?

Sie betrachtete das schlafende Gesicht ihrer Tochter, zog die Decke über ihre Schulter, stand auf und sah nach Sam und Paula. Sie löschte das Licht im Wohnzimmer, legte sich wieder ins Bett und lauschte der Stille.

Es war eine unheimliche Stille. Bei Mia waren immer Geräusche. Vogelstimmen, Fröschequaken, Bienensummen, Fliegenschwirren, Mückensirren, die Natur war immer in Bewegung. Hier gab es keine Menschen, keine Vögel, keine Frösche. Nicht einmal Autos waren zu hören. Eine bleierne Stille, als würden sie unter einem Sargdeckel tief unter der Erde liegen, abgeschnitten vom Leben und der Welt.

Sie stand auf und ging aufs Klo. Sie drehte den Wasserhahn in der Küche so weit auf, dass er tropfte, dann lauschte sie dem Rauschen der Klospülung, und als diese verstummte, dem Tropfen des Wasserhahns.

Ein Geräusch, das sie früher in den Wahnsinn getrieben hätte, brachte in diesem Moment Trost. Sie erinnerte sich an den tropfenden Wasserhahn in ihrer Küche in England, der sie fast um den Verstand gebracht hatte. Jeder Versuch ihn zu stoppen, war nach wenigen Tagen hinfällig und der Hahn tropfte wieder.

Sie stellte sich vor, sie läge in ihrem Ehebett in dem alten Haus, in einer Zeit, als alles noch in Ordnung war. Aber war es das? Jemals? Möglicherweise hatte sie gerade mit ihrem Mann gestritten und lag nun schlaflos vor Wut neben ihm. Oder eines ihrer Mädchen hustete und sie machte sich Sorgen, sie könne eine Lungenentzündung bekommen. Oder sie ärgerte sich darüber, dass das neue Sofa, das so viel Geld gekostet hatte, nun einen großen Kaffeefleck auf dem hellen Polster hatte, der nicht mehr rausging, wo ihr Mann doch von Anfang an dagegen war, dass sie ein helles Sofa kauften wegen der Kinder, und dann war ausgerechnet er es, der eine volle Tasse Kaffee auf dem nur drei Tage alten Sofa vergoss.

Sie ärgerte sich über ihn und den Kaffeefleck auf einem Sofa, das es schon lange nicht mehr gab, und dann wurde ihr klar, dass es früher so wenig glückliche Zeiten wie heute gegeben hatte, und dass es in keiner Weise hilfreich war, sich in eine vergangene Zeit zu sehnen, nur um vergangene Sorgen zu den aktuellen hinzuzufügen.

Sie öffnete die Augen, um sich zu versichern, dass sie nicht in ihrem alten Haus in England war, und war sogar froh darüber.

Ihre Gedanken liefen ziellos umher. Lass sie laufen, dachte sie, damit sie sich endlich ermüden, und das taten sie auch. Nach und nach legten sie sich schlafen.

Mutter stand auf und drehte den Hahn wieder zu, der sich erstaunlich gut und fest zudrehen und kein Wasser mehr entweichen ließ. Nun war es wieder still um sie herum. Auch die Luft stand still. Die Hitze war unerträglich. Das Atmen fiel Mutter schwer. Neben ihr schlief Carla. Sie gab keinen Laut von sich. Nur ein leichtes Heben und Senken ihres Brustkorbs verriet, dass sie am Leben war.

Mutter stand auf und lief durch das Haus. Sie öffnete die Tür und ging hinaus. Die Luft draußen war kaum kühler. Kein Windhauch war zu spüren. Die Häuser lagen im Dunkeln. Der Himmel war schwarz. Es waren keine Sterne zu sehen, kein Mond. Eine schwarze Decke über ihr. Nicht die Andeutung von Leben um sie herum war wahrzunehmen.

Im Nachbarhaus ging ein Licht an. Nur ein Fenster leuchtete kurz und freundlich, dann ging es wieder aus und es blieb dunkel.

Mutter schauderte trotz der Hitze und ging wieder ins Haus.

Sie ließ kaltes Wasser in die Wanne laufen. Das Geräusch des einströmenden Wassers hallte durch das Haus. Sie stieg in ihrem Nachthemd in die halb volle kalte Wanne und streckte sich aus. Ihr weißer Bauch stand aus dem Wasser wie ein Eisberg. Sie hielt die Luft an und tauchte unter. Als sie zu zittern begann, stieg sie aus der Wanne. Sie zog ihr Nachthemd aus, wrang es aus und zog es, feucht wie es war, wieder an.

In der Küche brummte der Kühlschrank. Mutter ging in das Zimmer meiner kleinen Schwestern. Sie schliefen fest. Paula lag mit dem Kopf am Fußende ihres Betts. Sie hielt ihren Stoffhasen mit beiden Händen fest umklammert. Mutter deckte Sam zu, die sich sofort wieder freistrampelte. An der Decke drehte sich ein Ventilator und machte ein schleifendes Geräusch.

Mutter ließ die Tür offen und ging hinüber in Carlas Zimmer. Carla lag unverändert leblos in ihrem Bett. Mutter legte sich in ihrem feuchten Nachthemd in Noras Bett und versuchte zu schlafen. Neben ihrem Kopfkissen saß eine Fliege. Als Mutter sie verscheuchen wollte, bewegte sie sich nicht. Mutter schwitzte unter ihrem feuchten Nachthemd. Im Haus war es still. Stiller als still. Selbst der Kühlschrank hatte aufgehört zu brummen. Eine Grabesstille. Die Angst legte sich wie eine Bleidecke auf sie und drückte ihr die Luft ab.

26

Es war Anfang Dezember und es wurde täglich heißer. Weihnachten stand vor der Tür, und Mutter hatte keine Ahnung, woher sie einen Weihnachtsbaum bekommen sollte. Es gab auch keinen Adventskranz, an dem sie jeden Sonntag eine Kerze anzündeten.

Den Mädchen war das nicht aufgefallen, zumindest hatten sie sich bisher noch nicht über die fehlende Weihnachtsdekoration beschwert. Sie waren gewohnt, dass Weihnachten im Winter war, und in dieser Hitze war bisher noch keine Weihnachtsstimmung aufgekommen.

Mutter hatte das bevorstehende Fest soweit verdrängt. Es wäre das erste Weihnachtsfest ohne Vater, und Geld für Geschenke war auch nicht da, und zu feiern gab es auch nichts. Sie würden unter dem Weihnachtsbaum (soweit es einen gab) schwitzen und das war auch schon alles, was sie tun konnten.

Mutter litt in ihrem Zustand unter der Hitze. Ihre Beine schwollen an, und wenn es nur ging, lag sie auf dem Sofa, die Füße gegen die Wand gestemmt, wo ihre schmutzige Fußsohlen dunkle Flecken hinterließen.

Sobald die Mädchen von der Schule kamen, zogen sie ihre Kleider aus und liefen zum Pool. Selbst Nora ging ins

Wasser und Mutter saß am Rand und kühlte ihre Beine. Wenn die Sonne unterging, liefen sie nach Hause, um zu essen, machten ihre Hausaufgaben und gingen spät zu Bett, wenn es endlich ein wenig kühler wurde.

Sie zählte die Tage und verfluchte ihre Schwangerschaft. Ihr Leben war eine Warteschleife. Sie wartete darauf, dass die Hitze sich legte, die Sonne unterging, dass sie endlich schlafen konnte, dass ich geboren wurde, dass sie ein anständiges zu Hause fanden, dass ihr Leben sich endlich in einen erträglichen Zustand verwandelte. All das schien ihr endlos und unveränderbar.

Selbst nachts war es heiß und stickig. Zu heiß zum Schlafen. Mutter hatte alle Türen geöffnet, damit die Abendluft durchs Haus ziehen konnte. Selbst die Haustür stand weit offen, die Schiebetüren, die vom Wohn- und den Kinderzimmern nach draußen führten, die Zimmertüren. Jederzeit hätte jemand ins Haus spazieren können, aber schließlich wohnten sie nun in einer abgesicherten Festung. Es war zu heiß, um sich darüber Sorgen zu machen.

Carla kam ins Wohnzimmer, wo Mutter auf dem Sofa lag, und legte sich neben sie. Das Sofa war schmal, sie musste sich ganz dünn machen. Mutter erwachte aus ihrem Schlummer. Carla umarmte sie und legte eine Hand auf ihren Bauch. So lag sie eine ganze Weile und Mutter streichelte ihren Kopf. Carla suchte nach Worten. Das, was sie sagen wollte, beschäftigte sie schon lange.

»Mama, wir können sie nicht einfach weggeben. Sie ist eine von uns!«, sagte sie schließlich.

Mutter wusste sofort, wovon sie sprach. Die gleichen Gedanken kreisten in ihrem Kopf in endlosen Schleifen, wenn sie es zuließ.

»Sie? Woher willst du wissen, dass es ein Mädchen ist?«

»Ich habe sie letzte Nacht im Traum vor mir gesehen. Sie war wunderhübsch und sie hatte viele schwarze Haare und blaue Augen. Sie ist meine Schwester, wie Sam und Paula und Nora. Der einzige Unterschied ist, dass ich sie noch nicht so lange kenne. Aber du würdest doch auch keine von uns weggeben, oder? Und das ist wirklich kein Unterschied, das wurde mir letzte Nacht klar. Als ich sie hielt und sie lächelte mich an, fühlte ich so eine Liebe zu ihr. Ich habe sogar schon einen Namen für sie. Sie soll Keisha heißen.«

»Ach, meine Große«, sagte Mutter und drückte meine Schwester lange. Sie wusste nicht, was sie Carla sagen sollte. Da öffnete sich ein neues Problem, über das sie nicht bereit war nachzudenken, bevor ich geboren war, denn praktisch gab es mich ja noch gar nicht. Solange ich kein Gesicht hatte, keinen Körper, keine Stimme.

Ich war glücklicherweise nicht in der Lage, über meine Zukunft nachzudenken. Alles, was kommen würde, wäre richtig, weil es mein Schicksal war, und niemand kann sich gegen sein Schicksal wehren. Ich war immer noch am Leben, wuchs im Bauch meiner Mutter und hatte alles, was ich brauchte. Ich würde geboren werden und von diesem Moment jemanden haben, der sich um mich kümmerte. Jemand, der mich fütterte, meine Windeln wechselte, mich herumtrug, wenn ich schrie, mich zum Arzt brachte, wenn ich krank war. Eine Mutter war so gut wie jede andere, weil ich nichts anderes kennen würde. Alles, was ich erfahren würde, wäre das Bestmögliche für mich, und das war gut so. So sehr ich meine Schwestern liebte, ich würde sie nie kennenlernen, wenn ich ohne sie aufwuchs, und könnte sie auch nicht vermissen.

Hätte ich die Möglichkeit gehabt, mich zu entscheiden, ich hätte mich natürlich für meine leibliche Mutter und meine Schwestern entschieden und hätte dabei möglicherweise eine andere Mutter und Geschwister verpasst, die ich für nichts in der Welt hätte eintauschen wollen. Ich würde nie wissen, welche Familie die bessere für mich gewesen wäre, weil ich nur eine erfahren würde. Und überhaupt, was wäre am besten für mich? Warum war ich im Bauch meiner Mutter, obwohl sie mich nie wollte?

Wie gesagt, glücklicherweise war ich nicht in der Lage, darüber nachzudenken, und möglicherweise würde ich nie darüber nachdenken müssen, weil alles perfekt für mich entschieden worden war.

27

Mutter war gerade aus der Schule zurück und stand unter der Dusche, als es an der Tür klingelte. Sie konnte den fremden Ton erst nicht einordnen, dann dachte sie, wahrscheinlich kam einer ihrer unsichtbaren Nachbarn, um sich zu beschweren. Ein anderer Grund fiel ihr nicht ein. Sie schlang ein Handtuch um ihre nassen Haare, zog den Bademantel an und öffnete die Tür.

Draußen stand ein bleicher, dicklicher Mann, der stark schwitzte, schwer atmete und sich mit einem Taschentuch den Schweiß von der Stirn wischte. Seine spärlichen Haare klebten am Kopf. Er stellte sich als Vermieter des Hauses vor.

Er sah sie verlegen an und sagte, »ehrlich gesagt hatte ich erwartet, dass Sie schon draußen sind«.

»Was soll das heißen?«, fragte meine Mutter, schob ihren Bauch vor und verschränkte die Arme vor der Brust.

Es stellte sich heraus, dass Mia mit ihm ausgemacht hatte, dass sie in seinem Haus bleiben konnten, bis sie etwas anderes gefunden hatten, was, wie sie ihm versprochen hatte, nicht länger als zwei Wochen dauern würde, und dass sie spätestens bis Mitte Dezember draußen war. Dann könnte seine Familie wie jedes Jahr ihre Ferien hier verbringen und Weihnachten feiern.

»Das heißt«, fragte meine Mutter verwirrt, »wir müssen noch vor Weihnachten hier raus?«

Der Mann schnaufte und schwitzte. Das Wasser tropfte von seiner Nasenspitze. Es war ihm sichtlich unangenehm. Nicht nur die Hitze. Er rang sein Hände und entblößte große Schweißflecken unter seinen Armen, die sich bis zum Hosenbund ausbreiteten.

»Ich dachte, das wäre alles mit Mia abgesprochen. Verstehen Sie, ich will Sie nicht rausschmeißen. Ich habe Mia angeboten, Sie für eine Weile unterzubringen, weil Sie in Not waren. Ich verlange nichts dafür. Ich wollte Ihnen einen Gefallen tun, und jetzt bitte tun Sie mir den Gefallen und verlassen Sie das Haus in den nächsten zwei Wochen, denn sonst bin ich in ernsthaften Schwierigkeiten.«

Er machte so einen erbärmlichen Eindruck, dass Mutter ihn ins Haus bat und ihm ein Glas Saft anbot. Er nahm es dankend an und ließ sich keuchend aufs Sofa fallen, nachdem Mutter ihr Bettzeug zur Seite geräumt hatte. Sie sah ihm zu, wie er seinen Saft trank und sich erneut den Schweiß abwischte. Sobald er ausgetrunken hatte, stand er auf und entschuldigte sich erneut.

Mutter entschuldigte sich ihrerseits und sagte, sie hatte keine Ahnung, Mia hätte ihr nicht gesagt, dass sie so bald wieder hinausmüsste, aber sie verstehe seine Lage und werde selbstverständlich für ihn und seine Familie Platz machen, auch wenn sie Weihnachten unter freiem Himmel verbringen müssten, das sei doch selbstverständlich.

Er sah sie so entsetzt an, dass sie ihn sofort wieder beruhigte, lachte und sagte, sie würden schon etwas finden. Zur Not würde Mia sie wieder bei sich aufnehmen, schließlich hatte sie das Ganze zu verantworten.

Er erhob sich und wischte verlegen seine feuchten Hände an der Hose ab. Noch nie sei er in einer misslicheren Lage gewesen und habe eine Mutter mit ihren drei Kindern kurz vor Weihnachten auf die Straße setzen müssen. Er wollte ihr doch einen Gefallen tun, und nun so was.

»Vier«, korrigierte meine Mutter ihn.

»Was?«, fragte er verwirrt.

»Vier Kinder und bald fünf«, sagte meine Mutter und brachte ihn zur Tür.

»Sie werden also bis Ende übernächster Woche draußen sein?«, fragte er noch einmal und entschuldigte sich sofort wieder.

»Natürlich, sicher«, sagte Mutter und wunderte sich selbst über ihre Ruhe und Milde, aber dieser schwitzende Mann wand sich in einer derartigen Verlegenheit vor ihr, dass sie das Gefühl hatte, er sei in einer weitaus verzweifelteren Lage als sie, und sie wollte und konnte ihm da heraushelfen.

Er reichte ihre seine weiche, schweißnasse Hand zum Abschied, und sie bedankte sich für seine Großzügigkeit, sie in seinem Haus untergebracht zu haben. Erleichtert stieg er in seinen karamellfarbenen Mercedes und fuhr davon.

Mutter war nicht einmal entsetzt. Sie war zu erschöpft, um sich aufzuregen. In Panik versetzte sie so schnell nichts mehr.

Sie ließ die Haustür offen, schob das Sofa in den Durchgang, legte sich wieder hin und stemmte ihre schmutzigen Fußsohlen gegen die Wand. Sie hatte keine Skrupel, Mia unter Druck zu setzen und wieder bei ihr einzuziehen. Sie hatte nicht einmal die Energie, sich über Mia aufzuregen. Das hatte sie gelernt, irgendeinen Vorteil gab es immer. Ohne ein Heim wäre sie von der Aufgabe entlastet, einen Weihnachtsbaum zu besorgen, und das lästige Fest würde in dem Durcheinander untergehen.

Mutter überlegte, was sie wirklich überraschen könnte. Sie wartete nur auf Katastrophen. Was für andere Menschen Normalität war, war für sie ein Wunder. Dass das Auto morgens ansprang, dass genug Benzin im Tank war, dass sie ein eigenes Dach über dem Kopf hatten, dass die Unterhaltszahlungen jeden Monat eintrafen, dass Essen im Haus war, dass sie das Schulgeld bezahlen konnte. Dass Geld aus dem Automaten kam, wenn sie ihre Karte hineinschob, dass sie alle noch am Leben waren und dass sie jeden Morgen aus dem Bett kam und noch nicht verrückt geworden war. Jeder Tag war ein Wunder. Eine Aneinanderreihung von Wundern.

28

Wenn sie der Wecker morgens um sechs aus dem Schlaf riss, war es zwar kühler, aber Mutter war müde und erschlagen, weil sie nachts kaum Schlaf fand. Nachdem sie die Kinder in die Schule gefahren hatte, legte sie sich wieder hin und fürchtete sich vor der Mittagszeit, wenn sie wieder ins Auto steigen musste, um sie abzuholen, und vor den endlosen Nachmittagen mit unerträglicher Hitze.

Einkaufen wurde zur Erholung, und sie verbrachte Stunden vor den Kühlregalen, in der Hoffnung, die Kälte speichern zu können. Zum Essen gab es nur noch Sandwiches und Salate, zum Kochen war es zu heiß. Die Mädchen beschwerten sich nicht, sie waren zufrieden, solange sie ihre hungrigen Bäuche nach dem Schwimmen füllen konnten.

Das Haus verdreckte zusehends. Mutter hatte nicht einmal die Energie, meine beiden großen Schwestern zum Putzen zu zwingen.

Dafür war Frieden im Haus. Nora und Mutter sprachen kaum miteinander und wenn, dann nur das Nötigste. Auch zum Streiten war es zu heiß.

Nora hatte ihren Kopf ohnehin woanders. Sie war verliebt. In Joseph. Er war zwei Klassen über ihr und ganz anders als alle anderen Jungs. Er kam ihr nie zu nahe, versuchte sie nicht zu berühren, zu küssen, nicht einmal ihre Hand zu halten. Sie saßen in den Pausen zusammen im Schatten auf der Bank unter dem großen Eukalyptusbaum und unterhielten sich.

Mit Joseph fühlte Nora sich sicher. Er war der Junge, der sich geschnitten hatte, nachdem seine Schwester vergewaltigt worden war. Darüber sprach er nur einmal und dann nie wieder.

Es war an einem Freitag, an dem sie keine Schuluniformen tragen mussten. Nora trug ihr Regenbogenkleid, und sie saßen wie immer auf dem Tisch unter dem Baum, die Füße auf der Bank, und Joseph blickte auf ihren Arm und strich mit seinem Zeigefinger über die Narben. Das war das erste Mal, dass er sie berührte. Dann schob er seinen Ärmel hoch, entblößte seinen vernarbten Arm und erzählte seine Geschichte. Sehr knapp, nicht mehr als nötig, nicht mehr, als sie ohnehin schon wusste, und damit war das Thema für ihn erledigt.

Nora hätte ihn gerne mehr gefragt, aber sie wagte es nicht. Ob er sich immer noch schuldig fühlte. Wie das Verhältnis zu seiner Schwester war. Ob er wollte, dass seine Narben ihn ein Leben lang daran erinnerten. Wie er heute darüber dachte im Vergleich zu damals. Das war vor zwei Jahren, Zeit genug für seine Narben auf den Armen, zu heilen. Wie es mit seinem Herzen aussah, konnte Nora nicht wissen. Doch auch sie erzählte ihm nicht alles. Wie es in ihrem Herzen aussah, wusste sie selbst nicht. Nur so viel, dass Joseph einen großen Platz darin einnahm und viel Schmerz verdrängte.

Sie war froh, sie lachte wieder. Nicht nur, wenn sie mit

ihm zusammen war. Sie war auch zu Hause ausgeglichener, sah unsere Mutter mit einem milderen Blick und schwamm mit den kleinen Schwestern, die nicht aufgaben, sie ins Wasser zu bekommen.

Nora war glücklich. Sie hörte auf sich Sorgen zu machen und alles zu hassen. Sie sah die Welt in einem neuen Licht, es war, als wäre sie vom Winter in den Frühling gekommen, und alles, was zuvor grau und kahl war, war nun grün, hell, bunt und warm. Auch die Hitze konnte ihr Wohlbefinden nicht trüben. Und mit Mutter hatte sie Mitleid, wenn sie mit ihrem dicken Bauch auf dem Sofa schwitzte, die Füße in einer Wanne mit kalten Wasser, das innerhalb von Minuten wieder warm wurde.

Von ihrem Vater hörte meine Schwester immer seltener. Rief er anfangs noch jeden Dienstag um 19 Uhr an, wurden seine Anrufe immer unregelmäßiger und blieben schließlich ganz aus. Mutter weigerte sich, mit ihm zu sprechen. Sie schrieb ihm gelegentlich eine E-Mail, die nichts als Geld betraf.

Er hatte einen langen Brief geschrieben, in dem er sich entschuldigte, seine Motive zu erklären versuchte und ihr versicherte, dass seine Mädchen immer an erster Stelle kämen. Sie könne sich darauf verlassen, dass er sie nie im Stich ließe und immer für sie da wäre.

Mutter hatte ihm viele lange Antwortbriefe zurückgeschrieben, die sie nie abschickte. Der erste war voller Wut, Hass und Beschimpfungen. In den folgenden wurde sie milder, und im letzten bat sie ihn sogar zurückzukommen, es noch einmal zu versuchen, gestand ihre Fehler ein und bat ihn um Verzeihung. Sie würde ihm auch vergeben. Sie malte ihm aus, wie ihr gemeinsames Leben hier aussehen würde, er könne das Restaurant eröffnen, von dem er immer geträumt habe. Wie glücklich die Mädchen wären, für die sein Verlust noch schlimmer sei, als wenn er gestorben wäre. An diesem Punkt verfiel sie wieder in Anschuldigungen und Selbstmitleid und zerriss den Brief, noch bevor sie ihn unterschrieben hatte, und verbrannte die Fetzen im Ofen.

Mit dem verbrannten Brief hatte sie die Angelegenheit für sich abgeschlossen. Wenn immer der Gedanke an ihn aufkam oder die Sehnsucht sie überfiel, zwang sie sich, etwas anderes zu denken.

Aber die Sehnsucht kam oft, besonders nachts. Immer noch. Gerade mit der fortschreitenden Schwangerschaft sehnte sie sich nach ihrem Mann. Irgendeinem Mann, der sie beschützte, der ihr Arbeit und Verantwortung abnahm und sich um sie kümmerte.

Immer wieder wurde sie an ihre früheren Schwangerschaften erinnert. Das waren die besten Zeiten ihrer Ehe und das war wahrscheinlich auch der Grund, warum sie so viele Kinder hatte. Sobald sie schwanger war, veränderte sich das Verhalten ihres Mannes ihr gegenüber. Er, der sonst eher abweisend und mit sich selbst beschäftigt war, wurde zu einem liebenden, fürsorglichen Ehemann, der ihr jeden Wunsch von den Augen ablas. Sie hoffte jedes Mal, dieser Zustand würde bestehen bleiben, doch sobald das Kind geboren war und an ihrer Brust saugte, ließ er sie wieder allein.

Nicht selten war sie in den letzten Monaten versucht gewesen, ihm von mir zu erzählen, in der Hoffnung, er würde sofort alles liegen und stehen lassen, zu ihr eilen und sich um sie kümmern, wie er es immer getan hatte.

Aber ich war nicht sein Kind, und sie konnte ihn nicht einmal glauben machen, ich wäre es. Meine Mutter verfluchte sich, dass sie sich in ihrer letzten gemeinsamen Nacht betrunken in den Pool geschmissen hatte und somit die Möglichkeit verpasst hatte, mich ihm unterzuschieben. Er hätte die andere Frau verlassen und wäre zurückgekommen, wenn ich sein Kind wäre, versuchte sie sich einzureden.

Es blieben nur noch wenige Wochen bis zu meiner Geburt. Mutter beschloss, ihrem Exmann einen Brief zu schreiben, den sie auch wirklich abschicken würde. Sie redete sich ein, es sei ihre Pflicht, ihm von mir zu erzählen. Schließlich waren sie immer noch verheiratet. Von einem Exmann zu sprechen war verfrüht. Auch wenn er nicht mehr bei ihr lebte und eine andere liebte, war er immer noch ihr Mann. Sie wollte nicht mehr in Heimlichkeiten leben. Sie hoffte, ich würde sein Herz bewegen, auch wenn sie sich das selbst nicht eingestand.

29

Was meine Mutter nicht bedachte, war, dass noch jemand das Recht hatte, von meiner Existenz zu erfahren. Doch bei dieser Gedächtnislücke half ihr das Schicksal auf die Sprünge.

Es war an einem Montagmorgen vor den Kühlregalen bei Pick 'n Pay, während die kalte Luft auf ihren Bauch blies und Mutter endlich einmal an gar nichts dachte. Sie lief direkt in ihn hinein, als sie sich zum Gehen wandte. Sie sah nicht einmal auf, murmelte nur eine Entschuldigung und wollte weiterlaufen. Sie blickte nach unten, auf seine Schuhe, die Erinnerungen weckten, die sie nicht einzuordnen wusste. Knöchelhohe Schnürschuhe aus dunkelrotem Leder, und als sie sich fragte, wer bei dieser Hitze solche Schuhe tragen würde, sagte er ihren Namen.

Sie wagte nicht aufzusehen. Sie fühlte, wie sich ihre Wangen röteten, die Beine zitterten. Sie wunderte sich, was für eine heftige Reaktion diese Begegnung in ihr hervorrief, und war versucht, mit gesenktem Kopf einfach weiterzulaufen, als hätte er die falsche Frau angesprochen. Es war durchaus möglich, dass er sie nicht mehr erkannte und dachte, er hätte sie verwechselt, wenn sie nicht reagieren würde. Es war Monate her, seit sie sich das letzte

Mal gesehen hatten. Ihre Haare waren länger, zum Pferdeschwanz gebunden, die Farbe herausgewachsen und sie war – dicker geworden. Um einiges dicker.

Sie ging drei Schritte weiter, blieb stehen, drehte den Kopf nach hinten und sah meinem Vater direkt ins Gesicht. Er hatte sich kein bisschen verändert. Mein Vater war kein attraktiver Mann, aber sie wusste sofort, was ihr an ihm gefallen hatte. Die traurigen braunen Augen, die dichten, dunklen, ungekämmten Haare und das Muttermal auf der rechten Wange. Sie spürte gegen ihren Willen eine unmittelbare Anziehung.

Er sah sie mit einer Mischung aus Freude, Überraschung und schlechtem Gewissen an. Er stand leicht gebeugt, mit hochgezogenen Schultern, als erwarte er Schläge, und Mutter erinnerte sich, dass diese ängstliche Haltung sie schon immer gereizt hatte. Wut stieg in ihr auf, am liebsten hätte sie ihm mit ihrer Handtasche eins übergezogen, er schien ja nur darauf zu warten, und war erstaunt, mit welcher Wucht alle angestaute Wut der letzten zehn Monate sie so plötzlich überfiel.

Stattdessen trat sie einen Schritt zur Seite und drehte sich zu ihm um, sodass er ihren Bauch in voller Größe sehen konnte, und sagte, »Walter?«.

Ihr fiel auf, wie seltsam und ungewohnt dieses Wort aus ihrem Mund klang. Sie hatte seinen Namen noch nie gemocht und ihn stattdessen George genannt. Das war sein zweiter Name.

Er streckte unbeholfen seine Hand aus, um sie zu begrüßen, dann fiel ihm auf, wie unangemessen diese Geste war, und zog sie wieder zurück. Er ging auf sie zu, um sie zu umarmen, doch dazu kam es nicht, weil meine Mutter zurückwich und mein Vater noch verlegener auch diese Annäherung abbrach und hilflos nach unten blickte. Er starrte auf ihren Bauch und dann in ihr Gesicht und wieder auf ihren Bauch, und es fehlte nicht viel und er hätte mit dem Finger auf ihn gezeigt. Seine Schultern sanken zurück auf den Hals und er sagte: »Du bist schwanger?«

Mutter zuckte nur mit den Achseln. Ein langes unangenehmes Schweigen schob sich zwischen sie.

Meine Muttter hatte sich diese Szene in ihren schlaflosen Nächten mehrfach ausgemalt. Nicht in dieser Weise. Nicht vor den Kühlregalen bei Pick 'n Pay, aber das spielte keine Rolle. Sie hatte sich überlegt, was sie sagen würde, wenn sie meinen Vater überraschend traf. Sie würde ihn erst mal schwitzen lassen. Das Schweigen war eingeplant. Mein Vater war ein anständiger Mann, der würde die taktlose, wenn auch naheliegende Frage, ob das Kind von ihm sei, nicht stellen, zumindest nicht sofort. Er tat ihr sogar leid, wie er so hilflos mit hängenden Schultern vor ihr stand. Sie fühlte sich stark und überlegen und fast hätte sie ihn zum Trost in den Arm genommen.

»Ich wusste nicht, wie ich dich erreichen konnte«, sagte mein Vater schließlich, als wolle er sich entschuldigen, während es eigentlich ein Vorwurf war.

»Ich bin schwanger von dir, aber keine Angst, ich werde es nicht behalten. Ich wollte dir dein Leben nicht unnötig erschweren.« Das war der Satz, den sie sich zurechtgelegt hatte und der in diesem Moment eigentlich nicht passte, aber etwas Besseres fiel ihr nicht ein. Mutter wandte sich zum Gehen.

Mein Vater griff nach ihrer Hand und hielt sie fest.

»Was habe ich falsch gemacht?«, fragte er.

»Du bist verheiratet und hast zwei Kinder, Walter.« Es machte ihr so ein Vergnügen, seinen Namen auszusprechen, der die Fremdheit zwischen ihnen hervorhob, und deshalb sagte sie ihn gleich noch einmal. »Geh zurück zu deiner Frau und vergiss, was du gesehen hast, Walter.«

Mutter kam sich vor, als sei sie in einer Telenovela, nur der Hintergrund des Gesprächs, die Kühlregale von Pick n' Pay waren unpassend.

Sie sah auf ihr Handgelenk, als sei dort eine Uhr, und sagte, »ich muss gehen, die Mädchen abholen«. Mein Vater ließ ihre Hand nicht los und sagte, »bitte lass uns reden. Wenn du irgendwas brauchst, ich bin da. Gib mir deine Telefonnummer, ruf mich an, bitte lauf nicht einfach weg«.

Mutter überlegte einen Moment und dachte, Hilfe könnte sie vielleicht wirklich brauchen, auch wenn sie meinen Vater nicht mehr in ihrem Leben haben wollte. Oder vielleicht doch, schließlich war er mein Vater, und sie wurde milde. Sie beschrieb ihm, wo wir wohnten, und gab ihm ihre Telefonnummer. Er tippte sie ein und es klingelte in Mutters Handtasche. Er sagte, »bitte ruf mich an, jederzeit«, und verschämt und leise setzte er hinzu: »Ich lebe nicht mehr zu Hause, meine Frau und ich haben uns getrennt.«

Mutter nickte und watschelte zum Ausgang. Sie drängte sich durch die Schlange an der Kasse und ging hinaus. Die Hitze schlug ihr wie ein heißer Waschlappen ins Gesicht. Sie betäubte jeden Gedanken, und Mutter war sich plötzlich nicht einmal sicher, ob diese Begegnung tatsächlich stattgefunden hatte oder eine Fantasie ihres überhitzten Gehirns war.

Als sie im Auto saß und überlegte, wie sie die verbleibende Stunde verbringen konnte, bis sie meine Schwestern abholen musste, holte sie ihr Telefon aus der Tasche und speicherte die Nummer meines Vaters ein. Alle Wut hatte sie verlassen und an ihre Stelle war Sehnsucht getreten nach einem Mann, der ihr die Last nahm, und dabei war sie nicht wählerisch. Wenn sie ehrlich war, wäre sie jetzt gerne mit ihm ins Auto gestiegen und an ihre Stelle gefahren, wo sie mit heruntergelassenen Scheiben aufs Meer sahen und Eis aßen, und sich unterhielten, so wie sie es früher getan hatten.

Sein letzter Satz hallte in ihren Ohren nach und sie musste ihn ein paar Male wiederholen, bis er durch das Durcheinander in ihrem Kopf drang. Erst jetzt begriff sie. Hätte er ihn sechs Monate früher gesagt, sie wäre wahrscheinlich glücklich gewesen. Alles wäre anders gekommen. Sie verbot sich weiter darüber nachzudenken.

Ihre Füße schmerzten und sie zog die Schuhe aus, die ihr das Blut abschnürten. Dabei fielen ihr die wunderbar bequemen Schuhe ein, die immer noch bei dem alten Mann standen, den sie schon längst wieder einmal besuchen wollte. Ohne weiter darüber nachzudenken, ließ sie das Auto an und fuhr aus der Stadt hinaus auf die Küstenstraße.

30

Mutter konnte kaum an etwas anderes als an meinen Vater denken. Warum war sie ihm zuvor nie begegnet? Warum gerade jetzt und bei Pick ’n Pay? War das Schicksal? Eine Vorbestimmung? Hatte er das mit seiner Frau erwähnt, weil er sie immer noch wollte? Er hätte es nicht sagen müssen. War es sein ausgeprägtes Pflichtgefühl, oder wollte er sie wiedersehen? Weil er sie liebte und ein Kind mit ihr haben wollte? Wollte sie ein Kind mit ihm haben? Gab es eine Zukunft mit ihm? Wollte sie eine Zukunft mit ihm? Wollte sie eine Zukunft als alleinerziehende Mutter?

Hier war ein Mann, der sich um sie sorgte. Konnte sie wählerisch sein in ihrem Zustand? War er nicht besser als kein Mann? Warum hatte er sich von seiner Frau getrennt? Wegen ihr? Oder hatte sich seine Frau von ihm getrennt? Wegen ihr? Oder weil er als Ehemann nichts taugte?

Wenn er seine Frau mit ihr betrog, würde er sie genauso gut mit einer anderen Frau betrügen und der ein Kind machen. Sicher nicht die besten Voraussetzungen, einem Mann zu vertrauen. Aber wie sollte sie sonst jemanden in ihrem Alter kennenlernen? Männer in ihrem Alter waren verheiratet oder geschieden, oder hatten einen ernsthaften Schaden, weshalb sie immer noch unverheiratet waren.

Alles gescheiterte Gestalten oder im Begriff zu scheitern, wenn sie sich mit ihr einließen.

Für sie gab es nur noch Männer aus zweiter, wenn nicht dritter oder vierter Hand. Darüber musste sie sich keine Illusionen machen. Sie war ja auch nicht besser. Sie hatte es nicht geschafft, ihren Mann zu halten. Wer weiß, vielleicht liebte mein Vater sie wirklich? Vielleicht könnten sie eine Zukunft zusammen haben. Wenn er nicht so ein armseliger Verlierer wäre.

Er machte nicht den Eindruck, als hätte er irgendwas im Griff. Aber das bedeutete nicht, dass er kein Potenzial hatte. Wer weiß, mit der richtigen Frau an seiner Seite könnte er vielleicht zu ungeahnter Größe auflaufen. Ob sie diese Frau war, blieb zweifelhaft. Sie kannten sich kaum. Sie hatten zusammen getrunken und geschlafen. Nichts, worauf man eine Zukunft aufbauen konnte.

Aber wer weiß. Vielleicht würde ich alles ändern. Was ihnen fehlte, war, wie eine richtige Familie zusammenzuleben. Sie würden in einem großen, schönen Haus wohnen, er würde arbeiten und die Rechnungen bezahlen und sie würde uns in einem dunkelblauen Landrover zur Schule fahren. Sie wären wie all die anderen Familien, die um sie herum lebten.

Doch soweit sie wusste, war seine Firma am Zusammenbrechen, und außerdem musste er eine Exfrau und zwei Kinder versorgen, da blieb nicht mehr viel übrig für sie und ihre fünf Kinder, schon gar nicht für einen dunkelblauen Landrover. Wenn er reich wäre, dann würde sie es sich ernsthaft überlegen. So weit war sie schon. Aber er sah nach wie vor aus wie ein verhungernder Handwerker, und auch wenn es gerade das war, was sie an ihm anziehend fand, war das nicht die richtige Voraussetzung für einen Ehemann oder Vater ihrer Kinder.

Mit diesen Gedanken erreichte sie das Haus des alten Mannes. Sein Auto stand an der gleichen Stelle wie letztes Mal, und alles sah genauso unbewohnt aus. Er ist alt, dachte sie. Sehr alt, und alte Leute sterben schnell. Vielleicht war er gar nicht mehr am Leben und seiner Frau gefolgt.

Der Gedanke, den alten Mann nicht mehr wiederzusehen, machte sie traurig, aber sie würde es ihm wünschen, bei seiner Frau zu sein, denn daran glaubte er, dass er sie im Himmel wiedertreffen würde. Meine Mutter dachte anders darüber, aber was zählte das. Jeder bekam, was er glaubte.

Mutter stieg aus, lief barfuß über den Rasen und spähte über den Zaun, ob sie ihre Schuhe irgendwo entdecken konnte. Sie sah keine Schuhe, aber eine Lichterkette war über der Eingangstür angebracht und ein roter Adventsstern baumelte im Wind.

Sie öffnete das kleine Gartentürchen und ging zur Veranda hinauf. Sie rief ein paar Mal »Hallo«, und als nichts passierte, ging sie die Treppen hinauf und klopfte an der Tür. Es blieb still. Sie klopfte ein zweites Mal und dann ging sie um die Veranda und versuchte in ein Fenster zu spähen, aber alle Gardinen waren vorgezogen.

Am hinteren Ende des Hauses führten Stufen von der Veranda hinunter auf ein kleines Stück Rasen, auf dem ein großer Peacannussbaum stand und in dessen Schatten ein kleines Bänkchen. Vor dem Bänkchen lag etwas im Gras und als Mutter näher hinsah, erkannte sie die Gestalt des alten Mannes. Meine Mutter stieß einen Schreckensschrei aus und schlug die Hand vor den Mund. Im ersten Moment wollte sie davonlaufen, doch da bewegte sich die Gestalt, hob den Kopf und sah in ihre Richtung.

Mutter stieg die Verandastufen herab und ging auf den Mann zu. Jetzt erst sah sie, dass er mit einer Gartenschere auf dem Boden lag und das Gras schnitt. Als sie näher kam, setzte er sich auf. Er erkannte sie erst, als sie vor ihm stand. Ein Lächeln erleuchtete sein Gesicht, und er stand auf.

»Was für eine wunderbare Überraschung«, sagte er. »Ich hatte schon befürchtet, ich würde Sie nie mehr wiedersehen.«

Meine Mutter reichte ihm die Hand zum Gruß. Er trug Gartenhandschuhe, die er nicht auszog. Er ignorierte die ausgestreckte Hand meiner Mutter und umarmte sie stattdessen. Der kleine Mann drückte sich an ihren dicken Bauch und sagte, »lassen Sie sich ansehen. Ist es jeden Moment so weit?«. Meine Mutter lachte.

»Schön wär's. Dieses Jahr wird es wohl nichts mehr. Aber von mir aus lieber heute als morgen.« Der Mann deute auf das Bänkchen.

»Wollen Sie sich so lange hier setzen, bis ich fertig bin? Und erzählen Sie mir, wie es Ihnen ergangen ist. Ich bin ganz Ohr.« Dann legte er sich wieder auf die Wiese und hebelte Unkraut mit einem kleinen Spaten heraus. »Da muss man hinterher sein. Unkraut muss man in seinen Anfängen bekämpfen. Bevor man sich's versieht, hat man eine Wiese voller Klee und Löwenzahn.«

Mutter setzte sich auf das Bänkchen und fühlte sich, als wäre sie zu Hause angekommen. Sie rieb ihre schmerzenden und geschwollenen Knöchel, sah dem alten Mann bei seiner Unkrautvernichtung zu und erzählte ihm, was in ihrem Leben geschehen war, seitdem sie sich das letzte Mal gesehen hatten. Es war einfach zu sprechen, während er auf dem Bauch lag und ihr den Rücken zuwandte. Sie war sich nicht einmal sicher, ob er ihr wirklich zuhörte, auch wenn er gelegentlich ein Brummen erwiderte. Das war gar nicht wichtig. Es tat gut zu erzählen. Auch die Begegnung mit meinem Vater erwähnte sie und all ihre Gedanken dazu, und als sie fertig war, stand er auf, zog die Handschuhe aus und fragte sie, ob sie ein Glas Limonade wolle.

Als er wiederkam, brachte er das Tablett mit zwei Limonadegläsern und ihre Schuhe mit hinaus.

Sie saßen nebeneinander auf der Bank, das Tablett mit den Gläsern zwischen sich. Mutter schlüpfte in ihre bequemen Schuhe und bedankte sich.

Er reichte ihr ein Glas und sie trank es auf einen Zug leer. Es war angenehm im Schatten unter dem Baum, vom Meer wehte ein kühler Wind. Mutter dachte daran, wie lange sie nicht mehr am Meer gewesen war. Der alte Mann sah sie aufmerksam und nachdenklich an und sagte, »ich denke daran, nach Australien zu meiner Tochter zu ziehen«.

»Wirklich?«, sagte Mutter erstaunt. Und weil ihr nichts Besseres einfiel, »aber das ist doch so weit weg«.

Gustav, so hieß der alte Mann, fiel ihr endlich wieder ein – sollte sie ihn Gustav nennen? Es kam ihr unangemessen vor, ihn beim Vornamen anzusprechen, aber einen Nachnamen hatte er ihr nicht genannt. Mutter beschloss die direkte Anrede zu vermeiden oder zu umgehen.

Gustav lachte und sagte, »das habe ich mir auch gedacht, es ist wirklich sehr weit weg. Ich war nur einmal dort, sie zu besuchen, sie kam jedes Jahr zu uns, weil sie so ein Heimweh hatte«.

»Aber wäre es dann nicht besser, sie käme hierher und

würde bei Ihnen leben. Platz genug wäre doch in Ihrem Haus?«

»Auch daran habe ich gedacht. Sie ist zwar geschieden, aber sie hat ein Leben dort, Freunde, ein Haus, ihre Arbeit.«

»Hat sie keine Kinder?«

»Nein, die Ehe blieb kinderlos. Das war der Grund, warum sie gescheitert ist. Mein Schwiegersohn wünschte sich Kinder über alles und deshalb ließ sie ihn gehen.«

»Oh«, sagte meine Mutter, die mehr Kinder hatte, als ihr lieb war.

»Es scheint, als würde es mit der Kinderverteilung nicht sehr gerecht zugehen auf der Welt. Das tut mir leid.«

»Meine Tochter ist darüber, glaube ich, gar nicht so unglücklich. Sie wollte nie Kinder, nur ihm zuliebe hätte sie welche bekommen. Vielleicht war es ganz gut für sie, dass sie sich getrennt haben, so traurig es ist, es hätte immer zwischen ihnen gestanden.«

Gustav sprach weiter von seiner Tochter, aber Mutters Gedanken schweiften ab, sie dachte an mich und strich über ihren Bauch. Sie dachte an die ungerechte Verteilung von Schwangerschaften und Kindersegen, fragte sich, warum sie so zahlreich und ausgerechnet zu denen kamen, die sie auf keinen Fall wollten, und sich denen, die sie so unbedingt ersehnten, hartnäckig verweigerten. Welcher Plan steht dahinter, dachte meine Mutter und fühlte eine Welle von Schuld aufsteigen, weil sie mit einem Kind gesegnet war, das sie nicht wertschätzte, während es in einem anderen Leben eine Ehe hätte retten können. Liebend gerne hätte sie mich nach Australien geschickt, wo ich so dringend gebraucht worden wäre, oder zu einer anderen

Familie, deren größtes Glück ich sein würde. Vielleicht könnte sie durch mich eine andere Ehe retten und ein Paar glücklich machen, das sich nach nichts mehr als nach einem Kind sehnte.

Eine Sehnsucht, die meine Mutter nicht nachvollziehen konnte, deren Kinder so selbstverständlich und ungefragt in ihr Leben gekommen waren. Sie fand die Möglichkeit, nicht schwanger werden zu können, eher reizvoll und voller Chancen als zum Verzweifeln. Kinderlosigkeit war das Letzte, was sie sich vorstellen konnte. Aber jeder hatte seine ganz eigenen Schwierigkeiten zu tragen und das Glück war für alle schwer zu finden. Selbst jemand wie Gustav, der sein Leben lang glücklich verheiratet gewesen war, musste nun mit dem Verlust seiner Frau leben. Mutter hoffte für ihn, es möge nicht allzu lange sein. Aber er sah zufrieden aus. Nicht gram und traurig.

»Haben Sie Ihre Tochter denn gefragt?«, fragte Mutter aus ihren Gedanken heraus.

»Was gefragt?«

»Ob Sie nicht zu Ihnen kommen will und hier mit Ihnen leben.«

»Nein, das habe ich nicht. Ich möchte sie nicht unter Druck setzen. Sie hat ihr eigenes Leben.«

»Sicher, aber Sie brauchen Familie und können nicht alleine leben. Es wäre eine große Hilfe für Sie und vielleicht wäre Ihre Tochter überglücklich, das für Sie zu tun, zumal sie ihre Heimat liebt und vermisst. Es wäre vielleicht eine wunderbare Möglichkeit für sie, aber sie wagt es nicht selbst anzubieten, um Sie nicht unter Druck zu setzen, und vielleicht kommt sie auch gar nicht von selbst auf diese Idee und Sie müssen ihr auf die Sprünge helfen.«

Gustav sah sie lange und nachdenklich an, fast abwesend, und Mutter wusste nicht, ob er ihr zugehört hatte.

»Würden Sie das für Ihren Vater tun?«

Diese Frage traf Mutter wie ein Blitz. »Ich habe keinen Vater mehr, aber als er vor einem Jahr starb, zog ich mit meinen Kindern aus England hierher, um meiner Mutter zur Seite zu stehen. Nur wollte sie meine Hilfe nicht. Ich habe meine Heimat immer vermisst. Vielleicht war der Tod meines Vaters nur eine Ausrede, um endlich wieder nach Hause zu kommen. Aber ich hätte es schön gefunden bei ihr zu sein und auch für die Kinder, eine Großmutter zu haben. Leider ist es dazu nicht gekommen.« Mutter konnte nicht verhindern, dass der letzte Satz bitter klang.

»Ihre Mutter lebt hier?«, fragte der alte Mann erstaunt. »Ich wusste nicht, dass Sie Familie hier haben.«

»Ich habe meine Mutter seit Monaten nicht mehr gesprochen. Sie weiß nicht einmal, dass ich schwanger bin. Meine Schwester lebt jetzt bei ihr mit ihrem Mann. Wir waren nie besonders eng.«

Mutter fühlte das Selbstmitleid aufsteigen und Tränen in die Augen treiben. Sie hatte das alles weit weggedrängt, und erst durch Gustavs Worte kam ihr mit voller Wucht ins Bewusstsein, dass sie Familie hier hatte. Eine Mutter, die sich nicht um sie kümmerte und der sie egal war. Das schien ihr schon so normal wie ein Kind nach dem anderen zu bekommen.

»Das tut mir leid«, sagte Gustav. Das genügte, meiner Mutter die Tränen endgültig in die Augen zu treiben. Gustav stand auf und nahm sie in den Arm. Mutter schluchzte auf und durchnässte Gustavs Hemd, der ihr bedächtig auf die Schulter klopfte, wie einem Baby, nachdem es getrunken hatte. Meine Mutter dachte daran, was wäre, wenn ihr nun als Zeichen der Erleichterung ein dicker Rülpser entweichen würde. Es würde sich wahrscheinlich gut anfühlen. Aber sie rülpste nicht und irgendwann ließ sie Gustav auch wieder los und trocknete ihre Tränen mit dem sauber zusammengefalteten Taschentuch, das er ihr reichte. Ihr fiel ein, dass sie immer noch ein Taschentuch von ihm zu Hause liegen hatte, gebügelt und gefaltet, und versprach ihm das nächste Mal beide Tücher mitzubringen.

»Entschuldigen Sie«, sagte meine Mutter, »dass ich immer hierherkomme und weine.«

»Sie sind sehr tapfer«, sagte Gustav, »Sie werden sehen, alles wird gut.« Mutter nickte, sie konnte im Moment nicht sehen, was jemals gut werden sollte, aber sie wollte ihm glauben.

»Das ist nicht das Ende«, sagte Gustav, »und was immer Sie entscheiden, wird richtig sein. Es gibt in diesem Fall keine falsche Entscheidung.«

Mutter verstand nicht, was er damit meinte, aber sie nickte, denn es war tröstlich. Sie reichte Gustav die Hand zum Abschied. Er hielt sie fest und ließ sie nicht los. Er sah sie ernst an, zögerte, und dann sagte er:

»Ich möchte Ihnen ein Angebot machen. Sie müssen nicht gleich antworten. Denken Sie einfach darüber nach und sprechen Sie mit Ihren Mädchen darüber. Ich möchte Ihnen anbieten, zu mir zu ziehen. Mit Ihren Kindern. Es ist Platz genug. Sie müssen keine Miete zahlen und ich wäre froh, wenn wieder Leben in das Haus kommt, und wenn ich nicht mehr alleine am Tisch sitzen und essen muss. Sie wären mir eine Hilfe, das Angebot ist deshalb nicht einseitig.«

Mutter errötete und wusste nicht, was sie darauf antworten sollte. »Ich …«, fing sie an, aber Gustav sagte: »Überlegen Sie sich das in aller Ruhe.« Er ließ ihre Hand los und lächelte sein herzliches, verknittertes Lächeln.

Mutter fiel ihm um den Hals, drückte ihn, verdrückte ein paar Tränen, setzte sich ins Auto und brauste davon, um meine Schwestern von der Schule abzuholen.

31

Nora ließ Mutter ausrichten, dass sie nicht nach Hause kommen würde. Sie hätte Kunstunterricht bis in den späten Nachmittag und würde anschließend zu Alice gehen und dort übernachten.

Das war gelogen. Sie hatte Kunst schon lange gegen Geografie ausgetauscht, was ihr zwar mehr Arbeit, aber dafür mindestens zweimal die Woche die Ausrede verschaffte, länger in der Schule zu bleiben. Diese Zeit verbrachte sie mit Joseph.

Sie wartete nach der Schule an dem Seitentor auf ihn und dann gingen sie hinauf auf den kleinen Berg, der die Highschool von der Grundschule trennte. Es war ein beliebter Ort, um in den Büschen zu rauchen oder zu knutschen. Viele Liebespaare hatten hier ihr Versteck, so auch Nora und Joseph.

Ganz oben hinter den Felsen, dort wo die Obdachlosen, die »Bergies«, in Höhlen lebten, wie ihre Vorfahren, war Nora und Josephs Platz. Auf einem flachen Fels, verborgen hinter einer großen Kiefer mit tief hängenden Zweigen, die Schatten spendete und vor Blicken schützte.

Von dort aus konnten sie auf die Stadt hinuntersehen. Die Schule mit dem roten Dach auf dem großen Feld, die kleinen Häuser in den grünen Gartenecken, auf manchen Pools, blaue Flecken in unterschiedlichen Formen – und dahinter das Meer.

Ein Liebespaar wie die anderen waren sie nicht. Nora liebte Joseph mit ganzem Herzen, und er schien sie zu mögen und ihre Nähe zu suchen, aber er berührte sie immer noch nicht. Keine Küsse, nur eine Umarmung zur Begrüßung und zum Abschied, das war alles. Vielleicht war sie für ihn nur ein Freund, jemand, der ihn verstand und dem er sich anvertrauen konnte. Er schien keine wirklichen Freunde in der Schule zu haben. Viele Mädchen, besonders die jüngeren, schwärmten für ihn. Soweit Nora wusste, hatte er keine Freundin gehabt. Zumindest nicht seit dem »Vorfall« und das war vor zwei Jahren. Die Mädchen, die für ihn schwärmten, sagten, er hätte sich seitdem verändert. Er sei ein anderer Mensch.

Nora wollte das alles gar nicht wissen. Es kümmerte sie auch nicht, ob sie nur eine oder seine Freundin war. Es war gut so, wie es war, und so konnte es auch bleiben.

Joseph hatte ihr diesen Platz gezeigt. Er sagte, er hätte hier viele Tage verbracht und manche Nächte, als es ihm nicht gut ging. Am Anfang war er hier heraufgekommen um sich zu schneiden. Es war ein guter Ort, um seine Ruhe zu haben und nachzudenken, und von oben sah die Welt so schön klein aus, das relativierte seinen Schmerz.

Nora wusste, wovon er sprach. Sie erzählte ihm von ihrem Grasversteck und von ihrem Tagebuch, das sie im Baum bei Mia vergessen hatte. Nora hätte ihm gerne ihr Zimmer gezeigt, ihren Baum und die Lagune. Sie vermisste diesen Ort, der ihr Reich war. Vielleicht könnte sie wieder in ihre Kammer ziehen. Dann könnte Joseph mit ihr dort leben. Sie beide mochten gerne alleine sein, weg von den Menschen, und waren sich selbst genug. Mit Joseph zu sein, war wie alleine zu sein, nur zusammen.

Oft lagen sie nur nebeneinander auf dem Stein ausgestreckt und sahen in den Himmel oder hinunter auf die Spielzeugstadt mit dem großen Meer, hingen ihren Gedanken nach und schwiegen. Nora hätte dann gerne in ihr Tagebuch geschrieben, aber das steckte im Baum. Sie hatte es bisher nicht vermisst.

Nora sagte, sie würde gerne einmal hier oben übernachten und später einmal ein Haus hier bauen und mit Joseph dort leben. Es musste nicht groß sein, eine Kammer wie die bei Mia genügte, mit einer kleinen Küche und einer Außendusche mit Blick. Das sagte sie nicht, das dachte sie nur, aber Joseph arrangierte alles für die Nacht. Er brachte Schlafsäcke mit und eine Thermoskanne mit Tee und was er in der Küche seiner Mutter zu essen gefunden hatte.

Während sie auf ihrem Felsen lagen und in den Himmel sahen, auf dem keine einzige Wolke war, griff Nora nach Josephs Hand und drückte sie. Sie hatte gar nicht darüber nachgedacht. Das zu tun war in diesem Moment so selbstverständlich wie einzuatmen. Joseph drückte ebenfalls ihre Hand und er ließ sie nicht los und so lagen sie nebeneinander Hand in Hand, über ihnen der wolkenlose Himmel, unter ihnen die klitzekleine Welt und das weite Meer, das nahtlos in den Himmel überging. Ein Himmelbett, dachte meine Schwester und fühlte das Glück so heftig in ihrer Brust reißen, dass es fast wehtat.

Beide schliefen ein in der späten Nachmittagssonne, und als Nora wieder erwachte, hielt sie immer noch Josephs Hand und der Himmel trug sein Nachtgewand. Über ihr im Baum saßen fünf weiße Vögel und drei schwarze. Sie alle erhoben sich gleichzeitig, breiteten ihre Schwingen aus und segelten lautlos über Nora hinweg. Unten in der Stadt gingen die Lichter an, eins nach dem anderen, bis alles strahlte. Die Straßen waren von unzähligen kleinen Lampen beleuchtet und manche Pools leuchteten blau und grün. Die Sonne war schon lange im Meer versunken und hatte einen purpurroten Streifen zurückgelassen. Er verdunkelte sich, faserte aus und wurde von der Nacht verschluckt.

Jetzt wurde auch Joseph wach. Er ließ ihre Hand los und setzte sich auf. Für einen Moment schien er nicht zu wissen, wo er war, dann sah er Nora an und lächelte. Mit diesem Lächeln schien Nora alles besiegelt. Sie würden nie mehr auseinandergehen. Sie gehörten zusammen für alle Ewigkeit. Noras Herz war groß und hungrig und es verschluckte Joseph mit Haut und Haar.

Joseph stand auf und öffnete seine Tasche. Sie breiteten die Schlafsäcke nebeneinander auf dem sandigen Boden aus. Dort war es weicher als auf dem Felsen und auch vom Wind geschützt, der heftig blies. Nach der Hitze des Tages war das angenehm. Joseph ging los und sammelte Holz, um Feuer zu machen. Nora wollte mit ihm kommen, aber er bestand darauf, dass sie sitzen blieb. Sie würde sich möglicherweise im Dunkeln verlaufen oder den Abgrund hinunterfallen. Er kannte sich aus, sie sollte auf ihn warten und die Brote auspacken.

Warum leben wir nicht mehr so, dachte Nora. Wie viel einfacher war das. Wie viel schöner war es hier unter freiem Himmel als unter jedem Dach, das sie je über ihrem Kopf hatte. Freisein ist alles, was ich vom Leben will.

Es raschelte und knackte im Gebüsch. Nora machte sich keine Sorgen, Joseph kannte sich aus, hier waren sie beschützt von einem gewaltigen Himmel und unzähligen Sternen, die alle auf sie herabblickten. Da kam Joseph auch schon wieder zurück, die Arme voll Äste, die er vor ihr aufschichtete und mit ein paar trockenen Blättern und Gräsern geschickt anzündete. Bald brannte ein warmes, helles Feuer, vom Wind entfacht, der die glühenden Funken durch die schwarze Nacht wirbelte. Joseph holte Würste aus seiner Tasche, die er auf Stöcke schob und ins Feuer hielt. Außerdem hatte er eine Packung Toastbrot mitgebracht, eine Flasche Orangensaft und Kekse.

Die Stadt unter ihnen leuchtete mit tausend kleinen Lichtern. Joseph ging noch einmal los, um Holz nachzulegen, aber es war inzwischen auch für ihn zu dunkel geworden und er kam nur mit ein paar dürren Ästen zurück. Der Mond war noch nicht aufgegangen. Bald glomm nur noch ein Häufchen Glut vor sich hin, die Würstchen waren aufgegessen, ebenso das Brot und die Kekse. Sie waren satt und ausgeschlafen. Joseph kramte tiefer in seiner Tasche und holte eine Packung Marshmallows heraus, der er triumphierend über seinem Kopf schwang. Nora machte sich nichts aus Marshmallows, aber ihm zur Freude klatschte sie begeistert in die Hände.

Joseph spießte ein Marshmallow auf einen Stock, reichte in ihr und fragte sie beiläufig, ob sie seine Freundin sein wollte. Nora verstand ihn erst nicht, aber bevor sie nachfragen und die Leichtigkeit und Selbstverständlichkeit dieser Situation zerstören konnte, begriff sie, worum es ging. Sie nahm ihr Stöckchen entgegen, hielt es über die Glut und sagte »Ja«.

Kein Kuss, keine Umarmung, alles blieb, wie es war, aber jetzt war sie Josephs Freundin und das veränderte alles. So gelassen Nora nach außen hin schien, in ihrem Inneren tobte es. Tausend Hände klatschten Beifall und UB 40 spielte ihr Lieblingslied dieses Sommers, »Now that we found love«. Ein Stück, das sie jeden Morgen in Mias Auto auf dem Weg zur Schule gehört hatten.

Noch nie hatte sich das Leben meiner großen Schwester perfekter angefühlt. Abgesehen davon, dass es die meiste Zeit unterhalb der Erträglichkeitsgrenze entlangschrabbte, hatte sie doch eine Vorstellung von Perfektion. Träume, wie ihr Leben aussehen sollte. Keiner dieser Träume kamen auch nur in die Nähe dieses Moments. Alles war anders, als sie sich ausdenken konnte.

Ihre Vorstellung von Liebe gründete überwiegend auf Filmen, wo man leidenschaftlich übereinander herfiel, auf dem Weg ins Bett die Kleider auf den Boden fallen ließ und später wieder aufsammelte. Jede romantische Annäherung löste sich in diesen kriegerischen Szenen auf. Das war nichts, was Nora gefiel, und jede Erfahrung, die sie mit körperlichem Übereinanderherfallen gemacht hatte, bestätigte ihre Abneigung dagegen nur. Sie hatte aufgegeben, nach Liebe dieser Art zu suchen.

Wirkliche Liebe, verstand meine Schwester in dieser Nacht, hatte mit all dem nichts zu tun. Die glich einem stillen Sturm im Inneren, während man nebeneinander unter einem schwarzen Funkenhimmel saß und Marshmallows ins Feuer hielt, bis sie eine harte Kruste bekamen, die man mit den Zähnen abzog und sich dabei die Lippen verbrannte.

Nora und Joseph saßen am Feuer, bis es kalt und schwarz

war wie die Nacht. Dann krochen sie in die Schlafsäcke, jeder in seinen, und sahen schweigend in den Himmel und seine ganze Sternenpracht. Der Mond stieg über dem Meer auf, eine dünne gelbe Sichel. Nora schloss die Augen und versuchte zu schlafen, aber sie war hellwach. Sie lauschte Josephs gleichmäßigen Atemzügen neben sich und konzentrierte sich darauf, zur gleichen Zeit wie er ein- und auszuatmen, aber nach einer Weile hatte sie das Gefühl, nicht genug Luft zu bekommen, und sie setzte sich auf. »Joseph«, flüsterte sie für den Fall, dass er doch noch wach war und nur die Augen geschlossen hielt, aber er antwortete nicht. Er schlief und sie war alleine in der Nacht. Nora legte sich wieder hin und rückte näher an Joseph, sodass ihr Kopf an seinem lag. Gegen ihren Willen stieg eine alles umfassende Einsamkeit in ihr auf, schwarz und kalt, die sie frösteln ließ.

Nora wachte auf, weil Joseph an ihrer Schulter rüttelte. Ein scharfer Geruch nahm ihr fast den Atem. Sie hatte tief geschlafen. Joseph riss sie aus einem Traum. Sie saß in einem Boot und wurde von einer gewaltigen Welle nach oben getragen. Das Boot mit ihr darin war winzig im Vergleich zu der Welle. Eine Streichholzschachtel im Ozean. Die Welle hätte das Boot mit Leichtigkeit überrollen können, aber sie hob es sanft nach oben, immer weiter, hoch hinauf, in schwindelerregende Höhe, und dann rollte diese Welle ganz sanft am Ufer aus und setzte sie an Land. Die ganze Zeit über hatte sie das Schlimmste erwartet, als sie die riesige Welle auf sie zukommen sah, als sie in schwindelerregende Höhe hinaufgetragen wurde, und zur gleichen Zeit war sie eine unberührte Beobachterin des Ganzen. Sie konnte sich nicht erinnern, ob ihre Träume gewöhnlicherweise so waren, dass sie sich von außen sah und gleichzeitig von innen. Schon während des Traums hatte sie das bemerkt und als merkwürdig empfunden. Die Angst und die teilnahmslose Ruhe der Beobachterin, die wusste, dass ihr nichts geschehen, dass alles gut ausgehen würde. Und es ging gut aus. Welch ein erhebender Traum, in jeder Hinsicht, und als sie sanft auf der Erde landete, weckte Joseph sie aus ihrem Erstaunen.

Es roch nach Rauch und sie musste husten. Schlaftrunken setzte meine Schwester sich auf und sah sich um. Etwa hundert Meter unter ihr fraßen sich orangerote Flammen durch die Dunkelheit nach oben. Der Rauch hüllte sie ein und sie konnte die Hitze auf der Haut spüren. Die Flammen krochen in weit gestreckten Flecken über den Berg. Der Wind fachte sie an und trieb sie voran. Funken sprühten und flogen weit durch die Luft. Überall entstanden neue kleine Feuer. Hungrige Flammen, die sich durch das trockene Gras fraßen. Schnell und stetig. Dort, wo es eben noch dunkel war, entzündeten sich flackernde Lichter, die schnell größer wurden. Die Geschwindigkeit und die Beharrlichkeit, mit der sich die Flammen ausbreiteten, war beängstigend. Wie eine gewaltige Armee von roten Ameisen, die aus immer neuen Löchern krochen und sich stetig auf sie zubewegten. In einer Vielzahl, die es unmöglich machte, sie zu zertreten.

Fasziniert beobachtete meine schlaftrunkene Schwester das Schauspiel. Gerade noch war sie von Wasser umgeben, jetzt war es Feuer. Die große Welle hätte das Feuer mühelos gelöscht.

»Es brennt«, flüsterte sie, »es brennt.«

Joseph war aus seinem Schlafsack gestiegen und packte die Tasche. »Komm«, sagte er, »wir müssen hier weg. Schnell!«

»Aber wie denn?« Nora flüsterte immer noch, als hätte sie Angst, die Aufmerksamkeit des Feuers durch zu lautes Reden auf sie zu lenken. »Wir können nicht zurück, da ist überall Feuer.«

»Komm, steh auf«, sagte Joseph und reichte ihr die Hand. Nora wickelte sich aus ihrem Schlafsack. Sie zitterte. »Wo sollen wir denn hin?«

»Wir gehen über den Berg auf die andere Seite. Komm jetzt!« Joseph schulterte die Tasche.

Nora stolperte hinter Joseph den dunklen Berg hinauf, zwischen Geröll und Gestrüpp. Sie fiel und riss sich das Knie auf, aber sie spürte keinen Schmerz. Nur das Blut, das in einer schmalen Spur warm ihr Bein hinunterlief. Das kitzelte. Sie wagte nicht stehen zu bleiben, um die Wunde zu betrachten. Sie hatte Mühe, mit Joseph mitzuhalten, der sich immer wieder umdrehte und auf sie wartete. Ihre Augen hatten sich inzwischen an die Dunkelheit gewöhnt. Als sie den Bergsattel erreichten, blieben sie stehen und sahen hinunter. Das Feuer leuchtete weit. Es war ein fabelhaftes Spektakel, das von hier oben aus betrachtet an Bedrohlichkeit verlor. Der halbe Berg brannte, aber die Flammen breiteten sich nur nach oben aus. Der Fuß des Berges lag im Dunkeln. In der Ferne hörten sie eine Sirene, dann noch eine.

Drei winzige Feuerwehrwagen näherten sich. Nora und Joseph drehten sich um, liefen weiter und ließen das Feuer hinter sich auf der anderen Seite des Berges. Kurz darauf erreichten sie die Wiese vor der Grundschule und sahen zurück. Der Berg lag still und dunkel, als wäre das Feuer nur ein Traum gewesen. Unschlüssig blieben sie stehen.

Es war mitten in der Nacht. Die Straße und die Häuser lagen verlassen im Dunkel. Nora nahm Joseph bei der Hand und führte ihn zu ihrem Maulbeerbaum. Das Gras war immer noch gelb und stachelig. Sie breiteten die Schlafsäcke aus und Nora legte sich in Josephs Arm. Sie erzählte ihm von den Nächten, die sie unter dem Baum verbracht hatte. Von den einsamen Nächten, über die anderen schwieg sie.

Es gab so viel, was sie noch erzählen wollte. So viel, was sie Joseph fragen wollte, bevor er wieder einschlief und sie alleine ließ.

»Glaubst du, dass es zu zweit weniger einsam ist?«, fragte sie.

»Hmm«, machte Joseph nur und Nora fürchtete, dass er einschlief, bevor er antworten konnte.

»Schläfst du ein?«

»Nein, ich denke nach, was du gesagt hast. Wahrscheinlich wird man immer irgendwie einsam sein, aber besser zu zweit als alleine, findest du nicht?«

Meine Schwester dachte an die Nächte, in denen sie alleine unter dem Maulbeerbaum gelegen hatte. Das war jetzt auf jeden Fall besser als vorher. Auch wenn sie in diesen Nächten auf ihre Weise glücklich war. Aber nur, weil sie nichts Besseres kannte. Vielleicht war sie damals sogar besser dran, als sie nichts anderes kannte. Nachdem sie mit Joseph unter dem Maulbeerbaum gelegen hatte, würde sie nicht mehr das gleiche Glück alleine empfinden können. Aber wahrscheinlich würde sie nie wieder alleine unter dem Baum liegen. Diese Zeiten waren vorbei, und warum sollte sie zurückblicken, wenn es eine Zukunft gab. Ihr Leben ging schließlich voran und nicht zurück.

Viel war passiert und doch wiederum auch wenig, seit ihren Nächten unter dem Maulbeerbaum. Nichts von dem, was sie sich wünschte, hatte sich verändert, und trotzdem schien alles gut so, wie es war in diesem Moment. Sie war Jahre gealtert. Sie war erwachsen geworden, dachte meine große Schwester.

Immer wieder schnitten Feuerwehrsirenen durch die Stille der Nacht, aber weder Joseph noch meine Schwester hörten sie. Sie schliefen tief und fest den Schlaf der Unschuldigen. Traumlos diesmal, zumindest Nora.

32

Auf der anderen Seite des Berges bekämpften Hunderte von Männern und Frauen die sich ausbreitenden Flammen. Sie schlugen mit Matten auf das Feuer ein, bis es erstickte und kein Funke mehr glühte. Auch meine Mutter und meine Schwester bekamen nichts davon mit. Mutter fand keinen Schlaf, denn ich machte ihr zu schaffen. Ich wollte hinaus, und zwar mit aller Kraft.

Es war der denkbar ungünstigste Zeitpunkt und noch dazu fast einen Monat zu früh, aber das war mir egal. Ich konnte nicht denken, ich konnte keine Rücksicht nehmen. Ich wollte zur Welt kommen.

Es gab keinen Grund für diese Eile. Ich wusste nicht, dass ich am besten und sichersten Ort der Welt und meines Lebens sein würde. »Bleib noch eine Weile, es wird nicht mehr besser werden«, sagte meine Mutter zu mir, als sie die regelmäßigen Kontraktionen spürte. Es war heiß und sie wälzte sich schlaflos im Bett, wie in all den Nächten zuvor. Auch wenn sie die Schwangerschaft so bald wie möglich beenden wollte, war sie nicht bereit, in dieser Nacht zu gebären. Es war zwölf Tage vor Weihnachten. Sie mussten bis zum Ende der Woche das Haus verlassen haben. Es gab noch viel zu tun und zu regeln, bevor ich kommen konnte.

Meine Mutter atmete gegen die Kontraktionen an und presste beide Hände gegen den Bauch, als könnte sie die Wehen dadurch anhalten. Sie hoffte, es wäre falscher Alarm und würde vorbeigehen. Mein Kopf bohrte sich in ihr Becken und löste eine derart heftige Wehe aus, die keinen Zweifel daran ließ, dass hier etwas im Gange war, das sich nicht mehr aufhalten ließ. Meine Mutter hatte genug Erfahrung, um das beurteilen zu können.

Sie stand auf und schon überkam sie eine weitere Wehe mit einer solchen Heftigkeit, dass sie stöhnend auf die Couch fiel und in ein Kissen biss. Dachte sie noch vor fünf Minuten, dass es sich um falschen Alarm handeln könnte, hoffte sie jetzt, dass sie es noch bis ins Krankenhaus schaffen würde. Nur wie? Die Mädchen schliefen. Nora, die in diesem Fall auf ihre kleineren Geschwister aufpassen sollte, war außer Haus. Carla konnte das zur Not übernehmen. Sie war inzwischen alt genug.

Sie musste versuchen, so schnell wie möglich ins Krankenhaus zu fahren. Wenn sie noch in der Lage war, selbst zu fahren. Doch zuerst musste sie Carla wecken und ihr Bescheid sagen.

Mutter stand auf und ging in Carlas Zimmer hinüber. Carla war sofort hellwach, als hätte sie auf diesen Moment gewartet, sprang aus dem Bett und half Mutter, eine Tasche zu packen. Die hatte jetzt seit über fünf Minuten keine Wehe mehr gehabt und hoffte, dass es doch noch vorbeiging. In diesem Moment schoss das Wasser zwischen ihren Beinen auf den Boden, als wäre ein Damm in ihrem Inneren gebrochen. Carla sprang erschrocken zur Seite.

»Keine Sorge«, sagte Mutter, als sie ihren entsetzen Gesichtsausdruck sah und dachte, dass sie ihre Töchter nie richtig aufgeklärt hatte.

Vielleicht könnte sie es doch wagen, mich zu Hause zur Welt zu bringen. Aber wen könnte sie um Hilfe bitten? Als Erstes kam ihr ihre Mutter in den Sinn. Meine Großmutter. Sie hatte seit Monaten nichts mehr von ihr gehört. Sie war ihr bei Noras Geburt eine große Hilfe gewesen, während Noras Vater fast den Kopf verlor.

Meine Mutter hatte in diesem Moment ein starkes Bedürfnis, in den Arm genommen zu werden. Von ihrer eigenen Mutter.

Mia fiel ihr ein, doch von der wollte sie nichts mehr wissen. Noras Vater, der kam selbstverständlich nicht infrage. Mein Vater wäre naheliegender gewesen, aber der kam ihr als Letzter in den Sinn.

Schmerzhaft wurde meiner Mutter bewusst, dass es niemanden in ihrem Leben gab, den sie mitten in der Nacht anrufen konnte, damit er sie ins Krankenhaus fuhr. Das lag daran, dass sie die Menschen entweder vertrieben hatte oder nicht an sich heranließ. Die Vorstellung, jemanden um Hilfe bitten zu müssen, war ihr schon immer die unangenehmste gewesen. Dazu hatte man einen Ehemann. Und wenn man den nicht mehr hatte, dann war man allein.

Einem Ehemann am nächsten war mein Vater. Immerhin war er unmittelbar an meiner Entstehung beteiligt und deshalb konnte sie ihn guten Gewissens um diesen Gefallen bitten. Nur, wollte sie das? Wollte sie ihn dabeihaben? Wollte sie ihn in ihrem Leben haben?

Als eine weitere Wehe sie auf die Knie warf, wurde ihr bewusst, dass diese Überlegung ein Luxus war, den sie sich zu diesem Zeitpunkt nicht leisten konnte. Es gab nur eine einzige Frage: Wie kam sie schnell genug ins Krankenhaus?

Sie griff nach dem Telefon und rief meinen Vater an. Er ging sofort ran. Nach einer winzigen Pause, die meiner Mutter schon zu lange vorkam, versprach er bei ihr zu sein, so schnell er konnte. Carla stand die ganze Zeit mit großen Augen neben ihr und hielt die Tasche in der Hand, die sie gepackt hatte.

»Kommt er?«, fragte sie ängstlich. Mutter setzte sich und nahm sie in den Arm. »Mach dir keine Sorge. Ich gehe jetzt ins Krankenhaus und morgen bin ich wieder bei euch.« Da fiel ihr ein, dass sie jemanden organisieren musste, der die Mädchen morgens in die Schule brachte und mittags wieder abholte, denn dazu würde sie voraussichtlich nicht in der Lage sein, auch wenn sie sich das gerne eingeredet hätte.

Die Vorstellung, die meine Mutter von meiner Geburt hatte, war klar, schnell und unkompliziert: Sie würde mich zur Welt bringen und nur wenige Stunden danach wieder zu Hause sein. Ohne Baby und mit einem leeren Bauch, der aussah wie ein Ballon, aus dem man die Luft herausgelassen hatte.

Sie hatte sogar damit gerechnet, selbst zur Klinik zu fahren, aber dieser Teil des Plans ließ sich eindeutig nicht realisieren.

Sie würde ihre Mutter bitten müssen, sich um meine Schwestern zu kümmern.

Sie dachte kurz an den Umzug und verdrängte ihn schnell wieder. Sie konnte nur an das unmittelbar Bevorstehende denken. Jemand musste wissen, dass die Mädchen alleine zu Hause waren. Sicher, sie könnte Walter bitten, aber meine Schwestern hatten ihn nie besonders gemocht und kannten ihn kaum. Vielleicht doch Mia? Ihr fiel ein, dass sie Mias Nummer gelöscht hatte. Wie wenig voraussehend. In ihrer Lage konnte sie es sich nicht leisten, Menschen aus ihrem Leben zu löschen. Selbst wenn sie so selbstgerecht und urteilend waren wie Mia, dachte Mutter, sie war immerhin loyal und zuverlässig und da, wenn man sie brauchte. Wie viele Male hatte Mia sie vor dem Schlimmsten bewahrt. Dafür konnte sie sich schon so einiges leisten.

Stöhnend sank sie wieder kopfüber auf dem Sofa zusammen. Sie schickte Carla ins Bett, um sie nicht zu beunruhigen, aber Carla wollte nicht gehen. Sie saß steif auf dem Stuhl am Esstisch und beobachtete Mutter.

»Tut es sehr weh?«, fragte sie in die Pause hinein. »Hat es auch so wehgetan, als ich zur Welt gekommen bin?« Ein plötzlicher Windstoß fegte durch die offene Tür, wehte einen Papierstapel vom Tisch, blies die losen Blätter durch das Zimmer, blähte die Vorhänge. Das Fenster schlug mit einem Knall zu. Carla sprang auf und sammelte die Papiere zusammen. Mutter fiel wieder stöhnend aufs Sofa. »Mach die Tür zu«, sagte sie und Carla gehorchte.

Wenig später rief mein Vater an. Er stand vor dem Tor und wusste nicht, wohin. Mutter schickte Carla hinaus, um ihn abzuholen. Es war kurz nach Mitternacht. Als Carla die Tür öffnete, musste sie sich dagegenstemmen, so stark war der Wind geworden. Er riss an ihren Haaren, an ihren Kleidern, sie musste sich schräg nach vorne legen, um voranzukommen. Nach der drückenden Hitze, in der sich kein Blatt bewegte und selbst die Spucke im Mund austrocknete, kam der Sturm plötzlich aus dem Nichts.

Carla wollte rennen, aber sie kam auch mit aller Kraft

kaum voran. Hätte sie den Wind im Rücken, sie wäre davongeflogen. Carla hätte gerne versucht, mit dem Wind zu laufen und zu sehen, ob sie vom Boden abheben konnte. Das war ihr Traum. Sie träumte ihn fast jede Nacht: Sie lief und lief und lief, schneller und schneller und schneller bewegte sie ihre Füße mit dem Ziel abzuheben und zu fliegen. Sie war kurz davor abzuheben, aber es kam nie dazu, weil sie vorher aufwachte oder die Laufbahn endete. Auch wenn sie wieder die Augen schloss und von vorne begann, gelang es ihr nie, den Boden zu verlassen.

Als sie klein war, war der fliegende Robert aus dem Struwwelpeter ihre Lieblingsgeschichte, und sie löcherte ihre Eltern mit der Frage, ob das wirklich möglich sei, mit einem Schirm davonzufliegen, und wenn sie ihr sagten, das sei nur ein Märchen, gab sie sich damit nicht zufrieden und sagte, aber es könnte doch möglich sein. Wenn man nicht zu groß und schwer war, einen großen Schirm hatte und der Wind stark genug war. Dieser Wind hier war mit Sicherheit stark genug, aber die Schirme hatten sie in England gelassen und sie war inzwischen auch älter und größer geworden und möglicherweise zu schwer. Die Vorstellung, zu fliegen, ließ sie nie los. Vielleicht konnte sie deshalb so schnell laufen, weil sie den Traum und das Ziel hatte, von der Erde abzuheben.

Die Häuser lagen im Dunkeln. Nur die Straßenlaternen brannten mit einem schwachen gelben Licht, das die Straße wie eine unbelebte Filmkulisse aussehen ließ. Carla hielt sich an dem Pfosten einer der Laternen fest. Wie ein Blatt würde sie zum Haus zurückgeweht werden, wenn sie sich nicht mit aller Kraft gegen den Wind stemmte. Dicke Tropfen fielen auf sie nieder. Es krachte so gewaltig, dass die Erde zitterte. Carla hielt die Luft an und zählte die Sekunden. Sie kam bis drei, dann wurde der schwarze Himmel mit gleißenden Rissen durchteilt. Als sie ihre Augen wieder öffnete, wurde sie von den Nebellichtern eines herankommenden Wagens geblendet. Ein weißer Pick-up hielt an. Es war mein Vater.

Carla stieg zu ihm ins Auto und zeigte ihm den Weg. Meine Schwester war zum ersten Mal dankbar, ihn zu sehen, und erleichtert, dass nun ein Mann im Haus war und ihr die Verantwortung abgenommen wurde. Er konnte Glühbirnen auswechseln und tropfende Wasserhähne festdrehen, Waschmaschinen anschließen und überhaupt alles, was im Haus kaputt war, reparieren. Er würde auch ein Kind zur Welt holen können. Vor allem aber hatte er ein Auto, mit dem er Mutter ins Krankenhaus fahren konnte.

Als sie ausstiegen, fiel eine Wasserwand auf sie herab. Meine Mutter stand mit ihrer Tasche in der Hand an der Tür. Sie umarmte Carla und verabschiedete sich von ihr. Vater nahm ihr die Tasche ab. Carla ging zurück ins Haus. Der Wind peitschte Mutter das Wasser ins Gesicht, als sie mit gebeugtem Kopf zum Auto lief. Blitze durchzogen krachend den Himmel. Ich hätte mir keinen dramatischeren Einstieg ins Leben aussuchen können.

33

Während mein Vater meine Mutter ins Krankenhaus fuhr, riss der Sturm auch Nora und Joseph aus dem Schlaf. Als die ersten Tropfen fielen, packten sie ihre Sachen zusammen und flohen über die Wiese.

Auf dem angrenzenden Grundstück stand das alte, verlassene Spritzenhaus. Der Zaun war an einer Stelle eingetreten. Nora und Joseph stiegen über den Stacheldraht. Alle Fenster waren kaputt. Nora schauderte vor dem Gebäude, aber der Wind drückte den Regen scharf wie Glassplitter in ihr Gesicht. Das Wasser fiel auf sie hinunter und durchnässte sie in Sekunden. Sie hatten keine Wahl.

»Hier«, sagte Joseph und deutet auf ein Fenster. Er schob seine Tasche hindurch und wollte Nora den Vortritt lassen, aber die schüttelte den Kopf. Joseph zwängte sich durch das Fenster, und nachdem er in der Dunkelheit verschwunden war, sagte er mit dumpfer Stimme aus dem Inneren: »Komm rein, es ist warm und trocken.«

Nora hangelte sich an der Wand hinauf und folgte ihm, klatschnass, wie sie inzwischen war. Sie drehte sich auf den Bauch und ließ sich rückwärts herabgleiten. Ihr Kopf steckte noch draußen, der Regen prasselte auf sie herunter. Ein Blitz zerriss den Himmel und beleuchtete die

Nacht für den Bruchteil einer Sekunde. Im gleichen Moment krachte es ohrenbetäubend laut. Nora spürte Josephs Hände an ihren Beinen, zog ihren Kopf zurück und ließ sich fallen. Es war höher, als sie dachte. Joseph konnte sie nicht halten und fiel um. Nora landete weich auf ihm. Es roch dumpf und moderig. Aber es war trocken.

»Ob wir hier alleine sind?«, flüsterte sie in Josephs Ohr, hielt den Atem an und lauschte. Alles, was sie hörte, war das ohrenbetäubende Prasseln des Regens auf dem Blechdach und das Wasser, das an vielen Stellen hindurchlief und in Pfützen auf den Boden tropfte. Ein vielstimmiges Tropfkonzert. Es roch nicht nur nach Moder, sondern auch nach Pisse. Nora hatte Angst, aber es gab im Moment keinen besseren Ort, vor allem keinen trockeneren. Das Prasseln auf dem Blechdach wurde noch stärker.

»Wie kommen wir hier wieder raus?«, fragte Nora flüsternd. Sie wagte nicht lauter zu sprechen, um die Geister und Menschen, die sich möglicherweise mit ihnen in dieser Halle befanden, nicht aufzuschrecken. Das Rauschen war ohrenbetäubend, man hätte ohnehin nichts anderes gehört, und in gewisser Weise, war das beruhigend.

Nora zitterte vor Angst und Kälte. Sie dachte an unsere Mutter und Schwestern, die in ihren Betten lagen und schliefen, und wünschte sich nichts mehr, als das Gleiche zu tun. Noch vor wenigen Stunden hätte sie gesagt, dass ihr jeder Ort, aber wirklich jeder Ort, an dem sie mit Joseph sein konnte, lieber war als zu Hause bei ihrer Mutter. Da war sie sich jetzt nicht mehr so sicher.

Carla saß in ihrem Bett. Der Wind drückte den Regen gegen die Fenster. An manchen Stellen lief das Wasser einfach hindurch und überschwemmte den Boden, als säße sie in einem undichten U-Boot. Carla rührte sich nicht. Paula und Sam schliefen tief durch das Unwetter und die Wehen ihrer Mutter hindurch. Sie würden morgen im Sonnenschein wieder aufwachen, vielleicht war Mutter bis dahin sogar schon wieder zurück, dachte Carla, und nichts würde darauf hinweisen, was in dieser Nacht vor sich gegangen war, außer ein paar Pfützen auf dem Boden und einem kleinem Baby, das im Arm ihrer Mutter lag. So friedlich, als hätte man es ihr im Schlaf dort hineingelegt. Sie würden nicht zur Schule gehen, das wäre die Ausnahme gegenüber den anderen Tagen.

Wenn Nora wenigstens hier wäre, dachte Carla, warum war Nora nicht hier! Warum ließ sie sie ausgerechnet in dieser Nacht alleine?

Seit ihrem Auszug bei Mia ging Nora wieder ihre eigenen Wege. Carla vermisste sie, aber sie hätte nie gewagt, etwas zu sagen. Die Zeit in ihrer Kammer bei Mia war die Ausnahme. So, wie es jetzt war, war es immer gewesen und so würde es auch bleiben.

Carla war an Einsamkeit gewöhnt, und sie hatte sich so darin eingerichtet, dass es ihr nie in den Sinn gekommen wäre, etwas anderes zu wollen oder gar einzufordern. Carla hatte noch nie gegen einen Zustand aufbegehrt, sondern sich immer mit allem stillschweigend abgefunden, und das ohne inneres Grollen und Murren. Sie war zufrieden, weil es reine Energieverschwendung war, sich für etwas aufzureiben, was außer Reichweite lag. Sie war eine Läuferin und wusste daher, wie wichtig es war, seine Energie so effektiv wie möglich nutzen.

Gerade deshalb warf diese Nacht sie aus ihrer genügsamen Ordnung. Sie vermisste Nora, und diese Sehnsucht bohrte sich in ihr Herz und öffnete ein Loch, durch das mehr und mehr Sehnsucht und Verzweiflung sickerte. Carla wusste nicht einmal, dass es da war.

Als Mutter ihr die Einwilligung zum Lauftraining verweigerte, hatte sie sich so klaglos damit abgefunden, dass niemand dachte, es würde ihr etwas daran liegen. Dabei hätten sowohl Mutter als auch Nora wissen müssen, wie wichtig das Laufen für sie war. Nora ahnte es, Mutter hatte andere Sorgen, aber beide ließen sich durch Carlas äußere Gleichgültigkeit täuschen.

Carla dachte in der Regel nicht darüber nach, warum Dinge so waren, wie sie sind. Sie akzeptierte sie als gegeben. Egal, ob sie ihren Interessen und Wünschen entsprachen. Diese ordnete sie den gegebenen Umständen unter und richtete sich dementsprechend ein. Wenn sie keine Freunde fand, dann beschäftigte sie sich eben selbst. Wenn ihr jemand Ärger machte, dann ging sie ihm aus dem Weg. Carla wählte den Weg des geringsten Widerstandes. Sie provozierte keinen Streit, sie lehnte sich nicht auf oder versuchte, sich durchzusetzen. Sie war die unkomplizierteste von meinen Schwestern und deshalb wurde sie oft übersehen. Aber das schien genau das zu sein, was sie wollte. Keine Aufmerksamkeit auf sich zu lenken.

Carla liebte und bewunderte Nora. Deshalb kam sie ihr auch nie zu nahe. Weil sie wusste, wie sehr Nora ihre Ruhe schätzte. Deshalb wusste Nora auch nicht, wie sehr Carla sie liebte und wie gerne sie mehr mit ihr zusammen wäre. Carla wusste das selbst nicht. Weil Nora ihr von sich aus nicht entgegenkam, hielt sie sich zurück und ließ einen Wunsch nach mehr Nähe gar nicht erst zu.

Jetzt saß sie auf ihrem Bett und weinte. Tränen der Verzweiflung und Einsamkeit, von deren Existenz sie nichts geahnt hatte, stiegen auf und wollten nicht versiegen. Die kleinen Schwestern schliefen, der Regen lief durch die Fenster und bildeten Seen auf dem Boden, die Carla, tränenblind, wie sie war, nicht bemerkte.

Es war gegen ihre Natur nachzudenken, warum sie weinte. Sie hatte Angst und das war Grund genug für sie. Als die Tränen langsam versiegten, stand sie auf, wusch ihr Gesicht und aß eine Schale Cornflakes. Frühstück für Morgen, das sie nicht anrühren durfte, aber das war ihr egal. Es füllte ihren Bauch und danach fühlte sie sich gestärkt und der Situation ein wenig besser gewachsen. Sie trank die restliche Milch aus dem Karton und wählte die Nummer ihrer Großmutter. Es meldete sich eine Stimme, die sagte, sie hätte nicht genug Guthaben, um diesen Anruf zu tätigen. Carla hatte ihren stoischen Gleichmut wiedergefunden. Sie schickte Nora ein »Please call me«. Das war alles, was sie tun konnte, und sie legte sich wieder ins Bett und versuchte zu schlafen.

34

Noras Telefon zeigte an, dass eine Kurzmitteilung eingegangen war, und sie schrak bei dem Ton zusammen. Es war 2 Uhr 17 und sie saß mit Joseph in einem verlassenen stinkenden Spritzenhaus, während die Erde von einer Sintflut überschwemmt wurde. Sie fühlte sich ertappt. Eine Nachricht um diese Zeit konnte nur eine Katastrophe bedeuten. Mutter hatte herausgefunden, dass sie nicht bei Alice war. Etwas Furchtbares war passiert. Oder jemand hatte sich verwählt.

Nora hockte neben Joseph auf dem Boden. Keiner von ihnen wollte sich an diesem Ort für die Nacht einrichten und riskieren, dass ihnen Ratten und Spinnen über das Gesicht liefen oder ein Crystal-Meth-Süchtiger sie abstach oder nur Joseph abstach und Nora vergewaltigte.

Das waren die Gedanken, die meiner Schwester durch den Kopf gingen, als das Telefon in ihrer Tasche brummte. Vielleicht hatte man auch herausgefunden, dass sie auf dem Berg Feuer gemacht hatten, und sie wurden von der Polizei gesucht, die ihre Mutter mitten in der Nacht angerufen hatten. Und jetzt suchte Mutter nach ihr.

Nora hatte sich in ihrem Leben noch nicht elender gefühlt. Dass Joseph schweigend neben ihr kauerte, machte es kaum besser. Sicher war es besser, als ganz alleine dort herumzusitzen, aber wenn er nicht wäre, dann wäre sie auch nicht um diese Zeit in der stinkenden Halle gefangen, sondern würde friedlich in ihrem Bett schlafen.

Nora war sich nicht mehr sicher, ob sie ein abenteuerliches Leben in Freiheit unter allen Umständen den Vorzug geben wollte. Wenn dann doch mit Einschränkungen, und die schlossen Nächte wie diese auf jeden Fall aus. Aber einem Abenteuer konnte man schlecht Vorgaben und Einschränkungen machen, deshalb war sie möglicherweise doch nicht so abenteuertauglich, wie sie dachte.

Zitternd holte Nora das Telefon aus der Tasche. Es war ein »Please call me« von Carla. Was konnte Carla um diese Zeit von ihr wollen? Vielleicht war die Nachricht stecken geblieben und kam erst jetzt durch? Sie überprüfte die Zeit. 2 Uhr 17. Sie hatte selbst kein Guthaben, um zurückzurufen, aber einen Anruf um diese Zeit konnte sie nicht ignorieren. Sie bat Joseph um sein Telefon und rief Carla zurück. Es klingelte lange und sie wollte gerade auflegen, als Carla sich meldete. Sie klang verschlafen. Oder verweint. Ihre Stimme war dumpf und undeutlich. Noras Herz begann zu klopfen.

»Carla, bist du in Ordnung? Wo bist du?« An die Möglichkeit, dass ich zur Welt kommen könnte, hatte sie nicht gedacht.

Sie beruhigte Carla und versprach ihr, sich um alles zu kümmern. Sie würde bei Großmutter vorbeigehen. Sie sollten morgen früh zu Hause bleiben. Das war ein Ausnahmefall. Sie würde so bald wie möglich mit Großmutter vorbeikommen. Und sie würde nach Mutter im Krankenhaus sehen. »Schlaf jetzt. Mach dir keine Sorgen. Ich habe alles unter Kontrolle. Bist du okay?«

Carla war beruhigt. Nora hatte alles im Griff. Nachdem sie aufgelegt hatte, kamen ihr ihre Angst und Aufregung klein und lächerlich vor. Mutter bekam ein Baby und war bald wieder zurück. »Kein Grund zur Aufregung«, sagte sie laut zu sich, als sie wieder ins Bett ging. Nora hatte alles im Griff.

Nachdem Nora unserer Schwester Mut zugeredet hatte, fühlte sie sich selbst mutiger. Die finstere stinkende Halle, der strömende Regen, die stürmische Nacht, das Feuer – zumindest das Feuer war mit Sicherheit gelöscht –, das alles schrumpfte in seiner Bedeutung und war weniger bedrohlich. Vielleicht war es auch die Erleichterung, dass Mutter nie herausfinden würde, wo und wie sie diese Nacht verbracht hatte, selbst von dem Feuer würde sie nichts erfahren, und es würde auch sonst niemanden kümmern, weil viel Bedeutenderes in dieser Nacht geschah, das alles andere in den Hintergrund drängte: Ein Kind wurde geboren. Sie bekam eine Schwester, und das ließ alles andere verblassen.

Sie verbrachten die restliche Nacht flüsternd, in ihre Schlafsäcke gewickelt, und Nora erzählte Joseph die Geschichte ihrer Familie. Als sie endete, kroch das erste Tageslicht durch die Fenster und warf bleiche Schatten an die Backsteinwände. Der Regen trommelte nur noch leise.

Nora stand auf und ging zum Fenster. Joseph musste sie hochheben, damit sie hinaussehen konnte. Sie sah einen trüben grauen Himmel, vom ersten Tageslicht erhellt. Das war genug Licht, um ihr Hoffnung zu geben nach der alles verschluckenden Dunkelheit.

Nora war erleichtert. Die Nacht war zu Ende und sie hatte sie überlebt. Mit dieser Nacht war ein Kapitel ihres

Lebens abgeschlossen. Und ein neues begann. Sie konnte es spüren. Alles war anders. Nichts war mehr so wie es war.

Joseph hob sie höher, sie stieg auf seine Schulter, um das Fenster zu erreichen. Sie zwängte sich ans Licht, an den frischen, neuen Tag. Es roch nach Blättern und nasser Erde, nach Meer und Seetang. Nebel lag über der Wiese. Nora dachte, dass sie noch nie in ihrem Leben um diese Uhrzeit wach war. Was sie sah, war eine Welt, die sich vor den Schlafenden verbarg. Unberührt von Menschen, aber das war natürlich Quatsch, weil es immer jemanden gab, der selbst um diese Zeit wach war.

4 Uhr 37 zeigte ihr Handy an. Noras nackte Füße standen auf dem nassen Gras und ihr fiel ein, dass sie ihre Schuhe in der Halle vergessen hatte. Sie machte sich Sorgen, wie Joseph ohne Hilfe das hohe Fenster erreichen sollte, aber da erschien schon sein Gesicht, er warf ihre Schuhe hinaus, dann die Tasche und schließlich kroch er leicht und mühelos durch das Fenster und stand neben ihr. Er sah mit ihr auf die frisch gewaschene Welt und sagte, »was für eine Nacht«.

35

Carla und meine kleinen Schwestern schliefen tief und fest. Meine Mutter lag erschöpft auf der schmalen Plastikmatratze im Krankenhausbett. Sie war am Ende ihrer Kräfte. Mein Vater saß neben ihr und hielt ihre Hand.

Die Schwester ließ nach dem Doktor rufen. Jemand musste ihn aus dem Bett holen, weil ich nicht von selbst auf die Welt kommen wollte. Die Schwester, eine ältere, ungeduldige Frau, mit Beinen so dick wie Baumstämme, war besorgt. Weil sie sich ihre Sorge nicht anmerken lassen wollte, war sie unfreundlich.

Sie herrschte Mutter an, sie müsse sich mehr bewegen, nicht einfach nur faul herumliegen, von selbst komme kein Kind zur Welt.

Mutter war zu erschöpft, um sich zu wehren. Sie hatte auch keine Kraft mehr, sich zu bewegen. Man hatte sie unnötigerweise an einen Wehentropf gehängt, da man sichergehen wollte, dass die Geburt voranging. Ihre ohnehin schon heftigen Wehen wurden nun noch heftiger und ließen ihr kaum Pausen, sich zu erholen. Die Schwester dachte nicht daran, den Wehentropf abzunehmen. Sie war mit drei anderen Gebärenden im Kreissaal beschäftigt.

Hätte sie meine Mutter untersucht, wie es eine gute

Hebamme getan hätte, hätte sie gemerkt, dass ihre Wehen ganz und gar sinnlos und ein unnötiger Stress für mich und meine Mutter waren, weil ich mich nicht seitlich ins Becken gedreht hatte, sondern mit dem Gesicht nach oben lag. In dieser Lage war es unmöglich, mich hinauszudrücken.

Solange ich mich nicht drehte, konnte ich nicht geboren werden. Ich konnte mich aber nicht drehen, weil meine Mutter eine Wehe nach der anderen bekam und deshalb unfähig war, auf die Beine zu kommen und ihre Position zu wechseln. Mit anderen Worten: Ich steckte fest.

Das wurde nun auch der Schwester bewusst. Mein Vater, der bereits an zwei Geburten teilgenommen hatte, ahnte, dass hier etwas schieflief. Als die Schwester den Raum verlassen hatte, lief er ihr hinterher, hielt sie fest und sagte, es müsse sofort etwas geschehen. Ein Doktor muss her. Er würde nicht mit ansehen, wie seine Frau – er sagte seine Frau – bei der Geburt ihres Kindes starb.

Meine Mutter hatte sich inzwischen den Wehentropf, den die Schwester diesmal in der Aufregung vergessen hatte abzunehmen, vom Arm gerissen. Das Blut lief ihr aus der Ader, dort wo die Nadel gesessen hatte. Keine ihrer vorigen Geburten waren auch nur annähernd so anstrengend gewesen. Sie fühlte sich, als würde sie fünf Kinder auf einmal zur Welt bringen.

Man hatte sie aus dem Kreißsaal in eine kleine Kammer, die gerade groß genug für ein Bett war, verlegt, weil die Geburt nicht voranging. Die drei Frauen, die nach ihr in den Kreißsaal gekommen waren, hatten alle schon entbunden. Mutter konnte die Schreie der Frauen hören und die drauffolgenden Schreie der Babys.

Sie hatte keine Kraft mehr zu schreien. Als mein Vater den Raum verließ, um mit der Schwester zu sprechen, gab sie alle Hoffnung auf. Und sie vermisste ihn zu ihrer Überraschung. Noch vor der Klink, im strömenden Regen, hatte sie versucht ihn zu überzeugen, wieder nach Hause zu fahren. Sie wollte ihn nicht bei der Geburt dabeihaben. Sie wollte das alles so schnell und unkompliziert wie möglich hinter sich bringen. Sie würde ihn anrufen, sobald sie fertig war, und dann könnte er sie abholen.

Mein Vater war ein anständiger Mann, der Verantwortung übernahm. Er ließ sich nicht abwimmeln. Er nahm meine Mutter am Arm, nachdem sie sich von einer Wehe erholt hatte, und zog sie aus dem Regen hinter sich her ins Krankenhaus. Er lieferte sie dort ab, füllte alle Papiere für sie aus, und dann setzte er sich an ihr Bett, hielt ihre Hand und ließ sie nicht mehr los und Mutter war ihm dankbar dafür.

Er rieb ihren Rücken, er trocknete ihren Schweiß, brachte ihr Wasser und Lutschbonbons, als sie über einen trockenen Hals klagte. Er sprach ihr mit knappen Worten Mut zu, fragte sie nichts und wusste was sie brauchte. Und wenn es nicht so verdammt anstrengend und schmerzhaft gewesen wäre, dann hätte Mutter es romantisch gefunden.

Sie verliebte sich trotzdem ein wenig in meinen Vater. Nicht weil er mein Vater war oder weil sie immer von einem schwarz gelockten Mann geträumt hatte (der Vater meiner Schwestern war rothaarig und die Haare fielen ihm bereits aus, wie meine Mutter mit großer Genugtuung bei seinem letzten und einzigen Besuch festgestellt hatte), sondern weil er all das war, was Mutter an einem Mann vermisste. Ein Mann, der ihr in schwierigen Zeiten half und zur Seite stand. Meiner Mutter wurde immer klarer, worauf es wirklich ankam. Das Leben war zu hart, um es alleine zu bewältigen. Nicht in guten, sondern in schlechten Zeiten musste sich eine Ehe bewähren. Nicht dass meine Mutter ihn zurückwollte. Sie hatte immer noch genug Zweifel, aber für diesen Moment war er alles, was sie brauchte.

Er kam zurück, lief, als er das Blut aus Mutters Arm tropfen sah, wieder hinaus und kam mit einer Kompresse zurück, die er auf ihren Arm drückte, um die Blutung zu stillen. Er strich ihr das Haar aus dem Gesicht und den Schweiß von der Stirn.

Eine Schwester kam herein und setzte Mutter eine grüne Haube auf den Kopf. Es war eine andere Schwester, ein freundliches, junges Gesicht. Sie bat meinen Vater draußen zu warten und untersuchte meine Mutter. Sie sagte, sie müssten sofort operieren, steckte ihr eine Kanüle in den anderen Arm, und dann rollte man sie hinaus in den Operationssaal.

Von da an ging alles sehr schnell. Der Doktor erschien, tätschelte ihre Wange, und dann hob man sie auf den Operationstisch. Mutter sah in das Gesicht der Schwester, das über ihr schwebte. Sie forderte sie auf, mit ihr von zehn abwärts zu zählen. Ihr linker Schneidezahn war aus Gold.

Als Mutter wieder erwachte, lag sie allein im Bett, in einem Krankenzimmer, und Vater saß neben ihr und hielt ihre Hand. Sie hatte Schmerzen. Nicht wellenartige Wehenschmerzen, die sich ins Unerträgliche steigerten und wieder verschwanden, um sie kurz darauf erneut zu überrollen, sondern einen stetig brennenden und ziehenden Wundschmerz.

Mutter brauchte eine Weile, bis sie sich zurechtfand und verstand, wo sie war und warum. Sie sah sich um und konnte kein Baby entdecken oder etwas, das auf die Anwesenheit eines Babys schließen ließe, wie das Bettchen, das neben den anderen Müttern stand.

»Wo ist das Baby?«, fragte sie meinen Vater. Ihr Mund war so trocken, dass sie nur ein schmatzendes Geräusch hervorbrachte. Ihr Hals schmerzte und brannte. Mein Vater reichte ihr einen Becher mit Wasser, der neben ihrem Bett stand. Mutter wollte sich aufsetzen, um trinken zu können, aber der Schmerz riss sie zurück.

»Ich kann nicht«, flüsterte sie heiser. Vater stützte ihren Kopf. Das Wasser lief über ihr Kinn und durchnässte ihren ausgewaschenen blauen Krankenhauskittel. Warum hatte man sie in diesen Kittel gesteckt, dachte meine Mutter. Damit sie nicht davonlaufen konnte?

»Wo ist mein Baby?«

36

Carla machte unseren Schwestern Frühstück. Da sie am Vorabend die Milch ausgetrunken hatte, konnten sie keine Cornflakes essen, worüber sie sich lautstark beschwerten. Es waren ohnehin nicht genug Cornflakes für alle da. Dass sie kein Cornflakesfrühstück bekamen und nicht zur Schule gehen konnten, schien sie mehr zu beschäftigen als die Nachricht, dass unsere Mutter im Krankenhaus war, um das Baby zur Welt zu bringen.

»Ich will aber in die Schule«, murrte Paula. »Können wir nicht mit Marys Mutter fahren?«

»Kommt Mama dann mit dem Baby nach Hause?«, fragte Sam. »Können wir das Baby behalten?«

»Wann kommt Mama? Kann sie uns noch zur Schule fahren?«, war alles, was Paula wissen wollte.

»Ich weiß es nicht«, antwortete Carla.

»Wie lange dauert es, ein Baby zu bekommen?«, wollte Sam wissen.

»Keine Ahnung. Vielleicht drei Stunden? Oder eine ganze Nacht? Und danach muss sie sich wahrscheinlich ausruhen. Nora kommt gleich mit Grandma, die wissen sicher mehr.«

»Können wir dann so lange zu Grandma, bis Mama aus dem Krankenhaus kommt?«

»Ja, vielleicht. Willst du noch ein Toast?«

Paula nickte mit vollen Backen und marmeladeverschmiertem Mund. Carla machte ihnen Toast mit Erdnussbutter und Erdbeermarmelade. Sie kam sich groß und erwachsen vor. Wie Nora. Sie hatte alles im Griff. Mutter konnte sich auf sie verlassen.

»Können wir zum Pool?«, fragten die Mädchen.

»Ich weiß nicht. Ist vielleicht nicht so gut, wenn die Leute sehen, dass ihr nicht in der Schule seid.«

»Welche Leute?«

Ja, welche Leute, dachte Carla. Gute Frage. Doch auch wenn man selten jemanden sah, gab es doch immer jemanden, der sie sah und sich beschwerte, sobald sie etwas anstellten. Unsichtbare Augen beobachteten sie ohne Unterlass. Die wussten wahrscheinlich schon längst, was los war. Dass Mutter nachts von einem Mann in einem weißen Pick-up unter Schmerzen weggefahren wurde und dass ihre Mädchen bis auf die Große allein zu Hause waren und nicht zur Schule gingen.

Mutter hatte ihnen gesagt, wie wichtig es war, dass niemand sich über sie beschwerte, dass sie sich anständig benahmen, weil sie ihr weggenommen werden könnten, und dann würde man sie zu fremden Leuten geben, die dann ihre Eltern wären.

Sie hatte das nur im Spaß gesagt, aber Sam hatte sofort angefangen zu weinen, nachdem sie den Blumentopf der Nachbarn zerbrochen hatte, weil sie beim Fangenspielen darüber gestolpert war. Mutter hatte sie getröstet und gesagt, das sei nur Spaß gewesen, niemand könnte ihre Kinder von ihr wegnehmen, aber sie müssten ihr wirklich versprechen, keinen Ärger anzustellen. Paula glaubte ihr und zerbrach gleich am selben Tag noch einen weiteren Blumentopf.

Carla wusste, dass es kein Scherz war. Sie hatte gehört, was Mia damals zu Mutter sagte und sie hatte es nicht vergessen. Wenn Mutter nicht aufpasste, hatte Mia gesagt – nicht wenn die Mädchen nicht aufpassten und Blumentöpfe zerbrachen –, wenn Mutter nicht aufpasste, würde sie veranlassen, dass sie ihr weggenommen würden. Wenn Mutter sich nicht zusammennahm. Carla wollte seitdem Mutter helfen, sich zusammenzunehmen. Sie würde darauf achten, dass niemand auf dumme Gedanken kam. Deshalb mussten sie im Haus bleiben, solange Schule war.

»Ich will in die Schule«, quengelte Paula. »Es ist langweilig zu Hause. Was können wir tun?«

»Wir können das Haus aufräumen und alles schön machen, bis Mama kommt«, schlug Carla vor und spülte die Teller ab.

»Du kannst mir gar nichts befehlen«, sagte Paula und ging in ihr Zimmer und schlug die Tür zu.

»Kann ich Blumen pflücken für Mama?«, fragte Sam.

»Ja, aber nur in unserem Garten und nicht von den Nachbarn, hörst du?«

Carla richtete Mutters Bett auf dem Sofa zurecht, als es klingelte. Erst dachte sie, es wäre Sam, die ihr einen Streich spielen wollte. Dann fiel ihr ein, dass Nora mit Grandma auf dem Weg war. Als sie die Tür öffnete, stand ein dicker, schwitzender Mann vor ihr, den sie noch nie zuvor gesehen hatte. Er sah sie entgeistert an.

»Ihr seid immer noch hier? Wo ist deine Mutter?«

37

Ich lag unter einem Beatmungsgerät, weil ich ganz blau war, als ich endlich zur Welt kam. Die Nabelschnur war drei Mal um meinen Hals gewickelt und die heftigen, ununterbrochenen Wehen hatten mir zusätzlich die Luft abgedrückt. Der Doktor hielt mich mit den Füßen nach oben in die Luft, klatschte mir auf den Hintern, dann auf den Rücken, aber ich gab keinen Ton von mir. Sie saugten mir den Schleim aus der Nase und den Lungen, drückten meinen kleinen Brustkorb auf und nieder, bliesen mir Luft in die Nase, bis ich schließlich einen Japser von mir gab und wieder schwieg.

Jedes der Kinder, das in jener Nacht vor mir geboren wurde, hatte mit kräftigem Geschrei die Krankenhausflure beschallt. Ich tat nur einen Seufzer, und das sollte für lange Zeit das einzige Geräusch sein, das ich von mir gab. Noch nie hatte jemand in diesem Krankenhaus ein derart stilles Baby erlebt.

Als ich von selbst atmen konnte, machten sie alle möglichen Tests mit mir, ritzten meine Ferse mit einem Messer und nahmen Blut von meinen Fingern. Sie legten mich auf eine kalte, harte Waage, drehten und wendeten mich hin und her, horchten meine Brust ab, aber ich gab keinen

Ton von mir. Während sich jedes andere Kind bei dieser Prozedur die Lunge aus dem Hals schrie, blieb ich stumm. Stumm ließ ich all das über mich ergehen, und obwohl mein Herzschlag stetig war und alle anderen Tests keine Auffälligkeiten zeigten, war man sich nicht sicher, was falsch mit mir war. Auch keiner der Doktoren, die mich später untersuchten, fand darauf eine befriedigende Erklärung, und ich selbst kann auch nur vermuten, warum ich stumm blieb.

Tatsache ist, dass ich ein einwandfrei gesundes Mädchen war, von absolut durchschnittlichem Gewicht und Größe, einem dichten Schopf mit schwarzem Haar, in das sich meine Mutter sofort verlieben würde. Alle meine Schwestern waren ohne Haare zur Welt gekommen. Es war ein Traum meiner Mutter, ein Baby mit dichtem Haar zu haben, das sie mit einer weichen Babybürste zu einem Schopf nach oben bürsten konnte. Meine Haare waren geradezu absurd dicht und lang und ebenso meine Wimpern über den tiefblauen Augen. Ich war das hübscheste Baby, das man sich vorstellen konnte. Ich war ein Traum von einem Kind, aber meine Mutter bekam mich noch nicht zu sehen. Sie hielten mich fern von ihr, solange sie nicht wussten, was mit mir los war.

»Warum bringen sie mir mein Kind nicht?«, jammerte Mutter. »Hast du es gesehn? Ist alles in Ordnung mit ihr?«

Mein Vater ließ sich seine Sorge nicht anmerken und beruhigte sie.

»Aber sie müssen mir doch mein Kind zeigen. Bist du sicher, es ist in Ordnung? Hat es Arme und Beine, Zehen und Finger?«

»Kein Grund zur Sorge«, sagte er in seiner tiefen, ruhigen Vaterstimme und strich Mutter über die Stirn und drückte ihre Hand und sie spürte seine Ruhe und Stärke und liebte ihn dafür gleich noch ein wenig mehr.

Meinem Vater brannte die Frage auf den Lippen, aber er wagte sie nicht zu stellen. Er hoffte und dachte, wie die meisten Männer, indem man nicht darüber sprach, würde sich alles von selbst regeln. Die Frage, was aus mir werden würde. Für meinen Vater stand es von dem Zeitpunkt, an dem er vor den Kühlregalen bei Pick ’n Pay von meiner Existenz erfuhr, außer Frage, dass er seinen Vaterpflichten nachkommen würde. Er liebte meine Mutter und er konnte sie nicht vergessen. Mein Vater hätte meine Mutter sogar auf der Stelle geheiratet, wäre er nicht schon verheiratet gewesen.

Mutter dämmerte im Nachnarkoserausch dahin und wimmerte gelegentlich. Eine Schwester kam, um nach ihr zu sehen. Sie war schwarz und freundlich, sprach sie mit »Süße« an und fragte sie, ob sie Schmerzen habe und ob sie ihr Kind stillen wolle. Mutter sagte, sie wolle ihr Kind vor allem sehen.

»Geduld, meine Süße, Geduld«, sagte die Schwester, tätschelte ihre Hand und verschwand. Sie hinterließ einen süßen Geruch nach Vanilleplätzchen und erinnerte Mutter an das bevorstehende Weihnachtsfest. Bisher hatte Nora immer das Backen übernommen, aber auch sie schien dieses Jahr nicht daran zu denken. Vielleicht würden meine Schwestern in der Aufregung über mich das Fest einfach vergessen, hoffte meine Mutter, die zu erschöpft war, um sich Gedanken darüber zu machen, welche Geschenke sie unter den nicht vorhandenen Baum legen sollte.

Stattdessen wanderten Mutters Gedanken vom Plätzchenbacken zu mir. Sie dachte über meine Zukunft nach. Und das war das erste Mal, dass sie das wirklich tat.

Sie würde mich weggeben. Wie das genau aussehen würde, wusste sie nicht. Sie konzentrierte sich auf den Zustand danach.

Mutter hatte nicht daran gedacht, ob sie mich sehen würde. Ich hatte keinen Platz in ihrer Vorstellung. Sie wollte nur, dass es vorüber war und dass es für alle das Beste war.

Sie hatte sich nicht vorgestellt, wie sie mich nach der Geburt in den Armen halten würde. Sie hatte nicht darüber nachgedacht, wie es sein würde, das Kind, das sie neun Monate in ihrem Bauch getragen und unter Schmerzen zur Welt gebracht hatte, einfach wegzugeben. Sie hatte einmal einen Film gesehen, in dem ein Mädchen ein Kind zur Welt brachte, das sofort, bevor sie es sehen konnte, seinen Adoptiveltern überreicht wurde. Wenn, dann hatte sie sich wahrscheinlich etwas in der Art vorgestellt. Aber es gab keine Adoptiveltern. Noch nicht. Vielleicht dachte sie auch, ich würde mich in Luft auflösen, sobald ich ans Licht kam.

Ich kann ihr keine Vorwürfe machen. Ich war nicht in ihrer Situation, und das war weiß Gott keine leichte. Ich hätte nicht in ihrer Haut stecken wollen. Nichtsdestoweniger steckte ich in ihrem Bauch und jetzt war ich auf dieser Welt. Wenn auch nicht hörbar und für meine Mutter erstmal nicht sichtbar, aber Mutter kam nun nicht mehr umhin, sich mit mir und meiner Zukunft zu beschäftigen.

»Ein Mädchen«, dachte sie. Das überraschte sie nicht. Mutter konnte sich nichts anderes vorstellen, als eine Tochter zu bekommen. Sie hatte nicht einmal darüber nachgedacht, was sie tun würde, wenn ich ein Junge wäre.

Obwohl sie von Anfang an sicher war, dass sie mich nicht behalten würde, hatte sie sich nie um meine Adoption gekümmert. Sie hatte sie verdrängt wie ihre Schwangerschaft und irgendwie gehofft, es ergäbe sich alles von selbst. Es gab so viele Paare, die unbedingt ein Baby adoptieren wollten. Es würde kein Problem sein, Eltern für mich zu finden.

Das Problem, dessen sie sich nicht bewusst war, war, dass sie mich genauso gerne behalten wie mich loswerden wollte. Und dass dieses Problem sich nicht von alleine lösen würde. Sie musste eine Entscheidung treffen. Und diese möglichst bald. Wenn nicht sogar in den nächsten Stunden.

Wollte sie mich sehen oder nicht? Wollte sie, dass meine Schwestern mich begrüßten? Noch konnte sie so tun, als gäbe es mich nicht. Als wäre ich so unsichtbar, wie ich es bisher war, und nicht Teil ihres Lebens. Nur dass ich das schon lange war. Und nicht nur Teil ihres Lebens, sondern auch meines Vaters und meiner Schwestern. Ich war Teil der Familie. Ich war auf der Welt. Ein Mädchen mit dichtem schwarzen Haar und langen Wimpern. Ein kleiner Mensch, der mit jeder Stunde wuchs und ein Leben hatte, für dessen Verlauf sie verantwortlich war. Ob sie es wollte oder nicht.

Mutter hatte sich den Gedanken, mich doch zu behalten, von Anfang an verboten. Sie wusste, wenn sie dieser Möglichkeit auch nur gedanklich eine Tür öffnete, war ich drin. Konsequenterweise war es dann auch besser, sie würde mich gar nicht erst zu Gesicht bekommen. Aber wenn ich kein Gesicht hatte, konnte sie sich nicht von mir verabschieden und ich wäre ein gesichtsloses dunkles

Loch in ihrem Leben, das sich möglicherweise immer tiefer in sie hineinfraß. Wenn sie mich begrüßen und gleichzeitig von mir Abschied nehmen könnte, dann wäre es ihr eher möglich, mit mir abzuschließen. Es würde eine Weile schmerzen, aber sie würde darüber hinwegkommen.

Sie wollte mich sehen. Sie konnte es kaum erwarten, mich in den Armen zu halten. Eine Belohnung für diese quälenden Monate.

Die Schwester kam, um ihr etwas gegen die Schmerzen zu bringen. Sie ging wieder hinaus, und dann stand Vater in der Tür, mit mir auf dem Arm, und hinter ihm stand Nora. Vater blickte so stolz, dass es meiner Mutter ins Herz schnitt. Vorsichtig reichte er mich zu ihr hinunter. Ich war fest in eine Decke gewickelt. Nur mein schwarzer Haarschopf stand heraus und meine Mutter stieß einen Schrei des Entzückens aus, als sie mich sah. Ich schlief und meine langen Wimpern bedeckten meine Wangen. Nora lief auf Mutter zu und umarmte sie. Mutter gab ihr einen Kuss und Tränen rollten aus ihren Augen.

»Ist sie nicht hübsch?«, sagte Nora. »Ist sie nicht das hübscheste Baby auf der ganzen Welt?« Und Mutter nickte und sagte, »auf jeden Fall«. So standen sie eine Weile in beschaulichem Schweigen und bewunderten mich, wie mein kleiner Mund Saugbewegungen machte, und ich gab weiterhin keinen Ton von mir und hielt meine Augen geschlossen.

»Schau dir die Haare an«, sagte Nora. Sie sah Mutter an. »Sie sieht aus wie eine Keisha. Was meinst du?«

»Keisha ist ein schöner Name«, sagte Mutter. »Das passt. Aber wie wäre Rebecca? Ich wollte immer eine Rebecca. Schon du hättest Rebecca heißen sollen, aber euer Vater war immer dagegen.«

»Mir gefällt Rebecca«, sagte mein Vater.

»Gut«, sagte Nora. »Dann nennen wir sie Keisha Rebecca, und wenn sie alt genug ist, kann sie sich aussuchen, wie sie genannt werden will«.

»Willst du sie halten?«, fragte Mutter und legte mich in Noras Arm. Meine große Schwester hielt mich fest und sicher. Ich schlug meine Augen auf und sah direkt in ihre. Mama und Nora seufzten entzückt. »Sie hat die Augen geöffnet. Sie sieht mich an. Sie hat blaue Augen!«, sagte Nora.

»Alle Babys haben blaue Augen«, sagte Mutter und beobachtete gerührt ihre beiden Mädchen.

»Ich werde dir helfen«, sagte Nora. »Ich werde mich um sie kümmern, sobald ich in aus der Schule komme. Und Carla wird dir auch helfen. Sie ist groß genug. Du bist nicht alleine. Wir werden das schaffen, ganz bestimmt. Und Walter wird dir doch auch helfen, oder?«

Mutter ließ ihre Fragen unbeantwortet. Vielleicht war es ja doch nicht unmöglich. Nora hatte recht. Sie hatte zwei große Töchter. Vielleicht könnten sie eine Familie sein. Eine neue Familie. Und da war sie, die Türöffnung. Gerade groß genug, dass ich hindurchschlüpfen konnte.

»Wir werden sehen«, sagte Mutter schläfrig. »Wir werden sehen. Aber mach dir nicht zu große Hoffnung.«

Nora saß lange auf dem Stuhl neben Mutters Bett, die wieder eingeschlafen war, und hielt mich im Arm. Ich öffnete meine Augen und sah sie an, wir formten ein Band mit unseren Blicken. Ein Schwesternband.

Die Krankenschwester kam und reichte Nora das Fläschchen. Sie zeigte ihr, wie sie mich halten musste beim Füttern, und ich trank das ganze Fläschchen leer. Anschließend legte meine große Schwester mich über die

Schulter, damit ich aufstoßen konnte. Ich tat einen ordentlichen Rülpser, und das war das zweite Geräusch, das ich seit meinem Seufzer von mir gegeben hatte. Die Schwester schob mein Bettchen herein, aber Nora wollte mich nicht loslassen.

Sie hielt mich auf dem Arm, bis Mutter wieder aufwachte. Mutter schlief tief und fest. Nora sah unsere schlafende Mutter an und mich. Nora hatte Mitleid mit Mutter. Sie lag schwach und verwundet im Bett. Ich lag klein und zart in ihrem Arm. Nora musste uns beide beschützen. Sie fühlte sich stark und nach der letzten Nacht allen Herausforderungen gewachsen. Das alles lag schon so lange zurück, dass sie sich kaum erinnern konnte. Sie wusste nur, etwas war mit ihr geschehen, das sie größer und stärker machte. Erwachsen. Sie war kein Kind mehr. Und sie war für ihr Leben selbst verantwortlich. Und für das ihrer Familie.

Jetzt, in diesem Moment, war meine Schwester froh und dankbar für ihre Familie. So unvollständig sie auch war. Wir waren eine Familie. Mehr hatte sie nicht, und deshalb war das genug. Mutter würde sie brauchen und Nora wollte für sie da sein. Sie betrachtete unsere schlafende Mutter und dachte, so hatte sie sie noch nie gesehen. So weich und verletzlich. So jung. Sie sah aus wie ein Mädchen. Sie war nicht anders als sie. Nur ein wenig älter, aber auch das schützte sie nicht davor, Fehler zu machen.

Wie allein sie sich gefühlt haben musste, dachte Nora, und sie fühlte den Schmerz des Verlassenwerdens, der Einsamkeit. Daran änderten auch fünf Kinder nichts, wenn man alleine die Verantwortung trug. Ein plötzlicher

Windzug blähte die Vorhänge. Die Sonne schickte einen schrägen Strahl durch das Fenster, der auf Mutters Stirn strahlte und ihren Hinterkopf wie einen Heiligenschein beleuchtete.

Nora dachte an unsere Schwestern, die zu Hause warteten. Sie konnte es kaum erwarten, dass sie alle wieder zusammen waren.

38

Meine Schwestern waren bei Mia. Nora und Carla wohnten wieder in ihrer Kammer. Mia hatte sie unverändert gelassen, als wüsste sie, dass sie zurückkommen würden.

Mutters Wunde hatte sich entzündet und hielt sie länger im Krankenhaus als erwartet. Mein Vater kam uns jeden Tag besuchen. Fünf Tage lang lag ich Tag und Nacht bei meiner Mutter. Ich gab immer noch keinen Ton von mir, abgesehen von einem gelegentlichen Rülpser. Ich trank und schlief und verdaute ohne Schwierigkeiten. Ich schlief im Arm meiner Mutter. Oder auf ihrem Bauch. Sie hielt mich immer bei sich. Auch nachts legte sie mich nicht in das kleine Bettchen, das neben ihrem Bett stand und in dem alle anderen Babys schliefen.

Die Tage waren lang und still. Mutters Zimmer blieb leer. Obwohl ein zweites Bett darin stand, wurde es nicht belegt. Die Geschäftigkeit des Tages ging an ihr vorüber. Nachts hörte sie manchmal die Gebärenden schreien und das Geschrei ihrer Kinder. Morgens weckte man sie bereits um 4 Uhr 30, um Fieber und Blutdruck zu messen. Die Schwester stellte ihr eine Schale mit warmem Wasser neben das Bett, damit sie sich waschen konnte. Die Wunde schmerzte so sehr, dass Mutter sich nicht aufsetzen konnte, um die Schüssel zu erreichen. Danach schlief sie wieder ein, bis um sieben die Schwestern ihre Schicht wechselten. Anschließend gab es Frühstück. Besuchszeit war erst um 15 Uhr. Dann war der Tag schon fast vorüber.

Die Einförmigkeit der Tage störte Mutter nicht. Sie lag im Bett und sah aus dem Fenster auf die grünen Berge und den blauen Himmel. Dort draußen war eine Welt, die mit ihrer hier drin nichts zu tun hatte. Es war das erste Mal seit Jahren, seit sie sich erinnern konnte, dass sie nichts tun musste, für nichts verantwortlich war und alle sich um sie kümmerten.

Ich lag still in ihrem Arm, und wenn ich wach war, trank ich mit großem Appetit, füllte meine Windeln und sah meine Mutter an. Da ich auch weiterhin außer Verdauungsgeräuschen keinen Ton von mir gab, war meine Pflege einfach. Mutter kämmte meine Haare mit einer weichen Babybürste, die Nora ihr mitgebracht hatte, sie streichelte meinen Rücken, massierte meine Beinchen. Sie bewunderte und küsste mich. Sie schnupperte an meinem Hals und atmete meinen Babygeruch ein. Sie wusch mich und erlaubte den Schwestern nicht, mich wegzutragen. Sie wollte all das selbst machen, auch wenn ihr jede Bewegung Schmerzen verursachte.

Meine Mutter nahm Abschied von mir und gab mir in diesen fünf Tagen, die wir gemeinsam im Krankenhaus verbrachten, all die Liebe, die sie hatte.

Nora kam jeden Tag nach der Schule. Sie brachte Mutter Wäsche, Obst, Schokolade und was sie sonst so brauchte. Sie wusch Mutters Haare über dem Waschbecken, da sie nicht duschen konnte.

Mutter konnte nicht anders, als Noras Zuwendung still

und dankbar anzunehmen. Sie lernten sich neu kennen in dieser Zeit, in der nur wir drei zusammen waren. Meine große Schwester und unsere Mutter trafen sich ganz neu auf neutralem Gebiet. Sie teilten ihre Liebe zu mir, und diese Liebe füllte alle hässlichen Löcher und Abgründe zwischen ihnen.

Nora und Mutter sprachen nicht viel in dieser Zeit, aber die Stille war eine heilsame Stille, in der sich alte Wunden schlossen und neue Brücken gebaut wurden. Ganz lautlos. Es lag etwas in der Luft, ein Frieden, den selbst meine kleinen Schwestern spürten, wenn sie später mit Mia zu Besuch kamen. Sie verhielten sich ruhig, stritten nicht und warteten geduldig, bis sie mich im Arm halten konnten.

Jeder, der diesen Raum betrat, musste es spüren, denn keiner wagte die heilige Stille zu durchbrechen. Die Schwestern taten leise und freundlich ihre Arbeit, sie hatten immer ein Lächeln für Mutter, und es war sicher kein Zufall, dass das Bett neben ihr nicht belegt wurde.

Nora durfte täglich außerhalb der sonst so strikt überwachten Besuchszeit kommen. Sie machte ihre Hausaufgaben auf dem leeren Bett, während ich neben ihren Heften lag. Meine Mutter hatte einen noch nie verspürten Frieden in ihrem Herzen. Die Verwirrung und quälenden Gedanken waren einer ruhigen Gewissheit gewichen. Sie wusste nun, was sie zu tun hatte, und das brachte ihr Frieden.

Es war Nora, die diese Stille schließlich mit der Frage durchbrach, auf die alle gewartete hatten. Und dass sie sie nicht vorher stellte, nicht bevor Mutter Ruhe und Gewissheit hatte, war auch ein Teil des Segens.

Nora sagte, dass sie immer für mich da sein würde und

Mutter alle Hilfe geben, die sie brauchte. Sie saß mit mir im Arm auf Mutters Bett und strich mir über die Haare.

Mutter sagte, wie dankbar sie Nora war, für alles, was sie tat. »Ich weiß, dass ich mich auf dich verlassen kann. Du würdest alles für deine Schwester tun, aber davor muss ich dich beschützen. Ich will, dass du deine Freiheit hast, nach der du dich so sehnst. Ich will, dass du, solange es geht, frei von der Last der Verantwortung bist und frei von Schuld, wenn du dich von uns löst und deinen eigenen Weg gehst. Ich will euch eine bessere, die bestmögliche Mutter sein. Ich will nachholen, was ich bisher versäumt habe, und mich so um meine vier Töchter kümmern, wie ich mich schon immer hätte kümmern müssen. Ich möchte, dass wir wieder eine Familie sind und zusammenhalten. Ich gebe Keisha weg, weil das alles sonst nicht möglich wäre. Keisha wird jemanden sehr glücklich machen. Sie ist eure Schwester und das wird sie auch immer sein.«

Nora begann zu weinen, während Mutter sprach. Als Mutter geendet hatte, weinte auch sie, und gemeinsam tauften sie mich mit ihren Tränen auf den Namen Keisha Anna Rebecca. Anna ist der Name meiner Mutter.